Ulrich Konrad
Wolfgang Amadé Mozart

Ulrich Konrad

Wolfgang Amadé Mozart
Leben · Musik · Werkbestand

Bärenreiter
Kassel · Basel · London · New York · Prag

Gefördert durch Mittel aus dem Gottfried Wilhelm Leibniz-Programm
der Deutschen Forschungsgemeinschaft Bonn und
durch die Landgraf Moritz-Stiftung Kassel.

Bibliografische Information Der Deutschen Bibliothek
Die Deutsche Bibliothek verzeichnet diese Publikation
in der Deutschen Nationalbibliografie; detaillierte bibliografische Daten
sind im Internet über http://dnb.ddb.de abrufbar.

Besuchen Sie uns im Internet:
www.baerenreiter.com

2. Auflage 2006
© 2005 Bärenreiter-Verlag Karl Vötterle GmbH & Co. KG, Kassel
Umschlagabbildung: Wolfgang Amadeus Mozart. Gemälde von Barbara Krafft,
Öl auf Leinwand, Salzburg 1819. Wien, Gesellschaft der Musikfreunde
Einbandgestaltung: www.takeoff-ks.de, christowzik + scheuch
Lektorat: Diana Rothaug
Layout: Silke Doepner, Göttingen
Notensatz: Oliver Wiener, Würzburg
Druck und Bindung: Druckhaus »Thomas Müntzer«, Bad Langensalza
ISBN 3-7618-1821-1

Für Christiane,
Juliane, Katharina und Sebastian

Inhalt

Vorwort 13
Verzeichnisse
 Abkürzungen und Siglen 16
 Abbildungen 19
 Notenbeispiele 19

TEIL I: LEBEN

I | »Biographie« und »Mozart-Bilder« 23
II | Kindheit und Jugend 1756–1773 28
 Abstammung und Elternhaus 28
 Musikalische Grundausbildung 31
 Erste Reisen 1762/63: München, Wien 31
 ›Wunderkind‹ 33
 Die große Westeuropa-Reise 1763–1765 35
   Paris 37
   London 38
   Holland 41
 ›Zu Hause‹: Salzburg 1766/67 43
 Jahr der Enttäuschung: Wien 1767/68 44
 Auf dem Weg in den Hofdienst: Salzburg 1769 46
 Die erste Italien-Reise 1769–1771 47
   Mailand I 49
   Rom 50
   Bologna 53
   Mailand II 55
   Neue *scritture* 55
 Die zweite Italien-Reise 1771 56
 Salzburger Intermezzo 1772 59
 Die dritte Italien-Reise 1772/73 60

III	Zeit der Orientierung 1773–1781	63
	Salzburg, Wien und München 1773–1777	63
	Die Bewerbungsreise nach München, Mannheim und Paris 1777–1779	67
	München	69
	Mannheim	70
	Paris	75
	Hoforganist in Salzburg 1779/80	80
	Münchner Herausforderung 1780/81	81
IV	Die ersten Jahre der Selbständigkeit in Wien 1781–1783	85
	Bruch mit dem Salzburger Hof	85
	Etablierung als Musiker ›ohne Dienst‹	88
	Reise nach Salzburg 1783	96
V	Erfolgsjahre in Wien 1784–1787	99
	Die Zeit der großen Subskriptionskonzerte 1784–1786	99
	Mozart und die Freimaurerei	103
	Die Reisen nach Prag 1787	105
VI	Wendezeit 1787–1789	111
VII	Die späten Jahre 1789–1791	115
	Die Reise zum Preußischen Hof 1789	115
	Perspektiven am Theater 1789/90	118
	Zeit der Ungewißheit und Reise nach Frankfurt 1790	120
	Mozarts letztes Lebensjahr 1791	124
VIII	Äußere Erscheinung, Persönlichkeit	131
	Anmerkungen	138

TEIL II: MUSIK

I	Grundzüge	145
	»*Studieren*«, »*annehmen*« und »*nachahmen*«	145
	Für »*Kenner*« und »*Nichtkenner*«	147
	Das »*Mittelding*« oder: »*Musik muß allzeit Musik bleiben*«	148
	Gelegenheit, Funktion und ›Ort‹ der Musik	150
	»*Alte*« und »*Moderne*« Musik	154
	»*Komponieren*« und »*Schreiben*«. Mozarts Schaffensweise	160
II	Periodisierung, Stil und Wirkung	167
	Stilphasen	167
	Gleichzeitigkeit des Ungleichzeitigen	168
	Instrumental und Vokal	170

		Satzformen und Werkzyklus	174
		Arie	174
		Sonate	176
		Rondeau / Rondo	180
		Lied- und Tanzformen	182
		Elemente des Tonsatzes	186
		Grundsätzliches zur Mozart-Analyse	186
		Kompositorischer ›Fluß‹ und Perioden-Zusammenhang	187
		Harmonik und Klang	191
		Werk und Wirkung	201
		Anmerkungen	204

WERKBESTAND

		Vorbemerkung	209
A	|	Vokalmusik	216
		I. Messen, Messensätze, Requiem	216
		II. Litaneien, Vespern, Vesperpsalmen	222
		III. Geistlich-dramatische Formen, Kantaten	224
		IV. Kleinere Kirchenwerke	226
		V. Lieder	230
		VI. Mehrstimmige Gesänge	238
		VII. Kanons	240
B	|	Bühnenwerke	246
		I. Opern, Singspiele und andere dramatische Formen	246
		II. Arien und Szenen mit Orchester	254
		1. für Sopran	254
		2. für Alt	262
		3. für Tenor	264
		4. für Baß	266
		III. Duette und Ensembles für Sologesang und Orchester	268
		IV. Musik zu Schauspielen, Pantomimen und Balletten	270
C	|	Instrumentalmusik	272
		I. Sinfonien, Sinfoniesätze und Einzelstücke für Orchester	272
		II. Konzerte und Konzertsätze für ein oder mehrere Streich-, Blas- und Zupfinstrumente und Orchester	282
		1. Streicher	282
		2. Blasinstrumente	284
		III. Konzerte für ein oder mehrere Klaviere und Orchester (mit Kadenzen)	288

  IV. Kassationen, Serenaden, Divertimenti für Orchester 294
  V. Divertimenti und Serenaden für Blasinstrumente 298
  VI. Divertimenti für 5 bis 7 Streich- und Blasinstrumente 302
  VII. Tänze 304
    1. Menuette 304
    2. Deutsche und Ländlerische Tänze 308
    3. Kontretänze 310
    4. Märsche 312
  VIII. Sonaten für Orgel und Orchester 314
  IX. Klaviersextett 318
  X. Streichquintette 318
  XI. Quintette mit Bläsern 320
  XII. Quartette und Quintette mit Klavier bzw. Glasharmonika 320
  XIII. Bläserquartette 322
  XIV. Streichquartette 322
  XV. Quartette mit einem Blasinstrument 326
  XVI. Duos und Trios für Streicher und Bläser 328
  XVII. Klaviertrios 328
  XVIII. Sonaten und Variationen für Klavier und Violine 330
  XIX. Werke für Violoncello und Klavier 338
  XX. Werke für zwei Klaviere 340
  XXI. Werke für Klavier zu vier Händen 340
  XXII. Klaviersonaten 342
  XXIII. Variationen für Klavier 346
  XXIV. Klavierstücke 348
  XXV. Werke für mechanische Orgel bzw. Glasharmonika 356
  XXVI. Verschiedenes 356

D | Bearbeitungen fremder Werke 360
  I. Carl Philipp Emanuel Bach 360
  II. Johann Christian Bach 360
  III. Johann Sebastian (und Wilhelm Friedemann) Bach 362
  IV. Christoph Willibald Gluck 362
  V. Georg Friedrich Händel 364
  VI. Joseph Haydn 366
  VII. Johann Michael Haydn 366
  VIII. Leopold Mozart 366
  IX. Josef Mysliveček 368
  X. Benedikt Emanuel Schack 368
  XI. Giovanni Battista Viotti 368
  XII. Johann Baptist Wendling 368
  XIII. Verschiedene Komponisten: Ignaz von Beecke, Johann Gottfried
    Eckard, Leontzi Honauer, Hermann Friedrich Raupach, Johann
    Schobert, Johann Samuel Schröter 370

| E | Fragmente 372
| | I. Datierbare Fragmente 372
| | II. Undatierbare Fragmente 402
| F | Studien, Skizzen, Entwürfe, Varia 404
| | I. Skizzen mit eigener KV-Nummer 404
| | II. Skizzen mit Sk-Sigle (chronologisch geordnet) .. 404
| | III. Aufzeichnungen ohne Sk-Sigle, Varia 411
| G | Eigenhändige Abschriften fremder Werke 412
| | I. Karl Friedrich Abel 412
| | II. Giorgio Allegri 412
| | III. William Byrd 412
| | IV. Johann Ernst Eberlin 413
| | V. Johann Jacob Froberger 413
| | VI. Georg Friedrich Händel 413
| | VII. Joseph Haydn 414
| | VIII. Johann Michael Haydn 414
| | IX. Johann Philipp Kirnberger 415
| | X. Eugène Ligniville 416
| | XI. Padre Giovanni Battista Martini 416
| | XII. Louise Marie Thérèse Bathilde d'Orleans 418
| | XIII. Georg Reutter d.J. 418
| | XIV. Johann Stadlmayr 418
| | XV. Nicht identifizierte Komponisten 419
| H | Gelegenheitsgedichte, Stammbucheinträge, Lustspielentwürfe, sonstige Texte 420

ANHANG

Bibliographie 425
Register 450
Personen 450
Orte 460
Werke nach Nummern 463
    KV Hauptteil 463
    KV deest 476
    KV Anhang 477
    KV Anhang A 480
    KV Anhang B 480
    KV Anhang C 480
    Fragmente 483
    Skizzen 485

Vorwort

Leben und Werk Wolfgang Amadé Mozarts sind seit dem Beginn der musikhistorischen Biographik im 19. Jahrhundert in grundlegender Weise von Otto Jahn und von Hermann Abert beschrieben worden. Ihren beiden wissenschaftlich wie literarisch gleichermaßen eindrucksvollen Darstellungen, die jeweils weit über ihre Zeit hinaus gültige Maßstäbe gesetzt haben, sind zahlreiche Autoren mit Versuchen gefolgt, anders ausgerichtete Zugänge zu Mozart und seiner Musik zu finden, nicht selten auch in bewußter Abkehr von Jahn und Abert. Es wäre ebenso vermessen wie ungerecht, die vielen dabei gewonnenen Einsichten, Umdeutungen und Nuancierungen zu leugnen, führt doch jede ernsthafte Auseinandersetzung mit einer bedeutenden Persönlichkeit der Geschichte und ihrem Schaffen im Laufe der Zeit ganz allgemein zu einem differenzierteren Verständnis ihrer Leistungen. Auch bedarf es hin und wieder provozierender Thesen, die das Nachdenken über große Künstler kraftvoll anstoßen. Dennoch wird es immer das Ergebnis einer gründlichen Durchsicht von Mozart-Biographien sein, daß der in ihnen festzustellende Zuwachs an begründetem und dauerhaftem Wissen schon seit langem gering ist. Mozart-Biographen der jüngeren Vergangenheit haben vielleicht auch deshalb häufig danach gestrebt, ›neu‹ zu sein in ihrer Sicht auf die Person des Komponisten und in ihrer Kritik an herrschenden Bildern, die sich im kollektiven Bewußtsein festgesetzt haben. Daß sich dieses ›Neue‹ aber nicht selten als modisch und die Kritik oft als wohlfeil erwiesen hat, belegt in den weit überwiegenden Fällen die nur kurzzeitige Beachtung, die solchen Arbeiten zuteil ward und wird.

Im übrigen gehört es zu den Gemeinplätzen historischen Verstehens, daß jede noch so sachbezogene Geschichtsschreibung ebenso von ihrem entfernten Gegenstand kündet wie von ihrer eigenen Zeit. Um nur ein Beispiel anzuführen: Das bis in die 1970er Jahre in Wissenschaft und Öffentlichkeit vorherrschende Bild vom seraphischen Götterliebling Mozart atmete den Geist behaglichen Kulturbürgertums, und es lassen sich genügend Biographien nennen, die diesem Geist huldigten. Gegen die liebgewonnene Porzellanfigur vorzugehen, sie gründlich abzustauben oder gar zu zerschlagen, wie es dann geschehen ist, bedeutete für skeptisch gewordene Biographen einen Akt der Befreiung, für viele Mozart-Liebhaber freilich einen Angriff auf ihren Heros und darüber hinaus auf das eigene Musikverständnis. Der unbequeme Gegenentwurf von Mozart als einem Menschen, der in vieler Hinsicht fremd, gar befremdlich war, dessen Verhalten manche regressiven Züge aufzuweisen schien, widersprach dem zuvor gepflegten ›Heiligenbild‹, bot aber vor allem einem jüngeren Publikum den Anhalt zu einer ungewohnten Begegnung mit einem ›Klassiker‹. Dieser aufrührerische und zugleich restauratorische Vorgang ist inzwischen selbst Geschichte geworden – und was sich aus ihm über das ›Mozart-Bild‹ im späten 20. Jahrhundert und seine Propagandisten lernen läßt, könnte schon wieder Gegenstand einer aufschlußreichen Studie sein. Aber eines ist auch so gewiß: Jede Generation, die sich ihr Bild vom Komponisten macht, ist davon überzeugt, den ›wahren‹ Mozart zu besitzen – was an ihren Vorstellungen richtig oder falsch war, entscheiden die Nachgeborenen (falls richtig und falsch überhaupt Kriterien gegenüber einer Wahrheit der Vergangenheit sein können).

Mein Versuch, Mozarts Leben zu erzählen und einige mir wesentlich erscheinende Merkmale seiner Musik zu erläutern, erhebt keinen Anspruch, ›neu‹ zu sein. Das liegt auch an seiner Vorgeschichte. Hervorgegangen ist das Buch aus dem Personenartikel *Mozart* für die Enzyklopädie *Die Musik in Geschichte und Gegenwart* (MGG). Ich habe die mir dort gestellte Aufgabe so aufgefaßt, das aktuelle Wissen über den Komponisten in den Grundzügen möglichst umfassend, verläßlich und verständlich darzustellen. Die engen Grenzen des Artikels zwangen aber zu Beschränkungen, die ich später etwas lockern wollte, ohne freilich den ursprünglichen Charakter der Darstellung zu ändern. So treten nun im biographischen Teil einige Akzentuierungen deutlicher hervor, im Werkteil werden Vergleichsfälle zu bestimmten Ausführungen breiter dokumentiert und analytische Sachverhalte gelegentlich durch Notenbeispiele veranschaulicht. Das Werkverzeichnis erscheint in vollständiger Version, das heißt mit Einschluß einer Übersicht über den Skizzenbestand und Mozarts Abschriften fremder Werke, sowie in seiner ursprünglichen Form als Tabelle. Um den Textfluß zu erhöhen, sind Quellenbelege in einen Endnoten-Apparat, Repertorien von in einzelnen Kontexten behandelten Werken in Fußnoten zusammengestellt worden. Zusätzliche Anmerkungen mit Verweisen auf Sekundärliteratur gibt es nicht, dafür aber eine systematisch geordnete Bibliographie.

Meine Arbeit geht von den primären Quellen aus: von den Briefen Mozarts und seiner Familie, von Dokumenten aller Art und von den musikalischen Werken. Mit ihnen setze ich mich seit Jahren auseinander, aus ihnen ist mein Verständnis seines Lebens und seiner Musik zuallererst gewonnen. Selbstverständlich bin ich mir der Zeitgebundenheit und der persönlichen Färbung auch meines ›Mozart-Bildes‹ bewußt, aber ich habe mich nach Kräften um eine möglichst sachbezogene Darstellung bemüht. Wenn ich so manches Mal von gewohnten Meinungen abweiche und vermeintlich fraglose Tatsachen anzweifle, dann möchte ich vor allem darauf aufmerksam machen, wie leicht wir uns auch bei Mozart mit Schein-Wissen und bequemen Erklärungen zufriedengeben. Ich vermeide es, in die vielen Lücken unserer Kenntnis von Lebenslauf und Persönlichkeit Mozarts den gefügigen Kitt erzählerisch-spekulativer Phantasie zu schmieren – das geschieht andernorts zur Genüge. Weiterhin liegt es außerhalb meiner Absicht, Mozarts Kunstrang durch rhetorisches Pathos herauszustellen: Das ist einmal völlig überflüssig und zum anderen, wie zu oft bewiesen worden ist, auch zum Scheitern verurteilt. Enttäuschen werde ich schließlich alle Leser, die poetische oder bekenntnishafte Erläuterungen der Werke erwarten. Ich halte mich an den Reichtum der Notentexte, über den wir uns tatsächlich verständigen können – was mir an Mozarts Musik nahegeht und mich tief berührt, kann nicht von allgemeinem Interesse sein (falls ich es überhaupt beschreiben könnte). Wenn die Lektüre dieses Buches den Eindruck hinterläßt, über Mozart zuverlässig informiert worden zu sein, und die Verzeichnisse den raschen Zugang zu den historischen und bibliographischen Grunddaten der Kompositionen ermöglichen, dann sehe ich mein Ziel als erreicht an.

Am Ende einer nicht ganz unanstrengenden, aber erfüllenden Arbeit bleibt mir noch Dank zu sagen. Die ›obligaten Augengläser‹ meiner Würzburger Werkstatt haben durch unermüdliche Mithilfe bei Recherchen, beim Einrichten des Textes und durch ihre Bereitschaft, erste Leser zu sein, wertvolle Hilfe geleistet: Dr. Frohmut Dangel-Hofmann, Dr. Armin Koch und Christoph Beck M.A. bin ich für ihr großes Engagement sehr verbunden. Professor Dr. Wolfgang Rehm hat mir den uneigennützigen Freundschaftsdienst erwiesen, das ganze Manuskript kritisch durchzusehen und mit vielen klugen Ratschlägen zu seiner endgültigen Gestalt beizutragen. Auch ihm danke ich herzlich. Im Verlag durfte ich mich des umsichtigen Lektorats von Diana Rothaug erfreuen; die harmonische und zielstrebige Zusammenarbeit mit ihr war für mich Gewinn und Vergnügen zugleich. An dieser Stelle bietet sich die Gelegenheit, Dr. Christiana Nobach und ihre Betreuung des ursprünglichen Textes in der MGG dankbar zu erwähnen. Für die Sorgfalt beim Layout danke ich Silke Doepner, für den Satz der Notenbeispiele Dr. Oliver Wiener. Durch Mittel aus dem Gottfried Wilhelm Leibniz-Programm der Deutschen Forschungsgemeinschaft Bonn und durch eine Zuwendung der Landgraf Moritz-Stiftung Kassel sind der Abschluß des Manuskripts und die Drucklegung wesentlich gefördert worden. Beiden Institutionen sage ich Dank für diese Unterstützung. Wie immer waren meine Frau und meine Kinder die Leidtragenden von zu viel Mozart und anderem. Davon zeugt die Widmung.

Ulrich Konrad

Verzeichnisse

Abkürzungen und Siglen

A	Alt
AfMw	Archiv für Musikwissenschaft
AM	Aufführungsmaterial (bezieht sich auf praktische Ausgaben nach der NMA)
AMA	Alte Mozart-Ausgabe = *Wolfgang Amadeus Mozarts Werke. Kritisch durchgesehene Gesammtausgabe*, 24 Serien, Leipzig 1876–1907 (ND mit veränderter Bandeinteilung, Ann Arbor 1951–56)
AMoz	Acta Mozartiana
AnMl	Analecta musicologica
B	Baß (vokal)
B.	Baß (instrumental)
BA	Bärenreiter-Ausgabe (bezieht sich auf praktische Ausgaben nach der NMA)
B&H	Breitkopf & Härtel Leipzig (auch Wiesbaden)
Bar	Bariton
Bassetthr.	Bassetthorn
Bassettklar.	Bassettklarinette
Breitkopf-Katalog	*Breitkopf-Härtel's Alter handschriftlicher Catalog von W. A. Mozart's Original-Compositionen*. Original verschollen, Abschrift: Archiv der Gesellschaft der Musikfreunde, Wien
BriefeGA	Briefe Gesamtausgabe = *Mozart. Briefe und Aufzeichnungen*. Gesamtausgabe, herausgegeben von der Internationalen Stiftung Mozarteum Salzburg, gesammelt (und erläutert) von Wilhelm A. Bauer und Otto Erich Deutsch, Textbände I–IV, Kassel u. a. 1962/63, auf Grund deren Vorarbeiten erläutert von Joseph Heinz Eibl: Kommentarbände V/VI, ebd. 1971, Registerband VII, zusammengestellt von Joseph Heinz Eibl, ebd. 1975; Taschenbuchausgabe mit zusätzlichem Band VIII (Einführung, Ergänzungen und Bibliographie, hrsg. von Ulrich Konrad), Kassel u. a. 2005.
Cemb.	Cembalo
ChP	Chorpartitur (bezieht sich auf praktische Ausgaben nach der NMA)
CMN	*Nachricht von Mozarts hinterlassenen Fragmenten, mitgetheilt von seiner Witwe* (Brief Constanze Mozarts an Breitkopf & Härtel, Wien, 1. März 1800), in: BriefeGA IV, S. 324–331, und VI, S. 524–532
dass., dems., ders., dies.	dasselbe, demselben, derselbe(n), dieselbe(n)
Diss.	Dissertation
Dok.	Dokumente = *Mozart. Die Dokumente seines Lebens*, gesammelt und erläutert von Otto Erich Deutsch, Kassel u. a. 1961 (= NMA X/34)
DokAC	Dokumente, Addenda und Corrigenda = *Mozart. Die Dokumente seines Lebens. Addenda und Corrigenda*, zusammengestellt von Joseph Heinz Eibl, Kassel u. a. 1978 (= NMA X/31/1)
DokA.NF	Dokumente, Addenda. Neue Folge = *Mozart. Die Dokumente seines Lebens. Addenda · Neue Folge*, zusammengestellt von Cliff Eisen, Kassel u. a. 1997 (= NMA X/31/2)

VERZEICHNISSE

ebd.	ebenda
ED	Erstdruck
Engl. Hr.	Englisch-Horn
Fg.	Fagott
Fl.	Flöte
Fr	Fragment (als Sigle im Werkverzeichnis)
Gb.	Generalbaß
Hf.	Harfe
HJb	Händel-Jahrbuch
Hr.	Horn
hrsg.	herausgegeben
ISM	Internationale Stiftung Mozarteum Salzburg
JAMS	Journal of the American Musicological Society
JRMA	Journal of the Royal Musical Association
KB	Kritischer Bericht (zu: NMA)
Kb.	Kontrabaß
Kl.	Klavier
KlA	Klavierauszug
kl. Tr.	kleine Trommel
Klar.	Klarinette
KV (KV², KV³, KV³ᵃ, KV⁶)	Ludwig Ritter von Köchel, *Chronologisch-thematisches Verzeichniss sämmtlicher Tonwerke Wolfgang Amade Mozart's*, Leipzig 1862; Nachtrag Leipzig 1889; ²1905, bearbeitet von Paul Graf von Waldersee, ³Leipzig 1937, bearbeitet von Alfred Einstein (davon zwei unveränderte Nachdrucke, als 4. und 5. Auflage bezeichnet), Nachdruck mit Supplement ³ᵃAnn Arbor 1947, ⁶Wiesbaden 1964, bearbeitet von Franz Giegling, Zürich, Alexander Weinmann, Wien, Gerd Sievers, Wiesbaden (davon zwei unveränderte Nachdrucke, als 7. und 8. Auflage bezeichnet)
LM	Leihmaterial (bezieht sich auf praktische Ausgaben nach der NMA)
LMVerz	Leopold Mozart Verzeichnis = *Verzeichniß alles desjenigen was dieser 12jährige Knab seit seinem 7ten Jahre componiert*, [Wien 1768], in: BriefeGA I, S. 287–289
Mf	Die Musikforschung
MH	Ch. H. Sherman / T. D. Thomas, *J. M. Haydn. A Chronological Thematic Catalogue of His Works*, Stuyvesant / N. Y. 1993
MitISM	Mitteilungen der Internationalen Stiftung Mozarteum
MJb	Mozart-Jahrbuch
ML	Music and Letters
MozVerz	Mozart Verzeichnis = *Verzeichnüß aller meiner Werke vom Monath febrario 1784 bis Monath [ ] 1 [ ]*, Einführung und Übertragung von Albi Rosenthal und Alan Tyson, Kassel u. a. 1991 (= NMA X/33/Abt. 1, dort: »Mozart/Eigenhändiges Werkverzeichnis/Faksimile«)
MQ	Musical Quarterly
MT	The Musical Times
ND	Nachdruck (siehe AMA)
NMA	Neue Mozart-Ausgabe = *Wolfgang Amadeus Mozart. Neue Ausgabe Sämtlicher Werke*, in Verbindung mit den Mozartstädten Augsburg, Salzburg und Wien hrsg. von der Internationalen Stiftung Mozarteum Salzburg, 10 Serien, Kassel u. a. 1955 ff. (TB der Serien I–IX in 20 Bänden mit veränderter Bandeinteilung, Kassel und München 1991)
No., Nr.	Numero, Nummer
Ob.	Oboe
ÖMZ	Österreichische Musikzeitschrift
P	Partitur (bezieht sich auf praktische Ausgaben nach der NMA)
Pk.	Pauke
Pos.	Posaune
S	Sopran
Sk	Skizze (als Sigle im Werkverzeichnis)
Skb	Skizzenblatt (als Sigle im Werkverzeichnis)

VERZEICHNISSE

T	Tenor
TB	Taschenbuchausgabe [= NMA Serien I bis X] = *Wolfgang Amadeus Mozart. Neue Ausgabe sämtlicher Werke*. Werkausgabe in 20 Bänden., Kassel und München 1991
TP	Taschenpartitur (bezieht sich auf praktische Ausgaben nach der NMA)
Trp.	Trompete
u. a.	und andere, unter anderem
UMI	University Microfilms International
usw.	und so weiter
V.	Violine
Va.	Viola
Vc.	Violoncello
Warb.	Ernest Warburton, [Johann Christian Bach] *Thematic Catalogue*, New York [= The Collected Works, 48,1]

VERZEICHNISSE

Abbildungen

S. [21]	Johann Nepomuk della Croce: Ölbild der Familie Mozart (Salzburg: zwischen Spätherbst 1780 und Anfang 1781)
S. 39	Louis Carrogis de Carmontelle: Leopold Mozart mit Wolfgang und Maria Anna (Nannerl), Aquarell (Paris: November 1763)
S. 51	Wolfgang Amadeus Mozart, anonymes Ölbild (Pietro Antonio Lorenzoni zugeschrieben; Anfang 1763)
S. 95	Brief Mozarts an seine Frau Constanze (Wien: 3. Juli 1791). Internationale Stiftung Mozarteum, Salzburg, Bibliotheca Mozartiana, Signatur: *Mappe 26, Nr. 420b*. BriefeGA Nr. 1176
S. 116	Doris (Dorothea) Stock: Wolfgang Amadeus Mozart, Silberstift-Zeichnung auf Elfenbeinkarton (Dresden: 16. oder 17. April 1789)
S. 143	Joseph Lange: Mozart am Klavier, unvollendetes Ölbild (wohl Wien: Frühjahr 1789)
S. 161	Wolfgang Amadeus Mozart: Sinfonie C-Dur KV 551 ›*Jupiter*‹. Autograph, Bl. 46^r: 4. Satz, T. 388–401. Staatsbibliothek zu Berlin – Preußischer Kulturbesitz, Musikabteilung mit Mendelssohn-Archiv, Signatur: *Mus. ms. autogr. W.A. Mozart 551*
S. 162	Wolfgang Amadeus Mozart: Skizzenblatt zu *Le nozze di Figaro* KV 492, Duettino Susanna / Contessa No. 21 »Che soave zeffiretto« mit Schluß des vorangehenden Rezitativs. Internationale Stiftung Mozarteum Salzburg, Bibliotheca Mozartiana, Signatur: *KV 492*. NMA X/30/3, Skb 1785l

Eine Liste der authentischen oder lebensnahen Porträts Mozarts mit weiteren Informationen findet sich auf S. 132f.

Notenbeispiele

S. 171	1a	Klavierkonzert B-Dur KV 450, 2. Satz, T. 1–8
S. 171	1b	Klavierkonzert G-Dur KV 453, 2. Satz, T. 1–5
S. 171	1c	Klavierkonzert Es-Dur KV 271, 2. Satz, T. 1–7
S. 171	1d	Klavierkonzert B-Dur KV 456, 1. Satz, T. 1–7, und Arie für Sopran »*No, che non sei capace*« KV 419, T. 56–62
S. 172	1e	Sinfonie C-Dur KV 551, T. 101–105, und Ariette für Baß »*Un bacio di mano*« KV 541, T. 21–28
S. 173	2	*Le nozze di Figaro*, Finale II (No. 16), Scena VIIIa: a) T. 167–175; b) T. 188–195
S. 178	3	Sonate für Klavier und Violine C-Dur KV 6, 1. Satz: a) T. 1–4; b) T. 27–32
S. 183	4	Streichquartett G-Dur KV 387, 2. Satz: Menuetto, T. 1–9
S. 185	5	Streichquartett d-Moll KV 421 (417^b): a) 3. Satz: Menuetto, T. 1–10; b) 3. Satz: Trio, T. 1–8
S. 188	6	Klaviersonate F-Dur KV 332 (300^k), 1. Satz, T. 1–56
S. 190	7	Klavierquartett g-Moll KV 478, 1. Satz, T. 1–8
S. 192	8	Streichquartett C-Dur KV 465, 1. Satz, T. 1–5
S. 193	9	Klavierkonzert C-Dur KV 467, 2. Satz, T. 12–16
S. 194	10	Sinfonie g-Moll KV 550, 1. Satz, T. 99–114
S. 195	11	Klaviersonate C-Dur KV 309 (284^b), 3. Satz, T. 230f.
S. 196	12	*Don Giovanni*, Finale II (No. 24), T. 487–501: Harmonie-Auszug
S. 197	13	*Così fan tutte*, Terzettino (No. 13) »*Soave sia il vento*«, T. 22f.
S. 199	14a	›Mozart-Quinten‹
S. 199	14b	*Die Entführung aus dem Serail* KV 384, Zweiter Akt: Quartetto (No. 16), T. 95–97, Klavierauszug; c) dieselben Takte im Particell

TEIL I

LEBEN

Wolfgang und Maria Anna (Nannerl) am Klavier in Spielhaltung mit überkreuzenden Armen, Leopold mit Geige, dazu an der Wand das Bildnis der verstorbenen Mutter (Ölbild von Johann Nepomuk della Croce, Salzburg 1780/81)

I

»Biographie« und »Mozart-Bilder«

Für eine Lebensbeschreibung Mozarts, für einen Überblick über sein Schaffen und für eine historiographische Würdigung des Gesamtwerks bietet die Überlieferung an primären und sekundären Quellen sehr gute Voraussetzungen. Von keinem Musiker des 18. Jahrhunderts ist vergleichbar aussagekräftiges Material erhalten geblieben, dazu in einem Umfang und in einer zeitlichen Streuung, wie sie ebenfalls inkommensurabel sind. Mit dem Jahr 1769 setzt die in der Folge unterschiedlich dichte und namentlich für die spätere Wiener Zeit deutlich reduzierte Überlieferung der eigenhändigen Korrespondenz Mozarts ein; sie reicht bis zum 14. Oktober 1791. Für die davorliegenden Lebensjahre bieten meist umfangreiche Schreiben des Vaters, vorzugsweise an den Salzburger Kaufmann Johann Lorenz Hagenauer, reiche Auskünfte über die Unternehmungen und die Entwicklung des jungen Musikers, während die in die Tausende gehenden Briefe der Familie nach dem Tod des Komponisten wertvolle Nachrichten über die ersten Jahrzehnte seines Nachlebens bis zur Mitte des 19. Jahrhunderts liefern. Aufzeichnungen aller Art wie Tagebuch- und Reisenotizen, Werkverzeichnisse, Stammbucheintragungen oder Alltagsniederschriften ergänzen den Bestand an biographischen Zeugnissen. Früheste Nachrichten über das Musizieren des Kindes stehen im Notenbuch der Schwester Maria Anna (1751–1829), wo Leopold Mozart nach den ersten acht Menuetten festhält, diese habe »*d. Wolfgangerl im 4ten Jahr gelernet*«, oder wo er, sogar genau datiert, zu einem Scherzo in C von Georg Christoph Wagenseil (No. 31) bemerkte, dieses Stück habe der Sohn »*den 24ten Januarij 1761, 3 Täge vor seinem 5ten Jahr nachts um 9 uhr bis halbe 10 uhr gelernet*«[1]. Die erste öffentliche Nennung des Namens *Wolfgangus Mozhart* findet sich im gedruckten Textbuch des am 1. und 3. September 1761 aufgeführten lateinischen Schuldramas *Sigismundus Hungariae rex*, bei dem der Junge in der Gruppe der »*Salii*«, der Tänzer,[2] mitwirkte.

Die frühesten Notenautographe stammen mit hoher Wahrscheinlichkeit aus dem Jahr 1764: die Menuette in G und C für Klavier KV 1 (KV^6 1e) und KV^6 1f sowie das Klavierstück in C KV 9^a (5^a). Das letzte abgeschlossene Manuskript, das der *Freimaurerkantate »Laut verkünde unsre Freude«* KV 623, datiert am 15. November 1791; die letzte Notenseite überhaupt von Mozarts Hand ist die vermutlich gegen Ende November 1791 geschriebene Vorderseite von Blatt 99 der sogenannten Arbeitspartitur[3] des Fragment gebliebenen *Requiem* KV 626 mit den Worten des Hostias »*fac eas Domine de morte transire ad vitam*«. Das in rund drei Jahrzehnten entstandene Werkcorpus Mozarts stellt sich insofern als eine scharf konturierte Einheit dar, als dank den zeitigen Bemühungen des Vaters um eine möglichst vollständige Registrierung der Kompositionen seines Sohnes sowie dem von Mozart vom 9. Februar 1784 bis zum 15. November 1791 geführten *Verzeichnüß aller meiner Werke*, aber auch dank einer dichten Tradierung autographer oder sonstiger authentischer Quellen die Kompositionen in ihrer Gesamtheit identifizierbar sind. Bereits zu Lebzeiten oder bald danach eingetretene Verluste an Werken lassen sich anhand sekundärer Zeugnisse qualifizieren, etwa wenn von den 145 Eintragungen im *Verzeichnüß* sechs bis heute nicht beglaubigt sind (Andante für Violine und Orchester KV 470, *Eine kleine Nachtmusik* KV 525 [erstes Menuett mit Trio], Marsch KV 544, Zwei Kontretänze KV 565, Arie für Sopran und Orchester »*Ohne Zwang, aus eignem Triebe*« KV 569, Chor »*Viviamo felici*« KV 615). Umgekehrt fehlen dort zwanzig Werke, deren Authentizität andernorts durch verläßliche Quellen gesichert ist. Tatsächlich gibt es keinen zwingenden Grund zur Annahme, es könnten noch gänzlich unbekannte Kompositionen Mozarts auftauchen – Hoffnung besteht allenfalls für die Wiederentdeckung nur dem Titel nach bekannter Stücke.

Gleichwohl steht die Mozart-Forschung, der günstigen Quellenlage zum Trotz, in mehrfacher Hinsicht vor Hindernissen, in manchen Fällen gar vor unüberwindbaren Schwierigkeiten. Einmal sind durchaus wichtige biographische und werkgeschichtliche Fragen entweder nur lückenhaft oder überhaupt nicht zu beantworten. So bleibt beispielsweise die Einschätzung des Verhältnisses Mozarts zu lebensgeschichtlich bedeutsamen Personen wie dem »Bäsle« Maria Anna Thekla Mozart in den Jahren 1777 bis 1780, dem Vater und der Schwester in der Wiener Zeit nach 1781, dem Librettisten Lorenzo Da Ponte während der engen künstlerischen Zusammenarbeit von 1785 bis 1790, dem vermeintlichen Konkurrenten Antonio Salieri oder sogar der Ehefrau Constanze schwankend bis spekulativ; die wirkliche Ursache der finanziellen Misere der Jahre seit 1787, die genauen Hintergründe mancher Reisepläne nach England und Rußland in der späten Lebenszeit oder die Ereignisse der letzten Lebenswochen etwa liegen weitgehend im Halbdunkel bloßer Vermutungen. Nicht eindeutig geklärt sind die Entstehungsumstände der *Sinfonia concertante* KV[2] Anh. 9 (KV[6] 297B), der *Missa* in c-Moll KV 427 (417ª), der letzten drei Sinfonien in Es-Dur, g-Moll und C-Dur KV 543, 550, 551 oder des *Requiem* KV 626, um nur einige prominente Kompositionen anzuführen. In diesem Zusammenhang müssen auch die zahlreichen Werke zweifelhafter Autorschaft erwähnt werden, beispielsweise in der Überlieferung an Sinfonien und kirchenmusikalischen Kompositionen aus der Frühzeit. Zum anderen haben sich im Laufe der über zweihundert Jahre während der Wirkungsgeschichte Mozarts viele historiographische Klischees oder bloß anekdotisch bezeugte Begebenheiten derart eingebürgert, daß sie im Range von Fakten stehen, obwohl ihnen im Lichte einer kritischen Prüfung höchstens der Status von Mutmaßungen zukommt. Das läßt sich exemplarisch am Fall des *Requiem* verdeutlichen. Zu diesem Werk ist keine einzige authentische Aussage Mozarts überliefert; alle bekanntgewordenen Äußerungen stammen aus zweiter und dritter Hand und sind erst zwischen 1798 und 1826 aufgezeichnet worden. Das Konglomerat aus diesen Mitteilungen samt ihren wechselseitigen Bezugnahmen aufeinander und sich fortzeugenden Deutungen hat die Möglichkeit eröffnet, eine scheinbar kongruente Ereignisfolge um das *Requiem* zu konstruieren, freilich um den Preis, daß an die Stelle eines, nüchtern betrachtet, unspektakulären Gerüsts an Fakten über eine Auftragskomposition Mozarts die aufregende, geheimnisumwitterte und emotional anrührende Geschichte seines einzigartigen ›Schwanengesangs‹ getreten ist. Es bezeichnet eine Grundtendenz der Mozart-Historiographie, solchen Erzählkonstruktionen einen beträchtlichen Raum eingeräumt zu haben und immer noch einzuräumen, wohl eine der Voraussetzungen für die insgesamt ungebrochene Popularität der Vita Mozarts (die mehr bedeutet als bloße Bekanntheit).

Neben dem Manko partiell empfindlicher Wissenslücken und neben der Neigung zur mehr erzählten denn gewußten Geschichte sorgt allerdings zuletzt eine in ihren Konsequenzen höchst bemerkenswerte rezeptionsgeschichtliche Tatsache für andauernde Herausforderungen im Umgang mit Mozart. Die seit den Lebzeiten des Komponisten bis in die Jetztzeit andauernde Gegenwärtigkeit seiner Musik – in dieser Konstanz erstmalig in der europäischen Musikgeschichte zu beobachten (allenfalls Händel wäre dem an die Seite zu setzen) – und die Konstellationen des Wissens über diese Musik und ihren Schöpfer haben eine Vielzahl von Brechungen erlebt, aus denen eine wechselvolle Reihe individueller, eindrücklicher, dabei häufig tief widersprüchlicher ›Mozart-Bilder‹ erwachsen ist. Die Grundfrage der Historik, wie sie die Relation zwischen dem Gewesenen und der jeweiligen Gegenwart verstehen will, erfährt im Blick auf Mozart die Antwort, jede Zeit habe sich ›ihren‹ Mozart nach eigenem Ebenbild geschaffen. Selbstverständlich geschehen solche charakteristischen Aneignungen mit jedem großen Künstler, doch nur selten in einem mit dem Fall Mozarts vergleichbaren Maß an Veränderung und Kontrast. Das Faszinosum seiner Wirkungsgeschichte liegt in dem offensichtlich zu allen Zeiten von ihm ausgehenden, unerschöpflichen Angebot an unterschiedlichsten Projektionsflächen.

Bot es sich für Friedrich Rochlitz auf der Wende vom 18. zum 19. Jahrhundert an, den Höhepunkt des Raffael-Kults der deutschen Frühromantik für eine Parallelsetzung des Renaissance-Malers mit Mozart zu nutzen, um den Komponisten gleich jenem als idealen, beinahe entmaterialisierten Künstler zu stilisieren, so betonte E.T.A. Hoffmann aus dem Erlebnis des *Don Giovanni* heraus eine dämonische Seite Mozarts. Er wies auf dessen Vermögen hin, »*in die Tiefen des Geisterreichs*« zu führen.[4] In Søren Kierkegaards Auseinandersetzung mit Erscheinungsformen der ästhetischen Lebensanschauung fällt ebenfalls dem *Don Giovanni* eine Schlüsselposition zu, dort, wo über die »*unmittelbaren erotischen Stadien oder das Musikalisch-Erotische*« gehandelt wird.[5] Eduard Mörike zeichnet in der Novelle *Mozart auf der Reise nach Prag*[6] ein hell-düsteres Doppelgesicht der

Künstlerexistenz Mozarts. Der zweiten Hälfte des 19. Jahrhunderts drohte Mozart gelegentlich als harmloser Rokoko-Komponist zu entgleiten oder in der Verehrung als apollinische Lichtgestalt zu erstarren. Die im frühen 20. Jahrhundert auf ein vor-wagnersches Kunstideal hinarbeitenden Komponisten entdeckten Mozart als Modell einer neuen Klassizität wieder, feierten ihn als »*bisher die vollkommenste Erscheinung musikalischer Begabung*«.[7] Zur gleichen Zeit aber betonte Alfred Heuß wieder das »*dämonische Element in Mozarts Werken*«.[8] Politische Vereinnahmungen Mozarts als eines genuin deutschen, österreichischen oder gar europäischen Komponisten durchziehen die Wirkungsgeschichte bis in die Gegenwart.

Der bislang jüngste ›Bildwechsel‹ ereignete sich seit den späten 1970er Jahren mit dem Versuch Wolfgang Hildesheimers, Mozart zu entmythologisieren, indem er die Patina einer reichen biographisch-harmonisierenden Publizistik abzutragen unternahm.[9] Mag der von dieser Darstellung ausgegangene Impuls einer lebenswirklicheren, auch schonungsloseren Sicht auf den Komponisten sowie einer psychoanalytischen Annäherung an seine Persönlichkeit inzwischen bereits selbst Geschichte geworden sein, übt die im Anschluß erschienene und von Hildesheimer begleitete vollständige Taschenbuch-Ausgabe der *Bäsle-Briefe*[10] ihre seinerzeit in weiteren Kreisen empfundene Anstößigkeit kaum mehr aus, so präsentiert sich das Mozart-Bild des frühen 21. Jahrhunderts hinsichtlich seines Bezuges zur historischen Wirklichkeit doch deutlich geläuterter, nüchterner und realistischer als in den Jahrzehnten zuvor; zu dieser Wende hat die Intensivierung der wissenschaftlichen Auseinandersetzung mit dem Komponisten und seinem Werk im Umfeld der seit 1955 erscheinenden *Neuen Mozart-Ausgabe* wesentlich beigetragen. Das alles heißt freilich nicht, die überkommenen Trivialmythen seien völlig verblaßt. Nicht zuletzt die Massenwirkung von Peter Shaffers 1979 uraufgeführtem Theaterstück *Amadeus* und des 1984 in die Kinos der Welt gelangten, darauf basierenden und mit einem üppigen Soundtrack ausgestatteten gleichnamigen Films von Milos Forman hat Mozart in die Vorstellung von Millionen von Menschen als eine populäre Musik-Ikone eingeprägt, für die der Historiker kein Äquivalent anzubieten hat. Die Geschichte der ›Mozart-Bilder‹ geht weiter.

Angesichts dieses Befundes gehört die systematische Erschließung der Rezeptionsgeschichte Mozarts weiter zu den anhaltenden Herausforderungen der Mozart-Forschung. Wer trotz der verdienstvollen jüngeren Arbeiten skeptisch bleibt, ob sie je zu bestehen sein wird, muß immerhin einräumen, daß auf der niedrigeren Ebene von Detailstudien (namentlich zur Wirkungsgeschichte der Da Ponte-Opern sowie zu den Vorgängen in der ersten Hälfte des 19. und frühen 20. Jahrhunderts) und generalisierenden Überblicken Pionierleistungen vollbracht worden sind. Sie genügen zumindest, um das Bewußtsein für die unausweichliche Frage zu schärfen, an welchem ›Mozart-Bild‹ oder, genauer noch, an welchen Motiven aus welchen ›Mozart-Bildern‹ sich die je gegenwärtige Beschäftigung mit dem Komponisten orientiert. Mozart als fixierte historische oder historiographische Größe zu konstatieren, mag aus heuristischen Gründen immer wieder unumgänglich sein, doch darf das nicht als Freibrief für einen in der Konsequenz unhaltbaren Reduktionismus auf ein einziges Verstehensmodell genommen werden, und sei es noch so eindringlich wie beispielsweise das des ›Wiener Klassikers‹ Mozart. Das Wort von der »*Annäherung*« (Georg Knepler) gewinnt in diesem Zusammenhang besondere Bedeutung, weil es dem Verstehen als fortdauernder intellektueller und forschender Bewegung den Vorrang vor dem Verstehen als abgeschlossenem Zustand einräumt. Dabei bleibt als erste Forderung bestehen, immer wieder festzustellen, auf welcher Basis gesicherten Wissens sich diese Bewegung vollzieht, aber auch zu reflektieren, wie diese Basis erreicht worden ist.

Eine derartige Selbstkontrolle führt den Biographen unausweichlich in die Spannung zwischen dem Chronisten und dem Historiographen hinein, eine Spannung, die es auszuhalten gilt. Sie kann fruchtbar werden im Sinne einer von Zeit zu Zeit notwendigen Vergewisserung der Grundlagen; angesichts einer ins Ungemessene angeschwollenen, teils klärenden, teils verwirrenden (oder verwirrten) Sekundärliteratur kein geringer Anspruch. Und sie führt ihn in die bedrückende Aporie der prinzipiellen Unmöglichkeit, die Musik Mozarts, zumindest ihr wesenhaft Eigenes und ihr Schönes, mit sprachlichen Annäherungen zu erreichen. Das verurteilt den Musikforscher nicht zum Verstummen, befreit ihn auch nicht von der Anstrengung, in der Reflexion und der Artikulation seiner Gedanken Mozarts begriffsloser Kunst Worte zur Seite zu stellen. Diese Anstrengung hält inzwischen weit über zwei Jahrhunderte an, auch sie Spiegel einer von den Kompositionen ausgehenden, fortzeugenden Kraft.

II

Kindheit und Jugend 1756–1773

Abstammung und Elternhaus

Der Name Mozart läßt sich mit vielen Varianten in der Schreibweise (zum Beispiel: *»Motzhart«*, *»Mutzenhart«*, *»Mozert«*) bis ins 14. Jahrhundert zurück in den Stauden und der Reischenau nachweisen, einem Gebiet etwa 30 km südwestlich von Augsburg. Der älteste direkte Vorfahre des Komponisten, der Bauer Ändris (Andreas) Motzhart, lebte um die Mitte des 15. Jahrhunderts auf einem Anwesen im Weiler Heimberg zwischen Fischach und Aretsried. Seit dem 17. Jahrhundert siedelten die Mozarts als Bürger und Handwerker in Augsburg, so David Mozart d. J. (um 1620–1685), der Urgroßvater Franz (1649–1694) und der Großvater Johann Georg (1679–1736). Die mütterliche Linie der Pertls stammte aus Salzburg, im 17. Jahrhundert beginnend mit dem Urgroßvater Johannes (1607–1698) und dem in St. Gilgen seit 1720 als Gerichtspfleger tätigen Großvater Wolfgang Nikolaus (1667–1724). Leopold Mozart (1719–1787), der Vater des Komponisten, war das erste von neun Kindern aus der zweiten Ehe Johann Georgs mit Anna Maria Sulzer (1696–1766). Die Mutter Anna Maria Pertl (1720–1778) kam als drittes Kind von Wolfgang Nikolaus Pertl und seiner Frau Eva Rosina, geb. Altmann, verw. Puxbaum (1681–1755) in St. Gilgen zur Welt.

Der Buchbindersohn Leopold folgte nicht der handwerklichen Familientradition, sondern erfuhr zunächst von 1727 an eine gymnasiale Ausbildung an der Jesuitenschule St. Salvator, ehe er 1737 nach Salzburg übersiedelte und sich an der dortigen Benediktineruniversität immatrikulierte. Ein Jahr darauf wurde er Baccalaureus der Philosophie, doch schon 1739 mußte er die Universität wegen mangelnden Studieneifers verlassen. Seine musikalische Laufbahn begann er 1743 als Vierter Violinist an der Salzburgisch-Fürsterzbischöflichen Hofkapelle und brachte es hier bis 1763 zum Vizekapellmeister. Der vielseitig talentierte, belesene und welterfahrene Mann erwarb sich mit seinem 1756 bei Lotter in Augsburg erschienenen *Versuch einer gründlichen Violinschule* einen weit geachteten Namen. Neben seiner beruflichen Haupttätigkeit als Hofmusiker gab er Violin- und Klavierunterricht, schuf ein ansehnliches kompositorisches Œuvre und betätigte sich als

Musikalien- und Instrumentenhändler. Seit Anfang der 1760er Jahre widmete sich Leopold für beinahe zwei Jahrzehnte hauptsächlich der Erziehung seiner Kinder, bestimmte Inhalt und Art ihrer musikalischen wie sonstigen Ausbildung, begleitete mit großer Umsicht die frühe Entwicklung des Sohnes zum Komponisten und lenkte mit bedeutendem Geschick das künstlerische ›Familienunternehmen‹, das er über Jahre hinweg in alle Zentren Westeuropas führte.

Am 21. November 1747 hatte er Anna Maria Pertl geheiratet (*»Die beyden Mozartisch: Eltern waren zu ihrer Zeit das schönste Paar Eheleute in Salzburg«*, so Nannerl Mozart 1792[11]). Ihr früher Lebenslauf liegt im dunkeln, und alle späteren Nachrichten über sie sind an das Schicksal der Familie, vor allem des Sohnes gebunden. Der Ehe entsprangen von 1748 bis 1756 sieben Kinder, von denen nur das vierte, die Tochter Maria Anna, und das letzte, der Sohn Wolfgang, das Säuglingsalter überlebten. Das Leben der jungen Frau war also geprägt von den Belastungen nahezu unentwegter Schwangerschaften und der schmerzlichen Erfahrung des mehrfachen Kindstodes. Mit Aufnahme der Reisetätigkeit im Jahre 1762 wuchs die Mutter in die Rolle der unentbehrlichen Begleiterin hinein, die zwar wenig oder kaum mit organisatorischen Aufgaben betraut wurde, dafür umso mehr für den emotionalen Zusammenhalt der Familie und für eine gewisse häusliche Geborgenheit in den unruhigen und von vielen Gefährdungen bedrohten Jahren bis 1769 fern der Heimat leistete (an den späteren Italien- und Wien-Reisen nahmen sie und die Tochter nicht teil). Die familiären Bindungen der Mozarts waren bis zum Tod der Mutter in Paris 1778 sehr eng; eine allmähliche Entfremdung zwischen den Hinterbliebenen setzte mit der endgültigen Aufgabe des Salzburger Lebensraums durch Wolfgang und dessen Heirat 1782 mit Constanze Weber ein.

Mit der nahen und weiteren Verwandtschaft kam es nur zu sporadischen Kontakten. Hervorzuheben ist das engere Verhältnis Leopolds zu seinem jüngeren Bruder Franz Alois Mozart (1727–1791). Dessen Tochter Maria Anna Thekla (1758–1841), genannt das *»Bäsle«*, wiederum verband mit ihrem Vetter Wolfgang eine eigene, von jugendlichem Mutwillen und auch frivoler Offenheit geprägte Beziehung, über deren Art, einschließlich einer sexuellen Annäherung, viel spekuliert worden ist. Solche Mutmaßungen fußen allein auf der Auslegung von neun erhaltenen, zwischen 1777 und 1781 geschriebenen Briefen, lassen sich aber nirgends zur Gewißheit verdichten (dagegen beteuert Mozart noch 1781 unaufgefordert gegenüber dem Vater seine sexuelle Unberührtheit).[12] Bedeutsamer als die verwandtschaftlichen Bindungen erwiesen sich einige Salzburger Freundschaften der Familie, allen voran mit Abbé Joseph Bullinger (1744–1810) und mit dem Kaufmann Johann Lorenz Hagenauer (1712–1792), aber auch mit dem Komponisten Johann Ernst Eberlin (1702–1762) und dessen Töchtern sowie mit dem Hoftrompeter Johann Andreas Schachtner (1731–1795). Mit der entschiedenen Abkehr Wolfgang Amadé Mozarts von Salzburg seit den frühen 1780er Jahren verloren sich allerdings diese Bindungen, wie bereits erwähnt, von seiner Seite aus mehr und mehr.

Die Mozarts hatten 1747 eine Wohnung im dritten Stock eines Hauses in der mittelalterlichen Kernstadt Salzburgs (Getreidegasse, heute Nr. 9) bezogen und waren hier Mieter von Johann Lorenz Hagenauer. Als die Raumverhältnisse dort immer beengter wurden, übersiedelte die vierköpfige Familie 1773 in das geräumige sogenannte Tanzmeisterhaus am rechts der Salzach gelegenen Hannibalplatz (heute Makartplatz 8–9). Von 1784 bis zu seinem Tod 1787 bewohnte Leopold Mozart diese große Wohnung weitgehend alleine. Im Domizil an der Getreidegasse kam am 27. Januar 1756 *»abends um 8 uhr die meinige mit einem Buben«* nieder.[13] Am Tag darauf wurde das Kind im Dom auf die Namen Joannes Chrysostomus Wolfgangus Theophilus getauft.[14]

Von seinen Taufnamen in ihrer Gesamtheit (die ersten beiden nach dem Tagesheiligen des Geburtstags) hat Mozart nur eher scherzhaft Gebrauch gemacht.[15] Als Rufname galt *Wolfgang* (*»Wolfgangerl«*, *»Wolferl«* und ähnlich) nach dem Großvater mütterlicherseits Wolfgang Nikolaus Pertl. Der Zweitname *Theophilus* nach dem Taufpaten Johann Theophil Pergmayr kommt in der deutschen Form Gottlieb in den Briefen vom 31. Oktober 1777 und 14. Februar 1778, in der lateinischen Form *Amadeus* in den Briefen vom 16. Dezember 1774 und 10. Mai 1779 vor; diesen Zweitnamen verwendete Mozart regelmäßig erst seit Anfang 1770, allerdings zunächst in der italienischen Form *»Amadeo«*, dann seit 1777 in der französischen Form *»Amadé«* (*»Amade«*, *»Amadée«*, *»Amadè«*). Von 1770 bis 1776 setzte Mozart gelegentlich den Titel *»chevalier«* oder *»Cavaliere«* (auch *»C:«*) vor den Namen, Ausdruck seiner Würde eines päpstlichen Ritters vom Goldenen Sporn; in der von 1788 an überlieferten Korrespondenz mit dem Kaufmann Johann Michael Puchberg führte er den freimaurerischen Namenszusatz *»Br.«* oder *»O.B.«* ([Ordens]Bruder). Spielereien mit seinem Namen, vor allem die Schreibung von hinten (erstmals am 21. August 1773: *»gnagflow Trazom«*) oder als Anagramm (beispielsweise am 7. August 1778: *»Romatz«*), finden sich bis in die Wiener Jahre hinein. Im Sterberegister der Domkanzlei von St. Stephan zu Wien und im Totenbuch der Pfarre St. Stephan sowie in den Nachlaßakten steht die postum geläufig gewordene Namensfassung *»Wolfgang Amadeus«*. Ihre Verbreitung wurde durch den Titel der 1799 von Breitkopf & Härtel in Leipzig begonnenen Werkausgabe entscheidend gefördert (*Œuvres Complettes de Wolfgang Amadeus Mozart*).

Nachdem die beiden vorangegangenen Kinder jeweils rasch gestorben waren, überlebte das siebte und letzte Kind des Ehepaars trotz einer schwierigen Geburt und wuchs zusammen mit der viereinhalb Jahre älteren Schwester Nannerl auf. Über die früheste Kindheit Wolfgangs liegen keine Nachrichten vor. Im Jahre 1760 scheint der Vater deutliche Anzeichen einer besonderen Musikalität bei seinem Sohn beobachtet zu haben, jedenfalls ließ er ihn gelegentlich am Klavierunterricht für die Schwester teilnehmen und dokumentierte in deren *Notenbuch* von 1759 erste Lernerfolge. Johann Andreas Schachtner berichtete nach Mozarts Tod von Auffälligkeiten aus dieser Zeit, etwa daß der Knabe beim Spielen gerne sang, sich auf der Violine vorspielen ließ, am Klavier wohlklingende Intervalle suchte oder dabei angetroffen wurde, wie er mit kindlich-ungelenker Hand Noten zu schreiben versuchte.[16] Auch vom exzellenten Gehör und Erinnerungsvermögen schon des Kindes ist die Rede.

Musikalische Grundausbildung

Im Jahr 1761 setzte offensichtlich eine geregelte musikalische Grundausbildung ein, die den Knaben zunächst anhand von einfachen, geringstimmigen Menuetten und sonstigen »*Handstücken*« zum Spiel auf Tasteninstrumenten führte. Die Fortschritte waren frappierend, zumal der Schüler nicht nur sehr rasch lernte, sondern die gelernten Stücke auf eigene Weise improvisatorisch nachzuahmen begann. Nach den protokollarischen Eintragungen Leopolds in *Nannerls Notenbuch* lernte Wolfgang bis zum 6. Februar 1761 vierzehn Stücke.[17] Kurz nach dem fünften Geburtstag zeichnet der Vater ein Andante (KV⁶ 1a) und ein Allegro (KV⁶ 1b) als »*Des Wolfgangerl Compositiones*« auf; ihnen folgen ein Allegro (KV⁶ 1c) und ein *Menuetto* (KV⁶ 1d), datiert auf den 11. bzw. 16. Dezember 1761 (das im *Köchel-Verzeichnis* unter der Nummer 1 laufende Menuett dürfte erst 1764 entstanden sein). Auch die Violine wurde bald in den Unterricht einbezogen; Wolfgang erhielt ein kleines, 1746 gefertigtes Instrument aus der Werkstatt des Salzburger Geigenbauers Andreas Ferdinand Mayr und spielte auf diesem »*geigerl*«[18] schon früh bei sich bietenden Gelegenheiten. Die genaue Chronologie des Unterrichts im Spielen und ›Komponieren‹ läßt sich zwar nicht eruieren, doch liegen seine Prinzipien, ohne daß der Lehrer ihnen von Anfang an in bewußter Systematik gefolgt wäre, offen zu Tage: Dem kleinen Mozart wurde, wie seiner Schwester und in zunächst vergleichbar pädagogischer Intention, die Spieltechnik vermittelt; er sollte mit elementaren formalen, metrischen, rhythmischen und harmonischen Bausteinen der Musik, wie sie am Menuett leicht zu zeigen waren, bekannt werden; sein spielerisches Bedürfnis, diese rudimentären Bausteine nach den erlernten Vorbildern selbst neu zu kombinieren, erfuhr besondere Förderung, alsbald auch dadurch, daß der Vater Ergebnisse dieses Tuns am Instrument schriftlich fixierte, sie damit nachspielbar und kontrollierbar machte. Die Mischung aus kreativem Spiel in gegebenem Rahmen, aus deskriptiver Notierung des Gespielten durch den Lehrer und, das darf mit Gewißheit angenommen werden, aus dem Gespräch über das solcherart Geschaffene charakterisiert die Einzigartigkeit dieser Grundausbildung. Deren historisch wohl einmalige Situation zeigt ein hochbegabtes Kind und seinen Lehrer-Vater im pädagogischen Dialog, bei dem sich ein noch nicht zu Bewußtsein gekommenes musikalisches Aufnehmen auf der einen Seite, das staunende Bewußtwerden eines »*Wunders*« auf der anderen begegnen. Leopold Mozart zog aus seinen Beobachtungen im Laufe des Jahres 1761 den Schluß, die Musikalität seiner Kinder, vor allem seines Sohnes, sei ein Ereignis, das der Welt präsentiert werden müsse.

Erste Reisen 1762/63: München, Wien

Der Weg aus Salzburg hinaus zu den Kulturzentren des westlichen und südlichen Europas muß am Anfang über den örtlichen Fürsterzbischof Siegmund von Schrattenbach (1698–1771) geführt haben. Von seinem Zweiten Violinisten Leopold

Mozart auf die ungewöhnlichen Kinder aufmerksam gemacht, dürfte er den Impuls dazu gegeben haben, zu Jahresbeginn 1762 eine Reise an den nahegelegenen Hof des bayerischen Kurfürsten Maximilian III. Joseph zu unternehmen. Jedenfalls wäre es für den einfachen Hofmusiker Mozart ausgeschlossen gewesen, ohne Erlaubnis seines Dienstherrn aus Salzburg aufzubrechen und bar einer Protektion rasch Zutritt zum Münchner Hof zu erhalten, aber auch, die mehrwöchige Reise mit der ganzen Familie zu finanzieren. Details des Unternehmens sind unbekannt, aber der Erfolg war schlagend. Nach der Rückkehr Ende Januar oder Anfang Februar konnten die Mozarts von »*Erstaunen und Bewunderung*«[19] berichten, das die kindlichen Pianisten mit ihrem Spiel bei der höfischen Gesellschaft erregt hatten. Angesichts dieses Ergebnisses lag es nahe, eine weitere Reise unter dem Schutz des fürsterzbischöflichen Einflusses zu planen. Erstes Ziel der am 18. September 1762 begonnenen Tour war die Residenz des Fürstbischofs Joseph Maria Graf Thun-Hohenstein in Passau. Hier zeigte sich erstmals das Muster, nach dem in den kommenden Jahren die Reisen ablaufen sollten: Ein sensationeller Initialauftritt der Kinder bei einem gesellschaftlich einflußreichen Mäzen provozierte eine rasch sich durchsetzende Mundpropaganda, die zu weiteren Auftritten und damit verbundenem pekuniären Gewinn führte. Die lokalen Kontakte sprangen auf andere Orte über, und je nach Erfolgsaussicht entschlossen sich die stets anpassungsfähigen Mozarts zur Weiterreise vom einen zum anderen Ort; eine langfristige, in Einzelheiten festgelegte Routenplanung gab es nicht. Von Passau aus ging es nach Linz. Noch während des Aufenthalts dort machten sich zwei adelige Bekannte auf, in Wien »*zum voraus einen großen Lermen*«[20] zu machen. Selbst in der Residenzstadt angekommen, erreichten die Mozarts nach wenigen Privatakademien bereits am 13. Oktober 1762 eine erste Audienz bei Kaiserin Maria Theresia; die zweite folgte am 21. Oktober. Der Hochadel wetteiferte nun mit Einladungen zu Konzertdarbietungen. Bei Gelegenheit eines Auftritts beim französischen Gesandten wurde eine Einladung nach Paris ausgesprochen, die erste Anregung zu der im kommenden Jahr begonnenen großen Westeuropa-Reise. Der turbulente und anstrengende Aufenthalt forderte allerdings einen Tribut: Wolfgang erkrankte in der zweiten Oktoberhälfte an einer fiebrigen Knotenrose. Wieder genesen, setzte er mit der Schwester die Reihe der einträglichen Akademien in den Adelshäusern fort, und obwohl die Rückkehr nach Salzburg anstand, begab sich die Familie auf Einladung ungarischer Edelleute vor Weihnachten noch für knapp zwei Wochen nach Preßburg und reiste dann über Wien nach Salzburg zurück, wo sie am 5. Januar 1763 eintraf.

Die Reise nach Passau, Linz, Wien und Preßburg änderte das Leben der Mozarts von Grund auf. An die Stelle des seßhaften Daseins in der Heimatstadt trat von Juni 1763 bis Ende 1768 die nur von kurzen Salzburger Episoden unterbrochene Phase der »*Wunderkind*«-Touren. Der Zeitraum zwischen Dezember 1769 und März 1773 stand dann unter dem Zeichen der Reisen, die Vater und Sohn allein nach Italien unternahmen, um dort Opernaufträge (*scritture*) anzubahnen oder auszuführen. Auch der erfolglose Wien-Aufenthalt vom Sommer 1773 könnte diesem Zweck gedient haben, ebenso die Reise nach München im

Winter 1774/75. Ziel der von Wolfgang allein mit der Mutter durchgeführten, unglücklich verlaufenden Paris-Reise von September 1777 bis Januar 1779 war es dagegen, eine prominente und möglichst einträgliche Stellung an einem bedeutenden Hof zu erlangen. Wie bei keinem anderen Musiker dieser Zeit nahm für Mozart das Reisen einen zentralen Platz ein für die Ausbildung des Selbstverständnisses als Mensch und Künstler (*»ich versichere sie, ohne reisen | wenigstens leüte von künsten und wissenschaften | ist man wohl ein armseeliges geschöpf!«*[21]). Die kindliche Sozialisation vollzog sich in der Anschauung aristokratischer Lebensformen an europäischen Höfen wie im Umgang mit kaiserlichen, königlichen und meist hochadeligen Persönlichkeiten; die Welterfahrung des nicht an einen Ort gebundenen Jugendlichen nährte sich aus den Reaktionen, mit denen er als *»ein Mensch von superieuren Talenten«*[22] im In- und Ausland empfangen wurde. Für Mozart wurde es zur Selbstverständlichkeit, seine künstlerischen Fertigkeiten – erst als Pianist und Geiger, dann auch als Komponist – in die Welt zu tragen, so wie es sich für ihn ergab, musikalische Praxis in jeglicher Form und ganzer Vielfalt kennenzulernen, ohne daß ein Studium bestimmter Stile oder Techniken an fremden Orten je erklärte Absicht der Reisen gewesen wäre. Leopold Mozart gestand sich die exklusive Position, die er als lokal gebundener Salzburger Musiker über das Reisen quer durch Europa gegenüber dem Salzburger Hof und allen seinen Kollegen errungen hatte, schon 1764 in London selbst ein; für den Sohn, der keine anderen Verhältnisse kannte, mußte sich diese Position als die gleichsam natürliche darstellen. Darin lag die Wurzel für den Dauerkonflikt im späteren Leben Mozarts, als er sich mehr und mehr in die begrenzten Verhältnisse eines örtlichen Musiklebens und in den ihm zeitgebunden zugewiesenen gesellschaftlichen Status eines bürgerlichen Musikers schicken mußte. Daß aber das Kind Mozart in so unvergleichlicher Weise in der Welt reüssieren konnte und allen sozialen Eingrenzungen enthoben schien, lag an einer Kategorie, der man seine Erscheinung von Anfang an zuwies: der theologischen des *»Wunders«*.

›Wunderkind‹

Bereits in den ersten veröffentlichten Mitteilungen über den sechsjährigen Mozart wird die Aura des Wunderbaren beschrieben, die das Spiel des Kindes umgebe, und 1763 wählt ein Berichterstatter die Formulierung vom *»Wunder unserer und voriger Zeiten«*[23], das unglaublich scheine, doch wahr sei. Der mit solchen und ähnlichen Aussagen sich in Deutschland, Frankreich und England rasch verfestigende Argumentationsgang erklärte Mozart einmal als einen Menschen, an dem Gott Wunder wirke, zum anderen als ein Wunder der Natur, das Gott aus Gnade in die Welt geschickt habe. Aus dieser doppelten Perspektive hat auch Leopold Mozart seinen Sohn verstanden;[24] aus ihr leitete er die zweifellos ernstgemeinte missionarische Verpflichtung ab, das ihm anvertraute Gottesgeschenk zu hüten, es durch sorgsame Belehrung in seiner raschen Entfaltung zu fördern und es der Welt zu zeigen – daß den Vater neben dem religiös-christlichen Anliegen auch der profane Aspekt des Ruhm- und Gelderwerbs stark motivierte, im Alltag jenes sogar überlagern mochte, ändert nichts am Primat dieses Anliegens.

Bis etwa 1770, als der Topos »*Wunderkind*« rapide an Wirkung verlor, sah das europäische Publikum in Mozart allerdings weniger ein Wunder im streng theologischen Sinne als vielmehr ein Mirakel oder eine wunderbare Begebenheit. Die Unbegreiflichkeit des über die allgemeine Erfahrung hinausgehenden spieltechnischen und kompositorischen Vermögens Mozarts bewegte die Menschen, und nicht – jedenfalls nicht in entscheidendem Maße – die Frage nach dem tiefsten Grund, aus dem dieses Vermögen erwuchs, wobei die Faszination häufig genug vom vordergründig-schaustellerischen Arrangement der Auftritte mit ihrer Mischung aus *prima vista*-Spiel, Improvisation, Gehörtest und Spiel auf zugedeckten Tasten ausging. Dennoch wäre jede rationale Erklärung dieser Erscheinung, sofern damals überhaupt möglich oder denkbar, einer Aufhebung des Mirakulösen gleichgekommen. Deswegen liefen die gelegentlichen Versuche einer vernunftgeleiteten Bestandsaufnahme oder Prüfung der tatsächlichen Fertigkeiten des Kindes, wie sie in Briefen und Berichten etwa von Friedrich Melchior von Grimm, Daines Barrington oder Samuel André Tissot niedergelegt sind, stets auf die staunende Bestätigung des Unfaßbaren hinaus. Das bedeutete durchaus auch eine Herausforderung für die aufklärerische Rationalität. Grimm, bekannt als ein geistiger Parteigänger Voltaires, meinte durch die Erscheinung Mozarts zu begreifen, daß es schwer sei, sich angesichts von Wundern vor dem Wahnsinn zu bewahren. Immerhin bemühten sich diese Intellektuellen darum, außer den metaphysischen Konnotationen des Wunders auch physiologische und psychologische Ursachen wie den hochentwickelten Gehörsinn und eine besondere Veranlagung von Gehirn und Motorik sowie soziale und pädagogische für die frühkindlichen Leistungen Mozarts zu benennen: Mozart sei durch seine Geburt in eine Musikerfamilie begünstigt gewesen, und die sorgfältige Erziehung durch den Vater habe alle aufbrechenden Naturanlagen sofort zur vollen Wirkung geführt.

Dem kleinen Mozart dürfte sein einzigartiger Status als Wunderkind mit der entsprechenden metaphysischen Bedeutung kaum bewußt gewesen sein. Daß er Dinge vermochte, die andere nicht konnten, und daß er dafür hochgesteigerte Beachtung durch seine Umwelt erfuhr, mag ihm als selbstverständliche Eigenart und Wirkung seiner Person vorgekommen sein; es ist unwahrscheinlich, daß er in dieser Hinsicht in frühen Jahren über sich selbst reflektiert hat – auch später gibt es dazu nur vergleichsweise wenige, aber immerhin aussagekräftige Belege. Das musikalische Wunderkind war auch ein Mensch mit altersgemäß kindlichen Zügen, der sich, wie es Barrington[25] beschreibt, aus konzentriertem Spiel heraus beim Erscheinen einer Katze spontan vom Instrument abwenden konnte, um mit dem Tier zu tollen. Abgesehen von den physischen Strapazen scheint ihn das dauernde Musizieren auf Weisung von Erwachsenen nicht belastet zu haben, sondern ihm mehr eine natürliche Äußerungsform gewesen zu sein. Vermutlich fühlte Mozart – will man überhaupt über die psychische Befindlichkeit des Knaben spekulieren – in den Jahren der Wunderkind-Reisen sein Selbst so intakt wie später nie mehr. Denn zu den schmerzlichen und vielleicht nie völlig verarbeiteten

Erfahrungen in Mozarts Adoleszenz gehörte es, daß sich seine für ihn bruchlos fortgeführte musikalische Tätigkeit in der Perspektive der Zuhörerschaft in dem Moment änderte, als sie nicht mehr von einem Kind, sondern von einem Jugendlichen oder jungen Erwachsenen ausgeübt wurde. Das ehemalige Wunderkind-Dasein erwies sich im weiteren (zumindest für die soziale Bewältigung seines Lebens) entweder als hemmend, das heißt die Erinnerung daran erschwerte die Wahrnehmung der Gegenwart, oder als folgenlos, das heißt die kindlichen Erfolge waren Relikte einer nun abgetanen Vergangenheit: Grimm beispielsweise vermochte 1778 mit dem zweiundzwanzigjährigen, nun schon genialischen, aber eben keineswegs mehr kindlich-wundersamen Musiker wenig anzufangen. Mozart kommentierte verletzt, »*daß der M:ʳ grimm im stande ist kindern zu helfen, aber nicht erwachsenen leüten*«[26].

Die große Westeuropa-Reise 1763–1765

Die Monate bis zum Juni 1763 verbrachten die Mozarts in Salzburg. Als wichtiges Ereignis aus dieser Zeit kann der erste öffentliche Auftritt des Knaben in seiner Heimatstadt gelten, die gleichsam zu Hause nachgereichte Bestätigung der in der Fremde erworbenen Anerkennung, aber wohl auch Bekundung der Absicht, weitere Kunstreisen unternehmen zu wollen. Am 28. Februar 1763 spielte Wolfgang in der Residenz anläßlich des Geburtstags von Fürsterzbischof von Schrattenbach »*zur besonderen Verwunderung*«[27] auf dem Klavier und auf der Geige (auch die Schwester präsentierte sich). Nebenbei bemerkt, erlebte Leopold an diesem Tag seine schon von Wien aus betriebene Beförderung zum Vize-Kapellmeister. Ob die Gunst der Stunde zur Eingabe eines erneuten Reisebegehrens genutzt wurde, ob überhaupt derartige Pläne schon so weit konkretisiert worden waren, entzieht sich der Kenntnis, doch bereits ein Vierteljahr später, am 9. Juni, brach die Familie im eigenen Wagen in Richtung München auf, offensichtlich mit dem festen Vorsatz, Paris zu erreichen, und mit dem vagen Wunsch, später nach London zu kommen. Während die Reisen des Vorjahrs als zeitlich und geographisch begrenzte Vorhaben verwirklicht worden waren, scheint die fast dreieinhalb Jahre dauernde Tour durch Deutschland, Belgien, Frankreich, England und Holland mit ihren langen Aufenthalten vor allem in Paris und London sowie ihrem teilweise wie zufällig sich ergebendem Zickzack-Kurs zunächst als ein Unternehmen mit offenem Ende angegangen worden zu sein, und vermutlich hat es von Schrattenbach als solches genehmigt. Das Risiko der langen Reise, sowohl das finanzielle als auch das für Leib und Leben, konnte kaum verläßlich kalkuliert werden, zumal Leopold Mozart als organisatorischer Kopf der Gruppe lediglich über die Erfahrungen der Inlandsreise von 1762 verfügte – der Beginn der Reise mit den Stationen München und Augsburg ermöglichte immerhin einen längeren Anlauf auf vertrautem Terrain. Aber die Aussichten wurden offenkundig positiv bewertet, ganz im Vertrauen auf das unschätzbare ›Betriebskapital‹ der Familie, auf die beiden Kinder.

KINDHEIT UND JUGEND 1756–1773

Die Reiseroute im Überblick:

Abreise	von	via	nach	Ankunft
1763				
9. Juni	Salzburg	Wasserburg	München	12. Juni
22. Juni	München		Augsburg	22. Juni
6. Juli	Augsburg	Günzburg, Ulm, Ludwigsburg, Bruchsal	Schwetzingen	14. Juli
29. [?] Juli	Schwetzingen		Mannheim	30. [?] Juli
1. [?] August	Mannheim	Worms	Mainz	3. [?] August
10. [?] August	Mainz		Frankfurt/Main	10. [?] August
31. August	Frankfurt/Main		Mainz	31. August
14. September	Mainz	Walluf, Östrich, Bingen, St. Goar, Salzig	Koblenz	17. September
27. September	Koblenz	Bonn, Brühl, Köln	Aachen	30. September
2. Oktober	Aachen	Lüttich, Tirlemont, Löwen	Brüssel	5. [?] Oktober
15. November	Brüssel	Mons, Bonavis, Gournay	Paris	18. November
24. Dezember	Paris		Versailles	24. Dezember
1764				
8. Januar	Versailles		Paris	8. Januar
10. April	Paris	Calais, Dover	London	23. April
6. August	London		Chelsea	6. August
25. [?] September	Chelsea		London	25. [?] September
1765				
24. Juli	London		Canterbury	24. Juli
1. August	Canterbury	Dover, Calais, Dünkirchen, Bergues	Lille	5. [?] August
4. September	Lille	Gent, Antwerpen, Moerdijk, Rotterdam	Den Haag	10. September

36

Die große Westeuropa-Reise 1763–1765

Abreise	von	via	nach	Ankunft
1766				
27. [?] Januar	Den Haag		Amsterdam	27. [?] Januar
Anfang März	Amsterdam		Den Haag	Anfang März
Ende März	Den Haag		Haarlem	Anfang April
Mitte April	Haarlem	Amsterdam, Utrecht, Rotterdam, Moerdijk, Antwerpen, Mecheln	Brüssel	8. Mai
9. Mai	Brüssel	Valenciennes, Cambrai	Paris	10. Mai
9. Juli	Paris		Dijon	12. [?] Juli
26. [?] Juli	Dijon		Lyon	26. [?] Juli
20. [?] August	Lyon		Genf	20. August
10. [?] September	Genf		Lausanne	11. September
16. [?] September	Lausanne		Bern	18. September
26. [?] September	Bern		Zürich	28. [?] September
12. Oktober	Zürich	Winterthur, Schaffhausen	Donaueschingen	19. Oktober
1. [?] November	Donaueschingen	Meßkirch, Ulm, Günzburg, Dillingen, Biberbach, Augsburg	München	8. November
27. [?] November	München		Salzburg	29. November

Paris

Das erste Halbjahr der Reise bis zum Eintreffen in der französischen Kapitale verlief nach dem bekannten Muster: Leopold Mozart plante in kurzen Etappen, setzte gezielt Empfehlungen ein und suchte unentwegt, förderliche Bekanntschaften zu machen, die zu neuen Empfehlungen führen sollten. Meist einträgliche Konzerte zu geben gelang in München, Augsburg, Schwetzingen, Mainz, Frankfurt am Main (hier zählte die Familie Goethe zu den Besuchern), Koblenz, wohl in Aachen und in Brüssel; die Ausbeute an wertvollen Geschenken wuchs stetig. In den Reisenotizen und Briefberichten Leopolds ist häufig die Rede von Stadtbesichtigungen und von Sehenswürdigkeiten; bei diesen Gelegenheiten nahm die Reise den Charakter einer ›Kavalierstour‹ oder Bildungsreise an. Auch ergab sich eine Fülle von musikalischen Erlebnissen: So erlernte Wolfgang etwa bei zufälliger Gelegenheit in Wasserburg das Pedalspiel auf der Orgel (11. Juni 1763), oder er hörte in Schwetzingen die Mannheimer Hofkapelle und damit das seinerzeit leistungsfähigste deutsche Orchester (18. Juli 1763). Das alles waren Präliminarien vor den Herausforderungen, die das Musikleben in Paris stellen würde, in einer Großstadt und einem auf dem europäischen Festland konkurrenzlosen Machtzentrum.

Die Orientierung im dichten Beziehungsgeflecht der aristokratischen Gesellschaft bereitete den Mozarts dank einflußreicher Fürsprecher keine Schwierigkeiten. Neben dem bayerischen Gesandten Graf van Eyck und seiner Frau, die eine Tochter des Salzburger Oberstkämmerers Graf von Arco war, – bei ihnen logierte die Familie eine Zeit lang – ebnete vor allem Friedrich Melchior von Grimm, Sekretär des Herzogs von Orléans, die Wege zum Hof und zum Pariser Adel. Die von ihm in der *Correspondance littéraire, philosophique et critique*[28] und dem *Avant Coureur*[29] publizierten Nachrichten über den »vrai prodige«, als den er Wolfgang pries, verfehlten ihre Wirkung nicht. An Heiligabend 1763 zog die Familie nach Versailles, und am Neujahrstag wurde sie zum *Grand Couvert* der königlichen Abendtafel Ludwigs XV. zugelassen. Außerdem spielten die Kinder »*en présence de la famille royale*«[30]. Somit war in kürzester Zeit der Durchbruch gelungen.

Das Aufsehen verstärkte sich, als das spielende Wunderkind begann, mit eigenen Kompositionen an die Öffentlichkeit zu treten. Bald nach der Ankunft in Paris war die Arbeit an Klaviersonaten mit begleitender Violinstimme vorangetrieben worden (zum Teil mit Rückgriff auf Klavierstücke von 1762), die nun als *Œuvre Premiere* KV 6 und 7 sowie *Œuvre II* KV 8 und 9 im Februar und April 1764 mit Widmungen an die zweite Tochter des Königs, Louise-Marie-Thérèse de Bourbon (»*Madame Victoire de France*«) beziehungsweise an die Hofdame der Prinzessin Maria Josepha von Sachsen, Madame Adrienne-Catherine de Tessé, im Druck erschienen. In diesen Kompositionen spiegeln sich stilistische Vorbilder, wie sie aus den Sonaten von Johann Gottfried Eckard, Christian Hochbrucker, Jean-Pierre Legrand oder, besonders deutlich, Johann Schobert zu entnehmen waren – Werken von in Paris ansässigen Komponisten, die mit den Mozarts in Kontakt getreten waren und ihre Sonatendrucke den Kindern dediziert hatten. Die mediale Aufmerksamkeit ließ sich durch die Herstellung eines Stichs nach einem Aquarell von Louis Carrogis de Carmontelle steigern, das den Knaben am Cembalo zeigt, hinter ihm den Vater auf der Violine spielend und daneben die Schwester mit einem Notenblatt in der Hand. Überschattet wurden die ersten Pariser Erfolge von einer ernsten Erkrankung Wolfgangs im Februar, Auftakt einer Reihe von zum Teil lebensbedrohlichen Infekten, die bis zum Ende der Reise nicht nur ihn, sondern auch Leopold und Nannerl heimsuchen sollten. Zwei sehr einträgliche Konzerte im Theatersaal des Mr. Félix am 10. März und 9. April bildeten den Abschluß dieser Reiseetappe.

London

Bereits am Tag nach dem letzten Konzert in Paris reisten die Mozarts, offensichtlich animiert von lukrativer Empfehlung, ziemlich überstürzt nach London weiter. Mit der beinahe schon zur Routine gewordenen Sicherheit bahnte Leopold

Die große Westeuropa-Reise 1763–1765

Leopold steht mit der Geige in galanter Haltung hinter Wolfgang am Cembalo und spielt aus dem gemeinsamen Notenheft; beide begleiten Maria Anna (Nannerl) beim Vortrag eines Gesangsstücks.
(Aquarell von Louis Carrogis de Carmontelle, Paris: November 1763)

den Empfang am Hof König Georges III. an. Die Audienz fand schon vier Tage nach der Ankunft in London, am 27. April 1764, statt; weitere folgten am 19. Mai und 25. Oktober. Im eher familiären Rahmen stellte der kunstsinnige König des »*unüberwindlichen Wolfgang[s]*«[31] Fähigkeiten im *prima vista*-Spiel mit der Vorlage von Werken Georg Christoph Wagenseils, Johann Christian Bachs, Karl Friedrich Abels und Georg Friedrich Händels auf die Probe. Die Königin ließ sich beim Vortrag einer Arie begleiten, und das Orgelspiel des Kindes erregte unter den Zuhörern größeres Aufsehen als das am Klavier. Das Londoner Stadtpublikum hatte das Wunderkind bei einem Benefizkonzert des Cellisten und Komponisten Carlo Graziani am 17. Mai hören können – ein angekündigter Auftritt am 22. Mai entfiel wegen einer Erkrankung Mozarts –, ehe es am 5. Juni Zeuge eines eigenen Konzerts der Geschwister Mozart wurde. Nach der Beteiligung an einem weiteren Benefizkonzert am 29. Juni trat eine längere Konzertpause ein, erzwungen durch eine schwere Erkrankung Leopold Mozarts.

In den folgenden Juli-Wochen verarbeitete der Sohn ohne Aufsicht seine bislang erfahrenen musikalischen Eindrücke, indem er ein für ihn kurz zuvor angelegtes Notenbuch eigenhändig füllte: mit Stücken für Klavier, aber auch mit solchen, die als Klavier-Arrangements orchestral imaginierter Kompositionen zu gelten haben.[32] Keine der schließlich 43 Aufzeichnungen des *Londoner Skizzenbuchs* von 1764 (KV 15^a–15^{ss}) ist in die Form eines veröffentlichten Werks überführt worden, so daß hier tatsächlich eine Art unredigiertes Protokollbuch privater musikalischer Gedanken vorliegt (der Vater hat das Buch unberührt gelassen). Zugleich dokumentiert das Manuskript, daß der achtjährige Knabe inzwischen weitgehend sicher Noten schreiben gelernt hatte und in der Lage war, ohne Spielvorgang am Instrument kompositorische Verläufe zu entwerfen. Aus einer späteren Briefbemerkung Leopolds (3. Oktober 1764) ist zu schließen, daß schon die Violinstimmen der Sonaten KV 8 und 9 von Wolfgang selbst notiert worden waren, dies aber unter den Blicken und der korrigierenden Hand des Vaters. Für die sich nun rasch steigernde kompositorische Aktivität des Achtjährigen wurde dieses Wechselspiel zwischen selbständiger Niederschrift und anschließender (vielleicht auch begleitender) Redaktion durch Leopold zum Normalfall und blieb es in abnehmender Intensität bis Ende der 1760er Jahre. Soweit die frühesten Werke Mozarts in authentischen Handschriften vorliegen, handelt es sich bei diesen zumeist um Reinschriften Leopolds oder um Doppelautographe Wolfgangs und Leopolds. Aus der Londoner Zeit bis Juli 1765 sind in dieser Form zwei Sinfonien (KV 16 und 19) und die Tenor-Arie »*Va, dal furor portata*« KV 21 (19^c) greifbar; auch das Dedikationsmanuskript des vierstimmigen Chorus »*God is our refuge*« KV 20 für das British Museum ist nicht allein von der Hand des Knaben. Die im Januar 1765 der Königin Charlotte gewidmeten sechs Violinsonaten (*Œuvre III*, KV 10–15) sind nur in den Erstdrucken erhalten geblieben.

Unter den Musikerbekanntschaften dieser Monate stach die mit Johann Christian Bach hervor. Mozart faßte zu dem Musikmeister der Königin eine herzliche Zuneigung, und der Ältere nahm das klavierspielende Wunderkind aus klarer Erkenntnis auch von dessen kompositorischer Begabung ernst. Ob Bach ihm Unterricht erteilt hat, ist nicht bezeugt; Grimm berichtet lediglich vom Improvisieren der beiden an einem Instrument vor dem Königspaar,[33] Barrington davon, wie der Knabe eine extemporierte Fugenexposition Bachs aus dem Stand fortführte.[34] Doch das musikalische Vorbild Bachs wirkte mächtig auf Mozart. Mit großer Intensität widmete er sich dem Studium von dessen Werken, was sich deutlich wahrnehmbar in den Sonatenkompositionen der Jahre 1764/65 niederschlug. Der Kastrat Giovanni Manzuoli, unbestrittene Hauptfigur der aktuellen Opernsaison, führte Mozart in die Grundlagen des italienischen Gesangs ein – das berichten wiederum Grimm und Barrington, nicht aber Leopold, der auch die Begegnung mit Bach in seinen Briefen merkwürdigerweise nicht erwähnt. In der Folge von Manzuolis Unterweisung wurde der Vortrag von Arien zu einem Programmpunkt in Londoner Konzerten.

Erst im Februar 1765 setzten die Mozarts ihre öffentlichen Aktivitäten in London fort. Am 21. des Monats gaben sie ein Konzert im kleinen Haymarket-Theater, unter anderem mit den ersten Sinfonien Wolfgangs, am 13. Mai ein weiteres in Hickford's Great Room, bei dem die Geschwister je mit Klavier-Solokonzerten und mit einem Klavier-Doppelkonzert (wohl von Wagenseil) auftraten (die in älterer Literatur mit dem Konzert in Verbindung gebrachte Sonate für Klavier zu vier Händen KV 19d findet sich in keiner authentischen Quelle erwähnt; sie dürfte überdies ein unterschobenes Werk sein). Die Violinsonaten KV 6–9 erschienen in einem Privatdruck und wurden zusammen mit anderen Musikalien in der Wohnung der Mozarts an der Thrift Street (Soho) verkauft. Dort führten die Kinder ihre Künste von Ende Mai an täglich zwei Stunden lang zahlenden Privatpersonen vor, und seit Juli spielten sie jeweils drei Stunden im Great Room at the Swan and Harp Tavern in Cornhill.

Holland

Der Abschied aus England nach fünfzehnmonatigem Aufenthalt vollzog sich eher unentschlossen. Unter verschiedenen Optionen hatte Leopold Mozart zuletzt die Route von London nach Paris und dann weiter über Italien heimwärts gewählt, als der holländische Gesandte ihn bedrängte, über Den Haag zu reisen und dort dem Prinzen Wilhelm V. von Oranien seine Aufwartung zu machen. Die damit verbundenen Angebote schienen so verlockend, daß die Familie ihre ursprüngliche Absicht aufgab und nach einem kurzen Aufenthalt in Canterbury am 1. August 1765 auf das Festland übersetzte. In den folgenden Wochen stockte das Fortkommen, einmal wegen gesundheitlicher Beschwerden Wolfgangs und Leopolds, dann aber wegen der plötzlich erwachten Liebe zu den landschaftlichen Reizen Hollands und den Kunstschätzen dieses Landes. Konzerte blieben zunächst aus, lediglich vom Spiel des Knaben auf der großen Orgel der St. Peterkirche in Gent und der Kathedrale zu Antwerpen wird berichtet.

Nach der Ankunft in Den Haag kam es wie gewohnt schon bald zu Auftritten bei Hof, so zwischen dem 12. und 19. September zweimal bei Prinzessin Caroline von Nassau-Weilburg, einmal auch beim Prinzen. Doch in diesen Tagen brach eine lebensbedrohliche Krise über die Kinder herein: Zunächst erkrankte Nannerl, Mitte November dann Wolfgang an Bauchtyphus, einer Krankheit, die beide an den Rand des Todes brachte – das Mädchen erhielt am 21. Oktober die Sterbesakramente, der Junge fiel Anfang Dezember in eine mehrtägige Ohnmacht. Unter diesen Umständen dürfte ein für den 30. September avisiertes Konzert ausgefallen sein, so daß die erste öffentliche Darbietung von Klavierkonzerten sowie von Wolfgangs Sinfonien in Holland erst für den 22. Januar 1766 angekündigt werden konnte. Danach wurden die Aktivitäten gesteigert und nach in Paris und London bewährtem Muster gestaltet. Neben den üblichen Konzerten (29. Januar und 26. Februar in Amsterdam; 11. März bei Hof in Den Haag während der Installationsfeiern des Prinzen Wilhelm V.; 16. April in Amsterdam; 21. April in Utrecht; 30. April in Antwerpen) forcierten Wolfgang und sein Vater die Komposition von Konzert- und Dedikationswerken, so der Sinfonie KV 22, der Sopran-Arie »*Conservati fedele*« KV 23, der Klaviervariationen über holländische Lieder KV 24 und 25 (im Druck März 1766), des Quodlibets »*Gallimathias musicum*« KV 32 und einer weiteren Folge von Sonaten für Klavier und Violine KV 26–31; sie erschienen als *Œuvre IV* mit einer Widmung an die Prinzessin Caroline von Nassau-Weilburg im Druck, angezeigt am 16. April 1766. Leopold wurde mit einer holländischen Ausgabe seiner Violinschule geehrt, und kurz vor ihrer Weiterreise erhielten die Kinder von einem Liebhaber Georg Bendas Klaviersonaten (Berlin 1757) zum Geschenk.

Die anschließenden Wochen blieben eher arm an berichtenswerten Ereignissen; über den zweiten Paris-Aufenthalt im Juni etwa ist kaum etwas bekannt. Geklärt hatte sich mittlerweile die Route für den Heimweg nach Salzburg; er sollte über Dijon – auf Einladung von Louis Joseph de Bourbon, Prince de Condé –, Lyon und dann durch die Schweiz führen. Als europäische Berühmtheit zog die kleine Truppe von Ort zu Ort, wobei die Dichte der öffentlichen Konzertauftritte erkennbar nachließ (18. Juli in Dijon; 13. oder 14. August in Lyon; 7. und 9. Oktober in Zürich; 2. Oktoberhälfte mehrfach bei Fürst zu Fürstenberg in Donaueschingen; 9. und 22. November am Münchner Hof). Dazwischen gab es immer wieder Darbietungen im privaten Rahmen adeliger und bürgerlicher Häuser, wie etwa in Zürich bei Johann und Salomon Gessner. Die meisten der weiterhin zahlreichen Bekanntschaften wurden über Präsentationen der Wunderkinder angebahnt. An Kompositionen entstanden lediglich in Paris noch ein auf den 12. Juni 1766 datiertes Kyrie KV 33, in Lausanne Mitte September eine Reihe von *Soli* für Flöte KV 33[a] (verloren), in Zürich Anfang Oktober ein Klavierstück KV 33B und schließlich in Donaueschingen mehrere *Soli* für Violoncello KV 33[b] (verloren); in das Jahr 1766 sind außerdem noch die drei Arien »*Per pietà, bell' idol mio*« KV 78 (73[b]), »*Oh, temerario Arbace!*« – »*Per quel paterno amplesso*« KV 79 (73[d]) und »*Per quel paterno amplesso*« KV[6] 73D zu stellen. In München, wo Wolfgang wieder erkrankte, schloß sich nach über dreiviertel Jahren der Reisekreis: Die Kinder konnten am Hof ihre Fortschritte demonstrieren. Der Knabe bestand dort eine Kompositionsprobe, als er am 9. November ad hoc einige vom Kurfürsten vorgesungene Takte zu einem kleinen Stück formte und anschließend vorspielte.

›Zu Hause‹: Salzburg 1766/67

Die Rückkunft nach Salzburg am 29. November versetzte die Kinder und vor allem Wolfgang in eine ungewohnte Lage: Sie waren ›zu Hause‹ angekommen und befanden sich gleichwohl zunächst in fremder Umgebung, ähnlich wie in den Jahren der Reise. »*Vom ersten Anblick wird der* [den?] *Wolfgangerl wohl niemand mehr in Salzburg können* [= kennen]«, hatte der Vater schon in Paris gemeint,[35] und tatsächlich begann jetzt kein entspanntes, kindgemäßes Alltagsleben in der Heimatstadt, sondern eine Zeit forcierten Lernens und Arbeitens, des Auftretens und der professionellen Bewährung. Sie sollte aber lediglich eine Episode sein, ein Vorlauf für die nächste sich bietende Gelegenheit, ein neues attraktives Reiseziel anzusteuern. Denn trotz aller Gefahren und Belastungen bilanzierte Leopold Mozart, daß die Hauptzwecke der großen Tour, eben der Welt ein von Gott geschenktes Wunder zu präsentieren sowie einen ansehnlichen pekuniären Gewinn zu erzielen, voll erfüllt worden waren. Auch die Nebeneffekte des Reisens – das Hören eines reichen Repertoires an Musik in allen gängigen Stilen, die Bekanntschaft mit vielen Personen, der gesellschaftliche Umgang in verschiedenen Ländern, der Besuch großer Städte und bedeutender Bauwerke – schlugen rundum positiv zu Buche: Es konnte kein besseres Mittel zur Welterkundung und Welterfahrung geben.

Waren auch die europäischen Zentren musikalisch erobert worden, so hatte es noch keine ausreichende Möglichkeit gegeben, die enorm weiterentwickelten Fähigkeiten Nannerls und Wolfgangs dem Salzburger Hof und der Öffentlichkeit zu präsentieren – dorthin waren nur die Berichte Leopolds und die Sonatendrucke gedrungen, die er in die Heimat geschickt hatte. Nun galt es, mit ambitionierten Vorhaben namentlich Wolfgangs außergewöhnliches Kompositionstalent unter Beweis zu stellen. Innerhalb eines halben Jahres geschah das viermal: Mit der Aufführung der ›*Licenza*‹ für Tenor »*Or che il dover*« / »*Tali e cotanti sono*« KV 36 (33[i]) bereits am 21. Dezember 1766 anläßlich des Jahrestags der Konsekration von Fürsterzbischof von Schrattenbach im Hoftheater der Residenz, der Darbietung des Geistlichen Singspiels »*Die Schuldigkeit des ersten Gebots*« KV 35, dessen erster Teil von Mozart stammt, am 12. März 1767 im Rittersaal der Residenz (Wiederholung 2. April), der Ausführung einer angeblich (nach Barrington) vom Fürsterzbischof aufgegebenen Klausurarbeit – gemeint sein könnte die Grabmusik »*Wo bin ich, bittrer Schmerz*« KV 42 (35[a]), mit ihrer Darbietung am Karfreitag (17. April), möglicherweise im Dom – sowie schließlich der szenischen Produktion des lateinischen Intermediums *Apollo et Hyacinthus* KV 38, gegeben am 13. Mai auf der Bühne der Aula academica. All diese Herausforderungen bestand der Elfjährige mit staunenswerter Souveränität. Auch wenn der Vater als Helfer bei der Arbeit Rückendeckung bot, so geben die Quellen der Werke – immerhin 424 Partiturseiten – zu erkennen, daß deren formale Konzeption wie die wesentlichen Teile des gesamten Tonsatzes von Wolfgang stammen. Das sieht nur in den sogenannten Klavierkonzerten (Pasticci) nach Sonatensätzen von Hermann Friedrich Raupach, Leontzi Honauer, Johann Schobert, Johann Gottfried Eckard und einem Klavierstück von Carl Philipp Emanuel Bach KV 37, 39–41 anders aus. In deren Manuskripten ist der Schriftanteil Leopolds sehr hoch. Man darf annehmen, daß es sich um gemeinschaftliche Bearbeitungen der Vorlagekompositionen handelt; entstanden sind sie im April, Juni und Juli 1767.

Jahr der Enttäuschung: Wien 1767/68

Wolfgangs Leistungen mögen den Fürsterzbischof bestimmt haben, den Plänen einer zweiten Wien-Reise der Mozarts zuzustimmen, zumal der Anlaß geeignet erschien, das Renommee Salzburgs vor einer internationalen Zuhörerschaft zu erhöhen. Denn im Frühherbst 1767 sollte die sechzehnjährige Erzherzogin Josepha mit König Ferdinand IV. von Neapel vermählt werden, wozu in Wien splendide Festivitäten geplant waren. In den Reigen solcher Veranstaltungen hoffte Leopold Mozart gewinnbringende Konzerte mit seinen Kindern einreihen zu können. Angesichts dieses singulären Ereignisses dürfte nur ein eher kurzer Aufenthalt intendiert gewesen sein; gerade die jüngst erworbenen Meriten auf dem Musiktheater werden eine Italien-Fahrt, zu der seit längerem Überlegungen gehegt wurden, als die attraktivere Option für das kommende Jahr haben erscheinen lassen. So verließ die Familie am 11. September Salzburg und gelangte ohne außerplanmäßige Unterbrechungen am 15. September nach Wien. Entgegen bisheriger Erfahrungen kam die Kontaktaufnahme mit dem Hof zunächst nur schleppend in Gang. Bis Mitte Oktober hatte sich weder eine Audienz bei Hof noch ein sonstiger öffentlicher Auftritt arrangieren lassen. Nach dem plötzlichen Tod der Erzherzogin an den in Wien grassierenden Blattern am 15. Oktober 1767 schwand schlagartig jede Aussicht auf ein Konzert. Dieses Ereignis, dazu der Ausbruch der Krankheit in der Familie ihres Wohnungsgebers bewog die Mozarts, am 23. Oktober Wien über Brünn in Richtung Olmütz zu verlassen. Allein die Flucht war vergebens: Am 26. Oktober zeigten sich die Blattern bei Wolfgang. Kaum war er dank der sorgfältigen Pflege im Haus des Domdechanten Leopold Anton Graf von Podstatzky genesen, wurde die Schwester von der Epidemie heimgesucht, so daß der Weg zurück nach Wien auf gleicher Route erst kurz vor Weihnachten angetreten werden konnte. Bei der Ankunft in Brünn am Heiligabend fanden die Mozarts Quartier bei dem Bruder des Salzburger Fürsterzbischofs, und im Stadthaus fand schließlich am 30. Dezember unter Beteiligung des örtlichen Orchesters das erste Konzert auf dieser Reise statt.

Nach dem Olmütz-Brünn-Intermezzo, das am 9. Januar 1768 sein Ende nahm, sollte endlich der Zugang zum Wiener Hof gebahnt werden. Schon am 19. Januar empfing Kaiserin Maria Theresia zusammen mit ihrem Sohn Joseph II. – seit dem Tod Franz' I. 1765 Kaiser – und großer Entourage die Mozarts. So freundlich und bisweilen vertraulich die Begegnung auch verlief, sie blieb diesmal folgenlos. Die verwitwete Kaiserin hatte sich anscheinend aus dem Musikleben zurückgezogen, und der Kaiser zeigte kein besonderes Engagement auf diesem Gebiet. In Wien mußten erstmals die Karnevalsgesellschaften von den Veranstaltern selbst finanziert werden, weshalb Einladungen reisender Virtuosen aus Kostengründen weitgehend unterblieben. Ob des Kaisers Frage an den Knaben nach Komposition und Leitung einer Oper wirklich als förmlicher Auftrag gedacht war, ist nicht eindeutig zu klären (immerhin erkundigte er sich am 23. März bei dem jungen Komponisten nach einer solchen Arbeit), doch genügte sie Leopold, um in der finanziell sich zuspitzenden Lage – der Salzburger Fürsterzbischof hatte die Einstellung der Gehaltszahlungen ab April verfügt – eine positive Wende des bis dahin enttäuschenden Wien-Aufenthalts zu erhoffen. Erklärter Zweck des riskanten Unterfangens war es außerdem, den von Leopold in der Stadt ausgemachten Neidern und Zweiflern die wunderbare Begabung seines Sohnes unbestreitbar vor Augen und Ohren zu führen. Leopold witterte eine starke Gegnerschaft in den Reihen der Wiener Musiker. Der Kaiser hatte im übrigen bei seiner Frage sogleich eingeschränkt, daß in Fragen der Opernproduktion allein der mächtige »*Entrepreneur*« des Burg- und des Kärntnertortheaters, Giuseppe Affligio, zu entscheiden habe. So begleiteten von Beginn an starke Anzeichen eines Fiaskos das erste *dramma giocoso* Mozarts, *La finta semplice* KV 51 (46a). Die kompositorische Arbeit an der Oper, »*die in der Original Spart 558 seiten*«[36] umfaßte, leistete der Zwölfjährige unter nachdrücklicher Mithilfe des Vaters etwa in den Monaten April bis Juli 1768; für die Ouvertüre griff er auf die im Winter entstandene, dann abgeänderte *Sinfonie* KV 45 zurück, bei der Aria No. 7 »*Cosa ha mai la donna indosso*« auf die Aria No. 7 »*Manches Übel will zuweilen*« aus dem geistlichen Singspiel KV 35. Öffentliche Konzerte wurden nicht organisiert, doch gaben die Kinder bei verschiedenen Gelegenheiten in Adelspalästen Proben ihres Könnens, so Ende März beim russischen Gesandten Fürst Golicyn.

Im Laufe des Sommers kulminierten die Intrigen gegen Mozarts Oper. Ein Aufführungstermin wurde mehrfach in Aussicht gestellt, doch stets verschoben; Sänger leisteten gegen ihre Partien Widerstand (dem mit veränderten Versionen einzelner Arien begegnet wurde); Affligio trug Bedenken, mit dem Werk des Knaben Gewinn machen zu können, und setzte zweimal Opern von Niccolò Piccinni zur Einstudierung an. Mozart spielte daraufhin seine Komposition einem Kreis von Musikverständigen am Klavier vor, unter ihnen Baron Gottfried van Swieten sowie der »*General-Spektakel-Direktor*« Johann Wenzel Graf Sporck, und erfuhr größte Anerkennung für seine Leistung. Dennoch wurde die Produktion hintertrieben, so daß sich der tief getroffene Leopold Mozart am 21. September 1768 während einer Audienz mit einer Beschwerdeschrift, den *Species facti*, an Kaiser Joseph wandte; in diesen Kontext gehört wohl auch das »*Verzeichniß alles desjenigen was dieser 12jährige Knab seit seinem 7ten Jahre componiert, und in originali kann aufgezeiget werden*«.[37] Ob die daraufhin Sporck übertragene Untersuchung zur Genugtuung der Mozarts führte, bleibt fraglich: *La finta semplice* kam in Wien nicht auf die Bühne.

Der inzwischen einjährige Aufenthalt wurde trotz der ungünstigen Verhältnisse nicht abgebrochen. Ein Grund dafür soll die angebliche Produktion des einaktigen Singspiels *Bastien und Bastienne* KV 50 (46b) gewesen sein. Für die Aufführung des Stücks, das vielleicht schon 1767 in Salzburg begonnen, aber erst jetzt in Wien vollendet worden war, fehlt ein sicheres Zeugnis; das in diesem Zusammenhang häufig als Aufführungsort genannte Gartentheater des Magnetiseurs

Dr. Franz Anton Mesmer war 1768 noch nicht fertiggestellt. Uneingeschränktes Lob erntete Mozart dann aber bei seinem einzigen öffentlichen Auftritt in dieser Zeit, als er am 7. Dezember 1768 drei zur Weihe der Kirche »*Mariae Geburt*« des Waisenhauses am Rennweg komponierte Werke[38] in Gegenwart der Kaiserin und des Erzbischofs Graf Migazzi dirigierte. Im selben Monat kamen noch zwei kleine Lieder im Druck heraus (KV 52 [46ᶜ], 53 [47ᵉ]), die letzten Notendrucke übrigens bis zum Jahr 1778. Vielleicht gab es weitere Konzertpläne, worauf die Komposition einer auf den 13. Dezember datierten viersätzigen Sinfonie KV 48 zu deuten scheint. Als die Mozarts Ende Dezember 1768 Wien den Rücken kehrten, ließen sie höchst unerfreuliche Begebenheiten hinter sich.

Auf dem Weg in den Hofdienst: Salzburg 1769

Trotz der widrigen Erfahrungen in den zurückliegenden Monaten behauptete Leopold seinen Reisewillen ungebrochen. Das wird zwar nirgends dokumentarisch greifbar – wie stets in Zeiten der Heimataufenthalte fallen auch jetzt schriftliche Berichte aus –, ergibt sich aber aus den Ereignissen der folgenden, wiederum nur bis Jahresfrist währenden Episode in Salzburg. Wie schon bei der früheren der Jahre 1766/67 erfüllte der junge Komponist ein, wenn auch nicht ganz so reichhaltiges, kompositorisches Programm, das ganz auf die Verhältnisse der Heimatstadt abgestimmt war und vorzugsweise Werke für die Kirche[39] oder für ein universitäres Publikum enthielt.[40] Die Primiz von P. Dominikus (Kajetan Rupert) Hagenauer, einem Sohn der Hausherren der Familie Mozart, bot für den Jungen neben der Messenkomposition Anlaß für einen Auftritt als Sänger, Geiger und Pianist beim Privatkonzert am 16. Oktober 1769 im Vorstadt-Haus der Hagenauers. Die Bühnenproduktion der in Wien verhinderten Oper *La finta semplice* beschäftigte Vater und Sohn ebenfalls, wenn auch eine Salzburger Aufführung nicht zweifelsfrei nachzuweisen ist; immerhin fallen Umarbeitungen von zwei Arien aus dem dritten Akt mit Sicherheit in dieses Jahr, und ein gedrucktes, auf 1769 datiertes Salzburger Libretto zeugt zumindest von weit fortgeschrittenen Vorbereitungen zu einer Aufführung.

Die Partitur selbst sollte bei einem anstehenden Italien-Aufenthalt als Beleg für Wolfgangs Können auf dem Gebiet der Oper dienen, ein überzeugendes Beweisstück, um allfällige Skepsis von Impresari und Musikern zu zerstreuen. In welcher Form auch immer Mozarts italienischer Bühnenerstling in Salzburg an die Öffentlichkeit gedrungen sein mag: beim Fürsterzbischof von Schrattenbach dürfte er nicht nur zur Genehmigung der ersten Reise in den Süden geführt haben, sondern im November auch zur Auszahlung einer ansehnlichen Unterstützung von 120 Dukaten. Weiterhin ernannte er den Dreizehnjährigen zum unbesoldeten dritten Konzertmeister der Hofkapelle – eine Maßnahme, um den Musiker offiziell als Mitglied des Salzburger Hofstaates auszuweisen, aber auch, um ihm eine längerfristige Perspektive am Ort zu eröffnen. Denn das Geschäft mit Opernaufträgen, um das sich Vater und Sohn in Italien bemühen wollten, war örtlich und zeitlich jeweils an ein Vertragstheater und an eine Saison gebunden, kam also nicht als dauerhafte Grundlage für eine existenzsichernde Stellung in Frage – erfolgreich erfüllte *scritture* schufen im Idealfall die Voraussetzung für eine Kapellmeisterposition an einem größeren Hof. Außerdem konnte niemand ernsthaft daran denken, den Jungen bereits jetzt in eine höhere dienstliche Stellung bringen zu wollen. Beim Vater herrschte nach wie vor der Gedanke an die Vermarktung des ›*Wunders*‹ vor. Ein bezeichnendes Bekenntnis in diese Richtung legte er im auf den 24. September 1769 datierten »*Vorbericht*« zur zweiten Auflage seiner *Violinschule* ab,[41] wo von einer demnächst zu schreibenden Geschichte des Wunderknaben die Rede ist (ein Vorhaben, das erstmals in einem Brief vom 10. November 1767 genannt worden war, in der Folge aber unrealisiert blieb).

Die erste Italien-Reise 1769–1771

Als Vater und Sohn am 13. Dezember 1769 nach Italien aufbrachen, zeigte schon die Formation nur mehr der Teilfamilie die gegenüber den früheren Unternehmen veränderte Reiseabsicht an. Es ging nun nicht mehr allein um privat arrangierte Konzerte, bei denen die spielenden Kind-Virtuosen mit selbstbestimmten Vorführungen Erstaunen bei vermögenden Zuhörern erregen sollten, sondern auch um den Abschluß von Produktionsverträgen im System der hochprofessionellen italienischen Oper. Rücksichten auf vielleicht noch weniger entwickelte Fertigkeiten eines jugendlichen Komponisten gab es nicht, konnte es angesichts der spezifischen Organisationsformen und der Arbeitsbedingungen im ökonomisch, personell und zeitlich knapp kalkulierenden und gleichwohl partiell unkalkulierbaren *stagione*-Betrieb nicht geben. Nach Lage der Dinge lag das größere Risiko einer *scrittura* im Falle Mozarts 1770 nicht bei ihm selbst, sondern beim vertragschließenden Theater, das dann ja, wofür es aus Sicht des Betriebs allerdings wenig Anlaß gab, auf einen vierzehnjährigen Deutschen ohne praktisch-erprobte Kenntnisse des *dramma per musica* vertrauen mußte. Zumindest ein erster Auftrag war nur mit Patronage gesellschaftlich einflußreicher Persönlichkeiten zu erhalten.

Die Bedingungen des Systems, in denen sich ein möglicher Abschluß mit Mozart bewegen konnte, waren hinsichtlich des Zeitrahmens berechenbar. Von Ende 1769 aus gesehen mußte die laufende Karnevals-*stagione* genutzt werden, um eine *scrittura* für die nächste Saison im Winter 1770/71 abzuschließen und von da aus vielleicht in einen Jahresturnus hineinzukommen. Dann würde im Laufe des Sommers 1770 das Libretto sowie die Sängertruppe bestimmt werden; für Komposition und Einstudierung bliebe in der Folge günstigstenfalls ein halbes Jahr Zeit. Die kompositorische Aufgabe stellte sich in klar konturierter Weise: Der Typ der ›*Metastasianischen Oper*‹ mit seinen historisch-mythologischen Stoffen, der dreiaktigen Großanlage, der Binnenstruktur von rund 15 Szenen pro Akt, dem Wechsel von handlungstreibenden Rezitativen und affektdarstellenden Arien sowie dem hierarchisch geordneten Handlungspersonal bestimmte als gültige Konvention den Spielraum, innerhalb dessen sich ein Komponist zu bewegen hatte. Aktuelle

Beispiele solcher *opere serie* auf der Bühne kennenzulernen, bot eine Italien-Reise beste Gelegenheiten. Diese zu nutzen, bedeutete für die Mozarts von Beginn an einen Akt der künstlerischen Einübung und der Versicherung gestalterischer Praxis (schon am 3. Januar 1770 sahen sie in Verona Pietro Guglielmis *Ruggiero*, ein Werk der vorjährigen Saison, kurz darauf Johann Adolf Hasses *Demetrio* und *La clemenza di Tito* in Mantua bzw. Cremona). Denn der junge Komponist wollte mit seinem Werk möglichst perfekt der herrschenden Operntradition genügen, also auf Gegebenes reagieren, und sie nicht in Frage stellen oder gar brechen.

Es liegt im dunkeln, ob die Vereinbarung einer *scrittura* von Salzburg und von höherer Warte aus angebahnt wurde. Sie kam relativ rasch auf Betreiben des bevollmächtigten Ministers beim Generalgouvernement der österreichischen Lombardei, des ebenso mächtigen wie kunstsinnigen Karl Joseph Graf Firmian, Bruder des Salzburger Oberstofmeisters Franz Lactanz Graf Firmian, mit dem Regio Ducal Teatro in Mailand zustande – der Vertrag dürfte bereits am 13. März 1770 geschlossen worden sein. Dies legt immerhin nahe, daß im Hintergrund Einfluß genommen worden war. Die Reiseplanung für die ersten Wochen scheint jedenfalls Mailand als frühes fixes Ziel vorgesehen zu haben, während der Verlauf der Tour insgesamt wieder eher von Zufällen bestimmt war, genauer: von nach und nach gesammelten, aussichtsreichen Empfehlungen an wichtige Persönlichkeiten. Außerdem gab es Phasen, die hauptsächlich zur Landeserkundung genutzt wurden oder der Erholung dienten.

Abreise	von	via	nach	Ankunft
1769				
13. Dezember	Salzburg	Lofer, Wörgl, Schwaz	Innsbruck	15. Dezember
19. Dezember	Innsbruck	Steinach, Brixen, Bozen, Neumarkt, Trient	Rovereto	24. Dezember
27. Dezember	Rovereto		Verona	27. Dezember
1770				
10. Januar	Verona		Mantua	10. Januar
19. Januar	Mantua	Bozzolo, Cremona	Mailand	23. Januar
15. März	Mailand	Lodi, Piacenza, Parma, Modena	Bologna	24. März
29. März	Bologna		Florenz	30. März
6. April	Florenz	Siena, Orvieto, Viterbo	Rom	11. April
8. Mai	Rom	Terracina, Sessa, Capua	Neapel	14. Mai
25. Juni	Neapel		Rom	26. Juni

Abreise	von	via	nach	Ankunft
10. Juli	Rom	Città Castellana, Terni, Spoleto, Foligno, Loreto, Ancona, Senigallia, Pesaro, Rimini, Forlì, Imola	Bologna	20. Juli
13. [?] Oktober	Bologna	Parma, Piacenza	Mailand	18. Oktober
1771				
14. Januar	Mailand		Turin	14. Januar
31. Januar	Turin		Mailand	31. Januar
4. Februar	Mailand	Canonica, Brescia, Verona, Vicenza, Padua	Venedig	11. Februar
12. März	Venedig	Padua, Vicenza, Verona, Rovereto, Brixen, Innsbruck	Salzburg	28. März

Die ersten sechs Wochen der Reise bis zur Ankunft in Mailand glichen in ihrem Verlauf den Touren der Vorjahre. Gezielt aufgesuchte weltliche oder geistliche Würdenträger ermöglichten private Auftritte in Innsbruck, Rovereto und Verona. Ein erstes förmliches Konzert auf italienischem Boden fand mit Darbietung von eigenen Kompositionen, *prima vista*-Spiel fremder Werke, Improvisationen sowie Stegreiflösung musikalischer Aufgaben am 5. Januar 1770 in der *Accademia Filarmonica* zu Verona statt; ein ähnlich strukturiertes Konzert folgte am 16. Januar bei der *Reale Accademia di scienze, lettere ed arti* in Mantua. Möglichkeiten halböffentlicher Präsentationen auf der Orgel wurden in Kirchen Roveretos und Veronas wahrgenommen. Der Veroneser Finanzbeamte Pietro Lugiati ließ aus Verehrung für Mozart diesen von Saverio dalla Rosa in Öl portraitieren. Mit dem Beginn der Italien-Reise konnten die Mozarts also rundum zufrieden sein.

Mailand I

In Mailand kam es am 7. Februar zur ersten Begegnung mit Karl Joseph Graf Firmian. Der Tag war für Mozart folgenreich, einmal wegen der glänzend abgelegten Proben seines Könnens im Beisein unter anderem von Giovanni Battista Sammartini, zum anderen wegen eines wertvollen Buchgeschenks: Graf Firmian überreichte ihm eine neunbändige Ausgabe der Werke von Pietro Metastasio (Turin 1757). Die Gabe dürfte mehr als nur ein »*sehr angenehmes present*«[42] gewesen sein, nämlich eine Sammlung repräsentativer Operntexte zu Studienzwecken. Bereits am 12. März 1770 erlebten im Hause Firmian während einer Soirée vor adeligem Publikum drei von Mozart neu komponierte Arien auf Texte Metastasios[43] ihre Premiere; mit Scena und Arie »*Misero me!*« – »*Misero pargoletto*«

KV 77 (73ᵉ) stellte der angehende Opernkomponist erstmals sein Vermögen unter Beweis, ein dramatisch wechselvolles Accompagnato mit einer affekthaften Da capo-Arie verbinden zu können. Vermutlich dienten die Werke auch dazu, die in dieser Zeit geführten Verhandlungen über eine *scrittura* zu befördern oder deren erfolgreichen Abschluß zu besiegeln. Jedenfalls wurde Mozart unmittelbar nach dem Konzert der ersehnte Opernauftrag erteilt, womit der Hauptzweck des Aufenthalts in Mailand voll erfüllt war und der Rückkehr nach Salzburg nichts im Wege gestanden hätte. Leopold Mozart aber nahm das Ereignis als Anstoß zur raschen Weiterreise; der Abschiedsbesuch bei Graf Firmian am 14. März brachte nicht nur ein kostbares Schmuck- und Geldgeschenk ein, sondern auch eine den weiteren Reiseweg gleichsam strukturierende Serie von Empfehlungsbriefen nach Bologna, Parma, Florenz, Rom und Neapel. An den Salzburger Dienstherren aber richtete Leopold erst etwas später ein Gesuch um Urlaubsverlängerung, vermutlich zunächst bis zum vorgesehenen Termin der Opernpremiere im Dezember des Jahres: Der Vertrag schrieb eine Anwesenheit der Mozarts in Mailand erst zum 1. November vor.

Rom

Die erste Referenz Graf Firmians war an den in Bologna residierenden Feldmarschall Giovanni Luca Markgraf Pallavicini-Centurioni gerichtet. Zu ihm reisten die Mozarts in wenigen Tagen, wobei gleich auf der ersten Station in Lodi ohne erkennbaren Anlaß drei Sätze eines ersten Streichquartetts des Komponisten (KV 80 [73ᶠ]; vierter Satz zwischen 1773 und 1775 hinzugefügt) entstanden, eines Werks, das heterogene Stil- und Satzelemente italienisch-süddeutsch-österreichischer und im nachkomponierten Finale auch französischer Provenienz zusammenführt. Der kurze Aufenthalt in Bologna brachte am 26. März einen glänzenden gesellschaftlichen und künstlerischen Auftritt im Hause des Feldmarschalls, außerdem die Bekanntschaft mit Padre Giovanni Battista Martini, die einige Monate später bedeutsam wurde, und Kontakte mit berühmten Sängern, so mit Carlo Broschi, genannt Farinelli.

Auch die anschließenden Tage in Florenz standen ganz im Zeichen einerseits der Pflege von teils älteren Verbindungen mit aristokratischen Förderern wie dem Großherzog Leopold von Toscana, dem späteren Kaiser Leopold II., und dessen Obersthofmeister Franz Xaver Wolfgang Graf Orsini-Rosenberg. Es kam zu Begegnungen mit prominenten Musikern; dazu zählten der Geiger Pietro Nardini, der Hofmusik-Intendant Eugène Marquis de Ligniville, der am 2. April 1770 die kontrapunktischen Fertigkeiten Mozarts einer Prüfung unterzog, dann der Kastrat Giovanni Manzuoli, den die Mozarts von London her kannten. Im Hause der Stegreif-Poetin Maddalena Morelli-Fernandez, genannt Corilla Olimpica, lernte Wolfgang den gleichaltrigen Geiger Thomas Linley kennen; die Stunden gemeinsamen intensiven Musizierens und ein Privatauftritt bei dem Finanzverwalter Giuseppe Maria Gavard des Pivets scheinen den beiden Vierzehnjährigen ein ungewöhnliches Erlebnis menschlichen Einvernehmens und künstlerischer Ver-

Die erste Italien-Reise 1769–1771

Mozart, bekleidet mit einem ursprünglich für Erzherzog Maximilan geschneiderten Kostüm, neben einem Tasteninstrument stehend (anonymes Ölbild, Pietro Antonio Lorenzoni zugeschrieben; Anfang 1763)

wandtschaft bereitet zu haben, von dessen emotionaler Wirkung ein Gedicht der Olimpica zeugt, das Linley zum Abschied am 6. April verfassen ließ.

Der Rom-Aufenthalt begann in der Karwoche und bot gleich zu Beginn reiche Gelegenheit, die kirchenmusikalische Ausgestaltung der verschiedenen liturgischen Feiern kennenzulernen. Noch am Ankunftstag, dem 11. April, hörten die Mozarts bei der Mette in der Capella Sistina das *Miserere* von Gregorio Allegri. Für diese einfache, über wiederholte modellhafte Harmoniefolgen gebaute A-cappella-Vertonung des 50. Psalms genoß die päpstliche Kapelle traditionellerweise eine Art exklusives Aufführungsrecht. Den Sängern war es verboten, die Noten weiterzugeben, gleichwohl war die Komposition in Abschriften, später auch im Druck verbreitet. Mozart notierte nach dem Gottesdienst – vielleicht auch erst nach der Wiederholung am Karfreitag – die 23 Takte des Modells aus dem Kopf, was vom Vater nicht ohne effektvolle Pointierung nach Salzburg berichtet wurde und dort Aufsehen erregte, ein Aufsehen, das bis in die Gegenwart hinein zur Legendenbildung um diese gewiß bemerkenswerte, aber keineswegs sensationelle Begebenheit führte.

War der erste Kontakt, den die Mozarts in Rom aufnahmen, nämlich der zu dem im Collegio Germanico studierenden Sohn des Salzburger Hofkanzlers, Albert von Mölck, von der üblichen Art landsmannschaftlich vermittelter Empfehlung, so geschah die Einführung der beiden Reisenden im Vatikan über eine effektvolle Inszenierung. Leopold legte für sich und seinen Sohn stets Wert auf etikettengerechte, durchaus aristokratisch anmutende Kleidung, Versuch einer Anpassung des höfischen Bediensteten an die gesellschaftlich unterscheidenden Kleidungskonventionen der feudal-absolutistischen Gesellschaft. Entsprechend ausstaffiert, vermochte er am Gründonnerstag mit dem selbstbewußten Auftreten eines Hofmeisters die Schweizer Gardisten zu überrumpeln und zusammen mit Wolfgang, der für eine Standesperson gehalten wurde, sowohl bei der zeremoniellen Fußwaschung bis nahe an den Papst als auch anschließend zur Kardinalstafel vorzudringen. Hier eröffnete der mächtige Kardinal-Staatssekretär Lazzaro Opizio Pallavicini, ein entfernter Verwandter des Bologneser Feldmarschalls, das Gespräch mit dem ihm unbekannten Jungen. Wolfgang führte es, höfisch-korrekt, auf Italienisch und wurde auf diese Weise mit einem der mächtigsten Würdenträger Roms bekannt.

Am Karsamstag, dem 14. April 1770, bezogen die Mozarts eine standesgemäße Wohnung im Palazzo Scatizzi, einem Seitenflügel des Collegium Clementinum. Von hier aus spannen sie in den kommenden Wochen ein dichtes Netz an Beziehungen, wobei ihnen der Anfangsfaden, ein Konvolut mit zwanzig Empfehlungsschreiben an erste Adressen, von Markgraf Pallavicini-Centurioni in die Hand gelegt worden war. Vom 19. April an reihten sich die Einladungen. Die Mozarts wurden in den vornehmsten Häusern der Stadt empfangen – etwa beim Principe Sant'Angelo aus Neapel, bei der Principessa Cornelia Barberini-Colonna, beim Gesandten des Malteser-Ordens – und standen im Mittelpunkt glänzender Gesellschaftsabende – beim Fürsten Sigismondo Chigi oder bei Baldassare Odescalchi, Duca di Bracciano e di Ceri. Aus diversen Adelskorrespondenzen läßt sich die staunende Bewunderung ablesen, die Mozarts Auftritte hervorriefen, eine Faszination, die inzwischen dem virtuosen musikalischen Alleskönner galt, nicht mehr dem ›Wunderkind‹, bei dem um diese Zeit der Stimmbruch einsetzte und den Nimbus des ›Kindes‹ vertrieb.

Da eigene Konzerte mit neuen größeren Werken vorerst nicht in Aussicht standen, gab es keinen Anlaß für besondere kompositorische Aktivitäten. Merkwürdig vereinzelt steht der am 13. oder 14. April 1770 geschriebene Kontretanz in B KV 123 (73^g) da, der umgehend nach Salzburg geschickt wurde und für den der Komponist sich eine spezielle Choreographie des Tanzmeisters Cyrill Hofmann wünschte; zwei Menuette KV 61^g sind ebenfalls auf diese Frühjahrszeit zu datieren. Nicht immer zweifelsfrei zu identifizieren sind einige Sinfonien, die nach Briefberichten im Frühjahr und Sommer an verschiedenen Orten entstanden sind.[44] An ihrem durchweg viersätzigen Formbau (mit Menuett an dritter Stelle) fällt die Orientierung am österreichischen Sinfonietyp der Zeit auf, während italienische Vorbilder weniger wirksam geworden sind.

Bis zum Eintreffen des Mailänder Librettos galt es, eine sinnvolle zeitliche Überbrückung zu finden. Leopold besaß genügend Umsicht, um allein mit geschickt plazierten Auftritten des Sohnes die nötigen Reisemittel zu gewinnen, aber auch, die Kosten in Grenzen zu halten. Für eine kurze Weile schob sich der Wunsch, möglichst viel von Italien zu sehen, vor die künstlerischen Zwecke der Reise. Dem galt der Aufenthalt in Neapel, der nicht nur für die inzwischen schon üblichen musikalisch-gesellschaftlichen Ereignisse genutzt wurde – Gastgeber waren unter anderen der englische Gesandte William Hamilton und der kaiserliche Gesandte Ernst Christoph Graf Kaunitz-Rietberg (eine förmliche Audienz beim König von Neapel blieb aus, die Mozarts wurden jedoch vom Premierminister Bernardo Marchese Tanucci empfangen) –, sondern der zu intensiven Begegnungen mit den Naturschönheiten und Kulturschätzen in Pozzuoli, Baiae, Pompeji, Herculaneum und Caserta führte. Wie schon zuvor in Italien baute Leopold seine Sammlung von Kupferstichen aus. Das schloß selbstverständlich den gelegentlichen Austausch mit neapolitanischen Komponisten wie Gian Francesco De Majo und Giovanni Paisiello nicht aus, und wie früher in Bologna und Rom wurde Mozart auch in Neapel eine *scrittura* angetragen, wie der Vater beiläufig der Familie in Salzburg mitteilte.

Bologna

Beim Aufbruch von Neapel am 25. Juni 1770 stand als nächstes Hauptziel Bologna fest. Auf dem Weg dorthin kam es zu einer zweiwöchigen Reiseunterbrechung in Rom, teils verschuldet durch eine größere Beinverletzung Leopolds, hauptsächlich aber bedingt durch eine Ehrung, die dem jungen Komponisten zuteil wurde. Das päpstliche Staatssekretariat unter Leitung von Kardinal Pallavicini hatte bereits am 26. Juni die Verleihung des »*Ordens vom Goldenen Sporn*« (»*Ordo Militia Aurata*«; »*Ordine dello Speron d'Oro*«) verfügt: Auf den 4. Juli war das Breve Papst Clemens' XIV. von Kardinal Andrea Negroni ausgefertigt worden. Tags darauf erfolgte im Palazzo Quirinale die Übergabe eines goldenen Sterns mit eingearbeitetem Sporn als Insigne des Ordens an Mozart durch Kardinal Pallavicini; am 8. Juli empfing der Papst den jungen Ordensritter im Palazzo Santa Maria Maggiore in Privataudienz. So ehrenvoll die Auszeichnung für Mozart auch war und von ihm wie besonders vom Vater empfunden wurde – er dachte sofort an Christoph Willibald Gluck, der ebenfalls Ordensritter war (die in diesem Zusammenhang seit langem behaupteten unterschiedlichen Grade des Ordens sind eine Folge historiographischer Mißverständnisse) –, so muß ihr Rang gleichwohl im Kontext der Orden und Auszeichnungen des 18. Jahrhunderts bewertet werden. Danach genoß der »*Orden vom Goldenen Sporn*« als päpstliche Ehrenbezeugung vornehmlich für nichtadelige Personen in der aristokratischen Gesellschaft kein hohes Ansehen und bedeutete keinesfalls eine wie auch immer geartete Erhebung in den Adelsstand. Die mit ihm verbundenen Privilegien waren eher marginal. Außerdem war eine direkte Verbindung von Titel und Namen nach den Ordensstatuten nicht vorgesehen, und Mozart selbst hat diese, anders als Gluck, auch nur sehr selten gebraucht. Immerhin hat er den Ordensstern, mit dem er auf dem im Sommer 1777 in Salzburg für Padre Martini gemalten Portrait zu sehen ist, bis 1778 gelegentlich getragen.

In Bologna erhielt Mozart am 27. Juli 1770 endlich das Libretto für die Mailänder Oper. Das ausgewählte Sujet aus der römischen Geschichte, *Mitridate, Re di Ponto*, war nach der Dramenvorlage Jean Racines von dem Turiner Vittorio Amadeo Cigna-Santi für das Musiktheater nach metastasianischem Muster adaptiert und 1767 von Quirino Gasparini ein erstes Mal vertont worden. Mit diesem Buch zogen sich Vater und Sohn am 10. August für anderthalb Monate auf das Landgut fuori Porta S. Vitale *»Alla Croce del Biacco«* nahe bei Bologna zurück, wohin Feldmarschall Pallavicini-Centurioni sie eingeladen hatte. Abgesehen von Kurzbesuchen musikalischer Veranstaltungen in der Stadt und zufälligen Begegnungen mit Musikern wie Joseph Mysliveček und dem Musikforscher Charles Burney dürften die Mozarts diese Wochen dazu genutzt haben, die anstehende Kompositionsaufgabe vorzubereiten (die Niederschrift der Rezitative begann allerdings erst am 29. September).

Seit 1. Oktober wieder in Bologna zurück, verstärkte sich zunächst der Umgang der beiden Mozarts mit Padre Martini. Die täglichen Gespräche kreisten um musikhistorische Fragen, wozu auf der einen Seite Leopolds *Violinschule*, auf der anderen der gerade erschienene zweite Teil von Martinis *Storia della musica* genügend Stoff boten – beide Bände brachten die Mozarts nach Hause mit. Daß Martini dem jungen Komponisten Unterricht in der Kanontechnik und im *stile antico* gegeben habe, ist nicht wirklich nachzuweisen; die als Beleg gerne herangezogenen Auflösungen von Rätselkanons (u. a. KV^6 73x) setzten erst 1772 ein, und allenfalls die Bearbeitung von acht Versen des *Miserere* für Alt, Tenor, Baß und Orgel KV 85 (73^s) könnte Zeugnis einer Anregung Martinis sein, sich mit alten Satztechniken auseinanderzusetzen (beim Introitus *»Cibavit eos«* für vier Stimmen und Orgel KV 44 [73^u] handelt es sich um eine 1769/70 angefertigte Kopie eines Werks von Johann Stadlmayr aus dem ersten Drittel des 17. Jahrhunderts). Allerdings ergriff der Padre die Initiative für die Aufnahme Mozarts in die angesehene *Accademia filarmonica*. Voraussetzung für die Mitgliedschaft war der Nachweis von Kenntnissen im strengen Satz, zu erbringen in einer Klausur. Diese absolvierte Mozart am 9. Oktober 1770 erfolgreich mit einer vierstimmigen Magnificat-Antiphon *»Quaerite primum regnum Dei«* KV 86 (73^v). Der Vater berichtete voller Stolz nach Salzburg von der erneuten ungewöhnlichen Leistung und hütete sich, die etwas merkwürdigen Umstände dieser Prüfung zu erwähnen. Denn das überlieferte Kompositionsautograph belegt zweifelsfrei, daß Mozart mit der hier festgehaltenen Version den Anforderungen der Prüfungsaufgabe nicht genügt hätte: Die Arbeit weist eine beachtliche Reihe von Verstößen gegen die Regeln des strengen Satzes auf. Neben dieser Fassung existiert eine weitere von der erfahrenen Hand Padre Martinis, allerdings versehen mit einer Autorenzuweisung an Mozart; der wiederum hat die Partitur zweimal kopiert und einmal mit seinem Namen gezeichnet, das andere Mal hat Leopold den Namen des Sohnes eingetragen. Die Quellen legen den Schluß nahe, daß der zuständigen Kommission vielleicht nicht die Arbeit des Prüflings, sondern Martinis vorgelegen habe; in Bologna befindet sich jedenfalls bis heute eine von Mozarts korrekturlosen Kopien des Satzes, den der Padre verfaßt hatte.

Mailand II

Versehen mit dem Diplom der *Accademia* und einem Empfehlungsschreiben von Padre Martini wandten sich die Mozarts nun endlich nach Mailand, wo sie am 18. Oktober eintrafen und Wolfgang sogleich die Arbeit an *Mitridate* fortführte. Die Anspannung aufgrund der kompositorischen Herausforderung und die bald spürbare Rücksichtslosigkeit, auch Skepsis ihm gegenüber scheinen Mozart neben der rein physischen Anstrengung belastet zu haben, will man die wiederholten Gebetsbitten nach Salzburg und die Anspielungen Leopolds auf des Sohnes ungewöhnliche Ernsthaftigkeit in diese Richtung deuten. Bis Mitte November war es zu einigen Theaterintrigen und Sängerkabalen gekommen, denen zwar erfolgreich begegnet werden konnte, die aber neben allerlei Aufregungen erhebliche Mehrarbeit verursachten. Von acht Nummern – 1, 8, 9, 13, 14, 16, 18 und 20 – mußten nach Kritik der *prima donna* Antonia Bernasconi (Aspasia), des Tenors Guglielmo d'Ettore (Mitridate), des *primo uomo* Pietro Benedetti (Sifare), der *seconda donna* Anna Francesca Varese (Ismene) und des *secondo uomo* Giuseppe Cicognani (Farnace) zwei und mehr Versionen geschrieben werden.

Da Mozarts Autograph verschollen ist und nur einige seiner Entwürfe greifbar sind, läßt sich die Berechtigung der von den Sängern gestellten Revisionsforderungen nicht mehr in allen Einzelheiten überprüfen. Daß hier nur Eitelkeiten im Spiel gewesen sein sollen, ist wenig glaubhaft, denn tatsächliche Mängel können zumindest angesichts der geringen Erfahrung Mozarts nicht ausgeschlossen werden. Welcher Werkstattanteil Leopold bei diesem Werk zugeschrieben werden muß, bleibt wiederum ungewiß. Während des mühsamen Kompositionsprozesses standen er und der Komponist Giovanni Battista Lampugnani dem Jungen überall zur Seite, wo er der Unterstützung bedurfte. Seit Anfang Dezember fanden die ersten Rezitativ- und Orchesterproben statt; sie verfehlten ihre überzeugende Wirkung nicht, wenn auch weiterhin mißgünstige Stimmen zu vernehmen waren. Am 26. Dezember 1770 schließlich fand die heftig akklamierte Premiere des Werks statt. Mozart leitete sie vom ersten Cembalo aus. Zusammen mit drei von Francesco Caselli komponierten Balletten dauerte die Aufführung sechs Stunden. Der Triumph für den dirigierenden Komponisten setzte sich am kommenden Tag sowie am 29. Dezember bei den Wiederholungen fort; insgesamt wurde das Werk, in der Folge ohne Mozarts Beteiligung, noch etwa zwanzig Mal vor vollem Haus gegeben.

Neue *scritture*

Mitridate war ein auf Mailand begrenztes Ereignis gewesen; nach der *stagione* 1770/71 verschwand das Werk für 200 Jahre von der Bühne. Einen ersten und zweifellos kraftvollen Schritt in die Welt der metastasianischen Oper hatte Mozart getan, doch galt es nun – wie im Frühjahr 1770 –, eine neue *scrittura* zu bekommen. Nach den zurückliegenden Strapazen gönnten sich Vater und Sohn jedoch als erstes eine ausgedehnte Ruhephase. Anders wird die zeitlich großzügig gestaltete, trotz mancher aufreibender Verpflichtungen angenehme Rückreise nach Salzburg nicht zu bewerten sein, die für zwei Wochen nach Turin führte sowie einen fünfwöchigen, äußerlich opulenten und wegen einer Akademie am 5. März 1771 wohl auch einträglichen Venedig-Aufenthalt einschloß. Noch ganz im Hochgefühl des Opernerfolgs trat Wolfgang am 4. Januar in Mailand als Pianist bei einer Akademie im Hause des Grafen Firmian auf. Tags darauf erfolgte die Ernennung zum »*Maestro di Capela della mag.^{ca} Accademia Filarmonica di Verona*«[45] ehrenhalber.

Zugleich blieb nichts unversucht, möglichst rasch den gewünschten Opernvertrag mit dem Mailänder Theater abzuschließen. Als Mozart bereits in Verona war, erhielt er tatsächlich die Zusage einer *scrittura* für die nächste Karnevalssaison, so daß eine dem gerade zurückliegenden Jahr vergleichbare Zeitplanung vorgenommen werden konnte; den auf den 4. März 1771 datierten Vertrag fand er bei der Rückkehr in Salzburg vor. Freilich kamen im Laufe der folgenden Wochen noch bedeutende Aufgaben hinzu: In Padua, wo die Mozarts mit Padre Antonio Valotti und Giovanni Ferrandini zusammentrafen, erhielt Wolfgang am 13. März von dem mit Padre Martini in engem Austausch stehenden Musikliebhaber Don Giuseppe Ximenes d'Aragona den Auftrag, für eine musikalische Akademie in seinem Palast ein Oratorium zu komponieren. Eine Aufführung des bald in Angriff genommenen umfangreichen Werks, der Azione sacra *Betulia liberata* KV 118 (74c) auf einen Text Metastasios, ist freilich nicht nachweisbar. Am 18. März berichtete Leopold nach Salzburg von einem Auftrag, der seinem Sohn »*eine unsterbliche Ehre*«[46] machen würde. Gemeint war die von Graf Firmian vermittelte Kommission der Kaiserin Maria Theresia, für die bevorstehende, politisch sehr wichtige Vermählung ihres Sohnes Erzherzog Ferdinand mit der Prinzessin Maria Beatrice Ricciarda d'Este im Oktober in Mailand die zweite Festoper zu verfassen; es sollte die chorreiche Serenata teatrale *Ascanio in Alba* KV 111 auf einen Text von Giuseppe Parini werden.

Die zweite Italien-Reise 1771

Angesichts des prall gefüllten Auftragsbuchs war Mozarts Leben während des nur vom 28. März bis zum 13. August 1771 währenden Zwischenaufenthalts in Salzburg von intensiver schöpferischer Tätigkeit bestimmt, vermutlich aber auch vom Dienst als Violinist in der Hofkapelle. Über die Ereignisse dieser Monate im einzelnen fehlen genaue Nachrichten. Nachzuweisen ist lediglich die Kompositionsarbeit am Oratorium für Padua, weiterhin an einigen geistlichen Werken sowie an vermutlich zwei Sinfonien.[47]

Noch ein weiterer Plan scheint gediehen zu sein, auch wenn über die Umstände seiner Verwirklichung keine letzte Gewißheit zu erlangen ist. Am 5. Januar 1771 hatte Leopold Mozart seine Frau von Mailand aus gebeten, das Datum der Sekundiz, des 50jährigen Jubiläums der Priesterweihe von Fürsterzbischof Siegmund von Schrattenbach zu erkunden; er erwartete das Ereignis wohl für den Januar 1772. Vermutlich wollte er, wie schon in früheren Jahren, durch den Sohn eine diesmal freilich aufwendigere musikalische Huldigung für den generösen

Dienstherren vorbereiten lassen. Da in der fortgeschrittenen zweiten Jahreshälfte der Mailänder Auftrag zu erfüllen und mithin dann kaum Zeit für eine solche Komposition sein würde, mag Leopold an eine im Frühjahr im voraus zu erledigende Arbeit gedacht haben, die bei der Rückkehr von der zweiten Italien-Reise sogleich aufgeführt werden könnte. Vermutlich zwischen April und August 1771 schrieb Mozart die Partitur der Azione teatrale *Il sogno di Scipione* KV 126 auf einen Text von Metastasio nieder, eine gut eineinhalbstündige musikalische Allegorie mit zweisätziger Ouvertüre sowie zehn Arien und zwei Chören. Die letzte Arie, eine ›Licenza‹, war ausdrücklich an »Sigismondo« adressiert.

Mit der eigenen Kutsche reisten Vater und Sohn auf der über St. Johann (13. August), Innsbruck (14. August), Brixen (15. August), Trient (16. August), Ala (17. August), Verona (18. August) und Brescia (20. August) führenden Route zügig nach Mailand. Dort trafen sie am 21. August ein, fanden aber das Libretto der Festoper, anders als erwartet, nicht vor. Dafür dürfte Mozart in diesen Tagen eine *scrittura* für das Teatro Benedetto in Venedig zur Karnevals-*stagione* 1773 erreicht haben – anscheinend das Ergebnis entsprechender Verhandlungen im Februar/März –, ein Auftrag, dem er aus unbekannten Gründen nicht nachkam. Als am 29. August 1771 das ersehnte neue Opernbuch endlich vorlag, machte sich Mozart mit Feuereifer an die Arbeit und komponierte in zwei Tagen die dreiteilige Ouvertüre, deren letzter Abschnitt als Chor eingerichtet wurde – in der Sinfoniefassung der Ouvertüre ersetzte Mozart diesen Teil Ende Oktober/Anfang November des Jahres durch ein Instrumentalfinale KV 120 (111ª). Nach einer mehrtägigen Unterbrechung, bedingt durch Revisionen am Text durch Parini, konnte die Arbeit am 5. September fortgesetzt werden. Innerhalb von acht Tagen entstanden die Rezitative, die Chöre und sogar das Ballett für den Zwischenakt. Bereits am 23. September lag *Ascanio in Alba* abgeschlossen vor – Widerstände von Seiten der Sänger (Venere: Geltrude Falchini [Sopran], Ascanio: Giovanni Manzuoli [Kastrat], Silvia: Antonia Maria Girelli [Sopran], Aceste: Giuseppe Luigi Tibaldi [Tenor], Fauno: Adamo Solzi [Kastrat]) hatte es diesmal nicht gegeben. Die Probenarbeiten für das szenisch prunkvoll ausgestattete Werk liefen parallel zu denen für die große Opera seria der Hochzeitsfeierlichkeiten, zu *Il Ruggiero* (Metastasio) des seit langem mit dem Habsburger Hof verbundenen Komponisten Johann Adolf Hasse.

Die Mailänder Konkurrenz zwischen dem 71jährigen, europaweit erfahrenen Hasse, der hier sein letztes Bühnenwerk vorstellte, und dem 15jährigen Mozart ist nach dem schwachen Erfolg für den ersteren später gerne als Zeichen für das Ende einer alten und den Beginn einer neuen Zeit der italienischen Oper gedeutet worden, womit den tatsächlichen historischen Gegebenheiten freilich schon deshalb nicht angemessen Rechnung getragen wurde, weil sowohl die Gattungsdifferenz zwischen Opera seria und Serenata teatrale als auch die verschiedenartige Funktion der beiden Werke im Rahmen des zeremoniellen Festprogramms unbeachtet geblieben sind. Hasse hat im übrigen die außerordentlichen Gaben Mozarts schon früh erkannt und uneingeschränkt gewürdigt, ihn vor der ersten Italien-Reise auch mit wichtigen Empfehlungsschreiben ausgestattet. Kritischer stand er dem Vater gegenüber, dessen Charakter und Erziehungsleistung er zwar durchaus schätzte, dessen überzogene Idolatrie gegenüber dem Sohn er aber, gewiß nicht als einziger und nicht ganz zu Unrecht, als Gefahr ansah: »*Egli idolatra il suo figlio un poco troppo, e fa per ciò quanto può per guastarlo*«.[48]

Nach der Trauung des habsburgisch-estensischen Paars am 15. Oktober hob sich tags darauf im renovierten Teatro Regio Ducal der Vorhang für Hasses Oper und am 17. Oktober für Mozarts Serenata. Das in der Tradition einschlägiger Schäferspiele von Torquato Tasso und Giovanni Battista Guarini stehende Stück, dramatisierter Glückwunsch und Reverenz gegenüber den hocharistokratischen Brautleuten in einem, diente der adeligen Gesellschaft als Spiegel ihrer selbst. Die im Vergleich zum Dramma per musica lockerere Form der Serenata teatrale, vor allem der Wechsel zwischen solistischen und chorischen Stücken sowie Tänzen, bot Mozart die geschickt genutzte Vorlage für eine musikalisch-dramaturgisch kontrastreiche Gestaltung der außerdem auch instrumentatorisch reizvollen Partitur. Dem war das höfisch-strenge, metastasianisch konventionell geprägte Werk Hasses offensichtlich unterlegen, auch wenn Leopolds enthusiastischer Bericht nach Salzburg vom 19. Oktober, in dem von der ersten Wiederholung des *Ascanio* an diesem Tag als Folge des spektakulären Erfolgs die Rede ist, insofern korrigiert werden muß, als diese wie auch die weiteren Reprisen am 24., 27. und 28. Oktober bereits im gedruckten Festprogramm angekündigt worden waren (das betraf auch die nächsten Aufführungen von Hasses Oper während der Festtage, welche die Mozarts zum Teil besuchten).

Folge des allerhöchsten Wohlgefallens, das die Brautleute auch am 24. Oktober im Theater durch »*Bravissimo Maestro ruffen und Händeklatschen*«[49] in auffälliger Weise zum Ausdruck gebracht hatten, waren Überlegungen des jungen Erzherzogs Ferdinand, Mozart an den lombardischen Hof zu binden. Er bestellte Vater und Sohn zur Audienz auf Ende November ein, was die Rückreisepläne der beiden durchkreuzte. Doch wurde die Zeit mit der Komposition unter anderem der Sinfonie KV 112 und des Divertimentos KV 113, in dem Mozart erstmals Klarinetten verwendet hat, gefüllt und außerdem zur Veranstaltung eines Konzerts im Hause des Albert Michael von Mayr am 22. oder 23. November genutzt. Der Empfang beim Erzherzog brachte kein konkretes Angebot; Ferdinand hatte bei seiner Mutter um Rat in dieser Sache nachgesucht (was die Mozarts aller Wahrscheinlichkeit nach nicht wußten), aber noch keine Antwort erhalten. Das auf den 12. Dezember datierte Schreiben von Kaiserin Maria Theresia an ihren Sohn enthielt dann einen eindeutigen und von diesem beherzigten Rat: Ferdinand solle sich nicht mit derlei »*gens inutils*« belasten und auf keinen Fall »*titres a ces sortes des gens*« verleihen; außerdem schadeten Bedienstete, die »*comme de gueux*« (wie die Bettler) durch die Welt zögen, dem Ansehen seiner Hofhaltung.[50]

Die wenigen Sätze der Kaiserin dokumentieren in entwaffnender Offenheit, welcher Rang aus der Sicht einer feudal-absolutistischen Herrscherpersönlichkeit Leuten wie den Mozarts zukam. Sie galten als musikalische Wanderartisten, deren Schaustücke zum Vergnügen, gar zur Verwunderung dienten, die man gelegentlich nutzbringend und nur kurzzeitig in Dienst stellen konnte, dafür auch gut bezahlte, sie aber letztlich nicht nach ihren außerordentlichen Leistungen, sondern nach ihrer sozialen Stellung beurteilte. In der hierarchischen Ordnung eines Hofes, konkret: einer Hofkapelle, in der eine höhere Stellung normalerweise erst über langjährige Anwartschaft, treuen Dienst, allmählichen Aufstieg und schließlich Sukzession auf einen Vorgänger nach dessen Tod zu erlangen war, ließ sich ein Quereinstieg nicht denken, es sei denn aus der Machtvollkommenheit eines Herrschers heraus. Mozart blieb die schmerzliche Erfahrung dieser Regel bis an sein Lebensende nicht erspart. Es ist merkwürdig, daß ein welterfahrener Mann wie Leopold Mozart vor dieser Realität die Augen verschloß, indem er wohl tatsächlich davon überzeugt war, sein Sohn könne aufgrund seines herausragenden künstlerischen Vermögens sogleich in hohe oder leitende Positionen an einem bedeutenden Hof einrücken. Vielleicht hat Hasse das in seine Vorbehalte gegen den Vater mit eingeschlossen.

Salzburger Intermezzo 1772

Die wenigen Monate von der Rückkehr nach Salzburg – hier waren die Mozarts am 15. Dezember 1771 nach zehntägiger Reise, die in Brixen zugunsten eines Empfangs und eines Auftritts beim Fürstbischof Leopold Maria Joseph Graf Spaur eine kurze Unterbrechung erfahren hatte, eingetroffen – bis zum erneuten Aufbruch nach Italien im Oktober standen im Zeichen eines Ereignisses, welches das Leben der Mozarts nachhaltig verändern sollte. Am 16. Dezember starb Fürsterzbischof von Schrattenbach, der Regentenstuhl in Salzburg war also vakant. Die Mozarts hatten den Tod eines Dienstherren zu beklagen, der an der Entwicklung des heranwachsenden Komponisten stets Anteil genommen und die rasch weit ausgreifenden Reise-Unternehmungen gebilligt und gefördert hatte. In der Übergangszeit, das heißt bis zur Installation eines Nachfolgers, galt es Vorbereitungen zu treffen, um den neuen Herrscher gleich nach Regierungsantritt gewogen stimmen zu können. Da die Partitur von *Il sogno di Scipione* abgeschlossen bereitlag, wird als erstes an eine Aufführung dieses Stücks gedacht worden sein. Weiterhin sollten neue Kompositionen aus verschiedenen Genres die Leistungsfähigkeit des jungen Kapellmitglieds außerhalb des Theaters vorführen, so die Sinfonien KV 114 und 124, dann die ambitionierten *Litaniae de venerabili altaris sacramento* KV 125 (mit Leopolds verbessernder Hilfe), vielleicht auch die drei Streicherdivertimenti KV 136 (125ª), 137 (125ᵇ) und 138 (125ᶜ).

Als aussichtsreichster Kandidat für das hohe Amt galt der auch von den Mozarts favorisierte ranghöchste Salzburger Domdekan Ferdinand Christoph Reichsgraf Waldburg-Zeyl, doch führte eine Intervention des Kaiserhauses am 14. März 1772 zur Wahl des Fürstbischofs von Gurk, Hieronymus Joseph Graf Colloredo. Die verbreitete Enttäuschung über den Wahlausgang verstärkte sich, als der neue Regent für seinen feierlichen Einzug in Salzburg und die Huldigung nur ein bescheidenes Festprogramm genehmigte – Vorbote der bald einsetzenden strikten Sparpolitik Colloredos. In diesem Rahmen gab es für die teure Produktion einer Azione teatrale keinen Platz, jedenfalls lassen sich keine Quellen beibringen, die für eine Aufführung von Mozarts *Il sogno di Scipione* zeugen. Allerdings hat der Komponist die abschließende ›*Licenza*‹ in einer bedeutend erweiterten Fassung neu geschrieben und im vorangehenden Rezitativ den Namen des einstigen Adressaten in »*Girolamo*« (= Hieronymus) umgeändert. Vielleicht wurde wenigstens dieses Stück zusammen mit dem Schlußchor am 29. April bei der abendlichen Musik anläßlich der Huldigung in der Salzburger Residenz gespielt.

Während der ersten Amtsmonate hatten die Mozarts freilich keinen Anlaß, über den neuen Fürsterzbischof zu klagen. Die anstehende Reise nach Italien wurde genehmigt, auch wenn Wolfgang mit Dekret vom 21. August 1772 zum besoldeten Konzertmeister aufgestiegen war und es nahegelegen hätte, am Heimatort für längere Zeit Dienst zu tun. Aber die Abwesenheit von Salzburg wurde knapp kalkuliert, sie sollte wohl nicht länger als drei Monate dauern. Nach den Vorgängen beim *Mitridate* wußten die Mozarts, daß ihre Präsenz in Mailand vor Anfang November überflüssig war. Außerdem lag diesmal das, ungewöhnlich umfangreiche, Libretto bereits vor: Es handelte sich dabei um *Lucio Silla*, ein von dem Mailänder Theaterdichter Giovanni de Gamerra bearbeitetes Sujet aus der römischen Geschichte. Von den vorgesehenen Sängern kannte Mozart die Sopranistin Anna de Amicis-Buonsollazzi (Giunia) und den Kastraten Venanzio Rauzzini (Cecilio), nicht aber die Tenöre Bassano Morgnoni (Lucio Silla; erst später engagiert) und Giuseppe Onofrio (Aufidio) sowie die Sopranistinnen Felicità Suardi (Lucio Cinna) und Daniella Mienci (Celia). Mit diesen Kenntnissen konnte der Komponist während des Spätsommers zumindest an der großformalen Planung der Oper und an den Rezitativen arbeiten. In die Zeit nach der Wahl des Fürsterzbischofs fiel zuvor noch die Komposition des *Regina coeli* KV 127, von sechs Sinfonien,[51] sechs Menuetten mit Trio KV 164 (130a) sowie des Divertimentos KV 131. Dazu kommen vermutlich noch die Sonate für Klavier zu vier Händen KV 381 (123a), der Marsch KV 290 (167 AB) sowie kirchenmusikalische Fragmente;[52] zu denken ist auch an die drei Klavierkonzerte nach Johann Christian Bach KV 107.

Die dritte Italien-Reise 1772/73

Vom 24. Oktober bis zum 4. November legten Vater und Sohn Mozart auf der ihnen von den Vorjahrsreisen vertrauten Route den Weg nach Mailand zurück. An Reiseerlebnissen hob Leopold einen Ausflug von Innsbruck nach Hall in Tirol hervor (26. Oktober), wo Wolfgang anläßlich eines Besuchs bei Marianne Gräfin Lodron auf der Orgel des königlichen Damenstifts spielte; im verregneten Bozen entstand am 28. Oktober »*für die lange Weile ein quatro*«[53], vermutlich das Streichquartett KV 155 (134a). Gleich nach der Quartiernahme in Mailand intensivierte Mozart die Arbeit an der neuen Oper, mußte sich aber vorerst auf die Rezitative, die Chöre (Nr. 6, 17, 23) und die Ouvertüre beschränken, da die Hauptdarsteller, auf die er bei der Komposition Rücksicht nehmen wollte, noch nicht eingetroffen waren. Erschwerend kam hinzu, daß Gamerra das Libretto zur Begutachtung an

Pietro Metastasio geschickt und nach dessen Ratschlägen Revisionen an seinem Text vorgenommen hatte, weshalb Mozart bereits vertonte Rezitativpartien neu fassen mußte. Bis zum 14. November standen erst acht (von 23) Nummern auf dem Papier; am 12. Dezember, zwei Wochen vor der Premiere, fehlten immer noch mindestens fünf Arien. Schuld daran trug die plötzliche Erkrankung des Tenors Arcangelo Cortoni, für den als Ersatz erst am 17. Dezember der aus Lodi herbeigerufene Bassano Morgnoni, ein Kapellsänger ohne größere Bühnenerfahrung, in Mailand eintraf. Unter dem nun äußerst forcierten Kompositionsvorgang litt auch die Vorbereitung der Aufführung; erst am 19., 20. und 22. Dezember wurde das überdurchschnittlich lange Werk mit Orchester geprobt, am 23. Dezember fand die Generalprobe statt.

Daß die Oper bei ihrer Premiere am 26. Dezember unter diesen Umständen künstlerisch vollendet dargeboten worden sei, darf auch nach dem Bericht Leopolds vom 2. Januar 1773 bezweifelt werden, zumal wegen des verzögerten Eintreffens des erzherzoglichen Paars die Aufführung mit dreistündiger Verspätung begann und erst um zwei Uhr in der Nacht endete. Aber der Erfolg war bedeutend, wenngleich auf die Dauer nicht sensationell. Die insgesamt 26 Aufführungen bis zum 25. Januar 1773 erfreuten sich aber lebhaften Zuspruchs beim Publikum, so daß der Impresario auch mit den erzielten Einnahmen zufrieden sein konnte. Im Bühnenschaffen Mozarts markiert *Lucio Silla* KV 135 insofern einen deutlichen Fortschritt, als neben den Konventionen der metastasianischen auch Elemente der neapolitanischen Oper den Bau des Werks bestimmt haben. Vor allem im letzten Drittel des ersten Akts wird die starre Folge von Rezitativ und Arie zugunsten der Zusammenführung einzelner Formbestandteile über die Szenengrenzen hinweg durchbrochen. Die 18 Solostücke variieren die traditionellen Schemata der Da-capo-Arie und zeigen eine beachtliche Formenvielfalt; die orchesterbegleiteten Rezitative zeichnen sich durch einen hohen Anteil an Zwischenspielen aus. Einzelne hervorgehobene Nummern wie etwa die Ombra-Szene im dritten Akt (Nr. 22) oder die Ensemblestücke an den Aktschlüssen (Nr. 7, 18, 23) bewegen sich zwar vor dem Hintergrund zeitüblicher Gepflogenheiten, lassen aber durch individuelle Züge aufmerken, ganz besonders durch die reichhaltige Farbpalette der Instrumentation.

Vater und Sohn waren glücklich über den wiederholten Erfolg auf dem Mailänder Theater, mußten jedoch allmählich einsehen, daß er keine Konsequenzen hatte, und von dem Vertrag mit dem Theater in Venedig, der eigentlich zur Erfüllung anstand, war unerfindlicherweise keine Rede mehr. Eine neue *scrittura* wurde Wolfgang nicht angetragen. So freundlich die Regenten den Mozarts auch begegneten, so unmißverständlich wird Erzherzog Ferdinand ihnen zu verstehen gegeben haben, daß mit einer Anstellung am Hof nicht zu rechnen sei. Leopold versuchte es daraufhin bei dessen Bruder, dem Großherzog Leopold von Toscana in Florenz, an den er eine Kopie des *Lucio Silla* schickte. Bei nüchterner Betrachtung der Sachlage hätte ihm klar sein müssen, daß diese Bewerbung von vornherein zum Scheitern verurteilt war. Da er sich an sie aber als momentan letzte Hoffnung klammerte, wollte er unbedingt in Italien die Antwort abwarten, was eine unberechenbare Terminierung der Rückreise zur Folge hatte. Eine Urlaubsverlängerung zu diesem Zweck war ausgeschlossen, und so täuschte Leopold eine ernsthafte rheumatische Erkrankung vor, die ihn und damit auch den Sohn an der Heimkehr hindere. Mozart komponierte derweil eine Reihe von kleineren Werken: die am 17. Januar 1773 in der Mailänder Theatinerkirche uraufgeführte, brillante Motette »*Exsultate, jubilate*« KV 165 (158ª) für den Kastraten Rauzzini, vier Quartette[54] und vielleicht noch das Divertimento KV 186 (159ᵇ).

Spätestens Ende Februar hatte sich die Aussichtslosigkeit des Florenz-Plans herausgestellt. Notgedrungen mußten die Mozarts den Heimweg antreten – »*es kommt mir schwer Italien zu verlassen*«[55] –, ohne konkrete Aussicht auf Wiederkehr. Die in den zurückliegenden Jahren so wirksame Protektion namentlich der hocharistokratischen österreichischen Führungsschicht wurde ihnen nicht länger zuteil. Gründe für diese Einbuße lassen sich nur ahnen – die vergeblichen Ambitionen auf Stellungen an den Höfen in Mailand oder Florenz etwa werden gewiß nicht unbekannt geblieben sein. Mozart war endgültig kein Wunderkind mehr, sondern ein siebzehnjähriger Musiker, der bislang gleichsam ›von oben‹ in das System der italienischen Oper hineingestellt worden war, ein System, in dem er, seinen anerkannten Leistungen zum Trotz, aus Sicht der Theaterverantwortlichen offensichtlich noch keinen dauerhaften Platz beanspruchen konnte. Vielleicht hatte sich einfach nur der Sensationseffekt verbraucht, den ein adoleszenter Komponist verständlicherweise hervorrief – die Werke allein und im Vergleich mit der zeitgenössischen Produktion jedenfalls legten es niemandem nahe, den Jungen als unentbehrliche Größe im aktuellen Operngeschäft zu sehen.

III

Zeit der Orientierung 1773–1781

Salzburg, Wien und München 1773–1777

Sieht man mit dem Ende der dritten Italien-Reise die Dekade der musikalischen ›Welterkundung‹ in der höfischen Welt des *ancien régime* als abgeschlossen an, so hat man über den dadurch markierten Einschnitt in der künstlerischen Biographie Mozarts hinaus die grundstürzende Veränderung seines persönlichen Lebens zu erkennen. Im Kind und Jugendlichen hatte sich eine Vorstellung von den glanzvollbewegten Verhältnissen seiner Existenz ausgebildet und dank der permanenten Bestätigung durch den Vater, aber auch vieler Menschen in einer häufig wechselnden Umgebung, in seinem Selbstbewußtsein verfestigt, die es dem nun in seinem achtzehnten Lebensjahr stehenden Komponisten schwer fallen ließ, in die bescheidene Rolle eines höfischen Musikers an einem kleineren Hof einzutreten. Bereits im Spätsommer 1771 hatte er inmitten der Mailänder Annehmlichkeiten geäußert, *»keinen lust mehr auf salzburg«*[56] zu haben. Diese Stadt war zeit seines bisherigen Lebens ja weniger Heimat als vielmehr ein Ort gewesen, von dem aus und an dem die wechselnden Episoden in der Fremde, die er als eigentliches Zuhause empfunden haben mag, ihren Anfang nahmen und ihr Ende fanden. An den vielen Höfen und in den Adelshäusern hatte er immer und immer wieder als Attraktion im Mittelpunkt gestanden, nun sollte er eher unauffällig als einer unter vielen leben. Aber auch Leopold, der mit dem Sohn in eine enge Doppelbiographie eingetreten war, mochte nur sehr schwer in ein Dasein zurückfinden, das er durch die Überantwortung seiner Vita an die Geschicke Wolfgangs hinter sich gelassen glaubte. Alle Maßstäbe hatten sich verrückt. Es schien gar keine andere Denkmöglichkeit zu geben, als daß Mozart in der Position eines Komponisten und Kapellmeisters an einem Hof erster Größe sich, den Eltern und der Schwester ein ehrenvolles Leben garantierte.

Nachdem sich die Hoffnungen auf eine Anstellung in Italien verflüchtigt hatten, richtete Leopold seine Ambitionen allem Anschein nach direkt auf den Hof in Wien. Dafür gibt es keinen Quellenbeleg, sondern nur die Evidenz der Tatsache, daß schon vier Monate nach der Ankunft in Salzburg am 13. März 1773 Vater und Sohn ohne Auftrag und auf eigene Kosten in die kaiserliche Residenz aufgebrochen sind. Was sich bis dahin im heimischen Dienst abspielte, liegt im dunkeln, doch waren in der Zwischenzeit einige Kompositionen entstanden.[57]

Welche Reisegründe Leopold dem Fürsterzbischof Colloredo vortrug, ob er das Bemühen um einen Opernauftrag oder Konzertpläne nannte – zweifellos nicht die Suche nach einer anderen Stellung –, ist unbekannt, doch müssen sie den Dienstherren überzeugt haben. Vielleicht standen sie in Zusammenhang mit dessen Absicht, sich selbst in der ersten Augusthälfte in Wien aufzuhalten – die Mozarts hätten dann quasi zur Entourage gehört. Merkwürdigerweise verhüllte Leopold in seinen Briefen ausnahmslos alle Aktivitäten, die zum eigentlichen Zweck der Reise gehörten, war sogar eifrig darum bemüht, alles zu verhindern, *»was einiges Aufsehen oder einigen argwohn so wohl hier NB, als in Salzb: machen kann, und welches Gelegenheit giebt Briegl unter die füsse zu werffen«*.[58] Dieses verdeckte Agieren ging so weit, daß entgegen sonstiger Gewohnheit kaum Verbindung zu adeligen Kreisen und Protektoren, auch keine Gelegenheit zu einträglichen Auftritten gesucht wurde. Die Berichte nach Hause erschöpften sich meist in Alltäglichkeiten, erwähnten hin und wieder Gespräche mit Künstlern wie dem Ballettmeister Jean Georges Noverre, dem Hofkapellmeister Giuseppe Bonno, der Pianistin Marianne Martinez oder der Malerin Maria Rosa Hagenauer, geb. Barducci. Was jedoch genau während der zehn Wochen vom 16. Juli bis zum 25. September 1773 in Wien erreicht werden sollte, wird sich wohl nicht befriedigend klären lassen.

Unterkunft fanden die Mozarts bei der ihnen vermutlich seit 1768 bekannten Familie des wohlhabenden Kupferschmieds Gottlieb Friedrich Fischer, also im bürgerlichen Milieu. Häufigen Umgang pflegten sie sodann mit dem Magnetiseur Dr. Franz Anton Mesmer und seiner Familie; auf dessen Landsitz mit einem reich ausgestatteten Garten gab Wolfgang am 18. August ein Privatkonzert (die Heilmethode Mesmers mit Magneten spielt in *Così fan tutte* eine komische Rolle). Zu diesem Zeitpunkt hatten sie das vermutlich wichtigste Gespräch der Reise bereits geführt: Am 5. August waren sie zur Audienz bei Kaiserin Maria Theresia zugelassen worden, die Begegnung brachte aber keines der gewünschten Ergebnisse. Mit dem spontanen Vortrag eines Violinkonzerts im Kajetanerkloster am 7. August sowie mit der am nächsten Tag folgenden Aufführung der Messe KV 66 in der Jesuitenkirche am Hof hatten sich Mozarts öffentliche Aktivitäten bereits erschöpft.

Der Komponist nutzte die Zeit zur Niederschrift der umfangreichen Serenade KV 185 (167ª), einer von Judas Thaddä von Antretter für Salzburg bestellten Arbeit, und der sechs Quartette KV 168–173. Diese, allesamt viersätzig, können als Ergebnis einer Auseinandersetzung mit Joseph Haydns Quartettserien op. 17 und op. 20 aus den beiden Vorjahren angesehen werden. Kurz vor Antritt der Rückreise war Mozart dann noch mit einem offensichtlich größeren Werk beschäftigt, möglicherweise mit der ersten Version zweier Chöre (Nr. 1a, 6a) aus der Musik zum Drama *Thamos, König in Ägypten* von Tobias Philipp Freiherr von Gebler KV 345 (336ª) – jedenfalls hatte der Dichter sie Mitte Dezember in Händen, und ihre Aufführung am 4. April 1774 in Wien ist bezeugt.

Die Bilanz der Wien-Reise bei der Rückkehr nach Salzburg am 26. September 1773 fiel ernüchternd aus. Was immer man erwartet hatte: es war nicht eingetroffen. Die Mozarts kehrten in den Dienst der Hochfürstlichen Hofmusik zurück. Irgendwelche biographischen Nachrichten von Belang sind für die kommenden zwölf Monate nicht beizubringen, sieht man vom Umzug der Familie ins »*Tanzmeisterhaus*« ab, wohl aber ein stattliches Resümee der kompositorischen Tätigkeit. Sinfonien, Konzerte für Klavier, für Fagott oder für mehrere Instrumente, kirchenmusikalische Kompositionen, die Sonate für Klavier zu vier Händen KV 358 (186c) oder das Streichquintett KV 174 demonstrieren Mozarts zunehmend sich individualisierende Tonsprache in einem weitgefächerten Gattungsrepertoire.[59]

Erst im Spätsommer oder Herbst 1774 brachte der Auftrag, für den nächsten Karneval in München das Buffa-Libretto *La finta giardiniera* KV 196 zu vertonen, einen neuen Impuls von außen. Die Hintergründe des Zustandekommens dieser *scrittura* sind nicht erhellt, doch muß der Münchner Hofmusikintendant Joseph Anton Graf Seeau federführend an ihr beteiligt gewesen sein, was nicht ausschließt, daß auch hochadelige Patronage wirksam geworden war: Der Mozart verbundene, inzwischen zum Fürstbischof von Chiemsee ernannte Ferdinand Christoph Reichsgraf Waldburg-Zeyl mag hier in den Blick kommen. Das gewählte Sujet, bearbeitet vermutlich von Abbate Giuseppe Petrosellini, hatte Ende 1773 in Rom in der Vertonung Pasquale Anfossis beim Publikum großen Anklang gefunden, was in München bekannt war und wohl den Anstoß zur Neukomposition gegeben hat. Abweichend vom Vorgehen bei den italienischen Opern komponierte Mozart große Teile, vielleicht sogar das ganze Werk in Salzburg; da bis auf die Sopranistin Rosa Manservisi in der Partie der Sandrina keine weiteren Mitwirkenden der Produktion gesichert sind, bleibt ungewiß, ob und wie er sich auf die Sänger und Sängerinnen einstellen konnte.

Seit dem 7. Dezember 1774 weilten Vater und Sohn in München. Bei einer Unterredung mit Graf Seeau dürfte der 29. Dezember als Premierentermin vereinbart worden sein. Diese Übereinkunft ließ sich nicht verwirklichen, einmal wegen einer schmerzhaften Zahnerkrankung Mozarts, die eine Verschiebung des Probenbeginns auf den 23. Dezember erzwang, zum anderen, weil die Sänger mehr Zeit zum Studium ihrer Partien beanspruchten, schließlich vielleicht auch, weil der offiziellen Karnevalsoper von Antonio Tozzi der Vorrang gebührte. Da diese erst am 9. Januar 1775 in Szene ging, war auch der für Mozarts Werk vorgesehene 5. Januar hinfällig geworden. Endlich hob sich am 13. Januar im Salvatortheater der Vorhang zur Darbietung der *Finta giardiniera*; die begeisterte Aufnahme durch die Münchner Zuhörerschaft schilderte Mozart seiner Mutter tags darauf mit lebhaften Worten. Aus Salzburg war zuvor die Schwester angereist, andere Bekannte trafen am 16. Januar im Gefolge von Fürsterzbischof Colloredo ein. Er hörte von dem Aufsehen, das sein Konzertmeister gemacht hatte, konnte aber, da er schon am 24. Januar weiterreiste, weder die zweite, stark gekürzte Aufführung der Oper am 2. Februar im Redoutensaal, noch die letzte am 2. März, nun wieder im Salvatortheater, besuchen. Als prominentester Zeuge aus dem intellektuellen Leben nahm Christian Friedrich Daniel Schubart an einer der Aufführungen teil und beschloß seine Kritik mit dem prophetischen Satz: »*Wenn Mozart nicht eine im Gewächshaus getriebene Pflanze ist; so muß er eines der grösten musikalischen Komponisten werden, die jemals gelebt haben«.*[60] In diesem Zusammenhang ist auch von einem in München veranstalteten Klavier-Wettspiel zwischen Mozart und dem Fürstlich Oettingen-Wallersteinischen Musikintendanten Ignaz von Beecke die Rede.

Nicht nur als Opernkomponist trat Mozart in Erscheinung, auch in Münchner Kirchen kamen Werke von ihm zu Gehör, so die Sakramentslitanei KV 125 zu Jahresbeginn in der Frauenkirche, und an zwei Sonntagen, am 12. und 19. Februar, Messen in der Hofkapelle der Residenz.[61] Für das Hochamt in der Hofkapelle am ersten Fastensonntag, dem 5. März, hatte er das Offertorium pro tempore »Misericordias Domini« KV 222 (205ᵃ) geschrieben, ein aus dem formal streng durchgeführten Gegensatz homophoner und imitatorischer Partien lebendes Werk. Mozart schickte es später an Padre Martini als Probe einer *»Musica in contrapunto«*[62]; von diesem erhielt er dafür ein glänzendes Testat. Auf Bestellung des kurfürstlichen Kämmerers Thaddäus Freiherr von Dürniz komponierte er außerdem die Klaviersonate KV 284 (205ᵇ) und, ohne erkennbaren Auftrag, mit großer Wahrscheinlichkeit auch fünf weitere Sonaten.[63]

In Salzburg kursierten Gerüchte, nach denen Mozart eine Stellung am kurfürstlichen Hof anstrebe, was Leopold ärgerlich dementierte.[64] Daß der Vater aber in München zumindest Gespräche über eine weitere *scrittura* für den Sohn führte und sich bereits begründete Hoffnungen machte, daß Wolfgang im Karneval 1776 die Hauptoper verfassen würde,[65] mag die heimischen Tuscheleien als nicht völlig aus der Luft gegriffen erscheinen lassen. Einstweilen verbrachten die Mozarts bis zum Ende des Karnevals noch freudvolle Tage mit häufigen Ballbesuchen in München, ehe sie am 7. März nach Hause zurückkehrten.

Schon da mochte sich herausgestellt haben, daß von einem neuen Vertrag keine Rede sein konnte. Zum wiederholten Male mußte Mozart erfahren, daß ein unbestrittener Bühnenerfolg an einem Ort und die daraufhin genossene gesellschaftliche Anerkennung durch das adelige Publikum keine Garantie für weitere Aufgaben bedeutete. In der aktuellen Lage dürfte ihn das aber nicht so stark geschmerzt haben, da offensichtlich noch in München der Auftrag Fürsterzbischof Colloredos ausgesprochen worden war, für die im April in Salzburg anläßlich eines kurzen Aufenthalts von Erzherzog Maximilian Franz – dem jüngsten, mit Mozart gleichaltrigen Sohn der Kaiserin – geplanten Festlichkeiten eine *»serenata«* zu schreiben; an den Hofkomponisten Domenico Fischietti erging eine gleichlautende Aufforderung. Vorlage sollte *Il re pastore* sein, ein seit 1751 mehrfach vertonter Text Metastasios; Mozarts Libretto ist an der 1774 in München gegebenen, zweiaktigen Fassung des Neapolitaners Pietro Alessandro Guglielmi orientiert. Aus München wurde zudem auf Vermittlung Leopolds der Sopran-Kastrat Tommaso Consoli für die Rolle des Aminta engagiert, so daß neben den Mitgliedern der Salzburger Hofkapelle (eine genaue Zuweisung der Partien ist nicht möglich) ein bedeutender Gesangskünstler von auswärts zur Verfügung stand.

Mozart nahm die kompositorische Herausforderung offensichtlich sehr ernst, denn trotz der drängenden Zeitverhältnisse schuf er in wenigen Wochen eine in der Formgestaltung und der musikalischen Charakteristik unvergleichlich mannigfaltige Partitur. Für die am Wiener Hof gepflegte *»serenata«* ist eine Reduktion der szenischen Mittel bis hin zu deren weitgehendem Fehlen typisch, so daß der Musik eine gesteigerte Rolle im Zusammenspiel von Dichtung, Bühnendarstellung und gesungener Handlung zukommt; in Stücken wie der Arie des Aminta »*Aer tranquillo e di sereni*« (Nr. 3) findet Mozart einen unverwechselbaren Ton, in dem Szene, Affekt und Musik in eins fallen. *Il re pastore* KV 208 kam am 23. April 1775 in der Salzburger Residenz zur Aufführung, akklamiert vom hocharistokratischen Publikum. Tags darauf produzierte sich Mozart bei einem Hofkonzert zu Ehren des Erzherzogs, nachdem dieser selbst mit einigen adeligen Dilettanten, darunter auch Colloredo als Geiger, musiziert hatte.

Höfische Ereignisse dieses Ranges bildeten in Salzburg die Ausnahme. In den anderthalb Jahren bis zum September 1777, die Mozart nun in seiner Heimatstadt zubringen sollte – so lange wie nie zuvor, abgesehen von den Jahren der frühen Kindheit –, wiederholte sich derartiger Glanz nicht mehr. Mozart hatte sich, wie nach der dritten Italien-Reise, in die Ordnung seines höfischen Dienstes und in das soziale Umfeld seines Standes zu schicken, was ihm, ohne daß hierfür eine kontinuierliche Reihe von Belegen vorläge, von Anfang an und zunehmend schwer fiel: Aus der Rückschau wird erkennbar, daß sich dem Neunzehnjährigen keine Aussicht zu eröffnen schien, in Salzburg eine dauerhafte und, vor allem, befriedigende Existenz aufzubauen. Im Raum stand dabei außerdem die von Colloredo schon 1774 geäußerte Prognose, daß für Mozart in Salzburg »*nichts zu hoffen*«[66] sei und er anderen Orts unterkommen müsse, womit wohl sein Streben nach höheren Leitungsfunktionen und nicht der gewöhnliche Kapelldienst gemeint gewesen war.

Die künstlerischen Verhältnisse und Anforderungen des Salzburger Lebenskreises spiegeln sich vollkommen im Repertoire der seit März 1775 komponierten Werke wider: Es enthält geistliche Musik, weiter – überwiegend für den Eigengebrauch – Konzerte für Violine und für Klavier, schließlich gesellschaftsgebundene Musik, also Serenaden und Divertimenti für die höfische Tafel und für universitäre oder bürgerliche Festzwecke.[67] Dazu kommt mit sechs Einlagearien aus Gelegenheit in geringem Maße Bühnenmusik; Kammermusik und großbesetzte Orchesterwerke spielen in quantitativer Hinsicht keine nennenswerte Rolle.[68] Daß Mozart für eine Aufführung von Geblers *Thamos, König in Ägypten* am 3. Januar 1776 die vollständige Schauspielmusik geschrieben habe, läßt sich philologisch nicht nachweisen; die Zwischenaktmusiken dürften am ehesten 1777, die Chöre 1779 entstanden sein. Eigene Konzerte gab er, soweit erkennbar, nur im privaten Rahmen des »*Tanzmeister-Saals*« am 25. Juli und 15. August 1777.

Die Bewerbungsreise nach München, Mannheim und Paris 1777–1779

Obwohl schöpferisch aktiv und als Musiker zweifellos anerkannt, muß sich in Mozart ein unbändiger Drang nach einem anderen, größeren Wirkungsfeld geregt haben, ein Drang, der vielleicht aus Erlebnissen unzureichender Wertschätzung durch die Salzburger Obrigkeit ständig zunahm. Er wollte reisen und so den

Verhältnissen seiner Heimatstadt entweichen. Welche höfische Position der Einundzwanzigjährige bevorzugt hätte, sagte er nicht, brachte aber deutlich zum Ausdruck, daß ungeachtet seiner instrumentalpraktischen Virtuosität für ihn das Komponieren die »*einzige freüde und Paßion*«[69] sei. So mag er von den Aufgaben eines Hof- oder Kammerkomponisten geträumt haben; in diese Richtung ging Ende 1776 die Zusage von Graf Prokop Adalbert Czernin aus Prag, ihm jährlich 90 Gulden für die wunschgemäße Lieferung von Werken zu zahlen; der Graf starb bald darauf, so daß die Vereinbarung wirkungslos blieb.

Wie oft die Mozarts ihren Dienstherren in dieser Zeit um Reise-Erlaubnis und Gehaltserhöhung angegangen sind, verschweigen die Quellen, doch ist ein abschlägiger Bescheid von Anfang August 1777 aus einem nachfolgenden Gesuch zu erschließen, nachdem zuvor eine Bittschrift Leopolds vom 14. März ebenfalls negativ beantwortet worden war. Darin hatte der Vater die »*traurigen Umstände*«[70] ihres Daseins beschrieben (und mit dieser Formulierung angesichts des gewiß nicht üppigen, aber ausreichenden Familieneinkommens wohl doch übertrieben). Eine später in Aussicht gestellte Reisegenehmigung für Mozart allein unterblieb zuletzt, so daß er wahrscheinlich in der zweiten Augusthälfte 1777 beim Fürsterzbischof um Entlassung aus dem Kapelldienst bat (die Datierung des von Leopold verfaßten und von Wolfgang nur unterzeichneten Schreibens auf den 1. August durch die Forschung ist willkürlich). Dem Text ist eine nur mühsam beherrschte Verärgerung über vermeintlich oder tatsächlich erfahrene Geringschätzung anzumerken; gegen Ende des Jahres erwähnt Leopold in einem Brief an Padre Martini beispielsweise die Bemerkung Colloredos, Mozart solle ein Konservatorium in Neapel besuchen, um Musik zu studieren.[71] Weniger von diesem Grundtenor des Gesuchs wird sich der Fürsterzbischof provoziert gefühlt haben als vielmehr durch den lehrhaften Ton einer Passage, in der Mozart mit Verweis auf das Evangelium die Verpflichtung zum »*Talentwucher*« als geradezu zwingenden Grund anführt, aus dem Dienst zu scheiden. Nur so ist der sarkastische, inoffizielle Erledigungsvermerk des Bischofs zu verstehen, mit dem er nicht nur Wolfgang, sondern auch Leopold entließ: »*Vatter und sohn haben hiemit nach den Evangelium die Erlaubnis ihr Glück weiter zu suchen*«.[72]

Die Demission Leopolds war gleichwohl eher als Androhung gedacht, erhielt das Hofzahlamt doch Weisung, nur im Falle einer Abreise die Entlohnung einzustellen, und am 26. September 1777 wurde denn auch seine weitere Beschäftigung förmlich bestätigt. Aber für die Familie Mozart bedeutete das Dekret einen Schlag ins Gesicht. Sie sah plötzlich nicht nur die materielle Basis ihres Lebens bedroht, sondern erkannte darüber hinaus, daß Wolfgang nun unausweichlich zu reisen gezwungen war – jede andere Entscheidung würde ihre Stellung am Hof der Lächerlichkeit preisgegeben haben. Leopold konnte sich freilich nicht vorstellen, den behüteten und in praktischen Dingen unzureichend instruierten Sohn eine längere Reise, wohin auch immer, allein durchführen zu lassen, eine Reise darüber hinaus, die wegen der fortgeschrittenen Jahreszeit jetzt rasch anzutreten, mithin hastig vorzubereiten war, ohne daß die Route irgendwie zielorientiert geplant werden konnte. Zur Entscheidung, Wolfgang mit seiner Mutter auf Fahrt zu schicken, gab es aber keine Alternative – aus dem Salzburger Bekanntenkreis dürfte niemand bereit oder abkömmlich gewesen sein. Da eine Werbefahrt nach Italien um eine *scrittura* zum jetzigen Zeitpunkt aussichtslos gewesen wäre, legten die Mozarts ihr Vorhaben als Bewerbungsreise zu näher erreichbaren deutschen Fürstenhöfen an. Deswegen mußte im Reisegepäck alles mitgeführt werden, was für die bisherigen Erfolge und Leistungen zeugen konnte, allem voran eine repräsentative Auswahl an Partituren eigener Werke. Ob Paris schon als potentielles Fernziel in den Blick genommen worden war, ist unbekannt; als vorsätzliche Paris-Reise wurde das Unternehmen jedenfalls nicht angegangen.

Abreise	von	via	nach	Ankunft
1777				
23. September	Salzburg	Wasserburg	München	24. September
11. Oktober	München		Augsburg	11. Oktober
26. Oktober	Augsburg	Nördlingen, Hohen-Altheim, Ellwangen, Bruchsal, Schwetzingen	Mannheim	30. Oktober
1778				
14. März	Mannheim	Metz, Clermont	Paris	23. März
26. September	Paris	Nancy	Straßburg	14. [?] Oktober
3. November	Straßburg		Mannheim	6. November
9. Dezember	Mannheim		Kaisheim	13. Dezember
24. Dezember	Kaisheim		München	25. Dezember
1779				
13. [?] Januar	München		Salzburg	15. [?] Januar

München

Die bedrückte Stimmung bei den Daheimgebliebenen, die am 23. September Mozart und seine Mutter beim Aufbruch in die kurbayerische Residenzstadt verabschiedet hatten, äußerte sich in massiven psychosomatischen Reaktionen: Vater und Tochter legten sich krank zu Bett. Wolfgang dagegen wähnte sich befreit, erlebte das Hochgefühl eines veritablen Aufbruchs. Die Bedenken des Vaters, er könne mit der Reise-Organisation überfordert sein, suchte er mit der Aussage zu zerstreuen, er sei »*der anderte Papa*«.[73] In München wurden umgehend die Beziehungen aktiviert, die von den vergangenen Aufenthalten her bestanden. Mit dem Musikintendanten Graf Seeau, dem Fürstbischof von Chiemsee Reichsgraf Waldburg-Zeyl, Maximilian Clemens Graf von Seinsheim, dem Kammervirtuosen Franz Xaver Woschitka und anderen kannte Mozart wichtige Personen, die ihm den Zugang zu Kurfürst Max III. Joseph ebnen konnten. Bereits nach wenigen Tagen, am 30. September 1777, kam es in der Kleinen Ritterstube der Residenz zum von Woschitka arrangierten, einzigen Gespräch mit dem Regenten. Die protokollarische Wiedergabe des kurzen Austauschs durch Wolfgang im Brief an den Vater vom selben Tag gibt präzise den Punkt an, an dem der Kurfürst offensichtlich Anstoß nahm und der zumindest wesentlich zu der wie eine Ausflucht klingenden Absage beitrug, am Hof sei »*keine vacatur da*«.[74] Mozart hatte zu entschieden geäußert, daß ihm Salzburg und die dortige Herrschaft mißbehagten. Was sollte der Regent von einem jungen Menschen halten, der seinen Dienst im Unfrieden quittiert, den Vater zurückgelassen hatte und nun bei ihm um eine Stelle ansuchte (was aus seiner Sicht ja auch ein kleines Politikum sein konnte)? Ein Weiteres: Über Mozarts Vita wußte er anscheinend nur wenig, war doch zuvor seine Äußerung gegenüber Hofbeamten kolportiert worden, der Musiker solle nach Italien gehen und sich dort erst einmal berühmt machen – gemeint war: als Opernkomponist.

Trotz der unmißverständlichen Haltung des Kurfürsten herrschte in Mozarts Bekanntenkreis die Meinung, noch seien nicht alle Möglichkeiten eines Verbleibs in München ausgeschöpft. Dieser Zweckoptimismus zielte jedoch ins Leere, denn alle geäußerten Freundlichkeiten, alle Einladungen zu Hauskonzerten bei Persönlichkeiten wie dem Reichsgrafen von Salern, dem Geheimen Rat von Branca oder dem Hofrat d'Hosson erwiesen sich zuletzt als das, was der Vater »*Maulmacherey*« nannte.[75] Die von Mozart begierig aufgegriffene Idee des Weinwirts Franz Joseph Albert, zehn Mäzene sollten sich zu einer monatlichen Unterstützung zusammenfinden, aber auch die Idee eines Kontrakts mit Graf Seeau über die Komposition von vier deutschen Opern jährlich waren unrealistisch. Das einzige konkrete Angebot in diesen Tagen kam von dem erkrankten Joseph Mysliveček, der eine in Neapel abgeschlossene *scrittura* nicht erfüllen konnte und diese Mozart überlassen wollte. Aus diesem Vorhaben wurde aber auch nichts; im Sande verlief weiterhin der Versuch Leopolds, mit dem Theater in Venedig über einen Opernkontrakt zu verhandeln.

Mannheim

Der anschließende zweiwöchige Besuch in Augsburg während der zweiten Oktoberhälfte 1777 hatte mit dem eigentlichen Reisezweck nichts zu tun, sondern sollte dem Besuch der Verwandtschaft und von Familienbekannten, allenfalls im Nebeneffekt dem Gelderwerb dienen. Denn in der Geburtsstadt des Vaters konnte Mozart vielleicht auf Einnahmen aus einem Konzert rechnen. Die verschiedenen Begegnungen mit Patriziern, allen voran dem Stadtpfleger Jakob Alois Karl von Langenmantel und dessen Sohn, verliefen nicht immer harmonisch. Mit seiner Hänselei über den Orden vom Goldenen Sporn brach der junge Langenmantel sogar einen Disput vom Zaun, den Mozart mit der selbstbewußten Spitze beendete, er könne eher alle Orden eines Langenmantel bekommen als daß dieser je zu werden vermöchte, was er sei. Respekt genoß Mozart dagegen bei dem Klavierbauer Johann Andreas Stein, dessen hervorragende Instrumente ihn begeisterten, bei dem Fabrikanten Anton Christoph Gignoux oder bei dem Kaufherren Johann Christoph von Zabuesnig. Nach einem ersten Auftritt bei einer Akademie der Patrizier in der Geschlechterstube gegenüber dem Rathaus am 16. Oktober, wo er ehrenvoll begrüßt worden war und bei der er in einer eigenen Sinfonie mitspielte, ein Konzert sowie die Sonate KV 283 (189h) vortrug, weiterhin nach einer spontanen Tafelmusik am 19. Oktober im Augustiner-Chorherrenstift Heiligkreuz, zu der er wiederum eine (eigene?) Sinfonie und ein Violinkonzert von Vanhal beisteuerte, kam es am 22. Oktober schließlich zu einer eigenen großen Akademie im Fuggerschen Saal beim Zeughaus. Auf dem Programm standen neben einer nicht bestimmbaren Sinfonie das Konzert für drei Klaviere KV 242, die ›Dürniz‹-Sonate KV 284 (205b) und das Klavierkonzert KV 238; außerdem improvisierte Mozart eine Fuge und eine Sonate. Zu dieser Veranstaltung waren in der *Augsburgischen Staats- und Gelehrten Zeitung* sowohl eine enthusiastische Ankündigung als auch ein begeisterter Bericht erschienen, beide wahrscheinlich von Zabuesnig verfaßt;[76] sie wurden in Salzburg aufmerksam zur Kenntnis genommen, was Leopold die Sache besonders wert machte. Unter den Zuhörern befand sich, von den Mozarts unbemerkt, Baron von Grimm. Ungeachtet der guten Einnahmen endeten die Augsburger Tage mit einem Defizit in der Reisekasse.

Auf der Habenseite des Aufenthalts stand für Mozart der unbekümmerte Umgang mit seiner neunzehnjährigen Cousine Maria Anna Thekla. Das »Bäsle«, wie sie im Familienjargon hieß, scheint er mit ihrer von ihm attestierten Haupteigenschaft, »*auch ein bischen schlimm*«[77] zu sein, als unkomplizierten, aufrichtigen und humorvollen Menschen besonders gemocht zu haben – keine ›Seelenverwandte‹, sondern einfach eine junge Frau, der er völlig unverkrampft begegnen konnte. Mehr wird sich ohne interpretatorische Gewalt zu dieser Beziehung nicht sagen lassen (und auch nicht zu den munter-frivolen Briefen, die Mozart ihr nach dem Abschied geschrieben hat).

Die Frage, wohin die Reise von Augsburg aus weiter gehen sollte, war Mitte Oktober Gegenstand brieflicher Erörterungen. Daß es zuletzt Mannheim sein mußte, stand nicht zur Diskussion, wohl aber, ob zuvor nicht noch andere Residenzen aufgesucht werden sollten, etwa Wallerstein oder Hohen-Altheim als Sitz des Fürsten zu Oettingen-Wallerstein, Ansbach mit dem dortigen Markgrafen, Mergentheim, Sitz des Hoch- und Deutschmeisters des Deutschen Ordens, oder auch das Hochstift Würzburg. Am 26. Oktober ging es dann doch auf der Strecke, auf der die Mozarts bereits 1763 gereist waren, in Richtung Mannheim. Die Gelegenheit, am nächsten Tag in Hohen-Altheim Fürst Kraft Ernst von Oettingen-Wallerstein zu sprechen, wurde zwar genutzt, brachte aber keinerlei Ergebnis.

Ähnlich wie zuvor in München verlief das Entrée zum Mannheimer Hof zügig und erfolgversprechend. Da vom 4. November an, dem Namenstag des Kurfürsten Karl Theodor, vier festliche ›Galatage‹ veranstaltet wurden, standen die Chancen für Mozart gut, sich in deren Rahmen zu präsentieren. Der Empfehlungsweg führte von dem jungen Violinisten Christian Danner über den Direktor der Instrumental-Musik, Christian Cannabich, und den Ersten Kapellmeister, Ignaz Jakob Holzbauer, schon am 2. November zum Hofmusik-Intendanten Louis Aurel Graf Savioli. Am 4. November empfing ihn daraufhin die musikalische Kurfürstin Elisabeth Auguste, und zwei Tage später erhielt Mozart die Chance, sein pianistisches Können bei einer Akademie im Rittersaal des kurfürstlichen Schlosses vor dem

Regentenpaar und dem Hof unter Beweis zu stellen. Die aristokratische Zuhörerschaft zeigte sich von seinem Vortrag begeistert; er genoß den Ruf eines vorzüglichen Virtuosen. Somit hatte er sich als Klavierspieler glänzend eingeführt – als solcher scheint er fortan auch gegolten zu haben.

Das erwies sich aber – und nur so wird man den sich anbahnenden Mißerfolg der Bemühungen um eine Anstellung in Mannheim richtig einordnen können – als durchaus ambivalent, denn am Ort konzentrierten sich die musikalischen Kräfte auf das große Orchester, die Kirchenmusik und die Oper. Auf keinem dieser Felder vermochte sich Mozart in der kurzen Zeit öffentlich ähnlich spektakulär vorzustellen wie am Klavier, weil er entweder keine entsprechenden Werke mit sich führte oder sie nicht zu lancieren verstand. Seine nachdrücklichen Versuche, den Kurfürsten als Dienstherren zu gewinnen – hierüber sprach er mehrmals mit Graf Savioli sowie mit dem Regenten selbst –, gingen, gewiß eher zufällig, mehr und mehr auf eine temporäre Tätigkeit als Lehrer der Kinder Karl Theodors aus der Verbindung mit seiner Favoritin Gräfin von Haydeck aus. Seit dem 7. November spielte Mozart häufiger im Palais Haydeck, wo er auch ein Rondeau (KV 284^f, verloren) für die neunjährige Comtesse Carolina Josepha und eine Auswahl der Klaviervariationen KV 179 (189^a) für den achtjährigen Graf Karl August überreichte. Am 1. Dezember 1777 trug er dem Kurfürsten in diesem Palais seine pädagogischen Dienste an, ein Angebot, das dieser zu bedenken versprach. Selbst wenn im Bekanntenkreis Mozarts andere Stellungen erwogen worden waren – Cannabich hatte den in Mannheim nicht vorhandenen Posten eines Hofkomponisten vorgeschlagen – und er selbst am liebsten einen Opernauftrag erfüllt hätte, worüber Leopold wochenlang mit Wiener Korrespondenzpartnern im Austausch stand, so scheint es damals tatsächlich nur um diese konkrete Aufgabe gegangen zu sein. Immerhin wäre es ihm damit ermöglicht worden, den Winter über am Ort zu verweilen.

Welche Gründe den Kurfürsten schließlich zu der Absage bewogen, die dem Komponisten am 8. Dezember durch Graf Savioli überbracht wurde, liegt im dunkeln. Gegen Mozart als Lehrer mag seine Jugend und seine Unerfahrenheit gesprochen haben – das immerhin räumte auch Leopold am 18. Dezember 1777 ein[78] –, möglicherweise auch der simple Umstand, daß die Kinder bereits einen Lehrer hatten. Waren es bereits die Vorboten der sich in München abzeichnenden politischen Veränderungen, die Karl Theodor zur Zurückhaltung bewogen? Mozart hatte sich in mancherlei Hinsicht ungeschickt verhalten, sich beispielsweise nicht der Gunst des Vizekapellmeisters Georg Joseph Vogler versichert, sogar in den internen Auseinandersetzungen zwischen Vogler auf der einen und Cannabich wie Holzbauer auf der anderen Seite gegen ihn Partei ergriffen. Darüber hinaus ließ er die organisatorische Energie vermissen, mit größeren Kompositionen aufzuwarten, wozu die ›Galatage‹ anläßlich des Namenstages der Kurfürstin am 19. November Raum geboten hätten. Nirgends ist die Rede von seinen vorweisbaren Auszeichnungen, nirgends von den Bekanntschaften mit anerkannten Autoritäten wie etwa Padre Martini, den der Kurfürst gut kannte und sehr schätzte – nicht zuletzt war auch Abbé Vogler auf dessen Empfehlung hin nach Mannheim gekommen.

Trotz der Anspannung während der Wartezeit, aber auch in den Wochen nach der negativen Entscheidung, fühlte sich Mozart in Mannheim offensichtlich glücklich, weil er ein Leben genoß, das ihm bisher vorenthalten worden war. Der private Umgang mit den Musikerkollegen Cannabich, Wendling, etwas später Fridolin Weber und deren Familien, die geselligen Abende, die manchmal erst um Mitternacht endeten und bei denen Mozart sich öfters als Reimeschmied mit »*lauter Sauereyen*«[79] produzierte, weckten in ihm das Gefühl, in unangestrengter Weise menschlich angenommen zu sein, und ein Wohlsein ohne Trübung durch Gedanken an die ernsthaften Zwecke seines Aufenthalts. Diese traten in Mozarts Bewußtsein offenbar sogar zurück. Selbst nach der definitiven Absage entwickelte er nur schwache Impulse für das weitere Vorgehen. Mehr noch als das persönliche Einvernehmen mit seinen Mannheimer Bekannten schlug ihn nämlich die am Ort herrschende künstlerische Atmosphäre förmlich in ihren Bann. Die vom Musikleben der Residenz ausgehenden Anregungen, die Möglichkeit des fachlichen Austauschs mit hochrangigen Musikern, die aus der ihm entgegengebrachten fachlichen Anerkennung gewonnene, für sein Selbstwertgefühl wichtige Einsicht, daß er als Komponist in einer solchen Konkurrenz würde bestehen können, gaben seiner Persönlichkeitsentwicklung in kurzer Zeit einen großen Schub. Er hörte neue, seine Ohren tief beeindruckende Musik – wie am 5. November Holzbauers deutsche Oper *Günther von Schwarzburg* oder die Duodramen Georg Bendas – und erlebte den Klang eines großbesetzten, perfekt eingespielten Orchesters mit Meistern ihres Fachs an allen wichtigen Pulten. Er »*fühle es nun mehr als jemals*«, »*ein Componist*« und »*zu einem kapellmeister gebohren*« zu sein,[80] resümierte Mozart vor diesem Hintergrund den Gewinn der Mannheimer Monate.

Den Vater trieben andere Rechnungen um. Zwar war auch er zunächst im Blick auf einen Bewerbungserfolg zuversichtlich gewesen, erkannte aber rascher als Wolfgang und die Mutter, die übrigens den Sohn gewähren ließ und sein Verhalten gegenüber dem strengen Wächter in Salzburg verteidigte, den drohenden Mißerfolg. Die Reisekosten summierten sich rasch, ohne daß auf der Einnahmenseite ein Ausgleich eintrat. Bis Dezember war bloß das Präsent einer goldenen Uhr zu verbuchen, denn Mozart spielte lediglich ohne Honorare bei Privatkonzerten befreundeter Musiker. Leopolds Bemühungen, aus der Ferne die Geschicke der Reisenden zu lenken, wollten nicht recht fruchten, einmal, weil die briefliche Kommunikation sich als zu schwerfällig erwies, zum anderen – und das beunruhigte ihn zutiefst –, weil sein direkter Einfluß auf den Sohn schwand. Der bald Zweiundzwanzigjährige, der zum ersten Mal einen Lebensabschnitt ohne sein *alter ego* gestalten mußte und auch wollte, selbst wenn er den praktischen Erfordernissen nicht wirklich zu genügen vermochte, ging auf Distanz. Zwar spürte Leopold rasch, daß er mit massiven Vorwürfen wenig ausrichten konnte und den Ton des besonnenen Ratgebers anschlagen mußte, allein ihm fehlten für eine wirklichkeitsnahe Lageeinschätzung mehr und mehr die erforderlichen Informationen. Die seit Mitte November verhandelte und einen Monat später sich konkretisierende Reise in Richtung Paris mit Wendling und anderen würde die äußere und innere Entfernung vergrößern, was die Entscheidung für diesen

Plan nicht gerade vereinfachte, obwohl er eine klare Zukunftsaussicht darstellte (und Anna Maria Mozart nach Salzburg zurückbringen würde).

Einstweilen übersiedelten Mutter und Sohn Mitte Dezember in das Haus des Hofkammerrats Anton Joseph Serrarius, wo sie günstig logierten. Der Kompositionsauftrag für drei Flötenkonzerte und einige Flötenquartette durch den Arzt und Weltreisenden Ferdinand Dejean versprach erstmals Einkünfte;[81] die Aussicht auf einige Schüler und eine mögliche Subskription von sechs Violinsonaten[82] stimmte ebenfalls hoffnungsvoll. Außerdem nahm Mozart sich die Komposition einer großen Messe vor, die dem Kurfürsten gewidmet sein sollte. Damit sind nach längerem wieder kompositorische Absichten dokumentiert. Die Mannheimer Wochen hatten außer den Kleinigkeiten für die kurfürstlichen Kinder bisher nur zwei Klaviersonaten, die Ariette »*Oiseaux, si tous les ans*« KV 307 (284^d) für Elisabeth Augusta (›Gustl‹) Wendling und die Bläserinstrumentierung für ein Flötenkonzert Johann Baptist Wendlings hervorgebracht.[83] In der Klaviersonate KV 309 (284^b), die Mozart nach Salzburg geschickt hatte, erkannte Leopold den ihm weniger zusagenden »*vermanierierten Manheimmer goût*«[84], also manifeste Spuren eines aktuellen stilistischen Einflusses.

Wie sehr unvorhersehbare Ereignisse allen Planungen und Hoffnungen die Grundlage entziehen konnten, erfuhr Mozart zur Jahreswende 1777/78, als am Silvestertag der bayerische Kurfürst ohne Nachkommen starb und Karl Theodor zu Neujahr umgehend nach München reiste, um seine gemäß verschiedener Hausverträge bestehenden Ansprüche auf Vereinung der bayerischen und pfälzischen Kur zu sichern – der offizielle, feierliche Einzug folgte am 9. Oktober 1778. Schlagartig büßte Mannheim seine Rolle als Residenz und eines der bedeutenden europäischen Kulturzentren ein; mit dem Hof übersiedelten auch alle musikalischen Institutionen nach München. Zunächst aber herrschte Hoftrauer, die jegliche künstlerischen und gesellschaftlichen Veranstaltungen unterband.

In dieser Situation, die einen weiteren Aufenthalt in Mannheim als geradezu unsinnig erscheinen ließ, berichtete Mozart zum ersten Mal von der Bekanntschaft mit der Familie Weber und hob besonders die sängerische Begabung der Tochter Aloysia hervor. Leopold schöpfte zunächst keinen Verdacht, als die Webers den Sohn vom 23. bis 29. Januar 1778 nach Kirchheimbolanden begleiteten, wo mit der Prinzessin Caroline von Nassau-Weilburg eine von der Westeuropa-Reise her gut bekannte Gönnerin residierte; fünf Tage in Worms schlossen sich an. Helles Entsetzen packte ihn, als er Mitte Februar von Wolfgangs Absicht erfuhr, nun nicht, wie seit längerem vereinbart, mit den Mannheimer Musikerkollegen Wendling und Friedrich Ramm nach Paris zu fahren, sondern mit Weber und dessen Töchtern auf Konzertreise zu gehen und dabei namentlich das Talent Aloysias zu protegieren; für sie komponierte Wolfgang Ende Februar Rezitativ und Arie »*Alcandro, lo confesso*« – »*Non sò d'onde viene*« KV 294.[85] In einer Reihe von sehr offenen Briefen redete Leopold seinem Sohn ernsthaft ins Gewissen und setzte ihm schonungslos die mißliche Situation auseinander, in der er und die ganze Familie sich befänden. Mozart sah notgedrungen ein, daß seine Pläne unrealistisch waren, da aus dem Glückstaumel der gemeinsamen Tage vor allem mit Aloysia

Weber heraus geboren. In die hatte er sich offensichtlich verliebt, ohne daß davon die Rede ist. Er würde tatsächlich nach Paris reisen müssen. Die Mutter sollte ihn, wie sie selbst es unter Aufgabe ihrer Wünsche vorgeschlagen hatte, nun doch begleiten – Leopold sah keine Alternative zu dieser ihm und auch Anna Maria widerstrebenden Lösung. Am 14. März schließlich verließen Mutter und Sohn Mannheim, nachdem Mozart zwei Tage zuvor bei einer Akademie im Hause Cannabich noch einmal gefeiert worden war.

Paris

Nach einer beschwerlichen Fahrt bezogen die Mozarts am 23. März 1778 Logis bei dem über eine Augsburger Verbindung her bekannten Handelsagenten Mayer. Es erwies sich bald als zu weit vom Zentrum entfernt, auch zu unwirtlich, so daß sie sich um den 11. April herum in eine von der Marquise Louise d'Épinay vermittelte Wohnung in der Rue du Gros Chenet umquartierten. Mit der wichtigsten Mittelsperson für die kommenden Monate, mit Baron von Grimm, nahm Mozart sogleich Kontakt auf. Nach kurzer Zeit stellte sich aber heraus, daß in Paris von den fünfzehn Jahre zurückliegenden Wunderkind-Erfolgen kaum mehr etwas in Erinnerung geblieben war und Mozart als einer von vielen in der französischen Metropole arbeitenden Musikern gleichsam von unten würde versuchen müssen, irgendwo Fuß zu fassen. In diesem ›Irgendwo‹ fand er vergleichsweise rasch konkrete Orte in dem unter der Leitung von Joseph Legros stehenden, hauptsächlich aktuelle Musik italienischer und deutscher Komponisten pflegenden *Concert spirituel*, in der seit Ostern 1778 von Anne-Pierre-Jacques Devismes geführten *Académie Royale de Musique* (der Oper), dann im musikliebenden Adel, der für seine Nachkommen Musiklehrer anstellte, und auch in der königlichen Residenz zu Versailles. Freilich blieben ihm von Anfang an die Mühen des Antichambrierens und andienenden Werbens ebenso wenig erspart wie die Machenschaften einer einflußreichen Konkurrenz. Die Wege, Formen und Regeln der Kommunikation in der komplexen aristokratischen Gesellschaft zu beherrschen, die von einem unüberschaubaren Netz an gemeinsamen und widerstreitenden Interessen zusammengehalten wurde, bedurfte es des größten Einsatzes an ›sozialer Energie‹. Über eine solche verfügte Mozart jedoch in keinem ausreichenden Maß, jedenfalls vermochte er, erfüllt von seinem »*superieuren Talent*«[86], kaum zu begreifen, daß er sich und seine Kunst an diese Gesellschaft Schritt für Schritt vermitteln mußte.

Der Umgang mit Legros führte wohl Ende März zu einem ersten Auftrag, der Bearbeitung und teilweisen Neufassung von vier Chören und vier Solo-Nummern eines *Miserere* von Holzbauer (KV Anh. 1 [297a], verloren); eine Aufführung des schließlich stark gekürzten Werks fand vermutlich in der Karwoche statt, ohne daß Mozarts Anteil an ihm in der Öffentlichkeit bekannt wurde. Gleich anschließend komponierte er für die Mannheimer Bläser, den Flötisten Wendling, den Oboisten Ramm, den Hornisten Jan Václav Stich (Punto) und den Fagottisten Georg Wenzel Ritter eine *Sinfonia concertante*.[87] Nach Mozarts Aussage soll Giuseppe Maria Cambini, der für dieselben Musiker ebenfalls eine *Sinfonia concertante* geschrieben hatte – sie stand am 19. April auf dem Programm des *Concert spirituel* – die Produktion des Stücks bei Legros hintertrieben haben. Am 21. April sang der Tenor Savoi eine nicht identifizierte italienische Arie Mozarts. Für das Konzert am 18. Juni, dem Fronleichnamsfest, entstand die Partitur einer dreisätzigen Sinfonie (›Pariser‹, KV 297 [300ª]; bei der Wiederholung am 15. August mit neuem langsamem Satz). Deren großer Erfolg, Ergebnis eines bewußten und geschickten Eingehens auf den herrschenden Publikumsgeschmack, zog anscheinend einen neuen Auftrag nach sich; im *Concert spirituel* vom 8. September wurde erneut eine Sinfonie von ihm gespielt.[88] Zur Komposition eines französischen Oratoriums für die nächste Fastenzeit, von der Mozart am 9. Juli 1778 dem Vater berichtete, ist es schließlich nicht gekommen.

Ungleich spannungsreicher als die Lage im Konzertleben gestalteten sich die aktuellen Opernverhältnisse in Paris. Der in Feuilletons und Flugschriften ausgefochtene Richtungskampf zwischen den Anhängern einer genuinen französischen und den Verfechtern einer italienisch beeinflußten Oper – zugespitzt in der 1777 ausgebrochenen Fehde zwischen »Gluckisten« und »Piccinnisten« – bestimmte das Denken aller Musiker und Musikkenner. Im März 1778 standen in der *Académie Royale* in paradigmatischer Gegenüberstellung Glucks *Armide* und Piccinnis *Roland* auf dem Spielplan. Seit Juni arbeitete eine italienische Buffonisten-Truppe bei Devismes im Engagement. Am 11. Juni trat sie erstmals mit Piccinnis *Le finte gemelle* vor die Öffentlichkeit, im weiteren präsentierte sie Opern von Paisiello und Anfossi. Vor diesem Hintergrund spielten sich die Überlegungen eines Opernauftrags für Mozart ab. Als Mittelsmann agierte der mächtige, gleichwohl nicht unangefochtene ›Compositeur et Maître des ballets‹ Jean Georges Noverre. Mitte Mai gab sich der Komponist überzeugt, er werde ein französisches Libretto vertonen und auch Ballettmusiken schreiben; an Sujets waren *Alexandre et Roxeane* und *Demofoonte* im Gespräch. Greifbare Ergebnisse zeitigten diese Diskussionen, vielleicht auch Interventionen, nicht. Aus Sicht Devismes', der das Opernunternehmen auf eigene Kosten führte, lag es ohnehin nicht nahe, mit einem in Paris unbekannten deutschen Komponisten über eine französische *tragédie* zu verhandeln, wo doch Komponisten vom Range Glucks, Grétrys oder Piccinnis für sein Haus tätig waren. Von den bisherigen Opern Mozarts kamen die *opere serie* für eine Produktion keinesfalls in Frage, und in Italien verbreitete *opere buffe*, die in Devismes' Konzept gepaßt hätten, konnte er nicht vorweisen. Über die doch wohl nur vage Aussicht hinaus, einen Akt zu einer Pasticcio-Oper zu verfassen, fehlen weitere Nachrichten über Mozarts Bühnenpläne. So erfüllte er am Ende nur eine einzige Kommission für die *Académie Royale*, indem er nämlich für das Ballett nach der erwähnten Aufführung von Piccinnis *Le finte gemelle* am 11. Juni eine Musik nach älteren Vorlagen arrangierte und um eigene Nummern bereicherte: Das unbezahlte, mehrfach aufgeführte »freündstück für Noverre«[89] trug den Titel *Les petits riens* KV Anh. 10 (299ᵇ). Allenfalls Skizzen zu einem weiteren Ballett (KV 299ᶜ) mögen noch in den Umkreis dieser Aktivitäten fallen.

In den ersten Wochen des Paris-Aufenthaltes begann Mozart auf Vermittlung Grimms zu unterrichten und setzte diese Tätigkeit, mit Unterbrechungen, bis mindestens zum August fort. Drei Schülerinnen erwähnte Mozart in Briefen, von denen Marie-Louise-Philippine Bonnières de Guines, die Tochter des in der besonderen Gunst Königin Marie Antoinettes stehenden Comte de Guines, seine Kompositionsunterweisung genoß. Anfänglich engagierte er sich durchaus für die Lektionen, verlor allerdings das Interesse, als die neunzehnjährige Dame sich seinen Anforderungen nicht gewachsen zeigte. Für den flötespielenden Vater und die Tochter, die immerhin eine vorzügliche Harfenistin gewesen sein muß, komponierte er als Auftragswerk das Doppelkonzert KV 299 (297c).

Ein Angebot, das zukunftsträchtig hätte werden können, erhielt Mozart ebenfalls schon in der ersten Phase der Pariser Zeit: Der in königlichen Diensten stehende Hornist und Komponist Jean-Joseph Rodolphe trug ihm die Stelle eines Organisten in Versailles mit einem Jahresgehalt von beachtlichen 2000 Livres an, dies bei nur sechsmonatiger Arbeitszeit und Residenzpflicht. Die Umstände dieser Offerte bleiben unbekannt, so daß weder über deren Zustandekommen noch deren Ernsthaftigkeit Aussagen zu machen sind. Während Mozart diesem Stellenangebot – wenn es denn tatsächlich gemacht worden ist – reserviert begegnete, da er im Organistendienst keine ihn künstlerisch erfüllende Aufgabe sah, beurteilte Leopold die Sache realistisch und riet dem Sohn, neben den aus einer solchen Position erwachsenden Verpflichtungen viel stärker die sich aus ihr bietenden Chancen für den Aufbau einer Karriere am französischen Hof in den Blick zu nehmen. Doch bereits Mitte Juni 1778 hatte sich das Nachdenken über Versailles verflüchtigt, und im weiteren Verlauf des Sommers drängten wieder Überlegungen um künftige Anstellungen in München oder Salzburg in den Vordergrund.

Bei allen diesen Vorgängen stand die Mutter abseits. In Paris lebte sie, der französischen Sprache nicht mächtig, gesellschaftlich weitgehend isoliert; allenfalls Besuche Grimms, des aus Mannheim eingetroffenen Sängers Anton Raaff und des Trompeters François Haina hellten ihren Alltag auf. Über die Unternehmungen des Sohnes, wenn er sich außer Haus aufhielt, dürfte Anna Maria nur unzureichend in Kenntnis gesetzt gewesen sein. In den wenigen Briefen, in denen sie sich zu Wort meldete, liest man indes keine Klagen, und ihr Gesundheitszustand scheint stabil gewesen zu sein. Nach einem von Leopold mehrmals angemahnten Aderlaß traten jedoch um den 12. Juni herum bedenklich stimmende Krankheitssymptome auf. Seit dem 19. Juni war sie bettlägerig, und ihr Zustand verschlechterte sich rapide. Am 30. Juni empfing sie die Sterbesakramente, drei Tage später verlor sie das Bewußtsein und verschied im Beisein Mozarts, Hainas und einer Krankenwärterin. Am 4. Juli wurde sie auf einem der zur Kathedrale Saint-Eustache gehörigen Friedhöfe beigesetzt.

Mozart, der, wie er ausdrücklich festhielt, erstmals das Sterben eines Menschen miterlebt hatte, meldete noch am Todestag das erschütternde Ereignis an Abbé Bullinger nach Salzburg und an Weber nach Mannheim. In einem ebenfalls auf den 3. Juli datierten, vermutlich noch vor dem Tod Anna Marias verfaßten Schreiben an den Vater berichtete er nur von einer schweren Krankheit der Mutter; erst am 9. Juli ging die traurige Nachricht an die Familie, bei der sie am 13. Juli eintraf. Daß Mozart zunächst über einen Vertrauten und dann erst nach längerem Warten Vater und Schwester von dem Unglück unterrichtet hat, also der direkten und offenen Mitteilung auswich, mag verschiedene Ursachen gehabt haben; sie ergründen zu wollen, ist aber wenig aussichtsreich. Vielleicht versuchte er mit der Vorbereitung auf die niederschmetternde Botschaft durch Bullinger den Schock zu mildern, fürchtete er doch um die Gesundheit Leopolds, oder aber er erwartete Schuldvorwürfe des Vaters, vor denen er nicht bestehen zu können glaubte. Es ließ sich nicht ganz von der Hand weisen, daß sein Verhalten in Mannheim zumindest mit dazu beigetragen hatte, die Mutter in das ungeliebte Paris und nicht nach Hause reisen zu lassen.

Wie die unmittelbare Zukunft Mozarts aussehen sollte, blieb in der Schwebe. An eine Abreise dachte zunächst niemand. Der dringende Wunsch nach einem Opernauftrag lebte wieder auf. Gegenüber Weber entwickelte Mozart den Vorschlag einer Übersiedelung nach Paris im Winter 1780/81, setzte sich brieflich auch mit Aloysia in Verbindung. Vom 19. bis zum 28. August 1778 befand er sich auf Einladung Louis de Noailles, Duc d'Ayen, gemeinsam mit Johann Christian Bach und dem Kastraten Giustino Ferdinando Tenducci in Saint-Germain-en-Laye. Für den Sänger entstand hier eine reich instrumentierte *scena* KV Anh. 3 (315[b]; verloren). Mozart schlug sich durch, freilich weiterhin ohne konkrete Erwartung sicherer Einnahmen, aber auch – für seinen Gemütszustand bestimmender – ohne Perspektive für sein künstlerisches Fortkommen. Da hatten die Webers bald mehr Glück, erreichten sie doch eine gut dotierte Anstellung für Vater und Tochter am Münchner Hof.

In Salzburg geriet der Musiker Mozart indessen nicht in Vergessenheit. Mehrmals erklangen seine Kompositionen im Dom und in Bürgerhäusern. Leopold betrieb, ohne es den Sohn wissen zu lassen, den Wiedereintritt in den Hofdienst, für welches Ziel er die Gräfin Maria Franziska Wallis, die Schwester Colloredos, als Vermittlerin an seiner Seite wußte. Die Chancen standen gut, da bei der Hofkapelle nach dem Tod des Domorganisten Anton Adlgasser im Dezember 1777 und des Hofkapellmeisters Giuseppe Maria Lolli im August 1778 Vakanzen herrschten. Tatsächlich drang er beim Fürsterzbischof mit seinem Gesuch durch, so daß er den Sohn am 31. August von der positiven Entwicklung in Kenntnis setzen konnte: Wolfgang sollte in die Position Adlgassers einrücken und dafür ein dreifach so hohes Gehalt wie vor seiner Entlassung beziehen. Der Sohn reagierte zustimmend, wenngleich gedämpft und mit einigen Vorbehalten, denn trotz der vergleichsweise vorteilhaften Bedingungen, unter denen er tätig sein würde, demütigte ihn angesichts des einstigen selbstbewußten Aufbruchs die glanzlose Rückkehr nach Salzburg. Immerhin lockte die Nähe Münchens, wo sich die Hofmusik gerade neu formierte und vielleicht für ihn, früher oder später, eine Verwendung hätte.

Die letzten Wochen in Paris wurden durch ein Zerwürfnis mit Baron von Grimm getrübt. Er hatte Mozart zur raschen Heimkehr gedrängt, nachdem er schon seit längerem vom Mißerfolg der Anstellungsbemühungen überzeugt gewesen war, damit aber, jedenfalls aus der Sicht des Komponisten, die Durchsetzung von Honorarforderungen an Legros und de Guines sowie die Fertigstellung des Violinsonaten-Drucks für die Kurfürstin Elisabeth Auguste behinderte, der gerade bei Jean-Georges Sieber in Arbeit war. So kam es am 26. September 1778 zu einer eher übereilten Abreise, Auftakt zu einer dann aber sehr zögerlichen, fast dreieinhalb Monate sich hinziehenden Heimfahrt. Nach Tagen in Nancy machte Mozart die zweite Oktoberhälfte hindurch Station in Straßburg. Die Stadt animierte ihn zu gleich drei Konzertveranstaltungen auf Subskription: Am 17. Oktober gab er, vielleicht in der Spiegel-Zunftstube, einen Solo-Abend, bei dem Prinz Maximilian Joseph von Pfalz-Zweibrücken unter den Zuhörern weilte; am 24. und 31. Oktober folgten zwei Abende mit Orchester im Straßburger Theater. Die Brüder Johann Andreas und Johann Heinrich Silbermann – auf zwei Silbermann-Orgeln spielte er in diesen Tagen öffentlich –, der Organist Sixtus Hepp und Franz Xaver Richter statteten ihm Besuche ab.

Am 3. November lenkte er gegen den Willen des Vaters seine Route in Richtung Mannheim, wohl in der Hoffnung, dort die Familie Weber anzutreffen und vielleicht doch eine Stellung zu finden. Die Hoffnung trog. Nun meinte er, daß der möglicherweise einträgliche Auftrag für die Musik zum Melodram *Semiramis* von Otto Reichsfreiherr von Gemmingen (Fragment KV Anh. 11 [315e], verschollen) und die Einrichtung einer neuen Konzertreihe (Akademien) eine längere Reiseunterbrechung und die Entfernung von der »sclaverey in salzbourg«[90] rechtfertigen würden; für die besagten Akademien begann er das Konzert für Klavier und Violine KV Anh. 56 (315f) zu komponieren. Sogar die Komposition einer Oper *Cora* auf das Libretto des Intendanten des Nationaltheaters, Wolfgang Heribert von Dalberg, war im Gespräch. Leopold opponierte mit großem Nachdruck gegen diese Pläne und forderte kategorisch die unverzügliche Heimkehr. Mozart gehorchte, verließ am 9. Dezember in Gesellschaft des Reichsprälaten Coelestin Angelsprugger Mannheim und fuhr mit ihm zum Reichsstift Kaisheim bei Donauwörth. Hier erreichte ihn endlich der Sonatendruck aus Paris, so daß er in München, wohin er sich Heiligabend wandte, eine Gelegenheit abpassen konnte, ihn zusammen mit einem gedruckten Widmungsbrief der Kurfürstin persönlich zu dedizieren, was am 7. Januar 1779 auch geschah. Er wohnte unterdessen bei den Webers, mußte allerdings erfahren, daß seine angebetete Aloysia, rasch zur gefeierten Hofsängerin aufgestiegen und am 11. Januar in der Premiere von Anton Schweitzers deutscher tragischer Oper *Alceste* zu hören, sich von ihm abgewandt hatte. Die auf den 8. Januar 1779 datierte große Arie »*Popoli di Tessaglia*«/»*Io non chiedo, eterni Dei*« KV 316 (300b) ist ihr freilich noch zugedacht.

Mitte Januar 1779 ging die sechzehnmonatige Bewerbungsreise zu Ende. Aufs Ganze gesehen war sie ein gewaltiger Mißerfolg. Mozart befand sich auf dem Tiefpunkt seines bisherigen Lebens, menschlich tief verletzt und enttäuscht, künstlerisch an einen Ort zurückversetzt, von dem er nicht mehr als die Sicherung seiner materiellen Existenz erwarten konnte. Mit dem Tod seiner Mutter hatte das familiäre Zusammenleben eine völlig veränderte Qualität bekommen. Seine Arbeit mußte vorerst ganz vordergründig dem Ziel dienen, das finanzielle Desaster der Reise zu beheben. Die kompositorische Bilanz fiel mager aus – eine längere Reihe der in dieser Zeit entstandenen Werke war unterwegs zurückgeblieben, manches lag nur als Fragment vor, anderes war über erste Ideen nicht hinausgelangt.

Hoforganist in Salzburg 1779/80

In der Familienkorrespondenz der Mozarts gibt Fürsterzbischof von Colloredo die unsympathische Figur eines übelwollenden, schikanösen und dem raschen Fortkommen Wolfgangs im Wege stehenden Potentaten ab. Diese aus Erlebnissen mit dem Dienstherren gespeiste negative Charakterisierung, deren Berechtigung vom spezifischen Standpunkt der Mozarts in manchen Punkten nachvollziehbar ist, wird einer gebildeten Persönlichkeit nicht gerecht, deren von aufgeklärt-rationalistischer Weltsicht geleitete Regierungsführung für das Wohl des Hochstifts Salzburg bis zu dessen Ende 1803 viele positive Auswirkungen hatte. Die Reformleistungen in Kultur, Unterricht und Wirtschaft brachten Salzburg den Ruf eines modernen Musterstaates ein. Daß die damit einhergehenden, zum Teil einschneidenden Umgestaltungen auch in die Lebensführung der Untertanen eingriffen und im Falle der Mozarts, die unter Fürsterzbischof von Schrattenbach außergewöhnliche Freiheiten genossen hatten, als Behinderung empfunden wurden, schmälert die historischen Verdienste Colloredos nicht. Das Zusammentreffen des genial begabten, alle Maßstäbe sprengenden Künstlers auf der einen Seite und des hochintelligenten, distanzierten, freilich nicht ungeselligen Fürsten und Geistlichen auf der anderen bedeutete eine Konstellation, die aus der Perspektive der Nachwelt eigentlich zur idealen Verbindung von einmaligem schöpferischem Leistungsvermögen und großzügiger Weitsicht eines Regenten hätte führen müssen. Das konnte sie aber unter den Bedingungen der gesellschaftlichen Wirklichkeit im vorrevolutionären Europa nicht. Doch selbst im Scheitern liefert sie ein faszinierendes Beispiel für das Verhältnis von Kunst und politischer Macht im späten 18. Jahrhundert.

Colloredo ließ sich von den Vorteilen überzeugen, die Mozarts Wirken für die Hofmusik haben würde, vermochte zweifellos auch selbst dessen künstlerische Potenz einzuschätzen. Er zögerte nicht, ihn auf ein entsprechendes Gesuch hin mit Dekret vom 17. Januar 1779 in die gleichen Rechte wie Adlgasser einzusetzen; die Komposition von neuen Werken für den höfischen und kirchlichen Gebrauch gehörte ausdrücklich zu seinen Dienstaufgaben.[91] In dem so abgesteckten Rahmen bewegte Mozart sich denn auch kompositorisch für gut eindreiviertel Jahre, und er tat es keineswegs nachlässig: Die Reihe der ambitionierten Stücke begann wohl mit dem Klavier-Doppelkonzert KV 365 (316ª) und der sogenannten ›Krönungs-Messe‹ KV 317, setzte sich fort etwa mit der Sinfonie KV 319, der Serenade KV 320, der *Sinfonia concertante* für Violine und Viola KV 364 (320ᵈ) und den *Vesperae de Dominica* KV 321, schloß die Fertigstellung der Musik zu *Thamos* KV 345 (336ª) ein und endete mit Werken wie dem (unvollendeten) deutschen Singspiel *Zaide (Das Serail)* KV 344 (336ᵇ), der *Missa solemnis* KV 337, der Sinfonie KV 338 oder den *Vesperae solennes de confessore* KV 339. Die Höreindrücke der Mannheimer wie der Pariser Monate ebenso wie die Kenntnis von Gattungsbesonderheiten dieser beiden Musikzentren lassen sich hier, in vielen Details verarbeitet, heraushören, beispielsweise in der Formbildung, der Orchesterbehandlung oder der hervorgehobenen Bedeutung des Konzertanten.

Bei aller Reserve, häufig genug sogar artikulierten starken Aversion gegen das ›Salzburgische‹ lebte Mozart zu keinem Zeitpunkt in selbstgewählter gesellschaftlicher Isolation. Die Teilnahme an geselligen Vergnügungen, an Tanzveranstaltungen wie an Spielen und die zahlreichen Besuche im seit der Saison 1775/76 bestehenden Hoftheater im ehemaligen Ballhaus mögen keinen Ausgleich für die jahrelang genossenen Anregungen im höfischen und aristokratischen Ambiente geboten haben, auch fehlte die produktive Atmosphäre einer Mannheimer Hofmusik, aber dem Salzburger Leben in seinem äußeren Zuschnitt mangelte es nicht an Abwechslung; das Tagebuch der Schwester liefert davon ein recht anschauliches Bild. So bot etwa die Anwesenheit reisender Schauspielergesellschaften in der Stadt – während des Winters 1779/80 gastierte die Truppe von Johann Heinrich Böhm, 1780/81 die von Emanuel Schikaneder – den begierig angenommenen Ersatz für die erzwungene eigene Untätigkeit auf dem Gebiet des Theaters im allgemeinen, der Oper im besonderen. Für die Böhmsche Gesellschaft entstand eine deutschsprachige Version von *La finta giardiniera (Die verstellte Gärtnerin / Die Gärtnerin aus Liebe)* KV 196; eine Produktion am Ort kam nicht zustande, wohl aber im Mai 1780 in Augsburg, später auch in Frankfurt und Mainz. Ebenfalls mit diesen Truppen könnte die Arbeit an der *Zaide* nach einem Libretto von Johann Andreas Schachtner in Verbindung stehen, einem Stück, in dem sich Mozart erstmals praktisch mit den Ideen eines deutschen Nationalsingspiels beschäftigte. In zwei melodramatischen Partien (Nr. 2 und 9) findet die in Mannheim geäußerte Begeisterung für diese besondere Form der Verbindung von dramatischem Wort und Musik ihren kompositorischen Niederschlag. Mozart versuchte noch 1781, das Stück in Wien auf die Bühne zu bringen.

Konzertauftritte im ›Tanzmeister-Saal‹, am Hof und auf dem Kollegienplatz verschafften die nötige Öffentlichkeit für die Präsentation neuer Kompositionen: Mozart errang sich rundum Anerkennung, so daß die Vorzeichen für einen Aufstieg in der Hofmusik gut gestanden hätten, wäre er ernsthaft angestrebt worden. Doch dieser Wirkungskreis genügte ihm in keiner Hinsicht; zumindest in der Rückschau sah er sich die ganze Zeit über an »*eine[m] Bettel ort in Unthätigkeit*«[92] versetzt. Auch die verzerrte Sicht auf seinen Dienstherrn klärte sich nicht, wozu dieser mit seiner förmlichen, streng fordernden Haltung gegenüber dem Untergebenen ein gut Teil beitrug: Colloredo erwartete unnachgiebig, daß Mozart, wie es im Anstellungsdekret hieß, »*mit embsigen Fleis ohnklagbar*« seinen Pflichten nachkomme. Konflikte entstanden immer dann, wenn Mozart andernorts Aufgaben übernehmen und für sein eigenes Fortkommen sorgen wollte, das er eben nicht in Salzburg sah.

Münchner Herausforderung 1780/81

Mitte des Jahres 1780 erhielt er aus München den Auftrag, für die Karnevalsfeiern des kommenden Jahres die traditionelle Festoper zu komponieren. Daß die Kommission ihm zugefallen war, mochte er verschiedenen Fürsprechern zu verdanken gehabt haben, solchen aus der Musikerschaft, allen voran Cannabich und Raaff, dann aber und gewiß ausschlaggebend aus Hofkreisen, wo in diesen Tagen besonders die achtzehnjährige Gräfin Maria Josepha Paumgarten, die musikbegabte *maîtresse en titre* des Kurfürsten, ihre Stimme geltend gemacht hatte. Das aus Mannheim übersiedelte Orchester vor Ohren und den Kunstgeist des pfalzbayerischen Kurfürsten vor Augen, spürte Mozart endlich wieder den Anreiz zur großen künstlerischen Tat, und diese Aussicht entfesselte lang angestaute Kräfte. Um die *scrittura* überhaupt annehmen zu können, mußte er beim Fürsterzbischof einen längeren Urlaub erbitten. Colloredo zeigte sich diesem Ansinnen wenig geneigt. Nach längeren Diskussionen genehmigte er lediglich eine sechswöchige Abwesenheit von Salzburg, eine Frist, die selbstverständlich viel zu kurz bemessen war und vermutlich disziplinierend wirken sollte, denn bislang hatten die Mozarts die Zeiten ihrer Dienstbefreiung stets reichlich ausgedehnt.

Bei Reiseantritt am 5. November 1780 lagen Teile des ersten Akts bereits niedergeschrieben vor, wie überhaupt die Arbeit an der Oper – am Buch wie an der Musik – im brieflichen Austausch zwischen dem Münchner Intendanten Graf von Seeau und den Mozarts auf der einen Seite, dem in Salzburg tätigen Librettisten Giovanni Battista Varesco und den Mozarts auf der anderen, vorangetrieben worden war. Dem vom Münchner Hof aufgegebenen mythologischen Stoff des *Idomeneo* lag die gleichnamige, 1712 von Antoine Danchet verfaßte und von André Campra vertonte fünfaktige *tragédie lyrique* zugrunde; dazu wurde dem Komponisten ein genauer »Plan«[93] mitgeteilt, nach dem die französische Vorlage in ein italienisches *seria*-Libretto umzuarbeiten war, freilich in keines der in München gepflegten metastasianischen Tradition. Die Wahl des zwar antiquierten Dramas, das mit seinem Stoff des Kindsopfers aber zu der Zeit recht beliebt war – Mozart hat es offensichtlich ohne Widerspruch zu akzeptieren vermocht –, ging wohl aus den schon in Mannheim verfolgten Opernambitionen Kurfürst Karl Theodors hervor; sein auf Vermischung der nationalen Traditionen zielender Geschmack orientierte sich hier vorzugsweise nach Frankreich, und die Libretti auch weiterer Münchner Karnevalsopern fußten auf französischen Vorlagen. Die Fabel selbst kannte Mozart, hatte er doch 1770 in Bologna eine italienische Übersetzung von Fénelons Roman *Aventures de Télémaque* gelesen, wo sie im fünften Teil erzählt wird.

Warum die Einrichtung des Buchs sowie später dessen deutsche Übersetzung, die auf Empfehlung Mozarts hin Schachtner anfertigen durfte, in Salzburg geleistet wurden, bleibt ungeklärt (der Münchner Hof beschäftigte keinen eigenen Poeten). Vielleicht hat Mozart oder sein Vater den Salzburger Hofkaplan und Hofdichter Giovanni Battista Varesco vorgeschlagen, um leichter auf Details der Dramaturgie und der Textgestalt einwirken zu können. Daß dies tatsächlich geschah, belegt die gleich nach Mozarts Ankunft in München einsetzende, bis gegen Ende Januar 1781 geführte Arbeitskorrespondenz zwischen Vater und Sohn über den Fortgang der Komposition. Varesco, der über keine nennenswerte Bühnenerfahrung verfügte, entledigte sich seiner eher undankbaren Aufgabe durchaus achtbar und insgesamt mit Geschick, jedenfalls trägt er aber für die spezifische Ausrichtung des *Idomeneo*-Librettos keine Alleinverantwortung. Er arrangierte, soweit das überhaupt möglich war, die französische Vorlage mit ihrem tragischen Ausgang in ein praktikables, aber sehr lang geratendes dreiaktiges italienisches Versdrama mit versöhnlichem *lieto fine* um, wobei er um die geforderte ausgleichende Verbindung der konträren Gattungstraditionen von *tragédie* und *dramma per musica* bemüht war: Fünfzehn Arien, acht Chöre, je drei Ensemble- und Marschsätze sprengen jedoch die konventionellen Formen der einen wie des anderen. Zum Nachteil der Dichtung stand außerdem Varescos Gelehrsamkeit seiner poetischen Begabung im Wege. Viele Verse schleppen Bildungsgut mit, wo Eleganz und ›Musikabilität‹ gefordert wären – Mozarts Änderungswünsche betreffen deswegen, neben szenischen Ereignissen, auch Einzelheiten des Sprachklangs (der zwischen München und Salzburg geführte Briefwechsel aus der Entstehungszeit des *Idomeneo* stellt übrigens eine für die Operngeschichte des 18. Jahrhunderts einzigartige Künstlerkorrespondenz dar). Daß alle auftretenden Personen vom Beginn des Dramas an unter dem Diktat von Idomeneos Gelübde stehen, folglich durchweg mehr reagieren als agieren, liegt in der Geschichte begründet, läßt sich also Varesco nicht anlasten.

Bei der Rollenbesetzung besaß Mozart, wie üblich, kein Mitspracherecht, doch kannte er einen Teil der Protagonisten, so daß die noch zu Hause geschriebenen Arien den Stimmen der Sänger angepaßt und die Ausführenden mit ihren Parten sogleich zufrieden waren. Das galt für Dorothea und Elisabeth (›Lisl‹) Augusta Wendling (Ilia und Elettra), auch für Raaff (Idomeneo). Probleme gab es mit dem von auswärts engagierten, wie Raaff schauspielerisch ungenügenden Kastraten Vincenzo Dal Prato (Idamante), während die restlichen Akteure – Domenico Panzacchi (Arbace) und Johann Baptist Wallishauser, genannt Giovanni Valesi (Gran Sacerdote) – ohne Schwierigkeiten in das Ensemble hineinfanden. Wegen des enormen szenischen Aufwands, der prachtvollen Ausstattung wie der herausgehobenen Rolle des Balletts und der Chöre fielen dem Bühnenbildner Lorenzo Quaglio und dem Ballettmeister Claudius Le Grand wesentliche Aufgaben zu; zusammen mit Graf von Seeau zeichneten sie für das Bühnengeschehen verantwortlich.

Die ereignisreiche, in allen Phasen nachvollziehbare Entstehungs- und Uraufführungsgeschichte des *Idomeneo* (der Tod Kaiserin Maria Theresias am 29. November 1780 nahm auf sie keinen Einfluß) verlief von der ersten Probe mit reduziertem Orchester am 1. Dezember 1780 bis zur Generalprobe am 27. Januar 1781 für Mozart ungemein anstrengend, einmal wegen der bis weit in den Januar hineinreichenden gleichzeitig verlaufenden Kompositions- und Probenarbeit, zum anderen wegen der immer hektischer werdenden Bemühungen um die endgültige Gestalt des Werks. Letztere spiegeln sich in den zwei vor der Premiere veranstalteten Libretto-Drucken, einem ersten, der Anfang Januar 1781 in die Herstellung ging und auch die deutsche Übersetzung einschloß, sowie einem anderen, der den Arbeitsstand kurz vor der Uraufführung wiedergab (ohne deutschsprachige Version). Den letzten Probenabschnitt kennzeichneten drastische Kürzungsmaßnahmen vor allem am dritten Akt, dort in den Rezitativen ebenso wie in den Chören und Arien. Darüber hinaus schrieb Mozart bis Mitte Januar an der umfangreichen, in ihren orchestralen Ansprüchen auf der Höhe des Gesamtwerks stehenden Ballettmusik KV 367; deren genaue Choreographie bleibt unbekannt, doch gehört sie in ihren zentralen Teilen[94] an den Schluß der Oper.

Über den Erfolg des *Idomeneo* am 29. Januar 1781 unter der Leitung von Cannabich (und mit Mozart am Cembalo) im Neuen Residenztheater sowie bei den Folgeaufführungen (wahrscheinlich am 5., 12. und 26. Februar) fehlt jede substantielle Nachricht. Daß in einer einzigen dürftigen Pressenotiz etwas maliziös bemerkt wird, »*Verfassung, Musik und Uebersetzung*« seien »*Geburten aus Salzburg*«[95] gewesen, dürfte sich einer politischen Animosität des Schreibers, weniger einer geschmacklichen Reserve verdanken. Zweifellos wird mancher Zuhörer vor der anspruchsvollen, in ihrer musikalischen Reichhaltigkeit ganz und gar unvergleichlichen, partiell schockierenden Oper Mozarts ratlos zurückgeblieben sein – Leopolds wohlmeinender Rat, »*auch für das ohnmusikalische Publikum zu denken*«,[96] konnte die entfesselte Phantasie des Sohnes nicht zähmen. Den Kennern aber hatte »*noch keine Musique solche impreßion gemacht*«,[97] um Ramms bewundernde Worte nach der ersten Probe zu zitieren. Überhaupt lauteten alle vom Komponisten dem Vater während der Vorbereitungszeit mitgeteilten Äußerungen Dritter höchst anerkennend, was für sich genommen nichts besagt, doch ist das nach eigenen Probeneindrücken vom Kurfürsten am Hof gestreute Lob über Mozarts Arbeit ein deutlicher Indikator für die Zufriedenheit des Regenten und seiner Umgebung. Durchschlagend war die Aufnahme der Oper freilich nicht; so ist es auch merkwürdig, daß der Vater in einem Brief vom 12. Februar 1781 aus München an den Leipziger Verlag Breitkopf & Härtel, in dem er für seinen Sohn warb, den *Idomeneo* nur nebenbei erwähnte.[98] Unter aristokratischen Musikverständigen setzte sich allerdings der Plan einer Subskription auf den Druck der Partitur oder wenigstens des Klavierauszugs durch; sie war bis gegen Mitte März bereits von rund zwanzig Personen gezeichnet worden, ließ sich in der Folge aber dann doch nicht verwirklichen.

In Mozarts Einschätzung nahm die Münchner Karnevalsoper zeitlebens einen hohen Rang ein. Er bemühte sich vergeblich um weitere Produktionen und arbeitete sie schließlich für eine einmalige konzertante Aufführung am 13. März 1786 auf dem Privattheater im Palais des Fürsten Johann Adam Auersperg in Wien um. Bei dieser Gelegenheit kritisierte ein Berichterstatter den *Idomeneo* als eine »*mit Accompagnement zu sehr überfüllte Opera*«.[99] Was den Zeitgenossen zum abwertenden Urteil bewog, trifft aus der historischen Rückschau, positiv gewendet, genau die zentrale ästhetische Idee dieses Werks. Die experimentellen Züge einer Synthese von Münchner und Mannheimer Opernkonventionen sind zeitgeprägt, waren im 18. Jahrhundert sogar lokal gebunden, weshalb sich außerhalb Münchens ihr poetologisches Anliegen nicht umstandslos vermitteln ließ. Aber das neben oder mit dem Bühnendrama entstandene musikalische Drama, die aus den Möglichkeiten des modernen Orchesters und seiner musikalischen Beredsamkeit heraus entfaltete wortlose Darstellung des Tragischen sowie die unwiderstehliche Demonstration, daß in Musik theatrale Handlung stattfinden kann und sie ein Drama *sui generis* auszubilden vermag, das alles ist mit dem *Idomeneo* in die Geschichte der europäischen Oper hineingekommen. Insofern markiert er ein Epochendatum.

IV

Die ersten Jahre der Selbständigkeit in Wien 1781–1783

Bruch mit dem Salzburger Hof

Nach den strapaziösen Wochen der Opernvorbereitung und der Premiere warf sich Mozart ins Münchner Faschingstreiben. Hatte er zuvor neben fortgesetzter konzentrierter Arbeit nur wenige gesellschaftliche Verbindungen pflegen können, so entlud sich jetzt die ganze Anspannung in Übermut und exzessiven Ballvergnügungen, was Leopold später getadelt und Mozart mit dem Hinweis auf die bevorstehende Rückkehr nach Salzburg gerechtfertigt hat. Da Colloredo mit einem Teil des Hofstaates in Wien bei seinem erkrankten Vater weilte, bestand vermeintlich kein Grund zur raschen Rückkehr an den Dienstort, obwohl der bewilligte Urlaub nun schon fast um drei Monate überzogen worden war. Vom 7. bis 10. März 1781 begab sich die Familie – auch die Schwester war zur Premiere angereist – sogar auf einen Abstecher nach Augsburg. In diesen Wochen zeigte sich Mozart zudem einigen Münchner Förderern und Freunden mit der Dedikation von Werken erkenntlich. Der Gräfin Paumgarten widmete er die Konzertarie »*Misera, dove son!*« – »*Ah! non son io che parlo*« KV 369[100], für Ramm komponierte er das Oboenquartett KV 370 (368[b]), und angeblich erhielt der Hornist Martin Alexander Lang die beiden Lieder *Die Zufriedenheit* KV 349 (367[a]) und »*Komm, liebe Zither, komm*« KV 351 (367[b]). Die Bläserserenade KV 361 (370[a]), die sogenannte *Gran Partita*, und das Kyrie KV 341 (368[a]), traditionellerweise auf den Münchner Winter 1780/81 datiert und deshalb als ›*Münchner Kyrie*‹ bekannt, gehören dagegen in die Wiener Zeit.

Überraschenderweise erreichte Mozart nach dem Augsburger Ausflug die Order des Fürsterzbischofs, sich sofort nach Wien zu begeben, damit er dort bei Veranstaltungen für den Wiener Adel als Pianist zur Verfügung stünde. Colloredo wollte offensichtlich in der kaiserlichen Residenzstadt mit den musikalischen Grössen seiner Hofmusik glänzen, denn außer Mozart gehörten an Musikern bereits der Kastrat Franceso Ceccarelli und der Geiger Antonio Brunetti zum Gefolge. Am 16. März 1781 erreichte Mozart Wien; im Haus des Deutschen Ritter-Ordens in der Singerstraße nahe dem Stephans-Dom schloß er sich dem Salzburger Gefolge an.

Gleich im ersten Brief an den Vater vom folgenden Tag äußerte Mozart seinen Unmut über die eingetretene Situation: Die Abkehr von der Münchner Freiheit, die nebenbei auch zu einem erneut tieferen Einvernehmen mit dem Vater geführt zu haben scheint, wie die singuläre Anrede »*Mon trés cher amy!*«[101] im besagten Schreiben anzeigt, fiel ihm äußerst schwer; auch fügte er sich ungern der höfischen Dienstordnung. Der Fürsterzbischof arrangierte Privatkonzerte: etwa gleich am Ankunftstag im Deutschen Haus, dann am 17. März beim Fürsten Golicyn. Mozart stand nicht an, für diese Leistungen eine gesonderte Vergütung zu verlangen, und tatsächlich bekam er für zwei Auftritte 40½ Gulden, mehr als sein Monatsgehalt! Mehrere neue Kompositionen mußten rasch für eine Akademie am 8. April im Deutschen Haus geschaffen werden; das Violin-Rondo KV 373 und die Violinsonate KV 379 (373ª) für Brunetti sowie die Sopran-Arie »*A questo seno deh vieni*« – »*Or che il cielo a me ti rende*« KV 374 für Ceccarelli verdanken diesem Anlaß ihre Entstehung. Als Hofmusiker hatte Mozart mit den Kammerdienern, dem Hofkontrolleur und dem Kammerfurier an einer Tafel zu sitzen, was er als Entwürdigung empfand; mit Stolz begehrte er einen Platz am Tisch des Hofrats-Direktors und des Obristküchenmeisters Karl Joseph Felix Graf Arco (ein solcher blieb ihm jedoch verwehrt). Der Regelung, sich allmorgendlich zur Entgegennahme von Anweisungen im Vorzimmer Colloredos bereitzuhalten, kam er nicht nach oder nur, wenn der Fürsterzbischof ihn ausdrücklich rufen ließ. Mozart zeigte von Beginn seines Aufenthalts an keine Bereitschaft, die alltäglichen Erfordernisse des Diensts zu akzeptieren – der seit Jahren keimende Gedanke, dem Salzburger Hof endgültig den Rücken zu kehren, brach sich nun mächtig Bahn.

Die Kulisse für die in wenigen Wochen sich konflikthaft zuspitzende Lage zeigte in der Wahrnehmung Mozarts (sie allein ist in den Quellen dokumentiert, alle anderen Zeugnisse sind verloren) zwei Seiten: die schöne der sich verlockend anbietenden Musikstadt Wien – es sei für sein »*Metier der beste ort von der Welt*«[102] – und die häßliche des engen Salzburg, präsent in der Person Colloredos, des »*erz-limmels*«[103]. In Wien erfuhr er allenthalben Respekt, war häufig Gast in Adelshäusern, gewann mit Marie Karoline Gräfin Thiennes de Rumbeke eine erste, gut zahlende Schülerin und errang bei einer Akademie der Tonkünstler-Societät am 3. April 1781 unter anderem mit einer Sinfonie (vielleicht der ›*Pariser*‹ KV 297 [300ª]) auch als Komponist einen großen Erfolg. Unter Colloredos Herrschaft dagegen sah er sich als mediokrer Befehlsempfänger in seinem künstlerischen Fortkommen behindert, wenn er beispielsweise am 8. April wegen der angeordneten Akademie ein Konzert bei der Gräfin Maria Wilhelmine Thun-Hohenstein aufgeben mußte, dem Kaiser Joseph II. beiwohnte, oder wenn der Fürsterzbischof ihm die Veranstaltung einer eigenen Akademie untersagte.

Leopold schwante Unheil, jedenfalls läßt sich aus den Briefen des Sohns herauslesen, daß er ihn zur Mäßigung angehalten und ihn dringend gebeten hat, wieder nach Salzburg zurückzukehren, was Wolfgang nur ihm zu Gefallen zu tun versprach. Ein erster Reisetermin am 22. April verstrich, ein neuer wurde eher dilatorisch erörtert. Am 1. oder 2. Mai ließ Colloredo Mozart ausrichten, er habe umgehend sein Zimmer zu räumen – ein offenkundiger Versuch, den säumigen

Musiker zum Aufbruch zu bewegen. Da dieser im März den Kontakt mit der Familie Weber hatte aufleben lassen, fand er kurzfristig Unterschlupf bei der Witwe (Fridolin war schon im Oktober 1779 gestorben) und deren unverheirateten Töchtern Josepha, Constanze und Sophie im Hause Am Peter »*Zum Auge Gottes*«. Der 9. Mai stand bereits als Tag der Abreise fest, da ergab sich eine Verzögerung, weil Mozart angeblich ausstehende Gelder nicht vor dem 12. Mai würde eintreiben können. Dieser Umstand kollidierte mit dem Wunsch Colloredos, seinem Hoforganisten eine dringende Postsendung nach Salzburg mitzugeben, einem Wunsch, den Mozart wegen seiner eigenen Geschäfte nicht erfüllen wollte. Da schon in zwei vorangegangenen Audienzen dienstliche Mißhelligkeiten deutlich zur Sprache gebracht worden waren, reizte den Fürsterzbischof der aus seiner Sicht wiederholte Beweis mangelnder Subordination bei Mozart nun so sehr, daß es am 9. Mai zum Eklat kam. Als Mozart ihm eröffnete, wegen Überfüllung der Kutsche doch nicht fahren zu können – das war eine glatte Lüge –, beschuldigte ihn Colloredo heftig der ständigen Vernachlässigung seiner Dienstpflichten. Als er ihn schließlich mit der Bemerkung des Raums verwies, er wolle mit ihm nichts mehr zu tun haben, verstand Mozart das als fristlose Kündigung und avisierte seinerseits deren schriftliche Bestätigung für den nächsten Tag.

Wie immer das Gespräch im einzelnen verlaufen sein mag, so dürfte bei Colloredo keine Absicht bestanden haben, sich seines Musikers auf diese Weise zu entledigen, unterschied er in seinem Urteil doch offenbar genau zwischen den außergewöhnlichen musikalischen Leistungen und dem unbotmäßigen Benehmen Mozarts. So konnte es eigentlich nicht verwundern, daß Graf Arco, dem Mozart am 10. Mai sein Entlassungsgesuch übergeben wollte, die Annahme verweigerte; er wußte vermutlich, wie die Auseinandersetzung vom Vortag zu werten war: als affektgeladener Disput, auf den eine unterwürfige Entschuldigung des Bediensteten zu folgen hatte. In diesem Sinne muß auch Leopold mit höchster Eindringlichkeit und voller moralischer Kraft auf seinen Sohn einzuwirken versucht haben. Aber nach dem definitiven Bruch mit dem Fürsterzbischof, den Mozart Mitte Mai auch innerlich vollzogen hatte – daran änderten in den nächsten Wochen ganz gelegentliche Erwägungen einer Rückkehr nach Salzburg nichts –, setzte in dieser Zeit die Lösung des Fünfundzwanzigjährigen von der bislang lebensbestimmenden Autorität des Vaters ein. Alle vernünftigen Argumente, besorgten Ratschläge, strengen Vorhaltungen und vielleicht Drohungen Leopolds erreichten Mozart fortan immer seltener wie die Stimme seines zweiten Ichs. Vorerst suchte er beim Vater immerhin noch die autoritative Bestätigung der Richtigkeit seiner Handlungen, aber Leopold wiederum vermochte sie ihm, wenn überhaupt, nur widerwillig zu geben. Die einstige, beinahe symbiotische Lebensgemeinschaft der beiden kam an ihr Ende.

Die förmliche Demission aus Salzburger Diensten stand also aus. Nach Mozarts Aussagen scheiterte er weitere fünf Mal beim Versuch, Graf Arco verschiedene Bittschriften zu übergeben, obwohl der Obristküchenmeister, folgt man Leopold, für eine gütliche Beilegung des Konflikts eintrat. Angeblich wußte der Fürsterzbischof vier Wochen lang von diesen Vorgängen nichts, was freilich unwahrscheinlich ist: Colloredo wird Anweisung gegeben haben, den widerspenstigen Musiker nicht vorzulassen. Am 8. Juni schließlich, kurz vor der Rückreise Colloredos nach Salzburg, verweigerte Graf Arco Mozart erneut den Zutritt zum Regenten und warf ihn mit einem »*tritt im arsch*«[104] zur Tür hinaus. Ein Entlassungsschreiben hat Mozart nie erhalten.

Der entwürdigende Fußtritt, den Mozart gegenüber dem Vater in der Folge als nicht mehr gut zu machende Demütigung mehrfach erwähnt – er setzte ihn als sein stärkstes Argument gegen eine Versöhnung mit dem Fürsterzbischof ein –, ist seither immer wieder als Symbol für feudal-absolutistische Willkür, gar Menschenverachtung und als Wendemarke nicht nur für ein individuelles Künstlerleben, sondern auch für die Zukunft des *ancien régime* stilisiert worden. Bei nüchterner Betrachtung wird aber niemand in dem Vorfall über das Scheitern einer menschlich anständigen Regelung des Dienstkonflikts hinaus ein Menetekel politischen Ausmaßes erkennen können. Vor allem intendierte Mozart mit der Abkehr vom Salzburger Hof keineswegs die Emanzipation vom höfischen Dienst schlechthin und die Begründung einer Existenz als freier Künstler, im Gegenteil: Vom Moment des Bruchs an bis zu seinem Lebensende strebte er nach einer auskömmlichen Stellung bei Hofe oder bei der Kirche und blieb in der ihm kurz bemessenen Lebenszeit dabei durchaus nicht erfolglos.

Etablierung als Musiker ›ohne Dienst‹

Mozarts erste Sorge in den folgenden Monaten mußte es sein, die finanzielle Grundlage für seinen Lebensunterhalt zu schaffen. Außer den Einkünften aus den Konzerten im März und April 1781 sowie dem Unterrichtshonorar der Gräfin Rumbeke verfügte er über keine Mittel. Selbstbewußt hatte er den Preis für zwölf Klavierlektionen hoch, das heißt auf 27 Gulden angesetzt, womit allerdings lediglich ein Existenzminimum gesichert war. Die Suche nach weiteren hochadeligen Schülerinnen blieb daher aktuell, wenn auch die Konkurrenz scharf war: Die am Hof längere Zeit erwogene Wahl eines Lehrers für die Prinzessin Elisabeth von Württemberg etwa, bei der sich Mozart gute Chancen ausgerechnet hatte, ging zugunsten des späteren Hofkapellorganisten Georg Summer aus; weitere Schülerinnen der ersten Wiener Zeit waren Maria Theresia von Trattner, Josepha Aurnhammer und Anna Maria Gräfin Zichy. Seit dem Frühjahr lief die Subskription auf sechs Violinsonaten. Sie kamen als Opus 2 im November 1781 bei Artaria mit einer Widmung an Josepha Aurnhammer heraus.[105] Im Kontext dieser Veröffentlichung, die sich an ein breiteres Liebhaberpublikum richtete und von diesem dankbar angenommen wurde, ist eine Reihe von Variationswerken für Klavier, aber auch für Klavier und Violine zu sehen.[106] Zwar ist die Datierung dieser Werke nicht eindeutig gesichert, doch bilden sie in mehrfacher Hinsicht eine Einheit. Allen liegen französische Romances, Vaudevilles oder Opernlieder amourösen Inhalts zugrunde, wie sie damals, gerade in der Damenwelt, in Mode standen. Sie verfolgen überwiegend auch didaktische Zwecke. Die differierenden technischen Ansprüche der Zyklen und ihre systematische Anlage nach bestimmten pianistischen

Spielweisen ergeben in der Summe eine Art progressiven Kurs im Klavierspiel. Mozart schuf sich mit ihnen für den Unterricht attraktives Material, das er seinen Schülerinnen dedizieren konnte und wofür er gewiß gesonderte Vergütungen erhielt – erst Mitte der 1780er Jahre beförderte er die Kompositionen zum Druck.

Als Pianist nutzte Mozart jede sich bietende Möglichkeit vornehmlich privater oder halböffentlicher Auftritte, da er auf diesem Weg am schnellsten zahlungskräftige Musikkenner zu gewinnen hoffte, die bei seinen künftigen Akademien das Publikum stellen sollten. So spielte er etwa bei einem Konzert am 23. November 1781 im Hause Aurnhammer vor Gästen wie der Gräfin Thun, Baron van Swieten oder dem Bankier Karl Abraham Wetzlar Freiherr von Plankenstern. Spektakulärer verlief ein Vorspiel bei Hof am 24. Dezember in Anwesenheit Kaiser Josephs II. und der Großfürstin Maria Feodorowna, bei dem es zu einem Wettstreit mit Muzio Clementi kam. Über den künstlerischen Ausgang des Vergleichs ist wenig bekannt, doch brachte er Mozart ein großzügiges Geldgeschenk des Kaisers ein. Derartige Veranstaltungen bereiteten den Boden für das erste eigene Konzert am 3. März 1782; auf seinem Programm standen Ausschnitte aus dem *Idomeneo*, das Klavierkonzert KV 175 mit einem neuen Final-Rondo KV 382 – letzteres kam beim Publikum so gut an, daß er es später in mehreren Akademien wiederholte – und eine freie Fantasie. Im Laufe des Jahres beteiligte sich Mozart noch an den frühmorgendlichen *»Augarten«*-Konzerten (erstmals am 26. Mai) und an den sogenannten *»Dilettanten«*-Konzerten des Konzertunternehmers Philipp Jakob Martin im Gasthof *»Zur Mehlgrube«*. Am 3. November 1782 trat er bei einer Akademie Josepha Aurnhammers im Kärntnertor-Theater auf. Außerdem gehörte er seit dem Frühjahr 1782 zu einem kleinen Kreis von Musikkennern um Baron Gottfried van Swieten – darunter, zum Teil erst später dazugestoßen, die Komponisten Joseph Starzer, Anton Teyber, Joseph Weigl und Antonio Salieri; die Runde traf sich sonntäglich in der Hofbibliothek zum praktischen Studium älterer musikalischer Literatur. In der Hauptsache erklang kontrapunktische Instrumentalmusik von Johann Sebastian, Carl Philipp Emanuel und Friedemann Bach, von Carl Heinrich Graun sowie Georg Friedrich Händel (von ihm besonders Oratorisches). Mozart vermochte hier sowohl seine seit langem erwiesene Könnerschaft etwa auf dem Gebiet der Fuge zu zeigen als auch vielfältige kompositionstechnische Anregungen aus dem gespielten Repertoire zu empfangen. Freilich bedeuteten alle diese zum Teil aufsehenerregenden Ereignisse keine Erfolgsgarantie für die Zukunft. Die Ende des Jahres auf Subskription ausgeschriebenen drei Klavierkonzerte beispielsweise scheinen keine nennenswerte Zahl an Käufern gefunden zu haben.[107]

Große Hoffnungen setzte Mozart seit längerem auf die Pläne des Kaisers, am *»Deutschen Nationaltheater«* in Wien volkssprachige Singspiele herauszubringen. Tatsächlich erging im Frühjahr 1781 vom *»General-Spektakel-Direktor«* Franz Xaver Graf Orsini-Rosenberg der Auftrag für ein deutsches Libretto, das Mozart in Musik setzen sollte. Am 30. Juli hielt er den Text der *Entführung aus dem Serail* in Händen, das der Schauspieler und erfolgreiche Bühnenautor Johann Gottlieb Stephanie d. J. nach einem gerade von Johann André vertonten Opernbuch Christoph Friedrich Bretzners zur weiteren Bearbeitung vorgeschlagen hatte. Das

›*türkische*‹ Sujet war Mozart seit der abgebrochenen Arbeit an der *Zaide* vertraut, und in Wien machte gerade Glucks im selben Stoffkreis angesiedeltes, ebenfalls von Stephanie eingerichtetes Singspiel *Die Pilgrimme von Mekka* Furore. Stephanie und mit ihm Mozart beabsichtigten offensichtlich, die Begeisterung der Wiener für Türkenstoffe und für ›Türkische Musik‹ (das heißt Einsatz von Triangel, Becken und großer Trommel sowie Piccoloflöte) mit einem weiteren Stück zu bedienen. Die Chancen, mit diesem Plan zu reüssieren, standen auch im Blick auf die prominent besetzte Sängerliste gut; engagiert waren Caterina Cavalieri (Konstanze) – sie kreierte bis 1789 eine Reihe von Sopranpartien in Mozarts Opern –, Johann Valentin Adamberger (Belmonte), Therese Teyber (Blonde), Johann Ernst Dauer (Pedrillo), Johann Ignaz Ludwig Fischer (Osmin) und für die Sprechrolle des Bassa Selim der Schauspieler Dominik Joseph Jautz.

Mozart war schon am 31. Juli 1781 mit Schwung und in der Annahme an die Komposition gegangen, die Premiere würde Mitte September anläßlich eines Besuchs des russischen Großfürsten und späteren Zaren Paul Petrowitsch stattfinden. Drei Wochen später, am 22. August, lag der erste Akt fertig vor. Da wurde bekannt, daß der hohe Gast erst im November auf Reisen gehe, und auch, daß der Kaiser zu diesem Anlaß die Aufführung von Glucks deutscher *Iphigenie auf Tauris* und der italienischen *Alceste* wünsche. Wäre überhaupt eine dritte Oper vorgesehen gewesen, hätte die *Entführung* in diesem Kontext keinen rechten Platz gefunden, so daß Mozart für kurze Zeit mit dem (unrealistischen) Gedanken spielte, den *Idomeneo* zu lancieren. Verständlicherweise reduzierte er jetzt sein Arbeitstempo, beschäftigte sich zudem intensiver mit dem dramaturgischen Aufbau des Librettos. War die Vorlage zum ersten Akt weitgehend unangetastet geblieben, so erfuhren die weiteren Akte zum Teil tiefgehende Änderungen. Deswegen, und auch weil immer wieder andere Aufgaben sich dazwischen drängten, zog sich die Entstehung des Werks bis in den Mai des Jahres 1782 hin. Stephanie, inzwischen Leiter der deutschen Opernproduktionen, hatte die *Entführung* für die Saison 1782/83 auf den Spielplan gesetzt.

Mit den Proben konnte am 3. Juni 1782 begonnen werden. Vor dem Ausschreiben der Stimmen hatte Mozart noch einige instrumentatorische Retuschen und, ähnlich wie beim *Idomeneo*, Kürzungen vorgenommen (an den Nummern 8, 10, 11, 12, 15 und 17), mit dem Unterschied allerdings, daß er diese Striche bei der *Entführung* nicht bloß als praxisbedingt, sondern als gültige Formabrundungen, das heißt als kompositorische Maßnahmen bewertete – zuvor hatte er, nach eigener Aussage, ohne Rücksicht auf Theatergewohnheiten seinen musikalischen »*gedanken freyen lauf*«[108] gelassen. Über den Verlauf der Proben, die im Juni wegen einer Grippe-Epidemie unterbrochen werden mußten, liegen keine Nachrichten vor, doch sah sich Mozart starken Intrigen ausgesetzt, angezettelt von heute unbekannten Kräften. Gegenstand des öffentlichen Gesprächs war der Komponist selbst durch die Affaire seiner Salzburger Demission geworden; darüber hinaus scheint er durch sein Auftreten und mancherlei unbedachte Äußerungen die Mißgunst von Musikerkollegen hervorgerufen zu haben. Bis in seine Heimatstadt wurde kolportiert, er habe sich durch »*gros=sprechen, kritisiren, die Profeßori von der Musick, und auch andere leute zu feinde*«[109] gemacht. Sowohl die Premiere der *Entführung aus dem Serail* KV 384 am 16. Juli als auch die zweite Aufführung am 19. Juli wurden denn auch erheblich gestört, was aber die insgesamt begeisterte Aufnahme des Singspiels in Wien wie anderswo nicht beeinträchtigte. Das Stück entwickelte sich zum größten Bühnenerfolg in Mozarts Leben, wurde rasch an vielen in- und ausländischen Theatern gegeben, verbreitete sich in Partiturkopien und gedruckten Klavierauszügen, »*schlug alles nieder*«,[110] was es an Bemühungen um das deutsche Singspiel bis dahin gegeben hatte. Mit der *Entführung* setzte die bis in die Gegenwart anhaltende Präsenz von Mozarts Opern ein.

Zur Beförderung der unmittelbaren Rezeption wollte der Komponist mit dem Arrangement des Werks für ›Harmoniemusik‹ sowie mit einem Klavierauszug beitragen. Der Kaiser hatte im April 1782 eine »Harmonie« mit den acht führenden Holzbläsern und Hornisten des Hoforchesters eingerichtet; sie bildete den Beginn einer über Jahrzehnte in Wien sich ausbreitenden Bläsermusikpflege und regte viele ähnliche Gründungen hier wie andernorts an. Diese Bläseroktette benötigten Literatur: Neben anspruchsvollen Originalwerken wie Mozarts Serenaden KV 375 und 388 (384ᵃ) erfreuten sich Bearbeitungen von aktuellen Opern großer Beliebtheit. Am 20. Juli berichtete Mozart dem Vater von seiner Absicht, innerhalb einer Woche eine »Harmonie«-Fassung der *Entführung* zu schreiben.[111] Ob eines der überlieferten Arrangements wirklich von ihm stammt, konnte bislang nicht eindeutig geklärt werden. Nicht anders verhält es sich mit dem Klavierauszug, von dessen bevorstehendem Abschluß und Drucklegung bei Christoph Torricella am 28. Dezember die Rede war;[112] außer einigen Fragmenten ist davon nichts bekannt geworden. Allem Anschein nach vermochte es Mozart in beiden Fällen nicht, die profitablen Arbeiten rechtzeitig vorzulegen oder zum Druck zu bringen.

Gleichzeitig mit den vielfältigen Bemühungen um ein berufliches Fortkommen im Wiener Musikleben trat ein für Mozart persönlich bedeutungsvolles Ereignis ein: seine seit dem Sommer 1781 enger werdende Beziehung zu Constanze Weber und die dann am 4. August 1782 mit ihr geschlossene Ehe. Die Lösung vom Salzburger Hof und die Distanzierung vom Vater erfuhren eine emotionale Kompensation durch die allmählich wachsende Bindung an die um sechs Jahre jüngere, lebenslustige und unerfahrene Frau. Leopold hat sich vehement gegen diese Entwicklung gestemmt und am Ende nur höchst widerwillig sein Einverständnis zur Heirat gegeben; abgesehen von den subjektiven Barrieren gegen den mit der Hochzeit äußerlich manifest werdenden Verlust des Sohnes mißfiel ihm die vermeintliche soziale Mesalliance des Sohnes mit der unversorgten Tochter einer in einfachen Verhältnissen lebenden Musikerwitwe.

In welcher Weise Cäcilia Weber die Verbindung der beiden geschickt herbeigeführt oder gar in zweifelhafter Absicht die spannungsreiche Situation des eskalierenden Streits mit dem Fürsterzbischof bei dem des Zuspruchs bedürftigen, vielleicht zu treuherzigen Mozart ausgenutzt hat, läßt sich kaum befriedigend klären. Leopold sah den Sohn geradezu als Opfer einer kupplerischen Intrige, wofür Vorkommnisse während der Verlobungszeit, die auch Mozart selbst befremdet hatten, sprechen könnten. Andererseits entsprach Cäcilia Webers Verhalten den sozialen

Gepflogenheiten der Zeit, wenn sie sich nachhaltig um die möglichst optimale Versorgung ihrer Töchter kümmerte, um ihre eigene, ungesicherte Zukunft berechenbarer zu machen (die Tochter Aloysia hatte bereits im Oktober 1780 den Hofschauspieler Johann Joseph Lange geheiratet). Auch die von Constanzes Vormund Johann Thorwart, einem lebenserfahrenen und angesehenen Hofbeamten, ergriffenen juristischen Maßnahmen, um schon nach wenigen Monaten eine sanktionierte Form der Beziehung seines Mündels herbeizuführen, bewegten sich im zeitüblichen Rahmen, wobei einschränkend zu konstatieren ist, daß er sich bei seinem Urteil über Mozart wohl mehr auf Zuträgereien stützte denn auf den regelmäßigen persönlichen Kontakt mit ihm. Seine unsichere Lage konnte indessen niemand leugnen, und daß der Musiker »*starken Umgang*«[113] mit Constanze pflegen könnte, lag ja angesichts seiner häufigen Besuche bei ihr zumindest nicht völlig abseits zulässiger Mutmaßungen. So wird den Vormund eher sein Verantwortungsbewußtsein und kaum eine hinterhältige Absicht geleitet haben, als er im Dezember 1781 nach einer Unterredung mit Mozart, bei der dieser sich nicht eindeutig über seine Zukunftspläne geäußert hatte, ihm den Umgang mit Constanze verbieten wollte, solange kein schriftliches Eheversprechen vorliege. Mozart ließ tatsächlich sich ein solches Versprechen mit dem Inhalt abnötigen, daß binnen drei Jahren die Hochzeit zu vollziehen, andernfalls eine Jahresrente von 300 Gulden für Constanze fällig sei. Nach Mozarts Schilderung hat die Verlobte das Dokument zwar sogleich vernichtet,[114] aber infolge der offenbar indiskreten Behandlung des Vorgangs durch Thorwart machte die Heiratsvereinbarung des Komponisten in Wien schnell die Runde – am Heiligabend sprach ihn sogar der Kaiser darauf an.

Mozart mußte nun nicht nur über die eigene finanzielle Sicherung, sondern auch über die einer bald zu gründenden Familie nachdenken. Er verfügte nach wie vor über kein geregeltes Einkommen, und Constanze selbst war weitgehend mittellos. Seine Erwägungen kamen selten über den Status von Wunschträumen oder vagen Hoffnungen hinaus. Das betraf die Stellung eines Hauskomponisten für Harmoniemusiken bei Alois Joseph Fürst Liechtenstein, eine Position am Wiener Hof, über die er mit dem Kaiser gesprochen hatte, oder das Engagement als Kapellmeister bei Erzherzog Maximilian Franz nach dessen Wahl zum Kurfürsten von Köln. Es blieb vorerst dabei, daß Mozart mit Unterrichten, Konzertieren und Kompositionsaufträgen seinen und seiner Frau Lebensunterhalt würde verdienen müssen. Das sprach gegen eine baldige Eheschließung, doch fühlte sich der Musiker zunehmend bedrängt, vor allem durch seine künftige Schwiegermutter und deren drangsalierendes Verhalten gegenüber ihrer Tochter. Unter dem Eindruck der günstigen Aufnahme, die seine Oper fand, schritt Mozart im Juli 1781 zur Tat: Er übersiedelte in eine größere Wohnung. An den Vater richtete er wiederholt inständige Bitten um eine Einverständniserklärung – Leopold aber versuchte bis zuletzt, die Verbindung mit Constanze zu verhindern (seine Einwilligung erreichte Mozart erst post festum). Thorwart erwirkte am 29. Juli den wegen Minderjährigkeit der Braut nötigen gerichtlichen Heiratskonsens. Am 3. August kam es zur Unterzeichnung des Ehevertrags,[115] und tags darauf konnte die kirchliche Trauung in das »*Copulations-Buch*« der Dompfarre St. Stephan eingetragen werden.[116] Das

Hochzeitsmahl richtete Elisabeth Baronin von Waldstätten aus, eine Gönnerin, die Mozart seit dem Herbst 1781 unterstützt, sich im Briefwechsel mit dem Vater vor ihn gestellt und gelegentlich auch Constanze bei zurückliegenden Streitigkeiten Unterschlupf gewährt hatte.

Das Ehepaar bezog die von Mozart im Juli angemietete Wohnung, wechselte aber noch im selben Jahr das Quartier – Auftakt zu einer während der kommenden neun Jahre nicht abreißenden Folge von Umzügen (insgesamt elf verschiedene gemeinsame Domizile sind nachzuweisen). Diese Mobilität war Ergebnis der wechselvollen Versorgungssituation der Mozarts; Engpässe beim Einkommen ließen sich unter anderem durch Umsiedlung in eine günstigere Unterbringung mildern.

	Zeitraum	Historische Häusernummer und -namen oder Anschrift	Heutige Adresse
1	1781, März bis Mai	Stadt 865 »*Deutsches Haus*«	I., Singerstr. 7 / Stephansplatz 4
2	1781, Mai bis Ende August	Stadt 1226 »*Zum Auge Gottes*«	I., Petersplatz 8 / Milchgasse 7 / Tuchlauben 6
3	1781, Ende August bis 1782, Juli	Stadt 1175	I., Graben 17
4	1782, Juli bis Dezember	Stadt 387 »*Zum roten Säbel*«	I., Wipplingerstr. 19 / Färbergasse 5
5	1782, Dezember bis 1783, Februar	Stadt 412 »*Kleines Hebersteinsches Haus*«	I., Wipplingerstr. 14
6	1783, Februar bis April	Stadt 1179 »*Zum englischen Gruß*«	I., Kohlmarkt 7
7	1783, April bis Dezember	Stadt 244 »*Burgisches Haus*«	I., Judenplatz 3 / Kurrentgasse 5
8	1784, Januar bis September	Stadt 591–596 »*Trattnerhof*«	I., Graben 29–29a
9	1784, September bis 1787, April	Stadt 846	I., Schulerstr. 8 / Domgasse 5 (»*Figaro-Haus*«)
10	1787, April bis Dezember	Landstraße Nr. 224	III., Landstraßer Hauptstraße 75–77
11	1787, Dezember bis 1788, Juni	Stadt 281 »*Unter den Tuchlauben*«	I., Tuchlauben 27 / Schultergasse 2 / Hoher Markt 6 / Wipplingerstr. 1
12	1788, Juni bis 1789, Anfang	Alsergrund Nr. 135 »*Zu den drei Sternen*«	IX., Währinger Str. 26
13	1789, Anfang bis 1790, September	Stadt 245 »*Zur Mutter Gottes*«	I., Judenplatz 3–4
14	1790, September bis 1791, Dezember	Stadt 970 »*Kleines Kaiserhaus*«	I., Rauhensteingasse 8

Einfacheren Wohnungen (zum Beispiel 6, 11) oder solchen in den Vorstädten (10 und 12), für die ein niedrigerer Mietzins zu entrichten war, standen gehobenere (14) oder ausgesprochen vornehme Domizile wie der »*Trattnerhof*« und das »*Figaro-Haus*« (8 und 9) gegenüber, diese Ausweis eines beinahe vornehm zu bezeichnenden Lebensstils. Mozart nahm stets Bedacht auf seine Wohnsituation, in der er offensichtlich auch ein von der Gesellschaft wahrgenommenes Indiz für seinen beruflichen Erfolg, mithin auch für seine soziale Qualifikation sah.

In diesen Häusern kamen zwischen 1783 und 1791 die sechs Kinder der Mozarts zur Welt, von denen nur das zweitgeborene, Carl Thomas (1784–1858), und das letzte, Franz Xaver Wolfgang (1791–1844), überlebt haben. Wie schon bei den Eltern Mozarts bestimmten regelmäßige Schwangerschaften und Kindstode das gemeinsame Leben – Wolfgang hat überhaupt nur seinen Sohn Carl Thomas aufwachsen sehen. Bei allem Leid und aller temporären Bedrängnis scheinen die Mozarts eine erfüllende Ehe geführt zu haben. Wirklich aussagekräftige Zeugnisse für diese oder widersprechende Aussagen lassen sich freilich nicht beibringen. Alles vermeintliche und im Schrifttum breitgetretene Wissen über das Thema in seinem ganzen Spektrum, über gelegentliche Untreue Wolfgangs und Constanzes, über die mangelnde charakterliche Entsprechung der beiden sowie andere Interna beruht, soweit ersichtlich, nur zum geringen Teil auf der Interpretation eines ohnehin nicht sehr umfangreichen authentischen Quellenmaterials, sondern hauptsächlich auf Spekulationen der Nachwelt. Die allgemein herrschende Geringschätzung Constanzes bis in die Gegenwart hinein schreibt Vorurteile fort, die Leopold begründet hat. Verstärkt wurden sie durch das im späten 19. Jahrhundert ausgebildete Ideal von der priesterinnenhaft-dienenden Komponisten-Gattin als Muse des Genies. Constanze entsprach ganz offensichtlich nicht diesem Typ, obwohl sie als Witwe ihr kaum zugetraute Fähigkeiten etwa bei der Bewahrung und Vermarktung des Nachlasses zeigte. Daß sie die künstlerische Ausnahmestellung ihres Mannes zu seinen Lebzeiten nur unzureichend erkannt habe, mag sein, kann aber nicht bedeuten, daß sie in irgendeiner erkennbaren Weise seine produktive Entwicklung behindert hätte. Der phasenweise verheerende Finanzzustand des mozartschen Haushalts war nicht durch ihre angebliche Verschwendungssucht oder Disziplinlosigkeit verschuldet, und selbst Leopold hatte sich einmal davon überzeugt gezeigt, daß zumindest die Hauswirtschaft »*im höchsten Grad ökonomisch*«[117] sei. Constanze ihre häufigen Krankheiten und dadurch bedingten Kuren zum Vorwurf zu machen, als seien sie vorsätzlich herbeigeführt worden, verkennt vollends die aus den Quellen sprechende Wirklichkeit. Mozart hat seine Frau geliebt, und es gibt keine Berechtigung für die fortdauernde Meinung aus dem philiströsen Geist trivialromantischer Künstlerverehrung, diese Liebe sei seiner unwürdig gewesen. Das heißt selbstverständlich nicht, Constanzes Schwächen, etwa eine gewisse Leichtfertigkeit im Umgang mit dem anderen Geschlecht, zu leugnen, auch nicht, daß sich manche gemeinsame Fehler nicht potenziert hätten – dem Hang zu aufwendigem Lebensstil gaben beide zu gerne nach.

Brief Mozarts an seine Frau Constanze, Wien, 3. Juli 1791: Schreiben in der typischen Gebrauchsschrift des Komponisten. Die auf der abgebildeten ersten Seite von Georg Nikolaus Nissen gestrichenen und durch »N. N.« ersetzten Wörter lauten im ersten Fall sicher, im zweiten wahrscheinlich »Süssmayer« oder »Süssmayers«.

Reise nach Salzburg 1783

Bereits im August 1782 hegten die Frischvermählten den Plan eines Aufenthaltes in Salzburg, vielleicht auch in der zu diesem Zeitpunkt unbekümmerten Hoffnung, die Entfremdung zwischen Vater und Sohn sowie die Reserven gegenüber Constanze während einer gemeinsamen Zeit rasch wenigstens teilweise überwinden zu können. Aus der Heimatstadt scheint jedoch auf die Avancen und freudigen Andeutungen Mozarts vorerst keine Einladung erfolgt zu sein. Zu tief fühlte sich Leopold von dem entscheidenden Lebensschritt Wolfgangs getroffen, sah er sich doch selbst »*sowohl in moralischen als Physikalischen Verstande*«[118] als Opfer des Sohnes. Bald schon erlahmte der Schwung, mit dem die Reise angekündigt worden war. Zunächst auf Anfang Oktober terminiert, kurzfristig für Mitte November erwogen, dann auf den Beginn des Frühjahrs 1783 verschoben, wegen Constanzes Schwangerschaft schließlich aufgegeben, erneut für den September vorgesehen, machten sich die Mozarts schließlich doch schon Ende Juli 1783 auf den Weg.

Nicht nur diese Reise stand seit dem Sommer 1782 auf Mozarts Agenda, sondern auch eine weitere, die ihn nach Paris, vielleicht sogar nach London führen sollte. Er ließ die Verbindung zu dem Konzertunternehmer Legros wieder aufleben und bereitete sich mit französischem und englischem Sprachunterricht auf die für das Frühjahr 1783 ins Auge gefaßte Tour vor. Es blieb bei der Absicht, auch deshalb, weil der Vater von dem Unternehmen unbedingt abriet. Mozart hat bis zum Ende seines Lebens noch häufiger solche größeren Reisen in das europäische Ausland geplant, jedoch keine einzige durchgeführt – ob zufällig oder unfreiwillig überschritt er nicht mehr die Grenzen »*Teutschlands*«, seines »*geliebte[n] vatterland[es]*«[119].

Ansonsten ging Mozart im Winter 1782/1783 auf dem Weg voran, der ihn in den kommenden Jahren zu einer auskömmlichen Musikexistenz führte, wenn auch der Anfang sich schleppend anließ und im Februar 1783 sogar eine erste finanzielle Krise eintrat. Die unmittelbar nach Ende der Karnevalszeit beginnende und bis in die Karwoche reichende Konzertsaison nutzte er zur Teilnahme an fremden Akademien und zur Durchführung eines eigenen, einträglichen Auftritts. Nachdem am 3. März, dem Faschingsmontag, während einer Ballpause im Redoutensaal der Hofburg seine pantomimische »*Compagnie Masquerade*« KV 446 (416ᵈ) aufgeführt worden war,[120] erlebte ihn die Zuhörerschaft bei einem Konzert seiner Schwägerin Aloysia Lange am 11. März mit dem bereits publikumserprobten Klavierkonzert KV 175 (samt Rondo KV 382) sowie als Komponist der ›*Pariser*‹ Sinfonie und der Arie »*Alcandro, lo confesso*« – »*Non sò d'onde viene*« KV 294; der anwesende Gluck akklamierte besonders die letztgenannten Stücke heftig. Über die genauen Umstände der Teilnahme Mozarts an einer Akademie am 12. März wohl bei Johann Baptist Graf Esterházy fehlen Nachrichten. Am 23. März veranstaltete Mozart schließlich im ausverkauften Burgtheater sein großes Saisonkonzert. Aloysia Lange revanchierte sich hier mit dem Vortrag der Ilia-Arie aus *Idomeneo* KV 366 (No. 11) und des neukomponierten Sopran-Rondos »*Mia speranza adorata!*« – »*Ah, non sai qual pena sia*« KV 416, Adamberger sang die Arie

»*Misera, dove son!*« – »*Ah! non son io che parlo*« KV 369, außerdem die Sopranistin Teyber eine Szene aus *Lucio Silla* KV 135 (No. 16). Mozart selbst spielte die Klavierkonzerte KV 175/382 und 415 (378b), improvisierte über Opernthemen Paisiellos und Glucks (später: Klaviervariationen KV 398 [416e], 455), gab aus dem Stegreif eine Fuge zum Besten – wohl eine Reverenz vor der Fugenliebe des anwesenden Kaisers – und leitete die Aufführung der im vorangegangenen Juli zur Nobilitierung des Salzburger Freundes Siegmund Haffner d.J. komponierten Sinfonie KV 385 sowie der *Concertanten* aus der Serenade KV 320. Eine Woche später wiederholte er in der Akademie der Teyber das Konzert KV 415 und gab eine weitere Probe seiner Improvisationskunst.

Nach diesen blendenden Auftritten wandte Mozart sich verstärkt kompositorischen Aufgaben zu. Im Dezember 1782 war von Graf Orsini-Rosenberg angeregt worden, eine italienische Oper zu schreiben, worauf er sich umgehend, aber vergeblich um ein passendes Libretto bemüht hatte. Zu dieser Zeit lernte er den gerade zum Poeten am Hoftheater ernannten Lorenzo Da Ponte kennen, der ihm frühestens für den Sommer einen Text versprach. In dieser Situation wandte sich Mozart nach Salzburg an Varesco. Von ihm erhielt er im Juni wenigstens die Fabel eines Dramma giocoso in zwei Akten mit dem Titel *L'oca del Cairo* KV 422. Anfang Juli erwähnte Mozart gegenüber dem Vater ein anderes, ihm bereits vorliegendes Libretto. Vermutlich handelte es sich um das Buch zur ebenfalls zweiaktigen Opera buffa *Lo sposo deluso* KV 430 (424a), bearbeitet von einem unbekannten Autor nach dem 1780 von Domenico Cimarosa vertonten Intermezzo *Le Donne rivali*. Mit diesen beiden Libretti beschäftigte sich Mozart bis in das Jahr 1784 hinein, ohne die Kompositionen abzuschließen.

Unvollendet zurückgelassen hat er in dieser Zeit auch ein ambitioniertes geistliches Werk, die Missa in c KV 427 (417a). Sie hatte ihn anscheinend seit dem Sommer 1782 beschäftigt. Der Anlaß zu dieser weitausgreifenden liturgischen Komposition – sie stellt trotz ihres fragmentarischen Zustands die umfangreichste Messe Mozarts dar – bleibt unbestimmt. Aus der Korrespondenz mit dem Vater wird lediglich der Kontext vage erkennbar: Auf die Mahnung Leopolds im (verlorenen) Neujahrsbrief 1783, der Sohn habe ein gegebenes Versprechen noch nicht eingelöst und nehme es wohl nicht ernst, reagierte Mozart mit dem Hinweis auf »*die spart von der hälfte einer Messe*«, die für die »*wirklichkeit*«[121] eben dieses Versprechens zeuge. Die etwas gewundene Replik gibt soviel zu erkennen, daß es auch um eine Reise nach Salzburg gegangen sein muß; vielleicht hatte Leopold gefordert – und zwar noch vor Mozarts Vermählung mit Constanze –, Mozart solle sich möglichst bald in seiner Heimatstadt um eine Beilegung des Streits mit dem Hof bemühen. Dann wäre der Messe die Rolle einer Art von Versöhnungsopfer zugekommen. Aber solche Mutmaßungen lassen sich nicht erhärten. Ihnen widerspricht zudem eine freilich wenig glaubwürdige Äußerung Constanzes aus dem Jahre 1829 zu dem Ehepaar Novello, nach der die Messe in Erfüllung eines Gelübdes anläßlich ihrer ersten Entbindung entstanden sei.[122] Welcher äußere Beweggrund auch immer die Messe angestoßen haben mag – das Werk muß für Mozart in kompositorischer Hinsicht von eminenter Bedeutung gewesen sein.

In ihm spiegelt sich weniger die Auseinandersetzung mit der ihm hinlänglich bekannten süddeutsch-österreichischen Gattungstradition als vielmehr mit den oratorischen Entwürfen Georg Friedrich Händels wider, die er damals im Hause van Swietens kennengelernt hatte. Diese Vorbilder bedingten im wesentlichen die ungewöhnliche Dimension und die Formen- wie Ausdrucksvielfalt der Partitur; sie erklären auch, daß es Mozart im März 1785 leichtfiel, große Teile des Messen-Fragments zur oratoriennahen ›Kantate‹ *Davide penitente* KV 469 umzuarbeiten.

Die Messe befand sich im Gepäck der Mozarts, als sie in der letzten Juli-Woche 1783 in Salzburg eintrafen. Wie sich die Wiederbegegnung zwischen den Familienmitgliedern gestaltete (der am 17. Juni geborene Sohn Raimund Leopold war übrigens bei einer Ziehmutter zurückgeblieben), wie Constanze empfangen wurde, mit welchen Gefühlen Mozart in seinen alten Lebenskreis zurückkehrte, darüber und über andere wichtige Einzelheiten der Salzburger Monate schweigen die Quellen. Von persönlichen Erlebnissen gibt etwa das für diese Zeit ohnehin unvollständig erhaltene Tagebuch Nannerls außer Alltäglichkeiten nur wenig wieder. Kompositorischer Arbeit scheint sich Mozart weitgehend enthalten zu haben; späteren Berichten zufolge entstanden lediglich die beiden Duos für Violine und Viola KV 423 und 424, mit denen er dem erkrankten Johann Michael Haydn aus einer Verlegenheit geholfen haben soll. Die Möglichkeit, den Opernplan mit Varesco fortzuentwickeln, dürfte er genutzt und auch erste musikalische Entwürfe dazu niedergeschrieben haben. Aber erst am letzten Tag des Aufenthalts, am 26. Oktober 1783, trat Mozart als Musiker öffentlich in Erscheinung. Unter Mitwirkung der ganzen Hofmusik und Constanzes als Sopran-Solistin kam in der Stiftskirche St. Peter eine Messe zu Gehör, wahrscheinlich einige der vorliegenden Teile der c-Moll-Messe – ob an diesem Tag wirklich sie oder nicht doch ein anderes Werk Mozarts aufgeführt wurde, läßt sich nicht mit Sicherheit sagen (einschlägige Salzburger Zeugen erwähnen die kirchenmusikalische Produktion dieses Sonntags nicht). Am 27. Oktober trat das Ehepaar die Rückreise an. Sie führte in drei Tagen über Vöcklabruck, Lambach und Ebelsberg zunächst nach Linz, wo auf Drängen besonders von Johann Joseph Anton Graf Thun-Hohenstein länger Station gemacht wurde; bis in die letzten Tage des Novembers hielten sich die Mozarts hier auf. Für eine rasch organisierte Akademie im Linzer Theater am 4. November entstand in kürzester Zeit die Sinfonie KV 425, die sogenannte *›Linzer Sinfonie‹*.

V

Erfolgsjahre in Wien 1784–1787

Die Zeit der großen Subskriptionskonzerte 1784–1786

Was sich im vorangegangenen Winter quasi probeweise bewährt hatte, wurde gleich zu Anfang Dezember für eine Wiederauflage in der Fastenzeit 1784 fest in den Blick genommen: die Ausrichtung von Subskriptionskonzerten. Dafür waren neue Klavierkonzerte zu komponieren. Weiterhin galt die Arbeit der Oper *L'oca del Cairo*; deren erster Akt näherte sich nach kurzer Zeit der Fertigstellung, doch lähmten zunehmende Bedenken gegen die Handlungsführung des Folgeakts bald die Schaffensfreude. An der vorweihnachtlichen Akademie der Tonkünstler-Societät am 22. Dezember 1783 beteiligte sich Mozart mit dem Vortrag eines Klavierkonzerts, an einer Benefizvorstellung des Singspiels *Die Entführung aus dem Serail* für seine Schwägerin Aloysia Lange am 25. Januar 1784 als Dirigent. Im übrigen scheint er seine Unterrichtstätigkeit intensiviert zu haben – der Vater erfuhr im Februar, daß sie seine Vormittage zur Gänze ausfülle.

Mit welcher Konsequenz er aber die Vorbereitungen für die Konzertsaison vorantrieb, belegt das genau in dieser Zeit begonnene eigenhändige Werkverzeichnis, das »*Verzeichnüß aller meiner Werke*«. Als erste Komposition trug Mozart am 9. Februar 1784 das Es-Dur-Klavierkonzert KV 449 ein. Das Stück, dessen ersten Satz er bereits im Winter 1782/83 begonnen hatte, war mit einer Widmung an seine Schülerin Barbara Ployer versehen, doch spielte er es selbst am 17. März 1784 dem Wiener Publikum in der Eröffnungsveranstaltung seines dreiteiligen Akademienzyklus im Privatsaal des Trattnerhofs vor. Im Wochenabstand schlossen sich dort die weiteren Akademien an, und jedesmal stand ein gerade erst fertiggestelltes Klavierkonzert auf dem Programm (24. März: KV 450; 31. März: KV 451). Am 1. April fand die große Akademie im Burgtheater statt, bei der Mozart außer Sinfonien (wahrscheinlich KV 425 und 385) und einem Klavierkonzert (wohl KV 450 oder 451) auch das neue Klavier-Bläserquintett KV 452 vorführte; von letzterem meinte er, es sei »*das beste was [er] noch in [seinem] leben geschrieben habe*«.[123]

Der fulminante künstlerische wie finanzielle Erfolg dieser vier Veranstaltungen wog um so schwerer, als Mozarts Publikum sich vornehmlich aus Vertretern der gesellschaftlichen Trägerschichten zusammensetzte: Von den 175 namentlich bekannten Subskribenten gehörten über 90 Prozent der Hocharistokratie sowie dem Klein- und Finanzadel an.[124] Dem achtundzwanzigjährigen Komponisten war es gelungen, sich bei den geschmacksbestimmenden Musikliebhabern als unangefochtene Größe der laufenden Konzertsaison zu etablieren. Von dieser Warte aus konnte die nähere Zukunft der mozartschen Existenz nur positiv gesehen werden, sprach doch nichts gegen eine ähnlich durchschlagende Wirkung bei vergleichbaren Veranstaltungen in den kommenden Jahren. Der Wille zur Verstetigung des Erfolgs setzte selbstverständlich voraus, daß sich Mozart mit seiner kompositorischen Produktion der in Wien herrschenden Ordnung des Konzertlebens anpaßte: Die Ausarbeitung neuer Klavierkonzerte beispielsweise mußte künftig hauptsächlich in die Zeit des Winters und beginnenden Frühjahrs fallen; der Sommer konnte für andere Pläne genutzt werden. Aus dem von wenigen Ausnahmen abgesehen konsequent geführten Werkverzeichnis läßt sich neben der Erfassung des Geschaffenen und dessen Chronologie auch ein ›Gattungsrhythmus‹ ablesen, der in mancher Hinsicht mit den vorgegebenen, saisonal bestimmten Erfordernissen der Wiener Konzert- und Opernorganisation korreliert.

Eine weitere Voraussetzung, zugleich auch eine Folge des hohen Zuwachses an Renommee, war Mozarts Präsenz bei Privatkonzerten in den ersten Häusern der Gesellschaft. Besonders Johann Baptist Graf Esterházy und Dmitrij Michajlović Fürst Golicyn zogen den Musiker immer wieder in ihre vornehmen Palais; weitere Gastgeber waren Karl Graf Zichy, Leopold Graf Pálffy und Fürst Wenzel Anton Kaunitz-Rietberg. Auf diesem Wege intensivierten sich auch die persönlichen Bekanntschaften zwischen Mozart und manchen seiner aristokratischen Verehrer. Hier bahnten sich vermutlich die Verbindungen zum Wiener Freimaurertum an, zu dem der Komponist bald Zugang finden sollte; unter den Subskribenten der drei Akademien vom März befand sich bereits eine signifikant hohe Zahl an Logenbrüdern. Am 29. April, zum Ende der Saison, gab die Geigerin Regina Strinasacchi im Kärntnertor-Theater in Gegenwart des Kaisers noch ein Konzert, zu dem Mozart die eigens komponierte Violinsonate KV 454 beigesteuert hat. Als sich schließlich Mitte Mai das hektische Treiben der Akademienzeit beruhigt hatte, konnte Mozart auf einen ertragreichen Jahresbeginn zurückblicken. Nur bei einem Privatkonzert am 13. Juni in Döbling, veranstaltet von Gottfried Ignaz von Ployer, scheint er sich in diesem Jahr noch einmal (halb)öffentlich hören gelassen zu haben.

Vom 21. April bis zum 25. August 1784 findet sich kein Eintrag im Werkverzeichnis. Auch danach klafft wieder eine breitere Lücke, was aber nicht dahingehend mißzuverstehen ist, Mozart habe sich für längere Zeit dem Müßiggang hingegeben. Welche Kompositionspläne er aber verfolgte, läßt sich nur undeutlich ausmachen. Schon seit dem Dezember 1782 befand sich ein Quartettzyklus in Arbeit, von dem bislang drei Stücke fertiggestellt waren. Sein Abschluß erfolgte im November 1784 und Januar 1785:[125] »*il frutto di una lunga, e laboriosa fatica*« heißt es dazu in der am 1. September 1785 datierten Widmung an Joseph Haydn, geschrieben anläßlich der Drucklegung des Zyklus.[126] Das Klavierkonzert KV 456, vielleicht für die blinde Pianistin Maria Theresia Paradis komponiert, deren Bekanntschaft er im Jahr zuvor in Salzburg gemacht hatte, beendete Mozart am 30. September; es war eines der neuen Stücke, mit denen er im kommenden Winter auftrat, in diesem Falle am 13. Februar 1785 in einer Akademie der Sängerin Luisa Laschi. Ebenfalls im Herbst 1784 wurde die große c-Moll-Klaviersonate KV 457 niedergeschrieben, zu der im Mai 1785 die Fantasie KV 475 kam, ein Werk in gleicher Tonart und gemeinsam mit dem früheren im selben Jahr im Druck erschienen.

Eine nochmalige Steigerung an schöpferischer Intensität und künstlerischer Anerkennung gegenüber dem Vorjahr erlebte Mozart mit seiner dritten und wohl glanzvollsten Folge von Winterkonzerten. Diese fanden 1785 wegen des frühen Ostertermins bereits von der zweiten Februar- bis zur dritten Märzwoche statt. Zeuge der Triumphe wurde Vater Leopold, der am 11. Februar in Wien zu Besuch eintraf und gleich am Abend das erste von diesmal sechs freitäglichen Subskriptionsakademien im Saal »*Zur Mehlgrube*« am Neuen Markt erlebte. Tief beeindruckt berichtete er seiner Tochter nach Salzburg von den vortrefflichen Leistungen Wolfgangs, etwa von dem soeben fertiggestellten d-Moll-Klavierkonzert KV 466, das uraufgeführt worden war, aber auch von den Worten Haydns nach einer Privatdarbietung einiger der neuen Streichquartette. Mozart sei, so Haydn, »*der größte Componist*«, er habe »*geschmack, und über das die größte Compositionswissenschaft*«.[127] Obwohl schon allein mit seinem Konzertzyklus in der laufenden Saison so präsent wie nie zuvor, verzichtete Mozart auch diesmal nicht auf seine schon traditionelle Akademie im Burgtheater; am 10. März spielte er dabei das C-Dur-Klavierkonzert KV 467, auch dieses wiederum erst am Tag vor der Uraufführung beendet. Um diese Veranstaltungen herum konnte das Wiener Publikum den Komponisten noch in mehreren Akademien befreundeter Künstlerinnen mit seinen neuen Werken bewundern. Auf den Programmen der jährlichen großbesetzten Konzerte der Tonkünstler-Societät stand am 13. und 15. März Mozarts zehnteilige ›Kantate‹ *Davide penitente* KV 469, von ihm nach seiner Messe KV 427 (417ᵃ) auf eine Dichtung eingerichtet, die wahrscheinlich von Da Ponte stammte, und durch zwei neu komponierte Arien (No. 6 und 8) erweitert. Beide Male übernahm er außerdem die Leitung der Aufführung.

Aus der Sicht der Wiener Zeitgenossen bedeuteten Mozarts Akademien zweifellos außerordentliche, doch keineswegs einzigartige Ereignisse. So konkurrierte er in der Fastenzeit 1785 beispielsweise mit dem Oboisten Ludwig August Lebrun und dessen Frau, der Sängerin Franziska Dorothea, geb. Danzi, beide in Diensten der Münchner (vormals Mannheimer) Hofkapelle. Ihre drei Akademien im Burgtheater waren mindestens so einträglich wie die Konzerte Mozarts. Solche Erfolge zeigen die seinerzeit herrschende allgemeine Begeisterungsfähigkeit des Wiener Publikums; wenig spricht dafür, daß Mozart von ihm als eine musikalische Größe ohne jeden Vergleich wahrgenommen worden ist. Daß der Enthusiasmus für reisende oder örtliche Künstler saisonalen Schwankungen und Modeströmungen unterliegen konnte, erfuhr Mozart in der Zukunft wie jeder andere Künstler auch.

Für den Winter 1785/86 hat es den Anschein, als habe Mozart seine öffentlichen Auftritte anders eingerichtet als in den Jahren zuvor. Drei Subskriptionsveranstaltungen, deren Umstände unbekannt sind, fanden vermutlich bereits in der Adventszeit statt; an neuen Klavierkompositionen lagen dafür nur das Es-Dur-Konzert KV 482 vor (entstanden für das Konzert der Tonkünstler-Societät am 23. Dezember 1785) sowie das Klavierquartett KV 478, letzteres freilich in erster Linie für eine Publikationsreihe des Verlegers Franz Anton Hoffmeister komponiert. Während der Fastenwochen 1786 dürfte Mozart weitere Akademien gegeben haben, worauf auch die turnusmäßig zu erwartende Komposition von Klavierkonzerten (KV 488, 491) hindeutet. Belegt ist lediglich eine Veranstaltung im Burgtheater am 7. April 1786 – die letzte sicher bezeugte Akademie Mozarts in Wien überhaupt – sowie ein Auftritt im Rahmen eines Konzerts der Sopranistin Josepha Duschek in der zweiten Märzhälfte. Die möglicherweise eingetretene Reduktion an Akademien wurde kompensiert durch die zügige Produktion eines Gelegenheitswerks für die Bühne: Am 7. Februar 1786 erlebte Mozarts einaktige Komödie *Der Schauspieldirektor* KV 486 nach einem Text von Johann Gottlieb Stephanie d. J. in der Orangerie des Schlosses Schönbrunn bei einem kaiserlichen Lustfest ihre Premiere (Wiederholungen im Kärntnertor-Theater am 11., 18. und 25. Februar). Am gleichen Abend kam auch Salieris Oper *Prima la musica e poi le parole* auf die Bühne.

Mozart mag den eher bescheiden entlohnten Auftrag angenommen haben, um sich als Opernkomponist in Erinnerung zu bringen. Das war um so gebotener, als er im Frühjahr 1785, unmittelbar nach Ende der Konzertsaison, mit der konzeptionellen Arbeit an seiner Opera buffa *Le nozze di Figaro* KV 492 begonnen und deren Komposition seit dem Oktober weit vorangetrieben hatte. Im Frühjahr 1786 sollte das Stück zur neuen Theatersaison im Hoftheater in Szene gehen. Den politisch brisanten Stoff hatte er selbst ausgewählt; die Umarbeitung der französischen Vorlage von Pierre-Augustin Caron de Beaumarchais (*La folle journée ou le mariage de Figaro*, Paris 1784; deutsche Übersetzung Wien 1785) zu einem inhaltlich entschärften und theatertauglichen Libretto oblag Lorenzo Da Ponte. In diesen Kontext gehörte auch die Privataufführung der bearbeiteten und um zwei Arien (KV 489, 490) erweiterten Oper *Idomeneo* am 13. März 1786 im Palais des Fürsten Auersperg. Mozart suchte mit enormem Arbeitseifer, seine künstlerische Lebensgrundlage in Wien über die des komponierenden Konzertgebers hinaus auf das Feld des Opernkomponisten auszudehnen. Die Unterrichtstätigkeit führte er dabei ohnehin fort: Seit dem Herbst 1785 unterrichtete er den englischen Musiker Thomas Attwood zunächst in Harmonielehre und Kontrapunkt, dann in der freien Komposition, hier vornehmlich im Quartettsatz (dazu das umfangreiche Studienmanuskript KV[6] 506[a]); ähnliche Studien trieben, zeitlich nicht genau eingrenzbar, Barbara Ployer und Franz Jakob Freystädtler.[128]

Über die Probenphase des *Figaro* liegen nur unzuverlässige Schilderungen Da Pontes und des Sängers Michael Kelly vor, aus denen aber immerhin deutlich hervorgeht, daß sowohl die Stoffwahl als auch die Realisierung des für alle Beteiligten höchst anspruchsvollen Werks auf der Bühne erheblichen Widerständen bzw. Schwierigkeiten begegnet sind. Die von Mozart geleitete Premiere am 1. Mai

1786 erregte Begeisterung bei Kennern, während das breitere Publikum zunächst zurückhaltender reagiert hat; auch ließen sich Gegenstimmen laut vernehmen. Gleichwohl setzte sich das Stück in der Folge durch, wohl auch wegen der vorzüglichen Leistungen des Sängerensembles mit Luisa Laschi (La Contessa), Stefano Mandini (Il Conte), Anna Storace (Susanna), Francesco Benucci (Figaro), Dorothea Bussani (Cherubino), Maria Mandini (Marcellina), Anna Gottlieb (Barberina), Francesco Bussani (Bartolo und Antonio) und Michael Kelly (Basilio und Don Curzio). Bei der dritten Aufführung am 8. Mai forderten die Zuhörer die Wiederholung von sieben Stücken. Nach der siebten Vorstellung im November erwuchs Mozarts *Figaro* jedoch in Vicente Martín y Solers *Una cosa rara* eine Konkurrenz, der er sich geschlagen geben mußte. Nur noch einmal im Dezember 1786 stand das Werk auf dem Spielplan. Erst am 29. September 1789 setzte dann eine zweite und nun länger währende Aufführungsserie ein. Für sie hatte Mozart seine Partitur einer Revision unterzogen und mit Rücksicht auf die Neubesetzung der Susanna durch Adriana Ferrarese del Bene Ersatznummern geschaffen (KV 577, 579). Außerhalb Wiens fand der *Figaro* vor allem in Prag seit Dezember 1786 ein enthusiastisches Publikum, dann allmählich auch in Italien (Monza, 1787; Florenz, 1788) und in Deutschland, wo das Stück zumeist in einer deutschsprachigen Singspiel-Version gegeben wurde.

Mozart und die Freimaurerei

In der zweiten Oktoberhälfte 1784 richtete Mozart ein Aufnahmegesuch an die Wiener Freimaurer-Loge »*Zur Wohltätigkeit*«. Über seine Motive zu diesem Schritt wie überhaupt seine Haltung zur Freimaurerei hat sich der Komponist in den erhaltenen Quellen nirgends geäußert; allen historiographischen Aussagen hierzu und den zum Teil sehr weit ausgreifenden Deutungen namentlich der aktuellen Literatur haften daher unausweichlich Züge des bloß Spekulativen an. In der jüngeren Wirkungsgeschichte Mozarts geriet das Thema außerdem in die Hände der Mathilde Ludendorff, die in seit 1928 bzw. 1936 weit verbreiteten üblen Machwerken die These von der Ermordung des Komponisten durch die Freimaurer propagierte – Fäden solchen Ungeistes spinnen sich bis in die Gegenwart fort. Geboten ist beim wissenschaftlichen Umgang mit Mozarts Logenzugehörigkeit doppelte Wachsamkeit: einmal gegenüber Tendenzen, die das historisch erwiesene Faktum von Mozarts Freimaurertum in hagiographischer oder esoterischer Absicht instrumentalisieren wollen, zum anderen – und entschiedener – gegenüber allen Verschwörungstheorien und deren dunklen Folgen.

Am 14. Dezember 1784 erfolgte die rituelle Aufnahme Mozarts in die genannte Loge (sog. ›Bauhütte‹). Sie war erst Anfang 1783 von Brüdern zweier anderer Wiener Logen gegründet worden und stand unter der Leitung von Otto Heinrich Reichsfreiherr von Gemmingen. Der Entschluß, dieser eher kleinen, aber besonders auf karitatives Wirken ausgerichteten Loge beizutreten und nicht der großen, europaweit bekannten »*Zur wahren Eintracht*« unter ihrem ›Meister vom Stuhl‹

ERFOLGSJAHRE IN WIEN 1784-1787

Ignaz von Born, mag absichtsvoll gewesen sein, obwohl die näheren Umstände von Mozarts Beitritt im dunkeln liegen – vielleicht gab hier die bestehende Bekanntschaft mit einem Bruder oder eine bloße Empfehlung den Ausschlag. Schon am 24. Dezember ist Mozart als Gast bei der »Wahren Eintracht« verzeichnet und wurde dort am 7. Januar auf dem Deputationsweg in den Gesellengrad befördert. Die Erhebung zum Meister erfolgte kurz darauf in seiner Mutterloge. Nur wenig später durchlief übrigens auch Joseph Haydn das Aufnahme- und Beförderungsritual, jedoch gleich bei der »Wahren Eintracht«. Leopold Mozart wurde bei seinem Wien-Besuch, eingeführt von Wolfgang, Mitglied bei der »Wohltätigkeit«.

Das erste Jahr von Mozarts Logenzugehörigkeit war zugleich das letzte seiner ›Bauhütte‹. Ein am 1. Januar 1786 in Kraft tretendes Reformpatent Josephs II. ordnete das Freimaurerwesen neu, und der Komponist fand sich nun als Bruder in der Sammelloge »Zur neugekrönten Hoffnung« unter dem ›Meister vom Stuhl‹ Tobias Philipp Freiherr von Gebler wieder. Während seine freimaurerischen Aktivitäten für 1785 gut dokumentiert sind, fehlen Zeugnisse für die Folgejahre weitgehend. Mozarts nachgewiesene Beiträge zum Logenleben galten der musikalischen Ausgestaltung besonderer Ereignisse: Wohl zur Beförderung seines Vaters in den Gesellengrad am 16. April 1785 entstand das Lied *Gesellenreise* KV 468; zu einer Ehrenfeier am 20. April 1785 für den wegen einer Erfindung vom Kaiser ausgezeichneten Ignaz von Born steuerte er die Kantate *Die Maurerfreude* KV 471 bei. Während diese und ähnliche Vertonungen von ästhetisch anspruchsloser Kasuallyrik eng an ihre Entstehungsanlässe gebunden blieben, ragt die instrumentale *Maurerische Trauermusik* KV 477 (479ª), geschrieben zu einer Gedenkfeier für zwei verstorbene Brüder, als eine der großen Memorialkompositionen der Musikgeschichte heraus. Sie erklang erstmals am 17. November 1785 in Mozarts Schwesterloge »Zur gekrönten Hoffnung«, vielleicht auch am 7. Dezember in der Loge »Zu den drei Adlern«. Das ungewöhnliche Klangbild des Werks wird wesentlich mitbestimmt durch den dunklen Bläserchor aus drei Bassetthörnern und – einmalig in Mozarts Schaffen – Kontrafagott. Diese Besetzung wurde durch die zufällige Anwesenheit von reisenden freimaurerischen Musikern möglich; zu deren Vorteil veranstaltete die Loge »Zur gekrönten Hoffnung« am 15. Dezember ein eigenes Konzert, an dem Mozart sich als Dirigent und Pianist beteiligte.

Zur Installation der neuen Sammelloge am 14. Januar 1786 schrieb Mozart noch zwei Chorlieder mit Orgelbegleitung,[129] danach sind Werke für freimaurerische Gelegenheiten erst wieder für die letzte Lebensphase Mozarts belegt.[130] Die Zuweisung weiterer Kompositionen in die Sphäre der ›Bauhütten‹, etwa verschiedener Bläserstücke,[131] bleibt Mutmaßung. Auch fehlen seit 1786 weitere Belege für die Art und Intensität der Beteiligung Mozarts am freimaurerischen Leben. In den Mitgliederverzeichnissen findet sich sein Name regelmäßig aufgeführt; in der von Karl Friedrich Hensler verfaßten *Maurerrede auf Mozarts Tod* (Wien 1792) wird der Verstorbene als »*eifriger Anhänger*« des Ordens bezeichnet.[132] Constanze Mozart berichtete später, ihr Mann habe zusammen mit seinem Logenbruder Anton Stadler Gedanken über die Stiftung einer unter dem Namen »*die Grotte*« oder »*Grotta*« firmierenden Gesellschaft schriftlich ausgearbeitet;[133] davon ist nichts überliefert, es könnte aber als Indiz für Mozarts Teilnahme an damals im Freimaurertum herrschenden Richtungskämpfen gesehen werden. Am 17. November 1791 nahm Mozart an der Weihe eines neuen Logentempels teil, wofür er die Kantate *»Laut verkünde unsre Freude«* KV 623 komponiert hatte. Er genoß offensichtlich die Wertschätzung seiner Brüder, wie er sich wiederum in diesem Kreis ehrenwerter Wiener Bürger, zumeist akademisch gebildete Verwaltungsfachleute, Universitätslehrer, Geistliche und Künstler, menschlich angenommen gefühlt haben dürfte. In dem Großhändler Johann Michael Puchberg hatte er einen zuverlässigen Helfer in pekuniären Notsituationen, und die Freimaurer unterstützten 1792 die Hinterbliebenen Mozarts mit den Erträgen aus der Subskription auf den Druck der Kantate KV 623 sowie den Einnahmen aus einer Sammlung.

Nicht mehr rational zu fassen ist nach über zweihundertjähriger Wirkungs- und Deutungsgeschichte das Verhältnis von Mozarts vorletzter Oper *Die Zauberflöte* zur Welt des Freimaurertums. So unbestreitbar und vordergründig freimaurerische Bilder, Symbole und Gedanken als Motivmaterial in Schikaneders Libretto Eingang gefunden haben, so zweifelhaft bleibt die schon seit langem als scheinbar fundamentale Grundeinsicht postulierte These, Schikaneder und Mozart hätten mit ihrem Werk eine überzeitliche und universale musikalisch-theatrale Formung der freimaurerischen Ideenwelt angestrebt und diese auch in klassischer Weise erreicht. Die argumentative Ausgestaltung dieses Ideologems, dessen historischer Ursprung noch zu eruieren wäre, verschleiert seit je, daß sie den vorgeblichen Beweis eines das ganze Werk durchdringenden freimaurerischen Geistes auf die unbewiesene Behauptung gründet, Schikaneder und vor allem Mozart hätten die Schaffung einer das freimaurerische Bekenntnis künstlerisch transzendierenden Oper angestrebt. Dies aber ist nach Lage der Dinge unbeweisbar, so daß das freimaurerische Deutungsparadigma der *Zauberflöte* keine höheren Rechte als alle anderen Interpretationen für sich beanspruchen kann.

Die authentischen Kompositionen Mozarts für Logenereignisse aus den Jahren 1785 bis 1791 – außerdem das zwischen 1774 und 1776 entstandene Lied *»O heiliges Band«* KV 148 (125^h), das hier dazugehört, auch wenn sein Entstehungsanlaß unbekannt ist – bilden schon wegen ihrer Gattungsvielfalt keine stilistische Einheit. Es verbindet sie aber eine gewisse sakral-festliche Grundstimmung, die Mozart mit jeweils ähnlichen musikalischen Mitteln erzeugt; sie stellt sich bei den Gesangsstücken zudem durch den Vortrag allein mit Männerstimmen in gemäßigtem Tempo ein.

Die Reisen nach Prag 1787

In den Wochen und Monaten nach der *Figaro*-Premiere trug sich Mozart mit verschiedenen Plänen zur Erweiterung seines kompositorischen Repertoires und zur Vergrößerung seines Wirkungskreises. Sieht man von einem Konzert für den Hornisten Joseph Leutgeb ab (KV 495), entstanden von Juni bis November 1786 ausschließlich Klavier- und Kammermusikwerke. Unter letzteren stehen neben einem weiteren Klavierquartett (KV 493) und einem vereinzelten Streichquartett (KV 499) drei Klaviertrios (KV 496, 498, 502), das zweite davon in der einmaligen Besetzung mit Klarinette und Viola (»*Kegelstatt-Trio*« KV 498). Die Klaviermusik ist mit zwei größeren Werken für das Spiel zu vier Händen vertreten, der Sonate KV 497 und den Variationen KV 501. Erst im Dezember rückten mit der Fertigstellung des großen C-Dur-Klavierkonzerts KV 503 wieder die üblichen Winterakademien ins Blickfeld, genauer wohl vier Veranstaltungen im Kasino des Trattnerhofs. Überraschenderweise schloß Mozart dann aber die Niederschrift einer dreisätzigen Sinfonie ab, der sogenannten ›Prager‹ KV 504, nachdem er diese Gattung zuvor drei Jahre lang unberücksichtigt gelassen hatte. Auch die folgende Arie »*Ch'io mi scordi di te?*« – »*Non temer, amato ben*« KV 505 mit der singulären solistischen Beteiligung des Klaviers, komponiert für die Storace und sich selbst, zeigt Mozart auf Wegen, die von den Planungsgewohnheiten der zurückliegenden Jahre abwichen.

Offenkundig hatte sich in dieser Zeit der Wunsch verstärkt, das neue Jahr mit einer Konzertreise zu beginnen. Auslöser könnte die seit Mitte 1786 mit dem Hof zu Donaueschingen geführte Korrespondenz über die Bestellung von Sinfonien und Konzerten Mozarts für die dortige Kapelle gewesen sein. Im Zuge des Briefwechsels machte Mozart nicht nur das Angebot, als eine Art ›Komponist von Haus aus‹ regelmäßig Werke für den Donaueschinger Hof zu verfassen, sondern er gab bei der Lieferung von sechs Partituren am 30. September 1786 auch der Hoffnung Ausdruck, dem Fürsten bald seine Aufwartung machen zu können.[134] Daß sich die Gedanken an eine größere Reise bald konkretisierten und diese über Deutschland hinaus nach England führen sollte – hier mochten Attwood, Kelly und die Storaces den Komponisten animiert haben –, läßt sich an der schroffen Absage Leopold Mozarts ablesen, mit der dieser am 17. November die Bitte des Sohnes um Logis für seine Kinder während der Abwesenheit beschied. Der Plan wurde zurückgestellt und erst Anfang 1787 wieder vorangetrieben (in diesem Zusammenhang ist auch der Unterricht in englischer Sprache zu sehen); an seine Stelle trat kurzfristig ein mehrwöchiger Aufenthalt in Prag. Dort hatte in der ersten Dezemberhälfte die Theatertruppe Pasquale Bondinis mit dem Impresario Domenico Guardasoni einen sensationellen Erfolg mit Mozarts *Figaro* erzielt, Anlaß für »*das Orchester, und eine Gesellschaft großer kenner und Liebhaber*«,[135] den bewunderten Komponisten einzuladen. Am 8. Januar 1787 brachen die Mozarts in die böhmische Hauptstadt auf, begleitet von sechs Personen, darunter Anton Stadler und Freystädtler.

Bereits der Ankunftstag stand, wie überhaupt der Beginn des vierwöchigen Prag-Aufenthalts, im Zeichen des gesellschaftlichen Verkehrs und der geselligen Faschingsfreuden. Nur wenige Stunden nachdem die Reisegruppe am 11. Januar ihr Hotel am Kohlmarkt bezogen hatte, besuchten die Mozarts gemeinsam mit Joseph Emanuel Malabaila Graf Canal einen Ball im Palais des Barons Bretfeld und verschafften sich so ein glänzendes Entrée in die Prager Gesellschaft. In der aktuellen Tanzmusik der Saison dominierten, wie Mozart stolz registrierte, Melodien aus seiner Oper *Le nozze di Figaro*. Am Tag darauf bezog er auf Einladung des Grafen

Thun, der ihn schon 1783 in Linz beherbergt hatte, für einige Nächte Logis in dessen prachtvollem Palais. Touristische Stadterkundung, aber auch die Begegnung mit einflußreichen Persönlichkeiten und ein erster Opernbesuch schlossen sich an – die *Prager Oberpostamtszeitung* vom 12. Januar zeigte auf der Titelseite an, daß »*unser große[r] und geliebte[r] Tonkünstler Hr. Mozart*«[136] angekommen sei. Am 17. Januar wurde Mozart Zeuge einer Aufführung des *Figaro*. Zuvor waren bereits die bürokratischen und organisatorischen Maßnahmen für eine Akademie im Prager Theater getroffen worden; am 19. Januar trat der Komponist und Pianist vor das Prager Publikum, unter anderem mit der erstmals zu hörenden Sinfonie KV 504. Drei Tage später leitete er selbst eine Aufführung des *Figaro*, seiner jüngsten Oper. Kompositorisch betätigte er sich, wahrscheinlich aus der unmittelbaren Situation dieser Wochen angeregt, mit der Niederschrift von sechs Deutschen Tänzen KV 509. Sonstige Auftritte oder künstlerische Arbeiten sind nicht bekannt. Bei der Abreise am 8. Februar führte er freilich einen perspektivenreichen Kontrakt mit sich: Bondini, Prinzipal des Gräflich Nostizschen National-Theaters, hatte ihn mit der Komposition einer Oper für die nächste Saison beauftragt. Im Herbst würde also die nächste Reise nach Prag stattfinden.

Bei der Rückkehr nach Wien stand der Beginn der Fastenzeit unmittelbar bevor und damit die für seine Existenzsicherung wie in den Jahren zuvor so wichtige Konzertsaison. Allem Anschein nach unternahm Mozart 1787 keine Anstrengungen, auf den ihm vertrauten Podien mit neuen Stücken zu glänzen; es fehlen sowohl Hinweise auf Akademien als auch die zu erwartenden Eintragungen von Klavierkonzerten im *Verzeichnüß*. Stattdessen verfolgte er bis zum August die Arbeit an Werken, die entweder für Auftritte befreundeter Sänger gedacht waren,[137] oder die, in Fortsetzung der Bemühungen vorangegangener Sommermonate, der Erweiterung des kammermusikalischen Werkrepertoires dienten – nach dem Klavier-Rondo KV 511 stechen hier die beiden Streichquintette KV 515 und 516 heraus, weiterhin die *Kleine Nachtmusik* für Streichorchester KV 526 und die Violinsonate KV 526. Außerdem entstanden eine Reihe von Liedern,[138] eine weitere Sonate für Klavier zu vier Händen KV 521 und der *Musikalische Spaß* für Streicher und zwei Hörner KV 522, eine in ihrer Art einmalige und unübertroffene Darstellung musikalischen Geschmacks und kompositorischen Vermögens *ex negativo*. Dieser für sich genommen schon gewichtige Ertrag von Frühjahr und Sommer 1787 steht neben dem Hauptwerk des Jahres, dem Dramma giocoso *Il dissoluto punito ossia il Don Giovanni* KV 527.

Wann die Arbeit an der Prager Oper begonnen wurde, liegt ebenso im dunkeln wie die Vorgänge der Librettowahl. Nach den nicht immer zuverlässigen Aussagen Da Pontes hat dieser selbst das Sujet ausgesucht und damit beim Komponisten Gefallen gefunden.[139] Seine Arbeit stellt die gelungene Adaption eines gerade von Giuseppe Gazzaniga für Venedig komponierten Opernbuchs von Giovanni Bertati dar, und es darf vermutet werden, daß an der vorzüglichen dichterisch-dramaturgischen Gestaltung des Stoffs Mozart selbst beteiligt war. Die Partitur Gazzanigas war ihm ebenfalls bekannt, und er hat sich von ihr an einigen Stellen anregen lassen. Die kompositorische Grundvorstellung der Umrisse des

Werks könnte daher bereits seit dem Frühjahr 1787 entwickelt worden sein, und Mozart dürfte seit März des Jahres an der Partitur gearbeitet haben.

Die bewußte Konzentration vornehmlich auf die Komposition unter weitgehendem Verzicht auf das Konzertieren – offenkundig Ausdruck einer veränderten Disposition seiner bisherigen Schaffensordnung – muß eine ursprünglich günstige Finanzlage des mozartschen Haushalts oder eine entsprechende Einschätzung zur Voraussetzung gehabt haben, vielleicht bestand sie von den Erträgen der Prager Reise her tatsächlich. Allerdings deutet der schon im April vorgenommene Umzug in ein günstiges Vorstadtquartier unübersehbar in eine andere Richtung. Für den hinfort immer wieder eintretenden Mangel an verfügbaren pekuniären Mitteln bei – aufs Ganze gesehen und am Einkommen des Bevölkerungsdurchschnitts gemessen – durchweg ausreichenden Jahreseinkünften gibt es keine monokausale Erklärung; Spekulationen etwa über die ruinösen Folgen der seit 1789 häufiger werdenden Kuren Constanzes oder des unmäßigen Glücksspiels können nicht hinreichend erhärtet werden. Die Mozarts haben es jedenfalls nicht vermocht, die zweifellos herrschende Unregelmäßigkeit der Geldflüsse durch entsprechendes Wirtschaften auszugleichen. In prekären Situationen half Puchberg aus (von 1788 bis 1791 sind Darlehen in Höhe von insgesamt 1415 Gulden bezeugt), vermutlich ohne große Verluste, da Mozart stets bemüht gewesen zu sein scheint, seine Schulden zurückzuzahlen.

Anfang April hatte Mozart von einer ernsthaften Erkrankung des Vaters erfahren. Darauf reagierte er unmittelbar mit einem Trostbrief, dessen Reflexionen über den Tod als den »*wahre[n] Endzweck unsers lebens*« und den Schlüssel zu »*unserer wahren Glückseeligkeit*«[140] eine überraschend reife Lebenssicht des 31jährigen offenbaren. Die Deutung, in diesen Zeilen schwinge freimaurerisches Gedankengut mit, liegt nahe, während sich die erwogene Verbindung zu Moses Mendelssohns seinerzeit sehr erfolgreicher Schrift *Phädon oder über die Unsterblichkeit der Seele*, von der ein Exemplar in Mozarts Nachlaß vorlag,[141] bei genauerer Prüfung als wenig stichhaltig erweist. Mit welcher emotionalen Intensität er die Nachricht vom Tod Leopolds am 28. Mai 1787 aufnahm und wie er um den Verlust des Vaters trauerte, kann niemand beurteilen, auch wenn gerade diese extreme Lebenssituation die Nachwelt zu unzähligen Deutungen angeregt hat. Daß es in den wenigen erhaltenen Briefen dieser Zeit nur um die geschäftsmäßige Abwicklung des Erbfalls ging – Leopolds Hab und Gut wurde Ende September in Salzburg versteigert, Mozarts Pauschalabfindung von 1000 Gulden ging an Puchberg –, gehört zur Lebenswirklichkeit einer unentwegt mit dem Tod konfrontierten Zeit: Mozart hatte im November 1786 sein drittes Kind verloren, im Januar und September 1787 verstarben seine Freunde August Clemens Graf Hatzfeld und Siegmund Barisani. Ob sich aus einem am 4. Juni niedergeschriebenen, launig gereimten Nachruf auf einen kleinen Hausvogel psychoanalytische Schlüsse ziehen lassen, bleibe dahingestellt. Der am 14. Juni in das *Verzeichnüß* eingetragene *Musikalische Spaß*, in dem neuerdings eine Parodie auf den Komponisten Leopold gesehen worden ist, verdankt seine Entstehung nicht dem Tod des Vaters, sondern ist, wie philologische Untersuchungen zeigen, bereits früher begonnen worden. Die moderne Mutmaßung schließlich, in der Figur des Komturs aus dem in dieser Zeit komponierten *Don Giovanni* habe Mozart die Übermacht Leopolds künstlerisch verarbeitet, folgt doch wohl zu unüberlegt der Vorstellung vom musikalischen Werk als tönender Biographie.

Am 1. Oktober 1787 machte sich das Ehepaar Mozart erneut auf den Weg nach Prag und bezog drei Tage später am dortigen Kohlenmarkt Logis im Gasthaus »*Zu den drei Löwen*«; zeitweilig wohnten sie auch in der Bertramka, dem Landsitz des Musikerehepaars Duschek in der Vorstadt Smíchov. Wie weit zu diesem Zeitpunkt die Komposition des *Don Giovanni* gediehen war, läßt sich nicht mit letzter Gewißheit feststellen, doch dürfte vom ersten Akt der größte Teil vorgelegen haben (Introduzione, Arien und Ensembles No. 1–5, die Erstfassung der Arie No. 6 sowie die Nummern 7–13, alle jeweils mit Rezitativen), vom zweiten Akt die Rezitative von Scena I–III sowie die Arien No. 18, 20, 21 und 23 – die beiden letztgenannten Stücke mit Rezitativen – und das Sextett No. 19. Mozart hatte jedenfalls damit gerechnet, daß die Vorbereitungen für die geplante Premiere am 14. Oktober bereits begonnen hätten. Diese Erwartung setzt voraus, daß zumindest Teile der Partitur zuvor nach Prag gelangt sein müssen. Offensichtlich beherrschten die Sänger aber ihre Partien noch nicht, und auch Mozart war so viel an kompositorischer Arbeit übriggeblieben, daß der vorgesehene Termin nicht zu halten war. Da an diesem Tag jedoch zu Ehren der anwesenden Erzherzogin Marie Therese und ihres Bruders Erzherzog Franz eine Festoper gegeben werden sollte, wurde auf kaiserliche Anordnung kurzerhand *Le nozze di Figaro* unter Mozarts Leitung gegeben. Auch danach verzögerte sich die Aufführung des *Don Giovanni* weiter, so daß der zur Mitarbeit bei den Proben eigens aus Wien angereiste Da Ponte Prag verlassen mußte, ehe die Oper schließlich am 29. Oktober 1787 über die Bühne des Nostizschen National-Theaters ging. Das Sängerensemble – Luigi Bassi (Don Giovanni), Teresa Saporiti (Donna Anna), Antonio Baglioni (Don Ottavio), Caterina Micelli (Donna Elvira), Felice Ponziani (Leporello), Giuseppe Lolli (Commendatore/Masetto) und Caterina Bondini (Zerlina) – sowie der Komponist erzielten bei Zuhörerschaft (darunter höchstwahrscheinlich Giacomo Casanova) und örtlicher Presse einen rauschenden Erfolg. Weitere Aufführungen schlossen sich an, und am 3. November dirigierte Mozart die vierte Vorstellung zum eigenen Benefiz. Trotz der technischen Schwierigkeiten, die dem Werk attestiert wurden, und der anfänglichen Kritik an seinem Stoff verbreitete es sich rasch – meist in Übersetzungen – auf deutschen Bühnen, seit dem ersten Viertel des 19. Jahrhunderts auch im Ausland. Besonders die Begeisterung der literarischen Romantik für den *Don Giovanni*, allen voran E.T.A. Hoffmanns mit seinem Diktum von der »*Oper aller Opern*«[142], hat seine Rezeptionsgeschichte nachhaltig beeinflußt.

Mozart selbst wünschte sich schon unmittelbar nach der Premiere eine Produktion in Wien, um die er sich auch gleich nach seiner Rückkehr Mitte November bemüht zu haben scheint. Aber erst am 7. Mai 1788 wurde die Oper im k.k. National-Hof-Theater gegeben. Hierfür erfuhr die Partitur gegen Ende hin manche gravierende Änderung, hauptsächlich durch den Ersatz zweier Nummern, nämlich der jeweils letzten Arien Don Ottavios (No. 21 gestrichen, dafür neu: »*Dalla sua pace*« KV³ 540ª, aber eingefügt in Atto primo, Scena XIV = No. 10a) und Leporellos (No. 21 gestrichen, ersetzt durch Rezitativ; außerdem als zusätzliche Scena Xa: Rezitativ und Duett Zerlina/Leporello »*Restati qua*« – »*Per queste tue manine*« [No. 21a] KV³ 540ᵇ, mit neuem Handlungsstrang Zerlina/Leporello). Darüber hinaus kam noch eine große Szene für Donna Elvira hinzu (No. 21b): »*In quali eccessi*« – »*Mi tradi quell'alma ingrata*« KV³ 540ᶜ. Weiterhin scheint Mozart die Scena ultima und damit den moralisierenden Schluß gestrichen zu haben. Anders als das Prager Publikum versagte das Wiener Mozarts Oper eine ähnlich enthusiastische Zustimmung. *Don Giovanni* stand bis Jahresende fünfzehn Mal auf dem Spielplan, danach zu Lebzeiten des Komponisten nicht mehr.

Zwei Wochen verbrachten die Mozarts im November 1787 noch in Prag; nach der angespannten Arbeit dürfte der Komponist die Geselligkeit vor allem des Ehepaars Duschek genossen haben. Ein gemeinsamer Besuch im Prämonstratenser-Kloster Stift Strahov ist bezeugt, und für Josepha Duschek komponierte Mozart die anspruchsvolle Scena »*Bella mia fiamma, addio*« – »*Resta, oh cara*« KV 528. Ansonsten entstanden in diesen Tagen nur zwei Lieder (KV 529, 530). Dem Angebot, die nächsten Monate in Prag zu verbringen und eine weitere Oper zu verfassen, entzog sich Mozart aus nicht genannten Gründen – offenbar wollte er den Winter über in Wien präsent sein.

VI

Wendezeit 1787–1789

Für die mit der Adventszeit Anfang Dezember einsetzende Konzertsaison der Jahreswende 1787/88 hatte Mozart, soweit ersichtlich, keine weitreichenden Vorkehrungen getroffen, und auch jetzt setzten keine kompositorischen Aktivitäten ein, die Rückschlüsse auf künstlerische Pläne für die kommenden Monate zulassen würden. Vielleicht war diese Zurückhaltung Folge einer momentanen Sanierung des mozartschen Haushalts – darauf deutet der Umzug aus der Vorstadt zurück in die Innere Stadt Anfang Dezember hin –, vielleicht reagierte der Komponist auch nur auf die ungewisse Situation in Wien. Joseph II. hatte mit seiner Politik die Habsburg-Monarchie in eine prekäre innen- und außenpolitische Lage gebracht. Das größte aktuelle Problem stellte die Verwicklung in den seit 1787 geführten russisch-türkischen Krieg dar, in den der Kaiser aus Bündnisverpflichtungen involviert war und der ihn für längere Zeit aus seiner Residenzstadt fernhielt. Die üblichen Folgen derartiger Konflikte, etwa eine allgemeine Teuerung, trafen die Bevölkerung hart, was die wegen der teilweise radikalen Reformen ohnehin eingetretenen inneren Spannungen erhöhte. Adelige Offiziere standen im Feld, ihre Familien zogen sich aus der Residenzstadt aufs Land zurück. Trotz dieser Schwierigkeiten ging das Kulturleben weiter, allerdings mit erheblichen Reduktionen. So erwog Joseph II. beispielsweise die Schließung des Theaters als eines besonders kostspieligen Betriebs seines Hofes, eine Absicht, die im Februar 1788 mit der Schließung des Deutschen Singspiels im Kärntnertortheater zumindest teilweise in die Tat umgesetzt wurde.

Ein weiterer, gegenüber der geschilderten Krise aber erfreulicher Umstand beeinflußte Mozarts Handeln. Aus seinem Feldlager hatte der Kaiser den Oberstkämmerer Orsini-Rosenberg anweisen lassen, den Komponisten als Kammermusiker in Hofdienste zu nehmen. Ob diese Ernennung von längerer Hand vorbereitet worden oder einer spontanen Reaktion beispielsweise auf den Prager Erfolg des *Don Giovanni* zu verdanken war, läßt sich nicht ermitteln, wie auch ungeklärt bleibt, ob der Tod Glucks am 15. November 1787 und die dadurch freigesetzten Etatmittel die Entscheidung befördert haben könnten. Mit Dekret vom 7. Dezember erhielt Mozart rückwirkend zum Monatsbeginn die Stelle eines Kammermusikers zugewiesen. Das Jahresgehalt für diese Position betrug 800 Gulden brutto, eine angesichts der geringen Dienstverpflichtungen sehr respektable, vor allem regelmäßig ausbezahlte Summe. Wenn diese immer wieder mit den höheren Einkünften der führenden Funktionsträger der Hofkapelle – der gesamtverantwortliche Hofkapellmeister erhielt 1200 Gulden, dazu als Leiter der Hoftheater weitere 853 Gulden – oder denjenigen des Ausnahmefalls Gluck verglichen wird – wobei häufig die irrige Annahme herrscht, Mozart habe Gluck als Hofkomponist beerbt –, so bleiben dabei die tatsächlichen Verhältnisse unberücksichtigt. Mozart gehörte nicht der eigentlichen Hofkapelle, also der unter Leitung des Hofkapellmeisters Giuseppe Bonno stehenden ›k.k. Hofmusik‹, sondern der kleineren Gruppe der ›k.k. Kammermusici‹ an und wurde hier als »*Kompositor*«[143] geführt. In dieser Eigenschaft war er bis Februar 1788 neben Antonio Salieri tätig, ehe dieser die Nachfolge des pensionierten Bonno antrat und sein Amt als Komponist in der Kammermusik aufgab. In der (dokumentarisch nicht nachweisbaren) Betrauung Mozarts mit der Komposition von Tänzen für die winterlichen Redoutenbälle mögen Verpflichtungen des im April 1787 verstorbenen Ballettkomponisten Joseph Starzer aufgegangen sein, dessen Position unbesetzt blieb. Jedenfalls schrieb Mozart, beginnend sogleich im Januar 1788 mit ersten Serien an Kontre- und Deutschen Tänzen, bis zu seinem Todesjahr für jede Saison Tanzmusik-Folgen.[144] Starzer hatte, wie erwähnt, zum Kreis der Musiker um eine private Kavaliersgesellschaft unter Leitung des Barons van Swieten gehört; seine dortigen Aufgaben der Einrichtung und Aufführung von Oratorien gingen jetzt auf Mozart über.

Auch wenn Mozart augenscheinlich keine eigenen Akademien veranstaltete – die Vollendung des D-Dur-Klavierkonzerts KV 537 am 24. Februar 1788 deutet freilich in die andere Richtung –, so verzichtete er keineswegs auf Auftritte. Bezeugt ist die Mitwirkung an einem Konzert beim Venezianischen Gesandten Andrea Dolfin am 10. Februar und – erstmals in der Nachfolge Starzers – die Leitung von drei Darbietungen des Oratoriums *Die Auferstehung und Himmelfahrt Jesu* Wq 240 von Carl Philipp Emanuel Bach am 26. Februar sowie 4. und 7. März in der Wohnung des Grafen Johann Baptist Esterházy bzw. im Hoftheater, dazu die Bearbeitung der Arie »Ich folge dir« KV 537^d. Die Fertigstellung der Arie »*Ah se in ciel, benigne stelle*« KV 538 für Aloysia Lange am 4. März und, tags darauf, des »*teutsche[n] kriegs=lied[es]*«[145] KV 539 für den Schauspieler Friedrich Baumann zur Huldigung an den Kaiser liefert einen weiteren Beleg für Mozarts öffentliche Präsenz. Diese zog freilich nicht notwendigerweise die Aufmerksamkeit des Publikums für seine anspruchsvollen Kompositionen nach sich: Eine am 2. April eröffnete Subskription auf Abschriften seiner drei Streichquintette vom Vorjahr blieb ohne Resonanz.

Das Spätfrühjahr galt den Vorbereitungen des *Don Giovanni* für die Wiener Aufführung; wohl aus Gefälligkeit schrieb Mozart noch im Mai 1788 für Francesco Albertarelli, den Sänger der Titelrolle, die Ariette »*Un bacio di mano*« KV 541 als Einlage in Pasquale Anfossis *Le gelosie fortunate*. Von Juni bis Oktober bewältigte er dann ein gewaltiges kompositorisches Pensum, das mit einem deutlichen programmatischen Akzent auf der Kammermusik die Bestrebungen der vorangegangenen Sommermonate fortsetzte – ins Zentrum rückte jetzt das Klaviertrio mit gleich drei Beiträgen KV 542, 548 und 564 –, daneben entstanden noch das Es-Dur-Divertimento für Streichtrio KV 563, die ›leichten‹ Sonaten KV 545 und 547 sowie, im Rückgriff auf ältere kontrapunktische und kanonische Studien, die Streicherversion der Fuge für zwei Klaviere KV 426 mit einleitendem Adagio KV 546 und die Kanon-Sammlung KV 553–562. Darüber hinaus aber führte Mozart unerwarteterweise den sinfonischen Ansatz vom Dezember 1786 weiter und vollendete in kurzer Frist die drei Sinfonien in Es-Dur, g-Moll und C-Dur KV 543, 550 und 551 (›*Jupiter-Sinfonie*‹). Zur Motivation dieser enormen künstlerischen Leistung lassen sich verschiedenartige Mutmaßungen anstellen, ohne daß gesicherte Erkenntnisse zu gewinnen sind. Im Dezember 1787 hatte Haydn bei Artaria & Comp. in Wien seine beiden Sinfonieserien op. 51 und op. 52 herausgebracht, wobei die erste drei Werke in der Tonartenfolge C, g und Es enthielt (Hob. I:82–84); vielleicht beabsichtigte Mozart, ähnlich wie 1785 im Genre der Streichquartette, dem älteren Kollegen mit kompositorischen Antworten auf dessen repräsentative Gattungslösungen zu begegnen? Damit könnte der strategische Gedanke verbunden gewesen sein, künftig auch mit solch groß besetzten Werken auf dem Musikalienmarkt konkurrieren zu wollen, wie er es aktuell, wenn auch erfolglos, mit kammermusikalischen Arbeiten versuchte. Daß die Sinfonien im Kontext von winterlichen Konzerten zu sehen sind, liegt nahe, zumal Mozart in einem undatierten Brief aus diesem Zeitraum von unmittelbar bevorstehenden »*Academien im Casino*«[146] spricht. Es bleibt folglich mit der Möglichkeit zu rechnen, daß der Komponist diese Werke in Wien selbst zu Gehör gebracht hat. Klavierkonzerte traten bei diesen Überlegungen in den Hintergrund – vielleicht hat Mozart Teile des B-Dur-Konzerts KV 595 bereits in der zweiten Jahreshälfte 1788 fixiert, es dann aber erst Anfang 1791 fertiggestellt (für diese Vermutung sprechen, wie in anderen Fällen, die unterschiedlichen Papiersorten im Autograph, während der Schriftbefund sie nicht stützt).

Umschattet wurde dieser kompositorisch so ertragreiche Sommer von finanziellen Problemen, wie Mozarts Darlehensgesuche an Puchberg und die erneute Übersiedlung in ein kostengünstiges Vorstadtquartier offenbaren. Warum gerade jetzt diese Zuspitzung eintrat, ist nicht recht verständlich, zumal die dokumentarisch bezeugten Einkünfte des Jahres zwar niedriger ausfielen als bisher, doch für den Lebensunterhalt der wieder dreiköpfigen Familie – das vierte Kind war im Juni gestorben – allemal hätten ausreichen müssen. Zumindest das bekannte Schreiben an Puchberg von Mitte Juni, mit dem Mozart für ein oder zwei Jahre um ein- oder zweitausend Gulden gegen übliche Zinsen ansuchte,[147] liest sich auch nicht primär wie ein Bettelbrief, sondern eher als Erläuterung des wohlüberlegten Vorschlags, durch eine so gewährleistete Sicherstellung des Lebensunterhalts die Voraussetzung für eine künstlerisch und in der Folge pekuniär ertragreiche Arbeit zu schaffen; Puchberg hat das offenkundig nicht so verstanden und lediglich einen Kredit zur Überwindung des vorhandenen Engpasses gewährt. Gleichwohl bedrängten Geldnot und die Sorge, »*Ehre und Credit*«[148] zu verlieren, die Mozarts immer häufiger.

Die Konzertsaison des Winters 1788/89 markiert einen blinden Fleck in Mozarts Vita als ausübender Künstler. Weder liegen Nachrichten über Akademien vor, noch gibt das *Verzeichnüß* Aufschluß über neue Kompositionen für bevorstehende Veranstaltungen – abgesehen von den obligatorischen Tanzserien für die Karnevalsbälle. Einzig die Beteiligung an Produktionen von oratorischen Werken Händels durch die Kavaliersgesellschaft um Gottfried van Swieten ist gesichert. Mozart hat Einrichtungen der Pastorale *Acis und Galatea* KV 566 und des Oratoriums *Der Messias* KV 572 im November 1788 bzw. März 1788 vorgenommen, dabei insbesondere einen neuen, gegenüber dem Original stärkeren Bläsersatz erarbeitet. Das erstgenannte Werk wurde vermutlich Ende November oder Dezember 1788 unter seiner Leitung und zum eigenen Benefiz im sogenannten Jahnschen Saal aufgeführt (eine Wiederholung am 30. Dezember dirigierte van Swieten); zwei von Mozart geleitete Darbietungen des *Messias* fanden am 6. März und 7. April 1789 beim Grafen Esterházy statt. Mit diesen und weiteren Arrangements im Auftrag van Swietens – im Juli 1790 folgten noch die Kantate *Das Alexander-Fest* KV 591 und die *Ode auf St. Caecilia* KV 592 – beteiligte sich Mozart an den frühen Bemühungen eines musikalischen Historismus Wiener Prägung mit dessen besonderer Hinwendung zum Händelschen Oratorium.

VII

Die späten Jahre 1789–1791

Die Reise zum Preußischen Hof 1789

Unmittelbar nach Ende der Fastenkonzerte brach Mozart am 8. April 1789 zu einer Reise auf, die ihn auf üblicher Poststrecke über Prag, Dresden und Leipzig nach Potsdam und Berlin führen sollte. Er befand sich in Begleitung seines Logenbruders Fürst Carl Lichnowsky. Dieser hatte Gespräche am preußischen Hof zu führen und dürfte Mozart angeboten haben, ihm Gesellschaft zu leisten. Sorgfältig geplant war das Unternehmen von Seiten des Komponisten nicht, wie aus dem etwas ziellos wirkenden Verlauf der Reise und seinen nur aus zufälliger Gelegenheit stattfindenden Auftritten hervorgeht. Der Zeitpunkt muß auch vor dem Hintergrund der großpolitischen Lage als überaus ungünstig bewertet werden, lag doch das preußisch-österreichische Verhältnis nach den jüngsten Entwicklungen im Balkankrieg danieder. Möglicherweise hat Mozart sich von der Aussicht locken lassen, kostengünstig unter der Patronage des jungen Fürsten in die sächsische und die preußische Residenz zu gelangen, wo sich dann lukrative Konzertchancen ergeben könnten. Ohne die begründete Hoffnung auf einen einträglichen Ausgang der Reise wäre es nämlich töricht gewesen, einen Teil der üblicherweise für die Verwirklichung kompositorischer Pläne genutzten Frühjahrszeit hinzugeben, ganz abgesehen von der finanziellen Belastung in einer vor der Abfahrt wieder angespannten Haushaltslage – in diesen Tagen half ihm erstmals der Kanzlist Franz Hofdemel mit einem Darlehen aus der Verlegenheit.

Die nur eintägige Station in Prag am 10. April brachte neben dem Wiedersehen mit Franz Duschek ein Gespräch mit Guardasoni über die Komposition einer neuen Oper für die kommende Herbstsaison. In dieser Frage scheint es vorab bereits einen Austausch gegeben zu haben, da nun schon die genaue Höhe des Honorars zur Verhandlung kam. Über die Stoffwahl wurde nichts verlautbart, und Mutmaßungen, schon bei dieser Gelegenheit sei Metastasios *La clemenza di Tito* ausgesucht worden, haben wenig für sich. Der im übrigen keineswegs endgültig fixierte Auftrag erledigte sich schließlich, da Guardasoni noch im selben Jahr die Stadt verließ. Über Ostern hielten sich Mozart und Lichnowsky in Dresden auf, wo

DIE SPÄTEN JAHRE 1789–1791

Lebensnahe, unstilisierte Darstellung Mozarts im Profil auf einem kleinen Medaillon-Blatt (Silberstift-Zeichnung von Doris Stock auf Elfenbeinkarton, Dresden: 16. oder 17. April 1789; Originalgröße: 7,2 cm hoch und 6,0 cm breit)

sie im vornehmen und zentral gelegenen »*Hôtel de Pologne*« logierten. Am 13. April besuchten sie zusammen mit Josepha Duschek und weiteren Bekannten den Gottesdienst in der katholischen Hofkirche, wo eine Messe von Johann Gottlieb Naumann zu hören war. An diesem Tag beteiligte sich Mozart im Hotel an einem Privatkonzert mit der Duschek, dem Dresdener Hoforganisten Anton Teyber und dem Esterházyschen Cellisten Anton Kraft; es erklang unter anderem das *Divertimento* (Streichtrio) KV 563. Der Einladung des »*Directeur des Plaisirs de la Cour*«, Friedrich August von König, bei Hofe aufzutreten, folgte Mozart am 14. April und spielte hier sein Klavierkonzert KV 537, was ihm »*eine recht schene Dose*«[149] einbrachte. Auch der nächste Tag stand ganz im Zeichen musikalischer Vorführungen. Im Rahmen einer Mittagseinladung beim russischen Gesandten Fürst Aleksandr Michajlović Beloselskij produzierte Mozart sich als Pianist, dann trat er in der Hofkirche zu einem Wettspiel mit dem Erfurter Organisten Johann Wilhelm Häßler auf der Silbermann-Orgel an und zu einem weiteren auf dem Klavier im Hause des Fürsten. Die abendliche Opernaufführung von Domenico Cimarosas

Le trame deluse enttäuschte den Komponisten. Bis zur Abreise am 18. April kam es noch zu Begegnungen mit Christian Gottfried Körner und dessen Schwägerin Johanna Dorothea (Doris) Stock; von ihr stammt eine Silberstiftzeichnung mit dem Portrait des Musikers.

Auch in Leipzig, wo die Reisenden sich vom 20. bis 23. April 1789 aufhielten, suchte Mozart den Kontakt zu Musikern und Musikkennern der Stadt. Über seine einstündige Improvisation auf der Orgel der Thomaskirche liegt der allerdings erst 1805 veröffentlichte, begeisterte Bericht von Christian Friedrich Michaelis vor.[150] Bei einem Besuch in der Thomasschule soll Mozart dem Vortrag der Bachschen Motette »*Singet dem Herrn ein neues Lied*« BWV 225 beigewohnt und sich eine Kopie des Werks erbeten haben; auf einer solchen hat er vermerkt: »*N^b müßte ein ganzes orchestre dazu gesezt werden*«,[151] was auf eine Bearbeitungsabsicht vielleicht für eine Aufführung im Kreise van Swietens hindeutet.

Potsdam, das eigentliche Reiseziel, wurde vermutlich am 25. April 1789 erreicht. Schon am nächsten Tag enthielt ein Kabinettsvortrag für König Friedrich Wilhelm II. die Bitte Mozarts, sich am Hof vorstellen zu dürfen. Diese rasche Vermittlung war wohl in erster Linie der einflußreichen Stellung Lichnowskys zu verdanken. Der König verwies das Ansuchen jedoch nur an seinen Oberintendanten der Kammermusik, den französischen Cellisten Jean-Pierre Duport und damit gleichsam auf den Dienstweg – hielten ihn Staatsgeschäfte davon ab oder drängte es ihn einfach nicht, den Komponisten der Kammermusik seines politischen Gegners Joseph II. mit einer umgehend gewährten Audienz zu ehren? Mozart reagierte auf diese Entscheidung mit der Komposition eines Variationenzyklus für Klavier (KV 573) über ein Menuett von Duport, das als Favoritstück des Königs galt; mit dem Werk hoffte er sich den Weg zum Regenten und zu dessen Gunst zu bahnen. Da eine Audienz offensichtlich nicht schnell zu arrangieren war und Lichnowsky die Rückreise antreten wollte, verließ Mozart Potsdam in der ersten Mai-Woche und fuhr mit dem Fürsten nach Leipzig zurück. Diese Wendung könnte allerdings von einer vorangegangenen Absprache motiviert worden sein, da bereits am 12. Mai ein großes Orchesterkonzert im Gewandhaus unter Mitwirkung der Duschek stattfand. Auf dem Programm der anspruchsvollen zweiteiligen Akademie standen ausschließlich Werke Mozarts, nämlich zwei Sinfonien, zwei Klavierkonzerte und zwei Konzertarien; außerdem fantasierte der Komponist frei auf dem Klavier.[152] So groß der künstlerische Erfolg auch gewesen sein mag, so gering fiel, glaubt man Mozarts eigener Mitteilung, der Gewinn aus (der Besuch war eher spärlich gewesen, und der Komponist hatte Saalmiete und Musikerhonorare zu zahlen). Ein paar weitere Tage blieb er noch in der Stadt, hatte Verbindung zu freimaurerischen Kreisen – seinem Ordensbruder Carl Immanuel Engel, dem Konzertunternehmer, Kapellmeister und Organisten der katholischen Schloßkapelle in der Pleißenburg, schrieb er »*Eine kleine Gigue für das klavier*«[153] (KV 574) ins Stammbuch – und verließ erst am 17. Mai Leipzig zurück in Richtung Berlin, während Lichnowsky sich nach Wien wandte.

Mozart erwartete nun endlich das Vorspiel bei Hofe, rechnete auch damit, in Berlin eine Akademie veranstalten zu können. Letzteres erwies sich, aus welchen

Gründen auch immer, als nicht durchführbar. Der Komponist hörte am 19. Mai 1789, dem Ankunftstag, im Königlichen Nationaltheater am Gendarmenmarkt die *Entführung aus dem Serail*, und am 23. Mai ein Konzert seines neunjährigen Schülers Johann Nepomuk Hummel – ansonsten ist von einem öffentlichen Erscheinen Mozarts nichts bekannt. Um den Auftritt im Berliner Schloß ranken sich allerlei Nachrichten, die allesamt unbezeugt sind (ein Teil der Reisebriefe Mozarts ist verlorengegangen). Fest steht nur, daß der Komponist am 26. Mai seine pianistischen Künste der Königin Friederike vorgeführt hat; ob der König anwesend war oder die beiden zu einem anderen Zeitpunkt einander begegneten, läßt sich nicht mit Gewißheit sagen. Mozart berichtet seiner Frau lediglich von diesem einen Auftritt. Weder das angebliche Angebot einer hochdotierten Kapellmeisterstelle – eine offensichtliche Erfindung von Friedrich Rochlitz – noch der vermeintliche und sogar im voraus honorierte förmliche Kompositionsauftrag für sechs der Prinzessin Friederike Charlotte zugedachte leichte Klaviersonaten und sechs Streichquartette für den cellospielenden König finden Niederschlag in einer authentischen Quelle. Hinsichtlich des Auftrags muß sogar von legendenhafter Verbrämung einer an sich klaren Auskunft Mozarts die Rede sein: Der Komponist schrieb mehrere Wochen nach seiner Rückkunft nur, daß er an den besagten Werken arbeite und diese auf eigene Kosten drucken lassen wolle, wobei ihm die Dedikationen an die preußischen Hoheiten einen zusätzlichen Ertrag bringen sollten; im Dezember streifte er den Plan ein weiteres Mal.[154] Keiner der beiden Zyklen ist abgeschlossen worden; komponiert hat Mozart im Laufe eines Jahres lediglich die drei ›Preußischen‹ Quartette KV 575, 589 und 590 und eine – seine letzte – Klaviersonate KV 576. Wahrscheinlich war es so, daß Mozart sich unter dem Eindruck der musikalischen Verhältnisse in der königlichen Familie selbst dazu entschloß, solche üblicherweise einträglichen Widmungskompositionen zu verfassen. Nicht auszuschließen ist, daß er dazu bei Hofe ermuntert worden war.

Vom 28. Mai bis zum 4. Juni reiste Mozart über Dresden und Prag nach Hause. Das Fazit seines Unternehmens kann ihn nicht recht befriedigt haben, obwohl es sich keineswegs um einen Fehlschlag gehandelt hatte. Immerhin kündigte er Constanze den ordentlichen pekuniären Reinertrag von 700 Gulden an (wovon er 100 merkwürdigerweise dem Fürsten Lichnowsky hatte leihen müssen). Aber auf längerfristig wirkende Folgen bestand keine Aussicht, so daß alle Bemühungen, wie in der Zeit zuvor, doch wieder auf die unmittelbare Bewältigung des Alltags in Wien zu richten waren.

Perspektiven am Theater 1789/90

Unerklärlich bleibt die Haushaltsmisere, die im Laufe des Juli 1789 solche Ausmaße annahm, daß Mozart gleich mehrfach drängende Darlehensgesuche an Puchberg richten mußte. Eines der auslösenden Ereignisse war eine ernsthafte Erkrankung der im fünften Monat schwangeren Constanze; Kosten für ärztliche Behandlung und eine Heilkur in Baden stellten eine finanzielle Belastung dar, deren Ausmaß heute kaum realistisch taxiert werden kann. Dunkel bleiben Andeutungen einer »bewußte[n] Sache«,[155] die jedenfalls eher Auslöser der pekuniären Probleme gewesen zu sein scheint. Als vergeblich erwies sich der Versuch, mit privaten Akademien auf Subskription Geld zu verdienen – die herumgeschickten Listen trugen am Ende nur den Namen van Swietens. Die Lage muß auf Mozart deprimierend gewirkt haben, denn seine kompositorischen Arbeiten stagnierten. Vor allem die ihn sonst in den Sommermonaten beschäftigenden kammermusikalischen oder sinfonischen Vorhaben fehlen diesmal weitgehend; nur das Klarinettenquintett KV 581 für Anton Stadler vom September bildet eine Ausnahme. Um so auffälliger stellt sich die von Juli 1789 bis Januar 1790 durchgehende Reihe von Beiträgen zum Opernthéater dar, darüber hinaus der Auftrag für eine neue Oper auf ein Libretto von Da Ponte, *Così fan tutte ossia La scuola degli amanti* KV 588.

Was zu der plötzlichen Beschäftigung Mozarts bei der italienischen Oper geführt hatte, einer Einrichtung, die kurz zuvor wegen der kaiserlichen Sparmaßnahmen in ihrer Existenz gefährdet gewesen war und die doch mit Salieri über einen sehr produktiven Leiter verfügte, vermag nicht hinreichend erhellt zu werden. Zunächst begann am 29. August 1789 die zweite Wiener Aufführungsserie von *Le nozze di Figaro*. Sie erforderte Anpassungen der Partitur – für Adriana Ferrarese del Bene, die neue Sängerin der Susanna, entstanden das Rondo »*Al desio di chi t'adora*« KV 577 (No. 28a) und die Arietta »*Un moto di gioia*« KV 579 (No. 13a). Zur Premiere von Cimarosas *I due baroni* am 6. September verfaßte Mozart eine Einlagearie »*Alma grande e nobil core*« KV 578 für die Sängerin Louise Villeneuve. Vermutlich im Zusammenhang mit dem *Figaro* stand der Plan, Paisiellos *Il barbiere di Siviglia* am Theater auf der Wieden in deutscher Übersetzung zu geben, zu dem es dann nicht kam, der Mozart aber Mitte September zum Entwurf einer Arie »*Schon lacht der holde Frühling*« KV 580 veranlaßte. Die Wiederaufnahme von Martín y Solers Opera buffa *Il burbero di buon cuore* am 9. November zeitigte die beiden Einlagearien »*Chi sà, chi sà, qual sia*« KV 582 und »*Vado, ma dove? oh Dei!*« KV 583, erneut für die Villeneuve. Kurzfristig muß ihm dann spät im Jahr 1789 die Aufgabe zugefallen sein, das für Salieri gedachte Libretto *La scuola degli amanti*, von dem dieser die ersten beiden Nummern schon bearbeitet hatte, für eine Uraufführung im Januar 1790 zu vertonen. Der Hofkapellmeister schrieb während dieser Zeit an der Partiturrevision seines Dramma giocoso *La cifra*, dessen Premiere bereits am 11. Dezember stattfand. Vermutlich gab Salieri nicht nur wegen seines Mißfallens an Da Pontes *Scuola*, sondern auch wegen notorischer Arbeitsüberlastung den Auftrag zurück oder ließ ihn an Mozart weiterleiten. Daß der zu diesem Zeitpunkt todkranke Kaiser in diesen Fall noch lenkend eingegriffen hätte, ist eher unwahrscheinlich.

Aus der angespannten Entstehungszeit von *Così fan tutte* – dieser Obertitel dürfte von Mozart stammen – liegt lediglich die Nachricht einer Probe am 31. Dezember 1789 in der Wohnung des Komponisten vor, zu der Haydn und Puchberg eingeladen waren; am 21. Januar 1790 wollte Mozart mit beiden die erste Orchesterprobe des neuen Werks besuchen. In diese Wochen fallen auch angebliche »*Cabalen von Salieri*«[156], bei denen es sich aber bloß um harmlose

Theaterintrigen gehandelt haben dürfte. Der Vorhang zur Uraufführung hob sich am 26. Januar 1790. Beteiligt waren unter Mozarts Leitung ausschließlich Sänger, die er bereits aus vorangegangenen Produktionen gut kannte: Ferrarese del Bene (Fiordiligi), Villeneuve (Dorabella), Vincenzo Calvesi (Ferrando), Benucci (Guglielmo), Dorothea Bussani (Despina) und Francesco Bussani (Don Alfonso). Sujet und Musik fanden beim Publikum offenkundig großen Anklang; das Stück wurde noch in der Premierenwoche zweimal wiederholt, am 28. und 30. Januar, und stand auch am 7. und 11. Februar auf dem Spielplan. Am 13. Februar schlossen alle Theater wegen des kritischer werdenden Gesundheitszustandes von Joseph II., und nach dessen Tod am 20. Februar 1790 setzte der Betrieb erst wieder mit der neuen Saison am 12. April ein. Die Wiederaufnahme von *Così fan tutte* fand am 6. Juni statt; das Stück wurde bis zum 7. August weitere fünf Mal gegeben, ehe es von der Wiener Bühne verschwand. Seine bald weite Verbreitung in Deutschland (meist in deutscher Bearbeitung) sowie in den europäischen Nachbarländern setzte im Mai 1791 in Frankfurt ein. Allerdings stand die Oper bald im Ruf, herrliche Musik auf ein albernes Sujet zu verschwenden – tatsächlich ist kein Libretto des 18. Jahrhunderts auf so viel Unverständnis gestoßen wie das zu *Così fan tutte*, zweifellos Da Pontes avancierteste Arbeit für das Theater der Aufklärung. Im Zuge des mentalen Wandels, der zu Beginn der 1790er Jahre infolge der politischen Ereignisse einsetzte, ging das Sensorium des Publikums für die einmalige Menschensicht, für Psychologie, Humor und Ironie dieses Werks verloren und wich einer vornehmlich moralisch motivierten Ablehnung des vermeintlich bloß frivolen und unwahrscheinlichen Stoffs, wovon nicht zuletzt die kritischen Urteile Ludwig van Beethovens oder Richard Wagners zeugen. Die drei Da Ponte-Opern Mozarts eint jedoch im Kern ihre rigorose, aufgeklärt-moderne Thematisierung der Beziehung von Mann und Frau jenseits aller gesellschaftlichen Konventionen und bar aller sentimentalen oder voyeuristischen Absichten. Nie zuvor – und selten danach – hat es, wie Mozart in *Così fan tutte*, ein Komponist vermocht, psychische Vorgänge aus dem Innern handelnder Personen in Tönen hörbare Gestalt annehmen zu lassen, ohne – bei aller schonungslosen Offenheit des Texts – in kruden Realismus zu fallen: Mozarts Ideal, nach dem die Musik »*leidenschaften, heftig oder nicht, niemal bis zum Eckel*«[157] ausdrücken dürfe, findet auch hier wieder uneingeschränkt seine Bestätigung.

Zeit der Ungewißheit und Reise nach Frankfurt 1790

Das verstärkte Engagement für die Oper im Winter 1789/90 hatte zur Folge, daß sich Mozart an der aktuellen Konzertsaison offensichtlich nicht beteiligte, jedenfalls keine neuen Werke schuf, die auf entsprechende Absichten schließen ließen. Lediglich am 22. Dezember 1789 war als Novität das Klarinettenquintett KV 581 in einer Akademie der Tonkünstler-Societät zu Gehör gebracht worden, und im Karneval 1790 erklangen neue Tanzserien Mozarts bei den Bällen in den Redoutensälen. Welche künstlerischen Pläne der Komponist für die kommenden

Monate hegte, liegt im dunkeln – ein nach Ausweis des eigenhändigen Werkverzeichnisses ungewöhnlich produktionsarmes Jahr zeitigte lediglich die letzten beiden ›Preußischen‹ Quartette und Bearbeitungen Händelscher Werke für van Swieten. Am Rande war er an Schikaneders heroisch-komischer Oper *Der Stein der Weisen,* einem Gemeinschaftswerk der Musiker Johann Baptist Henneberg, Benedikt Schack und Franz Xaver Gerl beteiligt, die im Theater auf der Wieden am 11. September ihre Uraufführung erlebte.[158] Die Briefe aus dieser Zeit zeugen überwiegend von fortgesetzter Finanznot, von Kränklichkeit nun auch Mozarts – Constanze suchte ihre Gesundheit seit dem Frühjahr bei einer weiteren Kur in Baden wiederzugewinnen –, jedoch auch von neuen Perspektiven für die künftige Existenzsicherung. Die im vorangegangenen Jahr gescheiterte Idee, im eigenen Hause Subskriptionskonzerte zu arrangieren, wurde aufgegriffen; ob, wie beabsichtigt, diesmal von Juni bis August tatsächlich solche Veranstaltungen stattfanden, bleibt ungewiß. Bezeugt sind lediglich unabhängig davon kammermusikalische Produktionen für den 9. April im Hause des Grafen Johann Karl Hadik und in Mozarts Wohnung am 22. Mai. Die Zahl seiner Schüler wünschte er von zwei auf acht zu erhöhen, wie er zumindest auf eine Anregung Puchbergs hin versicherte.

Darüber hinaus versuchte Mozart, die nach dem Tode des Kaisers unter dem Nachfolger Leopold II. zu erwartenden Änderungen in der Hoforganisation für einen Aufstieg in der Hierarchie zu nutzen. Dabei ging er entschieden zu Werke. Auf Anraten van Swietens richtete er an den seit dem 13. März 1790 in Wien weilenden Regenten das Gesuch, für ihn eine zweite Kapellmeisterstelle einzurichten und ihn dabei in der Hauptsache mit kirchenmusikalischen Aufgaben zu betrauen; weiterhin bot er Dienste als Musiklehrer für die Kinder des Monarchen an. Das betreffende Schreiben liegt nicht vor, doch geht sein Inhalt aus dem Entwurf eines etwas später verfaßten Schreibens hervor, mit dem Mozart Erzherzog Franz, den ältesten Sohn Leopolds, um Fürsprache ersuchen wollte.[159] Noch Mitte Mai machte er sich Hoffnungen auf Bewilligung seines Antrags, zu der es aber nicht gekommen ist.

Die Hintergründe des Vorgangs werden sich nicht mehr erhellen lassen, und die Erfolgschancen des Gesuchs waren als von vornherein eher gering einzuschätzen. Kaum dürfte sich Leopold II. an die Florentiner Tage von 1770 erinnert haben, als er die Mozarts zuvorkommend behandelt hatte. Überhaupt wandte sich der neue Kaiser in der ersten Phase seiner Regierung Musik- und Theaterangelegenheiten mit keinem nennenswertem Interesse zu, dachte zudem angesichts der prekären politischen und wirtschaftlichen Situation seines Reichs nicht an die kostspielige Einrichtung weiterer Hofstellen. Als er schließlich Anfang 1791 eine Reform der Kapelle und der Bühnen in Angriff nahm, liefen seine Entscheidungen auf grundsätzliche Veränderungen der josephinischen Institutionen hinaus. Mit der Entlassung des (nun) Fürsten Orsini-Rosenberg, Da Pontes, der Sopranistin Ferrarese del Bene und der Entbindung Salieris von seinen Pflichten als Musikdirektor der italienischen Oper sowie der Wiedereinführung des Amtes eines Musikgrafen, wozu er Johann Wenzel Graf Ugarte ernannte, veränderten sich nicht nur Personalkonstellationen. Der Beschluß, eine feste Ballett-Truppe im Burgtheater zu etablieren, das Kärntnertortheater wieder als Spielstätte zu öffnen, die Opera seria zu stärken und das Repertoire insgesamt deutlich auf die Tradition der Neapolitanischen Oper auszurichten, dieser Beschluß profilierte unter Berücksichtigung der Geschmackspräferenzen Leopolds das Wiener Musiktheater ästhetisch neu – und mit ihm gab der Kaiser die charakteristischen Akzente seiner Vorgänger auf.

Das alles konnte Mozart bei Abfassung seines Gesuchs nicht wissen. Er spekulierte bemerkenswerterweise aber gar nicht auf eine Theaterposition, sondern strebte eine Stellung als eine Art geistlicher Hofkomponist an, so als habe er vermutet, Kirchenmusik solle künftig verstärkt gepflegt werden. Der Vorschlag und die Selbstbewerbung waren ungewöhnlich, kannte man Mozart in Wien doch in allen möglichen Eigenschaften, aber keineswegs als herausragenden Schöpfer von kirchenmusikalischen Werken. Das im Schreiben an Erzherzog Franz etwas zugespitzte Argument, Salieri habe sich nie, er dagegen von Jugend auf dem Kirchenstil gewidmet, vermochte am Ort kaum jemand nachzuvollziehen, da von ihm seit seiner Umsiedlung nach Wien keine, zumindest keine neuen geistlichen Kompositionen für liturgische Zwecke zu hören gewesen waren. Daß wiederum Salieri, der ja in seiner umfassenden Funktion als Hofkapellmeister von Leopold II. bestätigt wurde, eine positive Empfehlung für eine derartige Funktionsteilung abgegeben hätte – er wäre gewiß bei der Entscheidung nicht einfach übergangen worden –, ist unwahrscheinlich, und er hat wohl auch dafür gesorgt, daß sein Substitut Ignaz Umlauf zum Musiklehrer der königlichen Kinder bestellt wurde. Mozarts bekundetes Interesse primär an einer kirchenmusikalischen Funktion war hier vermutlich zu einem Gutteil taktisch motiviert, was nicht bedeutet, er sei der möglichen Aufgabe nicht auch grundsätzlich zugetan gewesen. Denn knapp ein Jahr später, am 25. April 1791, bemühte er sich erfolgreich beim Magistrat der Stadt Wien um eine Anstellung als unbesoldeter Adjunkt des Domkapellmeisters an St. Stephan, Leopold Hofmann, und erhielt die Zusage, nach dessen Ableben das hochdotierte Amt zu übernehmen.

Die bevorstehende Kaiserkrönung am 9. Oktober 1790 in Frankfurt am Main, zu der Leopold II. mit großer Entourage reiste, veranlaßte Mozart, am 23. September ebenfalls in die Reichsstadt aufzubrechen. Während Salieri, Umlauf und fünfzehn Hofmusiker zum offiziellen Gefolge gehörten und an den Feierlichkeiten mitwirkten, unternahm Mozart die Reise als Privatperson zusammen mit seinem Schwager Franz de Paula Hofer und einem Diener. Er wollte offenkundig unbedingt bei diesem internationalen Ereignis anwesend sein und von Auftritten vor einem bedeutenden Kennerpublikum profitieren. Neue Kompositionen schrieb er nicht, sondern nahm Werke mit, die zum Teil außerhalb Wiens unbekannt waren.

Trotz der im Laufe des Jahres immer wieder beklagten Geldsorgen leistete Mozart sich eine eigene Kutsche und erreichte bei zügiger Fahrt nach Stationen in Regensburg, Nürnberg, Würzburg und Aschaffenburg am 28. September Sachsenhausen, von wo aus er zwei Tage später in ein Frankfurter Innenstadtquartier umzog. Was er in der Stadt am Main, die sich vor der Kaiserkrönung in diesen Tagen mehr und mehr füllte, während des achtzehntägigen Aufenthalts unternahm, ist kaum zu eruieren. Nach Hause berichtete er von vielen Begegnungen mit Bekannten aus Wien, München, Mannheim und Salzburg, auch von Kontakten mit Frankfurter Bürgern wie dem Bankier Franz Maria Schweitzer. Zur mühsamen Arbeit an einem aus Wien mitgebrachten Auftragswerk für ein Orgelspielwerk in einer Uhr (KV 594) hielt er sich nur an, weil sie gut entlohnt wurde. Außerdem versuchte er von Frankfurt aus eine noch in Wien angebahnte Finanzaktion unbekannter Art zu lenken, für die er eine hohe Schuldverschreibung unter Verpfändung des gesamten Mobiliars einging. Angekündigte oder später von anderer Seite behauptete Aufführungen von Mozarts Opern, so des *Don Giovanni* am 5. Oktober und der *Entführung* am 12. Oktober, wurden kurzfristig vom Spielplan genommen oder standen nie darauf. Irgendwelche private oder öffentliche Auftritte sind nur in dem einen Falle von Mozarts Akademie im großen Stadt-Schauspielhaus am späten Vormittag des 15. Oktober belegt. Das überlange Programm enthielt zwei Klavierkonzerte (wohl KV 459 und das sogenannte ›Krönungskonzert‹ KV 537), zwei eigene Sinfonien, von denen eine dann aus Zeitgründen wegfiel, nicht bestimmbare Arien und ein Duett mit der Sopranistin Margarethe Louise Schick und dem Kastraten Francesco Ceccarelli sowie die obligatorische freie Fantasie des Konzertgebers. Diese Akademie war von »*Seiten der Ehre herrlich, aber in Betreff des Geldes*«[160] enttäuschte sie nach Mozarts Aussage die eigenen Erwartungen. Eine ihm nahegelegte Wiederholung verfolgte Mozart nicht weiter und verließ Frankfurt bereits am nächsten Tag mit Hofer in Richtung Mainz.

Über eine Woche länger als der ganze Aufenthalt in der Reichsstadt dauerte die Rückreise. Bereits in Mainz blieb er mehrere Tage und trat hier am 20. Oktober 1790 im Schloß bei einer Akademie auf, die Kurfürst Friedrich Karl Joseph Freiherr von Erthal zu Ehren des Reichsvizekanzlers Franz de Paula Gundacker Graf Colloredo ausrichtete. Von hier aus wandte sich Mozart nach Mannheim, wo er bis zum 25. Oktober blieb, der Hauptprobe und dortigen Erstaufführung des auf Deutsch gegebenen *Figaro* beiwohnte, aber auch einen Tagesausflug zum Schloßgarten in Schwetzingen unternahm. Mozarts Route führte anschließend über Bruchsal, Cannstatt, Göppingen, Ulm und Günzburg nach Augsburg; hier traf er am 28. Oktober ein. Tags darauf ging es weiter nach München. Während der knapp einwöchigen Station in der bayerischen Residenzstadt begegnete er vertrauten Kollegen wie Cannabich, Lebrun oder Ramm wieder. Zu diesen persönlichen Erlebnissen kam am 4. November die Teilnahme an einer Hofakademie im Kaisersaal. Kurfürst Karl Theodor hatte ihn zu dieser festlichen Veranstaltung eingeladen; sie fand in Gegenwart Ferdinands IV., König von Neapel, und dessen Gemahlin Maria Karolina, der Schwester Kaiser Leopolds II., statt. Für Mozart bedeutete der Auftritt insofern eine Genugtuung, als ihm beim Besuch des Königspaars in Wien vor der Kaiserkrönung – anders als Salieri, Joseph Haydn und anderen Hofmusikern – keine Gelegenheit gegeben worden war, sich den hohen Gästen zu präsentieren. Was er in München spielte, ist nicht bekannt, vielleicht eines der mitgeführten Klavierkonzerte. Erst nach dieser glanzvollen (und vermutlich einträglichen) Darbietung beeilte sich Mozart, nach Wien zurückzukommen; dort traf er um den 10. November ein.

DIE SPÄTEN JAHRE 1789–1791

Mozarts letztes Lebensjahr 1791

Die allgemeine Lebenssituation Mozarts zu Beginn des Winters 1790/91 stellte sich eher günstig dar, auch weil sich die Finanzlage seines Haushalts stabilisiert hatte – Puchberg wurde 1791 nur zweimal wegen minimaler Darlehen angegangen. Bei der Heimkehr fand er die dann offenkundig abgelehnte Einladung des englischen Opernmanagers Robert May O'Reilly vor, gegen ein stattliches Honorar für die zweite Jahreshälfte 1791 nach London zu kommen und dort zwei Opern zu komponieren; darüber hinaus sollten Konzertveranstaltungen zum eigenen Benefiz möglich sein. Mozarts Ablehnung des attraktiven Angebots, das ihm zeitgleich mit Haydn den Zugang zum englischen Musikleben geöffnet hätte, ist dokumentarisch nicht greifbar; vielleicht hat er die Annahme nur verschoben, da er für den Spätsommer 1791 bereits eine Konzert- und Erholungsreise mit Constanze ins Auge gefaßt hatte. Am 14. Dezember 1790 jedenfalls fand ein gemeinschaftliches Essen aus Anlaß von Haydns bevorstehender Abreise nach England statt; bei dieser Gelegenheit soll auch der Konzertunternehmer Johann Peter Salomon gegenüber Mozart eine weitere Einladung ausgesprochen haben. Zunächst aber stand der Konzertwinter bevor, den der Komponist dieses Mal endlich wieder zu seinen Gunsten hätte gestalten können – zum Umfang entsprechender Aktivitäten vermag aber wiederum nichts festgestellt zu werden. Schon in Frankfurt war davon die Rede gewesen, vom Advent an »*kleine quartett=suscriptions=Musiken zu geben*«.[161] Ob es dazu gekommen ist, liegt im dunkeln; vielleicht ist die im Dezember 1790 und April 1791 erfolgte Vollendung der Streichquintette KV 593 und 614, die ein »*Amatore Ongarese*«[162] bei ihm bestellt hatte, im Kontext solcher privaten Konzerte zu sehen; an Hauskonzerten nahm Mozart auch sonst teil, wie etwa in der zweiten Aprilhälfte 1791 im Hause des Hofrats Franz Sales Greiner. Die Vollendung des Klavierkonzerts KV 595 Anfang Januar 1791 deutet auf Akademiepläne hin; vermutet worden ist die Aufführung des Werks im Rahmen eines Konzerts des Klarinettisten Joseph Beer am 4. März, übrigens des letzten belegten öffentlichen Auftritts von Mozart als Pianist. Bei den traditionellen Akademien der Tonkünstler-Societät unter der Leitung Salieris am 16. und 17. April standen eine Sinfonie (vielleicht KV 550) und eine Arie Mozarts (vielleicht KV 419) auf dem Programm.

Der kompositorische Ertrag der Monate bis Ostern 1791 zeigt neben den gewichtigen Kammermusik- und Konzertwerken auffallend viele Tänze – letztere wurden alle sofort in Abschriften und Drucken bei den Verlagen Hoffmeister, Lausch, Traeg und Artaria angeboten – und kleinere Auftrags- oder Gelegenheitswerke.[163] Die mit den letztgenannten Stücken angezeigte Tendenz, kurzfristig für alle möglichen Anlässe kleinere Kompositionen zu liefern, setzte sich im Sommer und Herbst des Jahres fort.[164]

In der zweiten Jahreshälfte kam es dann unerwarteterweise zu einer Kumulation gewichtiger Aufgaben, die Mozarts Arbeitskraft in höchstem Maße anspannten. Seit Ende des Winters scheint er in engerem Kontakt zu Emanuel Schikaneder und Mitgliedern seines Theaters gestanden zu haben. Aus diesem Umgang war der Plan erwachsen – über die Umstände läßt sich nichts mit Gewißheit sagen –, Mozart solle einen Beitrag zur seit 1789 am Theater auf der Wieden laufenden Reihe von deutschen ›Zauberopern‹ liefern, die nach Texten Christoph Martin Wielands adaptiert wurden. Der Komponist war mit dem Repertoire der Schikaneder-Truppe vertraut, kannte das Sängerensemble und mag angesichts der unklaren Zukunft des Hoftheaters in dieser vitalen Vorstadtbühne sogar eine attraktive Alternative für sein dramatisches Arbeiten gesehen haben. Vermutlich seit April 1791 schrieb er an der Partitur der *Zauberflöte* KV 620; sie wurde im wesentlichen bis zum Juli fertiggestellt.

Von Anfang Juni bis Mitte Juli weilte die hochschwangere Constanze mit Sohn Carl zur Kur in Baden. Aus der Korrespondenz dieser Wochen sprechen überwiegend Alltagsereignisse wie Theaterbesuche, Essenseinladungen und sonstige Geselligkeiten, manchmal Besonderheiten wie die Teilnahme an der Fronleichnamsprozession am 26. Juni oder der sensationelle Ballon-Aufstieg von Jean Pierre Blanchard am 6. Juli. Ein nicht näher erläutertes Geschäft sorgte für fortdauernde Unruhe; daß im November 1791 vom ›Niederösterreichischen Landrecht‹ ein rechtskräftiges Urteil gegen Mozart zugunsten des Fürsten Lichnowsky wegen einer Darlehensschuld von 1435 Gulden erging, könnte mit diesem Vorgang zu tun haben.

Am 8. Juli schlossen die böhmischen Stände und der Theaterimpresario Domenico Guardasoni in Prag einen Vertrag über die Produktion einer *»grand'Opera Seria«* anläßlich der für Anfang September vorgesehenen Krönung Leopolds II. zum König von Böhmen. Vereinbart wurden die Beteiligung eines berühmten *»Primo Musico«* (Kastraten), einer ebensolchen *»Prima Donna«* sowie das Engagement eines *»cellebre Maestro«* als Komponisten. Das Libretto sollte auf einem von zwei dem Impresario zur Neubearbeitung genannten Stoffen basieren; wegen der fortgeschrittenen Zeit wurde aber konzediert, alternativ auch Metastasios *La clemenza di Tito* von 1734 wählen zu dürfen.[165] Guardasonis naheliegender Gedanke war es, für den wohl sogleich festgelegten *Titus*-Stoff Salieri als Komponisten zu gewinnen, der wegen seiner prominenten höfischen Stellung dafür prädestiniert war. Der Impresario reiste umgehend zu entsprechenden Verhandlungen nach Wien. Der Hofkapellmeister sagte jedoch wegen Arbeitsüberlastung ab, so daß Guardasoni auf Mozart zuging, mit dem ohnehin seit 1789 noch die Absprache eines Opernauftrags bestand. Ehe der Komponist aber überhaupt mit der Partitur beginnen konnte, mußte die für nötig erachtete Textrevision geleistet werden, mehr noch: Ohne die Entscheidung, welche Künstler die sechs Gesangspartien übernehmen würden, war es für Mozart kaum möglich, die musikalische Konzeption umfassend zu fixieren.

Für die Einrichtung des metastasianischen Librettos stand der Dresdner Hofpoet Caterino Mazzolà zur Verfügung, von Mai bis August 1791 kurzzeitig in Wien tätig. Er hatte sich – wie Mozart – schon länger nicht mehr den spezifischen Eigenarten der Opera seria zugewandt. Mazzolàs Bearbeitung des alten Textes kam dann einem grundlegenden Umbau gleich, bei dem Formen der Opera buffa als Modell dienten. Die dreiaktige Vorlage mit ihren 25 Arien und vier Chören erfuhr Kürzungen um ganze Szenen, längere Rezitativpassagen und mehrere Arien, so daß nur zwei Akte mit elf Arien übrigblieben. Metastasios Libretto enthielt keine

Ensembles, und Mazzolà bemühte sich, gerade solche in ungewöhnlich hoher Zahl zu schaffen (No. 1, 3, 7, 10, 12, 14, 18, 26). Weiterhin wurden drei Arien des Originals durch Neudichtungen ersetzt (No. 17, 19, 23) und eine weitere hinzugefügt (No. 13). Mozart kommentierte diese durchgreifende Revision mit der anerkennenden Bemerkung in seinem Werkverzeichnis: *»ridotta á vera opera dal Sig:^{re} Mazzolá«*.[166]

Spätestens seit der letzten Juli-Woche muß der Komponist in großer Hast an der Krönungsoper gearbeitet haben. Mutmaßlich um diese Zeit überbrachte ein Bote wohl brieflich den Kompositionsauftrag für ein Requiem – beweisbar ist das nicht, genauso wenig wie alle sonstigen Angaben zur Entstehungsgeschichte dieses letzten Werks. Der Überbringer des Briefes, später als *»Grauer Bote«* in die Anekdoten-Literatur eingegangen, dürfte Franz Anton Leitgeb gewesen sein; er war als Verwalter der vereinigten Herrschaften Klamm und Schottwien des Grafen Franz Walsegg angestellt. Dieser residierte allein auf Schloß Stuppach bei Gloggnitz, besaß jedoch auch eine Stadtresidenz in Wien auf dem Hohen Markt. In diesem Haus wohnte übrigens Puchberg, und es ließe sich spekulieren, daß die Vermittlung des lukrativen Kompositionsauftrags über ihn gelaufen ist, hatte er doch ein Interesse, daß sein Schuldner Mozart zu Einnahmen kam. Die Bestellung des Grafen hatte einen doppelten Hintergrund. Am 14. Februar 1791 war seine erst einundzwanzigjährige Ehefrau plötzlich verstorben. Zum Gedenken an dieses tragische Ereignis sollte im Jahr darauf eine Gedenkfeier auf Schloß Stuppach stattfinden. Diese Gelegenheit bot dem Grafen den Anlaß, wieder einmal einer merkwürdigen Schwäche nachzugeben. Er liebte es nämlich, bei bekannten Komponisten Werke zu bestellen und nach Lieferung eigenhändig abzuschreiben, um sie als eigene Schöpfungen ausgeben und aufführen zu können. Das sollte auch mit dem Requiem für seine verstorbene Frau geschehen.

Mozart sagte die Komposition trotz seiner aktuellen Arbeitssituation zu, da der Abgabetermin wohl auf das Jahresende, wenn nicht auf einen noch späteren Zeitpunkt festgelegt worden war. Am 18. Juli war er in Baden an der Aufführung einer seiner Messen beteiligt. Franz Xaver Wolfgang, das letzte Kind der Mozarts, kam am 26. Juli zur Welt. Vermutlich am 25. August brach der Komponist mit seiner Frau und seinem Schüler Franz Xaver Süßmayr nach Prag auf. Bis zu diesem Tag müßten bereits Teile von *La clemenza di Tito* KV 621 dort eingetroffen und für die Produktion vorbereitet gewesen sein; am Ort hat Mozart seit dem 28. August wohl noch die Arie des Tito *»Ah se fosse intorno al trono«* (No. 8), kürzere Recitativo accompagnato-Abschnitte, den Marsch (No. 4) und die Ouvertüre komponiert. Die Secco-Rezitative hat er allem Anschein nach von einem Gehilfen ausarbeiten lassen, für welche Aufgabe vielleicht Süßmayr herangezogen worden ist. Außerdem arbeitete Mozart die Rondo-Arie *»Non più di fiori vaghe catene«*, die vielleicht schon am 26. April 1791 von Josepha Duschek in Prag gesungen worden war, als letzte Arie der Vitellia (No. 23) in das Werk ein. Für den am 29. August mit dem Hofstaat – darunter auch Salieri – eingetroffenen Kaiser gab das Theater am 2. September auf allerhöchsten Wunsch den *Don Giovanni*; wahrscheinlich stand der glanzvolle Abend unter Mozarts Leitung. Zur Teilnahme an anderen Festivitäten wird dem Komponisten keine Zeit geblieben sein, da die mit beträchtlichem Aufwand in Szene gesetzte Festoper in fieberhafter Eile einstudiert werden mußte.

Die Premiere des Werks am Abend des 6. September fand vor einem ausgesuchten Hof-, Adels- und Honoratioren-Publikum im überfüllten Nationaltheater statt. Mozart leitete die Aufführung, bei der aus Italien engagierte Sänger und Prager Hauskräfte zusammenwirkten: der Tenor Baglioni (Tito), der Kastrat Domenico Bedini (Sesto), die Sopranistinnen Maria Marchetti-Fantozzi (Vitellia), Antonia Campi, geb. Miklaszewicz (Servilia) und Carolina Perini (Annio) sowie der Bassist Gaetano Campi (Publio). Die Reaktion der Zuhörerschaft auf das Stück war alles andere als begeistert. Johann Karl Graf Zinzendorf, der unermüdliche Chronist des Wiener Theaterlebens, notierte in seinem Tagebuch: »*on nous regala du plus ennuyeux Spectacle*«,[167] und Kaiserin Maria Ludovika äußerte sich in einem brieflichen Bericht sehr abfällig: »*la grande opera n'est pas grande chose et la musique très mauvaise ainsi nous y avons presque tous dormi*«.[168] Bei den weiteren Aufführungen der Oper, zu der auch das breitere Prager Publikum Zugang hatte, scheint sich die Aufnahme gebessert, bis zur letzten Vorstellung am 30. September sogar zu einem gewissen Enthusiasmus gesteigert zu haben. Guardasoni sah sich aber durch den insgesamt enttäuschenden (Kassen-)Erfolg veranlaßt, bei den Böhmischen Ständen eine Entschädigung für seine Verluste zu beantragen, womit er auch durchdrang. Erst der spätere Einsatz Constanze Mozarts führte dazu, daß *La clemenza di Tito* von 1794 an allmählich reüssierte und im ersten Drittel des 19. Jahrhunderts regelrecht populär wurde, ehe das Werk weitgehend von den Bühnen verschwand und erst in der zweiten Hälfte des 20. Jahrhunderts eine deutliche Renaissance erlebte.

Das Ehepaar hielt sich noch eine kleine Weile in Prag auf – am 10. September hörte der Komponist in der Loge »*Zur Wahrheit und Einigkeit*« die Aufführung seiner Kantate KV 471 –, ehe es Mitte September nach Wien zurückreiste. Hier erwarteten Mozart die abschließenden Kompositionsaufgaben an der *Zauberflöte* sowie die Durchführung der Proben; am 28. September trug er als letzte Teile der neuen Oper den Priestermarsch (No. 9) und die Ouvertüre in sein Werkverzeichnis ein. Zwei Tage später dirigierte er die Premiere, an der alle Mitglieder der Schikanederschen Truppe teilnahmen, darunter in den Hauptrollen: Benedikt Schack (Tamino), Anna Gottlieb (Pamina), Franz Xaver Gerl (Sarastro), Josepha Hofer (Königin der Nacht) und Schikaneder selbst (Papageno). Anders als wenige Wochen zuvor durfte Mozart einen nach eigener Einschätzung überzeugenden Erfolg genießen, auch wenn ein Korrespondentenbericht nach Berlin das Gegenteil behauptete.[169] Wie kein anderes seiner Bühnenwerke erlebte die *Zauberflöte* sogleich eine dichte Aufführungsserie; allein im Oktober 1791 wurde das Werk 24 Mal auf den Spielplan gesetzt. Wenig später boten die Verlage Lausch, Artaria und Koželuh Favoritstücke aus der Oper im Klavierauszug an. Den Komponisten, der die musikalische Leitung nach der zweiten Vorstellung an Johann Baptist Henneberg abgegeben hatte, erfüllte die rasch wachsende Popularität der *Zauberflöte* mit Genugtuung. Mehrfach besuchte er mit Familienmitgliedern, Freunden und Musikerkollegen Aufführungen, so am 13. Oktober mit Salieri und Caterina Cavalieri – das Lob des Hofkapellmeisters und seiner Favoritin teilte Mozart seiner Frau in allen Einzelheiten umgehend mit. Überhaupt scheint er die Publikumsreaktionen genau beobachtet zu haben, und was immer er mit der spezifizierenden Formulierung gemeint haben mag, am meisten erfreue ihn »*der Stille beifall*«, so stolz war er ganz allgemein über »*die herrliche aufnahme meiner teutschen Oper*«.[170]

Außerhalb Wiens begann die Wirkung der *Zauberflöte* ein Jahr nach der Uraufführung in Lemberg und Prag, setzte sich dann 1793/94 sehr schnell und vornehmlich in Deutschland fort, eroberte noch gegen Ende des 18. und dann in den ersten Dezennien des 19. Jahrhunderts die in- und ausländische Bühnenwelt bis nach Paris, Moskau (1801), London (1811) und New York (1833). Die einzigartige Stellung der Oper im Musiktheater ist sehr früh gefestigt und zu keiner Zeit mehr grundsätzlich angezweifelt worden, obwohl die öffentliche Auseinandersetzung über ihre künstlerische Qualität, ihre textliche und musikalische Form sowie über ihre inhaltlichen Intentionen sehr früh begonnen hat und im Laufe der über zweihundertjährigen Rezeptionsgeschichte immer wieder und auch kontrovers geführt worden ist. Dabei fiel das Urteil hinsichtlich des Stoffs und seiner sprachlichen Gestaltung von Anfang an häufig negativ, hinsichtlich der Musik dagegen in der Regel positiv aus. Bereits die erste greifbare Kritik überhaupt eines kennerhaften Opernbesuchers, nämlich die pointierte Zusammenfassung des Eindrucks über eine Aufführung, die Graf Zinzendorf in seinem Tagebuch niederlegte, liefert für diese Unterscheidung den modellhaften Beleg: »*La musique et les Decorations sont jolies, le reste une farce incroyable*«.[171]

Die Kritik am Libretto hat jedoch nicht verhindert, daß schon in den 1790er Jahren weit ausgreifende allegorische oder idealisierende Deutungen versucht und dem Stück philosophische oder metaphysische Dimensionen beigemessen wurden. Aus der Perspektive Schikaneders und Mozarts stand das Werk in einem scharf konturierten Theaterkontext: Es gehörte zu Tradition und Praxis von Wiener Volksschauspiel und Maschinenkomödie, wie sie im Theater auf der Wieden programmatisch gepflegt wurden. Die *Zauberflöte* wie die mit ihr verwandten Opern behandeln Stoffe, die um die Macht des Zaubers, um magische Verwandlungen und um das Verhältnis zwischen Realität und Irrealität im Märchen kreisen; ihre Konkretion finden diese Sujets in den imaginierten szenischen Bildern der Sammlung *Dschinnistan oder Auserlesene Feen- und Geistermärchen*, die Wieland zwischen 1786 und 1789 herausgebracht hatte. Archetypische Grundsituationen wie der Wandel von Gut und Böse, die Überwindung bedrohlicher Mächte, das zeitlose Glück nach einem gefahrvollen Weg der Läuterung und, hervorgehoben, die unstörbare Harmonie zwischen Liebenden kommen in äußerlich abwechslungsreichen, märchenhaften Handlungen zur sinnlichen Anschauung. Diese fungiert zugleich als Abbild seelischer Vorgänge. Ihre Präsenz zeigt sich unmißverständlich in symbolhaften Elementen, die in substantieller Weise die Handlung konturieren – und im Falle der *Zauberflöte* darüber hinaus in Mozarts Musik erfahrbar wird. Die Theatralität des Werks wird von der Einstimmung auf einen unverwechselbaren ›Ton‹ in Sprache, Musik, Bild und Gestik wesentlich geprägt. Die Unverwechselbarkeit dieses ›Tons‹ findet sich im Paradoxon der Stilvielfalt verwirklicht: Er bewegt sich unbeschränkt auf allen Ebenen der Sprache, der Musik, des Bildes und der Gestik und stellt dabei eine Einheit her, ohne einheitlich zu sein. Auch wenn es aufs Ganze gesehen Mozarts Komposition war, die der *Zauberflöte* ihre Dauer garantiert hat, so bleibt der Anspruch bestehen, in dem Werk »*Musick*, [...] *das Buch und alles zusammen*«[172] als plurale Einheit jenseits interpretatorischer Eindeutigkeit zu verstehen.

Nach den Anstrengungen der Opernpremieren in Prag und Wien hätte sich Anfang Oktober die erste Gelegenheit geboten, die Arbeit an der bestellten Requiem-Komposition aufzunehmen. Doch Mozart hatte es damit nicht eilig. Er setzte die Komposition des am 28. September in das Werkverzeichnis eingetragenen Konzerts KV 622 für den Klarinettisten Anton Stadler fort; der hatte in *La clemenza di Tito* die für ihn geschriebenen großen Solopartien der Nummern 9 und 23 bravourös vorgetragen. Am 7. Oktober brach Constanze wieder zur Kur nach Baden auf; an diesem Tag instrumentierte Mozart fast das ganze Rondo des Konzerts. Tags darauf berichtete er seiner Frau von seinem Wohlbefinden und von intensiver Arbeit. Wenn nicht alles täuscht, hatte er nun mit der Arbeit am *Requiem* KV 626 begonnen (und abends bei einer Vorstellung der *Zauberflöte* übermütige Änderungen am Glockenspielpart Papagenos improvisiert). In den kommenden Tagen und Wochen war an ein kontinuierliches Vorantreiben der Komposition nicht zu denken. So bemühte er sich etwa darum, für seinen Sohn Carl eine Unterbringung bei den Piaristen in der Wiener Vorstadt Josephsstadt zu erreichen; bislang war der offensichtlich etwas ungebärdige Junge im kostspieligen Erziehungsinstitut des Pädagogen Wenzel Bernhard Heeger in Perchtoldsdorf untergebracht, jedoch nicht recht zur Zufriedenheit der Eltern. Dorthin reiste Mozart am 13. Oktober, um Carl wieder zu sich zu nehmen. Darüber und von einem geplanten Aufenthalt in Baden am darauffolgenden Wochenende berichtet Mozarts letzter erhaltener Brief, geschrieben am 14. Oktober an Constanze.[173] Über die Zeit unmittelbar danach schweigen die Quellen.

Im Hintergrund und wahrscheinlich ohne Mozarts Wissen war sein Name im Herbst 1791 Gegenstand verschiedener Planungen. So gab es seit März des Jahres zwischen Gotha und Weimar Bemühungen, eine deutsche Adaption von Shakespeares *The Tempest*, angefertigt unter dem Titel *Die Geisterinsel* von Friedrich Wilhelm Gotter, zur Vertonung an Mozart zu lancieren.[174] Weiterhin liegt ein Schreiben des russischen Gesandten Graf Andrej Razumowsky vom 15. September an Fürst Gregor Potjomkin vor, in dem ein Engagement des Komponisten nach St. Petersburg erwogen wird.[175] Schließlich sollen Mitglieder des »*ungarischen Adels*« Mozart noch kurz vor seinem Tod eine hochdotierte Dauersubskription auf exklusiv für sie zu komponierende Werke zugesagt haben, eine Offerte, die mit einem finanziell noch attraktiveren Angebot aus Amsterdam konkurrierte.[176]

Wohl Ende der ersten Novemberwoche begann Mozart mit der Niederschrift seines letzten vollendeten Werks, der Kantate KV 623 zur Einweihung des neuen Tempels der Loge »*Zur neugekrönten Hoffnung*«; die Partitur schloß er am 15. November ab und leitete die Uraufführung am 17. November. Wieder wird deutlich, daß der Komponist sich nicht davon abhalten ließ, die Arbeit am *Requiem* zur Erfüllung anderer Verpflichtungen zu unterbrechen. Offensichtlich war er weder von quälenden Todesahnungen erfüllt, die ihn zum verzweifelten Wettlauf mit der Zeit antrieben, noch ließ sein Gesundheitszustand ernsthaft zu wünschen übrig. Die Krankheit zum Tode hat Mozart allem Anschein nach plötzlich befallen. Um den 20. November herum wurde er bettlägerig und der Pflege bedürftig. Nach dem gleichmäßigen Schriftbild der Partitur zu schließen hat Mozart ab dann keine Note mehr am *Requiem* geschrieben. Ob er in diesen Tagen bereits mit dem Tode rechnete oder hoffte, nach der Genesung die Komposition fortsetzen zu können, entzieht sich der Kenntnis. Das Werk blieb Fragment. Die bewegenden Schilderungen von Mozarts letzter Lebenszeit einschließlich einer Quartettprobe des *Requiem* am Vortag seines Todes rühren von Erinnerungen her, die Jahrzehnte nach den Ereignissen festgehalten wurden;[177] ihr Wahrheitsgehalt ist kaum bestimmbar. Am 5. Dezember 1791 starb Mozart in der ersten Stunde nach Mitternacht, laut Protokoll der amtlichen Totenschau »*an hitzigen Friesel Fieber*«[178]. Damit ist vermutlich ein infektiöser Krankheitszustand vielleicht rheumatischer Art gemeint; allen seriösen pathographischen Bemühungen zum Trotz entzieht er sich einer medizinisch exakten Feststellung. Die noch im Todesmonat aufgekommene Legende von Mozarts Vergiftung entbehrt jeder nachprüfbaren Grundlage. Spekulationen darüber selbst absurdester Art ist mit rationaler Kritik nicht endgültig beizukommen; gleichwohl besteht an einer natürlichen Todesursache kein vernünftig begründbarer Zweifel. Um die Begräbnisformalitäten kümmerte sich Baron van Swieten, der ein Begräbnis dritter Klasse mit kleinstem Kondukt bestellte, die damals für weite Teile der Wiener Bevölkerung übliche Form. Da Verstorbene erst 48 Stunden nach Eintritt des Todes begraben werden durften, blieb der eingekleidete Leichnam zunächst in der Wohnung an der Rauhensteingasse aufgebahrt. Kondukt zur Kirche und Einsegnung des Leichnams unter Beteiligung einer nicht näher zu bestimmenden Gruppe von Trauergästen fanden wahrscheinlich am Nachmittag des 6. Dezembers in der zwischen zwei Strebepfeilern des Frauenchors am Stephansdom eingebauten Totenkapelle statt. Dann wurde der Sarg in die benachbarte Totenkammer eingestellt, ehe – gemäß gültiger Begräbnisordnung – am Abend nach 18 Uhr und ohne Geleit die Überführung auf den Friedhof St. Marx in der Vorstadt Landstraße und dort, wohl am 7. Dezember, die Beisetzung in einem Reihengrab erfolgte. An diesem Tag herrschte dann auch, anders als an den beiden vorangegangenen, das in Berichten erwähnte stürmische Winterwetter. Die genaue Stelle blieb nach damaligem Usus unbezeichnet und ist seither unbekannt. Erst kurz vor dem 100. Geburtstag wurde das angebliche Grab lokalisiert. Ein 1859 auf ihm errichtetes stattliches Denkmal erhielt 1891 seinen heutigen prominenten Platz auf dem Wiener Zentralfriedhof, während auf dem St. Marxer Friedhof nur mehr ein schlichtes Grabmal steht. Die Theaterdirektoren Emanuel Schikaneder und Joseph von Bauernfeld richteten am 10. Dezember 1791 in der Hofpfarrkirche zu St. Michael feierliche Exequien aus; dabei sollen bereits Teile von Mozarts *Requiem* erklungen sein. Mit einer am 23. Dezember zum Vorteil der Witwe im Nationaltheater veranstalteten großen Akademie, an der die Hofgesellschaft teilnahm, wurde dem Hofmusiker öffentlich Reverenz erwiesen. Zur Unterstützung der Hinterbliebenen trug außerdem die umgehende Gewährung einer Pension wesentlich bei.

VIII

Äußere Erscheinung, Persönlichkeit

Zeitgenössische Berichte beschreiben Mozart als einen äußerlich eher unscheinbaren Mann, dessen Aussehen nichts von seinem herausragenden Künstlertum erkennen ließ. Klein von Statur – die Körpergröße dürfte zwischen 1,55 m und 1,60 m gelegen haben –, in jungen Jahren hager und erst später etwas fülliger, blondhaarig und meist bleich, sahen Betrachter in ihm auf den ersten Blick sogar eine »*unansehnliche Figur*«.[179] Seit der Blattern-Erkrankung 1767 war Mozarts Gesicht von Narben gezeichnet. Weiterhin kennzeichneten große Augen und eine dominante Nase seine Physiognomie. Auffällig scheint eine gewisse motorische Unruhe gewesen zu sein – entweder Ausdruck einer nervösen Veranlagung oder Folge andauernd hoher Arbeitsbelastung. Mozarts Gesundheit war von Kindheit an häufig Gefährdungen ausgesetzt; in der Wiener Zeit berichtet er in Briefen immer wieder von Beeinträchtigungen durch Zahn-, Kopf- und Gliederschmerzen. Dennoch ist seine allgemeine Konstitution als stabil zu bezeichnen. In Beschreibungen wird zwar gelegentlich ein melancholischer Zug in Mozarts Temperament erwähnt, doch es überwiegen Hinweise auf seine Lebhaftigkeit und Wachheit; sein Gesichtsausdruck, besonders beim angeregten Gespräch oder beim Musizieren, muß auf die Mitmenschen faszinierend gewirkt haben. Die wenigen authentischen Bilder, die Mozart als Erwachsenen zeigen – vor allem die Ölgemälde von Johann Nepomuk della Croce (Winter 1780/81) und Joseph Lange (unvollendet, wohl 1789) sowie die Silberstift-Zeichnung von Doris Stock (April 1789) –, decken sich trotz ihrer Unterschiedlichkeit im Portraittyp und in der Ausführung im wesentlichen mit den von den Personenbeschreibungen vermittelten Vorstellungen. Großen Einfluß auf das populäre ›Mozart-Bild‹ hat das von Barbara Krafft im Jahre 1819 gemalte Portrait gehabt; es ist zugleich bereits Ausdruck einer fortgeschrittenen Idealisierung des Künstlers. Der Malerin, die Mozart nicht persönlich kennengelernt hatte, lagen drei Bilder des Komponisten vor, aus denen sie ein durchaus ausdrucksvolles, aber eben doch synthetisch geglättetes Idealportrait schuf.

Folgende Portraits des Komponisten gelten, wenn sie auch zum Teil verloren sind, als authentisch oder lebensnah:[180]
1. Anonymes Ölbild (Pietro Antonio Lorenzoni zugeschrieben), Mozart neben einem Tasteninstrument (Clavichord?) stehend (Anfang 1763) – Internationale Stiftung Mozarteum Salzburg (NMA X/32: Nr. 1, S. 3). Vgl. dazu Parallelbilder von Vater, Mutter und Schwester (NMA X/32: Nr. 33, S. 30; Nr. 39, S. 33; Nr. 92, S. 57).
2. Louis Carrogis de Carmontelle: Leopold Mozart mit Wolfgang und Maria Anna (Nannerl), Aquarell (Paris, November 1763) – Musée Condé, Chantilly (NMA X/32: Nr. 2, S. 5). Danach mehrere Varianten und ein Stich, letzterer von Jean Baptiste Delafosse unter Mitarbeit von Christian von Mechel, 1764 (NMA X/32: Nr. 3–5, S. 6–7).
3. Michel Barthélemy Ollivier: Mozart am Klavier mit dem Sänger Pierre Jélyotte. Tee beim Prinzen Louis François Conti im »Temple«, Ölbild (Paris, Sommer 1766) – Musée du Louvre (NMA X/32: Nr. 6, S. 8; Ausschnitt: Nr. 7, S. 9).
4. Saverio dalla Rosa: Mozart an einem Cembalo von Giovanni Celestinus (Venedig: 1583), auf dem Notenpult das Klavierstück KV 72^a, Ölbild (Verona, 6. bis 7. Januar 1770) – Sammlung Alfred Cortot, Lausanne (NMA X/32: Nr. 8, S. 11).
5. Anonyme Miniatur auf Elfenbein (angeblich von Martin Knoller, Mailand 1773, oder von einem unbekannten Maler, Salzburg 1773) – Internationale Stiftung Mozarteum Salzburg (NMA X/32: Nr. 9, S. 12).
6. Anonymes Ölbild: Mozart als Ritter vom Goldenen Sporn. Original: Salzburg, August–September 1777 – verschollen. Kopie: für Padre Martini, Bologna – Civico Museo Bibliografico Musicale Bologna, danach 1926 eine Kopie für die Internationale Stiftung Mozarteum Salzburg angefertigt (NMA X/32: Nr. 11, S. 13).
7. Anonyme Miniatur auf Elfenbein (Augsburg, Oktober 1777 oder Mannheim, November 1777) – Mozart-Haus, Augsburg als Leihgabe aus Privatbesitz (NMA X/32: Nr. 10, S. 12).
8. Johann Nepomuk della Croce: Ölbild der Familie Mozart. Wolfgang und Maria Anna (Nannerl) am Klavier, Leopold mit Geige, dazu an der Wand das Bildnis der verstorbenen Mutter (Salzburg, zwischen Spätherbst 1780 und Anfang 1781) – Internationale Stiftung Mozarteum Salzburg (NMA X/32: Nr. 12, S. 15).
9. Anonymes Pastellbild: Mozart im Profil (Wien, 1783) – verloren (bekannt aus dem Brief Mozarts an den Vater vom 3. April 1783, BriefeGA III, S. 262 f., und aus den Briefen Maria Annas (Nannerls) an Breitkopf & Härtel, Leipzig vom 4. Januar 1804, 30. April 1804, 15. November 1804 und 6. Dezember 1804, BriefeGA IV, S. 437, 439, 441 f.). Vielleicht Vorlage für das lithographierte Mozart-Portrait in Georg Nikolaus Nissens *Biographie W. A. Mozart's*, Leipzig 1828, nach S. 466. Vgl. dazu ein mögliches Parallel-Bild Constanze Mozarts (Wien, 1782) von Joseph Lange (NMA X/32: Nr. 339, S. 165).

10. Silhouette, gestochen von Hieronymus Löschenkohl (Wien 1785: *Musik- und Theater-Almanach* 1786) – Exemplar: Historisches Museum der Stadt Wien (NMA X/32: Nr. 14, S. 18).
11a. Leonhard Posch: Rotes Wachsrelief (Wien 1788) – seit 1945 verschollen, früher: Internationale Stiftung Mozarteum Salzburg (NMA X/32: Nr. 17, S. 19).
11b. Nach diesem Relief: Gipsrelief 1788/89, Buchsbaumrelief 1789, Relief unter Glas als Gürtelschnalle für Constanze Mozart um 1790 (NMA X/32: Nr. 18–20, S. 19).
12. Doris (Dorothea) Stock: Silberstift-Zeichnung auf Elfenbeinkarton (Dresden, 16. oder 17. April 1789) – Internationale Stiftung Mozarteum Salzburg (NMA X/32: Nr. 24, S. 21).
13. Joseph Lange: Mozart am Klavier, unvollendetes Ölbild (früher datiert auf Wien: Winter 1782/83; mit Bezug auf Mozarts Brief an Constanze vom 16. April 1789 richtig wohl Wien, Frühjahr 1789) – Internationale Stiftung Mozarteum Salzburg (NMA X/32: Nr. 13, S. 17).
14. Barbara Krafft: Ölbild nach Vorlage von Nr. 5, 8, 9 (Salzburg, 1819) – Sammlungen der Gesellschaft der Musikfreunde Wien (NMA X/32: Nr. 26, S. 23).

Weitere in der jüngeren Vergangenheit diskutierte Bilder, deren Echtheit nicht erwiesen ist oder die nicht Mozart darstellen:
1. Joseph Grassi, Ölbild eines unbekannten Mannes (1780er Jahre?) – Moskau, Staatliches Glinka-Museum für Musikkultur. Das Portrait wurde der Öffentlichkeit erstmals 1956 als mutmaßliches Mozart-Bildnis in Moskau vorgestellt, dort 1982 erneut gezeigt und schließlich beim Internationalen Mozart-Kongreß Salzburg 1991 von Experten einer kritischen Prüfung unterzogen mit dem Ergebnis: Eine sichere Identifizierung der abgebildeten Person mit Mozart ist nicht möglich, die Bekanntschaft Grassis mit dem Komponisten in den 1780er Jahren allerdings bezeugt. Zu diesem Bild: MJb 1991, Teilband 2, S. 1067–1095 (Farbabbildung: S. 1089).
2. Anonymes Ölbild (einem der Brüder Cignaroli zugeschrieben) – Bin Ebisawa Tokyo (Farbabbildung: Internationale Stiftung Mozarteum Salzburg, Mozartwoche 1991, Programm-Buch. Redaktion: Wolfgang Rehm, Salzburg 1991, nach S. 130).
3. Anonyme Silberstift-Zeichnung (1790?) – Oxford, Nachlaß Albi Rosenthal (Abbildung: *Das Mozart-Kompendium. Sein Leben – seine Musik*, hrsg. von H. C. Robbins Landon, München 1991, S. 145; dazu Albi Rosenthal: *Ein neues Mozart-Portrait?*, S. 144, 153).
4. Johann Georg Edlinger, Ölbild eines unbekannten Mannes (=Joseph Steiner, München 1781?) – Gemäldegalerie Berlin (Farbabbildung: MJb 1999, S. 8; dazu Rainer Michaelis/Wolfgang Seiller: *Ein unbekanntes Bildnis Wolfgang Amadeus Mozarts in der Berliner Gemäldegalerie*, S. 1–12; Richard Bauer: *Der »Berliner Mozart«. Notwendiger Widerspruch gegen eine Weltsensation*, in: Acta Mozartina 52, 2005, S. 5–22).

Mozarts Persönlichkeitsentwicklung vollzog sich unter singulären Bedingungen. Einerseits wurde ihm durch den Vater eine zielgerichtete künstlerische und intellektuelle Erziehung auf hohem Niveau zuteil – Leopold Mozarts Weltsicht und Lebenskalkül gaben ihm in der Zeit von Kindheit, Jugend und Adoleszenz eine beinahe kanonisch gültige Orientierung. Mozart besaß eine stupende Auffassungsgabe und verfügte offensichtlich über eine gute Allgemeinbildung, ohne eine regulierte Schullaufbahn absolviert zu haben, sprach italienisch, französisch und englisch, hatte Kenntnisse im Lateinischen, war literarisch interessiert und belesen, weshalb er einmal unwidersprochen gegenüber dem Vater behaupten konnte, er lese »*allzeit ein buch*«.[181] Andererseits stellte sich bei ihm während dieser besonders prägenden Phase die Vorstellung von seiner Existenz als Künstler ein. In ihr bildeten höhere gesellschaftliche Lebensformen, das Bewußtsein für soziale Distinktion und die Erfahrung von individueller Besonderheit wegen seiner unvergleichlichen musikalischen Fähigkeiten den Rahmen.

Tatsächlich mischten sich in Mozarts Sozialisation Einflüsse unterschiedlicher Stände, Einflüsse, die er im Laufe seines Lebens in nur unzureichendem Maße zu harmonisieren wußte. Hineingeboren in das Untertanenmilieu der feudal-absolutistischen Hofwelt – der Sozialstatus auch des in höfischen Diensten stehenden Musikers war niedrig –, glaubte er sich nach den überwältigenden Erfolgen der ›Wunderkind‹-Jahre und der während dieser Zeit genossenen Wertschätzung durch den europäischen Hochadel dem gesellschaftlichen Niveau seiner Herkunft entrückt. Erst die Umsiedlung nach Wien eröffnete ihm aber die Chance, seine Existenz außerhalb der Sphäre von Lakaien und einfacher Musikerschaft zu positionieren, mehr noch, sie in eine möglichst enge Verbindung mit der Aristokratie und den nichtadeligen Führungseliten zu bringen. Mozart adaptierte in seinem Habitus – soweit das ging und gesellschaftlich akzeptiert wurde – Eigenarten aristokratischen oder zumindest gehobenen Lebensstils, beispielsweise: gewählte, zum Teil ausgesprochen modische Kleidung; markante Statussymbole wie ein eigenes Reitpferd und vornehme Wohnungen in bester Stadtlage; Teilnahme an literarischen Salons; Mitgliedschaft in einer Freimaurer-Loge; Ausbildung des Sohnes in einer kostspieligen ›Erziehungsanstalt‹; Beschäftigung von Hauspersonal.

Ohne Vermögensgrundlage und gleichmäßige Ausstattung mit erheblichen pekuniären Mitteln ließ sich dieser Lebensstil freilich nur schwer durchhalten. Das Bild, das Mozart von sich gegenüber seiner ›Leitwelt‹ abgeben wollte, und die Daseinsweise, an die er sich gewöhnt und die er für sich beansprucht hatte, standen in einem doppelten Spannungsverhältnis zu seiner gesellschaftlichen Umgebung: einerseits in innerer und äußerer Entfernung von seinem angestammten Milieu, andererseits – bei aller habituellen Anpassung – in standesmäßiger Distanz zu seinen adeligen Gönnern und zum Hof. Symptom dieser Distanz war die ökonomische Situierung Mozarts, die für eine auf ein Durchschnittsmaß berechnete ›bürgerliche‹ Existenz völlig ausreichend gewesen wäre. Für ein Leben mit der sozialen Ausrichtung, die Mozart ihm geben wollte, genügte sie offensichtlich aber nicht. Hier könnte einer der ausschlaggebenden Gründe für den wiederholt eingetretenen Geldmangel gelegen haben (aus dem ihn zu befreien Mozart bezeichnenderweise nur ›bürgerliche‹ Bekannte ersuchte, nie aber, soweit ersichtlich, adelige Gönner). Daß trotz dieses zeitweilig bedrückenden Sachverhaltes die Wiener Jahre insgesamt aber in viel höherem Maße von Fortune als von Mißerfolg gekennzeichnet waren, muß vor dem Hintergrund einer Tradition der Mozart-Historiographie, die seit langem das Gegenteil akzentuiert, ausdrücklich hervorgehoben werden.

Über weitere Charaktermerkmale des Komponisten lassen sich aus Selbstzeugnissen oder Äußerungen von anderer Seite nur bruchstückhafte Informationen gewinnen, ein einheitliches Profil ergeben sie nicht. In seinen Umgangsformen zeigte sich Mozart sehr anpassungs- und wandlungsfähig. So lernten Zeitgenossen ihn einerseits als »*lustigen aufgeräumten närrischen Menschen*«[182] kennen, der in geselliger Runde auch mit derben Späßen auffiel oder Schabernack trieb, andererseits beherrschte Mozart von früh auf die Regeln des Hofverkehrs, so daß er sich mühelos in Residenzen und in Häusern des Hochadels bewegen konnte. Die häufig zu Tage tretende Wechselhaftigkeit zwischen ernstem und plattem Verhalten versuchten schon seine Mitmenschen – sofern sie darauf nicht mit Befremden oder Ablehnung reagierten – als Ausfluß permanenter innerer Anspannung eines schöpferisch Tätigen zu erklären, bemerkenswert feinfühlig etwa Joseph Lange in seinen 1808 erschienenen Erinnerungen.[183]

Mozarts Erziehung hatte die Unterweisung in den Grundsätzen der katholischen Konfession ebenso eingeschlossen wie die Einübung in deren Gebote und Frömmigkeitsformen. Er war ein durchaus religiöser Mensch, was ihn, wie schon den Vater, nicht daran hinderte, sich gelegentlich auch kritisch über den Klerus zu äußern oder vielleicht Kirchenvorschriften eher nachlässig zu befolgen. Wie er seine gleichzeitige Zugehörigkeit zu Kirche und Freimaurer-Loge lebte, ist unbekannt. Nur andeutungsweise sind auch die politischen Meinungen Mozarts zu benennen. Das einzige pointierte Wort auf diesem Feld ist sein Bekenntnis, er sei »*ein Erz-Engelländer*«[184], was vielleicht als Ausdruck einer eher liberalen Grundeinstellung gedeutet werden darf. Das Epochenereignis der Französischen Revolution blieb in den Briefen unerwähnt, aber da sie in den Logen und Salons diskutiert wurde, dürfte sich Mozart dort zu ihr geäußert haben. Als konstant erwies sich sein Gefühl der Zugehörigkeit zum Heiligen Römischen Reich Deutscher Nation. Besonders in Abgrenzung gegen französische und italienische Lebensgewohnheiten sowie in kritischer Haltung gegenüber dem italienisch dominierten Opernbetrieb betonte er, ein »*Ehrlicher Teütscher*«[185] oder ein »*geschickte[r] Teutsche[r]*« zu sein, auch »*daß fast in allen künsten immer die Teutschen dieJenigen waren, welche Excellirten*«.[186]

Mozart war ein Zeitgenosse der Aufklärung, die er in jeweils sehr eigen gearteten Ausprägungen im Salzburg Colloredos und im Wien Josephs II. erlebte. Wenn auch keine eindeutigen Belege für sein Interesse und seine aktive Teilhabe an aufklärerischen Diskursen beizubringen sind, so ist es angesichts seiner Einbindung in die Freimaurerei und in geistige Zirkel, wie etwa die van Swietens, Franz Sales von Greiners oder Fanny von Arnsteins, schlechterdings nicht vorstellbar, daß er den gedanklichen Aufbrüchen der Zeit gleichgültig begegnet sei. Konzeption wie Durchführung etwa der drei Da Ponte-Opern bezeugen Mozarts Teilhabe an zentralen Motiven und Topoi der Aufklärung, wobei gerade deren »*éclectisme*« im

Sinne Denis Diderots – gemeint ist die unvoreingenommene kritische Sichtung aller traditionellen Denkgehalte – in *Così fan tutte* paradigmatisch präsent und wohl immer noch nicht in allen ihren Verästelungen offengelegt worden ist. Inwieweit sich aus Mozarts Werken insgesamt eine Musikästhetik ableiten ließe, die auch als solche der fortgeschrittenen Aufklärung gelten könnte, muß vorläufig dahingestellt bleiben, doch dürfte es die Anstrengung lohnen, in diese Richtung weiterzudenken.

Mit dem aufklärerischen Zweckrationalismus, der sich auf eine praktische Beherrschung von Welt und Leben mit den Mitteln der Vernunft richtete und dem Leopold Mozart in seinem Denken und Handeln folgte, vermochte Wolfgang dagegen nur in beschränktem Maße umzugehen. Was ihm aus der Sicht erfahrener Köpfe deswegen abging, findet sich im Urteil des Barons von Grimm über sein Auftreten in Paris 1778 zusammengefaßt: Mozart sei im Umgang mit Menschen und in der Bewältigung von beruflichen Herausforderungen zu treuherzig, zu wenig aktiv, wende nicht genügend List und nicht die Mittel an, die zum Erfolg führten; ihm sei nur die Hälfte seines Talents, dafür das doppelte an Gewandtheit zu wünschen, um sein Glück zu machen.[187]

Der Vater pflichtete dieser Einschätzung nicht nur bei, sondern akzentuierte sie auch noch. Aus seiner Sicht machten den Sohn »*ein bischen zu viel Hochmuth, und Eigenliebe*« empfindlich gegen mangelnde »*Hochschätzung*« und empfänglich für Schmeichelei.[188] Gewiß stehen Grimms und Leopolds Urteile im Kontext der spannungsreichen Situation des Paris-Aufenthaltes und dürfen nicht als überzeitlich gültig verstanden werden, doch deuten sie unverkennbar auf einen dominanten Wesenszug Mozarts hin. Er war sich nämlich voll und ganz dessen bewußt, »*ein Mensch von superieuren Talent*«[189] zu sein. Sein daraus erwachsendes Selbstwertgefühl erzeugte in ihm Ansprüche auf fachlichen Respekt und soziale Reputation, deren Befriedigung in der Lebenswirklichkeit häufig genug ausblieb oder erkämpft werden mußte. Das führte immer dann zu Konflikten – vorzugsweise mit Musikern –, wenn Mozart sich von seinen Mitmenschen in Rechten, die ihm aus seiner Sicht natürlicherweise zustanden, beschnitten fühlte. Leistungen anderer auf seinen angestammten Gebieten, dem Klavierspiel und der Komposition, war er zwar bereit anzuerkennen, doch sobald eine Konkurrenzsituation eintrat, konnte sein Sachurteil ätzend sein – die höhnischen Äußerungen über Abbé Vogler 1777 in Mannheim genügen dafür als ein Beleg von mehreren. Angesichts seiner künstlerischen Überlegenheit fiel es ihm (wie übrigens auch dem Vater) schwer, die Bevorzugung von Kollegen bei Stellenbesetzungen zu akzeptieren. Dabei verdrängte er, daß Konkurrenten, die auf von ihm angestrebte Positionen gelangten, zumeist älter waren und häufig im Hofdienst bereits Anwartschaften erworben hatten. Gerade der letzterwähnten Tatsache kam im 18. Jahrhundert große Bedeutung zu – durchaus im Sinne einer sozialen Absicherung. Auch Mozart fügte sich später in Wien in das ›Akzessistensystem‹ ein und hätte davon, wäre er länger am Leben geblieben, bei seinem Dienst für St. Stephan auch profitiert.

Spekulationen über Mozarts psychische Disposition – hauptsächlich vor dem Hintergrund seiner Bindung an den Vater und über sein Verhältnis zum weiblichen Geschlecht – beanspruchen im Mozart-Schrifttum zwar einen größeren Raum, lassen sich aber mit wissenschaftlichen Methoden nicht zu objektiv nachvollziehbaren Aussagen verdichten. Ob eine ›Psychographie‹ an historisch weit zurückliegenden Persönlichkeiten über allgemeinste Aussagen hinaus zu nennenswerten Erkenntnissen gelangen kann, steht dahin. Die zeitweilig beinahe symbiotische Gemeinschaft von Vater und Sohn hat letzteren, wie kaum anders möglich, tief geprägt, und die Verletzungen des Ablöseprozesses haben Narben hinterlassen. Inwieweit derartige biographische Begebenheiten zu Behauptungen wie etwa jener berechtigen, Mozart sei nur in der Kunst erwachsen geworden, im Leben aber Kind geblieben und habe eigentlich stets eines Aufsehers bedurft, müßte erst noch bewiesen werden. Mehr noch: Diese Behauptung steht schon an ihrem Ursprung, nämlich in den Erinnerungen der Schwester aus dem Jahre 1792,[190] auf schwachen Füßen, da sich in ihnen das offenkundig belastete Verhältnis Maria Annas (des Nannerls) zu ihrem Bruder und dessen Frau spiegelt – im Gegensatz zu Wolfgang hat sie es nicht vermocht, sich der Dominanz des Vaters zu entziehen.

Bedenkenswerter als solche problematischen Charakterisierungen sind die in Briefen zwar selten expliziten, aber doch gelegentlich erkennbaren Spuren einer tiefgehenden Lebensernüchterung Mozarts. Nicht erst in Extremsituationen wie beim Tod der Eltern verrät die Gefaßtheit des Komponisten auch eine fortschreitende innere Desillusionierung. Schon früher quittierte Mozart beispielsweise den vom Vater beschworenen Rang der »*glückseelickeit*« mit dem lapidaren Kommentar, diese bestehe »*blos in der einbildung*«.[191] Aus Frankfurt hieß es später einmal, er müßte sich vor den Leuten schämen, wenn sie in sein Herz sehen könnten: »*es ist alles kalt für mich – eiskalt*«.[192] Ein knappes halbes Jahr vor seinem Tod sprach Mozart von »*eine[r] gewisse[n] Leere – die mir halt wehe tut, – ein gewisses Sehnen, welches nie befriedigt wird*«.[193] Aus diesen seltenen, sehr intimen Bekenntnissen läßt sich die Einsamkeit eines Menschen erahnen, der in der Musik sein natürliches Lebenselement, ja seinen Lebensraum hatte, dem aber das alltägliche Dasein in zunehmender Sinnentleerung zu entgleiten drohte. Daß über all diese Beobachtungen hinaus Mozarts Persönlichkeit dennoch rätselhaft bleibt, jedenfalls in keinem der in der Vergangenheit von ihr entworfenen ›Bilder‹ aufgeht, gehört zu den Erfahrungen der Auseinandersetzung mit ihr.

Anmerkungen

1. NMA IX/27/1, S. 7, 43.
2. Dok., S. 15 f.
3. Österreichische Nationalbibliothek, Musiksammlung, Signatur: *Mus. Hs. 17.561b*.
4. Literarisch eindrucksvoll wird diese Sicht ausgeführt in Hoffmanns Erzählung *Don Juan*, zuerst in: Allgemeine musikalische Zeitung 15, 1813, Sp. 213 bis Sp. 225, dann übernommen in: Fantasiestücke in Callots Manier, Bamberg 1814/15; Neuausgabe: Ders., Gesammelte Werke Bd. 1, Berlin 1958, S. 131–146.
5. Søren Kierkegaard, *Enten-Eller*, Kopenhagen 1843; diverse deutsche Ausgaben, hier zitiert nach *Entweder-Oder*, hrsg. von E. Hirsch/H. Gerdes, Tl. 1, Bd. 1, Gütersloh 1979 (^{3}1993), S. 47, passim (=Gesammelte Werke Abt. 1, Tl. 1, Bd. 1).
6. Zuerst erschienen Stuttgart 1855.
7. Ferruccio Busoni, *Mozart-Aphorismen* (1906), zit. nach Ders., *Von der Einheit der Musik*, Berlin 1922, S. 78.
8. Alfred Heuß, *Das dämonische Element in Mozarts Werken*, in: Zeitschrift der Internationalen Musikgesellschaft 7 (1906), Heft 5, S. 175–186.
9. Wolfgang Hildesheimer, *Mozart*, Frankfurt 1977.
10. *Mozarts Bäsle-Briefe*, hrsg. u. kommentiert von Joseph Heinz Eibl und Walter Senn, mit einem Vorwort von Wolfgang Hildesheimer, Kassel usw./München 1978 (nach BriefeGA).
11. BriefeGA IV, S. 199.
12. 15. Dezember 1781; BriefeGA III, S. 180.
13. Leopold Mozart an Johann Jakob Lotter, 9. Februar 1756; BriefeGA I, S. 34.
14. Dok., S. 11.
15. Nachschrift zum Brief des Vaters vom 16. Dezember 1774 (BriefeGA I, S. 507) und zum Brief der Mutter vom 31. Oktober 1777 (BriefeGA II, S. 94); Brief vom 10. Mai 1780 (BriefeGA II, S. 547); in allen drei Fällen fügte er bei der Nennung seines Firmnamen *Sigismundus* hinzu.
16. BriefeGA IV, S. 181–183.
17. Nach NMA IX/27/1: Nrn. 1–8, 19, 41, 31, 11, 22, 32.
18. Leopold Mozart, 16. Oktober 1762; BriefeGA I, S. 51.
19. Felix Joseph Lipowsky, *Baierisches Musik=Lexikon*, München 1811; Repr. Hildesheim/New York 1982, S. 219.
20. Leopold Mozart, 3. Oktober 1762; BriefeGA I, S. 49.
21. 11. September 1778; BriefeGA II, S. 473.
22. Ebd.
23. *Extract-Schreiben Oder ... Europaeische Zeitung*, Salzburg, 19. Juli 1763; Dok., S. 24).
24. Vgl. Briefe an Maria Theresia und an Lorenz Hagenauer, 1. bzw. 22. Februar 1764; BriefeGA I, S. 126, 131.
25. Dok., S. 90.
26. Brief vom 11. September 1778; BriefeGA II, S. 474.
27. *Salzburger Hofdiarium*, vom Tage; Dok., S. 21.
28. 1. Dezember 1763, 13. Dezember 1764, 15. Juli 1766; Dok., S. 27f., 38, 54f.
29. 5. März 1764; Dok., S. 30f.
30. *Comptes des menus plaisirs du Roi*, Mitte Februar 1764; Dok., S. 30.
31. Leopold Mozart, 28. Mai 1764; BriefeGA I, S. 151.
32. Zum Beispiel die Stücke KV^3 15^x, 15^{cc}, 15^{dd}, 15^{ee}, 15^{kk}.
33. 15. Juli 1766; Dok., S. 55.
34. 28. November 1769; Dok., S. 90.
35. 16. Mai 1766; BriefeGA I, S. 221.
36. LMVerz; BriefeGA I, S. 289.
37. LMVerz; BriefeGA I, S. 287–289.
38. Eine Messe – ungewiß welche, vielleicht die ›Waisenhaus-Messe‹ KV 139 (KV^3 114^a = KV^{3a} 47^a, KV^6 47a) –, ein Offertorium (KV^3 47^b, verloren) und ein Trompetenkonzert (KV^3 47^c, verloren).
39. So die Missa brevis KV 65 (61^a) und die ›Dominicus-Messe‹ KV 66.
40. Darunter einige, allerdings nicht genau zuweisbare Finalmusiken, etwa KV 100 (62^a), 63 und 99 (63^a).
41. Dok., S. 84.
42. Leopold Mozart, 10. Februar 1770; BriefeGA I, S. 312.
43. »Misero me!« – »Misero pargoletto« KV 77 (73^e), »Fra cento affanni« KV 88 (73^c), vielleicht »Misero tu non sei« KV Anh. 2 (KV^6 73 A, verschollen); zu diesen Stücken gehört auch das Arien-Fragment »Ah, più tremar non voglio« KV 71 = Fr 1770a.
44. Es handelt sich wohl um die Werke KV 74, 81 (73^l, datiert: 25. April 1770), 84 (73^q), 95 (73^n) und 97 (73^m).
45. Dok., S. 118.
46. BriefeGA I, S. 426.

Anmerkungen

47 Geistliche Werke: »*Regina coeli*« KV 108 (74ᵈ), Litaniae Lauretanae Beatae Mariae Virginis KV 109 (74ᵉ), Offertorium »*Inter natos mulierum*«; Sinfonien: KV 75 [?], 110 (75ᵇ).
48 Brief Hasses an Giovanni Maria Ortes, 23. März 1771; Dok., S. 120f.
49 26. Oktober 1771; BriefeGA I, S. 445.
50 Dok., S. 124.
51 Sinfonien: KV 128–130, 132–134.
52 Kirchenmusikalische Fragmente: Osanna KV 223 (166ᵉ) = Fr 1772d, Kyrie Anh. 18 (166ᶠ) = Fr 1772a und Kyrie Anh. 19 (166ᵍ) = Fr 1772b.
53 Leopold Mozart, 28. Oktober 1772; BriefeGA I, S. 457.
54 Streichquartette KV 157, 158, 159, 160 (159ᵃ); zusammen mit den beiden Stücken KV 155 (134ᵃ) und 156 (134ᵇ) bilden sie eine Serie.
55 Leopold Mozart, 27. Februar 1773; BriefeGA I, S. 483.
56 Brief 21. September 1771; BriefeGA I, S. 439.
57 So etwa die Sinfonien KV 184 (161ᵃ), 199 (161ᵇ), 162, 181 (162ᵇ), die *Missa in honorem SS:mae Trinitatis* KV 167, vielleicht auch das Divertimento KV 205 (167A).
58 21. August 1773; BriefeGA I, S. 490.
59 Sinfonien: KV 182 (173 dA), 183 (173 dB), ›*Kleine g-Moll-Sinfonie*‹), 200 (189ᵏ), 201 (186ᵃ), 202 (186ᵇ); Konzerte: für Klavier KV 175, für Fagott KV 191 (186ᵉ), für zwei Violinen, Oboe und Violoncello (*Concertone*) KV 190 (186 E); kirchenmusikalische Kompositionen: ›*Kleine Credo-Messe*‹ KV 192 (186ᶠ), *Dixit* und *Magnificat* KV 193 (186ᵍ), Missa brevis 194 (186ʰ), Litaniae Lauretanae Beatae Mariae Virginis KV 195 (186ᵈ).
60 *Deutsche Chronik*, Augsburg 27. April 1775; Dok., S. 138.
61 Messen: vielleicht ›*Kleine Credo-Messe*‹ KV 192 (186ᶠ) und Missa brevis KV 194 (186ʰ).
62 4. September 1776; BriefeGA I, S. 532.
63 Klaviersonaten: KV 279–283 (189ᵈ–189ʰ).
64 21. Januar 1775; BriefeGA I, S. 519.
65 11. Januar 1775; BriefeGA I, S. 516.
66 1. August 1777; BriefeGA II, S. 5.
67 Kirchenmusikalische Werke: Messen KV 258 (›*Spaur-Messe*‹), KV 259 (›*Orgelsolo-Messe*‹), Missa longa KV 262 (246ᵃ), KV 275 (272ᵇ); Litaniae de venerabili altaris Sacramento KV 243; Offertorien »*Venite populi*« KV 260 (248ᵃ), »*Alma Dei creatoris*« KV 277 (272ᵃ); Graduale KV 273; Sonaten für Orgel und Orchester KV 212, 241, 244, 245, 263, 278 (271ᵉ). Konzerte: für Violine KV 207, 211, 216, 218, 219; für Klavier KV 238, 242 (für drei Klaviere), 246 sowie KV 271, eine Arbeit für die Amateurpianistin Victoire Jenamy, geb. Noverre. Serenaden: KV 204 (213ᵃ), ›*Serenata notturna*‹ KV 239, ›*Haffner-Serenade*‹ KV 250 (248ᵇ); Divertimenti: KV 188 (240ᵇ), 213, 240, ›*Erste Lodronische Nachtmusik*‹ KV 247, 251, 252 (240ᵃ), 253, 270, ›*Zweite Lodronische Nachtmusik*‹ KV 287 (271H).
68 Einlagearien: »*Si mostra la sorte*« KV 209, »*Con ossequio, con rispetto*« KV 210, »*Voi avete un cor fedele*« KV 217, »*Ombra felice!*« – »*Io ti lascio*« KV 255, »*Clarice cara mia sposa*« KV 256, »*Ah, lo previdi!*« – »*Ah, t'invola*« – »*Deh, non varcar*« KV 272. Kammermusik: Klavier-Divertimento KV 254, Streichtrio KV 266 (271ᶠ). Orchesterwerk: vielleicht *Notturno* KV 286 (269ᵃ).
69 11. Oktober 1777; BriefeGA II, S. 46.
70 [1. August 1777]; BriefeGA II, S. 4.
71 22. Dezember 1777; BriefeGA II, S. 204.
72 Dok., S. 146.
73 23. September 1777; BriefeGA II, S. 7.
74 BriefeGA II, S. 24.
75 30. September 1777; BriefeGA II, S. 91.
76 21. bzw. 28. Oktober 1777; Dok., S. 149f.
77 17. Oktober 1777; BriefeGA II, S. 66.
78 BriefeGA II, S. 191.
79 14. November 1777; BriefeGA II, S. 124.
80 7. Februar 1778; BriefeGA II, S. 264.
81 Flötenkonzerte: geschrieben nur KV 313 (285ᶜ), dazu vielleicht Umarbeitung des Oboenkonzerts KV 314 (285ᵈ), sowie ein Andante KV 315 (285ᵉ); Flötenquartette: KV 285, 285ᵃ, nicht KV Anh. 171 (285ᵇ).
82 Violinsonaten KV 301 (293ᵃ), 302 (293ᵇ), 303 (293ᶜ), 304 (300ᶜ), 305 (293ᵈ), 306 (300ˡ).
83 Klaviersonaten: KV 309 (284ᵇ) und 311 (284ᶜ), eine davon für Rosa Cannabich. Zur Ariette KV 307 (284ᵈ): als Seitenstück folgte Anfang des kommenden Jahres »*Dans un bois solitaire*« KV 308 (295ᵇ). Bläserinstrumentierung für ein Flötenkonzert Wendlings: KV 284ᵉ (verloren).
84 11. Dezember 1777; BriefeGA II, S. 181.
85 Parallelstück der zur gleichen Zeit für den Tenor Anton Raaff: »*Se al labbro*

mio non credi« KV 295, und Dorothea Wendling: »*Basta, vincesti*« – »*Ah non lasciarmi, no*« KV 295ª geschriebenen Werke.
86   11. September 1778; BriefeGA II, S. 473.
87   KV² Anh. 9, KV⁶ 297B, verloren; vgl. dazu die zweifelhafte Konzertante für Oboe, Klarinette, Horn, Fagott und Orchester KV³ 297ᵇ (KV⁶ Anh. C 14.01), die als Bearbeitung des verlorenen Werks angesehen worden ist.
88   KV Anh. 8 (311 A), verloren; vielleicht Bearbeitung eines frühen Werks?
89   9. Juli 1778; BriefeGA II, S. 397.
90   12. November 1778; BriefeGA II, S. 507.
91   Dok., S. 163.
92   8. April 1780; BriefeGA III, S. 104.
93   11. November 1780; BriefeGA III, S. 15.
94   NMA II/6/2, S. 49 ff. (No. 1) und S. 73ff. (No. 2).
95   *Münchner Staats-, gelehrte und vermischte Nachrichten*, 1. Februar 1781; Dok., S. 170.
96   11. Dezember 1780; BriefeGA III, S. 53.
97   1. Dezember 1780; BriefeGA III, S. 40.
98   BriefeGA III, S. 92f.
99   *Pfeffer und Salz*, 5. April 1786; Dok., S. 236.
100 Die Arie »*Ma che vi fece, o stelle*« – »*Sperai vicino il lido*« KV 368 ist eher schon 1779/80 entstanden.
101 BriefeGA III, S. 93.
102 4. April 1781; BriefeGA III, S. 102.
103 4. April 1781; BriefeGA III, S. 101.
104 9. Juni 1781, BriefeGA III, S. 127.
105 Violinsonaten: KV 296, 376 (374ᵈ), 377 (374ᵉ), 378 (317ᵈ), 379 (373ª), 380 (374ᶠ).
106 Variationswerke: für Klavier KV 264 (315ᵈ), 265 (300ᵉ), 353 (300ᶠ), 352 (374ᶜ); für Klavier und Violine KV 359 (374ª), 360 (374ᵇ).
107 Klavierkonzerte: KV 413 (387ª), 414 (385ᵖ), 415 (387ᵇ).
108 20. Juli 1782; BriefeGA III, S. 212.
109 31. Juli 1782; BriefeGA III, S. 216.
110 Johann Wolfgang von Goethe, *Werke*, hrsg. von Erich Trunz, Hamburg 1948ff., Bd. XI, S. 437.
111 BriefeGA III, S. 213.
112 BriefeGA III, S. 246.
113 22. Dezember 1782; BriefeGA III, S. 185.
114 22. Dezember 1781; BriefeGA III, S. 186.
115 Dok., S. 180.
116 Dok., S. 181.
117 19. März 1785; BriefeGA III, S. 380.
118 23. August 1782; BriefeGA III, S. 222.
119 17. August 1782; BriefeGA III, S. 220.
120 BriefeGA III, S. 259.
121 BriefeGA III, S. 248.
122 *A Mozart Pilgrimage. Being the Travel Diaries of Vincent & Mary Novello in the year 1829*, hrsg. von Nerina Medici di Marignano und Rosemarie Hughes, London 1955, S. 90; vgl. Dok., S. 462; zuvor schon in Georg Nikolaus Nissen, *Biographie W. A. Mozart's*, Leipzig 1828, S. 476.
123 10. April 1784; BriefeGA III, S. 309.
124 Die Namen der Subskribenten teilte Mozart seinem Vater am 20. März 1784 mit; BriefeGA III, S. 305–307.
125 Die einzelnen Haydn-Quartette in der Reihenfolge ihrer Fertigstellung: KV 387, 421 (417ᵇ), 428 (421ᵇ) – ›*Jagd-Quartett*‹ KV 458 – KV 464, ›*Dissonanzen-Quartett*‹ KV 465.
126 Dok., S. 220.
127 16. Februar 1786; BriefeGA III, S. 373.
128 Ployer-Studienmanuskript KV⁶ 453ᵇ; Freystädtler-Studienmanuskript KV deest.
129 Freimaurer-Chorlieder: »*Zerfließet heut, geliebte Brüder*« KV 483, »*Ihr unsre neuen Leiter*« KV 484.
130 Freimaurer-Kantaten: »*Die ihr des unermeßlichen Weltalls Schöpfer ehrt*« KV 619, »*Laut verkünde unsre Freude*« KV 623.
131 Adagio für 2 Bassetthr. und Fg. KV 410 (440ᵈ, 484d), Adagio für 2 Klar. und 3 Bassetthr. KV 411 (440ª, 484a).
132 Dok., S. 392–395.
133 BriefeGA IV, S. 300, 360.
134 BriefeGA III, S. 590.
135 Brief Leopold Mozarts an seine Tochter, 12. Januar 1787; BriefeGA IV, S. 7.
136 Dok., S. 250.
137 Baß-Arien: »*Alcandro, lo confesso*« – »*Non sò d'onde viene*« KV 512; »*Mentre ti lascio, oh figlia*« KV 513.
138 Lieder: *Die Alte* KV 517, *Die Verschweigung* KV 518, *Das Lied der Trennung* KV 519, *Als Luise die Briefe ihres ungetreuen Liebhabers verbrannte* KV 520, *Abendempfindung an Laura* KV 523, *An Chloe* KV 524.
139 *An extract from the life of Lorenzo Da Ponte with the history of several dramas by him, and among others [...] il Don Giovanni [...] set to music by Mozart*, New York 1819, S. 17f.; so auch in den *Memorie* Da Ponte, New York 1823–1827, ²1829/30.
140 4. April 1787; BriefeGA IV, S. 41.
141 4., vermehrte und verbesserte Auflage Berlin 1776; Dok., S. 498.
142 E.T.A. Hoffmann, *Don Juan* (wie Anmerkung 4); Neuausgabe S. 139.

143 Dok., S. 269.
144 Januar 1788: KV 534–536, vielleicht KV 609. – Winter 1788/89: KV 567, 568, 571; KV 565, schon im Oktober 1788 entstanden, ist verschollen. – Winter 1789/90: KV 585–587. – Winter 1790/91: KV 599–607, 610, 611.
145 MozVerz, S. 44 (5. März 1788).
146 BriefeGA IV, S. 65; die traditionelle Datierung des Schreibens auf den Juni des Jahres ist zweifelhaft, wahrscheinlicher dürfte Ende November 1788 sein, wenn nicht überhaupt viel später.
147 BriefeGA IV, S. 65–66.
148 Vor 27. Juni 1788; BriefeGA IV, S. 69.
149 Brief an Constanze, 16. April 1789; BriefeGA IV, S. 83.
150 *Berlinische Musikalische Zeitung*, 1, 1805, Nr. 33, S. 132.
151 Archiv der Gesellschaft der Musikfreunde, Wien, Signatur: *III 31685* (alte Signatur: *V 8623*).
152 Sinfonien: KV 504 (›*Prager*‹) und vielleicht KV 551 (›*Jupiter*‹); Klavierkonzerte: KV 456, 503; Konzertarien: »*Ch'io mi scordi di te?*« – »*Non temer, amato ben*« KV 505, »*Bella mia fiamma, addio*« – »*Resta, oh cara*« KV 528.
153 MozVerz, S. 50 (17. Mai 1789).
154 12. Juli 1789; BriefeGA IV, S. 93; [Dezember 1789], BriefeGA IV, S. 100.
155 [Juli 1789]; BriefeGA IV, S. 95.
156 [Dezember 1789]; BriefeGA IV, S. 100.
157 26. September 1781; BriefeGA III, S. 162.
158 Mozart hat das Duett »*Nun, liebes Weibchen*« KV 625 (592ᵃ) instrumentiert; weitere Zuschreibungen bleiben zweifelhaft.
159 [Erste Hälfte Mai 1790]; BriefeGA IV, S. 107.
160 15. Oktober 1790; BriefeGA IV, S. 118.
161 8. Oktober 1790, BriefeGA IV, S. 117.
162 So auf dem Titelblatt des Erstdrucks, Wien: Artaria 1793.
163 Lieder: *Sehnsucht nach dem Frühlinge* KV 596–598; Stücke für Orgel-Spielwerke: KV 594, 608; Baß-Arie KV 612; Opernchor KV 615 (verloren); Klavier-Variationen KV 613.
164 Andante für mechanische Orgel KV 616; Glasharmonikawerke: KV 617, 356 (617ᵃ); *Ave verum corpus* KV 618; Freimaurer-Kantaten: KV 619, 623.
165 DokAC, S. 67.
166 5. September 1791; BriefeGA IV, S. 154.
167 6. September 1791; Dok., S. 355.
168 7. September 1791; DokA.NF, S. 71. Für die im 19. Jahrhundert kolportierte Äußerung der Kaiserin, die Oper sei eine »*porcheria tedesca*« (eine »*deutsche Schweinerei*«) gewesen, liegt keine authentische Quelle vor.
169 *Musikalisches Wochenblatt*, Berlin, [Dezember 1791], Stück 10, S. 79; Dok., S. 358.
170 7./8. Oktober 1791; BriefeGA IV, S. 157.
171 6. November 1791; DokAC, S. 72.
172 14. Oktober 1791; BriefeGA IV, S. 161.
173 BriefeGA IV, S. 161–163.
174 Greifbar im Briefwechsel von Friedrich Wilhelm Gotter, Heinrich Beck, Friedrich Hildebrand von Einsiedel, Gottfried August Bürger und August Wilhelm von Schlegel; DokA.NF, S. 68–70.
175 Dok., S. 355f.
176 So im Pensionsgesuch der Witwe an Kaiser Leopold II., 11. Dezember 1791; BriefeGA IV, S. 176.
177 Brief Sophie Haibels an Georg Nikolaus Nissen, 7. April 1825; Dok., S. 450. – Anonymus, [Nachruf auf] *Benedict Schack*, in: Allgemeine musikalische Zeitung 29, 1827, Sp. 519–521; Dok., S. 460.
178 Dok., S. 368.
179 Ludwig Tieck, *Erinnerungen*, Leipzig 1855; Dok., S. 477.
180 Abbildungsnachweise: *Mozart und seine Welt in zeitgenössischen Bildern*, begründet von Maximilian Zenger, vorgelegt von Otto Erich Deutsch, Kassel usw. 1961 (= NMA X/32). Der Kommentarteil dieses Bandes bedarf stellenweise der Revision.
181 20. Dezember 1777; BriefeGA, S. 199. Zu seinem im Nachlaß befindlichen Bücherbesitz vgl. Dok., S. 497–500, 509–511.
182 Leopold Mozart, 12. Februar 1778; BriefeGA II, S. 274.
183 Dok., S. 433.
184 19. Oktober 1782; BriefeGA III, S. 239.
185 29. Mai 1778; BriefeGA II, S. 368.
186 17. August 1782; BriefeGA III, S. 220.
187 27. Juli 1778; BriefeGA II, S. 442.
188 23. Februar 1778; BriefeGA II, S. 296f.
189 11. September 1778; BriefeGA II, S. 473.
190 Dok., S. 405.
191 29. November 1777; BriefeGA II, S. 153.
192 1. Oktober 1790; BriefeGA IV, S. 114.
193 7. Juli 1791; BriefeGA IV, S. 150.

TEIL II

MUSIK

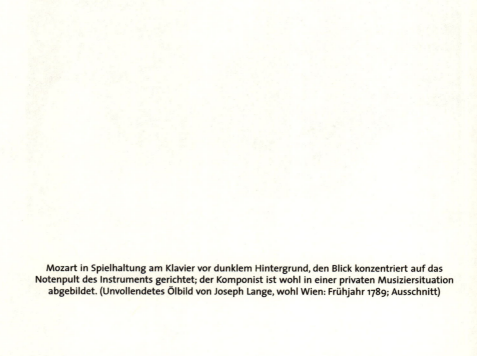

Mozart in Spielhaltung am Klavier vor dunklem Hintergrund, den Blick konzentriert auf das Notenpult des Instruments gerichtet; der Komponist ist wohl in einer privaten Musiziersituation abgebildet. (Unvollendetes Ölbild von Joseph Lange, wohl Wien: Frühjahr 1789; Ausschnitt)

I

Grundzüge

»Studieren«, »annehmen« und *»nachahmen«*

Mozarts in ihrer Verschiedenartigkeit so reichhaltige Musik entzieht sich dem Versuch der eindeutigen musikhistorischen Verortung und der umfassenden Beschreibung ihrer *poiesis*, ihres kunsthaften ›Gemachtseins‹. Sie ist enzyklopädisch in dem Sinne, daß in ihr alle im Europa des 18. Jahrhunderts traditionellen und sich ausbildenden Stile der Kirchen-, Theater- und Kammermusik widertönen. Mozart verfügte dank frühzeitiger intensiver Begegnung und Auseinandersetzung mit den Musikarten seiner Zeit in den relevanten nationalen wie internationalen Zentren über ein Musikwissen wie kein anderer Komponist in diesen Jahrzehnten. Dieses Wissen war ein lebendiges, das heißt es stand ihm jederzeit zu Gebote, war in jede denkbare Richtung hin erweiterbar und befand sich in einer ununterbrochenen rezeptiven und produktiven Bewegung. Vielleicht kennt die Musikgeschichte keinen zweiten Komponisten, der für seine Kunstausübung in solch hohem Maße des ständigen Eindrucks von ›fremder‹ Musik bedurft, der es aber zugleich vermocht hat, aus diesem permanenten Zufluß eine Musik zu formen, die auf unbeschreibbare Weise ›eigen‹ klingt. Selbst ausgeprägte Momente bewußter Stiladaptionen, in denen Mozart beispielsweise ältere Idiome aufnimmt – wie in der Arie der Donna Elvira »*Ah fuggi il traditor*« aus dem *Don Giovanni* KV 527 (No. 8), dem ›Gesang der Geharnischten‹ aus der *Zauberflöte* KV 620 (2. Aufzug, No. 21, 28. Auftritt) oder in *Adagio und Fuge* für zwei Klaviere KV 426 (bearbeitet für Streicher: KV 546) –, geraten nie zu vordergründigen Imitationen, sondern bewahren unüberhörbar den Ton seiner Musik.

Dieser charakteristischen Eigenart seines kompositorischen Vermögens war sich Mozart bewußt: »*denn ich kann so ziemlich [...] alle art und styl vom Compositions annehmen und nachahmen*«.[1] Darin liegen die unerschöpfliche gestalterische Vielfalt und das faszinierende Wechselspiel zwischen Konvention und Innovation begründet, die dem Hörer in Mozarts Werken permanent begegnen. Nichts würde ein größeres Mißverständnis bedeuten, als in der zitierten Aussage das Prinzip epigonaler Kunstproduktion zu sehen oder zu meinen, Mozarts Komponieren habe aus dem bloßen Kombinieren unzähliger vorgefundener Bausteine bestanden, so daß die Werke in der Summe ihrer Bestandteile aufgingen. Die Worte Mozarts verweisen vielmehr, neben anderem, auf das elementare Faktum, daß musikalisches Schaffen keine göttliche *creatio ex nihilo* darstellt – erst der kunstreligiös verbrämte Geniekult des 19. Jahrhunderts führte zu einer solchen hypertrophen Annahme –, sondern sich im Rahmen einer durch Tradition geformten und durch unentwegte kollektive Anwendung einer aktuell gehaltenen Art ›stiller Übereinkunft‹ bewegt. Kein Komponist erfindet jeweils die Musik als Kunstmedium neu, sondern er treibt mit ihren Mitteln im Kontext seiner Zeit ein individuelles schöpferisches Spiel. Wohin er dabei gelangt, läßt sich nicht vorhersagen, doch gibt es gleichwohl in den sich wandelnden historischen Kontexten virtuelle Grenzlinien; darauf wird zurückzukommen sein.

Mozart schrieb über sich, daß er *»so zu sagen in der Musique stecke – daß* [er] *den ganzen Tag damit umgehe – daß* [er] *gern speculire – studiere – überlege –«*.[2] Hier spricht er explizit nicht von ›seiner‹ Musik, sondern von ihr als etwas Allgemeinem, Gegebenem, ja, von einem Gegenüber. Der Umgang mit allen ihren Arten und Stilen war, nimmt man die Nachricht ernst, ein bewußter und in seinem Vollzug differenzierter: ›Spekulation‹, ›Studium‹ und ›Überlegung‹ beschreiben offensichtlich Wege, auf denen er sich als künstlerisch Denkender im imaginären Raum musikalischer Phantasie bewegte. Diese Wege führten zu Entscheidungen über die Akzeptanz von Gedanken nach Kriterien eines besonderen Erkenntnisvermögens, nämlich des Geschmacks – so jedenfalls nach der Vorstellung aufklärerischer Ästhetik, die an diesem Punkt mit derjenigen Mozarts zusammenfällt. Joseph Haydns Diktum von 1786, sein Freund besitze *»geschmack«* und *»größte Compositionswissenschaft«*[3], konzentriert in zwei Begriffen exakt die Merkmale, die aus dessen erwähnten Selbstaussagen hervortreten. Mozarts Fähigkeit, lebenslang musikalische Erfahrungen in einem kritischen Prozeß von Auswahl und Annahme zur Synthese einer Eigenaussage zu bringen, spiegelt sich in dem für das 18. Jahrhundert noch positiv gültigen Begriff der Eklektik. Seine nach 1800 erfolgte Umbiegung und Abwertung, die ein nunmehr Eklektizismus genanntes Verhalten unschöpferischer Übernahme bereits vorhandener Ideen meinte, hat sich seither zwar restlos durchgesetzt, doch bleibt die Ursprungsbedeutung erinnerungswürdig und heuristisch hilfreich. Im Sinne aufgeklärten Verständnisses war Mozart ein herausragender ›Eklektiker‹, weil er einen umfassenden Überblick über *»alle art und styl vom Compositions«* besaß und sich deren Fülle mit der Sicherheit eines untrüglichen Geschmacks, der unbestechlichen Urteilsfähigkeit für das ästhetisch Beste sowie einer stupenden musikalischen Kunstfertigkeit völlig selbstverständlich bedient hat.

Welche schöpferische Raffinesse Mozart bei solcherart anverwandelndem Komponieren walten ließ, belegen Beispiele, bei denen sich der ›fremde Hintergrund‹ näher bestimmen läßt. So macht er sich etwa als schöpferischen Ausgangspunkt für den langsamen Satz des Klavierkonzerts KV 450 – in ihm wird erstmals in diesem Genre eine spezielle Form der Variation verwirklicht – den *»Poco adagio«*-Satz aus Joseph Haydns Sinfonie D-Dur Hob. I: 75 dienstbar, besser: dessen formale Idee und dessen Charakter, freilich in einer Weise, in der beide am

Ende – paradoxerweise – unüberhörbar vorhanden und doch ganz in seiner Musik aufgegangen sind. Auf der einen Seite nimmt Mozart bis in Details der Themenbildung und Variation auf Haydn Bezug, auf der anderen Seite ergreift er von der ›Fremdmusik‹ in einem Maß Besitz, daß diese eine neue, eben seine Individualität erhält. Diese ›Eklektik‹ verharrt nicht in bloß kopierender Nachahmung, sondern setzt bei der Aneignung der anderen Musik einen Prozeß der Wandlung und der steigernden Individuation in Gang. Deswegen war sich Mozart auch sicher, daß in parallel zu seinen eigenen entstehenden Werken anderer Komponisten *»kein einziger gedanke einem von den meinen ähnlich seyn«* werde.[4]

Für *»Kenner«* und *»Nichtkenner«*

In Mozarts Notentexten ist ein denkbar breites Spektrum an Fakturen präsent: Es reicht vom kleinen Klavierstück und naiven Kinderlied bis zur weitausgreifenden Instrumentalfantasie und großen Konzertarie oder vom engräumigen Tanzmenuett und lockeren Divertimentosatz bis zur Komplexität der Tanzszene im Finale I des *Don Giovanni* und der Satzverdichtung im Finale der *Jupiter*-Sinfonie. Unmittelbar ins Ohr fallende melodische Wendungen und wie unbekümmert wirkende Fortspinnungen stehen neben motivischen Kleinzellen und streng gebundenen Formverläufen. Leicht überschaubare Modulationen und Grundkadenzen finden sich ebenso wie komplizierte harmonische Entwicklungen oder spektakuläre Akkordkonstellationen. Simple Begleitmodelle oder konventionelle Figurationen begegnen immer wieder, aber auch Stimmengewebe, in denen sich elementare Bewegungsmuster zu unerhörten Wirkungen verbinden. Mozarts Musik erweckt zu gleicher Zeit den Anschein des Vertrauten und des Überraschenden, ihre Ausdrucksspanne umfaßt mühelos das Kindlich-Anrührende und das Erschütternd-Erhabene. Das alles und mehr realisiert sie selbstverständlich nicht unterschiedslos in jeder ihrer werkhaften Konkretionen, sondern in den vom Komponisten intendierten individuellen Zusammenhängen. Dabei hatte Mozart immer auch die potentielle Hörerschaft im Blick, jedenfalls soweit eine solche überhaupt als rationale Größe im vorhinein erfaßt werden konnte. Er wußte die Wirkungsmechanismen der Musik – auch hier in den von der Sache gezogenen Grenzen – aber gleichwohl genau einzuschätzen und sich ihrer zu bedienen.

Bei allem grundsätzlichen Bemühen, in der musikalischen Gestaltung dem Verstehensvermögen seiner Zuhörer entgegenzukommen, war Mozart mit seinem Kunstanspruch doch stets auf ein kennerhaftes Publikum ausgerichtet. Den gelegentlichen Mahnungen des Vaters, der Komponist möge die Wünsche und Fähigkeiten auch bloßer Liebhaber berücksichtigen und er solle *»popular«* schreiben, verschloß er sich zwar nicht und zeigte sich willens, *»Musick für aller Gattung leute«* zu komponieren – *»ausgenommen für lange ohren nicht. –«*.[5] Aber so wie er für seine Tätigkeit eine klare Trennlinie zwischen verantwortungsbewußtem Komponieren und gedankenlosem *»hinschmieren«*[6] zog, so distanzierte er sich von *»leut zu zuhörer die nichts verstehen, oder die nichts verstehen wollen«*[7]. Er setzte auf den Kenner, den

Musikkundigen, der sich mit dem in seinen Werken niedergelegten Gedankenreichtum auseinanderzusetzen vermochte, der nicht nach einer herkömmlichen, aus dem Vorbild der Natur abgeleiteten Regelpoetik, sondern nach den Maßgaben des Kunstwerks zu urteilen verstand. Wenn er sich deswegen mit seiner Musik darum bemühte, vor allem den »*kenner*[n] *allein satisfaction*« zu verschaffen, so bedeutete das nicht zwangsläufig die Mißachtung des ›Liebhabers‹ (so die geläufige Terminologie der Zeit) oder des ›Nichtkenners‹, wie Mozart ihn nennt. Vielmehr soll dieser mit der Musik »*zufrieden seyn*« können, »*ohne zu wissen warum*«.[8]

Solcherart Bestimmung des eigenen ästhetischen Standorts stammt aus den ersten Wiener Jahren, als Mozart kompositorisch in verschiedene Richtungen ausgriff: zunächst auf das Klavierkonzert, dessen – hohes – Ausgangsniveau er mit den 1782/83 verfaßten, 1785 im Druck ausgelieferten drei »*livres*« seines »*Œuvre IV*« (KV 413–415) markierte, dann auf die deutsche Oper (*Die Entführung aus dem Serail*) und schließlich auf das Streichquartett (»*Haydn-Quartette*«). In diesen Werken manifestierte er nicht nur für jede der drei Genres den jeweiligen Gattungsanspruch aus seiner Sicht, sondern führte den Ansatz zum überzeugenden Gelingen, über die Gattungsgrenzen hinaus musikalische Mittel aus Konzert, Oper und Kammermusik sich wechselseitig durchdringen zu lassen. Form-Modelle und Satztechniken des Quartetts spiegeln sich in den Konzerten, dramatische Konstellationen der Oper nehmen Einfluß auf den Stimmendiskurs der Quartettspieler oder den Dialog zwischen Konzertsolist und Orchester. Dadurch hatte Mozarts Musik insgesamt einen Zuwachs an Komplexität und Variabilität gewonnen, der den Bewußtseinsstand mancher zeitgenössischer Hörer überstieg und nicht bei allen von ihnen zur »*satisfaction*« geführt hat – dennoch ein Zuwachs, an dem prinzipiell jedermann auf ihm zugängliche Weise teilhaben sollte. Gerade die stilistische Vielförmigkeit und die große Beweglichkeit in der Anwendung von Mitteln aus unterschiedlichen Genera bei gleichzeitig waltender Kraft der Synthese macht seither den charakteristischen Wert von Mozarts musikalischer Kunst aus. Ihre »*zeugende Kraft*«, die Goethe gegenüber Eckermann einmal hervorhob,[9] scheint nie nachgelassen zu haben, jedenfalls erweisen sich ihre Produkte als reich genug für immer wieder neue ästhetische Erfahrungen und Einsichten.

Das »*Mittelding*« oder: »*Musik muß allzeit Musik bleiben*«

Eine Musik, mit der Kenner wie Nichtkenner gleichermaßen auf den ihnen zugänglichen Verstehensebenen umgehen können, hat plakative Extreme zu meiden – sie sucht weder Kunstfertigkeit um ihrer selbst willen, noch führt sie absichtlich Simplizität vor. Mozarts Emphase für »*das mittelding – das wahre in allen sachen*«[10] wird vor diesem Hintergrund nachvollziehbar und pointiert seine Anschauung von Musik als Kunst in einer weiteren Hinsicht. Im Zusammenhang mit den ersten Wiener Klavierkonzerten diente der Ausdruck ›Mittelding‹ fürs erste der Beschreibung ihrer spieltechnischen Anforderungen »*zwischen zu schwer, und zu leicht*«,[11] doch vertiefte Mozart ihn sogleich ins Grundsätzliche. Er beklagte nämlich ganz allgemein den Verlust eines mittleren Maßes in der Musik; dieser zwinge Komponisten zur Abfassung von Werken, »*die so verständlich sind, daß es ein fiacre nachsingen könnte, oder so unverständlich – daß es ihnen, eben weil es kein vernünftiger Mensch verstehen kann, gerade eben deswegen gefällt; –*«.[12] Aus dieser Sicht kommt dem ›vernünftigen‹ Hörer eine zentrale Rolle zu: Er verfügt idealerweise über das Unterscheidungsvermögen zwischen einer Musik für Unverständige und einer vorsätzlich verkünstelten für Scheinkenner. Auf einen ›vernünftigen‹ Hörer war beispielsweise die Bläserserenade KV 375 (Oktober 1781) berechnet. Obwohl das Werk primär für die abendliche Freiluftunterhaltung bei einer Namenstagshuldigung gedacht war – hier ging es ganz in seiner Gattungstradition auf –, hat Mozart es »*ein wenig vernünftig geschrieben*«,[13] das heißt die konventionell einfachere Faktur solcher Bläsermusiken durch den stärkeren Einbezug von Satztechniken aus der ›gehobenen‹ Kammermusik angereichert. Ein Grund dafür war die Anwesenheit eines einflußreichen, kennerhaften Hofmannes bei der ersten Aufführung des Werks; ihn wollte der Komponist beeindrucken.

Dieses Beispiel belegt, daß Mozart keine abstrakten ästhetischen Reflexionen anstellte, sondern seine aufs Ganze gesehen ohnehin eher seltenen Aussagen zur Musik immer an die Evidenz des komponierten Notentextes und des klingenden Werks band. Das Vorhaben, ein Buch über die erwähnten Gedanken zu verfassen, blieb zwar unausgeführt, aber es sollte bezeichnenderweise »*eine kleine Musicalische kritik mit Exempeln*«[14] werden: In der Realität konkreter kompositorischer Situationen wollte Mozart seine Maximen erwiesen sehen. Wie präzise er dabei dachte, hatte er wenige Monate zuvor demonstriert, als er gegenüber dem Vater einige spezielle Momente der Musik zur *Entführung aus dem Serail* erläutert hat. Die Erörterung richtete sich angesichts der ersten Osmin-Arie (No. 3) »*Solche hergelauf'ne Laffen*« unter anderem auf die Frage, wie ein Komponist Musik für den Ausdruck entfesselter Leidenschaft gestalten solle. Mozart begegnet hier der dramatischen Situation eines Menschen, der im Zorn »*alle ordnung, Maas und Ziel*« überschreitet, mit der Forderung an die Musik, daß sie dem inneren Zustand des Protagonisten nicht in planer Nachahmung folgen dürfe, sondern ihn in den anerkannten Grenzen eines Raums des ästhetisch Schönen widerhallen lassen müsse: »*weil aber die leidenschaften, heftig oder nicht, niemal bis zum Eckel ausgedrükket seyn müssen, und die Musik, auch in der schaudervollsten lage, das Ohr niemalen beleidigen, sondern doch dabey vergnügen muß, folglich allzeit Musick bleiben Muß*«.[15] Osmins sich zur Blindwütigkeit steigernde Erregung veranlaßt Mozart auf dem Kulminationspunkt der Arie (T. 147, Allegro assai: »*Erst geköpft, dann gehangen*«) zum reflektierten Einsatz genau beschriebener Kunstmittel: Erhöhung des Tempos, Verwendung der ›Türkischen Musik‹ aus Piccoloflöte, Becken und Großer Trommel sowie harmonische Rückung von der Tonika F-Dur zur Dominantparallele a-Moll. Namentlich den Tonartenwechsel begründet der Komponist als Sinnbild für Osmins Entfernung vom eigenen Selbst.

Wie eng Mozart sich mit dieser Erklärung einer allgemeinen aufklärerischen Kunstauffassung anschloß, verrät auch der Gebrauch des in musikalischen Zusammenhängen ungewöhnlichen Wortes ›Ekel‹. Für die ästhetische Theorie der zweiten

Hälfte des 18. Jahrhunderts bezeichnet das Wort eine wichtige Kategorie einerseits für die Bestimmung der Grenze des Ästhetischen schlechthin, andererseits für die Konturierung des Schönen. Von Johann Adolf Schlegel über Moses Mendelssohn und Gotthold Ephraim Lessing bis hin zu Immanuel Kant – um nur einige bedeutende Namen zu nennen – wurde der Gedanke entwickelt und ausgeführt, daß das Schöne an sich selbst zu einem Ekelhaften werde, wenn es in völliger Reinheit auftrete, und es daher zum Erhalt immer der Ergänzung durch etwas bedürfe, das nicht oder nicht nur schön sei. Mozart folgt dieser Theorie im Blick auf Osmin insofern, als er den ›reinen‹ Ausdruck von dessen leidenschaftlicher Erregung als unzulässig, da Ekel erregend ansieht. Deshalb setzt der Komponist Mittel ein, die Osmins Zorn einerseits als solchen, andererseits als etwas Komisches erscheinen lassen: »*der zorn des osmin wird dadurch in das kommische gebracht, weil die türkische Musick dabey angebracht ist*«.[16] Auf diese Weise gerät die Arie zu einem perfekten ›Mittelding‹ zwischen der Mimesis menschlicher Leidenschaft und dem Kunst-Schönen, wie das vor Mozart bei der musikalischen Darstellung eines Charakters dieser Art und eines vergleichbaren Zustands sonst niemals erreicht worden ist.

Gelegenheit, Funktion und ›Ort‹ der Musik

Mozart als einen Gelegenheitskomponisten zu charakterisieren, kann nur in dem Sinn zulässig sein, als jedes seiner Werke – soweit erkennbar – für eine oder als Folge einer Gelegenheit geschrieben worden ist. Gelegenheit meint dabei den günstigen Augenblick oder den geeigneten Anlaß, um eine musikalische Konzeption zu entwerfen, auszuarbeiten und ihrer Bestimmung, dem Erklingen, zuzuführen. Gelegenheiten machten Werke – und verhinderten hin und wieder auch ihre Fertigstellung. Mozarts Schaffen stand stets in einem auch heute meist noch erkennbaren Kontext von Aufträgen, Gattungskonventionen, Aufführungsbedingungen, Funktionen und Wirkungszusammenhängen. Seine Kompositionen hatten, jede für sich und zugleich im Verbund von traditionellen Genres, einen ›Ort‹, ihren ›Sitz im Leben‹ (um das berühmte Wort des Theologen Hermann Gunkel aufzugreifen). Diese historischen ›Orte‹ als die gedachten künstlerischen Räume, in denen die unterschiedlichen Arten von Musik ihr Daseinsrecht besessen haben, sind längst verlorengegangen oder aufgehoben in immer wieder neuen Kontexten, in die Mozarts Werke hineingestellt werden und in denen sie gegenwärtig sind. Aufgabe musikgeschichtlicher Forschung ist es, wenigstens annäherungsweise eine Rekontextualisierung seiner Musik zu versuchen, freilich nicht zum Erweis eines früher ›Richtigen‹, eines Authentischen, sondern um einen Gegenpol zu ihrer Präsenz im ›Hier und Jetzt‹ zu gewinnen. Denn aus der Erkenntnis der Distanz zwischen Mozarts eigener musikalischer Gegenwart und derjenigen seiner nachgeborenen Hörer, im deutlichen Bewußtsein des eingetretenen Unterschieds also, erwächst die Möglichkeit, die Bedingungen unseres Verstehens und damit das zu Verstehende selbst besser zu erfassen als in der bloßen Wahrnehmung vermeintlich zeitenthobener, autonomer Musik.

Tatsächlich ist keine Komposition Mozarts vom Verlust ihres ursprünglichen ›Ortes‹ verschont geblieben – dieses Schicksal teilt sie selbstverständlich mit aller Musik seiner Zeit, was aber nicht bedeutet, daß auch die jeweils individuellen Umstände gleich oder ähnlich seien. Dabei ist es teils zu radikalen Brüchen, teils zu in langen Prozessen vollzogenen Verschiebungen gekommen. Den Opere serie der 1770er Jahre etwa fehlt als Bühnenartefakten jegliche Rezeptionskontinuität: Zwischen der einzigen Aufführungsserie des *Mitridate* in Mailand 1770/71 und der ersten Wiederaufführung in Salzburg 1971 klaffen 200 Jahre der praktischen Nicht-Existenz dieses Werks. Das gilt mit der Differenz von höchstens zwei Jahrzehnten für alle frühen Bühnenwerke, die erst in der jüngeren Vergangenheit wie archäologische Fundstücke unvermittelt aus dem Nichts des Vergessens aufgetaucht sind. Wenigstens ein Teil der kirchenmusikalischen Werke Mozarts behauptet seinen ›Ort‹ in der Liturgie des katholischen Gottesdienstes – deren Grundgestalt freilich viele Wandlungen erfahren hat –, doch führen alle diese Kompositionen auch eine zweite Existenz als völlig aus der sakralen Funktion gelöste Stücke im säkularen Raum der Konzertsäle. Die differenzierten Funktionen kammermusikalischer Genera zwischen ›Hausmusik‹, Musik für Liebhaberkreise oder allein für kennerhafte Spieler sind weitgehend eingeebnet zugunsten einer generell gültigen Zuweisung an die Vorspiel-Situation im öffentlichen Konzert, wobei die Intimität der Kammer anscheinend ohne weiteres durch die Publizität des großen Raums ersetzt werden kann. Umgangsmäßige Aufführungsformen gesellschaftsgebundener Ensemblemusik, die ein Musizieren im Freien, bei der Tafel oder in anderen Lebenssituationen vorsahen, existieren nicht mehr und werden allenfalls in folkloristischer Absicht wiederbelebt.

Die Kenntnis der genauen historischen ›Orte‹ mozartscher Werke gehört zu den Bedingungen, die erfüllt sein müssen, um ihre Entwicklung, ihren Wandel und ihre Binnendifferenzierung im Zusammenhang mit jeweils gleichartigen Kompositionen erkennen zu können. Da Mozart nicht in historiographischen Gattungsbegriffen, sondern auch hier pragmatisch in konkret vorhandenen Musizierpraktiken dachte, verfangen gattungsgeschichtliche Ansätze bei der Beschreibung seiner Musik nur bedingt. Das gilt namentlich bei Genres, die sich als förmliche Gattungen noch nicht etabliert hatten oder nur unscharfe Konturen aufwiesen. Als Beispiel für eine solche Werkgruppe mag das Repertoire an Kompositionen für Klavier und Violine stehen: 32 Sonaten, zwei Variationszyklen sowie acht Fragmente.

Diese Kompositionen eint die Besetzung, obwohl sie für die frühen Opera von 1763 bis 1766 zunächst nur fakultativ ist. Denn als das Wunderkind Mozart in London, Paris und Den Haag mit seinen ersten vier Sammeldrucken an die Öffentlichkeit trat, lautete deren Haupttitel: »*Sonates pour le Clavecin*«, und nur der Untertitel spezifizierte die Beteiligung eines Melodie-Instruments: »*Qui peuvent se jouer avec l'Accompagnement de violon*« (so bei KV 6 und 7, 8 und 9) oder »*qui peuvent se jouer avec l'accompagnement de violon ou Flaute Traversiere et d'un Violoncelle*« (KV 10–15; hier also Ansätze zum Klaviertrio) oder »*Avec l'Accompagnement d'un violon*« (KV 26–31). Damit wurde eindeutig angezeigt, was diese Stücke im Kern ihres musikalischen Satzes waren, nämlich Klaviersonaten, zu denen eine akzidentelle Violinstimme gehörte. Aber dieses gewiß auffällige Merkmal beschreibt lediglich die Außenseite der 16 frühen ›Violinsonaten‹, gleichsam den Ausgangspunkt auf einem Weg, der schließlich zu einer strukturell zwingenden Verbindung der beiden Instrumente im Tonsatz führte. Die Analyse und Kontextualisierung der einzelnen Stücke erhellt vielmehr, mit welchem geradezu seismographischen Gespür der kindliche Komponist auf die an ihn herangetragenen Modelle reagierte. Entscheidend ist dabei nicht, daß er überhaupt Werke des in Paris mit solchen Sonaten führenden Johann Schobert und des in London maßgeblich wirkenden Johann Christian Bach adaptierte (oder sie schlicht nachahmte), sondern wie es ihm gelang, Satztechniken und Tonfall der professionellen Vorbilder in seinen noch engen Horizont zu integrieren. Sein unermüdlich lernendes Ohr, dessen Filter immer feinmaschiger wurde, und seine höchst anregungsfähige Phantasie rezipierten ebenso selektiv wie produktiv. Auffallend ist darüber hinaus, daß Mozart bereits zwischen den Adressaten seiner Sonaten zu unterscheiden vermochte: Waren die Opera I und II (KV 6–9) auf ein Pariser, das Opus III (KV 10–15) auf ein Londoner Publikum hin ausgerichtet, deren jeweilige Geschmackspräferenzen sie berücksichtigen, so ist das jüngere Opus IV (KV 26–31) einer Einzelperson, der hochmusikalischen Prinzessin Caroline von Nassau-Weilburg zugedacht – und in mancher Hinsicht, sowohl in Formbildung, Satztechnik und Ausdruckshaltung, gegenüber den Vorgängersonaten weniger ambitioniert und eher auf einen Ton verbindlicher Konvention gestimmt.

Erst nach mehr als einem Jahrzehnt reizte eine Mannheimer Gelegenheit – genauer: das Bekanntwerden mit den *VI Divertimenti da camera* für Klavier (Cembalo) und Violine des vielseitigen sächsischen Kapellmeisters, Pianisten und Komponisten Joseph Schuster – den inzwischen gereiften Mozart zu einer erneuten Beschäftigung mit dem Genre. Was ihn seit 1777 kompositorisch herausforderte, läßt sich vom Ergebnis der im Folgejahr entstandenen sieben Sonaten[17] her zweifelsfrei bestimmen: Die beteiligten Instrumente sollten in einen veritablen Dialog treten, die bislang satztechnisch redundante Violine als integraler Bestandteil der Sonaten behandelt werden. Außerdem sind die Stücke in Mannheim als einem Zentrum musikalischer ›Führerschaft‹ dieser Zeit verortet, also stilistischen Gepflogenheiten dortigen Musizierens verpflichtet – Mozart wollte sich mit ihnen an prominenter Stelle als Zeit- und Kunstgenosse profilieren. Namentlich in den sechs der Kurfürstin dedizierten Sonaten – die für eine fünfzehnjährige Dilettantin geschriebene Sonate KV 296 spielt hier eher eine Nebenrolle – durchdringen sich Mozarts inzwischen insgesamt gewonnene kompositorische Erfahrungen mit den ihn überraschenden Mannheimer Eindrücken. Diese komplexe Mischung läßt sich, um nur zwei Merkmale zu nennen, einerseits an der in den ersten fünf Sonaten herrschenden Zweisätzigkeit beobachten – sie wurde in Mannheim trotz der sonst üblicher werdenden Erweiterung auf drei Sätze immer noch mit Vorzug gewählt –, andererseits an der Formbildung der Kopfsätze, die Mozart an dem ihm aus Salzburger (oder Wiener) Tradition vertrauten Sonatenmodell ausgerichtet hat, also mit Durchführungen, die motivisches Material der Exposition aufgreifen, und mit vollständigen Reprisen. In mehrfacher Hinsicht eine Ausnahme und zugleich eine Art Krönung des Zyklus bildet die sechste, in Paris komponierte Sonate KV 306 (300¹). Sie umfaßt als einzige drei Sätze; in der Mitte steht ein fein ausgearbeitetes, kantables Andantino – ausgeprägt langsame Partien gibt es in diesen Werken, abgesehen von der Adagio-Einleitung zur dritten Sonate KV 303 (293c), übrigens nicht. Der Eröffnungssatz enthält eine Durchführung, die im wesentlichen auf einen fanfarenartigen Gedanken der Exposition konzentriert und wie eine Fantasie angelegt ist; in ganz regelmäßiger Zweitaktgliederung wird über Dominant- und Trugschlußbildungen ein harmonischer Kreisweg durchschritten. Die Reprise spart das Kopfthema aus und schließt mit seiner Aufnahme erst in der Coda und in gut mannheimerischer Manier den Satz. Im kontrastreichen Finale – Tempo- und Taktwechsel kennzeichnen die Formabschnitte – zielt Mozart, für das Genre untypisch, auf die große konzertante Geste: Eine fast übertrieben mit allen virtuosen Reizen ausgestattete umfangreiche »*Cadenza*« versetzt die Spieler virtuell aus der Kammer auf die öffentliche Bühne, als solle auch dem letzten Hörer klargemacht werden, wo diese Sonate, wenn nicht solche Sonaten insgesamt, künftig ihren Platz finden würden.

Auf die Reihe der Kurfürstinnen-Sonaten folgte 1781, im ersten Wiener Jahr, eine vergleichbare Sammlung mit sechs Werken.[18] Sie war diesmal keiner adeligen Dame, sondern einer bürgerlichen Kennerin zugedacht, nämlich seiner Klavierschülerin, der professionell auftretenden Pianistin und Komponistin Josepha Barbara Aurnhammer (irrtümlicherweise wird sie bis in die Gegenwart mit einem Adelsprädikat tituliert, was wohl auf den entsprechenden Fehler in Mozarts Briefen und in Dedikationen von Drucken zurückgeht). An der Widmung läßt sich der ›Ort‹ ablesen, an den Mozart sein »*Oeuvre II*« in Wien offenbar gestellt wissen wollte: Es waren keine Werke mehr primär zum *Diletto* von laienhaften Musikliebhabern, sondern durchweg dreisätzige Probestücke anspruchsvollen Musizierens *à due*. Den Klavierpart schrieb er für gut ausgebildete Pianistinnen, die Violinstimme mußte von (männlichen) Spielern ausgeführt werden, die ihr Instrument zu mehr als nur zum Zeitvertreib in die Hand nahmen – so jedenfalls stellt sich die Situation in idealtypischer Sicht dar. Ob sie in Wien und sonstwo in einer Weise gegeben war, die Mozarts Kalkül aufgehen ließ – nämlich an seinem neuen Wirkungsort mit Aplomb zu debütieren –, läßt sich nicht mehr genau feststellen. Der Verkaufserfolg scheint immerhin ansehnlich gewesen zu sein; Kenner schätzten den künstlerischen Rang der Sammlung, und der Komponist brachte 1784, 1786 und 1787 weitere, jeweils sehr individuelle, ›große‹ Werke dieser Besetzung im Druck heraus, allerdings vornehmlich als Einzelstücke. Weder das Genre insgesamt noch Mozarts qualitativ hochstehende Beiträge reizten zeitgenössische Komponisten zu nennenswerter Nachfolge.

Zu Lebzeiten unveröffentlicht blieb die letzte abgeschlossene Komposition dieser Art, die »*kleine klavier Sonate für Anfänger mit einer Violine*« KV 547 von 1788.[19] ›Klein‹ ist sie hinsichtlich ihrer Form, ihrer tonräumlichen Disposition – alle Sätze stehen in der Grundtonart F-Dur –, ihrer spieltechnischen Anforderungen an den Geiger und ihrer Ausdruckshaltung. Aus der Perspektive einer teleologisch ausgerichteten Gattungsgeschichte läßt sich das Stück nur als Rückschritt bewerten, weswegen es in entsprechenden Darstellungen meist marginalisiert oder als Mozarts ›stiller Abschied‹ von der Gattung verklärt wird – als hätte er auch nur einen Moment daran gedacht, mit dem Stück seine letzte Violinsonate zu schreiben. Aber wie mit der in zeitlicher Nähe entstandenen sehr populären »*kleine*[n] *klavier Sonate – für Anfänger*«[20] KV 545 strebte Mozart hier offensichtlich einen ganz anderen ›Ort‹ als mit den großen konzertanten Sonaten an, einen ›Ort‹, von dem er sich weder erkennbar distanziert noch den er infolge historiographischer Überlegungen als nachrangig eingestuft hat. Die Musik der Sonate KV 547 reagiert auf eine zwar unbekannte, aber leicht imaginierbare Gelegenheit und Funktion: Zwei Instrumentalisten auf unterschiedlichem Ausbildungsniveau – der Pianist hat bereits mehr gelernt – sollen an die Situation des gemeinsamen Vortrags herangeführt werden; der ihnen attestierte »*Anfänger*«-Status kann sich nämlich, nach dem Schwierigkeitsgrad der Stimmen zu urteilen, nicht auf ihr vorhandenes technisches Vermögen, sondern sinnvollerweise nur auf ihre Fähigkeit im Zusammenspiel beziehen. Für die gestellte Aufgabe fand Mozart die geeigneten musikalischen Mittel und erfüllte, ohne vordergründige Absicht, die alte Forderung seines Vaters, »*Kurz – leicht – popular … natürlich – flüssend und leicht*« zu komponieren, dabei den »*gute*[n] *Saz und die Ordnung, il filo*« zu beachten, was eben »*den Meister vom Stümper auch in Kleinigkeiten*« unterscheide.[21]

»*Alte*« und »*Moderne*« Musik

Von den musikalischen Zusammenkünften im Kreis um Baron van Swieten hieß es in einem Brief an den Vater: »*denn wir lieben uns mit allen möglichen Meistern zu unterhalten; – mit alten und mit Modernen*«.[22] Musik, ob alt oder modern, bildete demnach den Gegenstand praktischer Auseinandersetzung unter diesen Kennern – vorausgesetzt, sie war meisterhaft. Von den Komponisten, die hier zum Zuge kamen, werden der eine oder andere gelegentlich mit Namen erwähnt, so Johann Sebastian Bach, dessen Söhne Wilhelm Friedemann und Carl Philipp Emanuel, dann Georg Friedrich Händel, Johann Michael Haydn oder Johann Ernst Eberlin. Ein Teil der Musiker lebte noch, die in Frage stehenden Werke stammten überwiegend aus der ersten Hälfte des 18. Jahrhunderts. Gleichwohl galt ein Teil der ›Meister‹ bereits als ›alt‹, oder anders ausgedrückt, als nicht mehr ›modern‹. Ihre Musik reizte zu anregenden Gesprächen – welchen Inhalts, bleibt im dunkeln. Vielleicht ging es um Fragen der handwerklichen Faktur, der Differenz zwischen früherer und gegenwärtiger Schreibart, der ästhetischen Gültigkeit der Werke. Sollte eine Komposition genauer studiert oder sogar einem größeren Publikum vorgeführt werden, so war sie dem herrschenden Geschmack anzupassen. Dennoch kann man selbst an Orten, an denen bestimmte Aufführungstraditionen bestanden haben wie in Wien, wo beispielsweise seit Anfang der 1770er Jahre gelegentlich Oratorien Händels gespielt wurden, kaum von einer veritablen Präsenz ›alter‹ Musik sprechen – jedenfalls nicht in dem Verständnis, daß sie als historische Größe in die Gegenwart hineinwirkte. Einen musikalischen Historismus im ausdrücklichen Wortsinne gab es zu dieser Zeit nicht, auch kein explizites Musikgeschichtsbewußtsein, und Sehnsucht nach einer vermeintlich besseren Vergangenheit erst recht nicht, wovon, wenn auch in einer ganz anderen Richtung, das parodistisch historisierende Lied *Die Alte* KV 517 zeugt. Das schloß selbstverständlich Mozarts Interesse an Fundstücken der Vergangenheit nicht aus: Seine bezeugte Kenntnis etwa eines Kanons von William Byrd, einer Fuge Johann Jacob Frobergers oder einer Motette Johann Stadlmayrs war aber peripher und blieb folgenlos.[23] Selbst die Zahl der ihm durch intensive Beschäftigung vertrauteren Werke Bachs und Händels war angesichts ihres gewaltigen Œuvres klein. Dabei stammten diese Musiker aus der Generation von Mozarts Großvätern und ragten mit ihrer Lebenszeit beinahe noch oder tatsächlich in die seine hinein.

Die Gültigkeit von Musik, die trotz stilistischen Überhangs aufgeführt wurde, war an deren spezifische ›Orte‹ gebunden, und die Möglichkeiten des Umgangs mit ihr ebenso. Auf der Ebene der Werke galt das beinahe ausschließlich für die Kirchenmusik, auf der Ebene der kompositionstechnischen Verfahren nur für Kanon, Fuge und Kontrapunkt. Liturgisch gebundene Musik behauptete gemäß ihren Funktionen seit je einen Sonderstatus: Die Teilhabe an Entwicklungen und dadurch bedingten Veränderungen in anderen, vornehmlich weltlichen Genres stand stets unter einem gewissen Vorbehalt. Das sah auch Mozart im wesentlichen so. Als sein Vater im Frühjahr 1783 zögerte, eigene kirchenmusikalische Kompositionen nach Wien zu schicken, ermutigte er ihn mit dem Hinweis, Kenner wüßten sehr wohl, »*daß sich der Gusto immer ändert – und aber – daß sich die Verränderung des gusto leider so gar bis auf die kirchenMusic erstreckt hat; welches aber nicht seyn sollte – woher es dann auch kömmt, daß man die wahre kirchenMusic – unter dem dache – und fast von würmern gefressen – findet*«.[24] Diese Aussage bedeutete keine Klage über den Verfall der ›wahren‹ Kirchenmusik – ansonsten müßte Mozart seine eigene, erst kurz zurückliegende moderne kirchenmusikalische Produktion als dem »*gusto*« geopfert angesehen haben –, sondern die Anerkennung der länger währenden Gültigkeit eines *stylus ecclesiasticus* gegenüber anderen Stilarten. Freilich bezog sich der damit verbundene konkrete Wunsch nach bestimmten Werken Leopolds auf erst rund ein Vierteljahrhundert alte Kompositionen, womit die hier gedachte zeitliche Traditionsspanne nach hinten auf die Zeit um 1760 begrenzt wird. Daß Mozart in seine Vorstellungen von ›wahrer‹ Kirchenmusik auch deutlich ältere Stilschichten wie die der sogenannten Klassischen Vokalpolyphonie, im besonderen Werke von Giovanni Pierluigi da Palestrina, mit einbezogen hätte – deren Pflege war an der Wiener Hofburgkapelle während der Advents- und Fastenzeit üblich –, ist eher unwahrscheinlich. Das Kennenlernen von Gregorio Allegris *Miserere* 1770 in Rom oder die eigene Bologneser Prüfungsarbeit, die Motette »*Quaerite primum regnum Dei*« KV 86 (73ᵛ) jedenfalls haben keine hörbaren Folgen gezeigt.

Kanon und Fuge als Inbegriff kontrapunktischen Gestaltens genossen zu Mozarts Lebzeiten die Verbindlichkeit seit langem bewährter kompositorischer Techniken, wenn auch angesichts des in der ersten Jahrhunderthälfte eingetretenen tiefgreifenden Wandels der musikalischen Sprache nicht mehr in der gleichen Intensität wie zuvor. Die Beherrschung traditioneller Regeln und Verfahren des

Kontrapunkts gehörte weiterhin zu den Anforderungen an Komponisten und somit zu den Zielen jeder professionellen Musikerausbildung, den Rang einer axiomatischen Grundlage für kompositorische Arbeit hatte sie allerdings eingebüßt. Die Fuge als an erster Stelle stehendes kontrapunktisches Formungsprinzip oder – allgemeiner – die imitatorische Ausgestaltung des Tonsatzes behaupteten einen gültigen ›Ort‹ für ihre Entfaltung nur mehr in festgelegten Ausschnitten der Kirchenmusik. Das waren in der Messe die Schlußpartien von *Gloria* und *Credo* sowie das »*Osanna in excelsis*« im *Sanctus*; im *Requiem* konnten Fugen im *Kyrie* und an Stellen wie »*Quam olim Abrahae*« und »*Cum sanctis tuis*« stehen. In der Sakramentslitanei forderten der *Pignus*-Satz, in der Vesper der Psalm *Laudate pueri* und der Schluß des *Magnificat* eine fugierte Behandlung, ebenso der letzte Vers des *Te Deum* (»*In te Domine speravi*«). Mozart hat diese Konventionen in allen seinen entsprechenden Beiträgen respektiert, von den ersten einfachen Vokalfugen überhaupt, in den Wiener Messen KV 139 (114a, 47a) und 49 (47d) aus den Jahren 1768/69, bis zum *Requiem* KV 626. Mehr noch: In einer langen Reihe von kirchenmusikalischen Sätzen komponierte er ausgesprochen ambitionierte Fugen, die zudem schon früh von seinem kontrapunktischen Vermögen zeugen – den Weg des handwerklichen Lernens, den ihm der Vater wohl mit eigenen Arbeiten und mit solchen aus der Salzburger Musikpraxis gewiesen hatte, legte Mozart rasch zurück. Um 1770 machte er sich außerdem über das Studium der *Gradus ad parnassum* von Johann Joseph Fux mit einem tief in der Tradition verwurzelten Regelsystem des strengen Satzes vertraut (nach diesem unterrichtete er später seine Schüler in Wien). Leopold Mozart drängte seinen Sohn einmal ausdrücklich, öffentlich zu demonstrieren, was er »*in der Fugen, Canonen und Contrapuncts Composition zu machen im Stande*« sei.[25]

Außerhalb dieser klaren Bestimmung von ›Ort‹ und Funktion im Raum der katholischen Liturgie hatten kontrapunktische Formen für Mozart keine erkennbare substantielle Bedeutung. Die Instrumentalfuge scheint für ihn zunächst allenfalls ein nützliches Modell bei der Improvisation auf dem Tasteninstrument gewesen zu sein, jedenfalls spielte sie nach brieflichen Berichten in diesem Zusammenhang eine Rolle.[26] Erst in Wien änderte sich die Lage, allerdings nicht in der Weise, daß solche Fugen nun im Sinne von zu komponierenden Gattungsbeiträgen für Mozart eine Herausforderung geworden wären. Er hat den Kontrapunkt immer als Mittel, nicht aber als Ziel kompositorischer Arbeit verstanden – aus diesem Grund vollendete er in Wien auch nur zwei als selbständige Werke intendierte Fugen.[27] Hier handelte es sich um Gattungsexempla aus dem Geist Händels und der Bache. In ihnen zeigt sich zum einen Mozarts 1782/83 zur Nachahmung angeregtes Interesse an diesem Genre und zum anderen – auf unterschiedlich hohem Niveau – seine Gewandtheit im Umgang mit tradierten Fugentechniken. Alle anderen Ansätze und Pläne dieser Zeit wie etwa der, die C-Dur-Fuge KV 394 (383a) um fünf weitere Fugen zu einem Dedikationszyklus für Gottfried van Swieten zu ergänzen,[28] verliefen sich. Wirklich zentral für die stilistische Entwicklung Mozarts aber wurde das in den folgenden Wiener Jahren sich verstärkende Bemühen um eine Integration kontrapunktischer Verfahrensweisen in die Musiksprache insgesamt: Die Zusammenführung musikalischer Gestaltungsmittel aus unterschiedlichen stilistischen Kontexten – aus Kirchen-, Kammer- und Theaterstil, um die fortwirkenden Kategorien aus dem 17. Jahrhundert zu bemühen – bis hin zu deren Kontrastierung auf engstem Raum in allen denkbaren Gattungen erwies sich als die fruchtbarste Möglichkeit kompositorischer Vertiefung und Individualisierung der eigenen Musik.

Es gehört zu den beinahe sakrosankten historiographischen Konventionen, den Anstoß für diese produktive Verschmelzung namentlich von »*gelehrtem*« und »*galantem*« Stil hauptsächlich in der Begegnung Mozarts mit der Musik Johann Sebastian Bachs zu sehen. Ja, es soll sich geradezu ein ›Bach-Erlebnis‹ (Alfred Einstein) eingestellt haben, als Mozart im Hause van Swietens die Gelegenheit wahrnahm, die Bachiana aus dessen Sammlung durchzuspielen. Tatsächlich ging für Mozart von diesem Bach-Spiel ein besonderer schöpferischer Impuls aus, aber nichts spricht dafür, daß die gleichzeitige Anregung durch die Musik der Bach-Söhne und ganz besonders Händels geringer gewesen sein sollte – Mozart erwähnte in Briefen die Namen Bachs und Händels stets in einem Atemzug. Fugen des einen arrangierte er für Streichquartett (KV 405), später richtete er Chorwerke des anderen für Aufführungen ein.[29] Wie immer in solchen Fällen weckte das nähere Kennenlernen ihm wenig vertrauter Musik auch hier den Drang zur Nachahmung. Die *Clavier-* und Fugenkunst der beiden Vorgänger reizte Mozarts Neugierde, die Machart der Werke zu ergründen und sich das Erkannte kompositionspraktisch anzueignen: als verfügbares Mittel eines charakteristischen Ausdrucks. Niemals bestand dabei die Absicht, sich fortan stilistisch auf ein historisches Idiom zuzubewegen. Versuche wie die ›barockisierende‹ *Suite (Ouverture, Allemande, Courante* und *Sarabande)* KV 399 (385^i) oder die erwähnten Fugen haben ihren unverkennbaren ›Ort‹, und zwar als Studien für den Kennerzirkel um Baron van Swieten. Die Teilnehmer hätten darüber diskurrieren können, wie trefflich Mozart hier Stileigenarten Bachs und Händels amalgamiert hat; das gilt auch für die 1789 geschriebene *Kleine Gigue* G-Dur KV 574, die besonders hintersinnig mit musikalischen Idiomen spielt.

Die Aneignung der eigentlichen Kompositionstechnik hatte eine nüchtern handwerkliche Seite, zu der den Analytiker eine Reihe von höchst aussagefähigen Fugen-Fragmenten Mozarts führt. An einigen von ihnen läßt sich deutlich ablesen, wie der Komponist über das reflektierte Wechselspiel von Versuch und Irrtum zu für ihn gültigen Einsichten gelangt ist. Bei diesen unvollendeten Stücken ging es wohl von vornherein nicht um den werkhaften Abschluß eines Gesamtverlaufs, sondern um die Anordnung von technischen Problemen und ihrer Bewältigung in der Art eines Experiments. (Es führt, nebenbei bemerkt, zu nichts, den fragmentarischen Status dieser Werkstattaufzeichnungen mit Constanze Mozarts angeblicher Fugenvorliebe und Mozarts lauer Reaktion darauf biographisch zu konnotieren.) Ein instruktives Beispiel für die Generierung einer Fugenexposition, bei der wiederholte Vor- und Rückschritte das gedankliche Probieren und Entscheiden im Kompositionsprozeß dokumentieren, liefert das fünfteilige Fragment einer e-Moll-Fuge KV deest.[30] In dem vierstimmigen Stück, das auf eine große Form zielt, erprobt Mozart die Möglichkeiten von Einsatzfolgen und Stimmlagen sowie von metrischen Verschiebungen mit einem breit angelegten Thema im 4/2-Takt. Sechs Schreibansätze gruppieren sich zu teils ineinander verschränkten, teils neu ansetzenden oder resümierenden Abschnitten: 1) T. 1a–15a, 2) T. 4b–15b, 3) T. 7c–15c, 4) T. 12d–15d, 5) T. 1–20, 6) T. 1–16. Auch ohne musikalische Anschauung kann an der Folge dieser Taktzahlen Mozarts Verfahren einsichtig werden, keine virtuell im Kopf existente Gesamtvorstellung von einer bestimmten Fuge schriftlich fixieren zu wollen, sondern zunächst naheliegende formale Zielpunkte anzusteuern – beispielsweise die Ausarbeitung der Themengestalt und eine erste Einsatzfolge (1) – und anschließend den gefundenen Weg erneut abzuschreiten, ihn dabei partiell umzulenken (2), wenn nicht gar zu verwerfen und in eine andere Richtung zu lenken (3, 4) sowie ihn, wenn auch vorläufig, zu bestätigen (5, 6). Eine diesen Denk- und Schreibvorgang beeinflussende Größe war das in nur schwer bestimmbarer, gleichwohl in evidenter Weise wirkende Modell instrumentaler Fugen Bachs, beispielsweise aus dessen *Wohltemperiertem Klavier*, und Händels, etwa die *Six Fugues or Voluntarys* op. 3: Ihre Faktur gibt den musikalischen Raum vor, in dem Mozart sich bewegen will.

Ähnlich wie bei der Fuge als einer Ausprägung kontrapunktischer Arbeit verhält es sich bei Mozarts Umgang mit dem Kanon. Auch seine Techniken vermittelte der Vater ihm früh, und die Hineinnahme kanonischer Partien in Werkverläufe läßt sich schon in der Anfangsphase von Mozarts Komponieren beobachten, wie am ersten Menuett aus der Kassation G-Dur KV 63 von 1769 – das Menuett blieb ein beliebter Satztyp für diese Praxis.[31] Einen ähnlich konkreten ›Ort‹ wie die Fuge konnte der Kanon nicht behaupten, so daß er bei Mozart in sehr unterschiedlichen Zusammenhängen zu finden ist; auch fehlte ihm die durch Komponistennamen und Œuvres beglaubigte historische Dignität. Voneinander zu trennen sind bei Mozart einerseits ausgesprochene Kanonstudien, in deren Mittelpunkt das Auflösen von Rätselkanons steht – weit überwiegend stammten sie aus Padre Martinis *Storia della musica*: 22 von 55 dort abgedruckten Stücken dieser Art hat er von 1772 an bis in die späten Wiener Jahre hinein bearbeitet –, von andererseits expliziten Kanon-Kompositionen (wie die 1788 zusammengefaßten acht vier- und zwei dreistimmigen Stücke KV 553–562) oder dem Sonderfall des Kanons im zweiten Finale der Oper *Così fan tutte* KV 588 (No. 31, T. 173–204). Die mit einigen Kanons verbundenen Anekdoten, die von der spontanen Komposition dieser Stücke in geselliger Runde berichten, erweisen sich bei genauerer Prüfung als unhaltbar – verhältnismäßig viele Skizzen belegen im Gegenteil die gestalterische Mühe, die das Genre Mozart bereitet hat.

Wie sich nun die von Kindheit und Jugend auf an Mozart vermittelten und von ihm erworbenen Kenntnisse ›alter‹ Musik oder ›alter‹ kompositorischer Techniken auf seine schöpferische Entwicklung insgesamt ausgewirkt und wie und in welchem Maße die wechselnde Intensität der von dort empfangenen Eindrücke sein musikalisches Denken beeinflußt haben, das sind Fragen, die nicht mit monokausalen Erklärungen wie dem vermeintlichen ›Bach-Erlebnis‹ generell beantwortet werden können, sondern am Einzelfall erörtert werden müssen. Ohne historisch fundierte

Berücksichtigung des im weiten Sinne verstandenen musikalischen Kontexts einer Komposition lassen sich zu diesem Punkt keine gültigen Aussagen gewinnen. Die Fugen-Finale aus den beiden Eckwerken der Wiener Streichquartettserie von 1773 (KV 168, 173) reflektieren auf schwankendem Niveau den von Joseph Haydn im Jahr zuvor mit seinen Quartetten op. 20 (No. 2, 5 und 6) unternommenen Versuch, aus der *Sonata da chiesa* hergeleitete kontrapunktische Form und vierstimmigen Quartettsatz zu kombinieren. Davon hebt sich das 1782 vollendete Finale des Streichquartetts G-Dur KV 387 eklatant ab, verschränkt es doch in komplizierter formaler und satztechnischer Weise Fugato und Sonatensatz: Mozart kontrastiert Elemente zweier Stile, läßt fugierte und konzertante Partien beinahe hart aufeinander stoßen – das Doppelfugato aus erstem und zweitem Thema in der Exposition etwa beantwortet er mit einer *semplice*-Schlußgruppe von aufreizender Einfachheit –, kurzum: hier spannt er die musikalischen Welten des ›alten‹ (›gelehrten‹) und ›modernen‹ (›galanten‹) Stils in einem unerhörten kompositorischen Parforce-Akt zusammen. Im Kopfsatz der späten Klaviersonate KV 533 dagegen kombiniert er kontrapunktische, sonatenhafte und konzertante Elemente auf weniger angestrengte Weise miteinander.

Die Bezugnahme auf kompositorische Ansatzpunkte aus dem oratorischen und oratoriennahen Schaffen Händels in den beiden großen unvollendeten Kirchenmusikwerken der Wiener Zeit dient offenbar dazu, die expressiven Mittel des musikalisch *»Erhabenen«* aus einer als gültig erachteten Tradition zu gewinnen und dadurch vielleicht die eigenen Beiträge auch historisch zu legitimieren, wobei erneut und zweifelnd zu fragen ist, ob Mozart die Geschichte als eine solche Instanz überhaupt in den Blick genommen hat. Das *»Erhabene«* – in Verbindung mit dem *Requiem* soll der Komponist nach Auskunft seiner Frau vom *»höhere[n] pathetische[n] Stil der Kirchenmusik«*[32] gesprochen haben – war im ästhetischen Diskurs seit den 1770er Jahren mit der als monumental empfundenen affektiven Wirkungskraft der Chöre Händels assoziiert worden. In dieser Hinsicht dürften sie auch bei den sonntäglichen Musikübungen im Hause Gottfried van Swietens zunächst Gesprächs- und Musiziergegenstand gewesen sein. Dann ging von ihnen – nach einer Episode gebliebenen Produktion des *Judas Macchabäus* 1779 sowie mehreren Aufführungen einzelner Chöre durch die Tonkünstlersozietät unter Starzers und Salieris Leitung – in den späten 1780er Jahren der Ansporn für die Wiedergabe mehrerer großer Vokalwerke Händels aus. Mozart schloß den erhabenen Ausdruck händelscher Chöre vornehmlich mit dem Affekt der Trauer zusammen. So folgte er bei dem mächtigen Doppelchor des *»Qui tollis«* aus dem *Gloria* der c-Moll-Messe KV 427 (417a) unverkennbar und höchst sinnfällig der Spur von Händels achtstimmigem Chor *»The people shall hear«* aus dem Oratorium *Israel in Egypt* HWV 54, No. 25a; beiden Chören geht jeweils ein Duett in d-Moll voran – *»Thou in thy mercy« / »Domine Deus«* –, ein weiteres Indiz für den engen Bezug der Werke aufeinander. Die gedruckte Vorlagepartitur aus van Swietens Sammlung muß Mozart, ohne daß dies bezeugt wäre, zugänglich gewesen sein; vielleicht gehörte der besagte Chor zu den beiden derartigen Stücken, die bei den Adventskonzerten der Tonkünstlersozietät am 22./23. Dezember 1782 erklungen sind.

Im *Requiem* steht der Eröffnungssatz im Zeichen des ersten Chors von Händels *Funeral Anthem for Queen Caroline* (»*The ways of Zion do mourn*«) HWV 264 (No. 2), die anschließende Kyrie-Doppelfuge unter dem Einfluß des Schlußchors aus dem *Anthem for the Victory of Dettingen* (»*The King shall rejoice*«) HWV 265 (No. 5).

Alle Rückgriffe auf historische Modelle und Idiome führen, ungeachtet der Anverwandlung und Transformation durch Mozart, zu einer gewissen objektivierenden Distanz oder ›Uneigentlichkeit‹ der Musik. Diese Wirkung scheint der Komponist einkalkuliert zu haben, besonders dort, wo der Kontrast solcher Partien unmittelbar ins Ohr fällt, weil sie in anderslautende Kontexte gestellt worden sind. Das geschieht besonders deutlich in Zusammenhängen, in denen ›alte‹ Musik keine originäre Funktion beanspruchen kann, also beispielsweise in der Oper. Die bereits erwähnte Arie der Donna Elvira »*Ah fuggi il traditor*« aus dem *Don Giovanni* oder der ›Gesang der Geharnischten‹ aus der *Zauberflöte* etwa stehen mit ihrer stilistischen Ausrichtung auf Tonfall und Techniken Bachs und Händels, wie nicht zu überhören ist, in einer für sie fremden Umgebung, oder umgekehrt formuliert, sie passen nicht an den ›Ort‹, an den sie der Komponist gestellt hat. Mozart bricht an solchen Stellen musiksprachliche Konventionen um eines speziellen dramatischen Effekts willen, der allgemein mit der Pointierung des Fremdartigen zu beschreiben ist. Im Falle der Donna Elvira ist es ihr moralischer Rigorismus, ihr ›heiliger Zorn‹, der sie aus ihrer Sprachrolle fallen läßt (falls nicht sogar ein parodistischer Effekt beabsichtigt ist); bei der *Zauberflöte* illustriert die unwirtliche Strenge des Tonsatzes die Ferne der esoterisch-phantastischen Szenerie. Bei der zu Recht bewunderten kontrapunktischen Dichte der späten Orgelstücke KV 594 und 608 schließlich wird stets übersehen, daß Mozart diese Werke, gegen innere Widerstände, für mechanische Instrumente, nicht für menschliche Spieler komponiert hat – vielleicht liefert die kunstvolle Faktur der Kompositionen zu dieser ›Unnatur‹ einen sublimen Kommentar.

»Komponieren« und »Schreiben«. Mozarts Schaffensweise

Der Frage nach Mozarts Schaffensweise ist seit dem frühen 19. Jahrhundert in nahezu ungebrochener Linie bis in die jüngste Vergangenheit hinein mit Rekurs auf wenige isolierte Aussagen des Komponisten, postume anekdotische Berichte und fragwürdige Dokumente begegnet worden – geradezu verhängnisvoll: das dubiose, in der publizierten Form jedenfalls unechte »*Schreiben Mozarts an den Baron von...*«.[33] Danach schien festzustehen, daß Mozart (1) allein im Kopf, ohne Zuhilfenahme eines Instruments oder schriftlicher Notizen, komponiert habe, daß (2) auf diesem Weg ein Werk in der Vorstellung des Komponisten schnell, in einem quasi vegetativen Vorgang, zu seiner vollendeten Gestalt geformt und als solche unverlierbar im Gedächtnis gespeichert worden sei, und daß (3) sich die Niederschrift der Komposition in einem nur mehr mechanischen Akt, von äußeren Umständen unbeeinflußbar, vollzogen habe. Dieser Anschauung, befördert und gefestigt vom zunehmend trivialisierten Geniekult, mußten forschende Bemühungen um

W. A. Mozart, Sinfonie C-Dur KV 551 »Jupiter«: Autograph, Bl. 46ʳ: 4. Satz, T. 388–401 (Coda mit Kombination aller Themen)

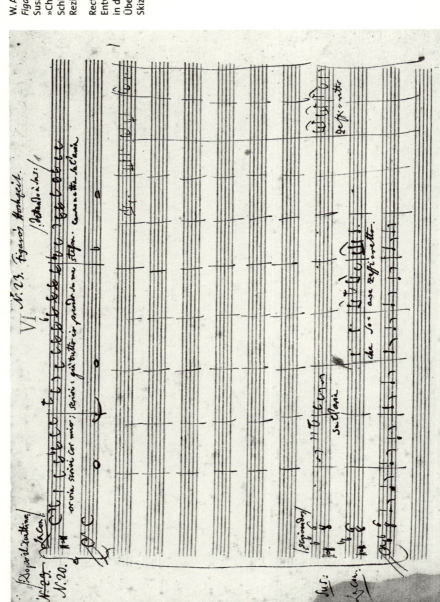

W. A. Mozart, Le nozze di Figaro KV 492: Duettino Susanna/Contessa No. 21 »Che soave zeffiretto« mit Schluß des vorangehenden Rezitativs.

Recto (Vorderseite): Entwurfspartitur (T. 1–10); in den letzten vier Takten Übergang zur Notierung in Skizzenschrift.

Verso (Rückseite): mehrstimmige Verlaufsskizze (T. 11–61)

Gewohnheiten und Ordnungen in der ›Werkstatt‹ des Komponisten abwegig erscheinen. Außerdem behauptete sich in der Musikgeschichtsschreibung die Konstellation, die dem beethovenschen Künstlertyp des um die Werkgestalt ringenden »*génie de la raison*« die Gestalt eines seraphischen »*génie de la nature*«[34] entgegengestellt hatte. Es ist aber bei rationaler Betrachtung des Sachverhalts schlechterdings unvorstellbar, daß Mozart seine kompositorische Tätigkeit nicht als Arbeit in Bewußtheit selbst bestimmt habe. Mit dieser grundlegenden Feststellung, die auch distanziert zu dem schwer greifbaren Mythologem der Inspiration steht, werden weder die »*Genialität*« Mozarts geschmälert – diese als Sammelbegriff für seine herausragende musikpraktische und kompositorische Veranlagung sowie seine phänomenale Gedächtnisleistung verstanden – noch schaffenspsychologische Dispositionen allgemeiner Art geleugnet; damit sind zum Beispiel Gestimmtheit zum Komponieren, Freude an der Arbeit oder innere Aversion gegen eine Aufgabe gemeint. Denkvorgänge und Tätigkeiten der Phantasie, die sich der willentlichen Steuerung entziehen, lassen sich ohnehin kaum fassen. Außerdem wird niemand behaupten wollen, daß die komplexen Vorgänge beim künstlerischen Schaffen derzeit überhaupt abschließend erklärt werden können. Aber gerade bei einer so sensiblen Materie darf nicht vorschnell das Heil im Irrationalen gesucht werden, »*wo de jure noch die Klarheit und Herbheit des Verstandes walten muß*« (Karl Mannheim).

Für die Beschreibung der Merkmale von Mozarts Schaffensweise, vor allem des Verhältnisses von rein mentalen zu schriftlichen Anteilen bei der Kompositionsarbeit, steht dem historisch orientierten Erkenntnisinteresse eine quellenmäßig gefestigte Grundlage in Form von verbalen Selbstzeugnissen und von musikalischen Aufzeichnungen zur Verfügung, letztere in der reichen Überlieferung an Werkautographen, Skizzen, Entwürfen und Fragmenten. Danach läßt sich der Schaffensvorgang idealtypisch in vier Phasen untergliedern.[35]

Die **erste**, vor-schriftliche Phase begann mit der Konzentration des Komponisten auf eine konkrete Werkidee und dem Einsetzen der auf die Realisierung dieser Idee gerichteten Phantasietätigkeit. Neben rein mentalen Vorgängen war für Mozart dabei die Anregung durch Musik anderer Komponisten sowie das Improvisieren und Probieren am Klavier von großer Bedeutung.

Die **zweite** Phase war bestimmt von der ersten schriftlichen Fixierung musikalischer Sachverhalte in abgekürzter, privatschriftlicher, das heißt skizzierter und in ihrem vollen Sinn allein dem Komponisten verständlicher exzerpthafter Gestalt. Zu unterscheiden sind hier ›Verlaufsskizzen‹, mit denen die Gesamtdisposition eines Werkes, eines Werkabschnitts oder eines konstitutiven Gestaltungsträgers (beispielsweise des Gesangsparts einer Arie) festgehalten wurden, und ›Ausschnittskizzen‹, deren Zweck es war, einen im Verhältnis zum Werkganzen kurzen Ausschnitt von musikalisch auffallender Faktur – etwa hinsichtlich der Harmonik, der Satzart, der Formarchitektur oder anderer Elemente – mit Konzentration auf die Erfordernisse der je individuellen kompositorischen Aufgabe zu bewältigen.

Mit der **dritten** Phase setzte die Niederschrift öffentlicher oder wenigstens potentiell öffentlicher Manuskripte ein. Mozart notierte den ihm in den konstitutiven Bestandteilen gegenwärtigen musikalischen Verlauf in einer ›Entwurfspartitur‹. Sie bildete die Vorstufe zur vollständigen Partitur, zeichnete sich durch alle äußeren Merkmale der Anlage und der ›öffentlichen‹ Schriftform wie diese aus und enthielt den ›Hauptstimmensatz‹: melodieführende Stimme sowie vereinzelte, für den motivischen und harmonischen Verlauf substantielle Zusätze, auch den *Basso*-Part). War die Entwurfspartitur beendet, so galt das Werk in Mozarts Sprachgebrauch als »*komponiert*«.

Im Zuge der abschließenden vierten Phase wurden ›Entwurfspartituren‹ in ausgefertigte Partituren verwandelt. Der wichtigste Arbeitsgang dabei war, den ›Hauptstimmensatz‹ um den ›Binnensatz‹ zu ergänzen. Dieser umfaßt die Gesamtheit der im engeren Sinne nicht melodietragenden Stimmen, vor allem also jene, die den harmonischen Satz ausfalten und das Klangbild bestimmen. Mozart nannte die Aufgabe dieser vierten Phase das »*Schreiben*«. Wenn er dem Vater über den Stand der Arbeit am *Idomeneo* mitteilte, »*komponirt [sei] schon alles – aber geschrieben noch nicht –*«,[36] so war damit genau der Punkt zwischen Fertigstellung des ›Hauptstimmensatzes‹ und noch zu leistender Ausarbeitung des ›Binnensatzes‹ bezeichnet. Beim bloßen Kopieren eines Notentextes, also beim »*Abschreiben*«, vermochte Mozart soweit von seinem Tun zu abstrahieren, daß er dabei zu komponieren imstande war, wie der – allerdings singuläre – Fall des Präludiums C-Dur zur Fuge gleicher Tonart belegt (beides unter KV 394 [383ᵃ]): Nach eigener Aussage hat Mozart das Stück ›ausgedacht‹, während er die Fuge aus einem Konzept ins Reine übertrug.[37]

Eine Besonderheit, die bei keinem anderen Komponisten von Rang so häufig zu beobachten ist, stellen die rund 150 erhaltenen, nach äußerer Anlage und Schriftform den Autographen abgeschlossener Werke ähnlichen, aber unvollendeten Kompositionen zu allen von Mozart gepflegten Gattungen dar. Sie gehören der dritten Phase des Schaffensvorgangs an und weisen den Mangel auf, daß der Komponist mit ihnen den Übergang in die vierte Phase nicht vollzogen hat. Dabei müssen die ›Entwurfspartituren‹ nicht unbedingt den vollständigen Verlauf der Komposition im Hauptstimmensatz fixieren; oft enthalten sie nur eine oder mehrere musikalische Sinneinheiten, wie beispielsweise die Themenexposition, einen Sonatensatz bis zum zweiten Thema oder bis zum Beginn der Durchführung, oder den ersten Teil einer Arie. Meist brechen sie sogar weit vor dem Ende ab, und in vielen Fällen kommen sie über das Periodenmaß eines Anfangs nicht hinaus. Außerdem sind Mozarts Fragmente in überwiegender Zahl durch eine Mischung aus Partien nur im Hauptstimmensatz und solchen in vollständiger Ausfertigung charakterisiert. Das In- und Gegeneinander dieser Verbindung wird man sogar als typisch für seine Fragmente ansehen dürfen. Die in ihnen festgehaltenen Teilverläufe hat Mozart als ›fertig‹ angesehen. Sie stehen im allgemeinen nicht als Vor- oder Nebenformen zu schließlich in anderer Weise vollendeten Kompositionen da, sondern als für Mozart potentiell vollendbare Stücke – das Klarinettenkonzert in A-Dur KV 622 wurde zwischen 1787 und 1790 als Bassetthorn-Konzert in G-Dur KV 621ᵇ angelegt und auf dessen strukturell unveränderter Grundlage im Herbst 1791 in transponierter Form fortgesetzt und zur endgültigen Version ausgearbeitet. In dieser wesentlichen Eigenschaft liegt der Grund dafür, daß der

Komponist liegengelassene Fragmente, soweit ersichtlich, nie als Materialvorrat für andere Werke verwendet hat.

Daß so viele Kompositionspläne nicht zu Ende geführt worden sind, kann unterschiedliche Ursachen gehabt haben. Zunächst muß erwogen werden, daß Stücke wegen des Wegfalls von Aufführungsgelegenheiten fragmentarisch blieben, wie beispielsweise das Mannheimer Doppelkonzert für Violine und Klavier KV Anh. 56 (315^f) vom November 1778 oder die ohne Auftrag begonnenen Bühnenwerke *Zaide* KV 344 (336^b), *L'oca del Cairo* KV 422 und *Lo sposo deluso* KV 430 (424^a). Weiterhin enthalten nicht wenige der unvollendeten Manuskripte Ansätze zu Mittel- und Schlußsätzen und nicht zu Kopfsätzen. Diese Fragmente müssen, da Mozart zyklische Werke in der Regel von vorne an zu komponieren pflegte (für Opern trifft diese Aussage allerdings nicht in jedem Fall zu), in Verbindung zu etwas Vorhergehendem gesehen werden. Sie stellen dann möglicherweise einen ›falschen Start‹ für einen Satz in einer zyklischen Form dar. Mozart verfügte über ein sehr genaues Gespür dafür, wie Sätze als musikalische Charaktere zueinander paßten; nicht immer gelang ihm aber auf Anhieb ihre passende Zusammenstellung, so daß ein weiterer Anlauf nötig wurde: Das Fragment eines Streichquartettsatzes B-Dur KV Anh. 68 (589^a) etwa kann auf plausible Weise als ein solcher Fehlbeginn erklärt werden, hier für das Finale des Streichquartetts B-Dur KV 458. Schließlich deutet ein Vergleich der Chronologie von vollendeten und fragmentarischen Werken darauf hin, daß Mozart während begrenzter Zeiträume ein verstärktes Interesse für bestimmte Gattungen gehegt hat, wie beispielsweise in den frühen Wiener Jahren für das Streichquartett oder, gegen Ende seines Lebens, für Formen geistlicher Musik. Möglicherweise schuf er sich in diesen Phasen jeweils eine Art musikalischen Materialvorrat. Somit stellten die Fragmente fixierte Ausgangspunkte dar, quasi Markierungen von geistigen Orten, zu denen Mozart nach Bedarf hätte zurückkehren können und von denen aus er dann den Weg zu endgültigen Werken einschlagen konnte. Das hat er *de facto* auch getan: Die Klavierkonzerte KV 449, 488, 503 und möglicherweise auch KV 595 liefern Belege dafür, daß zunächst nur als ›Ansätze‹ formulierte Werkexpositionen später wieder aufgenommen und abgeschlossen wurden.

II

Periodisierung, Stil und Wirkung

Stilphasen

Die Periodisierung von Mozarts Leben besitzt durch den Wechsel des geographischen Zentrums – von Salzburg nach Wien – eine klar definierte Marke: Der erste Abschnitt bis zum Jahr 1781 weist infolge des wechselnden Rhythmus von Seßhaftigkeit und Reisetätigkeit eine lebhafte Binnengliederung auf, der zweite ist von der Konzentration auf einen einzigen Lebensmittelpunkt geprägt. Demgegenüber stellt eine vergleichbar konturierte, aus der Musik abgeleitete Ordnung der rund 825 Kompositionen Mozarts in stilistisch zusammengehörige Gruppen nach wie vor eine besondere Herausforderung für die Forschung dar.[38] Zwar darf die chronologische Abfolge der Entstehungsdaten wenn nicht als definitiv feststehend, so doch als in den wesentlichen Zügen gesichert gelten, womit der Klärungsbedarf bei einer nicht unerheblichen Reihe von Werken keineswegs überspielt sein soll. Namentlich die philologischen Untersuchungen an den Papieren der Autographe Mozarts und an der Entwicklung seiner Notenhandschrift haben seit den 1970er Jahren zur Erhellung wichtiger Sachverhalte beigetragen, aber auch deutlich gemacht, daß entgegen lange gehegten Hoffnungen Methoden der Stilkritik bei der Etablierung einer immanenten Chronologie wenig erfolgreich waren, ebenso wie bei der Echtheits- und Autorbestimmung. Musikwerke geben ihre individuellen entstehungsgeschichtlichen Daten kaum einmal preis, und allein aus der Faktur eines Notentextes den Rahmen präziser Zeitangaben zu einer undatierten Komposition abzustecken oder dessen unbekannten Autor zu benennen, ist – soweit ersichtlich – noch nie überzeugend gelungen. Da bilden einige Problemfälle der Mozart-Überlieferung keine Ausnahme, allen voran das Violinkonzert D-Dur KV^2 271a (271^i), die Bläser-Konzertante Es-Dur KV Anh. I, 9 (297^b; KV^6 Anh. C 14.01) oder die Franz Xaver Süßmayr zugeschriebenen Partien und Sätze des *Requiem* KV 626; weitere Beispiele aus dem Repertoire der Klavier-, Kammer- und Orchestermusik sowie dem Liedschaffen ließen sich nennen. Sie alle führen dem Musikhistoriker, der eine Geschichte der Musik aus dieser selbst heraus entwerfen will – hier die Geschichte der Musik Mozarts –, immer noch die Grenzen seines Tuns vor Augen. Die tragfähige Konzeption einer »*innerlich*‹-*stilkritischen Methode*«,[39] der es weniger um Chronologie und Echtheit als mehr um die Weiterentwicklung adäquater Beschreibungsverfahren für musikalische Sachverhalte im Mikro- und Makrobereich zu tun sein muß, gehört zu den zentralen Aufgaben künftiger Mozart-Forschung.

Werden diese prinzipiellen Schwierigkeiten vernachlässigt, dann lassen sich selbstverständlich aus der Musik Periodisierungen herleiten, die zumindest als Übereinkunftsbestimmungen und auf ganz pragmatische Weise der Verständigung dienen können. Mozarts frühe Schaffensphase wird danach auf den Zeitraum von 1762 bis etwa 1773 einzugrenzen sein. Sie erfährt weitergehende Differenzierung einerseits in die Jahre bis etwa 1768, in denen der Vater dem Sohn kompositorisch zur Seite stand (in einer häufig nur mehr schwer zu fassenden Werkstattgemeinschaft: Die Partitur von *La finta semplice* KV 51 [46ᵃ] als ein Beispiel von vielen enthält in dieser Hinsicht noch viele ungelöste Fragen), und in die Folgejahre andererseits, die Mozart als selbständig arbeitenden Komponisten zeigen. Von 1773 an, im Anschluß an die Zeit der großen Reisen, ergibt sich mit den Jahren 1777/78 wieder ein größerer Einschnitt, da die Bewerbungsreise nach München, Mannheim und Paris Mozart eine Fülle musikalischer Erfahrungen gebracht hat; diese haben unmittelbaren Niederschlag in seinen Kompositionen gefunden. Wie die damit einsetzende mittlere Schaffensphase im weiteren unterteilt und wann sie als beendet angesehen werden soll, bleibt schwer zu entscheiden. Als Abschluß hin zu einer späten Phase sind die Jahre 1787 oder 1789 zu erwägen: 1787 mit dem kompositorischen Fokus im *Don Giovanni* KV 527 und in den als komplementär zueinander stehenden Werken *Ein musikalischer Spaß* KV 522 und *Eine kleine Nachtmusik* KV 525; 1789 mit einer dann explizit Züge eines ästhetisch definierten ›Spätwerks‹ annehmenden Produktion ab dem letzten Jahresviertel 1790. Freilich bleibt an diesen Abgrenzungen vieles vage, ganz abgesehen von der Gefahr, mit der letztlich groben Abfolge von frühem, mittlerem und spätem Werk eine teleologisch verlaufende Entwicklung des Gesamtschaffens hin auf einen Endpunkt letztgültiger Vollendung zu unterstellen, wohingegen sich doch ›nur‹ – bedeutsam genug – ein musikalisches Menschenleben vollzogen hat. Leben aber wird, nach einem trefflichen Wort Søren Kierkegaards, »*vorwärts gelebt und rückwärts verstanden*«,[40] eine unumstößliche Tatsache, die den Historiker auch daran erinnert, daß Fragen der Periodisierung zur Darstellung, jedoch nicht unbedingt zur dargestellten Sache gehören.

Gleichzeitigkeit des Ungleichzeitigen

Mozarts künstlerisches Leben betraf die Musik nicht als Abstraktum, sondern in ihren von Zeit und Umständen geforderten Konkretionen oder in von ihm bewußt bestimmten Schaffensschwerpunkten. Stets bevorzugte oder vernachlässigte er einzelne Gattungen, ohne daß für diese Wechsel, neben vielen äußeren Gründen, zwingende innere angeführt werden könnten. In den Wiener Jahren ging er lediglich vier Mal die Komposition von Sinfonien an: 1782, 1783, 1786 und 1788 – das war eine Zufallsfolge und eben keine intentionale. Daß sie mit dem Finale der ›Jupiter-Sinfonie‹ KV 551 in den »*höchsten Triumph der Instrumentalkomposition*«[41] mündete, bleibt davon unberührt, nicht aber die Frage, ob Mozart an dieser Stelle den apotheotischen Schlußpunkt unter sein sinfonisches Komponieren setzen wollte. Die langwährende Auseinandersetzung mit dem Klavierkonzert – hier lauten die Eckdaten 1767 bis 1791 – kennt Zeiten höchster Intensität, etwa das Jahr 1784, und solche völligen Stillstands wie die Perioden von 1773 bis 1776, 1778 bis 1781 oder 1789/90. In manchen Gattungen gibt es auffällige stilistische Ungeradlinigkeiten, so beim Streichquartett in seinen Hauptetappen 1772/73, 1782–1785 und 1789/90, oder aber unvermittelte Entwicklungssprünge, die einen Gattungsbeitrag auf einen Schlag als ›vollendet‹ erscheinen lassen, wie das etwa beim Klavierkonzert Es-Dur KV 271 von 1777, dem ›Jenamy-Konzert‹, der Fall ist. Für andere Werke fehlt wegen ihrer isolierten Stellung innerhalb der musikalischen Gattungen der Vergleichsmaßstab: Der *Concertone* KV 190 (186 E), die *Maurerische Trauermusik* KV 477 (479ª), die Konzertarie mit obligatem Klavier »*Ch'io mi scordi di te*« – »*Non temer, amato bene*« KV 505 oder das Adagio h-Moll für Klavier KV 540 sind einige solcher Kompositionen. Auch tatsächliche oder vermeintliche Rückschritte sind festgestellt worden, was über das schon erwähnte Beispiel der ›kleinen‹ Violinsonate KV 547 hinaus auch das letzte Klaviertrio KV 564 vom Oktober 1788 betrifft. Das gegenüber seinen Vorgängerwerken KV 502, 542 und 548 in vieler Hinsicht ›zurückgenommene‹ Stück, dessen Faktur an zahlreichen Stellen wegen der nachgeordneten Funktion des Violoncellos die satztechnische Durchdringung der Stimmen früherer Klaviertrios beinahe leugnet, steht als Schluß von Mozarts Beiträgen zur Gattung quer zum bereits erreichten Standard. Doch ehe hier von einem Bruch in der Entwicklung gesprochen wird, sollte der möglicherweise intendierte Kontext einer Komposition für Anfänger in Erwägung gezogen werden – in ihm würde sich die stilistische Merkwürdigkeit des Stücks auflösen. Es gehört zur schöpferischen Beweglichkeit Mozarts, daß er in einem engen Zeitrahmen – beispielhaft stehen hier Sommer und Herbst 1788 in Rede – zugleich Sinfonien erhabensten Anspruchs und kleindimensionierte Kammermusik *ad usum Delphini* zu komponieren vermocht hat.

Aus der Perspektive einer Stilkritik deuten solche Erscheinungen auf eine bemerkenswerte Gleichzeitigkeit des scheinbar Ungleichzeitigen. Innerhalb der verschiedenen Stilphasen von Mozarts Œuvre, wie auch sie übergreifend, läßt sich diese Feststellung vielfach belegen. Dazu trägt die unterschiedliche ›Gattungshöhe‹ der Kompositionen bei, für die – wie bereits ausgeführt – Mozart über ein feines Sensorium verfügte: Nicht jede Gattung galt ihm zu jeder Zeit gleich viel, nicht jeder musikalische ›Ort‹ verlangte Kunstanstrengung gleichen Ausmaßes. Die knapp einhundert Menuette, Deutsche, Ländlerische und Kontretänze, die Mozart als Kammerkomponist zum Karnevalsgeschehen der Saisons 1788 bis 1791 beisteuerte, sind dem späten Schaffen zuzuordnen, ohne daß ihnen – bei allem Abwechslungsreichtum – die exponierten ›Spätwerk‹-Züge der letzten Kammermusikstücke, Konzerte oder Opern eigen wären. Das Streichtrio-, Quartett- und Quintettschaffen der Wiener Jahre wiederum hält ein Niveau, das zwar gelegentliche Verschiebungen in den Gattungen erfährt – die ›*Preußischen Quartette*‹ von 1789/90 schließen sich nicht nahtlos an die 1785 gedruckten ›*Haydn-Quartette*‹ oder an das ›*Hoffmeister-Quartett*‹ KV 499 von 1786 an –, das aber insgesamt den hochambitionierten Kammerstil der Zeit wie nirgends sonst repräsentiert (nur Haydns Quartettproduktion begegnet dem auf Augenhöhe). Hier entschied sich Mozart aber, die kompositorischen Errungenschaften des Satzes *à due*, *à tre* und *à quattro*, beispielsweise hinsichtlich der vielen Möglichkeiten der Texturgestaltung, über die Genregrenzen hinaus wirksam werden zu lassen: Das ›*Hoffmeister-Quartett*‹ bildet Verfahren der Stimmkopplung und der Stimmengruppierung vor, die in den anschließenden Streichquintetten KV 515 und 516 zur vollen Entfaltung gelangt sind; der dort erreichte satztechnische Stand wirkte dann wieder auf die Faktur der ›*Preußischen Quartette*‹.

Instrumental und Vokal

Solche gattungsübergreifenden Wechselwirkungen sind in noch prinzipiellerer Weise im Verhältnis von vokalem zu instrumentalem Stil und umgekehrt zu konstatieren. Eine strikte Trennung zwischen Vokal- und Instrumentalmusik lag Mozart nicht im Sinn. Zwar war er zeitlebens als Pianist, phasenweise auch als Geiger und Organist öffentlich tätig, und das Klavierspiel begründete seinen zeitgenössischen Ruhm. Doch im Grunde seines Musikerdaseins fühlte er sich als ›Theatermensch‹, dem der eigene Auftritt oder das Auftretenlassen von singenden und spielenden Akteuren die Erfüllung seines Tuns bedeutete. Daher sind Mozarts instrumentale Kompositionen stets in irgendeiner Weise von Elementen der Vokalmusik geprägt, so wie diese selbstverständlich an Eigenarten der Instrumentalmusik partizipiert, und beiden eignet immer auch etwas vom Gestus oder der Haltung des Theaters. Viele Themen der Wiener Klavierkonzerte folgen rhythmisch-metrischen Modellen, die offenkundig auf Vertonungsweisen italienischer Verse in der Oper basieren, wie beliebig gewählte Beispiele zeigen (siehe Notenbeispiel 1 a–e): Die Anfänge der zweiten Sätze aus den Konzerten KV 450 (T. 1–8) und KV 453 (T. 1–5) können mit dem typischen fünfsilbigen Versmaß, dem *Quinario*, in Verbindung gebracht werden; der auch für andere Einleitungen charakteristische Marschrhythmus des Konzerts KV 456 läßt sich als rhythmische Deklamation eines Siebensilblers, eines *Settenario*-Verses auffassen, wozu in diesem Falle eine melodisch ähnliche Phrase aus der Einlagearie »*No, che non sei capace*« KV 419 (T. 56–62) zum Vergleich heranzuziehen wäre. Wie ein Duett in der rhythmischen Struktur ebenfalls des *Settenario* klingt der kanonische Beginn des zweiten Satzes aus dem ›*Jenamy-Konzert*‹ KV 271. Solche Analogien finden sich auch in anderen Gattungen, gelegentlich sogar explizit: Mit dem dritten Thema im Kopfsatz der ›*Jupiter-Sinfonie*‹ KV 551 (T. 101–111) verarbeitet Mozart einen Einfall, den er in zeitlicher Nähe zur Entstehung dieses Stücks auch in der Einlage-Ariette »*Un bacio di mano*« KV 541 exponiert, hier in Verbindung mit dem *Senario*, dem Sechssilbler-Vers »*Voi siete un po' tondo, / mio caro Pompeo*« (T. 21–28).

Notenbeispiel 1

1a) Klavierkonzert B-Dur KV 450, 2. Satz, T. 1–8

1b) Klavierkonzert G-Dur KV 453, 2. Satz, T. 1–5

1c) Klavierkonzert Es-Dur KV 271, 2. Satz, T. 1–7

1d) Klavierkonzert B-Dur KV 456, 1. Satz, T. 1–7, und Arie für Sopran »No, che non sei capace« KV 419, T. 56–62

PERIODISIERUNG, STIL UND WIRKUNG

1e) Sinfonie C-Dur KV 551, T. 101–105, und Ariette für Baß »*Un bacio di mano*« KV 541, T. 21–28

Auch in größeren Dimensionen der Formbildung durchdringen sich Instrumentales und Vokales. Das ist am sinnfälligsten in Opern zu beobachten, also erneut an gespielter und gesungener Musik in Verbindung mit theatergebundener Aktion und dramatischem Ausdruck. Scena VIII im Finale des zweiten Akts von *Le nozze di Figaro* KV 492 (No. 16: T. 167–327) zeigt den Conte, die Contessa und Susanna in jeweils ambivalenten Gefühlszuständen, nachdem das aufregende Versteckspiel Cherubinos, sein abenteuerlicher Fenstersprung und die überraschende Blamage für Almaviva vorbei beziehungsweise offenbar sind. Den emotionalen Weg, den Conte und Contessa von düpiertem Stolz und peinlicher Verlegenheit bei dem einen, nicht ganz aufrichtigem Zorn und großer Erleichterung nach einer prekären

Situation bei der anderen hin zur (vorläufigen) Versöhnung zurückzulegen haben – begleitet von der vielwissenden Susanna –, gestaltet Mozart als Vokalensemble in Form eines ›Sonatenhauptsatzes‹. Das musikalische Geschehen kreist um zwei Themen- und Motivgruppen: Die achttaktige Periode zu Beginn der Szene in der Grundtonart B-Dur kontrastiert mit dem Achtelparlando im Vordersatz und einer Legatophrase im Nachsatz die Unruhe der Contessa und die ruhige Überlegenheit Susannas (siehe Notenbeispiel 2a). Einen ähnlichen Antagonismus prägt das zweite ›Themenfeld‹ aus, in dem die Verwirrtheit des Conte, dann aber sein etwas forcierter Rechtfertigungsversuch (T. 188) und die im Duett artikulierte moralische Schein-überlegenheit der Damen (T. 191) aufeinanderprallen (siehe Notenbeispiel 2b).

Notenbeispiel 2

Le nozze di Figaro, Finale II (No. 16), Scena VIII

2a) T. 167–175

2b) T. 188–195

Auf die dominantisch endende ›Exposition‹ folgt ein langer durchführungsartiger Mittelteil. Er geht mit dem vorgeführten Material variierend, motivisch kombinierend und modulierend um, wobei alle angewandten Techniken sowohl ›absolut‹ musikalisch stringent als auch dramaturgisch völlig richtig auf die Bühnenaktion bezogen sind. Am Wendepunkt der inneren Handlung, wenn sich der Friedensschluß zwischen den beiden Ehegatten abzeichnet, ist die ›Durchführung‹ in ihrer Mitte angelangt – nach einer Fermate erfolgt eine harmonische Wendung nach As-Dur (T. 233f.). Von hier aus legen die Protagonisten im zweiten Teil der ›Durchführung‹, dramaturgisch mit Rekurs auf die zurückliegenden Wirrungen, den Weg hin zur Versöhnung zurück. Er kommt mit der zärtlichen Feststellung des Conte: »*Ebben se vi piace / comune è la pace*« (»*Nun gut, wenn Euch das gefällt, ist der Friede für alle*«) an sein Ziel, damit musikalisch an den Punkt, an dem die ›Reprise‹ einsetzt (T. 271). Deren tonartlicher Ausgang von der Subdominante Es-Dur aus ist zwar etwas ungewöhnlich, aber keineswegs irregulär. Bei der Wiederaufnahme des Anfangsteils nimmt Mozart am musikalischen Verlauf die Modifikationen vor, die nach der dramatischen Entwicklung gefordert sind. Namentlich die Themenantagonismen sind hinfällig geworden, so daß den einzelnen Personen jetzt jeweils vollständige achttaktige Gesangsperioden zugebilligt werden. Mit einer kadenzierenden Quasi-Coda – einem dreistimmigen Ensemblegesang unter Verwendung der auch sonst dominierenden Legatophrase des ›Hauptthemas‹ – beendet Mozart den Satz: Theateraktion und sinfonischer Verlauf haben sich erfüllt.

Satzformen und Werkzyklus

Die formalen Gestaltungsräume, die in der zweiten Hälfte des 18. Jahrhunderts offen standen, die Mozart seit den 1760er Jahren auszuschreiten lernte und die er zeitlebens für sein kompositorisches Denken als verbindliche äußere Vorgaben achtete, waren im wesentlichen die der Arie, der Sonate, des Rondos und der Liedformen. Keinen dieser Räume sah er als fixierte Größe mit unveränderbaren Grenzlinien an; Formschemata im Sinne einer rückschauend-abstrahierenden Formenlehre kannte er nicht. Sie waren für ihn eher ›Felder‹, auf denen für die musikalische Orientierung einige verbindliche Zielpunkte markiert waren, auf die hin und zwischen denen er sich als Komponist in einem Prozeß freier schöpferischer Entscheidungen bewegte. Derartige ›Bewegungsfelder‹ mochten in ihrem Grundriß vermessen und in bestimmten Größen zu konventioneller Anerkenntnis gekommen sein – Mozart hat, wie außer ihm zu seiner Zeit wohl nur noch Haydn, alle musikalischen Formen gemäß ihrer traditionellen Handhabung in gleichem Zuge einerseits angenommen und andererseits grundlegend verändert. Sie sind im Laufe seiner kompositorischen Arbeit andere geworden, sowohl im Blick auf ihre allgemeine Geschichte als auch hinsichtlich der individuellen Anwendung durch ihn. Nicht wenige dieser Formen scheinen in seinen grandiosen Leistungen jedenfalls für das 18. Jahrhundert zu endgültigen Ausgestaltungen gekommen zu sein, etwa die Arie in einigen Stücken der drei Da Ponte-Opern, der sinfonische Sonatensatz in den Exempla der Sinfonie-Trias KV 543, 550 und 551 oder das Opernfinale als großdimensionierte sinfonische Zusammenfassung verschiedener Formen, wie im bereits ausschnittweise erörterten Finale des zweiten Akts von *Le nozze di Figaro*. Eine systematische Untersuchung und Darstellung aller internen Formgeschichten bis in die Details hinein bleibt noch zu leisten, aber es liegen für viele Einzelstücke und für hervorgehobene Gattungsbeiträge ausreichende Erkenntnisse vor, um auch verallgemeinernde Aussagen rechtfertigen zu können.

Arie

Der Hauptimpuls für die sogenannte metastasianische Arie – der Umgang mit diesem dreiteiligen *Da capo*-Typ steht für Mozart am Anfang – geht vom Affekt aus, genauer vom Affektgegensatz, der in ihr musikalisch zur Sprache kommen soll. Dieses wesentliche Merkmal des Genres hatte Mozart schon begriffen, als er im Oktober 1765 mit der Niederschrift seiner ersten Arie »*Va, dal furor portata*«

KV 21 (19ᶜ) aus Pietro Metastasios *Ezio* begann. Daines Barrington berichtet in dieser Hinsicht über das Musizieren des Knaben zu der Zeit sehr anschaulich, wie Mozart auf ihm zugerufene Affekttypen oder -wörter aus dem Stegreif Arien singend und spielend vorzuführen imstande war, also beispielsweise einen »*Love Song*«, einen »*Song of Rage*«, einen »*Song of Anger*« mit Wörtern wie »*Affetto*« oder »*Perfido*«.[42] Der volle kompositorische Niederschlag der im Improvisatorischen verfügbaren Fertigkeiten stellte sich freilich erst ein, als der Vierzehnjährige 1770 seine erste Opera seria *Mitridate* KV 87 (74ª) schrieb und hier an 24 Arien zu demonstrieren vermochte, wie variabel und anpassungsfähig die Form war. Im Zentrum steht die konventionsgerechte *Dal segno*-Arie mit – etwas vereinfachend beschrieben – Vorspiel in der Tonika, zwei Abschnitten mit der ersten Textstrophe je auf Tonika und Dominante, dann einem Dominant-Ritornell sowie erneutem doppelten Vortrag der Eingangsstrophe auf anderen Tonstufen und Abschlußritornell in der Tonika; vor dieser Strophenwiederholung oder in ihrer Mitte steht ein *segno*. Der B-Teil – häufig in neuer Tonart und anderem Tempo – setzt unmittelbar mit der zweiten Strophe auf der V. oder einer anderen Stufe ein; die Verse werden einmal vorgetragen und von einem Ritornell beschlossen, ehe die Wiederholung des A-Teils vom Beginn oder dem *segno* an folgt. In der bekannt problematischen Buchstabenabkürzung läßt sich die Form also mit der Reihe $A^1-A^2-B-A^1-A^2$ bzw. $A^1-A^2-B-A^{segno}$ bezeichnen. Um diesen Arientyp herum gruppieren sich im *Mitridate* Stücke, deren Aufbau deutliche Abweichungen von der Ausgangsform zu erkennen gibt. Sie weisen alle in die Richtung einer Vereinfachung der Gesamtanlage und auf eine entfernt sonatenähnliche Reprisenform hin, das heißt auf den Verzicht der notengetreuen *Da capo*-Wiederholung. Dabei schließt sich an das Vorspiel der doppelte Durchgang durch die erste Strophe an, gekennzeichnet durch einen im Verlauf deutlich vollzogenen Tonika-Dominant-Kontrast; nach einem Ritornell folgt, auf neuer Tonstufe, die zweite Strophe. Die dann einsetzende, ausgeschriebene ›Reprise‹ variiert den ersten Teil, hebt vor allem das Gegeneinander von I. und V. Stufe auf – das Schema dieser Form lautet demnach: A^1-B-A^2. Die beiden in dieser groben Gegenüberstellung vorgeführten Typen bezeichnen die Extreme, zwischen denen weitere, jeweils nach der einen oder der anderen Seite tendierende Formvarianten der Arie in Mozarts Bühnenerstling anzusiedeln sind (daß in dieser schematischen Skizze wesentliche dramaturgische, text- und affektbezogene Aspekte unberücksichtigt bleiben, ändert nichts am festgestellten Sachverhalt).

Der *Mitridate* ist durch und durch eine Arien-Oper – das Duett No. 18 und der Chor No. 25 bilden die Ausnahmen, welche die Regel bestätigen. Mozarts weiteres Opernschaffen löst sich zunehmend von dieser formalen Grundanlage zugunsten der stärker werdenden, streckenweise dominierenden Einbeziehung von Ensembles, doch bleibt das Primat der Arie prinzipiell unangefochten. Als gestalterische Herausforderung an den Musiker und den musikalischen Dramatiker beschäftigte sie Mozart zwischen 1765 und 1791 fast in jedem Jahr, sei es in Opern oder in Einzelstücken. Im Laufe dieser beinahe unentwegten schöpferischen, ständig die allgemeine Entwicklung der Gattung im Blick behaltenden Auseinandersetzung bildete sich ein engmaschiges Netz von Typen und Formen heraus, deren Korrespondenz untereinander nur unter Berücksichtigung der dramatischen, poetischen und musikalischen Kontexte, in denen sie stehen, adäquat zu erfassen ist. Solche Kontexte ergeben sich etwa aus den Operngattungen – *opera buffa*, *opera seria*, *dramma giocoso*, *dramma eroicomico*, Singspiel – mit ihren Fabelgenres: Türkenoper wie die *Entführung*, Intrigenkomödie wie der *Figaro*, moralisches Lehrstück wie *Così fan tutte*, Märchenoper wie die *Zauberflöte*. Weiterhin gehen sie aus den dramatischen Funktionen hervor, die Arien in ihnen erfüllen – etwa die nicht sehr ausgedehnte, gemütvolle *aria d'affetto* wie »Porgi d'amor« im *Figaro* (No. 11), die ›heroische‹ Arie wie Idomeneos »Fuor del mar« (*Idomeneo*, No. 12) oder die Rondò-Arie, (meist) die Schlußarie von weiblichen *seria*-Charakteren wie Vitellias »*Non più di fiori vaghe catene*« aus *La clemenza di Tito* (No. 23); dazu kommen die vielerlei *buffa*-Arien teils ironischen oder sentimentalen Charakters, mit denen das ›mittlere‹ Personal wie beispielsweise Leporello, Susanna oder Despina aus den Da Ponte-Opern Bühnengeschehnisse kommentiert. Die Stellung der Arie im dramatischen Ablauf, die Ranghöhe der handelnden Person, aber auch die jeweiligen Fähigkeiten der Sängerinnen und Sänger, für die Mozart seine Gesangsstücke schuf, beeinflußten ihre Form und ihren Charakter.

Die häufigsten Formmodelle in Mozarts Arien, abgeleitet aus dem Wiener Schaffen, lassen sich idealtypisch in drei Hauptgruppen unterteilen: Zum einen in jene Gruppe, in der der erste Hauptteil den harmonischen Spannungsbogen von der Tonika zur Dominante schlägt (interne Gliederung: A–A bei identischem Themenmaterial oder A–B bei verschiedenem) und im zweiten Teil diese Spannung in zwei Schritten oder auf einen Schlag von der Dominante zur Tonika zurückführt; das Themenmaterial kann dabei gleichbleiben oder umgruppiert, auch erweitert werden. Dieser Gruppe lassen sich Arien in ›Sonatenform‹, mit unterschiedlich freier Handhabung der Durchführungs- und Reprisenpartie, zuschlagen. Zum anderen gibt es Formen, bei denen der erste Teil stets tonikal geschlossen ist und sich dann in eine mehrgliedrige Fortsetzung öffnet; diese prägt einen Dominant-Tonika-Kontrast aus. Als drittes sind Arien zu nennen, deren Formaufbau durch den Antagonismus von langsamem und schnellem Tempo (selten umgekehrt) bestimmt ist: Hierzu zählen Rondò-Arien mit einem ersten, in sich dreiteiligen langsamen Abschnitt – die Mitte steht tonal auf der V. Stufe – und einem zweiten, schnellen und einteiligen in der Grundtonart. Diesen drei Modellen sind Mozarts Arien zuzuordnen, freilich nicht im Sinne von simplen Formetiketten, sondern in dem der erwähnten ›Bewegungsfelder‹ oder von Spielanordnungen, die je nach Situation des Stücks im größeren dramatischen Kontext gewählt und individuell modifiziert werden.

Sonate

Zur Schaffenszeit Mozarts von ›der‹ Sonate als einer präzise bestimmten Form oder Gattung zu sprechen, ist aus historischer Sicht unangemessen. Ebenso wenig taugt es, die seit den 1820er Jahren allmählich sich etablierende Vorstellung von der ›Sonatenform‹ als einem quasi allgemeinverbindlichen Formschema für den Aufbau eines instrumentalmusikalischen Satzes oder eines mehrsätzigen Zyklus umstandslos auf die Sonate bei Mozart zu projizieren. Daß der im Begriff der Sonate eingeschlossenen Vielfalt musikalischer Erscheinungen für Komponisten in der zweiten Hälfte des 18. Jahrhunderts eine herausgehobene Bedeutung zukam, ist dagegen evident: Als »*Gattung von Instrumentalstücken*« setzte sie »*einen vorzüglichen Grad der Begeisterung, viel Erfindungskraft und einen hohen, fast [...] musikalisch=poetischen, Schwung der Gedanken und des Ausdrucks*«[43] voraus. In gehöriger nationaler Differenzierung bildeten sich in Italien, Spanien, England, Frankreich, Nord- und Mitteldeutschland sowie in Süddeutschland/Österreich Verfahrensweisen aus, Instrumentalmusik für Klavier, Kammerensembles und Orchester nach jeweils eigenen formalen, gattungsmäßigen und ästhetischen Prinzipien zu gestalten – Mozart lernte die meisten von ihnen kennen. Begleitet wurde dieser lebhafte künstlerische Prozeß von einem nach Regionen sehr unterschiedlich intensiv gepflegten theoretischen Diskurs über die Sonate, dessen wesentliche Inhalte Aufschluß über Phänomene und Probleme geben, mit denen sich Komponisten auseinandersetzten. Danach stehen weder die formale Anlage des Eröffnungssatzes noch die Folge der Sätze im Zyklus ohne weiteres fest. Für den ›Sonatensatz‹ in Klavier- und Kammermusik sowie in Sinfonie und Konzert gelten verschiedenartige strukturelle Prämissen. Der harmonischen, daß ein bestimmter Modulationsgang zu leisten sei, kommt Vorrang vor der thematischen zu, eine festgelegte Zahl von Motiven oder melodischen Gebilden bieten zu müssen. Ein Teil des Satzes soll kompositorischen Techniken gewidmet sein, der Motive oder Themen ›durchführt‹ (das Wort kommt in diesem Zusammenhang erst 1793 bei Heinrich Christoph Koch in Gebrauch), das heißt, dieses Material harmonischen, rhythmischen oder melodischen Veränderungen unterwirft. Der Gesamtaufbau wird binär gedacht, aber mit einem harmonisch und formfunktional untergliederten zweiten Teil: in einen Abschnitt mit ›durchführenden‹ Verfahren und einen abschließenden mit Rückgriff auf den ersten Großteil (›Reprise‹). Unabdingbar für das zeitgenössische Verständnis der Sonate ist neben ihrer ›äußeren‹ Anlage die ›innere‹, also die Anlage der Empfindungen, so daß sie – wie allerdings erst später postuliert wurde – einen individuellen ›Charakter‹ ausbilden. Diese wenigen Prinzipien führen in der konkreten Anwendung zu ganz unterschiedlichen Ergebnissen, wie sich an Mozarts Sonatensätzen allenthalben beobachten läßt.

Erstes öffentliches Zeugnis der Sonatenkomposition Mozarts waren die 1764 gedruckten Violinsonaten op. 1 KV 6 – 9. Am Allegro der Sonate C-Dur KV 6 – es geht zurück auf ein am 14. Oktober 1763 in das Notenbuch für die Schwester eingetragenes Klavierstück – läßt sich ablesen, was das ›Wunderkind‹ von diesen Prinzipien bereits erfaßt hatte. Tatsächlich ist die Tonartendisposition so verwirklicht, daß auf einen zehntaktigen Tonika-Abschnitt eine längere, auf die Dominante bezogene Partie folgt (T. 11 – 26). Der ›Modulationsgang‹ dieses Teils mit seinen ganz elementaren Sequenzschritten wird von formelhaften melodischen Motiven begleitet, so daß ein bescheidener Kontrast zum Anfang entsteht (die linke Hand spielt vom ersten bis zum letzten Takt des Satzes nur die jeweiligen Akkordtöne in

Alberti-Figuration). Der zweite Teil nach der Wiederholung setzt auf der Dominante ein und bietet auf dieser Stufe eine sechstaktige Fassung des Vordersatzes; diese entsteht dadurch, daß die Takte 3 und 4 aus dem Eingangsthema zweimal gespielt werden (= T. 5 und 6; siehe Notenbeispiel 3).

NOTENBEISPIEL 3

Sonate für Klavier und Violine C-Dur KV 6, 1. Satz

3a) T. 1–4

3b) T. 27–32

Dann folgt die Wiederaufnahme des ersten Teils in der Grundstufe, doch unterbleibt die Gegenüberstellung der beiden harmonisch kontrastierenden Abschnitte: Die vormalige Dominantpartie erklingt um eine Quarte tiefer versetzt. Im drittletzten Takt des ersten Teils (T. 24) bietet ein Fermatenakkord auf der III. Stufe die Möglichkeit zu einer kleinen improvisierten Auszierung, an der entsprechenden Stelle vor Ende des Satzes (T. 54) ist es der Akkord der VI. Stufe.

In diesem kindlichen Versuch spiegeln sich Anregungen der damals für Mozart kurzfristig maßgeblichen Musikwelt Frankreichs wider. Neben der beschriebenen Sonatensatz-Anlage kannte er nur noch die des Menuetts, so daß die Zusammenstellung von vier (KV 6) oder drei Sätzen (KV 7–9) zu Zyklen jeweils mit den beiden Modellen auskommen mußte. Das alles wirkt selbstverständlich bescheiden, verdient aber Beachtung in der Verwirklichung elementarer Formungsprinzipien: Mozart geht in seiner Musik insgesamt mit nur wenigen solcher einfachen Grundmodelle um, entwickelt daraus aber eine weit ausgreifende Diversifizierung der Formen in den einzelnen Werken.

Nachzuvollziehen ist diese Feststellung schon beim Überblick über nur eine Gattung, beispielsweise über die achtzehn authentischen, zwischen 1775 und 1789 entstandenen Solo-Klaviersonaten. Alle Stücke sind dreisätzig angelegt, sechzehn beginnen mit einem Satz im schnellen Tempo, und alle prägen an erster Stelle Formen aus, die sich zwanglos der des ›Sonatenhauptsatzes‹ zuordnen lassen – bis auf die formal eigenwillige A-Dur-Sonate KV 331 (300[i]), die ganz darauf verzichtet und einen singulären Zyklus aus Variationensatz,[44] Menuett und Rondo bildet. Aber auch sonst scheint das ›Sonatenhauptsatz‹-Modell allenthalben durch, sowohl in langsamen Sätzen als auch in Finales.[45] Der formkonstitutive Tonartenkontrast ist bis auf wenige Ausnahmen realisiert; nur in der späten ›Anfänger-Sonate‹ C-Dur KV 545 tritt die Reprise mit dem ersten Thema statt in der Tonika in der

Subdominante ein. In der D-Dur-Sonate KV 311 (284^c) überrascht Mozart mit einem Reprisenbeginn, der das zweite Thema vor dem ersten bringt. Das für die Sinfonie so wichtige Menuett berücksichtigt Mozart in seinen Klaviersonaten über den schon erwähnten Fall hinaus nur noch in der Sonate Es-Dur KV 282 (189^g), wo anstelle eines langsamen Mittelsatzes zwei Menuette eine A–B–A-Form verwirklichen; das erste Menuett wird wiederholt, Trios fehlen. Der Mittelsatz der C-Dur-Sonate KV 330 (300^h) läßt sich als Menuett (T. 1–20), Moll-Trio (T. 21–40) und *Da capo* (T. 41–60 [64]) beschreiben.

Über die Gemeinsamkeiten und Unterschiede in der formalen Anlage der einzelnen Sätze und Zyklen hinaus stellen sich die Sonaten kraft ihrer individuellen Eigenarten in vielen Fällen auch als ›charakteristische‹ Stücke dar. Die erste Gruppe der Münchner Sonaten von 1775 (KV 279–284) reflektiert auf der einen Seite aktuelle Publikationen von Joseph Haydn – sein sechsteiliges Opus 13 war im Jahr zuvor in Wien erschienen, wobei sich die jeweiligen F-Dur-Sonaten besonders für eine Gegenüberstellung anbieten – und von Johann Christian Bach: Seine in Paris ebenfalls 1774 gedruckte Sonatenserie op. 12/17 wirkte als Vorbild. Diese Gruppe beweist aber auf der anderen Seite, mit welchem Ehrgeiz Mozart als Komponist und Pianist an die Öffentlichkeit treten wollte. Als ausgesprochene Vorspielstücke für ihn selbst – an einen Druck scheint er nicht gedacht zu haben – zeigen sie ihn als Kenner und phantasievollen ›Amalgator‹ aller aktuellen Tendenzen der Sonatenkomposition. Mehr noch: Die teils ins Konzertante hineinreichenden spieltechnischen Anforderungen und die Absicht, zumindest gelegentlich die dynamischen Wirkungen der modernen Orchestermusik auf dem Klavier zu imitieren (die ›*Dürniz-Sonate*‹ KV 284 [205^b] mag als Beispiel dienen), stehen für Mozarts Bemühen, die Klaviersonate als Genre auf ein neues künstlerisches Niveau zu heben.

Dieser Zug setzt sich auch in der Sonatengruppe von 1777/78 (KV 309–311), der ersten Drucksammlung Mozarts, und in den Wiener Sonaten bis 1784 (KV 330 bis KV 333, 457) unvermindert fort. Werke geraten zu persönlichen Monologen wie die Sonate a-Moll KV 310 (300^a) oder zu Instrumentaldramen wie die Sonate c-Moll KV 457 (zusammen mit der Fantasie KV 475), zu völlig unkonventionellen Kontrastzyklen wie die erwähnte A-Dur-Sonate KV 331, deren *Alla turca*-Finale auf originelle Weise der damals herrschenden ›Türken-Mode‹ huldigt, oder zu einer perspektivenreichen Auffächerung musikalischer Gesten und Spielhaltungen wie die Sonate F-Dur KV 332 (300^k). Die letzten vier Sonaten aus dem Zeitraum 1788/89[46] vertreten dann wieder einen eher zurückgenommenen Gattungsanspruch – inzwischen war das Klavierkonzert als die pianistische Ausdrucksbühne schlechthin errichtet worden. Gleichwohl tragen die Stücke trotz ihren gezügelten formalen und emotionalen Dimensionen ein konturiertes Charakterprofil, sei es in der hintergründigen Schein-Einfachheit der »*Sonate facile*« KV 545 oder in der konzentrierten thematisch-motivischen Ökonomie der B-Dur-Sonate KV 570 einschließlich ihrer tiefempfundenen, von Holzbläserklängen angewehten ›Serenade‹ in Es-Dur, einem Seitenstück zu manch einem langsamen Klavierkonzertsatz.

In jeder der für Mozarts künstlerisches Schaffen wesentlichen Gattungen macht die Sonate als Satz- wie als Zyklusform eine vergleichbar differenzierte Entwicklung durch. Bei der Sinfonie schwankt die großformale Anlage zwischen der Drei- und Viersätzigkeit; von den letzten zehn Beiträgen gehören immer noch vier dem ersten, sechs dem zweiten Typus an. Beim Streichquartett setzt sich der viersätzige Zyklus durch – ausgenommen allein die italienische Serie KV 155–160 von 1772/73 –, ebenso beim Streichquintett, einschließlich des Klarinettenquintetts KV 581. Alle Konzerte und alle kammermusikalischen Werke, an denen das Klavier beteiligt ist, fallen dreisätzig aus; von dieser Regel weichen lediglich die zweisätzigen Mannheimer Violinsonaten KV 301–305 ab. Eine vielgliedrige Gestalt nimmt die ›Sonatensatzform‹ in den Konzerten an, weil hier genuine Traditionen und Erfordernisse der Gattung, wie etwa die Ritornellanlage und das Verhältnis von Solo- und Tutti-Abschnitten in den Einzelteilen des Satzes zueinander, wirksam geworden sind; Tonartendisposition und Exposition des thematisch-motivischen Materials sowie Strukturierung des Durchführungsteils unterliegen im Konzertsatz eigenen Bedingungen. Formungsprinzipien der Sonate durchdringen schließlich auch andere Formmodelle, vor allem das Menuett und die Arie.

Rondeau / Rondo

Einen mit dem Sonatensatz vergleichbaren Rang bei den Formbildungen Mozarts nimmt das Rondeau/Rondo ein, eine Satzanlage, die in der zweiten Hälfte des 18. Jahrhunderts weit verbreitet, beinahe so etwas wie eine Modeerscheinung gewesen ist. Sie wurde von dem kindlichen Komponisten ebenfalls in frühester Zeit als Modell entdeckt und erstmals in der dritten gedruckten Sammlung von Violinsonaten (›Klaviertrios‹), genauer: im Allegrosatz der Sonate A-Dur KV 12 (London 1764) erprobt. Dieser Finalsatz entspricht in seiner Folge von vier sechzehntaktigen, periodisch gegliederten und in der Grundtonart stehenden ›Refrains‹ (T. 1–16, 33–48, 73–88, 105–120) und den dazwischen gestellten ›Couplets‹ auf anderen Tonstufen (V. Stufe: T. 17–32, VI. Stufe: T. 49–72, vermollte I. Stufe: T. 89–104) einer von der französischen Clavecinkunst überkommenen, typischen Ausprägung des Rondeaus mit einer formalen Mitte im zweiten Couplet; angehängt ist noch ein coupletartiger Schlußabschnitt (T. 121–143; der ganze Aufbau in Übersicht: A^1–B–A^2–C–A^3–D–A^4–E). Eine um ein Couplet erweiterte Version des Rondeaus (A^1–B [V. Stufe]–A^2–C [V. Stufe]–A^3–D [VI. Stufe]–A^4–E [vermollte I. Stufe]–A^5) findet sich im entsprechenden Satz der etwas später entstandenen Violinsonate F-Dur KV 30. Weitere leicht modifizierte Varianten, auch Reduktionen auf nur zwei Couplets, weisen die Rondeaus in den Sonaten KV 14, 26 und 27 sowie in den Sinfonien KV 16 und 22 auf.

Bei der weiteren Anwendung des Rondeau-Modells bis etwa 1773 hebt Mozart gerne eines der auf einer Mollstufe stehenden Couplets dadurch hervor, daß er es als einen formal in sich geschlossenen Abschnitt in den Ablauf integriert. Dafür bedient er sich eines weiteren Formmodells, der ›dreiteiligen Liedform‹. Das Finale der 1771 komponierten Sinfonie F-Dur KV 112 profiliert auf diese Weise das zweite Couplet (T. 57–96); es steht in der Tonart der VI. Stufe und setzt sich zusammen aus einer zu wiederholenden Doppelperiode (8 + 8 Takte), dann einer einfachen Periode in der Dominante (A-Dur) und schließlich dem wieder aufgenommenen Eröffnungsteil. Um 1773 erlebt das ›Rondo‹ – die italienische Bezeichnung steht erstmals über dem Finale des Streichquartetts KV 159 – eine weitere maßgebliche Änderung. Sie dürfte auf den Einfluß der ›Sonatenform‹ zurückgehen: Das letzte Couplet greift auf das erste – oder Teile daraus – zurück, allerdings in Quinttransposition, anfangs auf der V. Stufe, nun auf der I. Der ausgedehnte Rondo-Schlußsatz der ›Ersten Lodronischen Nachtmusik‹ F-Dur KV 247 von 1776 bringt den Refrain fünf Mal, enthält demnach vier Couplets: das vierte (T. 174–222) stellt eine leicht variierte, tonikale ›Reprise‹ des dominantischen ersten Couplets (T. 32–74) dar. Das Schema der Gesamtanlage lautet also mit Angabe der Tonart: A^1 (F-Dur)–B^1 (C-Dur)–A^2 (F-Dur)–C (a-Moll)–A^3 (F-Dur)–D (B-Dur)–A^4 (F-Dur)–B^2 (F-Dur)–A^5 (F-Dur). Bezeichnend für den Satz ist außerdem der liedförmige Bau des Refrains sowie des zweiten und dritten Couplets. Rondos vergleichbaren Formats verlieren sich bald und werden zunächst durch solche mit drei Couplets ersetzt (auffällig ist dabei der mit dem formgeschichtlich jüngeren Begriff des »Sonatenrondos« belegte Aufriß A^1–B^1–A^2–C–A^3–B^2–A^4) und reduzieren sich in der späten Schaffensphase (ab 1787) noch um den zwischen dem zweiten und dritten Couplet stehenden Refrain.

Rondoartige Anlagen in vielerlei Formvarianten (bis hin zur rudimentären Folge von Refrain, einem Couplet und wieder Refrain) finden sich sowohl in langsamen als auch in schnellen Sätzen aller kammermusikalischen und orchestralen Gattungen, schließlich sogar als selbständige Kompositionen wie die beiden Klavier-Rondos KV 494 und 511 oder *Adagio und Rondo* für Glasharmonika und Instrumentalbegleitung KV 617. Als Modellsatz beherrscht diese Anlage beinahe alle Finale der Konzerte Mozarts, abgesehen nur von einigen frühen Beiträgen[47] und den Wiener Stücken für Klavier und Orchester KV 382 (nach Mozarts Bezeichnung ein »*variazion Rondeau*«[48]), KV 453 und 491 (jeweils Variationssätze); langsame Rondosätze bieten etwa das Klavierkonzert KV 491 oder das Hornkonzert KV 495. Auch Kompositionen der reifen Klavier-Kammermusik zeigen überwiegend Rondofinale, ebenso späte Streichtrios, -quartette und -quintette.[49] In den letztgenannten Repertoires weisen zum Beispiel die Violinsonaten KV 376 (374^d) und 481 langsame Rondoformen auf; langsame oder schnelle Rondos gibt es ebenfalls in Klaviersonaten.[50] In diesen treten gelegentlich sehr überraschende Wendungen ein. So hält Mozart im Finale der Sonate B-Dur KV 333 (315^c) die Rückleitung zum Refrain nach dem dritten Couplet zunächst durch eine kleine »*Cadenza*« (T. 171) auf und läßt sie in eine Scheinreprise münden (T. 173), tritt von dieser in eine gesteigerte Rückleitung ein, deren Ziel aber eine nun veritable Kadenz ist (T. 198: *ad libitum*) – erst danach darf das Rondothema endlich als lange entbehrtes Ereignis einsetzen.

Für Mozart erwies sich das Rondo als ein in seinen Formgrenzen abgestecktes, intern aber nach vielen Richtungen offenes ›Bewegungsfeld‹, Grund für die nur schwer zu fassende Mannigfaltigkeit an individuellen Formbildungen. Mit dieser einher geht die große Spannweite an musikalischen Charakteren, die in Mozarts Rondokompositionen herrscht: Sie reicht, um nur Pole anzuzeigen, von dem chromatisch verdichteten, spannungsreichen Klaviermonolog des a-Moll-Rondos KV 511 bis hin zur ausgelassenen Stimmung eines Opera buffa-Finalensembles im A-Dur-Klavierkonzert KV 488. Im zyklischen Satzverband überwiegt die gelöste Atmosphäre weltzugewandter, souveräner Heiterkeit, die mehr an Ausdruck sucht als der lärmende Auftrieb eines munteren Kehraus, die aber doch auch vor dem ideellen Bedeutungsaufschwung sinfonischer Schlußsätze – weniger der Mozarts als seiner Nachfolger – haltmacht. Mozart verwirklicht eine Synthese aus Natürlichem, Naivem, Populärem, Regelhaftem, Überraschendem und Scherzhaftem – das alles verstanden im ästhetischen Sinn des 18. Jahrhunderts –, verwirklicht sie mit sicherem Geschmack und mit einem bis in die letzten Feinheiten der Faktur gültigen Kunstanspruch selbst dann, wenn im letzten Klavierkonzert-Rondo aus KV 595 die Unschuld der »*Komm, lieber Mai*«-Fröhlichkeit (KV 596) evoziert wird.

Lied- und Tanzformen

Weniger als ein spezielles Form-Modell denn vielmehr als elementares Formungsprinzip haben Erscheinungen zu gelten, die unter dem Terminus ›Liedform‹ gefaßt werden. Solche meist dreiteiligen Anlagen (A–B–A; |:A:| |:B–A:|) wirken mit ihrer wesensbestimmenden Wiederkehr des Anfangsteils am Ende und der dazu kontrastierenden Mitte leicht faßbar und geschlossen; sie tendieren außerdem zu klaren periodischen und symmetrischen Strukturen. Die Liedform läßt sich vornehmlich auf den Bau von Themen und von Binnenabschnitten in größeren Zusammenhängen beziehen. Sie bedeutet ein überaus typisches Moment der Formbildung auf allen Ebenen der Musik, an dem Mozart ganz selbstverständlich teilhat und für das sich in seinem Schaffen unzählige Beispiele finden. Die bekannten Variationsthemen aus der Klaviersonate A-Dur KV 331 (300[i]) und dem Klarinettenquintett KV 581 etwa folgen der (dreiteiligen) Liedform, das Hauptthema aus dem Finale der g-Moll-Sinfonie KV 550 (T. 1–32) oder die Arie des Monostatos »*Alles fühlt der Liebe Freuden*« aus der *Zauberflöte* KV 620 (No. 13) tun das auf ihre Weise ebenso. Ob der Verlauf ganzer Instrumentalsätze – vorzugsweise langsamer – und von Da capo-Arien mit der Liedform angemessen beschrieben werden kann, wie das häufig geschieht, ist eher fraglich, da die hergestellten Analogien häufig mit analytischer Unschärfe einhergehen. Das *Andante sostenuto* aus der Violinsonate C-Dur KV 296 bildet zwar im Kern die dreiteilige Liedanlage aus (A: T. 1–22 [in sich auch dreiteilig], B: T. 23–34, A: T. 35–62), doch enthält der wiederholte A-Teil eine sechstaktige Erweiterung am Schluß, und es folgt ihm noch eine zehntaktige Coda – damit ist die einfache Symmetrie einer A–B–A-Form nicht unerheblich gestört.

Ähnliches gilt für Tanzformen, allen voran für das Menuett als Tanz wie als stilisierter Satz in Kammermusik und Sinfonik, das prinzipiell durchaus als potenzierte und zusammengesetzte Liedform aufgefaßt werden kann: Menuett (= A; Binnenanlage: a–b–a) – Trio (= B; Binnenanlage: c–d–c) – Da capo. Für Mozarts Formdenken kommt diesem Modell insofern eine primäre Rolle zu, als vom Menuett (ohne Trio) seine kindlichen Kompositionsversuche ihren Ausgang nahmen. Eine erste Serie von sieben Tanzmenuetten mit Trios KV² 65a (61ᵇ) entstand 1769. Schon davor hatte Mozart das Menuett als zyklischen Bestandteil der drei Sonaten-Œuvres eingeführt, es 1767/68, jeweils mit Trio, auch in den Sinfonien KV 76 (42ª), 43, 45, Anh. 214 (45ᵇ) und 48 verwendet. Bis an das Ende seines Schaffens widmete er sich der Komposition von Menuetten; im Todesjahr entstanden noch die sechs Tanzmenuette KV 601 und 604 sowie der entsprechende Satz im Streichquintett KV 614.

Mozart reizte die Herausforderung, ein in Anlage, Umfang und Periodenstruktur verhältnismäßig stark determiniertes Form-Modell – ein völlig regelkonformes Exempel dafür liefert das Menuett in der Tanzszene des *Don Giovanni* KV 527 (No. 13: Scena XIX) – gleichsam von innen heraus zu konterkarieren, vorzugsweise beim Menuett als Bestandteil des Sonatenzyklus. Das geschah auf verschiedene Weise. Als erstes manipulierte Mozart gerne das Regelmaß der Taktgruppen und gestaltete statt der üblichen Gliederung in 4 + 4 Takte solche in beispielsweise 5 + 5 Takte (Trio des zweiten Menuetts aus der Serenade D-Dur KV 203 [189ᵇ], T. 1–10), 3 + 5 Takte (Streichquartett B-Dur KV 458, Menuett T. 1–8) oder 7 + 7 Takte (Streichquartett F-Dur KV 590; Menuett T. 1–14). Dann ist die metrische Störung der Taktordnung anzuführen, die durch die Einbeziehung imitatorischer und kanonischer Verfahren erreicht wird, wie erstmals bereits im ersten Menuett der Kassation KV 63 (T. 1–14). Das Menuett im Streichquartett A-Dur KV 464 spielt in kontrapunktischer Weise mit Vorder- und Nachsatz des Themas, die am Anfang sukzessive (T. 1–4, 5–8), anschließend in allen möglichen simultanen und imitatorischen Kombinationen, meist in eintaktigen Einsatzfolgen, durchgeführt werden. Den Effekt der Verschiebung von Taktschwerpunkten erzielt Mozart weiterhin durch gezielte *forte*-Anweisungen auf leichten Taktzeiten, ein Kunstgriff, der im Menuett des ersten »*Haydn-Quartetts*« KV 387 (T. 1–16; 65–70) zur Verunsicherung des Hörers – er hört den ¾-Takt des Stücks als ²/₄-Takt – besonders auffällig angewandt wird (siehe Notenbeispiel 4; das Trio gibt weitere Anschauung für irreguläre Taktgruppierungen).

NOTENBEISPIEL 4

Streichquartett G-Dur KV 387, 2. Satz: Menuetto, T. 1–9

Im Menuett der g-Moll-Sinfonie KV 550 kulminieren alle diese die Form und deren ursprünglichen Charakter verfremdenden Maßnahmen, vorgeführt nicht im kammermusikalischen Umfeld für Kenner, sondern in der an die große Öffentlichkeit gerichteten Gattung. Schon der vierzehntaktige Eröffnungsteil mit seiner ganz unregelmäßigen Taktgruppenstruktur und dem hemiolisch gegen den Dreiertakt gestellten Kopfmotiv repräsentiert ein ›Anti-Menuett‹, ein Eindruck, der im doppelt so langen zweiten Teil entschieden vertieft wird: Die Einführung eines zweiten Motivs, das in rüder Kontrapunktik gegen das erwähnte Kopfmotiv geführt wird, überhaupt die imitatorische Durchgestaltung des Tonsatzes bei chromatisch verschärfter Harmonik verdrängen alle Gedanken an Herkunft und früheren Stil des Menuetts – diese klingen in einem sechstaktigen ›versöhnlichen‹ Nachsatz eher wie eine Erinnerung denn wie eine Bestätigung an.

Eine solche Wendung kam keineswegs überraschend, hatte doch das Menuett schon früh als Ort musikalischer Experimente gedient. Namentlich im Streichquartett und -quintett der Wiener Jahre forcierte Mozart dann seine Versuche mit dem Satztypus. Die einst eindeutig konventionalisierte Formidee unterwanderte er durch Übernahme von Elementen der Sonate. Nun kann der erste Teil des Menuetts (A^1), eingeteilt in zwei harmonisch kontrastierende Abschnitte und ausgestattet mit zwei motivischen Antagonisten, als ›Exposition‹ fungieren. An sie schließt sich der zweite Teil (B) als ›Durchführung‹ an, in der vor allem mit einem der Motive gearbeitet und auch klanglich wie harmonisch eine deutlich veränderte Phase realisiert wird. Im dritten Teil (A^2), der ›Reprise‹, wird der harmonische Kontrast des ersten aufgehoben, und eine kurze Coda beendet den Satz. Gestaltungen vergleichbarer Art lassen sich im Spätwerk besonders gut beobachten, exemplarisch etwa am Menuett des letzten Streichquartetts F-Dur KV 590. Aber nicht nur der formale Zuschnitt ändert sich. Das Menuett macht einen Charakterwandel durch, der seine im Höfischen wurzelnde musikalische Etikette aufhebt zugunsten des Ausdrucks, der Empfindungssprache des Subjekts. Menuett und Trio des d-Moll-Streichquartetts KV 421 (417^b) führen in geradezu typologischer Gegenüberstellung vor Ohren, wie sich in diesem ›neuen‹ Genre persönliche Ausdrucksintensivierung – im Menuett vermittelt über ein dichtes Repertoire harmonischer, metrischer, motivischer, dynamischer und satztechnischer Mittel – und gesellschaftliche Konvention – vorgeführt in der schon provozierend-kunstvollen Kunstlosigkeit des Trios – zueinander verhalten (siehe Notenbeispiel 5a und b).

An weiteren festgefügten Formen pflegte Mozart noch den Deutschen Tanz (schneller Dreier) und den Kontretanz (schneller Zweier). Beide blieben ganz dem Gebrauchstanz verhaftet, erfuhren also keine Stilisierung und fanden keinen Weg in das Satzgefüge anderer Gattungen. Auch wenn Mozart Tänze meist in Serien komponierte, blieben sie fast immer als Einzelstücke stehen; lediglich die in Prag entstandenen *Sechs Deutschen Tänze* KV 509 sind als Zyklus konzipiert und durch ›Eingänge‹, das heißt überleitende Zwischenstücke miteinander verbunden. Kontretänze erhielten gelegentlich programmatische Titel; mit ihnen hängen dann formale Erweiterungen der ansonsten regulären drei- oder vierteiligen Formen zusammen, so etwa die *»Marcia turca«* als Coda des Kontretanzes *»La Bataille«* KV 535. Die vierzehn überlieferten Orchestermärsche dienen allesamt als Aufzugs- und Abgangsmusiken von Serenaden. Auch ihre Form ist sehr regulär, bildet zwei

Notenbeispiel 5

Streichquartett d-Moll KV 421 (417ᵇ)

5a) 3. Satz: Menuetto, T. 1–10

5b) 3. Satz: Trio, T. 1–8

je zu wiederholende Teile aus, von denen der erste immer auf der Dominante endet und der zweite häufig reprisenartige Wiederaufnahmen aus dem ersten Teil zeigt. Eine funktionale und dadurch bedingt manchmal auch formale Sonderstellung nehmen die diversen Bühnenmärsche in Opern ein, so in *Mitridate* KV 87 (74a; No. 7), *Idomeneo* KV 366 (No. 8, 14, 25), *Le nozze di Figaro* KV 492 (No. 23), *Così fan tutte* KV 588 (No. 8), *Die Zauberflöte* KV 620 (No. 9) und *La clemenza di Tito* KV 621 (No. 4).[51]

Elemente des Tonsatzes

Grundsätzliches zur Mozart-Analyse

Die analytische Auseinandersetzung mit den Werken Mozarts konzentriert sich seit jeher auf Fragen der Formbildung und auf die isolierte Betrachtung einzelner Elemente des Tonsatzes, unter denen die Struktur melodischer Verläufe, rhythmische und metrische Ordnung kleinerer Abschnitte, motivisch-thematische Arbeit und engräumige harmonische Ereignisse gesteigerte Aufmerksamkeit genießen. Es liegt im Wesen der musikalischen Analyse begründet, daß sie ein Ganzes aus seinen Teilen heraus zu erfassen sucht, auch die Verbindung zwischen ausgewählten Elementen ergründen will, ihr aber die Zusammenschau der Teile in einem Ganzen kaum gelingt. Schon die Synthese der Einsichten allein aus einzelnen Bereichen der Tonsatzfaktur erweist sich immer wieder als sehr schwierig: Eine Melodik, Metrik, Rhythmik oder Harmonik Mozarts zu formulieren, ist bislang nicht gelungen. Auf die generelle Frage, *»warum Mozart wie Mozart klingt«* (Wolfgang Plath), läßt sich keine wissenschaftlich befriedigende Antwort geben, was freilich ein Problem der Musikanalyse und -ästhetik insgesamt, nicht allein der Mozart-Forschung ist. Viele Aussagen über Mozarts Musik sind entweder selbstbezüglich – immer dort, wo sie das Œuvre als ein geschlossenes System ansehen, das zeitenthoben für sich gültig ist (eine Eigenart des ›Meisterwerk‹-Ideologems, wie sie bis heute exemplarisch an der Wirkungsgeschichte der *Zauberflöte* studiert werden kann) – oder im hermeneutischen Zirkel gefangen, wenn die Kriterien der Aussage zuvor aus dem zu beurteilenden Sachverhalt gewonnen worden sind (die Untersuchung individueller Merkmale des Mozartschen Periodenbaus etwa durch die Formenlehre richtet sich an einem Begriff von der Sache aus, der nicht zuletzt aus Mozarts Musik selbst gewonnen wurde). Während satztechnische Eigenarten eines Werks durchaus in positiver Bestandsaufnahme beschrieben und in einen Kontext gestellt werden können, entzieht sich das Verstehen der Bedeutung dieser Eigenarten und die Reflexion sowohl des Verstehensvorgangs als auch dessen, was als ›Inhalt‹ eines Kunstwerks zu bezeichnen ist, weitgehend der sprachlichen Darstellung. Kompositorisches Ereignis, seine ästhetische Wirkung auf den Hörer und Erkenntnis eines spezifischen Gehalts der Musik koinzidieren im Moment des Erklingens – außerhalb davon sind sie nicht verbindlich zu fassen und nur in Metaphern oder in Analogien zu außermusikalischen Phänomenen, beispielsweise der Ideen- oder der Geistesgeschichte, zu umschreiben.

Daß Mozarts ›Musiksprache‹ dem Komponisten in höchstem Maße eigen ist, mag nach dem Gesagten ein ebensolcher Gemeinplatz sein wie die Feststellung, daß sie in gleichem Maße an allen zeittypischen Gegebenheiten der Musik teilhat. In den vorangegangenen Abschnitten ist das von verschiedenen Gesichtspunkten aus angedeutet und erläutert worden. Wiederum nur an wenigen exemplarischen Beispielen seien einige weitere Beobachtungen am Tonsatz angestellt, soweit sie zu allgemeinen Einsichten führen können.

Kompositorischer ›Fluß‹ und Perioden-Zusammenhang

Die sich beim Hören von Musik Mozarts unmittelbar einstellende Evidenz ist die eines ›richtigen Verlaufs‹, einer selbstverständlichen Folge und Zusammengehörigkeit aller kompositorischen Ereignisse. Leopold Mozarts früher erwähntes Bild vom »*filo*«, vom gleichmäßig fortgesponnenen Faden, das er für den geregelten Tonsatz und den natürlichen Fluß melodischer, rhythmischer und harmonischer Progressionen benutzt, trifft das Gemeinte zwar an seiner Außenseite, erklärt aber nicht, welche musikalischen Sachverhalte zu dieser Einheit führen. Denn es lassen sich mit Leichtigkeit Sätze Mozarts finden, deren mannigfaltiges Material vordergründig eher beziehungslos nebeneinander steht, und umgekehrt solche, bei denen der kompositorische Fluß mit einem Minimum an musikalischer Investition in Gang gehalten wird, es folglich kaum etwas gibt, was gebunden werden muß. Die Klaviersonate F-Dur KV 332 (300^k) enthält in der Exposition einen wahren Katalog an kontrastierenden Motiven, Satztechniken und Ausdrucksgesten (siehe Notenbeispiel 6, S. 188 f.). Er reicht vom Eröffnungsgedanken eines eleganten Menuetts (T. 1–4) über einen kleinen imitatorischen Satz mit Codetta (T. 5–12) und eine kurze Jagdmusik (T. 13–22) bis zum stimmungsmäßigen Umschlag in eine leidenschaftliche Moll-Fantasie (T. 23–40), ehe der zweite Teil auf der Dominante und mit einem wiederum menuettartigen Thema einsetzt, dieses von größter Einfachheit (T. 41–56). Daran schließt sich unvermittelt eine von *piano-forte*-Kontrasten, Synkopen, harmonischen Sequenzen und Schlußhemiolen geprägte Phase an (T. 56–67). Der ganze Teil wird in modifizierter Form wiederholt (T. 67–86), ehe mit ›rauschender‹ Figuration und einer kraftvollen Oktaven-Passage die Exposition auf eine Weise an ihren Schluß kommt, als handele es sich um das Ende des ganzen Satzes (T. 86–93). Trotz dieses Reichtums an Einfällen und Ausdrucksumschwüngen, der scheint, als solle musikalisch einem jedem Spieler und Hörer von allem etwas geboten werden, stellt sich alles andere als der Eindruck von Beliebigkeit ein. Das dürfte in diesem Satz wie auch sonst in Mozarts Musik an der Stabilität der tonartlichen Beziehungen liegen. Denn die Folge motivischer und emotionaler Kontraste wird grundiert von einer nahezu unerschütterlichen Festigkeit des Gefüges der sechs üblicherweise eingesetzten leitereigenen Tonarten. Auch sie stellen ein ›Bewegungsfeld‹ dar, das dem Komponisten offensteht, zugleich eines, auf dem bestimmte Hauptwege – etwa der Kadenz oder einer präferierten Folge von Stufen – vorgezeichnet sind.

Gelegentlich hat Mozart die tonartliche Stabilität zum Hauptthema eines Stücks oder zumindest eines seiner wesentlichen Teile gemacht. Im Kopfsatz der Sinfonie C-Dur KV 338 wird in den ersten vierzig Takten kein eigentliches Thema im Sinne eines geformten melodischen Gedankens exponiert, sondern es werden mehrere nahezu ausdrucksneutrale, da in ihrem Dreiklangs- und Fanfarengestus sehr typische Motive aneinander gereiht – sie alle zeigen den Affekt einer etwas metallenen Pracht an. Mit dieser affektiven Eindimensionalität korrespondiert das ostentative Beharren auf der Grundtonart, die sich als ein breites harmonisches Anfangstableau aufbaut. Bezeichnenderweise spielt dieses ›Hauptthema‹ der Musik

NOTENBEISPIEL 6

Klaviersonate F-Dur KV 332 (300^k), 1. Satz, T. 1–56

in der Reprise keine Rolle mehr: Nur das Initium des Satzes wird noch zweimal angespielt, sozusagen als Signal für den Eintritt des neuen Formabschnitts und als Statthalter für eine vollständige Wiederholung, und die motivischen Gesten tauchen am Schluß wieder auf, als solle auch durch sie die freilich nie angefochtene Herrschaft des C-Dur bestätigt werden. Eine andere Art tonartlicher Dauerhaftigkeit zeichnet Zerlinas Arie »*Vedrai, carino*« aus dem zweiten Akt des *Don Giovanni* KV 527 (No. 18) aus – den Gesang, mit dem die junge und nur scheinbar harmlose Bäuerin ihren maltraitierten Bräutigam tröstet und umgarnt. Man könnte auch sagen: ihn durch harmonische Elementarbewegungen besänftigt, denn in 104 Takten regiert allein die Grundtonart C-Dur, immer wieder bestätigt und gleichsam eingebettet nur in die nächstverwandten Klänge der IV. und V. Stufe – wahrlich ein Extremfall. Daß dies hier die Basis für ein raffiniertes Wort-Ton-Spiel ist, bestätigt den an der F-Dur-Klaviersonate erhobenen Befund, daß Mozart solcherart Reduktion funktional einsetzt.

Die Tonartenkonstanz allein erklärt den Zusammenhalt der vielen musikalischen Bewegungen in Mozarts Kompositionen nicht – sie sollte übrigens nicht als harmonische oder modulatorische Einfachheit mißverstanden werden. Vielmehr gehört sie als wichtiges Element in einen größeren Kontext von weiteren zentralen Eigenarten seiner Musik, nämlich ihres periodenhaften Baus, ihrer rhythmischen Impulse und ihrer metrischen Ordnung. In der Koordination aller dieser simultan ineinandergreifenden musikalischen Kräfte erfüllt sich zu einem gut Teil Mozarts schöpferisches Tun. An seiner ambitionierten Instrumentalmusik spätestens seit der zweiten Hälfte der 1770er Jahre etwa kann das überall veranschaulicht werden. Zu achten ist dabei auf die Balance, in der Mozart die einzelnen ›Bausteine‹ hält, auf die wechselseitige Bezugnahme, mit der er Periode, Rhythmus und harmonische Disposition aneinander bindet, und schließlich auf die korrespondierenden Kleinabschnitte.

Die ersten acht Takte des Klavierquartetts g-Moll KV 478 bilden mit regulärem, in sich symmetrisch gegliedertem Vordersatz und Nachsatz (jeweils 4 = 2 + 2 Takte) eine formanalytisch perfekte Periode (siehe Notenbeispiel 7).

NOTENBEISPIEL 7

Klavierquartett g-Moll KV 478, 1. Satz, T. 1–8

Der harmonische Weg führt von Tonika über Dominante: Halbschluß, Terzquartakkord T. 4, zurück zur Tonika: Ganzschluß, Sextakkord T. 8. Die ersten und zweiten zweitaktigen Glieder entsprechen sich auch jeweils in ihrem rhythmischen Profil, prägen dabei starke Kontraste aus und sind doch über feine Details verbunden: Punktierung, abschließende Sekundbewegung. Die Leittöne von Tonika und Dominante werden in prononcierter metrischer Position und als Skalen eingeführt. Das Verhältnis von Offenheit und Geschlossenheit ist so tariert, daß deutliche Impulse ›nach vorne‹ gesetzt werden: Selbst am Schluß der Periode wird melodisch zwar der Tonika-Grundton erreicht, der dazu gesetzte Akkord aber in erster

Umkehrung, und erst zu Beginn von T. 9 tritt der Grundakkord ein, wobei die Terz sogleich zum melodischen Hauptton wird. Die jetzt einsetzende Folgeperiode bringt ein völlig neues Satzmuster, schlägt einen eigenen harmonischen Bogen, ist rhythmisch ganz anders strukturiert und wächst doch ›organisch‹ aus dem Vorangegangenen heraus, vermittelt vor allem über motivische Varianten. Mozarts »filo« besteht nicht, um im Bild zu bleiben, aus einem gleichmäßig zusammengedrehten Zwirn, sondern aus unterschiedlich fest geflochtenen Strängen. Die Eröffnung der ›Kleinen Nachtmusik‹ KV 525 zeigt – um das Beispiel eines Dur-Satzes anzuführen – bei völlig anderem Charakter der Musik auf der strukturellen Ebene eine grundsätzliche Ähnlichkeit mit dem älteren Klavierquartett. Wie dagegen die lebendige Anwendung des beschriebenen Korrespondenzprinzips zu einem öden Schematismus verkommen kann, läßt sich am Beginn des ›Musikalischen Spaßes‹ KV 522 mit seinem vorsätzlich mißlungenen Periodenbau und dem beziehungslosen Nebeneinander musikalischer Nichtigkeiten studieren.

Harmonik und Klang

Die rezeptionsgeschichtlich seit langem im Vordergrund stehende Wahrnehmung des spezifischen Wohlklangs der Musik Mozarts hat das Bewußtsein für die in ihr herrschenden und ihre so eigene Euphonie begründenden Verhältnisse von harmonischer Spannung und Entspannung geschwächt. Häufig gilt Mozarts Harmonik allzu schnell als Inbegriff tonalen Maßhaltens, eines harmonischen Klassizismus. Tatsächlich herrscht, wie schon gezeigt und in der Literatur immer wieder zu Recht festgestellt, eine bemerkenswerte Stabilität der tonartlichen Beziehungen im Großen bei gleichzeitig überschaubarem Repertoire der vorzugsweise gewählten Grundtonarten. Statistisch gesehen überwiegen in Dur C-, G-, D- und A-Dur bei den Kreuztonarten, F-, B- und Es-Dur bei den B-Tonarten; in Moll dominieren g-, d- und c-Moll; manche Tonarten kommen als Generalvorzeichnung dagegen nur einmal vor wie beispielsweise h-Moll im Adagio für Klavier KV 540 und die entsprechende Variante im expliziten Dur-Schluß des Stücks. Aber gerade dieser feste Stand ermöglichte Mozart eine große Beweglichkeit in der »Reise durch die töne«[52], im Zugriff auf Nebentonarten in kurzfristigen Ausweichungen. Die Anreicherung des Satzes mit Durchgängen und chromatischen Nebennoten, die immer wieder anklingende Schärfung des Klangs durch Dissonanzen und die raschen Modulationsgänge wurden von zeitgenössischen Hörern durchaus als anspruchsvoll und als zuweilen schwer nachvollziehbar empfunden. Daß die frei einsetzenden Dissonanzen und Vorhalte in der langsamen Einleitung des C-Dur-Streichquartetts KV 465 dem Werk seinen eher zweifelhaften Beinamen ›Dissonanzen-Quartett‹ eingetragen hat, ist bezeichnend: Zumindest an dieser Stelle, deren akkordliche und stimmführungstechnische Form alles andere als regellos ist, wurde eine vermeintlich von der üblichen harmonischen Ordnung abweichende Gestaltung als eklatante Kühnheit explizit gemacht (siehe Notenbeispiel 8, S. 192).

Damit war nicht lediglich ein Einzelfall hervorgehoben, sondern durchaus eine Tendenz gekennzeichnet worden. Denn in Mozarts Harmonik herrschen sowohl

NOTENBEISPIEL 8

Streichquartett C-Dur KV 465, 1. Satz, T. 1–5

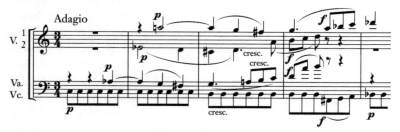

auf der Ebene der Einzelklänge als auch auf derjenigen der Akkordverbindungen häufig genug Verhältnisse, die sich unmittelbarer Eingängigkeit verweigern und als ausdruckshafte Reizwerte gehört werden sollen – bei den Zeitgenossen des 18. Jahrhunderts stellte sich diese Wirkung allem Anschein nach ungeschmälert ein und war ein Grund für die Verständnisschwierigkeiten, auf die Mozarts Musik bisweilen stieß. Arnold Schönberg ließ es sich in seiner *Harmonielehre* nicht nehmen, einen Seitenhieb gegen Theoretiker zu führen, die Mozart als »*Dissonanzenjäger*« bezeichnet hätten, der oft »*das Unschöne*« geschrieben habe.[53]

Es wäre falsch, Mozarts Harmonik allein nach der Häufigkeit solch außergewöhnlicher Phänomene zu beurteilen. Doch liegt bekanntlich das historische Erkenntnispotential nicht in den Konventionen der (lehrbaren) harmonischen ›Normalsprache‹ der Zeit, wie sie Haydn, Mozart und vielen anderen Musikern zu Gebote stand, sondern in der individuellen Anwendung ihrer Mittel durch die Komponisten und darüber hinaus in den Versuchen, Randzonen des Harmoniesystems zu erkunden. Mit den folgenden wenigen und dafür extremen Beispielen aus Mozarts Schaffen sollen lediglich einige harmonische Grenzgebiete zum Beleg dafür berührt werden, wie weit seine »*Compositionswissenschaft*« auch in der Harmonik gereicht hat. Zu lokalisieren sind derartige Stellen oder begrenzte Verläufe in der Regel in jenen Zonen eines Formbaus, die insgesamt labil sind, weil tonal noch unbestimmt, zum Beispiel in langsamen Einleitungen, oder überleitend, zum Beispiel in Modulationen zwischen erstem und zweitem Abschnitt in der Exposition oder am Schluß der Durchführung; außerdem treten sie in Partien auf, in denen ›durchführende‹ Techniken vorzugsweise angewandt werden. Sie haben also, über das lokale klangliche Ereignis hinaus, immer auch eine Funktion im Formungsprozeß und markieren Spannungspunkte, in denen entweder Vorgänge kulminieren oder von denen weitere Entwicklungen ausgehen; sie können auch selbst Gegenstand eines formkonstitutiven Prozesses sein, etwa als länger angelegte Akkordprogressionen in Durchführungen. Wesentlich für Mozarts Umgang mit auffälligen harmonischen Ereignissen ist die anschließende Rückführung der Musik in einen tonal völlig ›entspannten‹ Zustand über die eindeutige kadenzielle Bestätigung der Grundtonart – sehr häufig geradezu inszeniert mit ganz konventionellen Mitteln. Mozart kostet in seiner Harmonik die Wirkung von klanglichen Ausnahmezuständen ebenso aus wie die Wonnen tonaler ›Gewöhnlichkeit‹. So gehen dem unvergleichlich sanft strömenden Abgesang des Hauptthemas im langsamen Satz des C-Dur-Klavierkonzerts KV 467 (T. 17–22) fünf klanglich teils sehr geschärfte Takte voran (in T. 15 steht der beachtlich dissonante Akkord: *c–h–f–b–as*; siehe Notenbeispiel 9).

NOTENBEISPIEL 9

Klavierkonzert C-Dur KV 467, 2. Satz, T. 12–16

Über die ›Normalsprache‹ hinausgehende Erscheinungen wie enharmonische Verwechslungen, alterierte Akkorde, einfache und doppelte Leitton-Einstellungen begegnen oft an der Nahtstelle zwischen Exposition und Durchführung, besonders dann, wenn Mozart sehr rasch einen vom Bezirk des Grundtons weit entlegenen tonalen Ort erreichen will. Ein blitzartiger Umschwung dieser Art steht in der Sinfonie g-Moll KV 550 am Durchführungsbeginn des ersten Satzes (siehe Notenbeispiel 10, S. 194). Vor dem Doppelstrich gelangt die Musik an die ganzschlüssig bestätigte Tonikaparallele B-Dur (T. 99); danach setzt Mozart, plötzlich genug, einen Dominant-Terzquartakkord zur Tonika g-Moll (T. 100), die sofort mit der Wiederholung der Exposition anschließt. Beim Eingang in die Durchführung erklingt dann zwar ebenfalls zunächst ein Tonika-Akkord (T. 101, 1. Zählzeit), doch folgt ihm ein verminderter Septakkord (T. 101, 3. Zählzeit: *h–d–f–gis*), den der Hörer dominantisch zur Subdominante auffassen könnte, und zwar mit gedachtem *g* als Grundton – statt in c-Moll findet er sich aber im übernächsten Takt (T. 103) in fis-Moll wieder. Mozart hat den verminderten Klang also dominantisch zu dieser neuen Zieltonart als enharmonisch verwechselten Akkord *eis–gis–h–d* auf dem gedachten Grundton *cis* eingesetzt und so ruckartig die Region erreicht, in der sich das weitere Durchführungsgeschehen abspielen soll.

NOTENBEISPIEL 10

Sinfonie g-Moll KV 550, 1. Satz, T. 99–114

Löst hier die gezielte Umdeutung eines einzelnen Septakkordes eine frappierende Wirkung aus – die Überraschung einer kurzfristigen enharmonischen Ausweichung kommt selbstverständlich auch in diskreterem Rahmen vor, beispielsweise im langsamen B-Dur-Satz der Klaviersonate F-Dur KV 533 (T. 28–30: es-Moll) –, so betritt Mozart mit Folgen von Sept- oder gar Nonenakkorden harmonische Pfade, die zu seiner Zeit keineswegs ausgetreten waren. In der Klaviersonate C-Dur KV 309 (284b) beispielsweise erklingen im Finale zwei Takte hindurch doppeldominantische Nonenakkorde (T. 230f.; siehe Notenbeispiel 11).

NOTENBEISPIEL 11

Klaviersonate C-Dur KV 309 (284b), 3. Satz, T. 230f.

Von viel weitergehender struktureller Bedeutung aber ist die harmonische Intensivierung der Komtur-Frage im zweiten Finale des *Don Giovanni* (No. 24, T. 487 bis T. 501; siehe Notenbeispiel 12, S. 196). In der ersten Hälfte dieses hochdramatischen Abschnitts werden über chromatisch von *a* bis *cis* aufsteigendem Baß verminderte Septakkorde chromatisch in die gleiche Richtung verschoben; in der zweiten Hälfte setzt über der chromatischen Baßlinie von *cis* nach *ges* ein unter dem Namen »*Teufelsmühle*« bekanntes Sequenzmodell ein, für das die Folge Dominantseptakkord, verminderter Septakkord, Mollquartsextakkord kennzeichnend ist – Mozart könnte die »*Teufelsmühle*« schon 1777 in Mannheim bei der Lektüre von Georg Joseph Voglers Traktat *Tonwissenschaft und Tonsezkunst* kennengelernt haben, in dem das potentiell endlose Modell erstmals beschrieben ist.

Ähnlich radikal verläuft in der ›großen‹ g-Moll-Sinfonie KV 550 der erste Teil der Durchführung unmittelbar im Anschluß an die bereits erläuterten Takte (siehe Notenbeispiel 10). Ausgehend von fis-Moll (T. 103) entwirft Mozart einen harmonischen Großabschnitt, in dem mit dem Hauptthema jeweils die Tonarten der stufenweise bis zum *a* (T. 134) absteigenden Leiter angesteuert werden. In der Binnengliederung provoziert Mozart durch Folgen von Sept- und Septnonakkorden, deren Auflösungen nicht tonikal, sondern dominantisch aufgefaßt werden, eine beachtliche harmonische Labilität. Mehr noch: Der Cis-Dur-Septakkord in T. 109f. als ›Paenultima‹ einer Kadenz mündet statt in einen regulären *fis*-Klang in einen Dominant-Septnonakkord *fis–ais–cis–e–g*, dem der Grundton *fis* allerdings fehlt (T. 111) – was spektakulär ist – und der dafür die Septime *e* im Baß führt; in T. 113 schließt sich, wiederum in dominantischer Position, H-Dur an.

Ein im Gebrauch ungewöhnlicher harmonischer Mittel besonders reichhaltiges Werk ist die Klavierfantasie c-Moll KV 475. In ihrem kalkulierten Wechsel von

PERIODISIERUNG, STIL UND WIRKUNG

NOTENBEISPIEL 12

Don Giovanni, Finale II (No. 24), T. 487–501: Harmonie-Auszug

tonartlicher Stabilität und weitausholenden Modulationen, von regulären Kadenzen und unkonventionellen Akkordprogressionen stellt sie eine Art grundsätzliche Zusammenschau der harmonischen Mittel dar, die Mozart sich kompositorisch nutzbar zu machen vermocht hat. Daß sich diese *tour de force* nicht im Selbstzweck akkordlicher Exzentrik erschöpft, bedarf keiner gesonderten analytischen Bestätigung, doch verdient sie eine andeutungsweise Erörterung ihres Ausdrucksgehalts. Weite Entfernungen von einer Ausgangstonart, kühne modulatorische Bewegungen und ein schneller harmonischer Rhythmus in Mozarts Musik dienen – soviel kann bei aller Zurückhaltung gegenüber inhaltsästhetischen Interpretationen festgehalten werden – dem Ausdruck emotionaler Erregung, der Expression seelischer Ausnahmezustände. Einigermaßen verläßlich bestimmen läßt sich der waltende Grundaffekt freilich vorwiegend in wortgebundener Musik. Als Donna Anna den Leichnam des soeben von Don Giovanni im Kampf umgebrachten Komturs, ihres Vaters, entdeckt, bricht in ihrem Innern ein wahrer Sturm des Schreckens und der Verzweiflung los. Sie ist fassungslos, und der Hörer kann diesen Zustand in dem aus der geraden Bahn der Akkordprogressionen geworfenen harmonischen Verlauf des Recitativo accompagnato (Scena III, No. 2) erkennen und miterleben. In den 43 *Allegro assai*-Takten ihrer besinnungslosen Klage über den toten Vater folgt ihr die Musik, von c-Moll ausgehend, mit elf Tonartwechseln und zeichnet so, gleichsam seismographisch genau, die heftigen Gefühlsausschläge Donna Annas nach (die motivischen Gesten und die Instrumentation intensivieren diesen Ausdruck noch).

Spannungen gänzlich anderer Art herrschen im Terzettino »*Soave sia il vento*« aus *Così fan tutte* (No. 10) – uneingestandene, verdrängte, solche, die hinter dem idyllischen Bild der befriedeten Natur lauern. Fiordiligi und Dorabella singen ihren Verlobten einen Reisesegen hinterher, in den Don Alfonso hintersinnig einstimmt und der im vieldeutigen Wunsch aufgeht, »*ogni elemento benigno responda ai nostri desir*« (»jedes Element möge unseren Wünschen gnädig begegnen«).

Das Wort »*desir*« wird bei seinem ersten Auftreten (T. 22–26) mit einer dissonanten Klangfolge unterlegt, bei der *h* als Grundton gesetzt ist, über dem zunächst ein Dominantseptnonakkord (mit kleiner None), dann die Zieltonart H-Dur als Dominantseptakkord erklingt. Die ›circulatio‹-Figur in den Streichern – sie wird gerne als tonmalerisches Abbild der sanften Winde und ruhigen Wellen gedeutet, von denen der Text spricht, ist zugleich aber wohl auch ein Symbol für die innere Unruhe der Frauen – fügt diesen beiden Akkorden Durchgangsnoten hinzu, so daß momentweise Sechs- und sogar Siebentonklänge (T. 22 und 25: *h–dis–fis–ais–cis–e–g*; siehe Notenbeispiel 13) zu hören sind.

NOTENBEISPIEL 13

Così fan tutte, Terzettino (No. 13) »*Soave sia il vento*«, T. 22 f.

Auf was immer sich an diesem Punkt die Wünsche richten mögen: Ihrer gefesselten Heftigkeit, ihrem Traumhaften und ihrer Täuschung entspricht die harmonische Gestalt der Musik, und das eindeutig faßbare technische Mittel koinzidiert restlos mit einem aufzeigbaren außermusikalischen Inhalt.

Welche Rolle Mozart bei der harmonischen Disposition seiner Werke den gewählten Grundtonarten beimaß, bleibt weitgehend ein Feld für Mutmaßungen; einer spezifischen Tonartencharakteristik, wie sie schon seit langem vor allem im populären Schrifttum verbreitet ist, haftet viel Zufälliges an. Tonarten im gleichmäßig temperierten System besitzen keinen absolut definierten oder ›naturgegebenen‹ Charakter, sondern sie stehen in ihnen aus der Historie zugewachsenen, häufig wandelbaren Kontexten und sind darüber hinaus im Gebrauch den individuellen Vorlieben der Komponisten anheimgestellt. Dieser Befund würde jedoch gründlich mißverstanden, sollte aus ihm eine Beliebigkeit der Tonartenwahl bei Mozart herausgelesen werden. Das Gegenteil ist richtig: Die Bestimmung einer Tonart für eine Komposition folgte in der Regel – Ausnahmen gehören fest dazu – rational bestimmbaren Kriterien wie Instrumentenkonstellationen (Trompeten in C oder D, Hörner in Es oder D, Klarinetten in A oder B verlangen ›ihre‹ Tonarten), Genrekonventionen (»*Ombra-Szenen*« stehen üblicherweise in Es-Dur) oder traditionelle Topoi (für das Pastorale und Arkadische wird F-Dur bevorzugt). Dazu kommen persönliche Eigenarten, etwa die bereits erwähnte Beschränkung des Repertoires an Grundtonarten überhaupt, dann in zyklischen Instrumentalwerken die überwiegend subdominantische Stellung der langsamen Sätze – in Moll meist die Tonikaparallele – oder, als Beispiel für die Bedeutungszuweisung an eine Tonart, in Opern die häufige Wahl von A-Dur für Liebesduette; die Deutung des Es-Dur als Mozarts ›Freimaurer-Tonart‹ überzeugt dagegen nicht.

In welcher Weise Mozart die Tonartenfolge seiner großen Bühnenwerke im vorhinein festgelegt oder solche weiträumigen Anlagen überhaupt detailliert geplant hat, bleibt unbekannt. Freilich haben alle Opern eine Grundtonart, die einen verbindlichen Bezugspunkt oder zumindest einen tonalen Rahmen bildet. So stehen die Opern der Wiener Jahre in nur drei Grundtonarten, in C-Dur (*Entführung, Schauspieldirektor, Così fan tutte, Tito*), D-Dur (*Figaro, Don Giovanni*) und Es-Dur (*Zauberflöte*). Gerade hier wird aber auch deutlich, wie vage die Tonartendeutung bleibt – die beiden ›D-Opern‹ prägen völlig kontrastierende Werkcharaktere aus, obwohl die Auswahl an Grundtonarten für alle Nummern der beiden Werke gleich ist (bis auf zwei Ausnahmen: das vereinzelte f-Moll der Barbarina-Cavatina im *Figaro*, No. 24, und das ebenfalls singuläre E-Dur des Friedhof-Duetts von Don Giovanni und Leporello, No. 22). Auch wenn diese Fälle sehr selten sind, so hat Mozart gelegentlich fertige Kompositionen oder Kompositionsteile bei Bearbeitungen in andere Tonarten transponiert.[54]

Substantiell für die Wirkung der individuellen Merkmale von Mozarts Umgang mit der Harmonik ist ihre Verklanglichung, also der Zusammenhang, in dem Akkorde, Progressionen und Modulationen mit melodischen, motivischen, rhythmischen, metrischen und instrumentatorischen Ereignissen stehen. Die isolierte Betrachtung harmonischer Phänomene läßt sich bei der Analyse zwar nur schwer vermeiden, bleibt aber auf halber Strecke stehen und damit erkenntnisarm, wenn sie ihre Beobachtungen und daraus gewonnenen Abstraktionen nicht wieder an die musikalische Wirklichkeit zurückbindet. Diese Feststellung läßt sich an einem prominenten Detail exemplifizieren, nämlich den sogenannten Mozart-Quinten. Das sind Quintparallelen, die sich bei der Auflösung eines doppeldominantischen übermäßigen Quintsextakkords in den Dreiklang der V. Stufe ergeben (siehe Notenbeispiel 14a).

Mozart hat von dieser potentiell regelwidrigen Akkordverbindung wohl erstmals häufiger Gebrauch gemacht, weshalb Theoretiker sie gewöhnlich mit seinem Namen verbanden, gewiß auch deswegen, um sie durch diese Benennung zu exkulpieren. Bei genauer Prüfung vieler im Schrifttum genannter und dort fast durchweg nur in Klavierauszug wiedergegebener Stellen ergibt sich allerdings, daß Mozart in seinen Partituren sehr häufig mit gezielten Stimmführungsmaßnahmen (zum Beispiel *Die Entführung aus dem Serail*: No. 10, T. 1f., Oboe II) oder mit hinzugefügten Durchgangsnoten (ebendort: No. 16, T. 96f., Violine II; siehe Notenbeispiel 14 a und b) darum bemüht war, die anstößigen Parallelen zu vermeiden.

NOTENBEISPIEL 14

14a) ›Mozart-Quinten‹

14b) *Die Entführung aus dem Serail* KV 384, Zweiter Akt: Quartetto (No. 16), T. 95–97, Klavierauszug von Kurt Soldan (Leipzig: C. F. Peters, No. 10527, S. 117). Quintenparallelen *es–b'–d–a'*).

14c) Dieselben Takte im Particell. Vermeidung der Quintenparallelen mittels veränderter Stimmführung in Violine II und Viola.

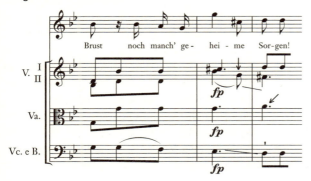

Wo sie tatsächlich vorkommen, sind sie instrumentatorisch bis zur Unhörbarkeit im Satz versteckt (zum Beispiel Klavierkonzert F-Dur KV 459, 1. Satz, T. 364 f.: Violine II/Violoncello, Kontrabaß; Sinfonie Es-Dur KV 543, 1. Satz, T. 167 f.: Violine II/Viola). Zwischen den theoretisch korrekt beschriebenen ›Mozart-Quinten‹ und ihrer konkreten musikalischen Realisierung klafft also eine Lücke, welche die vermeintliche Bedeutung der Sache selbst erheblich mindert.

Von daher ist nochmals auf die angeführten auffälligen Dissonanzen zurückzukommen. Gelegentlich stechen sie ins Ohr – das *a"* im zweiten Takt des ›Dissonanzen-Quartetts‹ wird immer ein schmerzhaft querständiger Ton bleiben (siehe Notenbeispiel 8) –, aber oft genug gewinnen sie durch ihre instrumentierte Fassung eine klangliche Dimension, die dem Eindruck des Mißtönens entgegenwirkt. Die angeführten Akkorde zum Wort »desir« im Terzettino aus *Così fan tutte* (siehe Notenbeispiel 13) stellen für sich genommen den vielleicht dissonantesten Moment in Mozarts Werk dar, gewinnen aber in ihrer instrumentalen Einkleidung – durch den hier erstmals vollständig erklingenden Bläserchor, die gleichmäßige Terzenführung der Violinen, die metrischen Impulse der tiefen Streicher – und in der teilweisen Verschmelzung mit den Vokalstimmen – alles dargeboten im *piano* – eine bedrückende, unerklärlich melancholische, aber eben alles andere als in Mißklang peinigende Gestalt.

Voraussetzung für Mozarts eminente Fähigkeit, einzelne Instrumente und Ensembles in einem unverwechselbaren Gesamtklang aufgehen zu lassen, überhaupt für seine Kunst der Instrumentation, war, ganz unspektakulär, eine stupende Metierkenntnis. Die in Kindheit und Jugend gewonnenen Eindrücke vom Klang international renommierter Orchester, der persönliche Umgang mit Instrumentalvirtuosen und die eigene Tätigkeit als Orchestermusiker kumulierten zu einem tiefgegründeten Wissen über die technischen und klanglichen Eigenarten aller gebräuchlichen Instrumente (und dazu solch randständiger wie des Kontrafagotts, der Piccoloflöte, der Glasharmonika oder des Glockenspiels). Mozarts Gehör verfügte ganz offensichtlich über die Gabe, Klangkombinationen in allen Farbschattierungen untrüglich zu imaginieren; hinsichtlich der Lösung rein instrumentationsbezogener Probleme zeigen sich seine Partituren weitgehend korrekturfrei: Retuschen nach der Erfahrung einer Aufführung scheint es nicht gegeben zu haben. Zeitgenössische Kritiker haben an den Opern gelegentlich eine die Sängerstimmen zudeckende instrumentale Überladenheit moniert – ein Vorwurf, der aus der Perspektive durchschnittlicher Partituren des 18. Jahrhunderts nachvollziehbar ist, der aber *ex negativo* insgesamt die Vorzüge zu erkennen gibt, mit denen Mozart das Orchester behandelt hat. Denn wie nur ganz wenige Komponisten vermochte er es, ihm Tiefendimension zu geben, Räumlichkeit, die eine hohe Ereignisdichte im Vorder-, Mittel- und Hintergrund des sich aus vielen kompositorischen Maßnahmen konstituierenden klanglichen Geschehens ermöglichte.

Wieder sind es zahllose technische Details, die diese schließlich ästhetisch bedeutsame Wirkung hervorrufen, so Besonderheiten der Streicherbehandlung wie die häufige Doppelung der Bratschen, Feindifferenzierung des Holzbläsersatzes bei der Verteilung von Akkordtönen (die Lage der Terzen verdient höchste Beachtung) oder die Art der Stimmkoppelung innerhalb der Instrumentengruppen und über sie hinaus. Wenn Mozart stolz darauf war, eine Gesangsstimme dem *»sänger so accurat«* anzumessen *»wie ein gutgemachts kleid«*,[55] dann darf die Gültigkeit dieser Selbsteinschätzung umstandslos auf Instrumentalparte ausgedehnt werden. Die Idiomatik eines jeden Instruments läßt sich kaum besser studieren als an seinen Kompositionen, selbst, oder treffender: ganz besonders bei Instrumenten, die seinerzeit noch vergleichsweise neu und weiterhin in der Entwicklung waren, wie etwa bei der Klarinette. Darüber hinaus wäre es eine lohnende Aufgabe, den aus Instinkt und Erfahrung Mozarts gespeisten Besonderheiten seiner Klangbildung mit analytischen Methoden, auch akustischen Meßverfahren, tiefer nachzuspüren, als das bislang geschehen ist. Der Sinn solcher Untersuchungen läge darin, die dem eingetretenen Wandel des Instrumentariums zum Trotz offensichtlich waltende Kontinuität der klanglichen Substanz in Mozarts Musik adäquat beschreiben und rational faßbar machen zu können.

Werk und Wirkung

Mozarts Œuvre ist als Überlieferungsgröße, als Rezeptionsgröße und als ästhetische Größe greifbar, doch sind diese in der über zweihundertjährigen Wirkungsgeschichte des Komponisten niemals in eins gefallen. Der Überlieferungsbestand der Werke ist von 1955 bis 1991 in 105 Bänden der *Neuen Mozart-Ausgabe* (NMA) nach allen erreichbaren primären und sekundären Quellen dokumentiert und ediert worden (das Supplement = Serie X und die Kritischen Berichte sollen 2006 zum Abschluß kommen). In dieser Sammlung stehen alle Kompositionen, um mit dem Historiker Leopold von Ranke zu sprechen, »*unmittelbar zu Gott*«, das heißt sie werden als gleichwertig angesehen und mit derselben editorischen Sorgfalt behandelt. Jede greifbare musikalische Aufzeichnung Mozarts steht somit hier der musikalischen Praxis und der Forschung zur Verfügung. Das war die längste Zeit der Rezeptionsgeschichte über nicht der Fall. Zu Lebzeiten des Komponisten erschienen 78 Erstausgaben mit 131 Werken im Druck, mehr als die Hälfte davon Klavier- und Kammermusik, aber nur drei Sinfonien und sechs Klavierkonzerte.[56] Bis 1805 folgten weitere 150 Erstausgaben, bis Ende 1876 nochmals 65 – zu diesem Zeitpunkt lagen also etwa zwei Drittel von Mozarts Schaffen gedruckt vor. Die dann in Angriff genommene sogenannte *Alte Mozart-Ausgabe* (AMA) erhielt ihren entscheidenden Anstoß von Ludwig Ritter von Köchel, der 1862 ein umfassendes Werkverzeichnis (das nach ihm benannte *Köchel-Verzeichnis*) herausgebracht und mit einem bedeutenden Legat dafür gesorgt hatte, daß in nur sieben Jahren – von Januar 1877 bis Dezember 1883 – der Hauptteil dieser ersten unter wissenschaftlicher Obhut stehenden Gesamtausgabe erscheinen konnte; Nachträge folgten noch bis 1905. Die nunmehr zugängliche Werkmasse erfuhr gleichwohl, wie eh und je, sehr unterschiedliche Wertschätzung. Zwar sind die unendlich verzweigten Wege, die die einzelnen Kompositionen in ihrem Weg durch die Geschichte zurückgelegt haben, lediglich für einige große Werke – meist Opern – genauer nachvollzogen worden, so daß wirklich verläßliche Daten zur Rezeptionsgeschichte nur in begrenztem Umfang gegeben werden können; aber es zeigt sich, daß die Überlieferung der Werke Mozarts durchaus nicht mit deren Rezeption zusammenfällt. Das Schaffen Mozarts ist – wie das anderer namhafter Komponisten auch – zu keiner Zeit *in toto* ins kollektive Gedächtnis eingegangen. Vielmehr hat sich im Laufe eines historischen Selektionsvorgangs ein Kern an

PERIODISIERUNG, STIL UND WIRKUNG

Werken herauskristallisiert, der für das Ganze einsteht und die ästhetische Größe des Œuvres repräsentiert.

Zu diesem ausgewählten Repertoire zählen an erster Stelle sieben Opern, beginnend mit *Idomeneo*, von denen die *Entführung*, die drei Da Ponte-Opern und die *Zauberflöte* von Mozarts Lebzeiten an Beachtung gefunden haben (*Così fan tutte* dabei lange nur eingeschränkt und in einer das Werk verharmlosenden Weise). Gleiches gilt, freilich mit Verzögerung, seit 1800 für das von Franz Xaver Süßmayr ergänzte *Requiem*. Aus dem Schaffen für Orchester werden vor allem einige wenige Sinfonien und Serenaden gepflegt, die einen Beinamen tragen: ›Pariser‹, ›Haffner‹, ›Linzer‹, ›Prager‹, die letzten drei, darunter die ›*Jupiter-Sinfonie*‹; ›*Serenata notturna*‹, ›*Posthorn-Serenade*‹, und, in gewissen Abstufungen, die meisten Konzerte (deren Präsenz ist im 19. Jahrhundert in den meisten Fällen aber gering gewesen). An kleiner besetzten Werken kommt der ›*Kleinen Nachtmusik*‹ die höchste Prominenz zu: Sie ist die weltweit wohl bekannteste Schöpfung Mozarts. Weiter sind in diesem Zusammenhang kammermusikalische Kompositionen der Wiener Jahre zu nennen: die ›*Haydn-Quartette*‹, die ›*Gran Partita*‹ für Bläser, einige Klavierwerke wie die Sonate A-Dur KV 331 (300^i) und die Variationen über ›*Ah, vous-dirai-je maman*‹ KV 265 (300^e). Volkstümlich geworden sind ein paar Lieder und Kanons (*Das Veilchen*; *Komm, lieber Mai, und mache*; *Bona nox*). Sonderrollen spielen Teile der kirchenmusikalischen Produktion, da sie, trotz der gegenteiligen Bemühungen des Cäcilianismus im 19. Jahrhundert, im liturgischen Gebrauch geblieben sind; die c-Moll-Messe KV 427 (417^a) behauptet zudem einen festen Platz im Konzertleben.

So willkürlich, verkürzt und daher in manche Richtung erweiterbar diese rudimentäre Zusammenstellung auch scheinen mag: In ihr spiegelt sich ein zeitübergreifendes musikalisches ›Mozart-Bild‹ – keine ästhetische Summe, sondern Ergebnis eines in seinen Mechanismen letztlich unergründlichen Rezeptionsprozesses. Konstanten treten gleichwohl deutlich hervor. Der Konzentration auf einige wenige Werke der fortgeschrittenen 1770er Jahre und dann der Wiener Zeit steht ein vergleichbar geringeres Interesse am frühen Schaffen gegenüber (die völlige Vernachlässigung der ersten neun Bühnenstücke bis weit ins 20. Jahrhundert hinein wurde bereits erwähnt). Mozart selbst ist in seinen reifen Jahren, soweit ersichtlich, kaum mehr oder gar nicht auf seine Jugendkompositionen zurückgekommen. Das Ende von lebendigen Gattungstraditionen oder der Verlust konventioneller ›Orte‹ der Musik wie im Falle der Opera seria oder gesellschaftsgebundener Genres wie Divertimento oder Finalmusik wirkten nachhaltig. Weiterhin fand eine spürbare Verdrängung älterer Beiträge in allen Gattungen statt, deren Entwicklung sich im 19. Jahrhundert teilweise stürmisch fortsetzte – der Hinweis auf die Oper, die Sinfonie und das Konzert kann hier genügen. (Johannes Brahms und Clara Schumann tauschten sich gelegentlich in Briefen über einige wenige Klavierkonzerte Mozarts aus, die sie beide sehr hoch schätzten, die jedoch beim Publikum nur mäßigen Anklang fanden.) Angesichts der im 19. Jahrhundert stärker werdenden Spannung zwischen musikalischem Fortschrittsglauben einerseits und historistischer Tendenz andererseits erfuhr Mozarts Musik nicht selten eine Abwertung als überholtes Zeugnis einer untergegangenen Zeit (»*zopfig*« setzte sich als Epitheton dafür durch), oder sie wurde als klassisches Muster »*wahrer*« Tonkunst gegen mißliebige Erscheinungen der jeweiligen Jetztzeit funktionalisiert. Namentlich in der um 1900 aufkommenden Parole »*Zurück zu Mozart*« schlossen sich allgemeine Zivilisationskritik und Anti-Affekt gegen zeitgenössische Musik zusammen; dieses gelegentlich variierte Wort[57] diente als Aufruf zur Reform der Musik in Richtung einer neuen Klassizität.

Gegenüber der immer auch widersprüchlichen, kritikbereiten Haltung und der durchaus produktiv gewordenen Vergegenwärtigung der Musik Mozarts am Beginn der Moderne steht die aktuell herrschende mediale Ubiquität des Mozartschen Œuvres merkwürdig gesichtslos da. Auf Ton- und Bildträgern aller Art, auf Konzertprogrammen und Opernspielplänen, in den Curricula der Musikausbildung, aber auch in mit Musik beschallten Alltagsräumen jeder Art: Überall ist Mozart präsent, ja, dominiert er als weltweit vermutlich am häufigsten aufgeführter Komponist ›klassischer‹ Musik. Ein konturiertes ›Mozart-Bild‹ herrscht nur insofern, als seine Musik gemeinhin als Inbegriff des musikalisch Schönen, als Ideal einer Musik als Kunst und als Sinnstifterin in einer heillos zerfahrenen Welt verherrlicht wird. Sie ist trotz dieser hohen Bekenntnisse in gewisser Weise verharmlost worden, jedenfalls der Gefahr ausgesetzt, mehr an einer scheinbar nur gefälligen Oberfläche statt in ihrer gestalterischen Vitalität, grandiosen künstlerischen Faktur und humanen ›Vielwissenheit‹ wahrgenommen zu werden. Vielleicht setzt sich aber an dieser Stelle nur die unterschiedliche, doch gleicherweise »*Satisfaktion*« hervorrufende Wirkung der Kompositionen auf Kenner und Nichtkenner fort, die Mozart ja selbst schon festgestellt und beabsichtigt hatte.

Anmerkungen

1. 7. Februar 1778; BriefeGA II, S. 265.
2. 31. Juli 1778; BriefeGA II, S. 427.
3. BriefeGA III, S. 373.
4. 10. Februar 1784; BriefeGA III, S. 300.
5. 16. Dezember 1780; BriefeGA III, S. 60.
6. 14. Februar 1778; BriefeGA II, S. 281.
7. 1. Mai 1778; BriefeGA II, S. 344.
8. 28. Dezember 1782; BriefeGA III, S. 246.
9. 11. März 1828; vgl. *Gespräche*, hrsg. von Regine Otto, München 1984, S. 580.
10. 28. Dezember 1782; BriefeGA III, S. 246.
11. Ebd., S. 245.
12. Ebd., S. 246.
13. 3. November 1781; BriefeGA III, S. 171.
14. 28. Dezember 1782; BriefeGA III, S. 246.
15. 26. September 1781; BriefeGA III, S. 162.
16. Ebd.
17. Violinsonaten KV 296 und 301–306, letztere im Druck als ein erneutes »Œuvre Premier« zusammengefaßt.
18. Violinsonaten KV 296 und 376–380; die Sonate KV 296 stammt noch aus der Mannheimer Zeit, die Sonate KV 378 (317^d) aus der späteren Salzburger.
19. MozVerz, S. 46 (10. Juli 1788); der spätere Ansatz einer Sonate in G, KV Anh. 47 (546^a) = Fr 1789f, bricht mitten in der Exposition ab.
20. MozVerz, S. 46 (Juni 1788).
21. Leopold Mozart, 13. August 1778; BriefeGA II, S. 444.
22. 30. März 1783; BriefeGA III, S. 262.
23. William Byrd: KV 227 (KV^6 Anh. A 31), kopiert aus Johann Matthesons *Der vollkommene Kapellmeister*. Johann Jacob Froberger: KV Anh. 292 (KV^6 Anh. A 60), kopiert aus Athanasius Kirchers *Musurgia universalis*. Johann Stadlmayr: KV 44 (73^u).
24. 12. April 1783; BriefeGA III, S. 264.
25. 29. September 1777; BriefeGA II, S. 18.
26. Zum Beispiel aus Mannheim, 23.–25. Oktober 1777: BriefeGA II, S. 82; aus Paris, 18. Juli 1778: ebda., S. 406; aus Wien, 27. Juni 1781: BriefeGA III, S. 135.
27. Präludium und (dreistimmige) Fuge C-Dur für Klavier KV 394 (383^a), komponiert 1782; Vierstimmige Fuge c-Moll für zwei Klaviere KV 426, komponiert 1783 (im Jahre 1788 mit einer Einleitung versehen und für Streichorchester bearbeitet = KV 546).
28. 20. April 1782; BriefeGA III, S. 203.
29. Händel-Bearbeitungen: *Acis und Galatea* KV 566, *Der Messias* KV 572, *Das Alexanderfest* KV 591, *Ode auf St. Caecilia* KV 592.
30. Sk 1782e, in: NMA X/30/3, No. 37 und 38.
31. Siehe als *pars pro toto* etwa die Stellen in der Sinfonie G-Dur KV 110 (75^b) oder der Serenade c-Moll KV 388 (384^a).
32. Franz Xaver Niemetschek, *Leben des K. K. Kapellmeisters Wolfgang Gottlieb Mozart*, Prag 1798, S. 33.
33. BriefeGA IV, S. 527–531.
34. Georges Bizet, 31. Dezember 1858; *Lettres de Georges Bizet*, Paris o. J. [1908], S. 118.
35. Das Folgende nach Ulrich Konrad, *Mozarts Schaffensweise*, passim.
36. 30. Dezember 1780; BriefeGA III, S. 78.
37. 20. April 1782; BriefeGA III, S. 202.
38. Die geringere Zahl der 625 Nummern im Köchel-Verzeichnis rührt daher, daß dort Werke gleicher Gattung wie beispielsweise Tänze in der Regel zu Gruppen unter einer KV-Nummer zusammengefaßt worden sind.
39. Wolfgang Plath, *Mozart Schriften*, Kassel usw. 1991, S. 339.
40. Vgl. Søren Kierkegaard, Gesammelte Werke 37, *Die Tagebücher*, Band 1, Düsseldorf/Köln 1962, S. 318 [= IV A 164].
41. Franz Xaver Mozart in einem Gespräch mit dem Ehepaar Novello im Juli 1829, in: *Eine Wallfahrt zu Mozart. Die Reisetagebücher von Vincent und Mary Novello aus dem Jahre 1829*, hrsg. von Nerina Medici di Marignano und Rosemary Hughes, deutsche Übertragung von Ernst Roth, Bonn 1959, S. 92.
42. Dok., S. 89.
43. Daniel Gottlob Türk, *Klavierschule*, Leipzig und Halle 1789, S. 390.
44. Als Variationensatz ist auch das Finale der Sonate D-Dur KV 284 (205^b) gestaltet.
45. Langsame Sätze: zum Beispiel KV 283 (189^h), 310 (300^d) oder 533. Finale-Sätze: zum Beispiel KV 279 (189^d), 282 (189^g) oder 332 (300^k).
46. Klaviersonaten: KV 533/494, 545, 570 und 576.
47. Klavierkonzert KV 175, *Concertone* mit zwei Violinen, Oboe und Violoncello KV 190 (186 E), Violinkonzert KV 207.

Anmerkungen

48 BriefeGA III, S. 261.
49 Beispiele für Rondo-Finales: die Wiener Violinsonaten außer KV 379 (373ª), 481 und 547, die Klaviertrios KV 498, 502, 542, 548 und 564 oder das Klavier-Bläserquintett KV 452; von den späten Streichtrios, -quartetten und -quintetten sind die Werke KV 515, 563, 575 und 614 zu nennen.
50 Zum Beispiel in den Sonaten KV 310 (300ᵈ), 311 (284ᶜ), 545, 570 und 576.
51 Die in der NMA abgedruckte *Marcia* zu Beginn des Sechsten Auftritts im Ersten Aufzug (= No. 5a) aus *Die Entführung aus dem Serail* KV 384 ist inzwischen als unecht erwiesen worden; vgl. NMA II/5/12, S. 102f., dazu KB, S. 12–25.
52 14. Oktober 1777; BriefeGA II, S. 56.
53 Wien ³1921, S. 392.
54 Oboenkonzert C-Dur/ Flötenkonzert D-Dur KV 314 (285ᵈ); Konzertfragment für Bassetthorn G-Dur KV³ 584ᵇ (621b)/ Klarinettenkonzert A-Dur KV 622.
55 28. Februar 1778; BriefeGA II, S. 304.
56 Sinfonien: KV 319, 297 (300ª), 385. Klavierkonzerte: KV 175 mit Finale KV 382, 413 (387ª), 414 (385ᵖ), 415 (387ᵇ), 453 und 595.
57 Rudolf Maria Breithaupt, »*Mehr Mozart!*«, in: Die Musik 4, 1904/05, S. 3; Felix Weingartner, »*Vorwärts zu Mozart*«, in: Ders., *Akkorde*, Leipzig 1912, S. 108.

WERKBESTAND

Vorbemerkung

Das vorliegende *Mozart-Werkverzeichnis* enthält:

1. die authentischen Werke Mozarts zusammen mit einer Auswahl von zweifelhaften und unterschobenen Kompositionen;
2. die Bearbeitungen fremder Werke;
3. die kompositorischen Fragmente, Studien, Skizzen und Entwürfe;
4. die eigenhändigen Abschriften fremder Werke;
5. die Gelegenheitsgedichte, Stammbucheinträge und Lustspielentwürfe.

Es erschließt den heute bekannten Bestand in systematischer Weise, das heißt nach Gattungen und Sachgruppen geordnet. Mit diesem Anspruch ersetzt es weder die bislang letzte revidierte Auflage des *Köchel-Verzeichnisses* (KV^6) von 1964, noch greift es einer künftigen grundlegenden Revision dieses inzwischen in vielen Angaben überholten Werk-Katalogs vor. Hauptziel des *Mozart-Werkverzeichnisses* ist es vielmehr, dem Benutzer eine Hilfe zur Orientierung im Œuvre des Komponisten sowie in den bibliographischen und historischen Primärdaten anzubieten, wie sie nach aktuellem Wissensstand möglich ist.

Die Werk-Systematik folgt im Kern der Ordnung, nach der die *Neue Mozart-Ausgabe* (NMA) aufgebaut ist. Die einzelnen tabellarischen Listen enthalten mit wenigen traditionell bedingten Ausnahmen wie beispielsweise der c-Moll-Messe KV 427 oder des *Requiem* KV 626 nur vollständige Kompositionen, also keine Fragmente. Mozarts Autorschaft an den hier aufgeführten Werken kann als gesichert oder, in einer Reihe von Fällen, zumindest als wahrscheinlich gelten. Alle Kompositionen, die verloren sind, deren Autorschaft starken Zweifeln unterliegt oder die als unterschoben nachgewiesen sind, stehen jeweils nach den Listen als Kurzeinträge unter entsprechenden Überschriften.

Ergänzt werden die Listen durch kurze Verweise auf die zu den entsprechenden Gattungen gehörenden Fragmente, sofern solche überliefert sind. Sie finden sich jeweils am Ende der Listen: datierbare Fragmente unter ›E.I.‹, nicht datierbare unter ›E.II‹. Ihre Verzeichnung folgt der Siglen-Ordnung, unter der sie in der *Neuen Mozart-Ausgabe* ediert worden sind (Ausgabe in Faksimile mit Kritischem Bericht: NMA X/30/4). Die Siglen bestehen aus der Buchstabenfolge ›Fr‹ für ›Fragment‹, einer Jahreszahl und einem Index-Buchstaben. Die Jahreszahl gibt nicht unbedingt das genaue Entstehungsjahr an, sondern kann auch das frühestmögliche Datum in einem nur ungenau einzugrenzenden, mehrjährigen

Zeitraum bedeuten. Der jeweilige Index-Buchstabe bezeichnet ebenfalls nicht die exakte chronologische Stellung eines Fragments im Entstehungsjahr oder -zeitraum – sie muß ohnehin in den meisten Fällen unbestimmt bleiben –, sondern dient nur zur Unterscheidung von anderen Fragmenten aus dem betreffenden Jahr oder Zeitabschnitt.

Skizzen zu einzelnen Sätzen von Werken sind in der Spalte ›Anmerkung‹ pauschal mit der Sigle ›Sk‹ für ›Skizzen‹ vermerkt. Genauere Angaben sind dem Skizzenband der NMA zu entnehmen (Ausgabe in Faksimile, mit Übertragung und Kritischem Bericht: NMA X/30/3). Skizzen, die bekannten Werken nicht zugeordnet werden können, stehen am Ende des Verzeichnisses unter dem Buchstaben ›F.‹, allerdings nur mit Hinweis auf die Nummer der jeweiligen Skizzenblätter, unter der sie in der NMA ediert worden sind. Die Siglen sind so aufgebaut, wie es oben für die Fragmente beschrieben worden ist (statt ›Fr‹ steht hier ›Sk‹).

Sofern nicht selbsterklärend, gelten für Aufbau und Inhalt der einzelnen Listen die folgenden Regelungen:

KV (= Köchel-Verzeichnis) Aufgeführt sind alle Kompositionen mit einer KV-Nummer und Werke, die nach KV^6 oder nach neueren Erkenntnissen als echt gelten, auch wenn sie bislang keine Nummer erhalten haben. Zweifelhafte Werke aus ›Anhang C: Zweifelhafte und unterschobene Werke‹ von KV^6 werden in der Regel nur dann aufgenommen, wenn ihnen früher eine eigene KV-Nummer im Hauptteil zugewiesen worden war. Berücksichtigt werden alle Auflagen des *Köchel-Verzeichnisses* (zu den bibliographischen Angaben siehe das Verzeichnis der Abkürzungen und Siglen).

Um Mißverständnisse bei der Identifizierung zu vermeiden, werden zu jeder Komposition alle bislang vergebenen KV-Nummern verzeichnet. Die Nummer der ersten Auflage – in den Hauptlisten bei Fehlen durch einen Strich (›–‹) ersetzt – wird jeweils ohne Klammern wiedergegeben. In Klammern folgen gegebenenfalls neue oder veränderte Nummern der späteren Auflagen (bei KV^3 mit hochgestellten Buchstaben-Indices, bei KV^6 ohne Hochstellung). Handelt es sich in den Klammern nur um eine Nummer ohne weitere Kennzeichnung, so ist die der dritten Auflage gemeint, zum Beispiel: 427 (417^a); zwei Nummern in den Klammern ohne Kennzeichnung stehen für jene der dritten und der sechsten Auflage, zum Beispiel: 139 (114^a, 47a). In allen anderen Fällen sind die Auflagen gekennzeichnet. Bei Anmerkungen sowie in den nachgeordneten Rubriken ›Fragmente‹, ›Zuschreibung zweifelhaft‹, ›Unterschoben‹ wird außerhalb der Klammer immer die erste vergebene KV-Nummer angeführt, auch wenn sie nicht aus der ersten Auflage stammt. Mit ›KV deest‹ werden hier nur diejenigen Kompositionen bezeichnet, die in keiner der bisherigen Auflagen eine Nummer erhalten haben.

Titel/Textanfang Die Titelformulierung folgt traditioneller Gepflogenheit und der Regelung im *Köchel-Verzeichnis* und in der *Neuen Mozart-Ausgabe*. In der Oberzeile und in gerader Schrifttype steht in der Regel der normalisierte Gattungstitel (zum Beispiel: Missa, Sinfonie, Sonate) oder in kursiver Type ein individueller Werktitel oder eine Liedüberschrift (zum Beispiel: *Le nozze di Figaro*,

VORBEMERKUNG

oder: *Das Veilchen*). Dabei zeigen doppelte spitze Anführungszeichen das Zitat der Anfangsworte an (zum Beispiel: »*Ein Veilchen auf der Wiese stand*«), bei Rezitativ und Arie jeweils den Anfang beider Teile (zum Beispiel: »*Non più. Tutto ascoltai*« – »*Non temer, amato bene*«). Die Unterzeile gibt in kursiver Type und in doppelten spitzen Anführungszeichen authentische Beinamen wieder (zum Beispiel: »*Missa in honorem SS:*^(mae) *Trinitatis*«), in kursiver Type und einfachen spitzen Anführungszeichen dagegen traditionelle Beinamen (zum Beispiel: ›*Jupiter-Sinfonie*‹). Bei Geistlich-dramatischen Formen, Kantaten und Bühnenwerken folgt außerdem die genaue Bezeichnung der Gattung sowie die Aktzahl oder die Zahl der Teile.

Textdichter Angegeben werden der Name eines Autors oder die Namen der insgesamt an einem Text beteiligten Autoren. Bei Mehrstimmigen Gesängen und Bühnenwerken wird ergänzend dazu die Textquelle genannt, sofern es sich nur um ausschnittweise Vertonungen größerer Texte handelt (zum Beispiel: Gaetano Sertor, *Zermira* II,5; die römische Ziffer am Schluß bezeichnet den Akt, die arabische die Szene).

Besetzung Die Instrumente werden mit ihren deutschen Bezeichnungen und nach heutiger konventioneller Anordnung aufgeführt (siehe Verzeichnis der Abkürzungen und Siglen). Durch Schrägstrich verbundene Instrumentenbezeichnungen (zum Beispiel: Fl./Ob.) deuten auf satzweise alternierende (nicht alternative!) Besetzung hin. Die Angabe ›4 Trp.‹ bedeutet den vergrößerten Trompetenchor aus zwei hohen (bei Mozart als *Clarini* bezeichnet) und zwei tieferen Instrumenten (Mozart: *Trombe*). In der Salzburger Kirchenmusik wird das aus zwei Violinen und Orgel bestehende sogenannte Kirchentrio (ohne Viola) eingesetzt. Zu ihm können noch *Basso*-Instrumente (Fagott, Kontrabaß) treten. Generell differiert die Besetzung der *Basso*-Gruppe (*Bassi, Bassi ed Organo, Basso e Vc.*) nach Gattung und historischem Aufführungsort. Je nach Situation können dazugehören: Fagott, Violoncello, Kontrabaß und Orgel (*concertato* und *ripieno*); in Divertimenti und solistisch besetzten Werken meint *Basso* in der Regel Kontrabaß (ohne Violoncello), in Orchesterserenaden Kontrabaß und Fagott, in Sinfonien, Konzerten und Opern Kontrabaß und Violoncello. In der Kirchenmusik werden zu den vokalen Alt-, Tenor- und Baß-Stimmen jeweils Posaunen als *colla parte*-Instrumente geführt, ohne daß sie eigens in den Partituren notiert worden sind. Chorische Vokalstimmen sind mit Großbuchstaben ohne Komma (SATB), solistische mit Großbuchstaben und Komma (S, A, T, B) bezeichnet. – Die Angaben zur Besetzung folgen in der Regel denen der *Neuen Mozart-Ausgabe*.

Datierung Soweit vorhanden, erfolgen die Angaben nach Datierungen auf den Autographen, im eigenhändig geführten Werkverzeichnis (›MozVerz‹) oder in anderen authentischen Dokumenten, etwa in Briefen Mozarts. Fehlen genaue Daten, so wird der Entstehungszeitraum eines Werks nach aktuellem Stand der Forschung vermerkt.

AMA und NMA Um die einzelnen Werke in den beiden Gesamtausgaben leicht finden zu können, stehen unter den Rubriken ›AMA‹ (*Alte Mozart-Ausgabe*)

VORBEMERKUNG

und ›NMA‹ (*Neue Mozart-Ausgabe*) die genauen bibliographischen Nachweise. Ergänzt werden sie durch in eckige Klammern gesetzte Bandzahlen der weitverbreiteten Nachdrucke beider Editionen, also ND: Nachdruck der AMA, TB: Taschenbuch-Ausgabe der NMA, bei der NMA zusätzlich um Angaben zu praktischen Ausgaben nach dieser Edition (siehe Verzeichnis der Abkürzungen und Siglen).

Die **AMA** umfaßt 24 Serien (I–XXIV) in den Gruppen Gesang-Musik, Instrumental-Musik und Klavier-Musik. Serie V erscheint zweimal: in der Gruppe Gesang-Musik unter dem Titel Opern, in der Gruppe Instrumental-Musik unter dem Titel Ouvertüren. Die Serien IV, VII und XVII sind in je zwei Abteilungen untergliedert; Serie XVI ist auf vier Bände verteilt, die Serien I, III, VI, IX, XII, XVIII auf je zwei Bände, die Serie VIII enthält drei Bände. Innerhalb der Serien sind die Werke über Abteilungs- und Bandgrenzen hinweg jeweils durchnumeriert.

Die Titel der Gruppen, Serien, Abteilungen und Bände lauten im einzelnen:

GESANG-MUSIK

I. Messen – II. Litaneien und Vespern – III. Kleinere geistliche Gesangswerke – IV. Cantaten und Oratorien: [Abteilung 1: *Cantaten*], Abteilung 2: *Oratorien – V. Opern – VI. Arien, Duette, Terzette und Quartette mit Begleitung des Orchesters – VII.* Abteilung 1: *Lieder und Gesänge mit Begleitung des Pianoforte*, Abteilung 2: *Kanons.*

INSTRUMENTAL-MUSIK

A. Orchester-Werke

V. Ouvertüren (zu Opern) – VIII. Symphonien – IX. Abteilung 1: *Cassationen und Serenaden für Orchester*, Abteilung 2: *Divertimente für Orchester – X. Märsche und kleinere Stücke für Orchester (auch für Harmonika und Orgelwalze) – XI. Tänze für Orchester – XII.* Abteilung 1: *Conzerte für Violine und Orchester*, Abteilung 2: *Conzerte für ein Blasinstrument und Orchester.*

B. Kammer-Musik

XIII. Quintette für Streichinstrumente – XIV. Quartette für Streichinstrumente – XV. Duos und Trio für Streichinstrumente.

KLAVIER-MUSIK

XVI. Concerte für das Pianoforte – XVII. Abteilung 1: *Pianoforte-Quintett und Quartette*, Abteilung 2: *Pianoforte-Trios – XVIII. Sonaten und Variationen für Pianoforte und Violine – XIX. Für ein und zwei Pianoforte zu vier Händen – XX. Sonaten und Phantasien für das Pianoforte – XXI. Variationen für das Pianoforte – XXII. Kleinere Stücke für das Pianoforte – XXVIII. Sonaten für mehrere Instrumente mit Orgel – XXIV. Supplement* [Wiederaufgefundene, unbeglaubigte und unvollendete Werke; Kleinere Orchesterstücke; Konzert, Kammermusik- und Klavierwerke.]

Für die AMA gilt folgende Zitierweise:
II/Nr. 4, S. = Serie II/Nummer 4, S.
I/2/Nr. 13, S. = Serie I/Band 2/Nummer 13, S.
IV/Abt. 1/Nr. 2, S. = Serie IV/Abteilung 1/Nummer 2, S.

VORBEMERKUNG

Die **NMA** umfaßt 10 Serien (I–X) mit 34 Werkgruppen; dabei sind die Werkgruppen 1, 13, 19, 20, 22, 24 und 33 in je zwei, die Werkgruppe 28 in fünf Abteilungen untergliedert. Gelegentlich sind Bände wegen des großen Umfangs in zwei Teilbände aufgeteilt, wie zum Beispiel *Le nozze di Figaro* (II/5/16); der erste Teilband des *Requiem* enthält Mozarts Fragment, der zweite das Fragment mit den Ergänzungen von Joseph Eybler und Franz Xaver Süßmayr (I/1/Abteilung 2). Die Werkgruppen sind über Serien- und Abteilungsgrenzen hinweg durchnumeriert.

Die Titel der Serien, Abteilungen und Werkgruppen lauten im einzelnen:

SERIE I: GEISTLICHE GESANGSWERKE
Werkgruppe 1: Messen und Requiem, Abteilung 1: Messen, Abteilung 2: Requiem – *Werkgruppe 2: Litaneien, Vespern* – *Werkgruppe 3: Kleinere Kirchenwerke* – *Werkgruppe 4: Oratorien, geistliche Singspiele und Kantaten.*

SERIE II: BÜHNENWERKE
Werkgruppe 5: Opern und Singspiele – *Werkgruppe 6: Musik zu Singspielen, Pantomimen und Balletten* – *Werkgruppe 7: Arien, Szenen, Ensembles und Chöre mit Orchester.*

SERIE III: LIEDER, MEHRSTIMMIGE GESÄNGE, KANONS
Werkgruppe 8: Lieder – *Werkgruppe 9: Mehrstimmige Gesänge* – *Werkgruppe 10: Kanons.*

SERIE IV: ORCHESTERWERKE
Werkgruppe 11: Sinfonien – *Werkgruppe 12: Kassationen, Serenaden und Divertimenti für Orchester* – *Werkgruppe 13: Tänze und Märsche*, Abteilung 1: Tänze, Abteilung 2: Märsche.

SERIE V: KONZERTE
Werkgruppe 14: Konzerte für ein oder mehrere Streich-, Blas- und Zupfinstrumente und Orchester – *Werkgruppe 15: Konzerte für ein oder mehrere Klaviere und Orchester mit Kadenzen.*

SERIE VI: KIRCHENSONATEN
Werkgruppe 16: Sonaten für Orgel und Orchester.

SERIE VII: ENSEMBLEMUSIK FÜR GRÖSSERE SOLOBESETZUNGEN
Werkgruppe 17: Divertimenti und Serenaden für Blasinstrumente – *Werkgruppe 18: Divertimenti für 5–7 Streich- und Blasinstrumente.*

SERIE VIII: KAMMERMUSIK
Werkgruppe 19: Streichquintette und Quintette mit Bläsern, Abteilung 1: Streichquintette, Abteilung 2: Quintette mit Bläsern – *Werkgruppe 20: Streichquartette und Quartette mit einem Blasinstrument*, Abteilung 1: Streichquartette, Abteilung 2: Quartette mit einem Blasinstrument – *Werkgruppe 21: Duos und Trios für Streicher und Bläser* – *Werkgruppe 22: Quintette, Quartette und Trios mit Klavier und mit Glasharmonika*, Abteilung 1: Quartette und Quintette mit Klavier und mit Glasharmonika, Abteilung 2: Klaviertrios – *Werkgruppe 23: Sonaten und Variationen für Klavier und Violine.*

SERIE IX: KLAVIERMUSIK
Werkgruppe 24: Werke für zwei Klaviere und für Klavier zu vier Händen, Abteilung 1: Werke für zwei Klaviere, Abteilung 2: Werke für Klavier zu vier Händen – *Werkgruppe 25: Klaviersonaten* – *Werkgruppe 26: Variationen für Klavier* – *Werkgruppe 27: Klavierstücke.*

SERIE X: SUPPLEMENT
Werkgruppe 28: Bearbeitungen, Ergänzungen und Übertragungen fremder Werke, Abteilung 1: Bearbeitungen von Werken Georg Friedrich Händels, Abteilung 2: Bearbeitungen von Werken verschiedener Komponisten: Klavierkonzerte und Kadenzen, Abteilung 3–5: Sonstige Bearbeitungen, Ergänzungen und Übertragungen fremder Werke – *Werkgruppe 29: Werke zweifelhafter Echtheit* – *Werkgruppe 30: Studien, Skizzen, Entwürfe, Fragmente, Varia* – *Werkgruppe 31: Nachträge* – *Werkgruppe 32: Mozart und seine Welt in zeitgenössischen Bildern* – *Werkgruppe 33: Dokumentation der autographen Überlieferung*, Abteilung 1: Mozart, Eigenhändiges Werkverzeichnis, Abteilung 2: Wasserzeichen-Katalog, Abteilung 3: Schriftchronologie – *Werkgruppe 34: Mozart. Die Dokumente seines Lebens.*

Für die NMA gilt folgende Zitierweise:
II/5/6, S. = Serie II/Werkgruppe 5/Band 6, S.
IV/13/Abt. 1/2, S. = Serie IV/Werkgruppe 13/Abteilung 1/Band 2, S.
I/1/Abt. 2, Teilband 1, S. = Serie I/Werkgruppe 1/Abteilung 2, Teilband 1, S.
Die Seitenangabe zeigt den Beginn eines Werks in einem Band mit mehreren Stücken an; bei Bänden mit nur einem Werk entfällt sie.

Anmerkung In dieser Spalte stehen Angaben und Kommentare unterschiedlicher Art, wobei einige bei allen Werkgruppen erfolgen, andere dagegen nur bei ausgewählten und dabei in unterschiedlicher Weise. Bei allen Werkgruppen werden die Erstdrucke (ED) verzeichnet, soweit sie zu Lebzeiten Mozarts erschienen sind, mit einem pauschalen Vermerk alle vorhandenen Skizzen zu einem Werk. Je nach Werkgruppe verschieden sind Angaben zu Uraufführung, Entstehungsanlaß, Zweckbestimmung und Widmungsträgern von Kompositionen, zu Satzzahl und Werkaufbau sowie zu Mozarts eigenen Bearbeitungen. Allgemeine entstehungsgeschichtliche, biographische oder analytische Erläuterungen können die Einträge ergänzen.

A. VOKALMUSIK

I. Messen, Messensätze, Requiem

KV	Titel	Tonart	Besetzung	Datierung
33	Kyrie	F-Dur	SATB; 2 V., Va.; *Bassi ed organo*	Paris, 12. Juni 1766
139 (KV³ 114ᵃ = KV³ᵃ 47ᵃ, KV⁶ 47a)	Missa ›Waisenhaus-Messe‹	c-Moll	S, A, T, B; SATB; 2 Ob., 4 Trp.; Pk.; 3 Pos.; 2 V., 2 Va.; *Bassi ed organo*	Wien, Herbst 1768
49 (47ᵈ)	Missa brevis	G-Dur	S, A, T, B; SATB; 3 Pos.; 2 V., Va.; *Bassi ed organo*	1. Fassung: vermutlich Wien, 1768; 2. Fassung: Salzburg, um 1769
65 (61ᵃ)	Missa brevis	d-Moll	S, A, T, B; SATB; 3 Pos.; 2 V.; *Bassi ed organo*	Salzburg, 14. Januar 1769
66	Missa ›Dominicus-Messe‹	C-Dur	S, A, T, B; SATB; 2 Ob./Fl.; 2 Hr., 4 Trp.; Pk.; 3 Pos.; 2 V., Va.; *Bassi ed organo*	Salzburg, Oktober 1769
89 (73ᵏ)	Kyrie			
90	Kyrie	d-Moll	SATB (oder S, A, T, B); B.c. mit Orgel	Salzburg, Mitte 1772
140 (Anh. 235ᵈ, Anh. C 1.12)	Missa brevis	G-Dur	S, A, T, B; SATB; 2 V.; *Bassi ed organo*	Salzburg, wahrscheinlich 1773
167	Missa »*Missa in honorem SS:ᵐᵃᵉ Trinitatis*«	C-Dur	SATB; 2 Ob.; 4 Trp.; Pk.; 3 Pos.; 2 V.; *Bassi ed organo*	Salzburg, Juni 1773
192 (186ᶠ)	Missa brevis ›Kleine Credo-Messe‹	F-Dur	S, A, T, B; SATB; 2 Trp.; 3 Pos.; 2 V.; *Bassi ed organo*	Salzburg, 24. Juni 1774

A.I. Messen, Messensätze, Requiem

AMA	NMA	Anmerkung
III/1/Nr. 1, S. 2 [ND 4]	I/1/Abt. 1/6, S. 3 [TB 2] BA 5345 P, KlA, AM	
I/1/Nr. 4, S. 117 [ND 1]	I/1/Abt. 1/1, S. 37 [TB 1] BA 4858 P, KlA, ChP	aufgeführt im Waisenhaus am Rennweg, Wien: 7. Dezember 1768
I/1/Nr. 1, S. 1 [ND 1]	I/1/Abt. 1/1, S. 3 [TB 1] BA 4769 P, KlA, ChP	fragmentarische alternative Vertonung des Credo (Salzburg, um 1769) KV³ Anh. 20a (KV⁶ 626b/25)
I/1/Nr. 2, S. 33 [ND 1]	I/1/Abt. 1/1, S. 159 [TB 1] BA 5341 P, KlA, ChP	aufgeführt in Salzburg, Universitätskirche: 5. Februar 1769 Sk zu Kyrie
I/1/Nr. 3, S. 49 [ND 1]	I/1/Abt. 1/1, S. 185 [TB 1] BA 4791 P, KlA, ChP, AM	aufgeführt in Salzburg, St. Peter: 15. Oktober 1769, für P. Dominikus (Taufname Kajetan) Hagenauer; Bläser-Stimmen zum Teil nachträglich hinzugefügt; nach Takten umfangreichste Messe Mozarts
		siehe A.VII. Kanons
–	I/1/Abt. 1/6, S. 13 [TB 2] BA 5346 P, KlA, AM	Baß-Stimme mit Bezifferung von Leopold Mozart
–	I/1/Abt. 1/1, S. 285 [TB 1] BA 4736 P, KlA, ChP	zweifelhaft; die handschriftlichen Stimmen enthalten autographe Korrekturen; in Gloria, Sanctus und Benedictus Material aus *Le gelosie del serraglio* KV Anh. 109 (135ᵃ)
I/1/Nr. 5, S. 179 [ND 1]	I/1/Abt. 1/2, S. 3 [TB 1] BA 4783 P, KlA, ChP	Beiname original, Widmungsanlaß unbekannt
I/1/Nr. 6, S. 239 [ND 1]	I/1/Abt. 1/2, S. 75 [TB 1] BA 4770 P, KlA, ChP	Vierton-Thema des Credo u.a. auch im Finale der Sinfonie KV 551. Trp. von Mozart auf gesondertem Manuskript notiert (Trp. 2 = KV⁶ 626b/20)

VOKALMUSIK

KV	Titel	Tonart	Besetzung	Datierung
194 (186ʰ)	Missa brevis	D-Dur	S, A, T, B; SATB; 3 Pos.; 2 V.; Bassi ed organo	Salzburg, 8. August 1774
220 (196ᵇ)	Missa ›Spatzen-Messe‹	C-Dur	S, A, T, B; SATB; 2 Trp.; Pk.; 3 Pos.; 2 V.; Bassi ed organo	Salzburg, vermutlich Mitte 1770er Jahre
262 (246ᵃ)	Missa longa ›Spaur-Messe‹	C-Dur	S, A, T, B; SATB; 2 Ob.; 2 Hr., 2 Trp.; Pk.; 3 Pos.; 2 V.; Bassi ed organo	Salzburg, vielleicht 1776 oder schon Juni/Juli 1775
257	Missa ›Große Credo-Messe‹	C-Dur	S, A, T, B; SATB; 2 Ob.; 2 Trp.; Pk.; 3 Pos.; 2 V.; Bassi ed organo	Salzburg, November 1776
258	Missa	C-Dur	S, A, T, B; SATB; 2 Ob.; 2 Trp.; Pk.; 3 Pos.; 2 V.; Bassi ed organo	Salzburg, vermutlich Dezember 1775 (oder 1776?)
259	Missa ›Orgelsolo-Messe‹	C-Dur	S, A, T, B; SATB; 2 Ob.; 2 Trp.; Pk.; 3 Pos.; 2 V.; Bassi ed organo	Salzburg, Dezember 1776 (oder 1775?)
275 (272ᵇ)	Missa	B-Dur	S, A, T, B; SATB; 3 Pos.; 2 V.; Bassi ed organo	Salzburg, vermutlich vor dem 23. September 1777
– (KV⁶ 296c)	Sanctus			
317	Missa ›Krönungs-Messe‹	C-Dur	S, A, T, B; SATB; 2 Ob.; 2 Hr., 2 Trp.; Pk.; 3 Pos.; 2 V.; Bassi ed organo	Salzburg, 23. März 1779
337	Missa	C-Dur	S, A, T, B; SATB; 2 Ob., 2 Fg.; 2 Trp.; Pk.; 3 Pos.; 2 V.; Bassi ed organo	Salzburg, März 1780

A.I. Messen, Messensätze, Requiem

AMA	NMA	Anmerkung
I/1/Nr. 7, S. 265 [ND 1]	I/1/Abt. 1/2, S. 121 [TB 1] BA 5342 P, KlA, ChP	
I/1/Nr. 8, S. 291 [ND 1]	I/1/Abt. 1/2, S. 163 [TB 1] BA 5343 P, KlA, ChP	Beiname wegen Violin-Vorschlagsfigur in Sanctus und Benedictus
I/2/Nr. 12, S. 119 [ND 2]	I/1/Abt. 1/2, S. 197 [TB 1] BA 4853 P, ChP, KlA, AM	Titel von Leopold Mozart; zum Beinamen: ungewiß, ob für die Priesterweihe von Friedrich Franz Joseph Graf Spaur geschrieben. Pk. nachkomponiert (außer für Credo)
I/2/Nr. 9, S. 1 [ND 2]	I/1/Abt. 1/3, S. 3 [TB 1] BA 4859 P, KlA, ChP, AM	Sk zum Credo, vermutlich zum Gloria, vielleicht zu »*etiam pro nobis*«
I/2/Nr. 10, S. 55 [ND 2]	I/1/Abt. 1/3, S. 115 [TB 1] BA 4851 P, KlA, ChP	
I/2/Nr. 11, S. 89 [ND 2]	I/1/Abt. 1/3, S. 195 [TB 1] BA 4852 P, KlA, ChP	Beiname nach Orgelsolo im Benedictus; zusätzliche Ob.-Stimme: Salzburg, 1776 oder später
I/2/Nr. 13, S. 183 [ND 2]	I/1/Abt. 1/4, S. 3 [TB 1] BA 5344 P, KlA, ChP	aufgeführt in Salzburg, St. Peter: 21. Dezember 1777
		siehe F.I. Skizzen
I/2/Nr. 14, S. 207 [ND 2]	I/1/Abt. 1/4, S. 57 [TB 1] BA 4880 P, KlA, ChP	Beiname wegen Aufführung in Prag bei der Krönung von Leopold II. zum böhmischen König, September 1791
I/2/Nr. 15, S. 255 [ND 2] ♦ XXIV/8/ Nr. 35, S. 14 [ND 40] (Credo-Fragment)	I/1/Abt. 1/4, S. 193, 321 (Credo-Fragment) [TB 1] BA 4881 P, KlA, ChP	im Autograph 1. Fassung des Credo: »*Tempo di Ciacconna*«, fragmentarisch

KV	Titel	Tonart	Besetzung	Datierung
341 (368ª)	Kyrie	d-Moll	SATB; 2 Fl., 2 Ob., 2 Klar., 2 Fg.; 4 Hr., 2 Trp.; Pk.; 2 V., 2 Va.; *Bassi ed organo*	vermutlich Wien, 1787–1791
427 (417ª)	Missa	c-Moll	2 S, T, B; SSAATTBB; Fl., 2 Ob., 2 Fg.; 2 Hr., 2 Trp.; Pk.; 3 Pos.; 2 V., 2 Va.; *Bassi ed organo*	Beginn: Wien, 1782, Teil-Abschluß: vermutlich Wien und Salzburg, 1783
626	Requiem	d-Moll	S, A, T, B; SATB; 2 Bassetthr., 2 Fg.; 2 Trp.; Pk.; 3 Pos.; 2 V., Va.; *Basso ed organo*	Wien, Sommer bis Spätherbst 1791 (Fragment)

Fragmente (siehe E.I.)   Fr 1772a [KV Anh. 18 (166ᶠ)] (Kyrie) ♦ Fr 1772b [KV Anh. 19 (166ᵍ)] (Kyrie) ♦ Fr 1772d [KV 223 (166ᵉ)] (Osanna) ♦ Fr 1779a [KV 322 (296ª), identisch mit Anh. 12 (296ᵇ)] (Kyrie) ♦ Fr 1782n [KV 427 (417ª)] (Credo, Et incarnatus est) ♦ Fr 1787a [KV Anh. 16 (196ª)] (Kyrie) ♦ Fr 1787b [KV Anh. 13 (258ª)] (Kyrie) ♦ Fr 1787c [KV Anh. 20 (323ª)] (Gloria) ♦ Fr 1787e [KV Anh. 14 (422ª)] (Kyrie) ♦ Fr 1790a [KV Anh. 15 = 323] (Kyrie) ♦ Fr 1791h [KV 626] (Requiem)

Zuschreibung zweifelhaft (Auswahl)   Messe KV Anh. 185 (KV⁶ Anh. C 1.01) ♦ Messe KV³ᵃ Anh. 235ᶠ (KV⁶ Anh. C 1.02) (von Benedikt Emanuel Schack), laut Druck von 1831 angebliche »*Zusätze v. Mozart*« ♦ Messe KV Anh. 186 (KV⁶ Anh. C 1.03) ♦ Messe KV Anh. 232 (KV⁶ Anh. C 1.04) (»*Zwölfte Messe*«) ♦ Missa solemnis KV³ Anh. 232ª (KV⁶ Anh. C 1.05) ♦ Messe KV Anh. 233 (KV⁶ Anh. C 1.06) ♦ Missa KV³ Anh. 233ª (KV⁶ Anh.

A.I. Messen, Messensätze, Requiem

AMA	NMA	Anmerkung
III/1/Nr. 5, S. 31 [ND 4]	I/1/Abt. 1/6, S. 84 [TB 2] BA 4702 P, KlA, ChP, AM	›Münchner Kyrie‹; Entstehung 1780/81 aber unwahrscheinlich
XXIV/7/ Nr. 29 [ND 40]	I/1/Abt. 1/5, S. 3 [TB 2] BA 4846 KlA, LM	Credo unvollständig (= Fr 1782n [E.I.]; dazu Beginn einer Fuge KV⁶ 417B, 1), Agnus Dei nicht komponiert; Kyrie, Gloria, Sanctus wohl aufgeführt in Salzburg, St. Peter: 26. Oktober 1783 siehe *Davide penitente* KV 469 Sk
XXIV/1/ Nr. 1 [ND 39]	I/1/Abt. 2, Teilband 2 [TB 2] BA 4538 P, KlA, AM; TP 152	Auftragswerk für Franz Graf von Walsegg; unvollständig (ergänzt von Joseph Eybler und Franz Xaver Süßmayr, Frühjahr 1792), siehe Fr 1791h (E.I.) Sk zu »*Rex tremendae majestatis*«, »*Amen*«

C 1.07) ♦ Missa brevis KV Anh. 234 (KV⁶ Anh. C 1.08) ♦ Missa brevis KV Anh. 235 (KV⁶ Anh. C 1.09) ♦ Messe KV³ Anh. 235ᵇ (KV⁶ Anh. C 1.10) ♦ Missa KV³ Anh. 235ᶜ (KV⁶ Anh. C 1.11) ♦ Messe KV³ᵃ Anh. 235ᵍ (KV⁶ Anh. C 1.14) ♦ Missa ›*Der Schulmeister*‹ KV Anh. 236 (KV⁶ Anh. C 1.15) ♦ Requiem brevis KV Anh. 237 (KV⁶ Anh. C 1.90) ♦ Kyrie KV 340 (Anh. 186ᶠ, Anh. C 3.06)

Unterschoben (Auswahl)   Missa brevis KV 115 (166ᵈ), in: AMA XXIV, Nr. 28 (Bd. 6, S. 1) [ND 40], unvollständig (? von Leopold Mozart) ♦ Missa brevis KV 116 (90ᵃ), in: AMA XXIV, Nr. 33 (Bd. 8, S. 8) [ND 40], mit Quoniam (bei KV⁶ 417B), (von Leopold Mozart) ♦ Kyrie KV 221 (93ᵇ, Anh. A 1), in: AMA XXIV, Nr. 34 (Bd. 8, S. 12) [ND 40] (von Johann Ernst Eberlin)

II. Litaneien, Vespern, Vesperpsalmen

KV	Titel	Tonart	Besetzung	Datierung
109 (74ᵉ)	Litaniae Lauretanae Beatae Mariae Virginis	B-Dur	S, A, T, B; SATB; 3 Pos.; 2 V.; *Bassi ed organo*	Salzburg, Mai 1771
125	Litaniae de venerabili altaris Sacramento	B-Dur	S, A, T, B; SATB; 2 Fl./2 Ob.; 2 Hr., 2 Trp.; 3 Pos.; 2 V., 2 Va.; *Bassi ed organo*	Salzburg, März 1772
195 (186ᵈ)	Litaniae Lauretanae Beatae Mariae Virginis	D-Dur	S, A, T, B; SATB; 2 Ob.; 2 Hr., 3 Pos.; 2 V., Va.; *Bassi ed organo*	Salzburg, 1774
193 (186ᵍ)	*Dixit* und *Magnificat*	C-Dur	S, T, B; SATB; 2 Trp.; Pk.; 3 Pos.; 2 V.; *Vc., Fg., Basso ed organo*	Salzburg, Juli 1774
243	Litaniae de venerabili altaris Sacramento	Es-Dur	S, A, T, B; SATB; 2 Fl./Ob., 2 Fg.; 2 Hr., 3 Pos.; 2 V., 2 Va.; *Bassi ed organo*	Salzburg, März 1776 (Kyrie möglicherweise Ende 1774/ Anfang 1775)
321	Vesperae solennes de Dominica	C-Dur	S, A, T, B; SATB; 2 Trp.; Pk.; 3 Pos.; 2 V.; *Vc., Fg., Basso ed organo*	Salzburg, 1779
339	Vesperae solennes de Confessore	C-Dur	S, A, T, B; SATB; 2 Trp.; Pk.; 3 Pos.; 2 V.; *Vc., Fg., Basso ed organo*	Salzburg, 1780

Fragment (siehe E.I.)   Fr 1779c [KV³ 321ª] (Magnificat)

A.II. Litaneien, Vespern, Vesperpsalmen

AMA	NMA	Anmerkung
II/Nr. 1, S. 1 [ND 3]	I/2/1, S. 3 [TB 2] BA 4890 P, KlA, ChP, AM	Marienlitanei (Kyrie, Sancta Maria, Salus infirmorum, Regina angelorum, Agnus Dei)
II/Nr. 2, S. 13 [ND 3]	I/2/1, S. 23 [TB 2] BA 4763 P, KlA, ChP, AM	Sakramentslitanei (Kyrie, Panis vivus, Verbum caro factum, Hostia Sancta, Tremendum, Panis omnipotentia, Viaticum, Pignus, Agnus Dei); nach dem Vorbild einer Litanei von Leopold Mozart, siehe NMA X/28/Abt. 3–5/1
II/Nr. 3, S. 63 [ND 3]	I/2/1, S. 135 [TB 2] BA 4552 P, KlA, ChP, AM	Marienlitanei (Kyrie, Sancta Maria, Salus infirmorum, Regina angelorum, Agnus Dei)
II/Nr. 5, S. 169 [ND 3]	I/2/2, S. 1 [TB 3] BA 5340 P, KlA ChP, AM	Psalm 109 und Canticum *Magnificat*
II/Nr. 4, S. 109 [ND 3]	I/2/1, S. 251 [TB 2] BA 4892 P, KlA, ChP, AM	Sakramentslitanei (Kyrie, Panis vivus, Verbum caro factum, Hostia Sancta, Tremendum, Dulcissimum convivium, Viaticum, Pignus, Agnus Dei)
II/Nr. 6, S. 193 [ND 3]	I/2/2, S. 33 [TB 3] BA 4893 P, KlA, ChP, AM	Psalm 109–112, 116, Canticum *Magnificat*
II/Nr. 7, S. 237 [ND 3]	I/2/2, S. 101 [TB 3] BA 4894 P, KlA, ChP, AM	Psalm 109–112, 116, Canticum *Magnificat*

III. Geistlich-dramatische Formen, Kantaten

KV	Titel	Textdichter	Besetzung	Datierung
35	*Die Schuldigkeit des Ersten Gebots*, 1. Teil eines geistlichen Singspiels	Ignaz Anton Weiser	3 S, 2 T; 2 Fl., 2 Ob., 2 Fg.; 2 Hr.; Pos.; 2 V., 2 Va.; *Vc. e Basso*	Salzburg, 1766/67
42 (35ª)	Grabmusik »*Wo bin ich, bittrer Schmerz*«, Kantate	unbekannt (vielleicht Pater [Jakob Anton] Marian Wimmer oder Johann Andreas Schachtner)	S, B; SATB; 2 Ob.; 2 Hr.; 2 V., 2 Va.; *Vc. e Basso, Organo*	Salzburg, 1767 (Arien 1 und 2); Salzburg, 1774/75 (Rezitativ »*O lobenswerter Sinn*« und Chor)
118 (74ᶜ)	*Betulia liberata*, Azione sacra, 2 Teile	Pietro Metastasio	3 S, A, T, B; SATB; 2 Fl./2 Ob., 2 Fg.; 4 Hr., 2 Trp.; 2 V., 2 Va.; *Vc. e Basso*	Italien/Salzburg, Frühling/Sommer 1771
429 (420ª, 468a)	»*Dir, Seele des Weltalls*«, Kantate	unbekannt	T; TTB; Fl., 2 Ob., Klar.; 2 Hr.; 2 V., 2 Va.; *Vc., Basso ed organo*	Wien, vermutlich 1786
469	*Davide penitente*, Kantate	unbekannt	2 S, T; SSAATTBB; Fl., Klar., 2 Ob.; 2 Trp.; 2 Fg.; 2 Hr., 3 Pos.; Pk.; 2 V., 2 Va.; *Vc. e Basso*	Wien, März 1785 (Zusatz-Arien: 6., 11. März)
471	*Die Maurerfreude*, Kantate	Franz Petran	T; TTB; 2 Ob., Klar.; 2 Hr.; 2 V., 2 Va.; *Vc. e Basso*, [KlA]	Wien, 20. April 1785
619	»*Die ihr des unermeßlichen Weltalls Schöpfer ehrt*«, Kantate	Franz Heinrich Ziegenhagen	S; Kl.	Wien, Juli 1791
623	»*Laut verkünde unsre Freude*«, Kantate	Emanuel Schikaneder	2 T, B; TTB; Fl., 2 Ob.; 2 Hr.; 2 V., Va.; *Vc. e Basso*	Wien, 15. November 1791

A.III. Geistlich-dramatische Formen, Kantaten

AMA	NMA	Anmerkung
V/Nr. 1 [ND 6]	I/4/1 [TB 3] BA 4513 KlA, LM	aufgeführt in Salzburg: 12. März 1767; 2. Teil von Johann Michael Haydn (MH 85, verloren), 3. Teil von Anton Cajetan Adlgasser (verloren) Sk zu Rezitativ nach Nr. 7
IV/Abt. 1/ Nr. 1, S. 1 [ND 5]	I/4/4, S. 1 [TB 3] BA 4895 P, KlA, ChP, AM	vielleicht aufgeführt im Salzburger Dom: 7. April 1767 überliefert zusammen mit Fr 1771a (E.I.)
IV/Abt. 2/ Nr. 4, S. 3 [ND 5]	I/4/2 BA 4521 KlA, LM	Auftrag von Giuseppe Ximenes d'Aragona, Padua; keine Aufführung belegt
XXIV/8/ Nr. 36a/b, S. 23 [ND 40]	I/4/4, S. 96 [TB 3] BA 1767	Nr. 1 und 2 Instrumentation unvollständig (ergänzt von Maximilian Stadler), Nr. 3 siehe Fr 1786d (E.I.)
IV/Abt. 2/ Nr. 5 [ND 5]	I/4/3 BA 4693 P, KlA, ChP, AM	Kontrafaktur der Messe KV 427 (417ª), mit zwei Zusatz-Arien (Nr. 6, 8); aufgeführt in Wien, Burgtheater: 13. März 1785
IV/Abt. 1/ Nr. 2, S. 24 [ND 5]	I/4/4, S. 35 [TB 3]	komponiert zu Ehren des Vorstehers der Loge »Zur Wahren Eintracht«, Ignaz von Born; aufgeführt in Wien, Loge »Zur neugekrönten Hoffnung«: 24. April 1785; ED Wien: Artaria 1785 (Part.)
VII/Abt. 1/ Nr. 40, S. 82 [ND 19]	I/4/4, S. 59 [TB 3]	ED Hamburg 1792, Beilage zu Ziegenhagens »Lehre vom richtigen verhältnisse [!] zu den Schöpfungswerken«
IV/Abt. 1/ Nr. 3, S. 40 [ND 5]	I/4/4, S. 65 [TB 3]	aufgeführt zur Tempelweihe der Loge »Zur neugekrönten Hoffnung«: 17. November 1791

VOKALMUSIK

Fragment (siehe E.I.)   Fr 1786d [KV 429 (420ᵃ, 468a)] (Duett »*Die Lichter, die zu Tausenden*«, No. 3 aus der Kantate *Dir, Seele des Weltalls*)

IV. Kleinere Kirchenwerke

KV	Titel	Tonart	Besetzung	Datierung
20	»*God is our refuge*«	g-Moll	SATB	London, 1765
34	»*Scande coeli limina*«, Offertorium	C-Dur	S; SATB; 2 Trp.; Pk.; 2 V., *Vc., Basso ed organo*	fraglich, vielleicht Kloster Seeon/Bayern, 1766/67
47	»*Veni Sancte Spiritus*«	C-Dur	S, A, T, B; SATB; 2 Ob.; 2 Hr., 2 Trp.; Pk.; 2 V., Va.; *Vc., Basso ed organo*	vermutlich Wien, 1768 (nach LMVerz)
117 (66ᵃ)	»*Benedictus sit Deus*«, Offertorium	C-Dur	S; SATB; 2 Fl.; 2 Hr., 2 Trp.; Pk.; 2 V., 2 Va.; *Vc., Basso ed organo*	vermutlich Wien oder Salzburg, spätestens 1768/69
141 (66ᵇ)	Te Deum	C-Dur	SATB; 4 Trp.; [Pk.]; 2 V.; *Vc., Fg., Basso ed organo*	Salzburg, vermutlich vor Ende 1769
85 (73ˢ)	Miserere	a-Moll	ATB; Orgel	Bologna, Sommer 1770
86 (73ᵛ)	»*Quaerite primum regnum Dei*«, Antiphon	d-Moll	SATB	Bologna, 9. Oktober 1770
108 (74ᵈ)	»*Regina coeli*«	C-Dur	S; SATB; 2 Fl./2 Ob.; 2 Hr., 2 Trp.; Pk.; 2 V., 2 Va.; *Vc., Basso ed organo*	Salzburg, Mai 1771
72 (74ᶠ)	»*Inter natos mulierum*«, Offertorium	G-Dur	SATB; 3 Pos.; 2 V.; *Vc., Fg., Basso ed organo*	Salzburg, Mai oder Juni 1771
127	»*Regina coeli*«	B-Dur	S; SATB; 2 Fl./2 Ob.; 2 Hr.; 2 V., 2 Va.; *Vc., Basso ed organo*	Salzburg, Mai 1772

A.IV. Kleinere Kirchenwerke

Unterschoben »*Laßt uns mit geschlungnen Händen*« KV bei 623 (KV^6 623a), in: AMA IV/Abt. 1, S. 63 [ND 5], NMA X/29/3, S. 77 (32 T., angefügt an 1. Ausgabe von KV 623, veröffentlicht 1792; Autorschaft Johann Anton Holzers fraglich)

AMA	NMA	Anmerkung
III/1/Nr. 6, S. 47 [ND 4]	III/9, S. 2 [TB 10]	»*Chorus*«; Text: Psalm 46, V. 1; Autograph (mit Schriftanteil von Leopold Mozart), im Juli 1765 als Geschenk an das British Museum London übergeben
III/2/Nr. 17, S. 1 [ND 4]	I/3, S. 3 [TB 3] BA 4882 P, KlA, ChP, AM	Autorschaft fraglich; zum Fest des Hl. Benedikt (21. März)
III/1/Nr. 7, S. 48 [ND 4]	I/3, S. 12 [TB 3] BA 4883 P, KlA, ChP, AM	
III/2/Nr. 20, S. 21 [ND 4]	I/3, S. 25 [TB 3] BA 4884 P, KlA, ChP, AM	vielleicht identisch mit dem sonst verlorenen »*Großen Offertorium*« KV^3 47^b (siehe unten)
III/1/Nr. 13, S. 133 [ND 4]	I/3, S. 43 [TB 3] BA 4885 P, KlA, ChP, AM	nach dem Vorbild eines Te Deum von Johann Michael Haydn (MH 28, datiert 1. April 1760)
III/1/Nr. 8, S. 58 [ND 4]	I/3, S. 69 [TB 3] BA 4759 P	Text: Psalm 50, V. 3a, 4, 6, 8, 10, 12, 14, 16 (für Alternatim-Praxis)
III/1/Nr. 9, S. 62 [ND 4]	I/3, S. 73 [TB 3]	Übungsaufgabe für Accademia Filarmonica, Bologna, auch in Fassung von Padre Giovanni Battista Martini
III/1/Nr. 10, S. 63 [ND 4]	I/3, S. 74 [TB 3] BA 4886 P, KlA, ChP, AM	
III/2/Nr. 18, S. 9 [ND 4]	I/3, S. 104 [TB 3] BA 4788 P, KlA, ChP, AM	zum Fest des Hl. Johannes des Täufers (24. Juni)
III/1/Nr. 11, S. 87 [ND 4]	I/3, S. 120 [TB 3] BA 4887 P, KlA, ChP, AM	

KV	Titel	Tonart	Besetzung	Datierung
165 (158ª)	»Exsultate, jubilate«, Motette	F-Dur	S; 2 Ob.; 2 Hr.; 2 V., 2 Va.; Vc., Basso ed organo	1. Fassung Mailand, Januar 1773; 2. Fassung Salzburg, 1779/80
143 (73ª)	»Ergo interest, an quis« – »Quaere superna«, Rezitativ und Arie	G-Dur	S; 2 V., Va.; Vc., Basso ed organo	Italien oder Salzburg, Ende 1773
222 (205ª)	»Misericordias Domini«, Offertorium	d-Moll	SATB; 2 V, (Va.); Vc., Fg., Basso ed organo	München, Januar oder Februar 1775
260 (248ª)	»Venite populi«, Offertorium	D-Dur	SSAATTBB; 3 Pos.; 2 V.; Vc., Fg., Basso ed organo	Salzburg, 1776, wahrscheinlich im Juni
277 (272ª)	»Alma Dei creatoris«, Offertorium	F-Dur	S, A, T; SATB; 3 Pos.; 2 V.; Vc., Fg., Basso ed organo	Salzburg, vermutlich Sommer oder Herbst 1777
273	»Sancta Maria, mater Dei«	F-Dur	SATB; 2 V., Va.; Vc., Basso ed organo	Salzburg, 9. September 1777
146 (317ᵇ)	»Kommet her, ihr frechen Sünder«, Arie	B-Dur	S; 2 V., Va.; Vc., Basso ed organo	vermutlich Salzburg, Frühjahr 1779
276 (321ᵇ)	»Regina coeli«	C-Dur	S, A, T, B; SATB; 2 Ob.; 2 Trp.; Pk.; 2 V.; Vc., Basso ed organo	angeblich Salzburg, 1779
343 (336ᶜ)	Zwei deutsche Kirchenlieder: a) »O Gotteslamm«, b) »Als aus Ägypten«	F-Dur, C-Dur	S; B.c.	Prag (oder Wien), vermutlich Frühjahr 1787
618	»Ave verum corpus«, Motette	D-Dur	SATB; 2 V., Va.; Vc., Basso ed organo	Baden bei Wien, 17./18. Juni 1791

Verloren   Stabat mater KV³ 33ᶜ; SATB; vor Ende 1768; in LMVerz ♦ *»Großes Offertorium«* KV³ 47ᵇ; Wien, Herbst 1768; erwähnt in LMVerz; aufgeführt in der Waisenhauskirche, Wien: 7. Dezember 1768; vielleicht identisch mit KV 117 (66ª) ♦ *Miserere* (8 Sätze) KV Anh. 1 (297ª); SATB, Orchester; Paris, vor dem 5. April 1778; Ersatzstücke in ein Werk von Ignaz Holzbauer; teilweise aufgeführt in der Karwoche 1778, wahrscheinlich Gründonnerstag oder Karfreitag, 16./17. April

Fragment (siehe E.I.)   Fr 1774a [KV Anh. 23 (166ʰ)] (Psalm »*In te Domine speravi*«)

AMA	NMA	Anmerkung
III/2/Nr. 22, S. 43 [ND 4]	I/3, S. 157 [TB 3] BA 4897 P, KlA, AM	für Venanzio Rauzzini, aufgeführt in Mailand: 17. Januar 1773; 2. Fassung mit Fl. statt Ob., außerdem Textänderungen
III/2/Nr. 21, S. 37 [ND 4]	I/3, S. 62 [TB 3] BA 4896 P, KlA, AM	
III/2/Nr. 25, S. 77 [ND 4]	I/3, S. 182 [TB 3] BA 4789 P, KlA, ChP, AM	
III/2/Nr. 26, S. 91 [ND 4]	I/3, S. 199 [TB 3] BA 4899 P, KlA, ChP, AM	
III/2/Nr. 28, S. 111 [ND 4]	I/3, S. 223 [TB 3] BA 4889 P, KlA, ChP, AM	Autorschaft fraglich
III/2/Nr. 27, S. 103 [ND 4]	I/3, S. 234 [TB 3] BA 4751 P, KlA, ChP, AM	vielleicht zum Fest SS. Nominis Beatae Mariae Virginis (12. September)
VI/1/Nr. 10, S. 81 [ND 18]	I/4/4, S. 33 [TB 3]	
III/1/Nr. 12, S. 118 [ND 4]	I/3, S. 243 [TB 3] BA 4888 P, KlA, ChP, AM	unsicher bezeugt
III/1/Nr. 16, S. 154 [ND 4]	III/8, S. 30, S. 31 [TB 10]	ED Prag: Normalschul-Buchdruckerei 1788 (in Sammlung; Singstimme mit beziffertem Baß)
III/2/Nr. 31, S. 123 [ND 4]	I/3, S. 261 [TB 3] BA 4946 PA, KlA	Motette zum Fronleichnamsfest

Zuschreibung zweifelhaft   Salve Regina KV 92 (Anh. 186^c, Anh. C 3.01) ♦ Hymnus »*Salus infirmorum*« KV 324 (Anh. 186^a, Anh. C 3.02) ♦ Hymnus Beatae Mariae Virginis »*Sancta Maria, ora pro nobis*« KV 325 (Anh. 186^b, Anh. C 3.03) ♦ »*Venti fulgura, procellae*« (Motette) KV deest ♦ Miserere KV Anh. 241 (KV^6 Anh. C 3.10) ♦ Oratorium *Abramo e Isacco* KV^3 Anh. 241^a (KV^6 Anh. C 3.11) ♦ Te Deum KV^3 Anh. 241^b (KV^6 Anh. C 3.12) ♦ Duetto pro Festo cordis Jesu KV^3 bei Anh. 112 (KV^6 Anh. C 3.14) ♦ Offertorium »*Sub tuum praesidium*« KV 198 (158^b, Anh. C 3.08), in: AMA III/2, S. 73 [ND 4], und NMA I/3, S. 177 [TB 3]

VOKALMUSIK

Unterschoben (Auswahl) Tantum ergo KV 142 (186^d, Anh. C 3.04), in: AMA III/1, S. 144 [ND 4], und NMA I/3, S. 270 [TB 3] (? von Johann Zach) ♦ Tantum ergo KV 197 (Anh. 186^e, Anh. C 3.05), in: AMA III/1, S. 149 [ND 4], und NMA I/3, S. 276 [TB 3] (von Johann Zach) ♦ »*De profundis*« (Psalm) KV 93 (KV^6 Anh. A 22), in: AMA III/2, S. 18 [ND 4] (von Georg Reutter d. J.) ♦ »*Memento Domine David*« (Psalm) KV Anh. 22 (93^a, Anh. A 23) (von Georg Reutter d. J.) ♦ Offertorium sub expositio venerabili »*Convertentur sedentes*« KV 177 und 342 (Anh. 240a und Anh. 240b, Anh. C 3.09), in: AMA III/2, S. 59 [ND 4] (von Leopold Mozart)

V. Lieder

(Klavierbegleitung, wenn nicht anders angegeben)

KV	Titel/Textanfang	Textdichter	Datierung
–	Kinderlied »*Oragna fiagata fà*«	Mozart	frühe 1760er Jahre
53 (43^b, 47e)	An die Freude »*Freude, Königin der Weisen*«	Johann Peter Uz	Wien, Herbst (vermutlich November) 1768
147 (125^g)	»*Wie unglücklich bin ich nit*«	unbekannt	Salzburg, 1774/1776
148 = Anh. 276 (KV^2 148, KV^3 125^h)	Auf die feierliche Johannisloge »*O heiliges Band der Freundschaft*«	Ludwig Friedrich Lenz	Salzburg, 1774/1776
152 (210^a)	»*Ridente la calma*«	unbekannt	vermutlich zwischen 1772 und 1775

A.V. Lieder

Abschriften von Leopold Mozart: »*Lacrimosa*« C-Dur KV Anh. 21 (93ᶜ, Anh. A 2), in: AMA XXIV, Nr. 30 (Bd. 8, S. 1) [ND 40] (von Johann Ernst Eberlin) ♦ »*Justum deduxit*« (Hymne) KV 326 (93ᵈ, Anh. A 4), in: AMA III/2, S. 117 [ND 4] (von Johann Ernst Eberlin) ♦ »*Adoramus te*« (Hymne) KV 327 (Anh. 109ᴵᴵᴵ, Anh. A 10), in: AMA III/2, S. 121 [ND 4] (von Quirino Gasparini)

AMA	**NMA**	**Anmerkung**
–	–	Schlaflied, das Mozart bis in sein 10. Lebensjahr gesungen haben soll; vgl. Briefe vom 12. Februar 1778 (Leopold Mozart), 19. Februar 1778 (Wolfgang Amadé Mozart) und 24. November 1799 (Maria Anna [Nannerl] Mozart); Melodie abgedruckt in: Georg Nikolaus von Nissen, *Biographie W. A. Mozart's nach Originalbriefen*, hrsg. von Constanze von Nissen, Leipzig 1828, Nachdruck Hildesheim 1964 und später, S. 35
VII/Abt. 1/ Nr. 2, S. 2 [ND 19]	III/8, S. 2 [TB 10] BA 5330	ED Wien: Gräffer 1768 (in Sammlung; mit KV 52 [46c], siehe »Unterschoben«)
VII/Abt. 1/ Nr. 3, S. 4 [ND 19]	III/8, S. 4 [TB 10] BA 5330	
VII/Abt. 1/ Nr. 4, S. 5 [ND 19]	III/8, S. 4 [TB 10] BA 5330	
VII/Abt. 1/ Nr. 8, S. 9 [ND 19]	II/7/1, S. 191; III/8, S. 65 [TB 10] BA 5330	Canzonetta, Bearbeitung einer Arie von Josef Mysliveček

VOKALMUSIK

KV	Titel/Textanfang	Textdichter	Datierung
307 (284ᵈ)	»Oiseaux, si tous les ans«	Antoine Ferrand	Mannheim, zwischen 30. Oktober 1777 und 13./14. März 1778
308 (295ᵇ)	»Dans un bois solitaire«	Antoine Houdar(t) de Lamotte (La Motte)	Mannheim, zwischen 30. Oktober 1777 und 13./14. März 1778
343 (336ᶜ)			
392 (340ª)	»Verdankt sei es dem Glanz«	Johann Timotheus Hermes	vermutlich Salzburg, um 1780
391 (340ᵇ)	»Sei du mein Trost«	Johann Timotheus Hermes	vermutlich Salzburg, um 1780
390 (340ᶜ)	»Ich würd' auf meinem Pfad«	Johann Timotheus Hermes	vermutlich Salzburg, um 1780
349 (367ª)	Die Zufriedenheit »Was frag ich viel«	Johann Martin Miller	München, vermutlich zwischen dem 8. November 1780 und Mitte März 1781
351 (367ᵇ)	»Komm, liebe Zither, komm«	unbekannt	München, vermutlich zwischen November 1780 und Mitte März 1781
Anh. 25 (386ᵈ)	Gibraltar »O Calpe!«	Johann Nepomuk Cosmas Michael Denis	Wien, Ende 1782
178 (125ⁱ, 417e)	»Ah! spiegarti, o Dio«		
468	Lied zur Gesellenreise »Die ihr einem neuen Grade«	Joseph Franz Ratschky	Wien, 26. März 1785
472	Der Zauberer »Ihr Mädchen, flieht Damöten, ja!«	Christian Felix Weiße	Wien, 7. Mai 1785

A.V. Lieder

AMA	NMA	Anmerkung
VII/Abt. 1/ Nr. 9, S. 12 [ND 19]	III/8, S. 6 [TB 10] BA 5330	Ariette für Elisabeth Augusta (›Gustl‹) Wendling
VII/Abt. 1/ Nr. 10, S. 14 [ND 19]	III/8, S. 8 [TB 10] BA 5330	wie KV 307 (284^d)
		[2 deutsche Kirchenlieder], siehe A.IV. Kleinere Kirchenwerke
VII/Abt. 1/ Nr. 16, S. 24 [ND 19]	III/8, S. 15 [TB 10] BA 5330	
VII/Abt. 1/ Nr. 15, S. 23 [ND 19]	III/8, S. 16 [TB 10] BA 5330	
VII/Abt. 1/ Nr. 14, S. 22 [ND 19]	III/8, S. 17 [TB 10] BA 5330	
VII/Abt. 1/ Nr. 11, S. 18 und 19 [ND 19]	III/8, S. 12 und 13 [TB 10] BA 5330	2 Fassungen, eine mit Mandolinen- begleitung
VII/Abt. 1/ Nr. 13, S. 21 [ND 19]	III/8, S. 14 [TB 10] BA 5330	mit Mandolinenbegleitung
–	III/8, S. 72 [TB 10]	geplant wohl als Kantate für S, Chor und Orchester; unvollständige Sk in Particellform
		siehe B.II.1. Arien und Szenen mit Orchester für Sopran
VII/Abt. 1/ Nr. 18, S. 34 [ND 19]	III/8, S. 18 [TB 10] BA 5330	Begleitung: Orgel im Autograph; Kl. in MozVerz; vielleicht zur Be- förderung Leopold Mozarts in der Loge vom 16. April 1785 kompo- niert
VII/Abt. 1/ Nr. 19, S. 36 [ND 19]	III/8, S. 20 [TB 10] BA 5330	ED [zweifelhaft] Wien: Schrämbel (Taubstummen-Inst.) 1788 (mit KV 474, 517 [= Fr 1787w (E.I.)], 518 [= Fr 1787x (E.I.)], 529)

KV	Titel/Textanfang	Textdichter	Datierung
473	Die Zufriedenheit »Wie sanft, wie ruhig«	Christian Felix Weiße	Wien, 7. Mai 1785
474	Die betrogene Welt »Der reiche Tor, mit Gold geschmücket«	Christian Felix Weiße	Wien, 7. Mai 1785
476	Das Veilchen »Ein Veilchen auf der Wiese stand«	Johann Wolfgang von Goethe	Wien, 8. Juni 1785
483	»Zerfließet heut, geliebte Brüder«	Augustin Veit Schittlersberg	vermutlich Wien, Ende 1785/Anfang 1786
484	»Ihr unsre neuen Leiter«	Augustin Veit Schittlersberg	vermutlich Wien, Ende 1785/Anfang 1786
506	Lied der Freiheit »Wer unter eines Mädchens Hand«	Johannes Aloys Blumauer	Wien, Ende 1785/ Anfang 1786
517	Die Alte »Zu meiner Zeit«		
518	Die Verschweigung »Sobald Damötas Chloen sieht«		
519	Das Lied der Trennung »Die Engel Gottes weinen«	Klamer Eberhard Karl Schmidt	Wien, 23. Mai 1787
520	Als Luise die Briefe ihres ungetreuen Liebhabers verbrannte »Erzeugt von heißer Phantasie«	Gabriele von Baumberg	Wien, 26. Mai 1787
523	Abendempfindung an Laura »Abend ist's«	unbekannt	Wien, 24. Juni 1787
524	An Chloe »Wenn die Lieb' aus deinen blauen, hellen offnen Augen sieht«	Johann Georg Jacobi	Wien, 24. Juni 1787
529	Des kleinen Friedrichs Geburtstag »Es war einmal, ihr Leute«	Johann Eberhard Friedrich Schall	Prag, 6. November 1787

AMA	NMA	Anmerkung
VII/Abt. 1/ Nr. 20, S. 38 [ND 19]	III/8, S. 22 [TB 10] BA 5330	
VII/Abt. 1/ Nr. 21, S. 40 [ND 19]	III/8, S. 24 [TB 10] BA 5330	wie KV 472
VII/Abt. 1/ Nr. 22, S. 42 [ND 19]	III/8, S. 26 [TB 10] BA 5330	ED Wien: Artaria 1789 (mit KV 519)
VII/Abt. 1/ Nr. 23, S. 44 [ND 19]	III/9, S. 20 [TB 10]	Freimaurerlied mit Männerchor; zur Eröffnung der Freimaurerloge *Zur neugekrönten Hoffnung* am 14. Januar 1786 (Dok., S. 229), siehe KV 484
VII/Abt. 1/ Nr. 24, S. 46 [ND 19]	III/9, S. 22 [TB 10]	Freimaurerlied mit Männerchor; zum Schluß der Freimaurerloge *Zur neugekrönten Hoffnung* am 14. Januar 1786, siehe KV 483
VII/Abt. 1/ Nr. 25, S. 48 [ND 19]	III/8, S. 28 [TB 10] BA 5330	ED Wien: Wucherer 1785 (in: *Wiener Musenalmanach*)
		= Fr 1787w (E.I.) ED wie KV 472
		= Fr 1787x (E.I.) (ergänzt von Johann Anton André u.a.) ED wie KV 472
VII/Abt. 1/ Nr. 28, S. 54 [ND 19]	III/8, S. 36 [TB 10] BA 5330	ED Wien: Artaria 1789 (mit KV 476)
VII/Abt. 1/ Nr. 29, S. 58 [ND 19]	III/8, S. 40 [TB 10] BA 5330	komponiert im Haus von Gottfried von Jacquin (MozVerz) und später unter dessen Namen veröffentlicht; siehe auch KV 530
VII/Abt. 1/ Nr. 30, S. 60 [ND 19]	III/8, S. 42 [TB 10] BA 5330	ED Wien: Artaria 1789 (mit KV 524)
VII/Abt. 1/ Nr. 31, S. 64 [ND 19]	III/8, S. 46 [TB 10] BA 5330	ED wie KV 523
VII/Abt. 1/ Nr. 32, S. 68 [ND 19]	III/8, S. 50 [TB 10] BA 5330	ED wie KV 472

KV	Titel/Textanfang	Textdichter	Datierung
530	*Das Traumbild* »Wo bist du, Bild«	Ludwig Christoph Heinrich Hölty	Prag, 6. November 1787
531	*Die kleine Spinnerin* »Was spinnst du? fragte Nachbars Fritz«	unbekannt	Wien, 11. Dezember 1787
552	*Lied beim Auszug in das Feld* »Dem hohen Kaiserworte treu«	unbekannt	Wien, 11. August 1788
596	*Sehnsucht nach dem Frühlinge* »Komm, lieber Mai«	Christian Adolph Overbeck	Wien, 14. Januar 1791
597	*Der Frühling* »Erwacht zum neuen Leben«	Christoph Christian Sturm	Wien, 14. Januar 1791
598	*Das Kinderspiel* »Wir Kinder«	Christian Adolph Overbeck	Wien, 14. Januar 1791

Verloren Per la ricuperata salute di Ophelia (Lorenzo Da Ponte) KV Anh. 11a (477ª); vor 26. September 1785; vertont von Mozart, Antonio Salieri und »*Cornetti*«, erwähnt im *Wienerblättchen*, 26. September 1785 ♦ *Des Todes Werk* und *Vollbracht ist die Arbeit der Meister* (Gottlieb Leon) KV deest; 1786–90; Textdruck in NMA III/8, S. 78 [TB 10]

Fragmente (siehe E.I.)   Fr 1785f [KV Anh. 26 (475ª)] (»*Einsam bin ich, meine Liebe*«) ♦ Fr 1787w [KV 517] (*Die Alte*) ♦ Fr 1787x [KV 518] (*Die Verschweigung*)

Zuschreibung zweifelhaft   »*Ja! grüß dich Gott*« KV 441a (Fragment), in: NMA X/29/3, S. 78 ♦ *Die Nase* KV² Anh. 187ª (KV³ Anh. 260ª, KV⁶ Anh. C 8.01) ♦ *Die Nase* KV² Anh. 187ᵇ (KV³ Anh. 260ᵇ, KV⁶ Anh. C 8.02) ♦ *Das Angedenken* KV³ Anh. 187ᶜ (KV³ Anh. 260ᶜ, KV⁶ Anh. C 8.03) ♦ *Schön ist es auf Gottes Welt* KV³ Anh. 245ª (KV⁶ Anh. C 8.04) ♦ *Wohl dem Mann* KV³ Anh. 245ᵇ (KV⁶ Anh. C 8.05) ♦ *Vergiß mein nicht* KV Anh. 246 (KV⁶ Anh. C 8.06) ♦ *Phyllis an das Klavier* KV Anh. 247 (KV⁶ Anh. C 8.07) ♦ *Das Mädchen und der Vogel* KV Anh. 248 (KV⁶ Anh. C 8.08) ♦ *Minnas Augen* KV Anh. 249 (KV⁶ Anh. C 8.09) ♦ *Eheliche gute Nacht* KV Anh. 250 (KV⁶ Anh. C 8.10) ♦ *Ehelicher guter Morgen* KV Anh. 251 (KV⁶ Anh. C 8.11) ♦ *Selma* KV Anh. 252 (KV⁶ Anh. C 8.12) ♦ »*Heida lustig, ich bin Hanns*« KV Anh. 253 (KV⁶ Anh. C 8.13) ♦ *Der erste Kuß* KV Anh. 254 (KV⁶ Anh. C 8.14) ♦ *Die zu späte Ankunft der Mutter* KV Anh. 255 (KV⁶ Anh. C 8.15) ♦ »*Meine weise Mutter spricht*« KV³ Anh. 255ª (KV⁶ Anh. C 8.16) ♦ *Am Grabe meines Vaters* KV Anh. 256 (KV⁶ Anh. C 8.17) ♦ *Minna* KV Anh. 257 (KV⁶ Anh. C 8.18) ♦ *An die Natur* KV Anh. 258 (KV⁶ Anh. C 8.19) ♦ *Lied der Freundschaft* KV Anh. 259 (KV⁶ Anh. C 8.20) ♦ *Gegenliebe* KV Anh. 260 (KV⁶ Anh. C 8.21) ♦ *Mailied* KV Anh. 261 (KV⁶ Anh. C 8.22) ♦ *Frühlingslied* KV Anh. 262 (KV⁶ Anh. C 8.23) ♦ *Mailied* KV Anh. 263 (KV⁶ Anh. C 8.24) ♦ *Mailied* KV Anh. 264 (KV⁶ Anh. C 8.25) ♦

AMA	NMA	Anmerkung
VII/Abt. 1/ Nr. 33, S. 70 [ND 19]	III/8, S. 52 [TB 10] BA 5330	für Gottfried von Jacquin (vgl. Brief vom 9. November 1787); das Lied wurde später unter Jacquins Namen veröffentlicht; siehe auch KV 520
VII/Abt. 1/ Nr. 34, S. 72 [ND 19]	III/8, S. 54 [TB 10] BA 5330	ED Wien: Schrämbel 1787 (in Sammlung)
–	III/8, S. 56 [TB 10] BA 5330	
VII/Abt. 1/ Nr. 37, S. 77 [ND 19]	III/8, S. 58 [TB 10] BA 5330	ED Wien: Alberti 1791 (in Sammlung, mit KV 597 und KV 598); Franz und Theresia von Österreich gewidmet
VII/Abt. 1/ Nr. 38, S. 78 [ND 19]	III/8, S. 59 [TB 10] BA 5330	wie KV 596
VII/Abt. 1/ Nr. 39, S. 80 [ND 19]	III/8, S. 60 [TB 10] BA 5330	wie KV 596

Frühlingslied KV Anh. 265 (KV^6 Anh. C 8.26) ♦ *Aufmunterung zur Freude* KV Anh. 266 (KV^6 Anh. C 8.27) ♦ *Trinklied im Mai* KV Anh. 267 (KV^6 Anh. C 8.28) ♦ *Mailied* KV Anh. 268 (KV^6 Anh. C 8.29) ♦ *Frühlingslied* KV Anh. 269 (KV^6 Anh. C 8.30) ♦ *Elis und Elide* KV^3 Anh. 269^a (KV^6 Anh. C 8.31) ♦ *Danklied* KV Anh. 270 (KV^6 Anh. C 8.32), in: NMA X/29/3, S. 73 ♦ *Trost der Erlösung* KV^3 Anh. 270^a (KV^6 Anh. C 8.33), in: NMA X/29/3, S. 74 ♦ *Das Glück eines guten Gewissens* KV Anh. 271 (KV^6 Anh. C 8.34), in: NMA X/29/3, S. 70 ♦ *Vertrauen auf Gottes Vorsehung* KV Anh. 272 (KV^6 Anh. C 8.35) ♦ *»Gott Deine Güte reicht so weit«* KV Anh. 273 (KV^6 Anh. C 8.36) ♦ *Abendlied* KV Anh. 274 (KV^6 Anh. C 8.37) ♦ *Versicherung der Gnade Gottes* KV Anh. 275 (KV^6 Anh. C 8.38), in: NMA X/29/3, S. 72 ♦ *Die Ehre Gottes in der Natur* KV Anh. 277 (KV^6 Anh. C 8.39) ♦ *Morgengesang* KV Anh. 278 (KV^6 Anh. C 8.40) ♦ *Gelassenheit* KV Anh. 279 (KV^6 Anh. C 8.41) ♦ *Zufriedenheit mit seinem Zustande* KV^3 Anh. 279^a (KV^6 Anh. C 8.42), in: NMA X/29/3, S. 76 ♦ *Geduld* KV Anh. 280 (KV^6 Anh. C 8.43) ♦ *Vom Worte Gottes* KV Anh. 281 (KV^6 Anh. C 8.44) ♦ *Prüfung am Abend* KV Anh. 282 (KV^6 Anh. C 8.45) ♦ *Preis des Schöpfers* KV Anh. 283 (KV^6 Anh. C 8.46) ♦ *Canzonetta* KV^3 Anh. 283^a (KV^6 Anh. C 8.47) ♦ KV deest Nr. 5 *Gelassenheit »Was ist's, daß ich mich quäle«*, in: NMA X/29/3, S. 75

Unterschoben *»Daphne, deine Rosenwangen«* KV 52 (46^c), in: AMA VII/Abt. 1, S. 1, und NMA II/5/3, S. 90 [TB 4] (Bearbeitung von Leopold Mozart = *»Meiner Liebsten schöne Wangen«* aus *Bastien und Bastienne* KV 50 [46^b] mit neuem Text) ♦ *Die großmütige Gelassenheit: »Ich hab es längst«* KV 149 (125^d), in: AMA VII/Abt. 1, S. 6 [ND 19] (von Leopold Mozart) ♦ *Geheime Liebe »Was ich in Gedanken küsse«* KV 150 (125^e), in: AMA VII/1, S. 7 [ND 19] (von Leopold Mozart) ♦ *Die Zufriedenheit im niedrigen Stande »Ich trachte nicht«* KV 151 (125^f), in: AMA VII/Abt. 1, S. 8 [ND 19] (von Leopold Mozart) ♦ *Wiegenlied* KV 350 (Anh. 284^f, Anh. C 8.48), in: AMA VII/Abt. 1, S. 20 [ND 19] (von Bernhard Flies)

VI. Mehrstimmige Gesänge

KV	Textanfang	Textdichter	Besetzung	Datierung
– (KV² Anh. 24ª, KV³ 43ª)	»Ach, was müssen wir erfahren!«			
346 (439ª)	»Luci care, luci belle«	unbekannt	2 S, B; 3 Bassetthr.	Wien, 1786/87
436	»Ecco quel fiero istante«	Pietro Metastasio, aus der Kanzonette »La partenza«	2 S, B; 3 Bassetthr.	Wien, 1787 oder später
437	»Mi lagnerò tacendo«	Pietro Metastasio, Siroe II,1	2 S, B; 2 Klar., Bassetthr.	Wien, 1787 oder später
438	»Se lontan, ben mio, tu sei«	Pietro Metastasio, Strofe per musica	2 S, B; 2 Klar., Bassetthr.	Wien, 1787 oder später
439	»Due pupille amabili«	unbekannt	2 S, B; 3 Bassetthr.	Wien, 1787 oder später
441	»Liebes Manndel, wo ist's Bandel«			
532	»Grazie agl'inganni tuoi« (Terzett)			
549	»Più non si trovano«	Pietro Metastasio, L'Olimpiade I,7	2 S, B; 3 Bassetthr.	Wien, 16. Juli 1788
Anh. 5 (571ª)	»Caro mio Druck und Schluck«			

Fragmente (siehe E.I.)   Fr 1767a [KV² Anh. 24ª (43ª)] (Duett »Ach, was müssen wir erfahren!«) ♦ Fr 1784k [KV 532] (Terzett »Grazie agl'inganni tuoi«) ♦ Fr 1785m [KV Anh. 24 (KV⁶ 626b/26)] (Duett »Ich nenne dich, ohn' es zu wissen«) ♦ Fr 1786b [KV 441] (Terzett »Liebes Manndel, wo ist's Bandel?«) ♦ Fr 1789j [KV Anh. 5 (571ª)] (Quartett »Caro mio Druck und Schluck«)

A.VI. Mehrstimmige Gesänge

AMA	NMA	Anmerkung
		= Fr 1767a (E.I.)
–	III/9, S. 42 [TB 10] BA 5326	Notturno; vermutlich zum Teil von Gottfried von Jacquin
VI/2/Nr. 30, S. 65 [ND 19]	III/9, S. 31 [TB 10] BA 5326 P	wie KV 346 (439ª)
VI/2/Nr. 31, S. 67 [ND 19]	III/9, S. 35 [TB 10] BA 5326 P	wie KV 346 (439ª)
XXIV/8/ Nr. 46, S. 67 [ND 40]	III/9, S. 29 [TB 10] BA 5326 P	wie KV 346 (439ª)
–	III/9, S. 26 [TB 10] BA 5326 P	wie KV 346 (439ª)
		= Fr 1786b (E.I.)
		= Fr 1784k (E.I.)
VI/2/Nr. 41, S. 185 [ND 19]	III/9, S. 44 [TB 10] BA 5326 P	Autorschaft der Begleitung fraglich
		= Fr 1789j (E.I.)

Zuschreibung zweifelhaft 4st. Gesang »*D'Bäurin hat d'Katz verlorn*« KV Anh. 188 (KV⁶ Anh. C 9.01) ♦ Burleskes Motett KV³ Anh. 244ª (KV⁶ Anh. C 9.02) ♦ »*Beym Arsch ists finster*« KV Anh. 6 (441ᵇ, Anh. C 9.03) ♦ Terzett (Ständchen) »*Liebes Mädchen, hör mir zu*« KV³ 441ᶜ (KV⁶ Anh. C 9.04), siehe auch Joseph Haydn Hob. XXVb:G1 ♦ Männerchorquartett »*Wer unter eines Mädchens Hand*« KV³ unter 506 erwähnt (KV⁶ Anh. C 9.05) ♦ Duett »*Darum so trinkt*« KV³ 562ᵈ (KV⁶ Anh. C 9.06) ♦ Humoristisches Männerterzett »*Venerabilis barba capucinorum*« KV³ bei Anh. 236 erwähnt (KV⁶ Anh. C 9.07) ♦ »*O wie schön ist es hier*« KV³ unter 556 erwähnt (KV⁶ Anh. C 9.11) ♦ »*Die Juden-Leich*« KV³ unter Anh. 236 erwähnt (KV⁶ Anh. C 9.14)

VOKALMUSIK

VII. Kanons

KV	Titel	Tonart	Datierung
– (KV² 89ª I, KV³ 73ⁱ)	4st. Kanon	A-Dur	vermutlich Salzburg, um 1772
89 (73ᵏ)	Kyrie (5st. Kanon [S])	G-Dur	Salzburg, Mitte 1772
– (KV² 89ª II, KV³ 73ʳ)	Vier Rätselkanons 1. *Canon. Sit trium series una* (»*Incipe Menalios*«) 2. *Canon. Ter ternis canite vocibus* (»*Cantate Domino*«) 3. *Canon ad duodecimam. Clama ne cesses* (»*Confitebor tibi*«) 4. *Canon. Ter voce ciemus* (»*Thebana bella cantus*«)	1. F-Dur 2. G-Dur 3. C-Dur 4. B-Dur	vermutlich Salzburg, um 1772
– (KV² Anh. 109ᵈ, KV⁶ 73x)	14 (20) kanonische Studien		vermutlich Salzburg, um 1772
229 (382ª)	3st. Kanon	c-Moll	angeblich Wien, um 1782
230 (382ᵇ)	2st. Kanon	c-Moll	angeblich Wien, um 1782
231 (382ᶜ)	»*Leck mich im Arsch*« 6st. Kanon	B-Dur	angeblich Wien, 1782
347 (382ᶠ)	6st. Kanon	D-Dur	Wien, um 1785
348 (382ᵍ)	»*V'amo di core*« 12st. Quadrupelkanon	G-Dur	Wien, 1782/1785
507	3st. Kanon	F-Dur	Wien, um 1786

A.VII. Kanons

AMA	NMA	Anmerkung
XXIV/8/ Nr. 53, S. 86 [ND 40] [5st.]	III/10, S. 71 [TB 10]	vgl. KV 89 (73^k), KV^2 89^a II (73^r), KV^2 Anh. 109^d (73^x)
III/1/Nr. 2, S. 5 [ND 4]	III/10, S. 3 [TB 10] ♦ auch I/1/Abt. 1/6, S. 6 BA 5338	vgl. KV^2 89^a I (KV^3 73^i), KV^2 89^a II (KV^3 73^r), KV^2 Anh. 109^d (KV^6 73x)
–	III/10, S. 73 [TB 10] ♦ X/30/3, Skb 4^r BA 4890 P, KlA, AM	vgl. KV 89 (73^k), KV^2 89^a I (KV^3 73^i), KV^2 Anh. 109^d (KV^6 73x); Sk zu 1.
		vgl. KV 89 (73^k), KV^2 89^a I (KV^3 73^i), KV^2 89^a II (KV^3 73^r); Sk zu Nr. 1, 2, 7, 9, 12; Nr. 4–14 sind Auflösungen von Rätselkanons aus Padre Giovanni Battista Martinis *Storia della musica*, ebenso sechs weitere Studien KV deest
VII/Abt. 2/ Nr. 42, S. 2 [ND 19]	III/10, S. 80 [TB 10]	»*Sie ist dahin*« (Ludwig Christoph Heinrich Hölty)
VII/Abt. 2/ Nr. 43, S. 4 [ND 19]	III/10, S. 83 [TB 10]	»*Selig, selig*« (Ludwig Christoph Heinrich Hölty)
VII/Abt. 2/ Nr. 44, S. 5 [ND 19]	III/10, S. 11 [TB 10]	»*Laßt froh uns sein*« (B&H)
VII/Abt. 2/ Nr. 48, S. 15 [ND 19]	III/10, S. 84 [TB 10]	»*Wo der perlende Wein*« (B&H); »*Laßt uns ziehn*« (Köchel)
VII/Abt. 2/ Nr. 49, S. 16 [ND 19]	III/10, S. 24 [TB 10] BA 6387	Autorschaft fraglich, vielleicht Auflösung eines Fremdkanons
VII/Abt. 2/ Nr. 50, S. 18 [ND 19]	III/10, S. 86 [TB 10] BA 6387	»*Heiterkeit und leichtes Blut*« (B&H)

VOKALMUSIK

KV	Titel	Tonart	Datierung
508	3st. Kanon	F-Dur	Wien, um 1786
– (KV⁶ 508A)	Kanon, 3 in 1 (ohne Text)	C-Dur	Wien, um Juni 1786
– (508ª, Nr. 1 und 2)	2 Kanons (ohne Text)	F-Dur	Wien, um Mai/Juni 1786
– (508ª, Nr. 3–8)	6 (14) Intervallkanons (ohne Text)	F-Dur	Wien, um Mai/Juni 1786
–	4st. Kanon (ohne Text)	F-Dur	vermutlich Wien, Sommer 1786
228 (515ᵇ)	4st. Doppelkanon	F-Dur	Wien, vor dem 24. April 1787
232 (509ª)	»Lieber Freistädtler, lieber Gaulimauli« 4st. Kanon	G-Dur	Wien, nach dem 4. Juli 1787
553	»Alleluia« 4st. Kanon	C-Dur	Wien, 2. September 1788
554	»Ave Maria« 4st. Kanon	F-Dur	Wien, 2. September 1788
555	»Lacrimoso son'io« 4st. Kanon	a-Moll	Wien, 2. September 1788
556	»Grechtelt's enk« 4st. Kanon	G-Dur	Wien, 2. September 1788
557	»Nascoso è il mio sol« 4st. Kanon	f-Moll	Wien, 2. September 1788
558	»Gehn wir im Prater, gehn wir in d'Hetz« 4st. Kanon	B-Dur	Wien, 2. September 1788

A.VII. Kanons

AMA	NMA	Anmerkung
VII/Abt. 2/ Nr. 51, S. 18 [ND 19]	III/10, S. 88 [TB 10] BA 6387	»Auf das Wohl aller Freunde« (B&H)
–	X/30/3, Skb 75^v	
–	III/10, S. 89, 107 (Sk) [TB 10] ♦ X/30/3, Skb 76^r	
–	III/10, S. 90 [TB 10] ♦ X/30/3, Skb 76	zu Nummern 9–14 (KV deest) vgl. Attwood-Studien KV^6 506a (NMA X/30/1, S. 144) (C.XXVI.)
–	III/10, S. 97 [TB 10] ♦ X/30/1, S. 149	
VII/Abt. 2/ Nr. 41, S. 1 [ND 19]	III/10, S. 96 [TB 10]	»Ach! Zu kurz« (B&H)
VII/Abt. 2/ Nr. 45, S. 8 [ND 19] ♦ XXIV/8/ Nr. 52, S. 85 [ND 40]	III/10, S. 27 [TB 10]	»Wer nicht liebt Wein« (B&H)
VII/Abt. 2/ Nr. 52, S. 19 [ND 19]	III/10, S. 32 [TB 10]	
VII/Abt. 2/ Nr. 53, S. 20 [ND 19]	III/10, S. 34 [TB 10]	
VII/Abt. 2/ Nr. 54, S. 21 [ND 19]	III/10, S. 36 [TB 10] BA 6387	Text nach Antonio Caldara; »Ach zum Jammer« (B&H)
VII/Abt. 2/ Nr. 55, S. 23 [ND 19]	III/10, S. 38 [TB 10] BA 6387	»Alles Fleisch« (B&H)
VII/Abt. 2/ Nr. 56, S. 25 [ND 19]	III/10, S. 40 [TB 10] BA 6387	Text nach Antonio Caldara Sk
VII/Abt. 2/ Nr. 57, S. 27 [ND 19]	III/10, S. 43 [TB 10] BA 6387	»Alles ist eitel hier« (B&H) Sk

KV	Titel	Tonart	Datierung
559	»*Difficile lectu mihi mars*« 3st. Kanon	F-Dur	Wien, 2. September 1788
560 (KV³ 560 unter a, KV⁶ 559a)	»*O du eselhafter Peierl!*« 4st. Kanon	F-Dur	Wien, 1785/1787
560 (KV³ 560 unter b, KV⁶ 560)	»*O du eselhafter Martin (Jakob)*« 4st. Kanon	G-Dur	Wien, 1785/1787, MozVerz: Wien, 2. September 1788
561	»*Bona nox! bist a rechta Ox*« 4st. Kanon	A-Dur	Wien, 2. September 1788
562	»*Caro bell'idol mio*« 3st. Kanon	A-Dur	Wien, 2. September 1788
– (562ᵃ)	4st. Kanon	B-Dur	Wien, ca. 1783
Anh. 191 (562ᶜ)	4st. Kanon für 2 V., Va.; B	C-Dur	Wien, 1782

Zuschreibung zweifelhaft   3st. »*Die verdammten Heuraten*« KV Anh. 7 (Anh. 284ᶜ, Anh. C 10.01) ♦ 3st. »*O Schwestern, traut dem Amor nicht*« KV 226 (Anh. 284ᵈ, Anh. C 10.02) ♦ 4st. »*Amen*« KV Anh. 189 (KV⁶ Anh. C 10.03) ♦ 4st. »*Stefel Fadinger, du brummst als wie ein Bär*« KV³ unter 556 (KV⁶ Anh. C 10.04) ♦ Kanon, Übung KV Anh. 194 (KV⁶ Anh. C 10.07) ♦ Katzengesang »*Miau*« KV Anh. 195 (KV⁶ Anh. C 10.08) ♦ 4st. »*Vieni cara mia vita mia*« KV Anh. 197 (KV⁶ Anh. C 10.10) ♦ 5st. »*Amen*« KV Anh. 198 (KV⁶ Anh. C 10.11) ♦ 3st. »*Was bleibet, was bleibet*« KV³ᵃ S. 1048 (KV⁶ Anh. C 10.15) ♦ 4 Spiegelkanons für 2 V. KV³ Anh. 284ᵈᵈ (KV⁶ Anh. C 10.16) ♦ Scherz-Kanon »*Nun beginnt das Fest der Maien*« KV³ Anh. 284ᵉᵉ (KV⁶ Anh. C 10.18) ♦ Scherz-Kanon »*Schau nur das Weiberl an*« KV³ bei Anh. 284ᵉᵉ erwähnt (KV⁶ Anh. C 10.19) ♦ »*Difficile, difficile*« KV³ erwähnt bei 559 (KV⁶ Anh. C 10.21) ♦ »*Leck mich im Angesicht*« KV³ erwähnt bei 559 (KV⁶ Anh. C 10.22)

AMA	NMA	Anmerkung
VII/Abt. 2/ Nr. 58, S. 29 [ND 19]	III/10, S. 47 [TB 10] BA 6387	»*Nimm, ist's gleich warm*« (B&H) Sk
VII/Abt. 2/ Nr. 59a, S. 36 [ND 19] (nur Melodie)	III/10, S. 49 [TB 10] BA 6387	»*Gähnst du*« (B&H)
VII/Abt. 2/ Nr. 59b, S. 31 [ND 19]	III/10, S. 55 [TB 10]	»*Gähnst du*« (B&H)
VII/Abt. 2/ Nr. 60, S. 37 [ND 19]	III/10, S. 62 [TB 10] BA 6387	»*Gute Nacht*« (B&H) Sk
VII/Abt. 2/ Nr. 61, S. 39 [ND 19]	III/10, S. 65 [TB 10] BA 6387	Text nach Antonio Caldara; »*Ach süßes teures Leben*« (B&H)
–	III/10, S. 98 [TB 10]	vermutlich Auflösung eines Fremdkanons (evtl. von Johann Michael Haydn)
XXIV/8/ Nr. 51, S. 84 [ND 40]	III/10, S. 68 [TB 10]	

Unterschoben   »*Leck mir den Arsch*« 3st. KV 233 (382^d), in: AMA VII/Abt. 2, S. 11 [ND 19], und NMA III/10, S. 17 [TB 10] (von Wenzel Johann Trnka) ♦ »*Bei der Hitz im Sommer eß ich*« 3st. KV 234 (382^e), in: AMA VII/Abt. 2, S. 13 [ND 19], und NMA III/10, S. 20 [TB 10] (von Wenzel Johann Trnka) ♦ KV Anh. 192 (Anh. 283^b, Anh. C 10.05) (von Johann Friedrich Fasch) ♦ KV Anh. 193 (Anh. 283^c, Anh. C 10.06) (von Johann Philipp Kirnberger) ♦ »*Kinder, Kinder, laßt uns heute lachen*« für 2 Kinderst. KV Anh. 196 (KV^6 Anh. C 10.09) (von Johann Michael Haydn) ♦ 8st. »*Hätt's nit 'dacht*« KV^3 Anh. 198^a (KV^6 Anh. C 10.12) (von Wenzel Müller) ♦ 4st. »*Scheiß nieder*« KV Anh. 284 (KV^6 Anh. C 10.13) (von Johann Michael Haydn) ♦ 5st. »*Es packe dich das Glück*« KV^3 erwähnt unter KV^3 Anh. 284 (KV^6 Anh. C 10.14) (von Johann Michael Haydn) ♦ für Kl. KV 235 (Anh. 284^e, Anh. C 10.17) (von Carl Philipp Emanuel Bach)

B. BÜHNENWERKE

I. Opern, Singspiele und andere dramatische Formen

Besetzung des Continuo in den Secco-Rezitativen meist: Cemb., Vc.

KV	Titel	Textdichter	Besetzung	Datierung
38	*Apollo et Hyacinthus*, Lateinisches Intermedium	Pater Rufinus Widl OSB	2 S, 2 A, T, B; 2 Ob.; 2 Hr.; 2 V., 2 Va.; *Vc. e Basso*	Salzburg, Frühjahr 1767
51 (46ª)	*La finta semplice*, Opera buffa 3 Akte	Marco Coltellini nach Carlo Goldoni	3 S, 2 T, 2 B; 2 Fl., 2 Ob., 2 Engl. Hr., 2 Fg.; 2 Hr./*Corni da caccia*; 2 V., 2 Va.; *Vc. e Basso*, [Cemb.]	Wien, zwischen April und Juli 1768
50 (46ᵇ)	*Bastien und Bastienne*, Singspiel 1 Akt	Friedrich Wilhelm Weiskern und Johann Heinrich Friedrich Müller, überarbeitet von Johann Andreas Schachtner	S, T, B; 2 Fl./Ob.; 2 Hr.; 2 V., Va.; *Vc. e Basso*, [Cemb.]	begonnen vielleicht Salzburg, 1767, vollendet Wien, 1768
87 (74ª)	*Mitridate, Re di Ponto*, Opera seria 3 Akte	Vittorio Amadeo Cigna-Santi	4 S, A, 2 T; 2 Fl., 2 Ob., 2 Fg.; 2 Trp.; 4 Hr.; 2 V., 2 Va.; *Vc. e Basso*, [Cemb.]	begonnen Bologna, 29. September 1770
111	*Ascanio in Alba*, Festa teatrale 2 Akte	Giuseppe Parini	3 S, MezzoS, T; SATB; 2 Fl., 2 Ob., 2 Engl. Hr. (= Serpenti), 2 Fg.; 4 Hr., 2 Trp.; Pk.; 2 V., 2 Va.; *Vc. e Basso*	begonnen Ende August; vollendet Mailand, 23. September 1771

B.I. Opern, Singspiele und andere dramatische Formen

AMA	NMA	Anmerkung
V/Nr. 2 [ND 6]	II/5/1 [TB 4] BA 4516 KlA, LM	uraufgeführt in Salzburg, Aula der Universität: 13. Mai 1767; Intermedium zu dem Schuldrama *Clementia Croesi* von Pater Rufinus Widl O.S.B.
V/Nr. 4 [ND 7]	II/5/2 (2 Teilbände) [TB 4] BA 4594 KlA, LM	uraufgeführt vielleicht in Salzburg 1769; geschrieben für eine Aufführung in Wien, dort aber hintertrieben
V/Nr. 3 [ND 6]	II/5/3 [TB 4] BA 4570 KlA, LM	vermutete Uraufführung Oktober 1768 im Hause des Wiener Arztes Franz Anton Mesmer nicht belegt und unwahrscheinlich; Textbearbeitung nach Marie-Justine-Benoîte Favart, Charles-Simon Favart und Harny de Guerville, *Les amours de Bastien et Bastienne*
V/Nr. 5 [ND 8]	II/5/4 [TB 4] BA 4541 KlA, LM	uraufgeführt in Mailand, Regio Ducal Teatro: 26. Dezember 1770. I/10 No. 7 Marsch = KV 62 Sk und Entwürfe
V/Nr. 6 [ND 8]	II/5/5 [TB 4] BA 5364P; BA 4504 KlA, LM	uraufgeführt in Mailand, Regio Ducal Teatro: 17. Oktober 1771; zur Hochzeit von Erzherzog Ferdinand von Österreich und Maria Beatrice Ricciarda d'Este. Ballettmusik KV Anh. 207 (KV^6 Anh. C 27.06) nur in Klavierfassung erhalten (Authentizität fraglich); Ouvertüre mit Finale KV 120 (111^a) als Sinfonie KV deest (C.I.)

BÜHNENWERKE

KV	Titel	Textdichter	Besetzung	Datierung
126	*Il sogno di Scipione*, Azione teatrale 1 Akt	Pietro Metastasio	3 S, 3 T; SATB; 2 Fl., 2 Ob., 2 Fg.; 2 Hr., 2 Trp.; Pk.; 2 V., 2 Va.; *Vc. e Basso*	Salzburg, vermutlich April–August 1771
135	*Lucio Silla*, Dramma per musica 3 Akte	Giovanni de Gamerra	4 S, 2 T; SATB; 2 Fl., 2 Ob., 2 Fg.; 2 Hr., 2 Trp.; Pk.; 2 V., 2 Va.; *Vc. e Basso*	Salzburg und Mailand, Oktober bis Dezember 1772
196	*La finta giardiniera. Die verstellte Gärtnerin* (*Die Gärtnerin aus Liebe*), Dramma giocoso 3 Akte	Giuseppe Petrosellini (?), deutsche Übersetzung von (Johann-) Franz Joseph Stierle d. Ä. [?]	4 S, 2 T, B; 2 Fl., 2 Ob., 2 Fg.; 2 Hr., 2 Trp.; Pk.; 2 V., 2 Va.; *Vc. e Basso*	begonnen Salzburg, September 1774
208	*Il re pastore*, Serenata 2 Akte	Pietro Metastasio	3 S, 2 T; 2 Fl., 2 Ob./Engl. Hr., 2 Fg.; 4 Hr., 2 Trp.; SoloV., 2 V., 2 Va.; *Vc. e Basso*	Salzburg, Frühjahr 1775
344 (336^b)	*Zaide* (*Das Serail*), Deutsches Singspiel 2 Akte	Johann Andreas Schachtner	S, 6 T, 2 B; 2 Fl., 2 Ob., 2 Fg.; 2 Hr., 2 Trp.; Pk.; 2 V., 2 Va.; *Vc. e Basso*	Salzburg, 1779/80
366	*Idomeneo*, Dramma per musica 3 Akte	Giambattista Varesco	3 S, 4 T, B; SATB; Fl. picc., 2 Fl., 2 Ob., 2 Klar., 2 Fg.; 4 Hr., 2 Trp.; Pk.; 3 Pos.; 2 V., 2 Va.; *Vc. e Basso*	begonnen Salzburg, Herbst 1780

B.I. Opern, Singspiele und andere dramatische Formen

AMA	NMA	Anmerkung
V/Nr. 7 [ND 9]	II/5/6 [TB 4] BA 4577 LM	uraufgeführt (wohl nur Licenza No. 11) in Salzburg, Erzbischöflicher Palast: 29. April 1772; geplant für die Sekundiz des Salzburger Fürsterzbischofs Siegmund von Schrattenbach, nach dessen Tod für die Inthronisation Hieronymus Graf Colloredos als Nachfolger (mit umgearbeiteter Licenza No. 11). Ouvertüre mit Finale KV 163 als Sinfonie KV 161 (141^a) (C.I.)
V/Nr. 8 [ND 9]	II/5/7 (2 Teilbände) [TB 5] BA 4590 KlA, LM	uraufgeführt in Mailand, Regio Ducal Teatro: 26. Dezember 1772; zu einem Zwischenaktballett *Le gelosie del serraglio* KV Anh. 109 (135^a) siehe B.IV. Musik zu Schauspielen, Pantomimen und Balletten
V/Nr. 9 [ND 10]	II/5/8 (2 Teilbände) [TB 5] BA 4578 P, KlA, LM; TP 42	uraufgeführt in München, Salvatortheater: 13. Januar 1775; aufgeführt als deutsches Singspiel: *Die verstellte Gärtnerin*, Augsburg: 1. Mai 1780. Ouvertüre mit Finale KV 121 (207^a) als Sinfonie KV deest (C.I.)
V/Nr. 10 [ND 11]	II/5/9 [TB 5] BA 4599 KlA, LM	uraufgeführt in Salzburg, Erzbischöflicher Palast: 23. April 1775; für Festlichkeiten anläßlich eines Besuchs von Erzherzog Maximilian in Salzburg. Ouvertüre und Teil der 1. Arie mit Finale KV 102 als Sinfonie (C.I.)
V/Nr. 11 [ND 11]	II/5/10 [TB 6] ♦ siehe auch X/30/4, S. 233 BA 4510 KlA, LM	uraufgeführt in Frankfurt am Main: 27. Januar 1866; unvollständig (= Fr 1779d [E.I.]), nur 15 Nummern ohne Ouvertüre Sk zu Nr. 6
V/Nr. 13 [ND 12]	II/5/11 (2 Teilbände) [TB 6] BA 4562 KlA, LM (ital.); BA 4705 LM (ital./dt.)	uraufgeführt in München, Hoftheater: 29. Januar 1781, mit Ballett KV 367; Bearbeitung mit Zusatz-Arien KV 489 und 490: Wien, Palais Auersperg: 13. März 1786

BÜHNENWERKE

KV	Titel	Textdichter	Besetzung	Datierung
384	Die Entführung aus dem Serail, Deutsches Singspiel 3 Aufzüge	Christoph Friedrich Bretzner, bearbeitet von Johann Gottlieb Stephanie d. J.	2 S, 2 T, B; SATB; Fl. picc., 2 Fl., 2 Ob., 2 Klar./ Bassetthr., 2 Fg.; 2 Hr., 2 Trp.; Pk.; Deutsche Trommel, Triangel, Becken, Türkische Trommel; 2 V., 2 Va.; *Vc. e Basso* [Hammerflügel oder Cemb.]	begonnen Wien, 30. Juli 1781, vollendet Wien, Ende Mai 1782
422	L'oca del Cairo, Dramma giocoso per musica	Giambattista Varesco	3 S, 2 T, 2 B; [Coro]; 2 Ob., 2 Fg.; 2 Trp.; 2 Hr.; 2 V., Va.; *Vc. e Basso*	komponiert im 2. Halbjahr 1783 (eventuell früher begonnen) in Wien, vielleicht auch Salzburg
430 (424ª)	Lo sposo deluso ossia La rivalità di tre donne per un solo amante, Opera buffa 2 Akte	unbekannt	2 S, 2 T, B; 2 Fl., 2 Ob., 2 Klar., 2 Fg.; 2 Hr., 2 Trp., Pk.; 2 V., 2 Va.; *Vc. e Basso*	Wien, vielleicht auch Salzburg, 2. Halbjahr 1783
486	Der Schauspieldirektor, Komödie mit Musik 1 Akt	Johann Gottlieb Stephanie d. J.	2 S, T, B; 2 Fl., 2 Ob., 2 Klar., 2 Fg.; 2 Hr., 2 Trp., Pk.; 2 V., 2 Va.; *Vc. e Basso*	begonnen Wien, 18. Januar, vollendet 3. Februar 1786
492	Le nozze di Figaro, Opera buffa 4 Akte	Lorenzo Da Ponte	5 S, 2 T, Bar, 3 B; SATB; 2 Fl., 2 Ob., 2 Klar., 2 Fg.; 2 Hr., 2 Trp.; Pk.; 2 V., 2 Va.; *Vc. e Basso*	begonnen Wien, Oktober 1785, vollendet Wien, 29. April 1786

B.I. Opern, Singspiele und andere dramatische Formen

AMA	NMA	Anmerkung
V/Nr. 15 [ND 13]	II/5/12 [TB 6] BA 4591 KlA, LM	uraufgeführt in Wien, Burgtheater: 16. Juli 1782. ED Mainz: Schott und Mannheim: Götz 1783 (KlA, kein Exemplar nachweisbar); ED Mainz: Schott 1785/86 (KlA) [Ouvertüre und eventuelle weitere Teile Wien: Torricella 1784/85 (KlA)]; Harmoniemusik KV deest (D-KA), Autorschaft fraglich; Marsch No. 5a (NMA) nicht von Mozart. Ursprünglicher Entwurf der Entführungsszene KV 389 (384A), in: AMA XXIV/Nr. 42 (Bd. 8, S. 53) [ND 40] und NMA II/5/12, S. 436 [TB 6] Sk zu Nummern 2, 17
XXIV/9/ Nr. 37 [ND 40]	II/5/13 [TB 7] ♦ siehe auch X/30/4, S. 246 BA 4321 LM	unvollständig; 1 Trio vollständig, 6 Nummern in Entwurfspartitur = Fr 1784c (E.I.) Sk zu Nummern 2, 3, 5, 6 (Arie des Biondello; Duett Auretta/Chichibio)
XXIV/1/ Nr. 38 [ND 40]	II/5/14 [TB 7] ♦ siehe auch X/30/4, S. 246	nur Ouvertüre, Trio und Quartett vollendet, 2 weitere Nummern in Entwurfspartitur = Fr 1784d (E.I.) Sk zu Nummern 1, 2, 4
V/Nr. 16 [ND 13]	II/5/15 [TB 7] BA 4512 KlA, LM	uraufgeführt in Schloß Schönbrunn, Orangerie: 7. Februar 1786; für Festlichkeiten anläßlich des Besuchs des Generalgouverneurs in Wien; aufgeführt zusammen mit Antonio Salieris *Prima la musica e poi le parole* Sk zu Nr. 3
V/Nr. 17 [ND 14]	II/5/16 (2 Teilbände) [TB 7] BA 4565 KlA, LM	uraufgeführt in Wien, Burgtheater: 1. Mai 1786; zweite Aufführungsserie in Wien, Burgtheater: 29. August 1789, mit Zusatz-Arien (S) KV 577, 579 (B.II.1.). Auszüge, KlA Sk zu Sinfonia, Nummern 11, 16, 18, 20, 21, 23, 28

BÜHNENWERKE

KV	Titel	Textdichter	Besetzung	Datierung
527	Il dissoluto punito ossia il Don Giovanni, Dramma giocoso 2 Akte	Lorenzo Da Ponte	3 S, T, Bar, 3 B; SATB; 2 Fl., 2 Ob., 2 Klar., 2 Fg.; 2 Hr., 2 Trp.; Pk.; 3 Pos.; Mandoline; 2 V., 2 Va.; Vc. e Basso	begonnen Wien, vermutlich März 1787; datiert Prag, 28. Oktober 1787. Wien, 24. April 1788 (KV³ 540ᵃ); Wien, 28. April 1788 (KV³ 540ᵇ); Wien, 30. April 1788 (KV³ 540ᶜ)
588	Così fan tutte ossia La scuola degli amanti, Dramma giocoso 2 Akte	Lorenzo Da Ponte	3 S, T, 2 B; SATB; 2 Fl., 2 Ob., 2 Klar. (1 ›Bassettklar.‹), 2 Fg.; 2 Hr., 2 Trp.; Pk.; 2 V., 2 Va.; Vc. e Basso	begonnen Wien, Herbst 1789, datiert [Wien] Januar 1790
620	Die Zauberflöte, Deutsche Oper 2 Aufzüge	Emanuel Schikaneder	9 S, 4 T, 5 B; SATB; 2 Fl./Fl. picc., 2 Ob., 2 Klar./Bassetthr., 2 Fg.; 2 Hr., 2 Trp.; Pk.; 3 Pos.; Glockenspiel; 2 V., 2 Va.; Vc. e Basso	begonnen vermutlich Frühjahr 1791, datiert Wien, Juli 1791, Ouvertüre und Marsch 28. September 1791
621	La clemenza di Tito, Opera seria 2 Akte	Caterino Mazzolà, nach Pietro Metastasio	4 S, T, B; SATB; 2 Fl., 2 Ob., 2 Klar./ 1 ›Bassettklar.‹/ 1 Bassetthr., 2 Fg.; 2 Hr., 2 Trp.; Pk.; 2 V., 2 Va.; Vc. e Basso	begonnen Wien, vermutlich Mitte Juli 1791, datiert Prag, 5. September 1791

Verloren Deutsche Oper nach Carlo Goldonis *Il servitor di due Padroni* (Johann Nepomuk Freiherr Binder von Krieglstein) KV³ 416ᵃ; bekannt nur aus Brief an den Vater vom 5. Februar 1783

B.I. Opern, Singspiele und andere dramatische Formen

AMA	NMA	Anmerkung
V/Nr. 18 [ND 15]	II/5/17 [TB 8] ♦ (nur Konzertfassung der Ouvertüre: IV/11/10, S. 23 [TB 12]) BA 4550 KlA, LM; TP 279	uraufgeführt in Prag, Nationaltheater: 29. Oktober 1787; aufgeführt in Wien, Burgtheater: 7. Mai 1788, mit Zusatz-Arien »*Dalla sua pace*« KV^3 540^a (Tenor; B.II.3.) und »*In quali eccesi*« KV^3 540^c (Sopran; B.II.1.) sowie Duett »*Per queste tue manine*« KV^3 540^b (B.III.). Auszüge, ED von Einzelstücken Speyer: Boßler 1788, Wien: Artaria 1790/91, Berlin: Rellstab 1791; ED komplett Mainz: Schott 1791 (alles KlA) Sk zu Nr. 13
V/Nr. 19 [ND 16]	II/5/18 (2 Teilbände) [TB 8] BA 4606 KlA, LM; TP 314	uraufgeführt in Wien, Burgtheater: 26. Januar 1790. ED Wien: Artaria 1790 (KlA, Einzelstücke); Leipzig: Breitkopf 1794; zur ursprünglichen Arie des Guglielmo (I,9) siehe KV 584 (B.II.4.) Sk zu Nr. 31
V/Nr. 20 [ND 17]	II/5/19 [TB 9] BA 4553 KlA, LM; TP 155	uraufgeführt in Wien, Theater auf der Wieden: 30. September 1791. ED Wien/Mainz: Artaria 1791/92 (KlA, unvollständig) und Wien: Koželuh 1791–1793 (KlA) Sk zu Ouvertüre, Nummern 8, 11, 21
V/Nr. 21 [ND 17]	II/5/20 [TB 9] BA 4554 KlA, LM; BA 4554b	uraufgeführt in Prag, Nationaltheater: 6. September 1791, komponiert anläßlich der Krönung Leopolds II. zum böhmischen König in Prag; Secco-Rezitative vielleicht nicht von Mozart Sk zu Nummern 1, 10, 12, 14, 15

Fragmente (siehe E.I.) Fr 1779d [KV 344 (336^b)] (*Zaide [Das Serail]*, zum Teil fragmentarisch) ♦ Fr 1784c [KV 422] (*L'oca del Cairo*, zum Teil fragmentarisch) ♦ Fr 1784d [KV 430 (424^a)] (*Lo sposo deluso*, zum Teil fragmentarisch)

BÜHNENWERKE

II. Arien

Nach LMVerz komponierte Mozart: »*15 Italianische Arien theils in London theils im Haag componiert 1765 u. 1766*«; heute sind aus diesem Zeitraum nur sieben Arien bekannt, so daß mindestens acht als verloren gelten müssen.

1. Arien und Szenen für Sopran mit Orchester

KV	Textanfang	Textdichter	Begleitung	Datierung
23	»*Conservati fedele*«	Pietro Metastasio, Artaserse I,1	2 V., Va.; Vc. e Basso	Den Haag, Oktober 1765 (Entstehung) und Januar 1766 (Redaktion)
70 (61^c)	»*A Berenice*« – »*Sol nascente*«	unbekannt	2 Ob.; 2 Hr.; 2 V., 2 Va.; Vc. e Basso	Salzburg, zum 28. Februar 1767 oder 1769
78 (73^b)	»*Per pietà, bell' idol mio*«	Pietro Metastasio, Artaserse I,5	2 Ob.; 2 Hr.; 2 V., Va.; Vc. e Basso	vermutlich Holland oder Paris, um 1766
–	»*Cara, se le mie pene*«	unbekannt	2 Hr.; V., Va.; Continuo (Cemb.) e Basso	Salzburg, vermutlich ca. 1769
88 (73^c)	»*Fra cento affanni*«	Pietro Metastasio, Artaserse I,2	2 Ob.; 2 Hr., 2 Trp.; 2 V., 2 Va.; Vc. e Basso	Mailand, vielleicht zwischen Januar und März 1770
79 (73^d)	»*Oh, temerario Arbace!*« – »*Per quel paterno amplesso*«	Pietro Metastasio, Artaserse II,11	2 Ob., 2 Fg.; 2 Hr.; 2 V., 2 Va.; Vc. e Basso	vermutlich Holland oder Paris, um 1766
77 (73^e)	»*Misero me!*« – »*Misero pargoletto*«	Pietro Metastasio, Demofoonte III,4 und 5	2 Ob., 2 Fg.; 2 Hr.; 2 V., 2 Va.; Vc. e Basso	Mailand, vermutlich zwischen Januar und März 1770
82 (73°)	»*Se ardire e speranza*«	Pietro Metastasio, Demofoonte I,13	2 Fl.; 2 Hr.; 2 V., Va.; Vc. e Basso	Rom, 25. April 1770

B.II.1. Arien und Szenen für Sopran mit Orchester

AMA	NMA	Anmerkung
VI/1/Nr. 2, S. 9 [ND 18]; XXIV/11/ Nr. 54 [ND 40]	II/7/1, S. 13 [TB 10] BA 4797 LM	ED Den Haag: Hummel 1766 [kein Exemplar nachgewiesen]
VI/1/Nr. 4, S. 23 [ND 18]	II/7/1, S. 47 [TB 10] BA 4801 LM	vermutlich Licenza-Arie anläßlich des Geburtstags des Salzburger Fürsterzbischofs Siegmund von Schrattenbach (28. Februar), in Zusammenhang vielleicht mit Giuseppe Sarti oder Niccolò Jommelli, *Vologeso*
VI/1/Nr. 6, S. 49 [ND 18]	II/7/1, S. 17 [TB 10] BA 4798 LM	
–	II/7/1, S. 59 [TB 10]	
VI/1/Nr. 9, S. 66 [ND 18]	II/7/1, S. 65 [TB 10] BA 4802 LM	
VI/1/Nr. 7, S. 54 [ND 18]	II/7/1, S. 23 [TB 10] BA 4799 LM	vgl. Fr 1766a (E.I.)
VI/1/Nr. 5, S. 33 [ND 18]	II/7/1, S. 83 [TB 10] BA 4803 LM	uraufgeführt in Mailand, Palazzo Firmian: 12. März 1770
XXIV/6/ Nr. 48a, S. 19 [ND 40]	II/7/1, S. 103 [TB 10] BA 4804 LM	

BÜHNENWERKE

KV	Textanfang	Textdichter	Begleitung	Datierung
83 (73ᵖ)	»Se tutti i mali miei«	Pietro Metastasio, Demofoonte II,6	2 Ob.; 2 Hr.; 2 V., 2 Va.; Vc. e Basso	Rom, April/Mai 1770
– (74ᵇ)	»Non curo l'affetto«	Pietro Metastasio, Demofoonte I,7	2 Ob.; 2 Hr.; 2 V., 2 Va.; Vc. e Basso	Mailand oder Pavia, Anfang 1771
217	»Voi avete un cor fedele«	nach Carlo Goldoni, Le nozze di Dorina I,4	2 Ob.; 2 Hr.; 2 V., 2 Va.; Vc. e Basso	Salzburg, 26. Oktober 1775
272	»Ah, lo previdi!« – »Ah, t'invola« – »Deh, non varcar«	Vittorio Amadeo Cigna-Santi, Andromeda III,10	2 Ob.; 2 Hr.; 2 V., 2 Va.; Vc. e Basso	Salzburg, August 1777
294	»Alcandro, lo confesso« – »Non sò d'onde viene«	Pietro Metastasio, L'Olimpiade III,6	2 Fl., 2 Klar., 2 Fg.; 2 Hr.; 2 V., 2 Va.; Vc. e Basso	Mannheim, 24. Februar 1778
– (KV² 486ᵃ, KV³ 295ᵃ)	»Basta, vincesti« – »Ah non lasciarmi, no«	Pietro Metastasio, Didone abbandonata II,4	2 Fl., 2 Fg.; 2 Hr.; 2 V., Va.; Vc. e Basso	Mannheim, 27. Februar 1778
316 (300ᵇ)	»Popoli di Tessaglia!« – »Io non chiedo, eterni Dei«	Ranieri de' Calzabigi, Alceste I,2	Ob., Fg.; 2 Hr.; 2 V., Va.; Vc. e Basso	begonnen Paris, Juli 1778, vollendet München, 8. Januar 1779
368	»Ma che vi fece, o stelle« – »Sperai vicino il lido«	Pietro Metastasio, Demofoonte I,4	2 Fl., 2 Fg.; 2 Hr.; 2 V., 2 Va.; Vc. e Basso	vermutlich Salzburg, 1779/80
Anh. 11a (365ᵃ)	[»Wie grausam ist, o Liebe«] – »Die neugeborne Ros' entzückt«	nach Carlo Gozzi, Le due notti affannose	2 Hr.; 2 V., 2 Va.; Vc. e Basso	München, November 1780
369	»Misera, dove son!« – »Ah! non son io che parlo«	Pietro Metastasio, Ezio III,12	2 Fl.; 2 Hr.; 2 V., 2 Va.; Vc. e Basso	München, 8. März 1781

B.II.1. Arien und Szenen für Sopran mit Orchester

AMA	NMA	Anmerkung
VI/1/Nr. 8, S. 60 [ND 18]	II/7/1, S. 115, S. 177 [TB 10] BA 4805 LM	2 Fassungen
–	II/7/1, S. 125 [TB 10] BA 4806 LM	vielleicht für das Pasticcio *Demofoonte*, aufgeführt Pavia, Teatro Omodeo: Januar 1771
VI/1/Nr. 13, S. 93 [ND 18]	II/7/1, S. 147 [TB 10] BA 4809 LM	vielleicht für Baldassare Galuppi, *Le nozze di Dorina* I,4
VI/1/Nr. 16, S. 119 [ND 18]	II/7/2, S. 23 [TB 10] BA 4812 LM	für Josepha Duschek
VI/1/Nr. 17, S. 134 [ND 18]	II/7/2, S. 41, S. 151 [TB 10] BA 4813	für Aloysia Weber; 2 Fassungen; vgl. Arie KV 512 (B.II.4.) Sk
XXIV/11/ Nr. 61 [ND 40]	II/7/2, S. 77 [TB 10]	für Dorothea Wendling; Text von ihr ausgewählt; vgl. die ältere, wohl 1764 entstandene und bei Mozart nachklingende Vertonung von Baldassare Galuppi
VI/1/Nr. 19, S. 164 [ND 18]	II/7/2, S. 85 [TB 10] BA 4816 LM	für Aloysia Weber
VI/1/Nr. 20, S. 183 [ND 18]	II/7/2, S. 107 [TB 10] BA 4817 LM	vielleicht für Elisabeth (›Lisl‹) Augusta Wendling
–	X/30/4; Vorabdruck mit Faksimile, Salzburg 1996	für Emanuel Schikaneder; nur fragmentarisch überliefert; Text adaptiert von Johann Gottfried Dyk (nach Friedrich August Clemens Werthes)
VI/1/Nr. 21, S. 198 [ND 18]	II/7/2, S. 125 [TB 10] BA 4818 LM	für Josepha Gräfin Paumgarten, geb. von Lerchenfeld-Sießbach

BÜHNENWERKE

KV	Textanfang	Textdichter	Begleitung	Datierung
374	»A questo seno deh vieni« – »Or che il cielo a me ti rende«	Giovanni de Gamerra, *Sismano nel Mogol* III,7	2 Ob.; 2 Hr.; 2 V., Va.; *Vc. e Basso*	Wien, vor dem 8. April 1781
119 (382[h])	»Der Liebe himmlisches Gefühl«	unbekannt	nur KlA überliefert	angeblich Wien, 1782
383	»Nehmt meinen Dank, ihr holden Gönner!«	unbekannt	Fl., Ob., Fg.; 2 V., Va.; *Vc. e Basso*	Wien, 10. April 1782
416	»Mia speranza adorata!« – »Ah, non sai qual pena sia«	Gaetano Sertor, *Zemira* II,5	2 Ob., 2 Fg.; 2 Hr.; 2 V., 2 Va.; *Vc. e Basso*	Wien, 8. Januar 1783
178 (125[i], 417e)	»Ah! spiegarti, o Dio«	unbekannt	nur KlA überliefert	Wien, vermutlich erste Juni-Hälfte 1783
418	»Vorrei spiegarvi, oh Dio!«	unbekannt	2 Ob., 2 Fg.; 2 Hr.; 2 V., 2 Va.; *Vc. e Basso*	Wien, 20. Juni 1783
419	»No, che non sei capace«	unbekannt	2 Ob.; 2 Hr., 2 Trp.; Pk.; 2 V., 2 Va.; *Vc. e Basso*	Wien, Juni 1783
bei Anh. 28 (bei 416[a]; 626b/41, 626b/21)	Kadenz zu einer Arie in D		Fl., Ob.; V., Vc.	Wien, vermutlich um Januar 1785
490	»Non più. Tutto ascoltai« – »Non temer, amato bene«	unbekannt	2 Klar., 2 Fg.; 2 Hr.; SoloV., 2 V., 2 Va.; *Vc. e Basso*	Wien, 10. März 1786

B.II.1. Arien und Szenen für Sopran mit Orchester

AMA	NMA	Anmerkung
VI/1/Nr. 22, S. 206 [ND 18]	II/7/2, S. 135 [TB 10] BA 4819 LM	für Francesco Ceccarelli, aufgeführt in Wien, Deutsches Haus: 8. April 1781
XXIV/8/ Nr. 40, S. 44 [ND 40]	II/7/3, S. 203 [TB 10]	
VI/1/Nr. 23, S. 217 [ND 18]	II/7/3, S. 3 [TB 10] BA 4793 LM	wahrscheinlich für Aloysia Lange, geb. Weber
VI/2/Nr. 24, S. 2 [ND 19]	II/7/3, S. 11 [TB 10] BA 4821 LM	für Aloysia Lange, geb. Weber, aufgeführt in Wien, Mehlmarkt: 11. Januar 1783 und Wien, Burgtheater: 23. März 1783
XXIV/8/ Nr. 41, S. 49 [ND 40]	II/7/3, S. 210 [TB 10] BA 5330	vielleicht frühere Fassung von KV 418
VI/2/Nr. 25, S. 11 [ND 19]	II/7/3, S. 25 [TB 10] BA 4822 LM	für Aloysia Lange, geb. Weber; Einlage in Pasquale Anfossi, *Il curioso indiscreto*, Wien, Burgtheater: 30. Juni 1783 Sk
VI/2/Nr. 26, S. 21 [ND 19]	II/7/3, S. 37 [TB 10] BA 4823 LM	wie KV 418; ob das in einer Handschrift der Gesellschaft der Musikfreunde Wien (Signatur: IV 7751) zu dieser Arie überlieferte Rezitativ »*Ah, da me s'allontani*« KV deest von Mozart stammt, ist fraglich Sk
–	–	Zugehörigkeit ungeklärt; Datierung aufgrund der Überlieferung mit einer Sk zum Streichquartett KV 464
V/Nr. 13, S. 362 [ND 12]	II/5/11, S. 192 [TB 6]	komponiert für die Privataufführung des *Idomeneo* KV 366 (B.I.) beim Fürsten Johann Adam Auersperg am 13. März 1786 in Wien als Ersatz für den Beginn des 2. Aktes; ausgeführt von Baron [?] Anton Pulini und August Clemens Graf Hatzfeldt; siehe Duett KV 489 (B.III.)

BÜHNENWERKE

KV	Textanfang	Textdichter	Begleitung	Datierung
505	»Ch'io mi scordi di te?« – »Non temer, amato ben«	unbekannt	2 Klar., 2 Fg.; 2 Hr.; Kl.; 2 V., 2 Va.; Vc. e Basso	Wien, 26. Dezember 1786, MozVerz: 27. Dezember 1786
528	»Bella mia fiamma, addio« – »Resta, oh cara«	Michele Sarcone, Cerere placata II,5	Fl., 2 Ob., 2 Fg.; 2 Hr.; 2 V., 2 Va.; Vc. e Basso	Prag, 3. November 1787
538	»Ah se in ciel, benigne stelle«	Pietro Metastasio, L'eroe cinese I,2	2 Ob., 2 Fg.; 2 Hr.; 2 V., 2 Va.; Vc. e Basso	Wien, 4. März 1788
– (540^c)	»In quali eccessi, o Numi« – »Mi tradì quell'alma ingrata«	Lorenzo Da Ponte	Fl., Klar., Fg.; 2 Hr.; 2 V., 2 Va.; Vc. e Basso	Wien, 30. April 1788
577	»Al desio di chi t'adora«	vielleicht Lorenzo Da Ponte	2 Bassetthr., 2 Fg.; 2 Hr.; 2 V., Va.; Vc. e Basso	Wien, Juli 1789
578	»Alma grande e nobil core«	Giuseppe Palomba	2 Ob., 2 Fg.; 2 Hr.; 2 V., 2 Va.; Vc. e Basso	Wien, August 1789
579	»Un moto di gioia«	Lorenzo Da Ponte?	Fl., Ob., Fg.; 2 Hr.; 2 V., 2 Va.; Vc. e Basso	Wien, wahrscheinlich August 1789
580	»Schon lacht der holde Frühling«			
582	»Chi sà, chi sà, qual sia«	Lorenzo Da Ponte	2 Klar., 2 Fg.; 2 Hr.; 2 V., Va.; Vc. e Basso	Wien, Oktober 1789

B.II.1. Arien und Szenen für Sopran mit Orchester

AMA	NMA	Anmerkung
VI/2/Nr. 34, S. 100 [ND 19]	II/7/3, S. 175 [TB 10] BA 4827 LM	für Anna Selina (Nancy) Storace und Mozart; Text identisch mit Zusatzarie KV 490 zu *Idomeneo* KV 366 (B.I.)
VI/2/Nr. 37, S. 146 [ND 19]	II/7/4, S. 37 [TB 10] BA 4832 LM	für Josepha Duschek
VI/2/Nr. 38, S. 161 [ND 19]	II/7/4, S. 57 [TB 10] BA 4833 LM	für Aloysia Lange, geb. Weber; Canto-Basso-Particell München, 1778
–	II/5/17, S. 511 [TB 8]	Zusatz zu *Don Giovanni* KV 527 (B.I.)
V/Nr. 17, S. 411 [ND 14]	II/5/16, S. 602 [TB 7]	für Adriana Ferrarese; Zusatz zu *Le nozze di Figaro* KV 492 (B.I.); ED Wien: Hoffmeister 1789/90 [?] (Bearbeitung für Flötenquintett, St.); ED Offenbach/Mainz: André 1790 (KlA) Sk
VI/2/Nr. 42, S. 187 [ND 19]	II/7/4, S. 91 [TB 10] BA 4836 LM	Einlage in Domenico Nicola Cimarosa, *I due Baroni* I,8, Wien, Burgtheater: September 1789
V/Nr. 17, S. 407 ♦ VII/ Abt. 1/Nr. 36, S. 75 [ND 19]	II/5/16, S. 597 [TB 7]	Zusatz zu *Le nozze di Figaro* KV 492 (B.I.)
		Instrumentation unvollständig = Fr 1789h (E.I.)
VI/2/Nr. 43, S. 195 [ND 19]	II/7/4, S. 105 [TB 10] BA 4837 LM	für Louise Villeneuve; Ersatzarie in Martín y Soler, *Il burbero di buon cuore* I,14, Wien, Burgtheater: 9. November 1789

BÜHNENWERKE

KV	Textanfang	Textdichter	Begleitung	Datierung
583	»*Vado, ma dove? oh Dei!*«	Lorenzo Da Ponte	2 Klar., 2 Fg.; 2 Hr.; 2 V., 2 Va.; *Vc. e Basso*	Wien, Oktober 1789
Anh. 245 (621ᵃ)	»*Io ti lascio, oh cara, addio*«			

Verloren   »*Quel destrier*« (Pietro Metastasio, *L'Olimpiade*) KV deest; ca. 1766; bekannt nur aus Brief von Constanze Mozart vom 13. Februar 1799 an B&H ♦ »*Misero tu non sei*« (Pietro Metastasio, *Demetrio*) KV Anh. 2 (72ᵇ, 73A); Mailand, 26. Januar 1770; bekannt nur aus Brief vom 26. Januar 1770 ♦ [Scena] (unbekannt) KV Anh. 3 (315ᵇ); Ob., 2 Klar., 3 Hr., Kl., 2 V., Va., *Vc. e Basso*; St. Germain, Ende August 1778; für Giustino Ferdinando Tenducci; bekannt nur aus Brief vom 27. August 1778 ♦ »*Ohne Zwang, aus eignem Triebe*« (unbekannt) KV 569; 2 Ob., 2 Fg., 2 Hr., 2 V., Va., *Vc. e Basso*; Wien, Januar 1789; MozVerz: »*Eine teutsche Aria*«

Fragmente (siehe E.I.)   Fr 1766a [KV⁶ 73 D] (»*Per quel paterno amplesso*«) ♦ Fr 1782f [KV 440 (383ʰ)] (»*In te spero, o sposo amato*«) ♦ Fr 1789h [KV 580] (»*Schon lacht der holde Frühling*«)

2. Arie und Szene für Alt mit Orchester

KV	Textanfang	Textdichter	Begleitung	Datierung
255	»*Ombra felice!*« – »*Io ti lascio*«	Giovanni de Gamerra?	2 Ob.; 2 Hr.; 2 V., Va.; *Vc. e Basso*	Salzburg, September 1776

B.II.2. Arie und Szene für Alt mit Orchester

AMA	NMA	Anmerkung
VI/2/Nr. 44, S. 203 [ND 19]	II/7/4, S. 115 [TB 10] BA 4838 LM	wie KV 582 (*Il burbero* II,5); ob das in einer Handschrift der Österreichischen Nationalbibliothek Wien, Musiksammlung (Signatur: KT 70) zu dieser Arie überlieferte Accompagnato-Rezitativ »*Ahi cosa veggio*« KV deest von Mozart stammt, ist fraglich
		siehe B.II.4. Arien und Szenen für Baß mit Orchester

Zuschreibung zweifelhaft Rezitativ und Arie »*Perchè t'arresti?*« KV Anh. 187 (KV[6] Anh. C 7.01) ♦ Arie (Rondo) »*Donne vaghe*« KV[3] 584[a] (KV[6] Anh. C 7.05) ♦ Arie »*Angst, Qual und herber Gram*« KV[3] bei 588 (KV[6] Anh. C 7.06) ♦ Accompagnato-Rezitativ »*No caro, hà coraggio*« KV deest zum Rondò »*Troppo è grave il mio tormento*« von Domenico Cimarosa, eingelegt in Pietro Guglielmis *La quacquera spirituosa* (Österreichische Nationalbibliothek Wien, Musiksammlung, Signatur: KT 370)

AMA	NMA	Anmerkung
VI/1/Nr. 14, S. 103 [ND 18]	II/7/2, S. 3 [TB 10] BA 4787	für Francesco Fortini; Text aus Michele Mortellari, *Arsace* II/8 (Padua, 1775)

BÜHNENWERKE

3. Arien und Szenen für Tenor mit Orchester

KV	Textanfang	Textdichter	Begleitung	Datierung
21 (19ᶜ)	»*Va, dal furor portata*«	Pietro Metastasio, *Ezio* II,4	2 Ob., 2 Fg.; 2 Hr.; 2 V., Va.; *Vc. e Basso*	London, 1765; 2. Fassung vermutlich Paris, 1766
36 (33ⁱ)	»*Or che il dover*« – »*Tali e cotanti sono*«	unbekannt	2 Ob., 2 Fg.; 2 Hr., 2 Trp.; Pk.; 2 V., Va.; *Vc. e Basso*	Salzburg, Ende 1766
71	»*Ah, più tremar non voglio*«			
209	»*Si mostra la sorte*«	unbekannt	2 Fl.; 2 Hr.; 2 V., Va.; *Vc. e Basso*	Salzburg, 19. Mai 1775
210	»*Con ossequio, con rispetto*«	unbekannt	2 Ob.; 2 Hr.; 2 V., 2 Va.; *Vc. e Basso*	Salzburg, Mai 1775
256	»*Clarice cara mia sposa*«	unbekannt	2 Ob.; 2 Hr.; 2 V., Va.; *Vc. e Basso*	Salzburg, September 1776
295	»*Se al labbro mio non credi*«	Antonio Salvi?	2 Fl., 2 Ob., 2 Fg.; 2 Hr.; 2 V., 2 Va.; *Vc. e Basso*	Mannheim, 27. Februar 1778
435 (416ᵇ)	»*Müßt ich auch durch tausend Drachen*«			
420	»*Per pietà, non ricercate*«	unbekannt	2 Klar., 2 Fg.; 2 Hr.; 2 V., 2 Va.; *Vc. e Basso*	Wien, 21. Juni 1783
431 (425ᵇ)	»*Misero! O sogno*« – »*Aura, che intorno spiri*«	unbekannt; bearbeitet nach Caterino Mazzolà, *L'isola capricciosa* II,15	2 Fl., 2 Fg.; 2 Hr.; 2 V., 2 Va.; *Vc. e Basso*	Wien, um 1783
– (540ᵃ)	»*Dalla sua pace*«	Lorenzo Da Ponte	Fl., 2 Ob., 2 Fg.; 2 Hr.; 2 V., Va.; *Vc. e Basso*	Wien, 24. April 1788

Fragmente (siehe E.I.) Fr 1770a [KV 71] (»*Ah, più tremar non voglio*«) ♦ Fr 1783e [KV 435 (416ᵇ)] (»*Müßt' ich auch durch tausend Drachen*«)

B.II.3. Arien und Szenen für Tenor mit Orchester

AMA	NMA	Anmerkung
VI/1/Nr. 1, S. 1 [ND 18]	II/7/1, S. 3, S. 163 [TB 10] BA 4796 LM	2 Fassungen, überarbeitet von Leopold Mozart
VI/1/Nr. 3, S. 13 [ND 18]	II/7/1, S. 33 [TB 10] BA 4800 LM	Licenza-Arie, aufgeführt zum Jahrestag der Weihe des Salzburger Fürsterzbischofs Siegmund von Schrattenbach, 21. Dezember 1766
		= Fr 1770a (E.I.)
VI/1/Nr. 11, S. 83 [ND 18]	II/7/1, S. 131 [TB 10] BA 4807 LM	
VI/1/Nr. 12, S. 87 [ND 18]	II/7/1, S. 139 [TB 10] BA 4808 LM	
VI/1/Nr. 15, S. 113 [ND 18]	II/7/2, S. 15 [TB 10] BA 4811 LM	Einlage in Niccolò Piccinni, *L'astratto* II,20 Sk
VI/1/Nr. 18, S. 148 [ND 18]	II/7/2, S. 59, S. 167 [TB 10] BA 4814 LM	für Anton Raaff; 2 Fassungen; Text aus Johann Adolf Hasse, *Artaserse* II,14
		Orchester unvollständig = Fr 1783e (E.I.)
VI/2/Nr. 27, S. 31 [ND 19]	II/7/3, S. 51 [TB 10] BA 4824 LM	für Johann Valentin Adamberger; Einlage in Pasquale Anfossi, *Il curioso indiscreto* II,4 für eine Aufführung in Wien, Burgtheater: 30. Juni 1783, dort aber nicht gesungen Sk
VI/2/Nr. 28, S. 39 [ND 19]	II/7/3, S. 81 [TB 10] BA 4826 LM	für Johann Valentin Adamberger
V/Nr. 18, S. 108 [ND 15]	II/5/17, S. 489 [TB 8]	für Francesco Morella; Zusatz für *Don Giovanni* KV 527 (B.I.)

4. Arien und Szenen für Baß mit Orchester

KV	Textanfang	Textdichter	Begleitung	Datierung
433 (416ᶜ)	»Männer suchen stets zu naschen«			
432 (421ᵃ)	»Così dunque tradisci« – »Aspri rimorsi atroci«	Pietro Metastasio, *Temistocle* III,8	2 Fl., 2 Ob., 2 Fg.; 2 Hr.; 2 V., Va.; *Vc.* e Basso	Wien, um 1782/83
512	»Alcandro, lo confesso« – »Non sò d'onde viene«	Pietro Metastasio, *L'Olimpiade* III,6	Fl., 2 Ob., 2 Fg.; 2 Hr.; 2 V., 2 Va.; *Vc.* e Basso	Wien, 19. März 1787, MozVerz: 18. März 1787
513	»Mentre ti lascio, oh figlia«	Duca Sant' Angioli-Morbilli, *La disfatta di Dario* II,9	Fl., 2 Klar., 2 Fg.; 2 Hr.; 2 V., 2 Va.; *Vc.* e Basso	Wien, 23. März 1787
539	»Ich möchte wohl der Kaiser sein«	Johann Wilhelm Ludwig Gleim	Fl. picc., 2 Ob., 2 Fg.; 2 Hr.; Becken, Gr. Trommel; 2 V., 2 Va.; *Vc.* e Basso	Wien, 5. März 1788
541	»Un bacio di mano«	unbekannt (vielleicht Lorenzo Da Ponte)	Fl., 2 Ob., 2 Fg.; 2 Hr.; 2 V., 2 Va.; *Vc.* e Basso	Wien, Mai 1788
584	»Rivolgete a lui lo sguardo«	Lorenzo Da Ponte	2 Ob., 2 Fg.; 2 Trp.; Pk.; 2 V., 2 Va.; *Vc.* e Basso	Wien, Dezember 1788
612	»Per questa bella mano«	unbekannt	Fl., 2 Ob., 2 Fg.; 2 Hr., SoloKb.; 2 V., 2 Va.; *Vc.* e Basso	Wien, 8. März 1791
Anh. 245 (621ᵃ)	»Io ti lascio, oh cara, addio«	unbekannt	2 V., Va.; *Vc.* e Basso	Wien, vielleicht 1788 oder später (Prag, September 1791)

Fragmente (siehe E.I.)   Fr 1772e [KV⁶ 209a] (Arie »*Un dente guasto e gelato*«) ♦ Fr 1783f [KV 433 (416ᶜ)] (Arie »*Männer suchen stets zu naschen*«)

B.II.4. Arien und Szenen für Baß mit Orchester

AMA	NMA	Anmerkung
		= Fr 1783f (E.I.)
VI/2/Nr. 29, S. 55 [ND 19]	II/7/3, S. 67 [TB 10] BA 4825 LM	vielleicht für Ludwig Fischer
VI/2/Nr. 35, S. 120 [ND 19]	II/7/4, S. 3 [TB 10] BA 4830 LM	für Ludwig Fischer; aufgeführt Wien, Kärntnertortheater: 21. März 1787
VI/2/Nr. 36, S. 133 [ND 19]	II/7/4, S. 19 [TB 10] BA 4831 LM	für Gottfried von Jacquin
VI/2/Nr. 39, S. 177 [ND 19]	II/7/4, S. 79 [TB 10] BA 4834 LM	»*Ein teutsches kriegs=lied*« (MozVerz) für Friedrich Baumann, aufgeführt in Wien, Theater in der Leopoldstadt: 7. März 1788
VI/2/Nr. 40, S. 180 [ND 19]	II/7/4, S. 83 [TB 10] BA 4835 LM	für Francesco Albertarelli; Einlage in Pasquale Anfossi, *Le gelosie fortunate* II,4, Wien, Burgtheater: 2. Juni 1788
VI/2/Nr. 45, S. 209 [ND 19]	II/5/18, S. 603 [TB 8]	für *Così fan tutte* KV 588 (B.I.), ersetzt durch »*Non siate ritrosi*« (I,9)
VI/2/Nr. 46, S. 224 [ND 19]	II/7/4, S. 123 [TB 10] BA 4839 LM	für Franz Xaver Gerl und Friedrich Pischelberger (Pichelberger)
–	II/7/4, S. 139, S. 176 (Fassung für Sopran) [TB 10]	vielleicht nur Violin-Stimme von Mozart, Rest von Gottfried von Jacquin

III. Duette und Ensembles für Sologesang und Orchester

KV	Titel	Textdichter	Besetzung	Datierung
479	»*Dite almeno in che mancai*«	Giovanni Bertati	S, T, 2 B; 2 Ob., 2 Klar., 2 Fg.; 2 Hr.; 2 V., 2 Va.; *Vc. e Basso*	Wien, 5. November 1785
480	»*Mandina amabile*«	Giovanni Bertati	S, T, B; 2 Fl., 2 Ob., 2 Klar., 2 Fg.; 2 Hr.; 2 V., 2 Va.; *Vc. e Basso*	Wien, 21. November 1785
434 (424ᵇ, 480b)	»*Del gran regno delle amazzoni*«			
489	»*Spiegarti non poss'io*«	unbekannt	S, T; 2 Ob.; 2 Hr.; 2 V., 2 Va.; *Vc. e Basso*	Wien, 10. März 1786
– (540ᵇ)	»*Per queste tue manine*«	Lorenzo Da Ponte	S, B; 2 Fl., 2 Ob., 2 Fg.; 2 Trp.; 2 V., Va.; *Vc. e Basso*	Wien, 28. April 1788
625 (592ᵃ)	»*Nun, liebes Weibchen*«			

Verloren »*Viviamo felici*« (Tommaso Grandi, *Le gelosie villane*) KV 615; [Soli?], SATB; Wien, 20. April 1791; bekannt nur aus MozVerz; Einlage in Aufführung von Giuseppe Sarti, *Le gelosie villane*

Fragmente (siehe E.I.)   Fr 1786d [KV 429 (420ᵃ, 468a)] (Duett »*Die Lichter, die zu Tausenden*«, No. 3 aus der Kantate *Dir, Seele des Weltalls*) ♦ Fr 1786e [KV 434 (424ᵇ, 480b)] (Terzett »*Del gran regno delle amazzoni*«)

B.III. Duette und Ensembles für Sologesang und Orchester

AMA	NMA	Anmerkung
VI/2/Nr. 32, S. 70 [ND 19]	II/7/3, S. 101 [TB 10] BA 4828 LM	Einlage in Giuseppe Francesco Bianchi, *La villanella rapita* II,13, aufgeführt in Wien, Burgtheater: 28. November 1785
VI/2/Nr. 33, S. 87 [ND 19]	II/7/3, S. 143 [TB 10] BA 4829 LM	wie KV 479; ED Paris: Sieber 1789 (in Partitur der Pastiche von Giuseppe Francesco Bianchi u. a.: *La villanella rapita*, mit italienischem und französischem Text)
		= Fr 1786e (E.I.), 106 Takte, unvollständige Entwurfspartitur Sk KV^6 626b/33
V/Nr. 13, S. 350 [ND 12]	II/5/11, S. 376 [TB 6]	Zusatz zu *Idomeneo* KV 366 (B.I.); komponiert für die Privataufführung des *Idomeneo* beim Fürsten Johann Adam Auersperg am 13. März 1786 in Wien als Ersatz für das Duett »S'io non moro a questi accenti« (II,20); gesungen von Anna von Pufendorf und Baron [?] Anton Pulini; siehe Arie KV 490 (B.II.1.)
V/Nr. 18, S. 356 [ND 15]	II/5/17, S. 497 [TB 8]	Zusatz zu *Don Giovanni* KV 527 (B.I.)
		siehe Bearbeitungen fremder Werke D.X.

Zuschreibung zweifelhaft Duett »*Treu schwör ich dich stets zu lieben*« (2 S) KV^3 bei 588 (KV^6 Anh. C 7.07) ♦ Terzetto »*Tremer mi sento*« (S, T, B) KV^3 Anh. 243^a (KV^6 Anh. C 7.03) ♦ Scena comica (Terzett) KV^3 bei Anh. 243^a erwähnt (KV^6 Anh. C 7.09) ♦ Canto »*O come lieto*« (2 S, 2 T, B) KV Anh. 244 (KV^6 Anh. C 7.04)

IV. Musik zu Schauspielen, Pantomimen und Balletten

KV	Titel	Besetzung	Datierung
345 (336ᵃ); auch KV Anh. 101; KV³ 173ᵈ	*Thamos, König in Ägypten* (Chöre und Zwischenaktmusiken zu dem historischen Drama; Text von Tobias Philipp Freiherrn von Gebler)	B; SATB; 2 Fl., 2 Ob., 2 Fg.; 2 Hr., 2 Trp.; Pk.; 3 Pos.; 2 V., 2 Va.; *Vc. e Basso*	Zwischenaktmusiken: Salzburg, um 1777; Chöre: um 1779/80
Anh. 207 (KV⁶ Anh. C 27.06)	Ballettmusik zur Oper *Ascanio in Alba* KV 111 (B.I.)		vermutlich Mailand, Ende 1771
Anh. 109 (135ᵃ)	*Le gelosie del serraglio* (Ballettmusik zur Oper *Lucio Silla* KV 135 [B.I.])		vermutlich Mailand, Ende 1772
Anh. 10 (299ᵇ)	Musik zur Pantomime *Les petits riens*	2 Fl., 2 Ob., 2 Klar., 2 Fg.; 2 Hr., 2 Trp.; Pk.; 2 V., 2 Va.; *Vc. e Basso*	Paris, vor dem 11. Juni 1778
– (299ᶜ)	Ballettskizzen		
300	Gavotte in B	2 Ob., 2 Fg.; 2 Hr.; 2 V., 2 Va.; *Vc. e Basso*	Paris, 1778
367	Ballettmusik zur Oper *Idomeneo* KV 366 (B.I.)	2 Fl., 2 Ob., 2 Fg.; 2 Hr., 2 Trp.; Pk.; 2 V., 2 Va.; *Vc. e Basso*	München, Januar 1781
446 (416ᵈ)	Musik zu einer Faschingspantomime	2 V., Va.; *Basso*	Wien, Februar 1783

Verloren *Semiramis* (Duodrama, Otto Heinrich von Gemmingen) KV Anh. 11 (315ᵉ); Mannheim, November 1778; eventuell nie begonnen; bekannt nur aus Briefen vom 24. November und 3. Dezember 1778

B.IV. Musik zu Schauspielen, Pantomimen und Balletten

AMA	NMA	Anmerkung
V/Nr. 12 [ND 11]	II/6/1 BA 4505 LM	zum Teil komponiert im Auftrag Geblers
–	IX/27/2, S. 153 [TB 20]	nur 9 Nummern in Bearbeitung für Kl. vorhanden; Authentizität fraglich
–	X/30/3, Skb 10–13	skizzenartige Niederschrift nur der Hauptstimmen; 32 Nummern, davon 10 aus Balletten von Joseph Starzer und François Granier; Material weiterverwendet in Missa brevis KV 140 (Anh. 235^d, Anh. C 1.12) (A.1.), Bläserdivertimenti KV 186 (159^b) und KV 166 (159^d) (C.V.) sowie Violinkonzert KV 219 (C.II.1.)
XXIV/3/ Nr. 10a, S. 80 [ND 39]	II/6/2, S. 3 [TB 9]	Opéra Paris, aufgeführt nach Niccolò Piccinni, *Le finte gemelle*; 20 Sätze, Ouvertüre und 13 (von 20) Nummern von Mozart
		siehe F.I. Skizzen
–	II/6/2, S. 46 [TB 9]	vielleicht verworfener Satz aus *Les petits riens* KV Anh. 10 (299^b)
V/Nr. 14 [ND 12]	II/5/11, S. 495 [TB 6] ♦ II/6/2, S. 49 [TB 9] BA 4768 LM	für den Schluß der Oper
XXIV/3/ Nr. 18, S. 141 [ND 39]	II/6/2, S. 120 [TB 9]	aufgeführt in Wien, Hofburg: 3. März 1783; nur 5 von mindestens 15 Nummern überliefert

Fragment (siehe E.I.)   Fr 1778a [KV Anh. 103 (320^f, 299d)] (*La Chasse*)

Zuschreibung zweifelhaft   2 Chöre zum Schauspiel *Thamos* KV Anh. 243 (KV^6 Anh. C 7.02)

C. INSTRUMENTALMUSIK

I. Sinfonien, Sinfoniesätze und Einzelstücke für Orchester

Die traditionelle Zählung der Sinfonien von 1 bis 41 bezieht sich auf die Werk-Nummern in Serie VIII/1–3 der AMA.

KV	Tonart	Besetzung	Datierung
16	Es-Dur	2 Ob.; 2 Hr.; 2 V., Va.; Vc. e Basso, [Cemb.]	vermutlich London, 1764/65
19	D-Dur	2 Ob.; 2 Hr.; 2 V., Va.; Vc. e Basso, [Cemb.]	London, 1765
Anh. 223 (19ª)	F-Dur	2 Ob.; 2 Hr.; 2 V., Va.; Vc. e Basso, [Cemb.]	London oder Holland, 1765
22	B-Dur	2 Ob.; 2 Hr.; 2 V., Va.; Vc. e Basso, [Cemb.]	Den Haag, Dezember 1765
76 (42ª)	F-Dur	2 Ob., 2 Fg.; 2 Hr.; 2 V., Va.; Vc. e Basso	angeblich Wien, Herbst 1767
43	F-Dur	2 Ob./Fl.; 2 Hr.; 2 V., 2 Va.; Vc. e Basso	Wien [und Olmütz], Oktober–Dezember 1767
45	D-Dur	2 Ob.; 2 Hr., 2 Trp.; Pk.; 2 V., Va.; Vc. e Basso	[Wien], 16. Januar 1768
Anh. 221 (45ª) *Alte Lambacher*	G-Dur	2 Ob.; 2 Hr.; 2 V., Va.; Vc. e Basso	Den Haag, 1766; überarbeitet vermutlich Salzburg, um 1766/67
Anh. 214 (45ᵇ)	B-Dur	2 Ob.; 2 Hr.; 2 V., Va.; Vc. e Basso	angeblich Wien, Anfang 1768
48	D-Dur	2 Ob.; 2 Hr., 2 Trp.; Pk.; 2 V., Va.; Vc. e Basso	Wien, 13. Dezember 1768
73 (75ª, 73)	C-Dur	2 Ob./Fl.; 2 Hr., 2 Trp.; Pk.; 2 V., Va.; Vc. e Basso	vermutlich Salzburg, Frühsommer 1772
81 (73ˡ)	D-Dur	2 Ob.; 2 Hr.; 2 V., Va.; Vc. e Basso	Rom, 25. April 1770

C.I. Sinfonien, Sinfoniesätze und Einzelstücke für Orchester

AMA	NMA	Anmerkung
VIII/1/Nr. 1, S. 1 [ND 20]	IV/11/1, S. 3 [TB 11] BA 9165 P, AM	3 Sätze
VIII/1/ Nr. 4, S. 37 [ND 20]	IV/11/1, S. 21 [TB 11] BA 9166 P, AM	3 Sätze
–	IV/11/1, S. 35 [TB 11] BA 9166 P, AM	3 Sätze; wiederentdeckt 1981
VIII/1/ Nr. 5, S. 47 [ND 20]	IV/11/1, S. 49 [TB 11] BA 9167 P, AM	3 Sätze
XXIV/2/ Nr. 3, S. 12 [ND 39]	IV/11/1, S. 63 [TB 11] BA 5362 P, AM	4 Sätze; Autorschaft fraglich
VIII/1/ Nr. 6, S. 56 [ND 20]	IV/11/1, S. 79 [TB 11] BA 9168 P, AM	4 Sätze
VIII/1/ Nr. 7, S. 69 [ND 20]	IV/11/1, S. 95 [TB 11] BA 5355 P	4 Sätze; bearbeitet als Ouvertüre zur Oper *La finta semplice* KV 51 (46ª) (B.I.)
–	IV/11/1, S. 115 (2. Fassung), S. 189 (1. Fassung) [TB 11] BA 9172 P, AM	3 Sätze
–	IV/11/1, S. 129 [TB 11] BA 9170 P, AM	4 Sätze
VIII/1/ Nr. 8, S. 81 [ND 20]	IV/11/1, S. 143 [TB 11] BA 9171 P, AM	4 Sätze
VIII/1/ Nr. 9, S. 97 [ND 20]	IV/11/1, S. 163 [TB 11] BA5359 P	4 Sätze; siehe Fr 1772c (E.I.)
XXIV/2/ Nr. 4, S. 22 [ND 39]	IV/11/2, S. 3 [TB 11] BA 5367 P	3 Sätze; auch Leopold Mozart zugeschrieben

INSTRUMENTALMUSIK

KV	Tonart	Besetzung	Datierung
97 (73ᵐ)	D-Dur	2 Ob.; 2 Hr., 2 Trp.; Pk.; 2 V., Va.; *Vc. e Basso*	angeblich Rom, April 1770
95 (73ⁿ)	D-Dur	2 Fl./Ob., 2 Trp.; 2 V., Va.; *Vc. e Basso*	angeblich Rom, April 1770
84 (73ᑫ)	D-Dur	2 Ob.; 2 Hr.; 2 V., 2 Va.; *Vc. e Basso*	vielleicht Mailand oder Bologna, Anfang Juli 1770
74	G-Dur	2 Ob.; 2 Hr.; 2 V., Va.; *Vc. e Basso*	Italien, 1770
Anh. 216 (74ᵍ, Anh. C 11.03)	B-Dur	2 Ob.; 2 Hr.; 2 V., 2 Va.; *Vc. e Basso*	[? Mailand oder Salzburg, 1770/71]
75	F-Dur	2 Ob.; 2 Hr.; 2 V., Va.; *Vc. e Basso*	angeblich Salzburg, Frühjahr 1771
110 (75ᵇ)	G-Dur	2 Fl./2 Ob., 2 Fg.; 2 Hr., 2 Trp.; Pk.; 2 V., 2 Va.; *Vc. e Basso*	Salzburg, Juli 1771
– (mit KV 111 [Ouvertüre] und 120 [111ᵃ])	D-Dur	2 Fl., 2 Ob.; 2 Hr., 2 Trp.; Pk.; 2 V., 2 Va.; *Vc. e Basso*	Mailand, Oktober/November 1771
96 (111ᵇ)	C-Dur	2 Ob.; 2 Hr., 2 Trp.; Pk.; 2 V., Va.; *Vc. e Basso*	angeblich Mailand, Oktober/November 1771
112	F-Dur	2 Ob.; 2 Hr.; 2 V., 2 Va.; *Vc. e Basso*	Mailand, 2. November 1771
114	A-Dur	2 Fl./2 Ob.; 2 Hr.; 2 V., 2 Va.; *Vc. e Basso*	Salzburg, 30. Dezember 1771
124	G-Dur	2 Ob.; 2 Hr.; 2 V., Va.; *Vc. e Basso*	Salzburg, 21. Februar 1772
128	C-Dur	2 Ob.; 2 Hr.; 2 V., Va.; *Vc. e Basso*	Salzburg, Mai 1772

C.I. Sinfonien, Sinfoniesätze und Einzelstücke für Orchester

AMA	NMA	Anmerkung
XXIV/2/ Nr. 7, S. 52 [ND 39]	IV/11/2, S. 15 [TB 11] BA 5377 P	4 Sätze; Autorschaft fraglich
XXIV/2/ Nr. 5, S. 32 [ND 39]	IV/11/2, S. 33 [TB 11] BA 5376 P	4 Sätze; Autorschaft fraglich
VIII/1/ Nr. 11, S. 121 [ND 20]	IV/11/2, S. 47 [TB 11] BA 5375 P	3 Sätze; Autorschaft fraglich; auch Leopold Mozart und Carl Ditters von Dittersdorf zugeschrieben
VIII/1/ Nr. 10, S. 110 [ND 20] BA 5366 P	IV/11/2, S. 67 [TB 11]	3 Sätze
XXIV/12/ Nr. 63 [ND 39]	X/29/3, S. 37	4 Sätze; Autorschaft fraglich
XXIV/2/ Nr. 2, S. 1 [ND 39]	IV/11/2, S. 83 [TB 11] BA 5361 P	4 Sätze; Autorschaft fraglich
VIII/1/ Nr. 12, S. 135 [ND 20]	IV/11/2, S. 97 [TB 11] BA 5363 P	4 Sätze
KV 120: XXIV/3/ Nr. 9, S. 69 [ND 39]	IV/11/2, S. 115 [TB 11] BA 5364 P, AM	3 Sätze; Sinfonie aus Ouvertüre zu *Ascanio in Alba* KV 111 (B.I.) und Finale KV 120 (111[a])
XXIV/2/ Nr. 6, S. 42 [ND 39]	IV/11/2, S. 133 [TB 11] BA 5365 P	4 Sätze; Autorschaft fraglich
VIII/1/ Nr. 13, S. 149 [ND 20]	IV/11/2, S. 151 [TB 11] BA 5360 P	4 Sätze
VIII/1/ Nr. 14, S. 161 [ND 20]	IV/11/2, S. 165 [TB 11] BA 5356 P	4 Sätze
VIII/1/ Nr. 15, S. 175 [ND 20]	IV/11/2, S. 183 [TB 11] BA 5357 P	4 Sätze
VIII/1/ Nr. 16, S. 187 [ND 20]	IV/11/3, S. 1 [TB 11] BA 4713 P; TP 31	3 Sätze

INSTRUMENTALMUSIK

KV	Tonart	Besetzung	Datierung
129	G-Dur	2 Ob.; 2 Hr.; 2 V., Va.; *Vc. e Basso*	Salzburg, Mai 1772
130	F-Dur	2 Fl.; 4 Hr.; 2 V., Va.; *Vc. e Basso*	Salzburg, Mai 1772
132	Es-Dur	2 Ob.; 4 Hr.; 2 V., 2 Va.; *Vc. e Basso*	Salzburg, Juli 1772
133	D-Dur	Fl./2 Ob.; 2 Hr., 2 Trp.; 2 V., Va.; *Vc. e Basso*	Salzburg, Juli 1772
134	A-Dur	2 Fl.; 2 Hr.; 2 V., Va.; *Vc. e Basso*	Salzburg, August 1772
161 (141ª); 3. Satz in KV¹ auch als Nr. 163 geführt	D-Dur	2 Fl., 2 Ob.; 2 Hr., 2 Trp.; Pk.; 2 V., Va.; *Vc. e Basso*	Salzburg, 1773/74
184 (166ª, 161a)	Es-Dur	2 Fl., 2 Ob., 2 Fg.; 2 Hr., 2 Trp.; 2 V., 2 Va.; *Vc. e Basso*	vermutlich Salzburg, 30. März 1773
199 (162ª, 161b)	G-Dur	2 Fl.; 2 Hr.; 2 V., 2 Va.; *Vc. e Basso*	Salzburg, 10. (16.?) April 1773
162	C-Dur	2 Ob.; 2 Hr., 2 Trp.; 2 V., 2 Va.; *Vc. e Basso*	Salzburg, 19. (29.?) April 1773
181 (162ᵇ)	D-Dur	2 Ob.; 2 Hr., 2 Trp.; 2 V., 2 Va.; *Vc. e Basso*	Salzburg, 19. Mai 1773
182 (166ᶜ, 173d A)	B-Dur	2 Fl., 2 Ob.; 2 Hr.; 2 V., 2 Va.; *Vc. e Basso*	Salzburg, 3. Oktober 1773
183 (KV⁶ 173d B) ›Kleine g-Moll-Sinfonie‹	g-Moll	2 Ob., 2 Fg.; 4 Hr.; 2 V., 2 Va.; *Vc. e Basso*	Salzburg, 5. Oktober 1773

C.I. Sinfonien, Sinfoniesätze und Einzelstücke für Orchester

AMA	NMA	Anmerkung
VIII/1/ Nr. 17, S. 199 [ND 20]	IV/11/3, S. 15 [TB 11] BA 4714 P	3 Sätze
VIII/1/ Nr. 18, S. 215 [ND 20]	IV/11/3, S. 31 [TB 11] BA 4715 P	4 Sätze
VIII/1/ Nr. 19, S. 233 [ND 20]	IV/11/3, S. 52 [TB 11] BA 4716 P; TP 34	4 Sätze; 2 alternative langsame Sätze
VIII/1/ Nr. 20, S. 252 [ND 20]	IV/11/3, S. 78 [TB 11] BA 4717 P	4 Sätze
VIII/1/ Nr. 21, S. 271 [ND 20]	IV/11/3, S. 102 [TB 11] BA 4718 P	4 Sätze
KV 161 = Ouvertüre KV 126: V/Nr. 7 [ND 9] ♦ KV 163: XXIV/3/ Nr. 10, S. 73 [ND 39]	IV/11/3, S. 123 [TB 11] BA 4719 P, AM; TP 37	3 Sätze; aus Ouvertüre zu *Il sogno di Scipione* KV 126 (B.I.) mit Finale KV 163
VIII/2/ Nr. 26, S. 58 [ND 21]	IV/11/4, S. 15 [TB 11] BA 4744 P; TP 72	3 Sätze
VIII/2/ Nr. 27, S. 79 [ND 21]	IV/11/4, S. 37 [TB 11] BA 4745 P; TP 73	3 Sätze
VIII/2/ Nr. 22, S. 1 [ND 21]	IV/11/4, S. 1 [TB 11] BA 4743 P; TP 71	3 Sätze
VIII/2/ Nr. 23, S. 13 [ND 21]	IV/11/4, S. 57 [TB 11] BA 4746 P; TP 74	3 Sätze
VIII/2/ Nr. 24, S. 27 [ND 21]	IV/11/4, S. 75 [TB 11] BA 4747 P	3 Sätze
VIII/2/ Nr. 25, S. 39 [ND 21]	IV/11/4, S. 87 [TB 11] BA 4748 P; TP 76	4 Sätze

KV	Tonart	Besetzung	Datierung
201 (186ª)	A-Dur	2 Ob.; 2 Hr.; 2 V., Va.; Vc. e Basso	Salzburg, 6. April 1774
202 (186ᵇ)	D-Dur	2 Ob.; 2 Hr., 2 Trp.; 2 V., Va.; Vc. e Basso	Salzburg, 5. Mai 1774
200 (173ᵉ, 189k)	C-Dur	2 Ob.; 2 Hr., 2 Trp.; 2 V., 2 Va.; Vc. e Basso	Salzburg, 17. [?] November 1773
– (mit KV 196 [Ouvertüre] und 121 [207ª])	D-Dur	2 Ob.; 2 Hr.; 2 V., Va.; Vc. e Basso	Salzburg, Frühjahr 1775
– [204 (213ª)]	D-Dur	2 Ob., 2 Fg.; 2 Hr., 2 Trp.; 2 V., Va.; Vc. e Basso	nach dem 5. August 1775
– (mit KV 208 [Ouvertüre, Arie] und 102 [213ᶜ])	C-Dur	2 Fl./2 Ob.; 2 Hr., 2 Trp.; 2 V., Va.; Vc. e Basso	Salzburg, Sommer 1775
– [250 (248ᵇ)]	D-Dur	2 Ob., 2 Fg.; 2 Hr., 2 Trp.; Pk.; 2 V., 2 Va.; Vc. e Basso	Salzburg, zwischen Juli 1776 und 1777
297 (300ª) ›Pariser Sinfonie‹	D-Dur	2 Fl., 2 Ob., 2 Klar., 2 Fg.; 2 Hr., 2 Trp.; Pk.; 2 V., 2 Va.; Vc. e Basso	Paris, vor dem 12. Juni 1778 (mit Andante im 6/8-Takt) ♦ neues Andante (3/4-Takt): Paris, vor dem 9. Juli 1778
318 (Ouvertüre)	G-Dur	2 Fl., 2 Ob., 2 Fg.; 4 Hr., 2 Trp.; Pk.; 2 V., 2 Va.; Vc. e Basso	Salzburg, 26. April 1779; zusätzliche Trp.-Stimmen: Wien, 1782/83
319	B-Dur	2 Ob., 2 Fg.; 2 Hr.; 2 V., 2 Va.; Vc. e Basso	Salzburg, 9. Juni 1779 (Menuett nachkomponiert: Wien, um 1784/85)
– [320]	D-Dur	2 Ob., 2 Fg.; 2 Hr., 2 Trp.; Pk.; 2 V., 2 Va.; Vc. e Basso	nach dem 3. August 1779
338	C-Dur	2 Ob., 2 Fg.; 2 Hr., 2 Trp.; Pk.; 2 V., 2 Va.; Vc. e Basso	Salzburg, 29. August 1780

C.I. Sinfonien, Sinfoniesätze und Einzelstücke für Orchester

AMA	NMA	Anmerkung
VIII/2/ Nr. 29, S. 117 [ND 21]	IV/11/5, S. 1 [TB 11] BA 4722 P; TP 43	4 Sätze
VIII/2/ Nr. 30, S. 141 [ND 21]	IV/11/5, S. 26 [TB 11] BA 4725 P; TP 44	4 Sätze
VIII/2/ Nr. 28, S. 95 [ND 21]	IV/11/4, S. 107 [TB 11] BA 4749 P	4 Sätze
KV 121: X/ Nr. 10, S. 42 [ND 25]	IV/11/5, S. 44 [TB 11] BA 4726 P; TP 42	3 Sätze; Sinfonie aus Ouvertüre zu *La finta giardiniera* KV 196 (B.I.) und Finale KV 121 (207[a])
–	IV/11/7, S. 1 [TB 12] BA 4737 P, BA 9173 AM	4 Sätze; Sätze 1, 5, 6, 7 der Serenade KV 204 (213[a]) (C.IV.)
KV 102: XXIV/3/ Nr. 8, S. 60 [ND 39]	IV/11/5, S. 139 [TB 11]	3 Sätze; Sinfonie aus Ouvertüre und 1. Arie (unvollständig) aus *Il re pastore* KV 208 (B.I.) sowie Finale KV 102
–	IV/11/7, S. 31 [TB 12] BA 9174 P, AM; BA 5323 LM, BA 4738 LM	5 Sätze; Sätze 1, 5, 6, 7, 8/9 der Serenade KV 250 (248[b]) mit neuer Pk.-St. (C.IV.)
VIII/2/ Nr. 31, S. 157 [ND 21]	IV/11/5, S. 57 (Erstfassung; Fassung ED 1. Satz S. 106, 2. Satz S. 128) [TB 11] BA 4727 P; TP 41	3 Sätze; ED Paris: Sieber 1788 (St.; 2. Fassung) Sk zu Satz II, Finale
VIII/2/ Nr. 32, S. 197 [ND 21]	IV/11/6, S. 3 [TB 12] BA 5351 P; TP 177	1 Satz; ED Leipzig: Ambrosius Kühnel 1826/27
VIII/2/ Nr. 33, S. 213 [ND 21]	IV/11/6, S. 23 [TB 12] BA 5352 P	4 Sätze; ED Wien: Artaria 1785 (St.) als op. 9
–	IV/11/7, S. 89 [TB 12] BA 9175 P, AM, LM	3 Sätze; Sätze 1, 5, 7 der Serenade KV 320 (C.IV.) mit zusätzlicher Pk.
VIII/2/ Nr. 34, S. 239 [ND 21]	IV/11/6, S. 59 [TB 12] BA 5353 P; TP 179	3 Sätze; Menuett (nach dem 1. Satz) im Autograph gestrichen, siehe KV 409 (383[f])

KV	Tonart	Besetzung	Datierung
409 (383^f) (Sinfonie-Menuett)	C-Dur	2 Fl., 2 Ob., 2 Fg.; 2 Hr., 2 Trp.; Pk.; 2 V., Va.; Vc. e Basso	Wien, 1782/83
385 ›Haffner-Sinfonie‹	D-Dur	2 Fl., 2 Ob., 2 Klar., 2 Fg.; 2 Hr., 2 Trp.; Pk.; 2 V., 2 Va.; Vc. e Basso	1. Fassung: Wien, Juli 1782 2. Fassung: Wien, um Februar/März 1783
425 ›Linzer Sinfonie‹	C-Dur	2 Ob., 2 Fg.; 2 Hr., 2 Trp.; Pk.; 2 V., 2 Va.; Vc. e Basso	Linz, Ende Oktober/ Anfang November 1783, überarbeitet Wien, um 1784/85
444 (425^a)	G-Dur	2 Ob.; 2 Hr.; 2 V., Va.; Vc. e Basso	Wien, Ende 1783
477 (479^a) »Maurerische Trauermusik«	c-Moll	2 Ob., Klar., 3 Bassetthr., Kfg.; 2 Hr.; 2 V., 2 Va.; Vc. e Basso	Wien, Juli 1785
504 ›Prager Sinfonie‹	D-Dur	2 Fl., 2 Ob., 2 Fg.; 2 Hr., 2 Trp.; Pk.; 2 V., 2 Va.; Vc. e Basso	Wien, 6. Dezember 1786
543	Es-Dur	Fl., 2 Klar., 2 Fg.; 2 Hr., 2 Trp.; Pk.; 2 V., Va.; Vc. e Basso	Wien, 26. Juni 1788
546	c-Moll	2 V., Va.; Vc. e Basso	Wien, 26. Juni 1788
550 ›Große g-Moll-Sinfonie‹	g-Moll	Fl., 2 Ob., (2 Klar.), 2 Fg.; 2 Hr.; 2 V., 2 Va.; Vc. e Basso	1. Fassung: Wien, 25. Juli 1788 2. Fassung: wenig später

C.I. Sinfonien, Sinfoniesätze und Einzelstücke für Orchester

AMA	NMA	Anmerkung
X/Nr. 11, S. 48 [ND 25]	IV/11/10, S. 3 [TB 12] BA 5354 P, AM	1 Satz; vielleicht für KV 338
VIII/3/ Nr. 35, S. 1 [ND 22]	IV/11/6, S. 113 [TB 12] BA 4781 P; TP 180	4 Sätze; zur Nobilitierung von Siegmund Haffner d.J., Edler von Innbachhausen; ursprünglich als Serenade wohl mit Marsch KV 408/2 (385^a) und weiteren (konzertanten?) Einzelsätzen (verloren); siehe auch KV 249 und 250 (248^b) (C.IV.); Fl. und Klar. später hinzugefügt; ED Wien: Artaria 1785 (St.), als op. 7,8
VIII/3/ Nr. 36, S. 37 [ND 22]	IV/11/8, S. 3 [TB 12] BA 4704 P; TP 16	4 Sätze; für eine Akademie in Linz am 4. November 1783
VIII/3/ Nr. 37, S. 81 [ND 22]	X/28/Abt. 3–5/2	1 Satz; von Johann Michael Haydn (= Sinfonie G-Dur MH 334), nur Langsame Einleitung von Mozart; siehe Eigenhändige Abschriften fremder Werke G.IX.
X/Nr. 12, S. 53 [ND 25]	IV/11/10, S. 11 [TB 12] BA 4709 P, AM; TP 18	1 Satz; für freimaurerische Trauerfeier zum Gedenken an Herzog Georg August von Mecklenburg-Strelitz und Franz Graf Esterházy von Galantha am 17. November 1785 Sk zu cantus firmus
VIII/3/ Nr. 38, S. 97 [ND 22]	IV/11/8, S. 63 [TB 12] BA 4766 P; TP 160	3 Sätze; aufgeführt in Prag: 19. Januar 1787 siehe Fr 1786h (E.I.); Sk zu 1. Satz
VIII/3/ Nr. 39, S. 137 [ND 22]	IV/11/9, S. 1 [TB 12] BA 4723 P; TP 39	4 Sätze
XIV/Nr. 27, S. 301 [ND 29]	IV/11/10, S. 47 [TB 12] BA 5378 AM	Adagio und Fuge; ED Wien: Hoffmeister 1788 (St., nur Fuge); Fuge Bearbeitung von KV 426 (für 2 Kl.; C.XX.)
VIII/3/ Nr. 40, S. 181 [ND 22]	IV/11/9, S. 63, S. 125 [TB 12] BA 4724 P; TP 40	4 Sätze; 2. Fassung mit Klar.

KV	Tonart	Besetzung	Datierung
551 ›Jupiter-Sinfonie‹	C-Dur	Fl., 2 Ob., 2 Fg.; 2 Hr., 2 Trp.; Pk.; 2 V., Va.; Vc. e Basso	Wien, 10. August 1788

Verloren   C-Dur KV Anh. 222 (19^b); angeblich London, 1765; Incipit im Breitkopf-Katalog ♦ D-Dur KV Anh. 215 (66^c); 2 Ob., 2 Hr., 2 Trp., Pk., Streicher; angeblich Salzburg, 1769; Incipit im Breitkopf-Katalog ♦ B-Dur KV Anh. 217 (66^d); 2 Fl., 2 Hr., Streicher; angeblich Salzburg, 1769; Incipit im Breitkopf-Katalog ♦ B-Dur KV Anh. 218 (66^e); 2 Fl., 2 Ob., 2 Fg., 2 Hr., Streicher; angeblich Salzburg, 1769; Incipit im Breitkopf-Katalog ♦ »2. Pariser Sinfonie«, KV Anh. 8 (311A); Paris, vermutlich Sommer 1778; unklar, ob überhaupt komponiert; Briefe vom 11. September und 3. Oktober 1778

Fragmente einzelner Sätze (siehe E.I.)   Fr 1764e [KV^3 bei 186 (KV^6 bei 159b)] ♦ Fr 1782t [KV Anh. 100 (383^g)] ♦ Fr 1786h [KV Anh. 105 (504^a)] ♦ Fr 1791g [KV Anh. 102 (620^a)]

Zuschreibung zweifelhaft   KV^3 16^b (KV^6 Anh. C 11.01) ♦ Ouverture KV^3 311^a (KV^6 Anh. C 11.05) ♦ KV Anh. 219 (Anh. 291^b, Anh. C 11.06) ♦ KV^3 bei Anh. 223 (KV^6 Anh. C 11.07) ♦ KV^3 bei Anh. 223 (KV^6 Anh. C 11.08) ♦ D-Dur KV deest (um 1770; Gesellschaft der Musikfreunde Wien; in Zagreb, Hvratski Glazbeni Zavod, unter dem Namen David Westermayer überliefert)

II. Konzerte und Konzertsätze für ein oder mehrere Streich-, Blas- und Zupfinstrumente und Orchester

1. Streicher

KV	Titel	Tonart	Besetzung	Datierung
190 (166^b, 186E)	Concertone	C-Dur	2 SoloV., 2 Ob. (1. auch solo); 2 Hr., 2 Trp.; 2 V., 2 Va.; Vc. e Basso (Vc. auch solo)	Salzburg, 31. Mai 1774
207	Konzert	B-Dur	SoloV.; 2 Ob.; 2 Hr.; 2 V., Va.; Vc. e Basso	Salzburg, Frühjahr 1773
211	Konzert	D-Dur	SoloV.; 2 Ob.; 2 Hr.; 2 V., 2 Va.; Vc. e Basso	Salzburg, 14. Juni 1775

C.II.1. Konzerte und Konzertsätze für Streichinstrumente und Orchester

AMA	NMA	Anmerkung
VIII/3/ Nr. 41, S. 230 [ND 22]	IV/11/9, S. 187 [TB 12] BA 4703 P; TP 17	4 Sätze; Beiname wohl von Johann Peter Salomon

Unterschoben (Auswahl) a-Moll (›Odense‹) KV Anh. 220 (16ᵃ), in: NMA X/29/3, S. 3 (Autor unbekannt) ♦ B-Dur KV 17 (Anh. 223ᵃ, Anh. C 11.02), in: AMA VIII/1, S. 13 [ND 20] [B&H (AMA) Nr. 2] (Leopold Mozart) ♦ KV 98 (Anh. 223ᵇ, Anh. C 11.04), in: AMA XXIV, Nr. 56 (Bd. 11) [ND 40] (Autor unbekannt) ♦ Es-Dur KV 18 (Anh. 109ᴵ, Anh. A 51), in: AMA VIII/1, S. 23 [ND 20] [B&H (AMA) Nr. 3] (von Karl Friedrich Abel) ♦ Finale (Fuge) der Sinfonie D-Dur KV 291 (Anh. 109ˣᴵ, Anh. A 52), in: AMA XXIV, Nr. 11 (Bd. 3, S. 106) [ND 39] (von Johann Michael Haydn MH 287) ♦ KV deest (›Neue Lambacher‹), gedr. Kassel 1965 (von Leopold Mozart) ♦ Grande Sinfonia KV³ Anh. 293ᶜ (KV⁶ Anh. C 11.10) (von Ignaz Pleyel) ♦ KV Anh. 293 (KV⁶ Anh. C 11.09) (von Leopold Mozart) ♦ Orchesterpart. (Fragment) KV³ S. 835, nach Nr. 23 (KV⁶ Anh. C 11.16)

AMA	NMA	Anmerkung
XII/Abt.1/ Nr. 9, S. 167 [ND 26]	V/14/2, S. 3 [TB 14] BA 5380 P, KlA, AM	vielleicht für Musiker der Salzburger Hofkapelle
XII/Abt.1/ Nr. 1, S. 1 [ND 26]	V/14/1, S. 3 [TB 14] BA 4863 P, KlA; TP 270	vgl. Rondo B-Dur KV 269 (261ᵃ)
XII/Abt.1/ Nr. 2, S. 27 [ND 26]	V/14/1, S. 55 [TB 14] BA 4864 P, KlA; TP 271	

INSTRUMENTALMUSIK

KV	Titel	Tonart	Besetzung	Datierung
216	Konzert ›Straßburger‹	G-Dur	SoloV.; 2 Ob.; 2 Hr.; 2 V., 2 Va.; *Vc. e Basso*	Salzburg, 12. September 1775
218	Konzert	D-Dur	SoloV.; 2 Ob.; 2 Hr.; 2 V., 2 Va.; *Vc. e Basso*	Salzburg, Oktober 1775
219	Konzert	A-Dur	SoloV.; 2 Ob.; 2 Hr.; 2 V., 2 Va.; *Vc. e Basso*	Salzburg, 20. Dezember 1775
261	Adagio	E-Dur	SoloV.; 2 Fl.; 2 Hr.; 2 V., Va.; *Vc. e Basso*	Salzburg, 1776
269 (261a)	Rondo	B-Dur	SoloV.; 2 Ob.; 2 Hr.; 2 V., Va.; *Vc. e Basso*	vermutlich Salzburg, 1775/77
364 (320d)	Sinfonia concertante	Es-Dur	SoloV., SoloVa. (Skordatur D-Dur); 2 Ob.; 2 Hr.; 2 V., 2 Va.; *Vc. e Basso*	Salzburg, 1779/80
373	Rondo	C-Dur	SoloV.; 2 Ob.; 2 Hr.; 2 V., 2 Va.; *Vc. e Basso*	Wien, 2. April 1781

Verloren Konzert F-Dur KV³ 206a; SoloVc. (oder Fg.); angeblich Salzburg, März 1775 ♦ Andante A-Dur KV 470; SoloV., 2 Ob., 2 Hr., Streicher; Wien, 1. April 1785; bekannt nur aus MozVerz; Zuordnung unbekannt

Fragmente (siehe E.I.) Instrumentalsatz für 2 V.: Fr 1773b [KV³ Anh. 223c (KV⁶ Anh. A 50)] ♦ Fr 1779b [KV Anh. 104 (320e)] (Sinfonia concertante [Allegro], V., Va., Vc.; Orchester)

2. Blasinstrumente

KV	Titel	Tonart	Besetzung	Datierung
191 (186e)	Konzert	B-Dur	SoloFg.; 2 Ob.; 2 Hr.; 2 V., 2 Va.; *Vc. e Basso*	Salzburg, 4. Juni 1774
– (271k)	Konzert			

C.II.2. Konzerte und Konzertsätze für Blasinstrumente und Orchester

AMA	NMA	Anmerkung
XII/Abt.1/ Nr. 3, S. 49 [ND 26]	V/14/1, S. 95 [TB 14] BA 4865 P, KlA; TP 272	Beginn des Kopfsatzes vgl. Arie Nr. 3 aus *Il re pastore* KV 208 (B.I.); Zitat einer als »*Straßburger*« bekannten Melodie im Finale
XII/Abt.1/ Nr. 4, S. 83 [ND 26]	V/14/1, S. 151 [TB 14] BA 4866 P, KlA; TP 273	
XII/Abt.1/ Nr. 5, S. 113 [ND 26]	V/14/1, S. 205 [TB 14] BA 4712 P, KlA; TP 20	im Rondeau Material aus *Le gelosie del serraglio* KV Anh. 109 (135ᵃ) (B.IV.); vgl. Adagio E-Dur KV 261
XII/Abt.1/ Nr. 6, S. 145 [ND 26]	V/14/1, S. 267 [TB 14] BA 5379 AM	vielleicht nachkomponiert für Antonio Brunetti in KV 219
XII/Abt.1/ Nr. 7, S. 150 [ND 26]	V/14/1, S. 275 [TB 14] BA 5379 P, KlA, AM	vielleicht nachkomponiert für Antonio Brunetti in KV 207
XII/Abt.1/ Nr. 10, S. 211 [ND 26]	V/14/2, S. 57 [TB 14] BA 4900 P, KlA, AM; TP 176	Sk zu Satz I, Satz II
XII/Abt.1/ Nr. 8, S. 159 [ND 26]	V/14/1, S. 293 [TB 14] BA 5379 P, KlA, AM	für Antonio Brunetti, aufgeführt in einer Akademie in Wien am 8. April 1781; Fl.-Bearbeitung in D-Dur KV Anh. 184 nicht authentisch

Zuschreibung zweifelhaft   Konzert (SoloV.) Es-Dur KV 268 (365ᵇ, Anh. C 14.04), in: AMA XXIV, Nr. 19 (Bd. 4, S. 1) [ND 39] ♦ D-Dur KV² 271ᵃ (271ⁱ), in: NMA X/29/1, S. 81 ♦ Konzert (Vc.) (Fragment) KV Anh. 99 (Anh. 294ᶜ, Anh. C 14.02)

Unterschoben   Konzert (SoloV.) D-Dur KV³ Anh. 294a (KV⁶ Anh. C 14.05) ›Adelaide-Konzert‹ (von M. Casadesus)

AMA	NMA	Anmerkung
XII/Abt. 2/ Nr. 11, S. 1 [ND 27]	V/14/3, S. 133 [TB 14] BA 4868 P, KlA; TP 253	
		identisch mit KV 314 (285ᵈ)

INSTRUMENTALMUSIK

KV	Titel	Tonart	Besetzung	Datierung
313 (285c)	Konzert	G-Dur	SoloFl.; 2 Fl./2 Ob.; 2 Hr.; 2 V., Va.; Vc. e Basso	wahrscheinlich Mannheim, Januar oder Februar 1778
314 (285d)	Konzert	C-Dur (Fl.-Fassung D-Dur)	SoloOb. (SoloFl.); 2 Ob.; 2 Hr.; 2 V., Va.; Vc. e Basso	wohl Salzburg, Frühjahr/Sommer 1777 (als Oboenkonzert); vielleicht Mannheim, Januar/Februar 1778 (als Flötenkonzert)
315 (285e)	Andante	C-Dur	SoloFl.; 2 Ob.; 2 Hr.; 2 V., 2 Va.; Vc. e Basso	wahrscheinlich Mannheim, Januar oder Februar 1778
– (297b, Anh. C 14.01)	Sinfonia concertante	Es-Dur	Soli: Ob., Klar., Hr., Fg.; 2 Ob.; 2 Hr.; 2 V., 2 Va.; Vc. e Basso	
299 (297c)	Konzert	C-Dur	SoloFl., SoloHf.; 2 Ob.; 2 Hr.; 2 V., 2 Va.; Vc. e Basso	Paris, wahrscheinlich April 1778
– [320]	Sinfonia concertante	G-Dur	Soli: 2 Fl., 2 Ob., 2 Fg.	
371	Rondo			
412 und 514 (386b)	Konzert	D-Dur	SoloHr.; 2 Ob., 2 Fg.; 2 V., 2 Va.; Vc. e Basso	Wien, 1791
417	Konzert	Es-Dur	SoloHr.; 2 Ob.; 2 Hr.; 2 V., Va.; Vc. e Basso	Wien, 27. Mai 1783
447	Konzert	Es-Dur	SoloHr.; 2 Klar., 2 Fg.; 2 V., 2 Va.; Vc. e Basso	Wien, vermutlich 1787
495	Konzert	Es-Dur	SoloHr.; 2 Ob.; 2 Hr.; 2 V., 2 Va.; Vc. e Basso	Wien, 26. Juni 1786
622	Konzert	A-Dur	SoloKlar.; 2 Fl., 2 Fg.; 2 Hr.; 2 V., 2 Va.; Vc. e Basso	Wien, vermutlich Oktober 1791

C.II.2. Konzerte und Konzertsätze für Blasinstrumente und Orchester

AMA	NMA	Anmerkung
XII/Abt. 2/ Nr. 13, S. 73 [ND 27]	V/14/3, S. 3 [TB 14] BA 4854 P, AM; TP 250	für Ferdinand Dejean
XII/Abt. 2/ Nr. 14, S. 104 [ND 27]	V/14/3, S. 53, S. 97 [TB 14] BA 4855 P, KlA, AM; TP 251	für Giuseppe Ferlendis, identisch mit KV³ 271ᵏ, Sk zu Satz I Fl.-Fassung, falls authentisch, vielleicht für Ferdinand Dejean
XII/Abt. 2/ Nr. 15, S. 129 [ND 27]	V/14/3, S. 89 [TB 14] BA 4854 KlA, AM; TP 250	vielleicht für KV 313 (285ᶜ)
XXIV/3/ Nr. 7a, S. 1 [ND 39]	X/29/1, S. 3	Autorschaft fraglich; vielleicht spätere Bearbeitung von KV Anh. 9 (297B) (verloren)
XII/Abt. 2/ Nr. 12, S. 21 [ND 27]	V/14/6, S. 3 [TB 14] BA 4598 P, KlA, AM; TP 286	für Adrien-Louis de Bonnières, Comte de Guines (Fl.) und dessen Tochter Marie-Louise-Philippine (Hf.)
		Sätze 3 und 4 aus Serenade KV 320 (C.IV.), siehe Brief vom 29. März 1783
	BA 5329 KlA	unvollständig (Orchestrierung fehlt) = Fr 1781b (E.I.)
XII/Abt. 2/ Nr. 16, S. 135 [ND 27]	V/14/5, S. 89, S. 127 (Entwurf zum Rondo), S. 149 (von Franz Xaver Süßmayer ergänzte Fassung) [TB 14] BA 5314 P, KlA, AM	2. Satz unvollständig = Fr 1791d (E.I.)
XII/Abt. 2/ Nr. 17, S. 149 [ND 27]	V/14/5, S. 3 [TB 14] BA 5311 KlA, AM	für Joseph Leutgeb
XII/Abt. 2/ Nr. 18, S. 167 [ND 27]	V/14/5, S. 29 [TB 14] BA 5312 P, KlA, AM	vielleicht für Joseph Leutgeb
XII/Abt. 2/ Nr. 19, S. 187 [ND 27]	V/14/5, S. 57 [TB 14] BA 5313 P, KlA, AM	für Joseph Leutgeb
XII/Abt. 2/ Nr. 20, S. 207 [ND 27]	V/14/4, S. 83 [TB 14]; rekonstruierte Fassung für ›Bassettklar.‹: V/14/4, S. 3 [TB 14] BA 4773 P, KlA (A-Klar.), KlA (Bassetklar.), AM; TP 254	für Anton Stadler; vgl. Fr 1787v (E.I.)

Verloren   Konzert F-Dur KV³ 206ª; SoloVc. (oder Fg.); angeblich Salzburg, März 1775 ♦ Konzert KV³ 47ᶜ; SoloTrp., [Orchester]; Wien, Herbst 1768; aufgeführt in Wien, Waisenhauskirche: 7. Dezember 1768 (Brief Leopold Mozarts vom 12. November 1768) ♦ Sinfonia concertante KV² Anh. 9 (KV⁶ 297B); Soli: Fl., Ob., Fg., Hr., [Orchester]; Paris, April 1778; bekannt nur aus Brief Mozarts vom 5. April 1778, siehe KV³ 297ᵇ (KV⁶ Anh. C 14.01).

Fragmente (siehe E.I.)   Konzertsätze: Fr 1778c [KV 293 (KV³ 416ᶠ und 416ᵍ, KV⁶ 416f)] (Ob.) ♦ Fr 1781a [KV Anh. 97/98 (KV² Anh. 97/98 und 98ᵇ, KV³ bei 371, KV⁶ 370b)] (Hr.) ♦ Fr 1781b [KV 371] (Rondo, Hr.) ♦ Fr 1785k [KV² Anh. 98ª (KV³ bei 386ᵇ = 412, KV⁶ 494a)] (Hr.) ♦ Fr 1787v [KV³ 584ᵇ (KV⁶ 621b)] (Bassetthr.) ♦ Fr 1791d [KV 514 = 412 (386ᵇ), zweiter Satz] (Rondo, Hr.)

III. Konzerte und Konzertsätze für ein oder mehrere Klaviere und Orchester (mit Kadenzen)

Die traditionelle Zählung der Klavierkonzerte von 1 bis 28 bezieht sich auf die Werk-Nummern in Serie XVI/1–4 der AMA.

KV	Titel	Tonart	Besetzung	Datierung
37, 39–41				
107 (21ᵇ), I–III				
175	Konzert	D-Dur	Kl.; 2 Ob.; 2 Hr., 2 Trp.; Pk.; 2 V., Va.; *Vc. e Basso*	Salzburg, Dezember 1773, Revision von Ob. und Hr.: Mannheim oder Paris, 1777/78, neues Finale KV 382: Wien, Anfang 1782
238	Konzert	B-Dur	Kl.; 2 Fl./2 Ob.; 2 Hr.; 2 V., Va.; *Vc. e Basso*	Salzburg, Januar 1776
242	Konzert ›Lodron‹	F-Dur	3 Kl.; 2 Ob.; 2 Hr.; 2 V., 2 Va.; *Vc. e Basso*	Salzburg, Februar 1776
246	Konzert ›Lützow‹	C-Dur	Kl.; 2 Ob.; 2 Hr.; 2 V., Va.; *Vc. e Basso*	Salzburg, April 1776

C.III. Klavierkonzerte (mit Kadenzen)

Zuschreibung zweifelhaft Konzert (Ob.) KV³ Anh. 294ᵇ (KV⁶ Anh. C 14.06)

Unterschoben Konzert (Fg.) F-Dur KV Anh. 230 (196ᵈ) (von Franz Danzi) ♦ Konzert (Fg.) B-Dur KV³ Anh. 230ᵃ (KV⁶ Anh. C 14.03) (von François Devienne?)

AMA	NMA	Anmerkung
		Nr. 1–4; siehe Bearbeitungen fremder Werke D.XII.
		siehe Bearbeitungen fremder Werke D.II.
XVI/1/ Nr. 5, S. 131 [ND 30]	V/15/1, S. 3 [TB 15] BA 5315 P, KlA	ED Paris: Boyer [1785] (Kl.-Stimme) zusammen mit neukomponiertem Rondo KV 382; Kadenzen KV 624 (626ᵃ) I. Teil, 1–4
XVI/1/ Nr. 6, S. 165 [ND 30]	V/15/1, S. 89 [TB 15] BA 5316 P, KlA, AM	Kadenzen KV 624 (626ᵃ) I. Teil, 5–7
XVI/1/ Nr. 7, S. 195 [ND 30]	V/15/1, S. 155 [TB 15] BA 5389 P, KlA	für Antonia Maria Felicitas Gräfin Lodron und ihre Töchter Maria Aloisia und Maria Josepha; auch Fassung für 2 Kl. (vermutlich 1779); Kadenz KV deest
XVI/1/ Nr. 8, S. 275 [ND 30]	V/15/2, S. 3 [TB 15] BA 5388 P, KlA	für Antonia Gräfin Lützow, geb. Czernin; Kadenzen KV 624 (626ᵃ) I. Teil, 8–12 und 14

INSTRUMENTALMUSIK

KV	Titel	Tonart	Besetzung	Datierung
271	Konzert ›Jeunehomme‹ (›Jenamy‹)	Es-Dur	Kl.; 2 Ob.; 2 Hr.; 2 V., Va.; *Vc. e Basso*	Salzburg, Januar 1777
365 (316ª)	Konzert	Es-Dur	2 Kl.; 2 Ob., (2 Klar.), 2 Fg.; 2 Hr., (2 Trp.; Pk.); 2 V., 2 Va.; *Vc. e Basso*	Salzburg, 1779
382	Rondo	D-Dur	Kl.; Fl., 2 Ob.; 2 Hr., 2 Trp.; Pk.; 2 V., Va.; *Vc. e Basso*	Wien, Anfang 1782
414 (386ª, 385p)	Konzert	A-Dur	Kl.; 2 Ob.; 2 Hr.; 2 V., Va.; *Vc. e Basso*	Wien, Winter 1782/83
386	Rondo	A-Dur	Kl.; 2 Ob.; 2 Hr.; 2 V., Va., Vc.; *Basso*	Wien, 19. Oktober 1782
413 (387ª)	Konzert	F-Dur	Kl.; 2 Ob.; 2 Hr.; 2 V., Va.; *Vc., Basso e Fagotto*	Wien, Winter 1782/83
415 (387ᵇ)	Konzert	C-Dur	Kl.; 2 Ob., 2 Fg.; 2 Hr., 2 Trp.; Pk.; 2 V., Va.; *Vc. e Basso*	Wien, Winter 1782/83
449	Konzert	Es-Dur	Kl.; 2 Ob.; 2 Hr.; 2 V., Va.; *Vc. e Basso*	Wien, 9. Februar 1784 (begonnen wohl schon 1782/83)
450	Konzert	B-Dur	Kl.; Fl., 2 Ob., 2 Fg.; 2 Hr.; 2 V., 2 Va.; *Vc. e Basso*	Wien, 15. März 1784
451	Konzert	D-Dur	Kl.; Fl., 2 Ob., 2 Fg.; 2 Hr., 2 Trp.; Pk.; 2 V., 2 Va.; *Vc. e Basso*	Wien, 22. März 1784

C.III. Klavierkonzerte (mit Kadenzen)

AMA	NMA	Anmerkung
XVI/2/Nr. 9, S. 1 [ND 31]	V/15/2, S. 65 [TB 15] BA 4790 P; TP 242	für Victoire Jenamy, geb. Noverre, vgl. die Notiz zur Identifizierung durch Michael Lorenz in ÖMZ 59, 2004, Heft 3–4, S. 78; Kadenzen KV 624 (626ª) I. Teil, 15–22
XVI/2/ Nr. 10, S. 53 [ND 31]	V/15/2, S. 145 [TB 15] BA 5390 P, KlA	komponiert wohl für die Schwester und sich selbst; Kadenzen KV 624 (626ª) I. Teil, 23, 24
XVI/4/ Nr. 28, S. 359 [ND 33]	V/15/1, S. 67 [TB 15] BA 5315 KlA	neues Finale für KV 175, ED Paris: Boyer [1785] (Kl.-Stimme) zusammen mit KV 175; Kadenzen KV 624 (626ª) I. Teil, 25, 26
XVI/2/ Nr. 12, S. 133 [ND 31]	V/15/3, S. 3 [TB 15] BA 4876 P, KlA; TP 266	ED Wien: Artaria 1785 (St., mit KV 413 [387a] und KV 415 [387b]), als op. 4 Sk KV⁶ 3850; Kadenzen KV 624 (626ª) I. Teil, 27–36
–	V/15/8, S. 173 [TB 16] ♦ X/31/3, S. 19 (unvollständige Fassung) BA 5768	vielleicht gedacht als Finale für KV 414 (386ª, 385p); unvollständig überliefert
XVI/2/ Nr. 11, S. 101 [ND 31]	V/15/3, S. 67 [TB 15] BA 4874 P, KlA; TP 245	ED wie KV 414 (386ª, 385p); Kadenzen KV 624 (626ª) I. Teil, 37, 38
XVI/2/ Nr. 13, S. 163 [ND 31]	V/15/3, S. 127 [TB 15] BA 4878 P, KlA; TP 246	ED wie KV 414 (386ª, 385p); Kadenzen KV 624 (626ª) I. Teil, 13 und 39–41
XVI/2/ Nr. 14, S. 205 [ND 31]	V/15/4, S. 3 [TB 15] BA 5381 P, KlA; TP 247	für Barbara Ployer; Kadenz KV 624 (626ª) I. Teil, 42
XVI/2/ Nr. 15, S. 241 [ND 31]	V/15/4, S. 67 [TB 15] BA 5382 P, KlA; TP 248	Kadenzen KV 624 (626ª) I. Teil, 43–45; langsamer Satz nach Vorbild von Joseph Haydns Sinfonie Hob. I:75 Sk zu Finale
XVI/2/ Nr. 16, S. 285 [ND 31]	V/15/4, S. 137 [TB 15] BA 5383 P, KlA; TP 249	ED Wien: Hoffmeister um 1786 als Klavierquartett [kein Exemplar nachgewiesen]; Verzierungen zum 2. Satz KV 624 (626ª) II. Teil, M; Kadenzen KV 624 (626ª) I. Teil, 46, 47

INSTRUMENTALMUSIK

KV	Titel	Tonart	Besetzung	Datierung
453	Konzert	G-Dur	Kl.; Fl., 2 Ob., 2 Fg.; 2 Hr.; 2 V., 2 Va.; *Vc. e Basso*	Wien, 12. April 1784
456	Konzert	B-Dur	Kl.; Fl., 2 Ob., 2 Fg.; 2 Hr.; 2 V., 2 Va.; *Vc. e Basso*	Wien, 30. September 1784
459	Konzert (›2. *Krönungs-konzert*‹)	F-Dur	Kl.; Fl., 2 Ob., 2 Fg.; 2 Hr.; 2 V., 2 Va.; *Vc. e Basso*	Wien, 11. Dezember 1784
466	Konzert	d-Moll	Kl.; Fl., 2 Ob., 2 Fg.; 2 Hr., 2 Trp.; Pk.; 2 V., 2 Va.; *Vc. e Basso*	Wien, 10. Februar 1785
467	Konzert	C-Dur	Kl.; Fl., 2 Ob., 2 Fg.; 2 Hr., 2 Trp.; Pk.; 2 V., 2 Va.; *Vc. e Basso*	Wien, 9. März 1785
482	Konzert	Es-Dur	Kl.; Fl., 2 Klar., 2 Fg.; 2 Hr., 2 Trp.; Pk.; 2 V., 2 Va.; *Vc. e Basso*	Wien, 16. Dezember 1785
488	Konzert	A-Dur	Kl.; Fl., 2 Klar., 2 Fg.; 2 Hr.; 2 V., 2 Va.; *Vc. e Basso*	Wien, 2. März 1786 (1. Satz begonnen wohl schon 1784/85)
491	Konzert	c-Moll	Kl.; Fl., 2 Ob., 2 Klar., 2 Fg.; 2 Hr., 2 Trp.; Pk.; 2 V., 2 Va.; *Vc. e Basso*	Wien, 24. März 1786
503	Konzert	C-Dur	Kl.; Fl., 2 Ob., 2 Fg.; 2 Hr., 2 Trp.; Pk.; 2 V., 2 Va.; *Vc. e Basso*	Wien, 4. Dezember 1786 (1. Satz begonnen wohl schon 1785)
537	Konzert (›*Krönungs-konzert*‹)	D-Dur	Kl.; Fl., 2 Ob., 2 Fg.; 2 Hr., 2 Trp.; Pk.; 2 V., Va.; *Vc. e Basso*	Wien, 24. Februar 1788

C.III. Klavierkonzerte (mit Kadenzen)

AMA	NMA	Anmerkung
XVI/3/ Nr. 17, S. 1 [ND 32]	V/15/5, S. 3 [TB 16] BA 5384 P, KlA; TP 156	für Barbara Ployer; ED Speyer: Boßler 1787 (St.) als op. 9; siehe Fr 1784f, 1784g (E.I.); Kadenzen KV 624 (626^a) I. Teil, 48–51
XVI/3/ Nr. 18, S. 55 [ND 32]	V/15/5, S. 71 [TB 16] BA 5385 P, KlA; TP 157	vielleicht für Maria Theresia (von) Paradi(e)s; Kadenzen KV 624 (626^a) I. Teil, 53–57
XVI/3/ Nr. 19, S. 119 [ND 32]	V/15/5, S. 151 [TB 16] BA 5386 P, KlA; TP 158	ED Offenbach: André 1794 (St.) als op. 44; Kadenzen KV 624 (626^a) I. Teil, 58–60; vielleicht von Mozart am 15. Oktober 1790 in Frankfurt anläßlich der Krönungsfeierlichkeiten für Leopold II. aufgeführt (nach ED; vgl. KV 537)
XVI/3/ Nr. 20, S. 181 [ND 32]	V/15/6, S. 3 [TB 16] BA 4873 P, KlA; TP 147	Kadenzen von Ludwig van Beethoven
XVI/3/ Nr. 21, S. 237 [ND 32]	V/15/6, S. 93 [TB 16] BA 5317 P, KlA; TP 148	siehe Fr 1784j (E.I.)
XVI/4/ Nr. 22, S. 1 [ND 33]	V/15/6, S. 177 [TB 16] BA 5387 P, KlA; TP 149	
XVI/4/ Nr. 23, S. 67 [ND 33]	V/15/7, S. 3 [TB 16] BA 4740 P, KlA; TP 62	siehe Fr 1785g, 1785h, 1785i, 1785j (E.I.); Kadenz KV 624 (626^a) I. Teil, 61
XVI/4/ Nr. 24, S. 121 [ND 33]	V/15/7, S. 85 [TB 16] BA 4741 P, KlA; TP 63	
XVI/4/ Nr. 25, S. 185 [ND 33]	V/15/7, S. 163 [TB 16] BA 4742 P, KlA; TP 64	Sk zum 1. Satz
XVI/4/ Nr. 26, S. 253 [ND 33]	V/15/8, S. 3 [TB 16] BA 5318 P, KlA; TP 90	Kl.-Stimme unvollständig; ED Offenbach: André 1794 (St.) als op. 46; von Mozart am 15. Oktober 1790 in Frankfurt anläßlich der Krönungsfeierlichkeiten für Leopold II. aufgeführt (Beiname nach ED; vgl. KV 459) Sk zum 2. Satz

INSTRUMENTALMUSIK

KV	Titel	Tonart	Besetzung	Datierung
595	Konzert	B-Dur	Kl.; Fl., 2 Ob., 2 Fg.; 2 Hr.; 2 V., Va.; Vc. e Basso	Wien, 5. Januar 1791 (1. Satz begonnen vielleicht schon 1788)

Fragmente (siehe E.I.) Konzertsätze für Kl.: Fr 1784f [KV Anh. 65 (452^c)] ♦ Fr 1784g [KV Anh. 59 (466^a, 459a)] ♦ Fr 1784j [KV Anh. 60 (502^a)] ♦ Fr 1785g [KV Anh. 58 (488^a)] ♦ Fr 1785h [KV Anh. 63 (488^b)] ♦ Fr 1785i [KV Anh. 64 (488^c)] ♦ Fr 1785j [KV^6 488d] (Rondo) ♦ Fr 1785l [KV Anh. 57 (537^a)] ♦ Fr 1786g [KV Anh. 62 (537^c, 491a)] ♦ Fr 1786k [KV Anh. 61 (537^b)]
Konzertsatz für Kl., V.: Fr 1778b [KV Anh. 56 (315^f)]

IV. Kassationen, Serenaden und Divertimenti für Orchester

KV	Titel	Tonart	Besetzung	Datierung
32 (Nr. 1–4: KV^2 Anh. 100^a)	Gallimathias musicum		2 Ob.; 2 Hr., Fg.; 2 V., Va.; Basso, Fagotto e Cembalo	Den Haag, Anfang März 1766
62 und 100 (62^a)	Marsch und Serenade	D-Dur	2 Fl., 2 Ob.; 2 Hr.; 2 Trp.; Pk.; 2 V., 2 Va.; Vc. e Basso	Salzburg, vermutlich Sommer 1769
63	Kassation	G-Dur	2 Ob.; 2 Hr.; SoloV., 2 V., 2 Va.; Basso	Salzburg, vermutlich Sommer 1769
99 (63^a)	Kassation	B-Dur	2 Ob.; 2 Hr.; 2 V., Va.; Basso	Salzburg, vermutlich Sommer 1769
113	Divertimento	Es-Dur	2 Klar.; 2 Hr. (2. Fassung: 2 Ob., 2 Klar., 2 Engl. Hr., 2 Fg.; 2 Hr.); 2 V., Va.; Vc. e Basso	Mailand, November 1771 (überarbeitet wahrscheinlich Frühjahr 1773)
136 (125^a)	Divertimento	D-Dur	2 V., Va.; [Vc. e] Basso	Salzburg, [vermutlich Anfang] 1772

C.IV. Kassationen, Serenaden und Divertimenti für Orchester

AMA	NMA	Anmerkung
XVI/4/ Nr. 27, S. 309 [ND 33]	V/15/8, S. 93 [TB 16] BA 4872 P, KlA; TP 91	ED Wien: Artaria 1791 (St.) als op. 17; Kadenzen KV 624 (626ª) I. Teil, 62–64

Zuschreibung zweifelhaft   Konzert für Kl. (Skizzen) KV³ 43ᶜ (KV⁶ Anh. C 15.02) ♦ Kadenz KV 624, II. Teil, E (KV³ 626a, II. Teil, E, KV⁶ Anh. C 15.10)

AMA	NMA	Anmerkung
XXIV/3/ Nr. 12, S. 107 [ND 39]	IV/12/1, S. 3 [TB 13] BA 4767 LM	komponiert anläßlich der Feierlichkeiten zur Installation Prinz Wilhelms V. von Oranien am 11. März 1766, mit verschiedenen Lied-Zitaten
KV 100: IX/Abt. 1/ Nr. 3, S. 33 [ND 23]	IV/12/1, S. 63 [TB 13]	laut Mozarts Brief vom 4. August 1770 »Kassation«; KV 62 (C.VII.4.) auch in *Mitridate* KV 87 (74ª) (B.I.)
IX/Abt. 1/ Nr. 1, S. 1 [ND 23]	IV/12/1, S. 25 [TB 13]	
IX/Abt. 1/ Nr. 2, S. 19 [ND 23]	IV/12/1, S. 45 [TB 13]	
IX/Abt. 2/ Nr. 15, S. 1 [ND 24]	IV/12/2, S. 1 (1. Fassung), S. 12 (2. Fassung) [TB 13]	erstmals Verwendung von Klar. in einer Originalkomposition Mozarts
XIV/Nr. 24, S. 278 [ND 29]	IV/12/6, S. 3 [TB 13] BA 4857 P, AM; TP 278	

INSTRUMENTALMUSIK

KV	Titel	Tonart	Besetzung	Datierung
137 (125ᵇ)	Divertimento	B-Dur	2 V., Va.; [Vc. e] Basso	Salzburg, [vermutlich Anfang] 1772
138 (125ᶜ)	Divertimento	F-Dur	2 V., Va.; [Vc. e] Basso	Salzburg, [vermutlich Anfang] 1772
131	Divertimento	D-Dur	Fl., Ob., Fg.; 4 Hr.; 2 V., 2 Va.; Vc. e Basso	Salzburg, Juni 1772
189 (167ᵇ) und 185 (167ᵃ)	Marsch und Serenade (›Antretter-Serenade‹)	D-Dur	2 Fl./2 Ob.; 2 Hr., 2 Trp.; SoloV., 2 V., 2 Va.; Vc. e Basso	Wien, Juli/August 1773
237 (189ᶜ) und 203 (189ᵇ)	Marsch und Serenade	D-Dur	2 Fl./2 Ob., 2 Fg.; 2 Hr., 2 Trp.; SoloV., 2 V., 2 Va.; Vc. e Basso	Salzburg, August 1774
215 (213ᵇ) und 204 (213ᵃ)	Marsch und Serenade	D-Dur	2 Fl., 2 Ob., Fg.; 2 Hr., 2 Trp.; SoloV., 2 V., 2 Va.; Vc. e Basso	Salzburg, August 1775
239	Serenade (›Serenata notturna‹)	D-Dur	2 V., Va., Kb. (alle solo); Pk.; 2 V., Va.; Vc.	Salzburg, Januar 1776
249 und 250 (248ᵇ)	Marsch und Serenade ›Haffner-Serenade‹	D-Dur	2 Fl./2 Ob., 2 Fg.; 2 Hr., 2 Trp.; SoloV., 2 V., 2 Va.; Vc. e Basso	Salzburg, 20. Juli 1776
286 (269ᵃ)	Notturno	D-Dur	4 Orchester: jeweils 2 Hr.; 2 V., Va.; Basso (solo)	Salzburg, Ende 1770er Jahre
320	Serenade ›Posthorn‹	D-Dur	2 Fl., Fl. picc., 2 Ob., 2 Fg.; 2 Hr./Posthorn, 2 Trp.; Pk.; 2 V., 2 Va.; Bassi	Salzburg, 3. August 1779
525	Serenade Eine kleine Nachtmusik	G-Dur	2 V., Va.; Vc. e Basso (solo)	Wien, 10. August 1787

C.IV. Kassationen, Serenaden und Divertimenti für Orchester

AMA	NMA	Anmerkung
XIV/Nr. 25, S. 287 [ND 29]	IV/12/6, S. 19 [TB 13] BA 4857 P, AM; BA 4860 PA; TP 278	
XIV/Nr. 26, S. 294 [ND 29]	IV/12/6, S. 30 [TB 13] BA 4857 P, AM; BA 4860 PA; TP 278	
IX/Abt. 2/ Nr. 16, S. 15 [ND 24]	IV/12/2, S. 29 [TB 13]	
KV 185: IX/Abt. 1/ Nr. 5, S. 61 [ND 23]	IV/12/2, S. 70 [TB 13] BA 5322 LM	für Judas Thaddä Simon von Antretter; siehe C.VII.4. Märsche
KV 203: IX/Abt. 1/ Nr. 6, S. 97 [ND 23]	IV/12/3, S. 3 [TB 13] BA 5319 LM	siehe C.VII.4. Märsche
KV 204: IX/Abt. 1/ Nr. 7, S. 133 [ND 23]	IV/12/3, S. 55 [TB 13] BA 4737 P; BA 9173 P, AM	Sätze 1, 5, 6, 7 der Serenade auch als Sinfonie (C.I.); siehe C.VII.4. Märsche
IX/Abt. 1/ Nr. 8, S. 177 [ND 23]	IV/12/3, S. 114 [TB 13] BA 5321 P, AM	Beiname von Leopold Mozart
KV 250: IX/Abt. 1/ Nr. 9, S. 193 [ND 23]	IV/12/4, S. 3 [TB 13] BA 5323 LM	für Polterabend Franz Xaver Anton Späth und Maria Elisabeth Haffner; Sätze 1, 5, 6, 7, 8/9 der Serenade auch als Sinfonie, mit neuer Pk.-St. (C.I.); siehe C.VII.4. Märsche
IX/Abt. 1/ Nr. 10, S. 293 [ND 23]	IV/12/5, S. 123 [TB 13]	
IX/Abt. 1/ Nr. 11, S. 325 [ND 23]	IV/12/5, S. 17 [TB 13] BA 9175 P, AM; BA 5324 LM	mit 2 Märschen KV 335 (320^a), siehe C.VII.4.; Sätze 1, 5, 7 der Serenade auch als Sinfonie, mit zusätzlicher Pk. (C.I.); Sätze 3 und 4 als Sinfonia concertante (C.IV.)
XIII/Nr. 9, S. 182 [ND 28]	IV/12/6, S. 43 [TB 13] BA 4701 P; TP 19	ursprünglich 5 Sätze, 2. Satz (Menuett) verloren, siehe Fr 1787n (E.I.)

INSTRUMENTALMUSIK

Verloren   6 Divertimenti 4st. KV² unter Anh. 11ᵇ (KV³ 41ᵃ); vor Ende 1768; in LMVerz: »*Für verschiedene Instrumenten*«; genannt sind Fl., Hr., Trp., Pos., V., Va., Vc. ♦ Kassation C-Dur KV deest; vermutlich Salzburg, 1769; siehe Brief vom 18. August 1771

V. Divertimenti und Serenaden für Blasinstrumente

KV	Titel	Tonart	Besetzung	Datierung
186 (159ᵇ)	Divertimento	B-Dur	2 Ob., 2 Klar., 2 Engl. Hr., 2 Hr., 2 Fg.	Mailand und/oder Salzburg, wahrscheinlich März 1773
166 (159ᵈ)	Divertimento	Es-Dur	2 Ob., 2 Klar., 2 Engl. Hr., 2 *Corni da caccia*, 2 Fg.	Salzburg, 24. März 1773
213	Divertimento	F-Dur	2 Ob., 2 Hr., 2 Fg.	Salzburg, Juli 1775
240	Divertimento	B-Dur	2 Ob., 2 Hr., 2 Fg.	Salzburg, Januar 1776
252 (240ᵃ)	Divertimento	Es-Dur	2 Ob., 2 Hr., 2 Fg.	wahrscheinlich Salzburg, zwischen Januar und August 1776
188 (240ᵇ)	Divertimento	C-Dur	2 Fl., 5 Trp.; 4 Pk.	Salzburg, Mitte 1773
253	Divertimento	F-Dur	2 Ob., 2 Hr., 2 Fg.	Salzburg, August 1776
270	Divertimento	B-Dur	2 Ob., 2 Hr., 2 Fg.	Salzburg, Januar 1777
289 (271ᵍ)	Divertimento	Es-Dur	2 Ob., 2 Hr., 2 Fg.	angeblich Salzburg, 1777

C.V. Divertimenti und Serenaden für Blasinstrumente

Fragment (siehe E.I.)   Fr 1787n [KV Anh. 69 (525ª)] (Larghetto; 2 V., Va., Vc., Kb.)

AMA	NMA	Anmerkung
IX/Abt. 2/ Nr. 18, S. 57 [ND 24]	VII/17/1, S. 3 [TB 17]	im Finale Material aus *Le gelosie del serraglio* KV Anh. 109 (135ª)
IX/Abt. 2/ Nr. 17, S. 47 [ND 24]	VII/17/1, S. 17 [TB 17]	3. Satz Bearbeitung von Giovanni Paisiellos Ouvertüre zu *Montezuma* (Rom, 1772) oder *L'innocente fortunata* (Venedig, 1773), jeweils 2. Satz; im 4. Satz Material aus *Le gelosie del serraglio* KV Anh. 109 (135ª)
IX/Abt. 2/ Nr. 22, S. 83 [ND 24]	VII/17/1, S. 49 [TB 17]	
IX/Abt. 2/ Nr. 23, S. 89 [ND 24]	VII/17/1, S. 59 [TB 17]	
IX/Abt. 2/ Nr. 26, S. 147 [ND 24]	VII/17/1, S. 73 [TB 17]	
IX/Abt. 2/ Nr. 20, S. 69 [ND 24]	VII/17/1, S. 39 [TB 17]	
IX/Abt. 2/ Nr. 27, S. 152 [ND 24]	VII/17/1, S. 82 [TB 17]	
IX/Abt. 2/ Nr. 28, S. 159 [ND 24]	VII/17/1, S. 93 [TB 17]	
IX/Abt. 2/ Nr. 30, S. 198 [ND 24]	X/29/2, S. 3	Autorschaft fraglich

INSTRUMENTALMUSIK

KV	Titel	Tonart	Besetzung	Datierung
361 (370ª)	Serenade ›Gran Partita‹	B-Dur	2 Ob., 2 Klar., 2 Bassetthr., 4 Hr., 2 Fg.; Kb.	Wien, erstes Halbjahr 1781 oder 1783/84
375	Serenade	Es-Dur	a 6: 2 Klar., 2 Hr., 2 Fg. a 8: 2 Ob., 2 Klar., 2 Hr., 2 Fg.	a 6: Wien, Oktober 1781; a 8: Wien, vermutlich Ende Juli 1782
388 (384ª)	Serenade	c-Moll	2 Ob., 2 Klar., 2 Hr., 2 Fg.	Wien, 1782
Anh. 229 (KV² Anh. 229ª, KV⁶ 439b)	25 Stücke (5 Divertimenti)	B-Dur	3 Bassetthr.	angeblich zwischen 1783 und 1788
411 (440ª, 484a)	Adagio	B-Dur	2 Klar., 3 Bassetthr.	vermutlich Wien, 1782/83
410 (440ᵈ, 484d)	Adagio	F-Dur	2 Bassetthr., Fg.	Wien, um 1784/85
487 (496ª)	3 Duos	Es-Dur	2 Hr.	(Nummern 1, 3, 6:) Wien, 27. Juli 1786

Verloren   Stück KV³ 33ʰ; Hr. [+?]; vor dem 16. Februar 1778; erwähnt in Brief Leopold Mozarts vom 16. Feb. 1778 ♦ Stücke, Aufzüge KV² unter Anh. 11ᵇ (KV³ 41ᵇ); 2 Trp. bzw. 2 Hr. bzw. 2 Bassetthr.; vor Ende 1768; in LMVerz

Fragmente (siehe E.I. und E.II.)   Fr 178X/b [KV⁶ 484e] ♦ Fr 1781d [KV Anh. 96 (196ᵍ, 384c)] (Allegro) ♦ Fr 1782g [KV⁶ 384B] ([Andante]) ♦ Fr 1786f [KV Anh. 95 (440ᵇ, 484b)] (Allegro assai)

C.V. Divertimenti und Serenaden für Blasinstrumente

AMA	NMA	Anmerkung
IX/Abt. 1/ Nr. 12, S. 399 [ND 23]	VII/17/2, S. 141 [TB 17] BA 5331; TP 312	vielleicht geschrieben für eine Akademie Anton Stadlers am 23. März 1784; siehe auch Quartett C-Dur KV Anh. 171 (285^b) (C.XV.)
IX/Abt. 1/ Nr. 13, S. 455 [ND 23]	VII/17/2, S. 41 [TB 17] BA 5333 (Oktettfassung); BA 5334 (Sextettfassung); TP 315	für Therese Hickel, uraufgeführt Wien: 15. Oktober 1781; Anlaß für die Oktettfassung ungewiß
IX/Abt. 1/ Nr. 14, S. 481 [ND 23]	VII/17/2, S. 97 [TB 17] BA 5332; TP 313	bearbeitet als Streichquintett KV 406 (516^b) (C.X.)
XXIV/11/ Nr. 62, S. 1, 8, 15, 25, 31 (2 Klar.; Fg.) [ND 40]	VIII/21, S. 67, S. 78, S. 89, S. 105, S. 114 (auch S. 167) [TB 18]	in KV^1 nur Divertimento II, in KV^2 »*3 Terzetti facili*«, in KV^6 5 Divertimenti
X, S. 80 [ND 25]	VII/17/2, S. 223 [TB 17]	
X, S. 79 [ND 25]	VIII/21, S. 120 [TB 18]	
Nummern 3, 1, 6: XV, S. 19 (2 V.) [ND 29] ♦ XXIV/11/ Nr. 58 [ND 40]	VIII/21, S. 49 (12 Duos) [TB 18]	im ED (Wien: Bureau d'Arts et d'Industrie [1802/03]) mit 9 weiteren Duos ungeklärter Autorschaft

Zuschreibung zweifelhaft   KV Anh. 226 (196^e, Anh. C 17.01), in: NMA X/29/2, S. 21 ♦ KV Anh. 227 (196^f, Anh. C 17.02), in: NMA X/29/2, S. 74 ♦ KV Anh. 228 (KV^6 Anh. C 17.03) ♦ KV Anh. 224 (KV^6 Anh. C 17.04) ♦ KV Anh. 225 (KV^6 Anh. C 17.05) ♦ *Parthia* Es-Dur aus KV^6 Anh. C 17.07/ KV Anh. 224 (KV^6 Anh. C 17.04)/ KV^6 Anh. B zu 361 (370^a) ♦ *Parthia* F-Dur aus KV Anh. 225 (KV^6 Anh. C 17.05)/ KV^6 Anh. B zu 361 (370^a)

Unterschoben   KV 187 (159^c, Anh. C 17.12), in: AMA IX/Abt. 2, S. 63 [ND 24] (Bearbeitung von Leopold Mozart nach Tänzen von Joseph Starzer und Christoph Willibald Gluck); siehe auch KV^6 626b/28 unter D.IV. Bearbeitungen

VI. Divertimenti für 5 bis 7 Streich- und Blasinstrumente

KV	Titel	Tonart	Besetzung	Datierung
290 (173^b, 167AB) und 205 (173^a, 167A)	Marsch und Divertimento	D-Dur	2 Hr.; V., Va.; Fg. e Basso	Salzburg, wahrscheinlich Sommer 1772
248 und 247	Marsch und Divertimento ›Erste Lodronische Nachtmusik‹	F-Dur	2 Hr.; 2 V., Va.; Basso (solo)	Salzburg, Juni 1776
251	Divertimento	D-Dur	Ob.; 2 Hr.; 2 V., Va.; Basso (solo)	Salzburg, Juli 1776
287 (271^b, 271H)	Divertimento ›Zweite Lodronische Nachtmusik‹	B-Dur	2 Hr.; 2 V., Va.; Basso (solo)	Salzburg, 1777
445 (320^c) und 334 (320^b)	Marsch und Divertimento	D-Dur	2 Hr.; 2 V., Va.; Basso (solo)	vermutlich Salzburg, Sommer 1779 oder eher Sommer 1780
522	Ein musikalischer Spaß	F-Dur	2 Hr.; 2 V. (2. V. geteilt), Va.; Basso (alle solo)	Wien, 14. Juni 1787 (1. Satz vielleicht schon 1785/86)

Fragmente (siehe E.I.) Fr 1772f [KV^3 246^b (KV^6 320B)] (2 Hr.; 2 V., Va.; Basso) ♦ Fr 1776a [KV 288 (271^h, 246c)] (V., Va.; Basso; 2 Hr.) ♦ Fr 1787m [KV Anh. 108 (522^a)] (Rondo; 2 Hr.; 2 V., Va.; Bassi)

C.VI. Divertimenti für 5 bis 7 Streich- und Blasinstrumente

AMA	NMA	Anmerkung
X/Nr. 7, S. 19 [ND 25] und IX/Abt. 2/ Nr. 21, S. 73 [ND 24]	VII/18, S. 3 [TB 17]	siehe C.VII.4. Märsche
IX/Abt. 2/ Nr. 24, S. 98 [ND 24]	VII/18, S. 23 [TB 17]	für Namenstag von Antonia Maria Felicitas Gräfin Lodron; siehe C.VII.4. Märsche
IX/Abt. 2/ Nr. 25, S. 121 [ND 24]	VII/18, S. 67 [TB 17]	
IX/Abt. 2/ Nr. 29, S. 168 [ND 24]	VII/18, S. 103 [TB 17]	für Antonia Maria Felicitas Gräfin Lodron
X/Nr. 21, S. 114 [ND 25], und IX/Abt. 2/ Nr. 31, S. 208 [ND 24]	VII/18, S. 155 [TB 17]	siehe C.VII.4. Märsche
X/Nr. 13, S. 58 [ND 25]	VII/18, S. 223 [TB 17]	siehe Fr 1787m (E.I.); bekannt auch als *Dorfmusikanten-Sextett*

Unterschoben (L. Mozart)   KV Anh. 294 (KV[6] Anh. C 11.13) [2 V., Va.; B., Corno pastoriccio]

VII. Tänze

Siehe auch C.XXII. Klaviersonaten (Fragmente und zweifelhaft Zugeschriebenes) sowie C.XXIV. Klavierstücke.

1. Menuette

KV	Anzahl	Tonart	Besetzung	Datierung
– (KV² 65ª, KV⁶ 61b)	7	alle in Dur: G, D, A, F, C, G, D	2 V.; *Vc. e Basso*	Salzburg, 26. Januar 1769
103 (61ᵈ)	20 (teils ohne Trio)	alle in Dur: C, G, D, F, C, G, D, F, D, G, F, C, C, Es, B, G, E, A, A, C	2 Ob./Fl.; 2 Hr./ Trp.; 2 V.; *Vc. e Basso*	Orchesterfassung: Salzburg, Frühsommer/Sommer 1772; Kl.-Bearbeitung: Salzburg, wahrscheinlich Frühjahr–Sommer 1772
104 (61ᵉ)	6 (Nr. 4 ohne Trio)	alle in Dur: C, F, C, A, G, G	Fl. picc., 2 Ob.; 2 Hr., 2 Trp.; 2 V.; *Vc. e Basso*	wahrscheinlich Salzburg, Herbst 1770–Frühjahr 1771
– (61ᵍ I)	1 (ohne Trio)	A-Dur	2 Fl.; 2 V., Va.; B.	Italien, Frühjahr 1770
122 (73ᵗ)	1 (ohne Trio)	Es-Dur	2 Ob.; 2 Hr.; 2 V.; *Vc. e Basso*	Italien, vermutlich Bologna, zwischen 24. und 28. März 1770
– (61ᵍ II)				
– (61ʰ)	6 (Nr. 2 und 4 ohne Trio)	alle in Dur: C, A, D, B, G, C	2 Ob./2 Fl.; 2 Hr./ Trp.; 2 V.; *Vc. e Basso*	wahrscheinlich Salzburg, 1771/72
94 (73ʰ)	1			

C.VII.1. Menuette

AMA	NMA	Anmerkung
XXIV/3/ Nr. 13, S. 121 [ND 39]	IV/13/Abt. 1/1, S. 1 [TB 13]	
–	IV/13/Abt. 1/1, S. 11, S. 78, S. 80 [TB 13] Nr. 1–12: IX/27/2, S. 105 [TB 20]	ursprünglich 20; nach Mozarts Überarbeitung und Umstellung 12; Nr. 1–12 auch in Klavierfassung, siehe XXIV. Klavierstücke
–	IV/13/Abt. 1/1, S. 28 [TB 13]	Bearbeitung von Menuetten Johann Michael Haydns: Nr. 1, 2 = MH 135, Nr. 1, 3 Nr. 3, 4, 5 = MH deest (6 Menuette), Nr. 1, 2, 5 Nr. 6 = MH 136, Nr. 3
–	X/31/4: *Nachträge*	vermutete Verbindung zur Sinfonie KV 114 nicht haltbar; Edition: Zaslaw, *Mozart's Symphonies* [Literaturverzeichnis O.I.], S. 216
XXIV/3/ Nr. 13a, S. 126 [ND 39]	IV/13/Abt. 1/1, S. 10 [TB 13]	Autorschaft fraglich
		Klavierfassung des Menuetts MH 136, Nr. 1, von Johann Michael Haydn oder Abschrift einer Klavierfassung; siehe Bearbeitungen fremder Werke D.VII.
–	IV/13/Abt. 1/1, S. 40 [TB 13]	
		siehe C.XXIV. Klavierstücke

INSTRUMENTALMUSIK

KV	Anzahl	Tonart	Besetzung	Datierung
164 (130ª)	6	alle in Dur: D, D, D, G, G, G	Fl./2 Ob.; 2 Hr./ Trp.; 2 V.; *Vc. e Basso*	Salzburg, Juni 1772
176	16 (Nr. 3, 4, 7, 10 ohne Trio)	alle in Dur: C, G, Es, B, F, D, A, C, G, B, F, D, G, C, F, D	2 Ob./Fl., Fg.; 2 Hr./ Trp.; 2 V.; *Vc.*, (*Fg.*) *e Basso*	Salzburg, Dezember 1773
363	3 (ohne Trio)	alle in Dur: D, B, D	2 Ob., 2 Fg.; 2 Hr., 2 Trp.; Pk.; 2 V.; *Vc. e Basso*	vermutlich Wien, 1782/83
409 (383^f)	1	C-Dur		
461 (448ª)	6 (Nr. 6 ohne Trio)	alle in Dur: C, Es, G, B, F, D	2 Ob./Fl., 2 Fg.; 2 Hr.; 2 V.; *Vc. e Basso*	Wien, 1784
568	12	alle in Dur: C, F, B, Es, G, D, A, F, B, D, G, C	Fl. picc., 2 Fl., 2 Ob., 2 Klar., 2 Fg.; 2 Hr.; 2 Trp.; Pk.; 2 V.; *Vc. e Basso*	Wien, 24. Dezember 1788
585	12	alle in Dur: D, F, B, Es, G, C, A, F, B, Es, G, D	Fl. picc., 2 Fl., 2 Ob., 2 Klar., 2 Fg.; 2 Hr.; 2 Trp.; Pk.; 2 V.; *Vc. e Basso*	Wien, Dezember 1789
599, 601 und 604	12 (6, 4 und 2)	alle in Dur: C, G, Es, B, F, D; A, C, G, D; B, Es	Fl. picc./2 Fl., 2 Ob./2 Klar., 2 Fg.; 2 Hr./2 Trp.; Pk.; 2 V.; *Vc. e Basso, Lira*	Wien, 23. Januar, 5. und 12. Februar 1791

Verloren   KV^2 unter Anh. 11^b (KV^3 41^d); vor Ende 1768; in LMVerz

Fragmente (siehe E.I.)   Fr 1772c [KV^3 bei 103 (KV^6 bei 61d)] (2 Trp.; 2 Ob.; 2 V.; *Bassi*) ♦ Fr 1789k [KV Anh. 106 (KV^6 571A)] (V., Bläser, Tamburin)

Zuschreibung zweifelhaft   Menuett mit Trio KV^2 25^a (KV^3 Anh. 293^a, KV^6 Anh. C 13.01) ♦ 4 Menuette KV^3 bei 61^b erwähnt (KV^6 Anh. C 13.03)

C.VII.1. Menuette

AMA	NMA	Anmerkung
XXIV/11/ Nr. 57, S. 33 bzw. 35 [ND 40] ♦ Nr. 3 und 4: XXIV/3/ Nr. 14a S. 129 [ND 39]	IV/13/Abt. 1/1, S. 45 [TB 13]	
–	IV/13/Abt. 1/1, S. 51 [TB 13]	Nr. 1–6 und 12–16 auch in Klavierfassung; siehe C.XXIV. Klavierstücke
XXIV/3/ Nr. 14, S. 127 [ND 39]	IV/13/Abt. 1/2, S. 3 [TB 13]	
		siehe C.I. Sinfonien, Sinfoniesätze und Einzelstücke für Orchester
XI/Nr. 16, S. 158 [ND 25]	IV/13/Abt. 1/2, S. 5 [TB 13]	Nr. 6 unvollständig Sk zu Nr. 6
XI/Nr. 1, S. 1 [ND 25]	IV/13/Abt. 1/2, S. 71 [TB 13]	ED Wien: Artaria 1789 (St., KlA) Sk zu Nr. 9 (siehe Fr 1784k [E.I.])
XI/Nr. 2, S. 19 [ND 25]	IV/13/Abt. 1/2, S. 107 [TB 13]	ED Wien: Artaria 1791 (KlA)
XI/Nr. 3–5, S. 37, S. 46, S. 53 [ND 25]	IV/13/Abt. 1/2, S. 153, S. 162, S. 170 [TB 13]	KV 601 zusammen mit Deutschen Tänzen KV 602, KV 604 zusammen mit Deutschen Tänzen KV 605 (C.VII.2.) in MozVerz eingetragen; ED Wien: Artaria 1791 (KlA); Wien/Mainz: Artaria 1791 (St. [2 V., B.])

Unterschoben 6 Menuette D, D, D, G, G, G KV 105 (61^f), in: NMA IV/13/Abt. 1/1, S. 34 [TB 13] (von Johann Michael Haydn MH deest [6 Menuette]) ♦ Menuett D-Dur KV 64 (? von Leopold Mozart)

2. Deutsche und Ländlerische Tänze

KV	Anzahl	Tonart	Besetzung	Datierung
509	6	alle in Dur: D, G, Es, F, A, C	Fl. picc., 2 Fl., 2 Ob., 2 Klar., 2 Fg.; 2 Hr., 2 Trp.; Pk.; 2 V.; Vc. e Basso	Prag, 6. Februar 1787
536 und 567	12	alle in Dur: C, G, B, D, F, B; Es, G, D, A, F, C	Fl. picc., 2 Fl., 2 Ob., 2 Klar., 2 Fg.; 2 Hr., 2 Trp.; Pk.; 2 V.; Vc. e Basso	Wien, 27. Januar und 6. Dezember 1788
571	6	alle in Dur: D, A, C, G, B, D	Fl. picc., 2 Fl., 2 Ob., 2 Klar., 2 Fg.; 2 Hr., 2 Trp.; Pk.; Becken, Trommel; 2 V.; Vc. e Basso	Wien, 21. Februar 1789
586	12	alle in Dur: C, G, B, F, A, D, G, Es, B, F, A, C	Fl. picc., 2 Fl., 2 Ob., 2 Klar., 2 Fg.; 2 Hr., 2 Trp.; Pk.; Tamburin; 2 V.; Vc. e Basso	Wien, Dezember 1789
600, 602 und 605	13 (6, 4 und 3)	alle in Dur: C, F, B, Es, G, D; B, F, C, A; D, G, C	Fl. picc., 2 Fl., 2 Ob., 2 Klar., 2 Fg.; 2 Hr., 2 Trp.; Pk.; 2 V.; Vc. e Basso; Drehleier, 2 Posthörner, 5 Schlittenschellen	Wien, 29. Januar, 5. Februar und 12. Februar 1791
606	6 »Landlerische«	alle B-Dur	2 V.; Vc. e Basso [Bläser-Stimmen verloren]	Wien, 28. Februar 1791
611	1 »Die Leyerer«	C-Dur	2 Ob., 2 Fg.; 2 Trp.; Pk.; Drehleier; 2 V.; Vc. e Basso	Wien, 6. März 1791

Zuschreibung zweifelhaft   12 Deutsche für 2 V. und B. KV³ bei Anh. 284¹ (KV⁶ Anh. C 29.11) ♦ 6 Deutsche Tänze für 2 V. und B. KV³ bei Anh. 284¹ (KV⁶ Anh. C 29.12) ♦ 2 Deutsche Tänze (Entwurf) KV deest, in: NMA X/29/3, S. 66

C.VII.2. Deutsche und Ländlerische Tänze

AMA	NMA	Anmerkung
XI/Nr. 6, S. 56 [ND 25]	IV/13/Abt. 1/2, S. 23, S. 219 (Klavierfassung) [TB 13] ♦ IX/27/2, S. 140 (Klavierfassung) [TB 20]	ED Wien: Artaria 1790 (KlA, abweichend vom Autograph)
XI/Nr. 7 und 8, S. 72, S. 80 [ND 25]	IV/13/Abt. 1/2, S. 48 und 54 [TB 13]	ED Wien: Artaria 1789 (St., KlA)
XI/Nr. 9, S. 92 [ND 25]	IV/13/Abt. 1/2, S. 91 [TB 13]	
XI/Nr. 10, S. 106 [ND 25]	IV/13/Abt. 1/2, S. 126 [TB 13]	ED Wien: Artaria 1791 (KlA)
XI/Nr. 11–13, S. 127, S. 139, S. 145 [ND 25]	IV/13/Abt. 1/2, S. 174, S. 185, S. 192 [TB 13]	KV 602 zusammen mit Menuetten KV 601, KV 605 zusammen mit Menuetten KV 604 (C.VII.1.) in MozVerz eingetragen, KV 602, Nr. 3 identisch mit KV 611; KV 605, Nr. 3, ›Die Schlittenfahrt‹, nicht in MozVerz; ED Wien: Artaria 1791 (KlA und St. [2 V., B.])
XXIV/3/Nr. 16, S. 137 [ND 39]	IV/13/Abt. 1/2, S. 217 [TB 13]	zusammen mit Kontretanz KV 607 (605ª) (C.VII.3.) in MozVerz
XI/Nr. 12, S. 141 [ND 25]	IV/13/Abt. 1/2, S. 188 [TB 13] (als KV 602, Nr. 3)	identisch mit KV 602, Nr. 3

3. Kontretänze

KV	Anzahl	Tonart	Besetzung	Datierung
123 (73ᵍ)	1	B-Dur	2 Ob.; 2 Hr.; 2 V.; Vc. e Basso	Rom, 13. oder 14. April 1770
101 (250ᵃ)	4	alle in Dur: F, G, D, F	2 Ob./Fl., Fg.; 2 Hr.; 2 V; Vc., Fg. e Basso	Salzburg, 1776
– (KV⁶ 269b)	4	alle in Dur: G, G, C, D	[Orchester]	Salzburg, wahrscheinlich Januar 1777
267 (271ᶜ)	4	alle in Dur: G, Es, A, D	Fl./2 Ob., Fg.; 2 Hr.; 2 V.; Vc., Fg. e Basso	Salzburg, wahrscheinlich Karneval 1777
462 (448ᵇ)	6	alle in Dur: C, Es, B, D, B, F	2 Ob.; 2 Hr.; 2 V.; Vc. e Basso	angeblich Wien, Januar 1784 oder früher
463 (448ᶜ)	2 Quadrillen (Menuette mit Kontretänzen)	F-Dur, B-Dur	2 Ob., Fg.; 2 Hr.; 2 V.; Vc. e Basso	angeblich Wien, Januar 1784 oder früher
534	1 ›Das Donnerwetter‹	D-Dur	[Fl. picc.], 2 Ob.; 2 Hr.; [Kl. Tr.]; 2 V.; Vc. e Basso	Wien, 14. Januar 1788
535	1 ›La Bataille‹	C-Dur	Fl. picc., 2 Klar., Fg.; Trp.; kl. Tr.; 2 V.; Vc. e Basso	Wien, 23. Januar 1788
Anh. 107 (535ᵇ)	1			
565a	1	D-Dur		?
587	1 ›Der Sieg vom Helden Koburg‹	C-Dur	Fl., Ob., Fg.; Trp.; 2 V.; Vc. e Basso	Wien, Dezember 1789
106 (588ᵃ)	Ouvertüre und 3 Tänze	alle in Dur: D, A, B	2 Ob., 2 Fg.; 2 Hr.; 2 V.; Vc. e Basso	angeblich Wien, Januar 1790

C.VII.3. Kontretänze

AMA	NMA	Anmerkung
XI/Nr. 14, S. 152 [ND 25]	IV/13/Abt. 1/1, S. 7 [TB 13]	
IX/Abt. 1/ Nr. 4, S. 57 [ND 23]	IV/13/Abt. 1/1, S. 67 [TB 13] ♦ Klavierfassung Nr. 2, 3: IV/13/Abt. 1/1, S. 103 ♦ IX/27/2, S. 127 [TB 20]	Nr. 2, 3 auch als KlA = KV^6 269b, Nr. 2, 12
–	IV/13/Abt. 1/1, S. 102 [TB 13] ♦ IX/27/2, S. 127 [TB 20]	für Johann Rudolph Graf Czernin, ursprünglich 12; vorhanden nur Nr. 1, 2, 3, 12 im KlA (C.XXIV.); Nr. 2, 12 = KV 101 (250^a), Nr. 2, 3
XI/Nr. 15, S. 154 [ND 25]	IV/13/Abt. 1/1, S. 71 [TB 13]	
XI/Nr. 17, S. 165 [ND 25]	IV/13/Abt. 1/2, S. 12 [TB 13]	Blasinstrumente später hinzugefügt; ED der Nr. 3 Wien: Artaria 1789 (KlA, mit KV^3 535^a Nr. 1+2 [untergeschoben], KV 534, KV^3 535^a Nr. 3 [untergeschoben], 535)
XI/Nr. 18, S. 169 [ND 25]	IV/13/Abt. 1/2, S. 19 [TB 13]	
XXIV/5/ Nr. 27, S. 69 [ND 39]	IV/13/Abt. 1/2, S. 43, S. 226 (Klavierfassungen), S. 240 (weitere Fassung) [TB 13]	ED (KlA) wie KV 462 (448^b)
XI/Nr. 20, S. 184 [ND 25]	IV/13/Abt. 1/2, S. 44, S. 249 (weitere Fassung) [TB 13]	ED (KlA) wie KV 462 (448^b); Beiname nach MozVerz: ›die Bataille‹ Sk
		Fr 1789e (E.I.)
–	IV/13/Abt. 1/2, S. 214 [TB 13]	bekannt nur Violine II-Stimme
XI/Nr. 21, S. 188 [ND 25]	IV/13/Abt. 1/2, S. 148 [TB 13]	Titel nach dem im Tanz zitierten Lied auf den General Friedrich Josias Prinz von Coburg-Saalfeld und dessen Sieg über die Türken am 22. September 1789
XXIV/3/ Nr. 15, S. 131 [ND 39]	X/29/3, S. 60	Autorschaft fraglich

INSTRUMENTALMUSIK

KV	Anzahl	Tonart	Besetzung	Datierung
603	2	D-Dur, B-Dur	Fl. picc., 2 Ob., 2 Fg.; 2 Hr./2 Trp.; Pk.; 2 V.; *Vc. e Basso*	Wien, 5. Februar 1791
607 (605ª)	1 *›Il Trionfo delle Donne‹*	Es-Dur	Fl., Ob., Fg.; 2 Hr.; 2 V.; *Vc. e Basso*	Wien, 28. Februar 1791
609	5	alle in Dur: C, Es, D, C, G	Fl., Trommel; 2 V.; *Vc. e Basso*	Wien, März 1791 (Nr. 5), entstanden vielleicht schon um 1787
610	1 *›Les filles malicieuses‹*	G-Dur	2 Fl.; 2 Hr.; 2 V; *Vc. e Basso*	Wien, 6. März 1791, entstanden vielleicht schon um 1782/1784

Verloren   B-Dur und D-Dur KV 565; 2 Ob., 2 Hr., Fg., 2 V., B.; Wien, 30. Oktober 1788; in MozVerz

Fragment (siehe E.I.)   Fr 1789e [KV Anh. 107 (535ᵇ)]

4. Märsche

KV	Tonart	Besetzung	Datierung
62	D-Dur	2 Ob.; 2 Hr., 2 Trp.; Pk.; 2 V., Va.; *Vc. e Basso*	Salzburg, vermutlich Sommer 1769
290 (173ᵇ, 167 AB)	D-Dur	2 Hr.; V., Va.; *[Fg. e] Basso*	Salzburg, Sommer 1772
189 (167ᵇ)	D-Dur	2 Fl.; 2 Hr.; 2 Trp.; 2 V.; *Vc. e Basso*	Wien, Juli und August 1773
237 (189ᶜ)	D-Dur	2 Ob., 2 Fg.; 2 Hr., 2 Trp.; 2 V.; *(Vc. e) Basso*	Salzburg, Sommer 1774
215 (213ᵇ)	D-Dur	2 Ob.; 2 Hr., 2 Trp.; 2 V., 2 Va.; *Vc. e Basso*	Salzburg, August 1775
214	C-Dur	2 Ob.; 2 Hr., 2 Trp.; 2 V., 2 Va.; *Basso*	Salzburg, 20. August 1775

C.VII.4. Märsche

AMA	NMA	Anmerkung
XI/Nr. 22, S. 191 [ND 25]	IV/13/Abt. 1/2, S. 200 [TB 13]	
XXIV/3/ Nr. 17, S. 139 [ND 39]	IV/13/Abt. 1/2, S. 215 [TB 13]	unter Verwendung von Motiven aus Pasquale Anfossi, *Il Trionfo delle donne*; in MozVerz mit Deutschen Tänzen KV 606 (C.VII.2.)
XI/Nr. 23, S. 194 [ND 25]	IV/13/Abt. 1/2, S. 203 [TB 13]	Nr. 5 ist musikalisch identisch mit KV 610, aber anders instrumentiert
XI/Nr. 24, S. 200 [ND 25]	IV/13/Abt. 1/2, S. 209 [TB 13]	musikalisch identisch mit KV 609, Nr. 5, aber anders instrumentiert; Bedeutung des Beinamens ungeklärt

Unterschoben   9 Tänze KV 510 (Anh. 293^b, Anh. C 13.02), in: AMA XI, S. 173 [ND 25] ♦ 3 Tänze KV^3 535^a; ED Wien: Artaria 1789 (mit KV 534, 462 [448^b] Nr. 3, 535), in: NMA IV/13/Abt. 1/2, S. 228, S. 232, S. 235 [TB 13]

AMA	NMA	Anmerkung
–	IV/12/1, S. 63 [TB 13]	zitiert in Brief vom 4. August 1770; verwendet in *Mitridate* KV 87 (74^a) (B.I.); für »Kassation« KV 100 (62^a) (C.IV.)
X/Nr. 7, S. 19 [ND 25]	IV/13/Abt. 2, S. 73 [TB 13]	mit Divertimento KV 205 (KV^6 167A); siehe C.VI.
X/Nr. 1, S. 1 [ND 25]	IV/13/Abt. 2, S. 7 [TB 13]	zur Serenade KV 185 (167^a); siehe C.IV.
X/Nr. 4, S. 10 [ND 25]	IV/13/Abt. 2, S. 13 [TB 13]	zur Serenade KV 203 (189^b); siehe C.IV.
X/Nr. 3, S. 7 [ND 25]	IV/13/Abt. 2, S. 17 [TB 13]	zur Serenade KV 204 (213^a); siehe C.IV.
X/Nr. 2, S. 4 [ND 25]	IV/13/Abt. 2, S. 23 [TB 13]	

INSTRUMENTALMUSIK

KV	Tonart	Besetzung	Datierung
248	F-Dur	2 Hr.; 2 V., Va.; *Basso*	Salzburg, Juni 1776
249	D-Dur	2 Ob., 2 Fg.; 2 Hr., 2 Trp.; 2 V., 2 Va.; *[Vc. e] Basso*	Salzburg, 20. Juli 1776
335 (320ª)	1, 2: D-Dur	2 Ob./Fl.; 2 Hr., 2 Trp.; 2 V., 2 Va.; *Basso*	vermutlich Salzburg, Anfang August 1779
445 (320ᶜ)	D-Dur	2 Hr.; 2 V., Va.; *Basso*	vermutlich Salzburg, Sommer 1779 oder eher Sommer 1780
408/1 (383ᵉ/1, 383e)	C-Dur	2 Ob.; 2 Hr., 2 Trp.; 2 V., 2 Va.; *Basso*	vermutlich Wien, 1782
408/3 (383ᵉ/3, 383 F)	C-Dur	2 Fl., 2 Fg.; 2 Hr., 2 Trp.; Pk.; 2 V., 2 Va.; *Basso*	vermutlich Wien, 1782/83
408/2 (385ª)	D-Dur	2 Ob., 2 Fg.; 2 Hr., 2 Trp.; Pk.; 2 V., 2 Va.; *Basso*	vermutlich Wien, August 1782

Verloren KV² unter Anh. 11ᵇ (KV³ 41ᶜ); 2 Ob., Fg., 2 Hr., 2 V., B.; vor Ende 1768; in
LMVerz ♦ D-Dur KV 544; Fl., Hr., Streicher; Wien, 26. Juni 1788; in MozVerz

VIII. Sonaten für Orgel und Orchester

KV	Tonart	Besetzung	Datierung
67 (41ʰ)	Es-Dur	2 V., B., Orgel	Salzburg, 1771/72
68 (41ⁱ)	B-Dur	2 V., B., Orgel	Salzburg, 1771/72
69 (41ᵏ)	D-Dur	2 V., B., Orgel	Salzburg, 1771/72

C.VIII. Sonaten für Orgel und Orchester

AMA	NMA	Anmerkung
X/Nr. 5, S. 13 [ND 25]	IV/13/Abt. 2, S. 77 [TB 13]	zum Divertimento KV 247; siehe C.VI.
X/Nr. 6, S. 16 [ND 25]	IV/13/Abt. 2, S. 29 [TB 13] BA 5323 LM	zur Serenade KV 250 (248^b); siehe C.IV.
X/Nr. 8, S. 22 [ND 25]	IV/13/Abt. 2, S. 35, S. 41 [TB 13] IV/12/5, S. 3, S. 9 [TB 13]	Nr. 1: T. 41–46 Zitat aus Arie »*Non so d'onde viene*« von Johann Christian Bach (Warb. YG 22); Nr. 2: T. 44–54 Liedzitat »*Lustig sein die Schwobemedle*« (Herkunft unbekannt; siehe auch D.XIII. Bearbeitungen fremder Werke: Verschiedene); zur Serenade KV 320 (C.IV.)
X/Nr. 21, S. 114 [ND 25]	IV/13/Abt. 2, S. 82 [TB 13]	zum Divertimento KV 334 (320^b); siehe C.VI.
X/Nr. 9, S. 28 [ND 25]	IV/13/Abt. 2, S. 49 [TB 13] ♦ IX/27/2, S. 137 (Klavierfassung) [TB 20]	
X/Nr. 9, S. 36 [ND 25]	IV/13/Abt. 2, S. 57 [TB 13]	
X/Nr. 9, S. 32 [ND 25]	IV/13/Abt. 2, S. 65 [TB 13]	vielleicht Marsch zur ›*Haffner-Sinfonie*‹ KV 385 (C.I.)

Fragment (siehe E.I.)   Fr 1782h [KV^3 384^b]

AMA	NMA
XXIII/Nr. 1, S. 1 [ND 38]	VI/16, S. 2 [TB 17] BA 4731 P, AM
XXIII/Nr. 2, S. 3 [ND 38]	VI/16, S. 4 [TB 17] BA 4731 P, AM
XXIII/Nr. 3, S. 5 [ND 38]	VI/16, S. 6 [TB 17] BA 4731 P, AM

INSTRUMENTALMUSIK

KV	Tonart	Besetzung	Datierung
144 (124ª)	D-Dur	2 V., B., Orgel	wohl Salzburg, Frühjahr 1774
145 (124ᵇ)	F-Dur	2 V., B., Orgel	wohl Salzburg, Frühjahr 1774
212	B-Dur	2 V., B., Orgel	Salzburg, Juli 1775
241	G-Dur	2 V., B., Orgel	Salzburg, Januar 1776
224 (241ª)	F-Dur	2 V., B., Orgel	wohl Salzburg, Frühjahr 1780
225 (241ᵇ)	A-Dur	2 V., B., Orgel	wohl Salzburg, Frühjahr 1780
244	F-Dur	2 V., B., Orgel [solo]	Salzburg, April 1776
245	D-Dur	2 V., B., Orgel [solo]	Salzburg, April 1776
263	C-Dur	2 Trp.; 2 V., B., Orgel [solo]	Salzburg, Ende 1776
274 (271ᵈ)	G-Dur	2 V., B., Orgel	Salzburg, 1777
278 (271ᵉ)	C-Dur	2 Ob.; 2 Trp.; Pk.; 2 V., Vc., B., Orgel	März/April 1777
329 (317ª)	C-Dur	2 Ob.; 2 Hr., 2 Trp.; Pk.; 2 V., Vc., B., Orgel [solo]	angeblich Salzburg, März 1779
328 (317ᶜ)	C-Dur	2 V., B., Orgel [solo]	Salzburg, 1777/1779
336 (336ᵈ)	C-Dur	2 V., B., Orgel [solo]	Salzburg, März 1780

Unterschoben   Sonate D-Dur (Fragment) KV³ Anh. 65ª (KV⁶ 124A), in: NMA VI/16, S. 72 [TB 17] (von Leopold Mozart) ♦ KV³ 124c (Fragment) (KV⁶ Anh. C 16.01), in: NMA VI/16, S. 72 [TB 17] (von Leopold Mozart)

C.VIII. Sonaten für Orgel und Orchester

AMA	NMA
XXIII/Nr. 4, S. 7 [ND 38]	VI/16, S. 8 [TB 17] BA 4731 P, AM
XXIII/Nr. 5, S. 9 [ND 38]	VI/16, S. 11 [TB 17] BA 4731 P, AM
XXIII/Nr. 6, S. 11 [ND 38]	VI/16, S. 13 [TB 17] BA 4731 P, AM
–	VI/16, S. 16 [TB 17] BA 4731 P, AM
XXIII/Nr. 7, S. 14 [ND 38]	VI/16, S. 18 [TB 17] BA 4731 P, AM
XXIII/Nr. 8, S. 18 [ND 38]	VI/16, S. 22 [TB 17] BA 4731 P, AM
XXIII/Nr. 9, S. 21 [ND 38]	VI/16, S. 25 [TB 17] BA 4732 P, AM
XXIII/Nr. 10, S. 24 [ND 38]	VI/16, S. 28 [TB 17] BA 4732 P, AM
–	VI/16, S. 32 [TB 17] BA 4735 P, AM
XXIII/Nr. 11, S. 27 [ND 38]	VI/16, S. 36 [TB 17] BA 4732 P, AM
XXIII/Nr. 12, S. 30 [ND 38]	VI/16, S. 39 [TB 17] BA 4733 P, AM
XXIII/Nr. 14, S. 41 [ND 38]	VI/16, S. 49 [TB 17] BA 4733 P, AM
XXIII/Nr. 13, S. 36 [ND 38]	VI/16, S. 60 [TB 17] BA 4732 P, AM
XXIII/Nr. 15, S. 51 [ND 38]	VI/16, S. 65 [TB 17] BA 4732 P, AM

INSTRUMENTALMUSIK

IX. Klaviersextett

Fragment (siehe E.I.)   Fr 1784e [KV Anh. 55 (387c, 452b)] (Kl.; 2 V.; 2 Hr., B.)

X. Streichquintette

KV	Tonart	Besetzung	Datierung
174	B-Dur	2 V., 2 Va.; *Basso* (Vc.)	Salzburg, Dezember 1773
– (KV² Anh. 80, KV⁶ 514a)			
515	C-Dur	2 V., 2 Va., Vc.	Wien, 19. April 1787
516	g-Moll	2 V., 2 Va., Vc.	Wien, 16. Mai 1787
406 (516ᵇ)	c-Moll	2 V., 2 Va., Vc.	Wien, vermutlich 1787 oder 1788
593	D-Dur	2 V., 2 Va., Vc.	Wien, Dezember 1790
614	Es-Dur	2 V., 2 Va., Vc.	Wien, 12. April 1791

Fragmente (siehe E.I.)   Fr 1784l [KV Anh. 81 (613a)] ♦ Fr 1786i [KV Anh. 82 (613b)] ♦ Fr 1787j [KV² Anh. 80 (KV⁶ 514a)] ♦ Fr 1787k [KV Anh. 86 (516a)] ♦ Fr 1787u [KV Anh. 83 (592b)] ♦ Fr 1791b [KV Anh. 87 (515a)] ♦ Fr 1791c [KV Anh. 79 (515c)]

C.IX. Klaviersextett / C.X. Streichquintette

AMA	NMA	Anmerkung
XIII / Nr. 1, S. 1 [ND 28]	VIII / 19 / Abt. 1, S. 3 [TB 17] BA 4771; TP 153; TP 159	zum Trio des Menuetts und zum Schlußsatz liegen im Autograph verworfene Fassungen vor
		= Fr 1787j (E.I.)
XIII / Nr. 4, S. 54 [ND 28]	VIII / 19 / Abt. 1, S. 27 [TB 17] BA 4771; TP 159	ED Wien: Artaria 1789 (St.)
XIII / Nr. 5, S. 85 [ND 28]	VIII / 19 / Abt. 1, S. 63 [TB 17] BA 4771; TP 159	ED Wien: Artaria 1790 (St.) Sk zum 4. Satz
XIII / Nr. 2, S. 23 [ND 28]	VIII / 19 / Abt. 1, S. 91 [TB 17]	Bearbeitung der Serenade KV 388 (384^a) (C.V.)
XIII / Nr. 7, S. 132 [ND 28]	VIII / 19 / Abt. 1, S. 113 [TB 17] (mit authentischer Version des Finales) BA 4771; TP 11; TP 159	im Autograph finden sich Änderungen von fremder Hand für das Finale (gedruckt in AMA)
XIII / Nr. 8, S. 156 [ND 28]	VIII / 19 / Abt. 1, S. 143 [TB 17] BA 4771; TP 159	

Unterschoben KV 46, in: AMA XXIV, Nr. 22 (Bd. 5, S. 21) [ND 39]; Bearbeitung von Sätzen aus der Serenade KV 361 (370^a)

XI. Quintette mit Bläsern

KV	Tonart	Besetzung	Datierung
407 (386c)	Es-Dur	Hr.; V., 2 Va., Vc.	vermutlich Wien, Ende 1782
581	A-Dur	Klar.; 2 V., Va., Vc.	Wien, 29. September 1789

Fragmente (siehe E.I.)   Fr 1787l [KV^6 516d] (Rondo [Andante]) ♦ Fr 1787q [KV Anh. 90 (580^b)] (Allegro) ♦ Fr 1787y [KV Anh. 89 (516^e)] (Rondo) ♦ Fr 1789d [KV Anh. 91 (516^c)] (Allegro) ♦ Fr 1790g [KV Anh. 88 (581^a)] (Rondo)

XII. Quartette und Quintette mit Klavier bzw. Glasharmonika

KV	Titel	Tonart	Besetzung	Datierung
452	Klavier-quintett	Es-Dur	Kl.; Ob., Klar., Hr., Fg.	Wien, 30. März 1784
478	Klavier-quartett	g-Moll	Kl.; V., Va., Vc.	Wien, 16. Oktober 1785, MozVerz: »*im Monath July*«
493	Klavier-quartett	Es-Dur	Kl.; V., Va., Vc.	Wien, 3. Juni 1786
617	Adagio und Rondo	c-Moll/ C-Dur	Glasharmonika, Fl., Ob., Va., Vc.	Wien, 23. Mai 1791

Fragmente (siehe E.I.)   Fr 1783g [KV Anh. 54 (452^a)] (Langsame Einleitung) ♦ Fr 1786j [KV Anh. 53 (KV^3 bei 493, KV^6 493a)] (Satz für Klavierquintett) ♦ Fr 1791f [KV Anh. 92 (616^a)] (Fantasie mit Glasharmonika)

C.XI. Quintette mit Bläsern / C.XII. Quartette und Quintette mit Klavier etc.

AMA	NMA	Anmerkung
XIII/Nr. 3, S. 41 [ND 28]	VIII/19/Abt. 2, S. 1 [TB 17] BA 4708; TP 13	vermutlich für Joseph Leutgeb
XIII/Nr. 6, S. 112 [ND 28]	VIII/19/Abt. 2, S. 15 [TB 17] BA 4776	für Anton Stadler; vermutete Originalversion für ›Bassettklar.‹ nicht erhalten

AMA	NMA	Anmerkung
XVII/Abt. 1/ Nr. 1, S. 2 [ND 34] ♦ Skizze: XXIV/11/ Nr. 59, S. 1 [ND 40]	VIII/22/Abt. 1, S. 107 [TB 19] BA 4730	ED Wien: Hoffmeister 1786 (St. in Bearbeitung; kein Exemplar nachgewiesen); Erstaufführung in Mozarts Akademie, Wien, Burgtheater: 1. April 1784 (Dok., S. 198) Sk zu 1. Satz
XVII/Abt. 1/ Nr. 2, S. 32 [ND 34]	VIII/22/Abt. 1, S. 1 [TB 19] BA 4728	ED Wien: Hoffmeister 1785 (St.)
XVII/Abt. 1/ Nr. 3, S. 62 [ND 34]	VIII/22/Abt. 1, S. 53 [TB 19] BA 4729	ED Wien: Artaria 1787 (St.) als op. 13; London: Storace 1787/88 (unabhängig von ED, RISM M6337) Sk zu Finale
X/Nr. 18, S. 85 [ND 25]	VIII/22/Abt. 1, S. 146 [TB 19]	für Mariane Kirchgeßner; von dieser am 19. August 1791 uraufgeführt (Dok., S. 350)

XIII. Bläserquartette

Fragmente (siehe E.I.)   Klar., 3 Bassetthr.: Fr 1787g [KV Anh. 93 (440^c, 484c)] ♦
Fr 1788a [KV Anh. 94 (580^a)]

XIV. Streichquartette

KV	Titel	Tonart	Datierung
80 (73^f)	Quartett	G-Dur	1.–3. Satz: Lodi, 15. März 1770 (»alle 7. di sera«); 4. Satz: Wien, Ende 1773, oder Salzburg, 1774
136–138 (125^{a-c})	Divertimenti		
155 (134^a)	Quartett	D-Dur	Italien, 1772/73
156 (134^b)	Quartett	G-Dur	Italien, 1772/73
157	Quartett	C-Dur	Italien, 1772/73
158	Quartett	F-Dur	Italien, 1772/73
159	Quartett	B-Dur	Italien, 1772/73
160 (159^a)	Quartett	Es-Dur	Italien, 1772/73
168	Quartett	F-Dur	Wien, August 1773
– (KV^6 168a)	Menuett	F-Dur	vermutlich München, Anfang 1775

C.XIII. Bläserquartette / C.XIV. Streichquartette

AMA	NMA	Anmerkung
XIV/Nr. 1, S. 1 [ND 29]	VIII/20/Abt. 1/1, S. 3 [TB 18] BA 4847; TP 318	
		siehe C.IV. Kassationen, Serenaden und Divertimenti für Orchester
XIV/Nr. 2, S. 8 [ND 29]	VIII/20/Abt. 1/1, S. 17 [TB 18] BA 4847; TP 318	nach in den Autographen der Quartette KV 155 (134ª) – 160 (159ª) voneinander abweichenden Angaben unklar, ob für solistische oder chorische Besetzung gedacht
XIV/Nr. 3, S. 15 [ND 29]	VIII/20/Abt. 1/1, S. 31 [TB 18] BA 4847; TP 318	wie KV 155 (134ª)
XIV/Nr. 4, S. 21 [ND 29]	VIII/20/Abt. 1/1, S. 41 [TB 18] BA 4847; TP 318	wie KV 155 (134ª)
XIV/Nr. 5, S. 29 [ND 29]	VIII/20/Abt. 1/1, S. 57 [TB 18] BA 4847; TP 318	wie KV 155 (134ª)
XIV/Nr. 6, S. 36 [ND 29]	VIII/20/Abt. 1/1, S. 69 [TB 18] BA 4847; TP 318	wie KV 155 (134ª)
XIV/Nr. 7, S. 45 [ND 29]	VIII/20/Abt. 1/1, S. 85 [TB 18] BA 4847; TP 318	wie KV 155 (134ª)
XIV/Nr. 8, S. 52 [ND 29]	VIII/20/Abt. 1/1, S. 99 [TB 18] BA 4849; TP 318	
–	VIII/20/Abt. 1/1, S. 202 [TB 18]	

INSTRUMENTALMUSIK

KV	Titel	Tonart	Datierung
169	Quartett	A-Dur	Wien, August 1773
170	Quartett	C-Dur	Wien, August 1773
171	Quartett	Es-Dur	Wien, August 1773
172	Quartett	B-Dur	Wien, vermutlich August/September 1773
173	Quartett	d-Moll	Wien, wahrscheinlich September 1773
387	Quartett	G-Dur	Wien, 31. Dezember 1782, mit Änderungen bis Sommer 1785 (ED)
421 (417^b)	Quartett	d-Moll	Wien, um Juni 1783, mit Änderungen bis Sommer 1785 (ED)
428 (421^b)	Quartett	Es-Dur	Wien, um Juni/Juli 1783, mit Änderungen bis Sommer 1785 (ED)
458	Quartett ›Jagd‹	B-Dur	Wien, 9. November 1784, mit Änderungen bis Sommer 1785 (ED)
464	Quartett	A-Dur	Wien, 10. Januar 1785, mit Änderungen bis Sommer 1785 (ED)
465	Quartett ›Dissonanzen‹	C-Dur	Wien, 14. Januar 1785, mit Änderungen bis Sommer 1785 (ED)
499	Quartett ›Hoffmeister‹	D-Dur	Wien, 19. August 1786
575	Quartett ›1. Preußisches‹	D-Dur	Wien, Juni 1789

C. XIV. Streichquartette

AMA	NMA	Anmerkung
XIV/Nr. 9, S. 60 [ND 29]	VIII/20/Abt. 1/1, S. 113 [TB 18] BA 4849; TP 318	
XIV/Nr. 10, S. 69 [ND 29]	VIII/20/Abt. 1/1, S. 129 [TB 18] BA 4849; TP 318	
XIV/Nr. 11, S. 77 [ND 29]	VIII/20/1/Abt. 1, S. 145 [TB 18] BA 4850; TP 138	
XIV/Nr. 12, S. 86 [ND 29]	VIII/20/Abt. 1/1, S. 159 [TB 18] BA 4850; TP 138	
XIV/Nr. 13, S. 96 [ND 29]	VIII/20/Abt. 1/1, S. 175 [TB 18] BA 4850; TP 138	verworfene Erstfassung des Finales siehe NMA VIII/20/Abt. 1/1, S. 198 [TB 18]
XIV/Nr. 14, S. 106 [ND 29]	VIII/20/Abt. 1/2, S. 3 [TB 18] BA 4750; TP 140	ED Wien: Artaria 1785 (St.; mit KV 421 [417^b], KV 458, KV 428 [421^b], KV 464 und KV 465), als op. 10,1, Joseph Haydn gewidmet
XIV/Nr. 15, S. 124 [ND 29]	VIII/20/Abt. 1/2, S. 33 [TB 18] BA 4750; TP 142	wie KV 387, als op. 10,2
XIV/Nr. 16, S. 137 [ND 29]	VIII/20/Abt. 1/2, S. 85 [TB 18] BA 4750; TP 144	wie KV 387, als op. 10,4
XIV/Nr. 17, S. 152 [ND 29]	VIII/20/Abt. 1/2, S. 57 [TB 18] BA 4750; TP 143	wie KV 387, als op. 10,3; Beiname wegen Hauptthema des Kopfsatzes; siehe Fr 1782o (E.I.)
XIV/Nr. 18, S. 168 [ND 29]	VIII/20/Abt. 1/2, S. 111 [TB 18] BA 4750; TP 140	wie KV 387, als op. 10,5 Sk zu Finale; siehe Fr 1784h (E.I.)
XIV/Nr. 19, S. 186 [ND 29]	VIII/20/Abt. 1/2, S. 145 [TB 18] BA 4750; TP 146	wie KV 387, als op. 10,6; Beiname wegen Harmonieführung zu Beginn des Kopfsatzes
XIV/Nr. 20, S. 206 [ND 29]	VIII/20/Abt. 1/3, S. 3 [TB 18] BA 4750; TP 86; TP 140	ED Wien: Hoffmeister 1786 (St.)
XIV/Nr. 21, S. 226 [ND 29]	VIII/20/Abt. 1/3, S. 37 [TB 18] BA 4750; TP 140	Widmung an König Friedrich Wilhelm II. von Preußen geplant; ED Wien/Mainz: Artaria 1791 (St.; mit KV 589 und KV 590), als op. 18,1 Entwurf für Finale

INSTRUMENTALMUSIK

KV	Titel	Tonart	Datierung
589	Quartett ›2. Preußisches‹	B-Dur	Wien, Mai 1790
590	Quartett ›3. Preußisches‹	F-Dur	Wien, Juni 1790

Fragmente (siehe E.I. und E.II.)   Fr 178X/e [KV Anh. 70 (KV^6 626b/29)] (Adagio) ♦ Fr 1782o [KV Anh. 68 (589^a)] (Rondo) ♦ Fr 1782r [KV deest] ♦ Fr 1782s [KV deest] (Fuge) ♦ Fr 1783d [KV^6 bei 453b] (Fuge) ♦ Fr 1784h [KV Anh. 72 (464^a)] ♦ Fr 1785c [KV Anh. 76 (417^c)] (Fuge) ♦ Fr 1789a [KV Anh. 77 (385^m, 405a)] (Fuge) ♦ Fr 1789b [KV Anh. 84 (KV^6 626b/30) = KV^3 417^d] ♦ Fr 1789c [KV Anh. 71 (458^b)] ♦ Fr 1789i [KV Anh. 74 (587^a)] ♦ Fr 1790c [KV Anh. 75 (458^a)] (Menuett) ♦ Fr 1790d [KV Anh. 73 (589^b)]

XV. Quartette mit einem Blasinstrument

KV	Titel	Tonart	Besetzung	Datierung
285	Quartett	D-Dur	Fl., V., Va., Vc.	Mannheim, 25. Dezember 1777
– (285^a)	Quartett	G-Dur	Fl., V., Va., Vc.	Mannheim, zwischen 25. Dezember 1777 und 14. Februar 1778
Anh. 171 (285^b)	Quartett	C-Dur	Fl., V., Va., Vc.	Wien, um 1781
298	Quartett	A-Dur	Fl., V., Va., Vc.	Wien, Ende 1786/87
370 (368^b)	Quartett	F-Dur	Ob., V., Va., Vc.	München, vermutlich Anfang 1781, oder Wien, 1784?

C.XV. Quartette mit einem Blasinstrument

AMA	NMA	Anmerkung
XIV, S. 242 [ND 29]	VIII/20/Abt. 1/3, S. 65 [TB 18] BA 4750; TP 88	wie KV 575, als op. 18,2 Entwurf für Finale; siehe Fr 1789c, 1790c (E.I.)
XIV, S. 258 [ND 29]	VIII/20/Abt. 1/3, S. 93 [TB 18] BA 4750; TP 89	wie KV 575, als op. 18,3 siehe Fr 1790d (E.I.), Sk zu Menuett

Zuschreibung zweifelhaft 6 Quartette KV^3 Anh. 291^a (KV^6 Anh. C 20.05) ♦ Sei Quartetti capricciosi KV^3 bei Anh. 291^a (KV^6 Anh. C 20.06)

Unterschoben Quartette KV Anh. 210–213 (KV^6 C 20.01–04) (von Joseph Schuster)

AMA	NMA	Anmerkung
XIV/Nr. 28, S. 307 [ND 29]	VIII/20/Abt. 2, S. 3 [TB 18] BA 4405; TP 150	für Ferdinand Dejean
–	VIII/20/Abt. 2, S. 25 [TB 18] BA 4405; TP 150	für Ferdinand Dejean
–	VIII/20/Abt. 2, S. 33 [TB 18] BA 4405; TP 150	2. Satz, Bearbeitung, wohl nicht von Mozart, aus Serenade KV 361 (370^a) (C.V.); ED Speyer: Boßler 1788 (St.) als op. 14
XIV/Nr. 29, S. 319 [ND 29]	VIII/20/Abt. 2, S. 51 [TB 18] BA 4405; TP 150	
XIV/Nr. 30, S. 327 [ND 29]	VIII/20/Abt. 2, S. 65 [TB 18] BA 4867; TP 151	für Friedrich Ramm

INSTRUMENTALMUSIK

XVI. Duos und Trios für Streicher und Bläser

KV	Titel	Tonart	Besetzung	Datierung
– (46^d)	Sonate	C-Dur	V., B.	Wien, 1. September 1768
– (46^e)	Sonate	F-Dur	V., B.	vermutlich Wien, um den 1. September 1768
266 (271^f)	Adagio und Menuetto	B-Dur	2 V., B.	Salzburg, Frühjahr 1777
292 (196^c)	Sonate	B-Dur	Fg., Vc.	angeblich München, Anfang 1775
– (404^a)	4 Präludien		V., Va., Vc.	angeblich Wien, 1782
423	Duo	G-Dur	V., Va.	Salzburg, zwischen Juli und Oktober 1783
424	Duo	B-Dur	V., Va.	Salzburg, zwischen Juli und Oktober 1783
563	Divertimento (Streichtrio)	Es-Dur	V., Va., Vc.	Wien, 27. September 1788

Verloren   Soli KV^3 33^a; Fl., [B.c.]; Lausanne, Mitte September 1766; in LMVerz ♦ Soli KV^3 33^b; Vc., [B.c.]; Donaueschingen, Oktober 1766; in LMVerz ♦ KV deest; Va. da gamba, [B.c.]; in LMVerz ♦ Nachtmusik KV^2 unter Anh. 11^b (KV^3 41^g); 2 V., B.; unbekannt (1760er Jahre); bekannt nur aus Nannerls Brief vom 8. Februar 1800 ♦ 6 Trios KV^2 unter Anh. 11^b; 2 V., Vc.; vor 1768; in LMVerz

XVII. Klaviertrios

KV	Titel	Tonart	Besetzung	Datierung
10–15	6 Sonaten		Cemb., V. (Fl.), Vc.	
254	Divertimento à 3	B-Dur	Kl.; V., Vc.	Salzburg, August 1776

C.XVI. Duos und Trios für Streicher und Bläser / C.XVII. Klaviertrios

AMA	NMA	Anmerkung
–	VIII/21, S. 3 [TB 18]	überliefert mit KV³ 46ᵉ
–	VIII/21, S. 5 [TB 18]	überliefert mit KV³ 46ᵈ
XXIV/5/ Nr. 23a, S. 51 [ND 39]	VIII/21, S. 61 [TB 18]	
X/Nr. 14, S. 75 [ND 25]	VIII/21, S. 7 [TB 18] BA 6974	vielleicht Entwurf zu einem größer besetzten Werk
		Autorschaft fraglich; zu Fugen von Johann Sebastian und Wilhelm Friedemann Bach; siehe Bearbeitungen fremder Werke D.III.
XV/Nr. 1, S. 1 [ND 29]	VIII/21, S. 15 [TB 18] BA 4772 P, AM	vermutlich für Johann Michael Haydn geschrieben
XV/Nr. 2, S. 9 [ND 29]	VIII/21, S. 33 [TB 18] BA 4772 P, AM	wie KV 423
XV/Nr. 4, S. 19 [ND 29]	VIII/21, S. 121 [TB 18] BA 4844; TP 319	komponiert wohl für Johann Michael Puchberg (vgl. Brief vom 16. April 1789)

Fragmente (siehe E.I. und E.II.)   Streichtrio: Fr 178X/a [KV bei 266 (KV⁶ bei 271f)] ♦ Fr 178X/d [KV deest] ♦ Fr 1782m [Anh. 67 = KV 443 (385¹, 404b)] ♦ Fr 1789g [KV Anh. 66 (562ᵉ)]

Unterschoben   Sonate für V. und B. KV³ Anh. 290ᶜ (KV⁶ Anh. C 23.09)

AMA	NMA	Anmerkung
		siehe C.XVIII. Sonaten und Variationen
XVII/Abt. 2/ Nr. 4, S. 2 [ND 34]	VIII/22/Abt. 2, S. 56 [TB 19] BA 4787	ED Paris: Heina – Brüssel: Godefroy 1782/83 (St.; angekündigt als op. 3)

KV	Titel	Tonart	Besetzung	Datierung
442	3 fragmentarische Triosätze	d-Moll, G-Dur, D-Dur	Kl.; V., Vc.	
496	Trio	G-Dur	Kl.; V., Vc.	Wien, 8. Juli 1786
498	Trio ›Kegelstatt‹	Es-Dur	Kl.; Klar., Va.	Wien, 5. August 1786
502	Trio	B-Dur	Kl.; V., Vc.	Wien, 18. November 1786
542	Trio	E-Dur	Kl.; V., Vc.	Wien, 22. Juni 1788
548	Trio	C-Dur	Kl.; V., Vc.	Wien, 14. Juli 1788
564	Trio	G-Dur	Kl.; V., Vc.	Wien, 27. Oktober 1788

Fragmente (siehe E.I.) Fr 1784i [KV Anh. 51 (501^a)] ♦ Fr 1785e [KV 442: erster Satz (Allegro)] ♦ Fr 1786c [KV 442: zweiter Satz (Tempo di Menuetto)] ♦ Fr 1787f [KV 442: dritter Satz (Allegro)] ♦ Fr 1787h [KV Anh. 52 (495^a)]

XVIII. Sonaten und Variationen für Klavier und Violine

KV	Titel	Tonart	Datierung
6	Sonate	C-Dur	[Salzburg], 16. Juli 1762 (Menuett II), Brüssel, 14. Oktober 1763 (Allegro), und Paris, 1763/64, insgesamt vor 1. Februar 1764 (Beginn der Drucklegung)

C. XVIII. Sonaten und Variationen für Klavier und Violine

AMA	NMA	Anmerkung
		unvollständig; drei einzelne, nicht zusammengehörige Sätze: Fr 1785e, 1786c, 1787f (E.I.)
XVII/Abt. 2/ Nr. 6, S. 46 [ND 34]	VIII/22/Abt. 2, S. 78 [TB 19] BA 4787	ED Wien: Hoffmeister 1786 (St.); Titel laut MozVerz: »*Terzett*«; laut ED: »*Sonata*«
XVII/Abt. 2/ Nr. 7, S. 68 [ND 34]	VIII/22/Abt. 2, S. 104 [TB 19] BA 4787; BA 5325	ED Wien: Artaria 1788 (St.) als op. 14; Beiname wegen der Anekdote, Mozart habe das Werk beim Kegeln geschrieben
XVII/Abt. 2/ Nr. 8, S. 86 [ND 34]	VIII/22/Abt. 2, S. 129 [TB 19] BA 4787	ED Wien: Artaria 1788 (St.; mit KV 542 und KV 548), als op. 15,1
XVII/Abt. 2/ Nr. 9, S. 110 [ND 34]	VIII/22/Abt. 2, S. 160 [TB 19] BA 4787	ED wie KV 502, als op. 15,2; Entwurf für 3. Satz siehe NMA VIII/22/Abt. 2, S. 268 [TB 19]
XVII/Abt. 2/ Nr. 10, S. 132 [ND 34]	VIII/22/Abt. 2, S. 188 [TB 19] BA 4787	ED wie KV 502, als op. 15,3
XVII/Abt. 2/ Nr. 11, S. 150 [ND 34]	VIII/22/Abt. 2, S. 212 [TB 19] BA 4787	ED London: Storace 1789 (St.; in: *Storace's Collection of Original Harpsichord-Music* II,5)

Unterschoben   Trio KV^2 Anh. 52^a (KV^3 Anh. 284^h, KV^6 Anh. C 22.01) ♦ Trio KV Anh. 291 (KV^6 Anh. C 22.02)

AMA	NMA	Anmerkung
XVIII/1/ Nr. 1, S. 2 [ND 35]	VIII/23/1, S. 2 [TB 19] (V., Kl.) ♦ IX/27/1, S. 71, 30, 32, 76 [TB 20] (Kl.) BA 4755	ED Paris: aux adresses ordinaires [Vendôme] 1764 (St.; mit KV 7) als op. 1, Louise-Marie-Thérèse de Bourbon (»*Madame Victoire de France*«) gewidmet

INSTRUMENTALMUSIK

KV	Titel	Tonart	Datierung
7	Sonate	D-Dur	Paris, 30. November 1763 (Menuett I), insgesamt Paris, 1763/64
8	Sonate	B-Dur	Paris, 21. November 1763
9	Sonate	G-Dur	Paris, 1763/64
10	Sonate	B-Dur	London, 1764
11	Sonate	G-Dur	London, 1764
12	Sonate	A-Dur	London, 1764
13	Sonate	F-Dur	London, 1764
14	Sonate	C-Dur	London, 1764
15	Sonate	B-Dur	London, 1764
26	Sonate	Es-Dur	Den Haag, vermutlich Februar 1766, sicher vor dem 16. April 1766
27	Sonate	G-Dur	wie KV 26

C. XVIII. Sonaten und Variationen für Klavier und Violine

AMA	NMA	Anmerkung
XVIII/1/ Nr. 2, S. 12 [ND 35]	VIII/23/1, S. 12 [TB 19] (V., Kl.) ♦ IX/27/1, S. 75 [TB 20] (Kl., Menuett I) BA 4755	ED wie KV 6
XVIII/1/ Nr. 3, S. 20 [ND 35]	VIII/23/1, S. 20 [TB 19] (V., Kl.) ♦ IX/27/1, S. 26 [TB 20] (Kl., 1. Satz) BA 4755	ED Paris: aux adresses ordinaires de Musique [Vendôme] 1764 (St.; mit KV 9) als op. 2, Adrienne-Catherine de Noailles (»*Madame la Comtesse de Tessé*«) gewidmet
XVIII/1/ Nr. 4, S. 26 [ND 35]	VIII/23/1, S. 26 [TB 19] (V., Kl.) BA 4755	ED wie KV 8
XVIII/1/ Nr. 5, S. 34 [ND 35]	VIII/22/Abt. 2, S. 2 [TB 19] BA 4756	ED London: Selbstverlag Leopold Mozart 1765 (Part.; mit KV 11–15) als op. 3, Königin Charlotte Sophie (»*Charlotte Reine de la Grande Bretagne*«) gewidmet
XVIII/1/ Nr. 6, S. 42 [ND 35]	VIII/22/Abt. 2, S. 12 [TB 19] BA 4756	wie KV 10
XVIII/1/ Nr. 7, S. 47 [ND 35]	VIII/22/Abt. 2, S. 18 [TB 19] BA 4756	wie KV 10
XVIII/1/ Nr. 8, S. 54 [ND 35]	VIII/22/Abt. 2, S. 26 [TB 19] BA 4756	wie KV 10
XVIII/1/ Nr. 9, S. 62 [ND 35]	VIII/22/Abt. 2, S. 36 [TB 19] BA 4756	wie KV 10
XVIII/1/ Nr. 10, S. 72 [ND 35]	VIII/22/Abt. 2, S. 48 [TB 19] BA 4756	wie KV 10
XVIII/1/ Nr. 11, S. 78 [ND 35]	VIII/23/1, S. 34 [TB 19] BA 4757	ED Den Haag/Amsterdam: Hummel 1766 (St.; mit KV 27–31) als op. 4, Caroline von Nassau-Weilburg (»*Madame la Princesse de Nassau Weilbourg*«) gewidmet
XVIII/1/ Nr. 12, S. 84 [ND 35]	VIII/23/1, S. 40 [TB 19] BA 4757	ED wie KV 26

INSTRUMENTALMUSIK

KV	Titel	Tonart	Datierung
28	Sonate	C-Dur	wie KV 26
29	Sonate	D-Dur	wie KV 26
30	Sonate	F-Dur	wie KV 26
31	Sonate	B-Dur	wie KV 26
301 (293^a)	Sonate	G-Dur	Mannheim, vermutlich Februar 1778
302 (293^b)	Sonate	Es-Dur	Mannheim, vermutlich Februar 1778
303 (293^c)	Sonate	C-Dur	Mannheim, vermutlich Februar 1778
305 (293^d)	Sonate	A-Dur	Mannheim und Paris, Frühjahr 1778
296	Sonate	C-Dur	Mannheim, 11. März 1778
304 (300^c)	Sonate	e-Moll	Paris, Frühsommer 1778
306 (300^l)	Sonate	D-Dur	Paris, wohl Sommer 1778

C. XVIII. Sonaten und Variationen für Klavier und Violine

AMA	NMA	Anmerkung
XVIII/1/ Nr. 13, S. 90 [ND 35]	VIII/23/1, S. 45 [TB 19] BA 4757	ED wie KV 26
XVIII/1/ Nr. 14, S. 96 [ND 35]	VIII/23/1, S. 50 [TB 19] BA 4757	ED wie KV 26
XVIII/1/ Nr. 15, S. 100 [ND 35]	VIII/23/1, S. 54 [TB 19] BA 4757	ED wie KV 26
XVIII/1/ Nr. 16, S. 106 [ND 35]	VIII/23/1, S. 59 [TB 19] BA 4757	ED wie KV 26
XVIII/2/ Nr. 25, S. 18 [ND 36]	VIII/23/1, S. 66 [TB 19] BA 4774	ED Paris: Sieber 1778 (St.; mit KV 302 [293^b], KV 303 [293^c], KV 304 [300^c], KV 305 [293^d] und KV 306 [300^l]), als op. 1,1, Elisabeth Maria Aloysia Auguste, Kurfürstin von der Pfalz (»*Madame L'Electrice Palatine*«) gewidmet
XVIII/2/ Nr. 26, S. 32 [ND 36]	VIII/23/1, S. 78 [TB 19] BA 4774	ED wie KV 301, als op. 1,2
XVIII/2/ Nr. 27, S. 44 [ND 36]	VIII/23/1, S. 88 [TB 19] BA 4774	ED wie KV 301, als op. 1,3
XVIII/2/ Nr. 29, S. 64 [ND 36]	VIII/23/1, S. 107 [TB 19] BA 4774	ED wie KV 301, als op. 1,5
XVIII/2/ Nr. 24, S. 2 [ND 36]	VIII/23/1, S. 139 [TB 19] BA 4774	für Therese Pierron; ED Wien: Artaria 1781 (St.; mit KV 376 [374^d], KV 377 [374^e], KV 378 [317^d], KV 379 [373^a] und KV 380 [374^f]), als op. 2,2, Josepha Barbara Aurnhammer gewidmet
XVIII/2/ Nr. 28, S. 54 [ND 36]	VIII/23/1, S. 98 [TB 19] BA 4774	ED wie KV 301, als op. 1,4
XVIII/2/ Nr. 30, S. 76 [ND 36]	VIII/23/1, S. 118 [TB 19] BA 4774	ED wie KV 301, als op. 1,6

INSTRUMENTALMUSIK

KV	Titel	Tonart	Datierung
378 (317ᵈ)	Sonate	B-Dur	vermutlich Salzburg, 1779/80
372 und Anh. 49 (372)	Sonatensatz (Allegro)		
379 (373ᵃ)	Sonate	G-Dur	vermutlich Wien, 7. April 1781
359 (374ᵃ)	12 Variationen über das französische Lied »La Bergère Célimène«	G-Dur	Wien, vielleicht Juni 1781 (oder später)
360 (374ᵇ)	6 Variationen über das französische Lied *Au bord d'une fontaine* »Hélas, j'ai perdu mon amant«	g-Moll	vermutlich Wien, Juni 1781
376 (374ᵈ)	Sonate	F-Dur	Wien, 1781
377 (374ᵉ)	Sonate	F-Dur	Wien, 1781
380 (374ᶠ)	Sonate	Es-Dur	Wien, 1781
403 (385ᶜ)	Andante und Allegretto		
404 (385ᵈ)	Andante und Allegretto	C-Dur	Wien, angeblich 1782
402 (385ᵉ)	Andante und Fuge einer Sonate	A-Dur	Wien, August oder September 1782
396 (385ᶠ)	Fantasie		

C. XVIII. Sonaten und Variationen für Klavier und Violine

AMA	NMA	Anmerkung
XVIII/2/ Nr. 34, S. 140 [ND 36]	VIII/23/1, S. 154 [TB 19] BA 4774	ED wie KV 296, als op. 2,4
		= Fr 1781c (E.I.); ergänzt von Maximilian Stadler
XVIII/2/ Nr. 35, S. 160 [ND 36]	VIII/23/2, S. 3 [TB 19] BA 4775	ED wie KV 296, als op. 2,5; vielleicht für den Salzburger Geiger Antonio Brunetti für eine Akademie am 8. April 1781 in Wien komponiert
XVIII/2/ Nr. 44, S. 290 [ND 36]	VIII/23/2, S. 136 [TB 19]	ED Speyer: Boßler [unvollständig] und Wien: Artaria 1786 (jeweils St.)
XVIII/2/ Nr. 45, S. 300 [ND 36]	VIII/23/2, S. 144 [TB 19]	ED Speyer: Boßler und Wien: Artaria 1786 (St.)
XVIII/2/ Nr. 32, S. 108 [ND 36]	VIII/23/2, S. 16 [TB 19] BA 4775	ED wie KV 296, als op. 2,1
XVIII/2/ Nr. 33, S. 123 [ND 36]	VIII/23/2, S. 32 [TB 19] BA 4775	ED wie KV 296, als op. 2,3
XVIII/2/ Nr. 36, S. 172 [ND 36]	VIII/23/2, S. 48 [TB 19] BA 4775	ED wie KV 296, als op. 2,6
		= Fr 1784a (E.I.)
XVIII/2/ Nr. 39, S. 208 [ND 36]	VIII/23/2, S. 152 [TB 19]	Autograph des Andante-Satzes verschollen; Allegretto unvollständig = Fr 1785b (E.I.); Zusammengehörigkeit der beiden kurzen Kompositionen nicht erwiesen
XVIII/2/ Nr. 37, S. 190 [ND 36]	VIII/23/2, S. 173 [TB 19] BA 4775	Fuge unvollständig = Fr 1781e (E.I.)
		= Fr 1782l (E.I.)

KV	Titel	Tonart	Datierung
454	Sonate	B-Dur	Wien, 21. April 1784
481	Sonate	Es-Dur	Wien, 12. Dezember 1785
526	Sonate	A-Dur	Wien, 24. August 1787
547	Sonate	F-Dur	Wien, 10. Juli 1788

Fragmente (siehe E.I.)   Fr 1781c [KV Anh. 49 = 372] (Sonatensatz) ♦ Fr 1781e [KV 402 (385^e)] (Sonatensatz) ♦ Fr 1782l [KV 396 (385^f)] (Fantasie) ♦ Fr 1784a [KV 403 (385^c)](Andante und Allegretto) ♦ Fr 1784b [KV Anh. 48 (480^a, 385 E)] (Sonatensatz [Allegro]) ♦ Fr 1785b [KV 404 (385^d)] (Allegretto aus Andante und Allegretto) ♦ Fr 1787o [KV Anh. 50 (526^a)] (Sonatensatz) ♦ Fr 1789f [KV Anh. 47 (546^a)] (Sonatensatz)

Zuschreibung zweifelhaft   KV 55–60 (Anh. 298^{c-h}, Anh. C 23.01–06) »*Romantische*«, in: AMA XVIII/1, S. 114, S. 124, S. 136, S. 146, S. 153, S. 160 [ND 35], und in: NMA X/29/2, S. 108, S. 115, S. 126, S. 139, S. 152, S. 159; KV 57 mit 2 Hr. und B. ad lib. ♦ Sonate D-Dur KV deest, in: NMA X/29/2, S. 177

XIX. Werke für Violoncello und Klavier

Fragment (siehe E.I.)   Fr 1782a [Anh. 46 (374^g)] (Andantino)

C.XIX. Werke für Violoncello und Klavier

AMA	NMA	Anmerkung
XVIII/2/ Nr. 40, S. 210 [ND 36]	VIII/23/2, S. 64 [TB 19] BA 4776	aufgeführt mit Regina Strinasacchi, Wien, 29. April 1784; ED (St.) Wien: Torricella 1784 (mit KV 284 [205^b], KV 333 [315^c]) als op. 7 (Einzelausgabe Wien: Artaria 1787 als op. 5); Gräfin Therese Johanne de Montelabate, Gräfin von Cobenzl (»*Madame la Comtesse Terese de Kobenzl*«) gewidmet
XVIII/2/ Nr. 41, S. 232 [ND 36]	VIII/23/2, S. 82 [TB 19] BA 4776	ED Wien: Hoffmeister 1786 (St.)
XVIII/2/ Nr. 42, S. 252 [ND 36]	VIII/23/2, S. 100 [TB 19] BA 4776	ED Wien: Hoffmeister 1787 (St.)
XVIII/2/ Nr. 43, S. 276 [ND 36]	VIII/23/2, S. 122 [TB 19] BA 4776	MozVerz: »*Eine kleine klavier Sonate – für Anfänger mit einer Violin*«; Bearbeitung des letzten Satzes in 5 Variationen KV 54 (KV^2 Anh. 138^a, KV^3 547^a, KV^6 547b) (C.XXIII.)

Unterschoben   KV 61 (Anh. 290^a, Anh. C 23.07), in: AMA XVIII/1, S. 172 [ND 35] (von Hermann Friedrich Raupach) ♦ Sonata per Cembalo e Violino KV^3 Anh. 290^b (KV^6 Anh. C 23.08) (vielleicht von Joseph Hoffmann)

INSTRUMENTALMUSIK

XX. Werke für zwei Klaviere

KV	Titel	Tonart	Datierung
448 (375ª)	Sonate	D-Dur	Wien, November 1781
426	Fuge	c-Moll	Wien, 29. Dezember 1783

Fragmente (siehe E.I.) Fr 1781f [KV deest] (Larghetto und Allegro) ♦ Fr 1782b [KV Anh. 42 (375ᵇ)] (Sonatensatz) ♦ Fr 1782c [KV Anh. 43 (375ᶜ)] (Sonatensatz oder Rondo-Finale) ♦ Fr 1785a [KV Anh. 45 (375ᵈ)] (Fuge) ♦ Fr 1785d [KV Anh. 44 (426ª)] (Allegro)

XXI. Werke für Klavier zu vier Händen

KV	Titel	Tonart	Datierung
– (19ᵈ)	Sonate	C-Dur	angeblich London, vor dem 13. Mai 1765
381 (123ª)	Sonate	D-Dur	Salzburg, Sommer/Herbst 1772
358 (186ᶜ)	Sonate	B-Dur	Salzburg, Ende 1773/74
497	Sonate	F-Dur	Wien, 1. August 1786
501	Andante mit 5 Variationen	G-Dur	Wien, 4. November 1786
521	Sonate	C-Dur	Wien, 29. Mai 1787

C.XX. Werke für zwei Klaviere / C.XXI. Werke für Klavier zu vier Händen

AMA	NMA	Anmerkung
XIX/Nr. 8, S. 126 [ND 37]	IX/24/Abt. 1, S. 2 [TB 20]	aufgeführt mit Josepha Barbara Aurnhammer in einem Privatkonzert am 23. November 1781; vgl. Mozarts Brief vom 28. November 1781; weitere Aufführung mit Barbara Ployer in einem Privatkonzert in Döbling am 13. Juni 1784; vgl. Mozarts Brief vom 9./12. Juni 1784
XIX/Nr. 7, S. 118 [ND 37]	IX/24/Abt. 1, S. 39 [TB 20]	ED Wien: Hoffmeister 1788 (St.); 1788 für Streicher eingerichtet, siehe KV 546 (C.I.)

AMA	NMA	Anmerkung
–	IX/24/Abt. 2, S. 2 [TB 20] ♦ X/29/2, S. 186	ED Paris: De Roullède 1787/88; Autorschaft fraglich
XIX/Nr. 3, S. 32 [ND 37]	IX/24/Abt. 2, S. 20 [TB 20] BA 4786	ED Wien: Artaria 1783 (?; mit KV 358 [186c]) als op. 3
XIX/Nr. 2, S. 18 [ND 37]	IX/24/Abt. 2, S. 36 [TB 20] BA 4786	ED wie KV 381 (123a)
XIX/Nr. 4, S. 46 [ND 37]	IX/24/Abt. 2, S. 54 [TB 20] BA 4786	ED Wien: Artaria 1787 als op. 12
XIX/Nr. 6, S. 108 [ND 37]	IX/24/Abt. 2, S. 96 [TB 20] BA 4786	ED Wien: Hoffmeister 1786 [eventuell später]
XIX/Nr. 5, S. 80 [ND 37]	IX/24/Abt. 2, S. 106 [TB 20] BA 4786	ED Wien: Hoffmeister 1787, Maria Anna Clara (›Nanette‹) Natorp und Maria Barbara (›Babette‹) Natorp gewidmet

Fragmente (siehe E.I.)   Fr 1787i [KV 357 erster Satz (497ᵃ erster Satz, 497a)] (Allegro) ♦ Fr 1791a [KV 357 zweiter Satz (497ᵃ zweiter Satz, 500a)] (Variationen und Coda)

XXII. Klaviersonaten

KV	Tonart	Datierung
279 (189^d)	C-Dur	vermutlich München, Anfang 1775
280 (189^e)	F-Dur	vermutlich München, Anfang 1775
281 (189^f)	B-Dur	vermutlich München, Anfang 1775
282 (189^g)	Es-Dur	vermutlich München, Anfang 1775
283 (189^h)	G-Dur	vermutlich München, Anfang 1775
284 (205^b) ›Dürniz-Sonate‹	D-Dur	München, Anfang 1775
309 (284^b)	C-Dur	Mannheim, November/Dezember 1777
311 (284^c)	D-Dur	Mannheim, Oktober/November 1777
310 (300^d)	a-Moll	Paris, [Sommer] 1778
330 (300^h)	C-Dur	vermutlich Wien, 1783
331 (300^i)	A-Dur	vermutlich Wien, 1783

C.XXII. Klaviersonaten

Unterschoben Gavotte, Allegro e Marcia lugubre KV² Anh. 41ᵃ (KV³ Anh. 284ᵍ, KV⁶ Anh. C 24.01) (von Leopold Koželuh)

AMA	NMA	Anmerkung
XX/Nr. 1, S. 2 [ND 37]	IX/25/1, S. 2 [TB 20] BA 4861	
XX/Nr. 2, S. 12 [ND 37]	IX/25/1, S. 14 [TB 20] BA 4861	
XX/Nr. 3, S. 20 [ND 37]	IX/25/1, S. 26 [TB 20] BA 4861	
XX/Nr. 4, S. 30 [ND 37]	IX/25/1, S. 40 [TB 20] BA 4861	
XX/Nr. 5, S. 36 [ND 37]	IX/25/1, S. 48 [TB 20] BA 4861	
XX/Nr. 6, S. 46 [ND 37]	IX/25/1, S. 60 [TB 20] BA 4861	komponiert für Freiherr Thaddäus von Dürniz; ED Wien: Torricella 1784 (St.; mit KV 333 [315ᶜ] und KV 454) als op. 7, Gräfin Therese Johanne de Montelabate, Gräfin von Cobenzl (»*Madame la Comtesse Terese de Kobenzl*«) gewidmet
XX/Nr. 7, S. 64 [ND 37]	IX/25/1, S. 84 [TB 20] BA 4861	komponiert für Rosina Theresia Petronella (›Rose‹) Cannabich; ED Paris: Heina – Brüssel: Godefroy um 1781 (mit KV 310 [300ᵈ] und KV 311 [284ᶜ]), als op. 4,1
XX/Nr. 9, S. 92 [ND 37]	IX/25/1, S. 104 [TB 20] BA 4861	ED wie KV 309 (284ᵇ), als op. 4,2
XX/Nr. 8, S. 78 [ND 37]	IX/25/1, S. 122 [TB 20] BA 4861	ED wie KV 309 (284ᵇ), als op. 4,3
XX/Nr. 10, S. 106 [ND 37]	IX/25/2, S. 2 [TB 20] (2 Fassungen) BA 4682	ED Wien: Artaria 1784 (mit KV 331 [300ⁱ] und KV 332 [300ᵏ]), als op. 6,1
XX/Nr. 11, S. 118 [ND 37]	IX/25/2, S. 14 [TB 20] BA 4682	ED wie KV 330 (300ʰ), als op. 6,2

KV	Tonart	Datierung
332 (300^k)	F-Dur	vermutlich Wien, frühe 1780er Jahre
333 (315^c) ›Linzer Sonate‹	B-Dur	Linz/Wien, Ende 1783
457	c-Moll	Wien, 14. Oktober 1784
533 (und 494)	F-Dur	Wien, 3. Januar 1788 (KV 494: Wien, 10. Juni 1786)
545	C-Dur	Wien, 26. Juni 1788
Anh. 135 (KV^6 547a)	F-Dur	angeblich Wien, Sommer 1788
570	B-Dur	Wien, Februar 1789
576	D-Dur	Wien, Juli 1789
312 (189^i, 590d)	g-Moll (nur Allegro)	

Verloren G-Dur KV Anh. 199 (33^d); B-Dur KV Anh. 200 (33^e); C-Dur KV Anh. 201 (33^f); F-Dur KV Anh. 202 (33^g); alle 1766 und bekannt nur aus Breitkopf-Katalog

Fragmente (siehe E.I.) Sonatensätze: Fr 1771a ♦ Fr 1782d [KV 400 (372^a)] ♦ Fr 1787p [KV Anh. 31 (569^a)] ♦ Fr 1787r [KV Anh. 29 (590^a)] ♦ Fr 1787s [KV Anh. 30 (590^b)] ♦ Fr 1787t [KV Anh. 37 (590^c)] (Rondo) ♦ Fr 1790e [KV 312 (189^i, 590d)]

C.XXII. Klaviersonaten

AMA	NMA	Anmerkung
XX/Nr. 12, S. 130 [ND 37]	IX/25/2, S. 28 [TB 20] BA 4682	ED wie KV 330 (300^h), als op. 6,3
XX/Nr. 13, S. 146 [ND 37]	IX/25/2, S. 48 [TB 20] BA 4682	ED wie KV 284 (205^b)
XX/Nr. 14, S. 160 [ND 37]	IX/25/2, S. 80 [TB 20] BA 4682	ED Wien: Artaria 1785 (mit Fantasia KV 475 [C.XXIV.]) als op. 11, Therese von Trattner gewidmet
XXII/Nr. 14, S. 44 [ND 38]	IX/25/2, S. 98 [TB 20] BA 4682	mit Rondo KV 494 (C.XXIV.) in überarbeiteter Fassung; ED Wien: Hoffmeister 1788
XX/Nr. 15, S. 174 [ND 37]	IX/25/2, S. 122 [TB 20]	MozVerz: »*für anfänger*«
–	–	Finale ist eine transponierte Fassung von KV 545, 3. Satz; Autorschaft fraglich
XX/Nr. 16, S. 182 [ND 37]	IX/25/2, S. 132 [TB 20]	die im postumen ED (Wien: Artaria 1796) enthaltene Violin-Begleitung ist wahrscheinlich unterschoben
XX/Nr.17, S. 194 [ND 37]	IX/25/2, S. 148 [TB 20] BA 4682	
		= Fr 1790e (E.I.)

Zuschreibung zweifelhaft   KV Anh. 204 (Anh. 284^a, Anh. C 25.01) ♦ KV^3 Anh. 284^k (KV^6 Anh. C 25.03) ♦ KV Anh. 136 (498^a, Anh. C 25.04), in: NMA X/29/2, S. 225 ♦ Menuett KV Anh. 136 (498^a, Anh. C 25.05)

XXIII. Variationen für Klavier

KV	Vorlage/Thema	Tonart	Datierung
24 (= Anh. 208)	»Laat ons Juichen, Batavieren!«, Lied von Christian Ernst Graf	G-Dur	Den Haag oder Amsterdam, vor dem 7. März 1766
25	»Willem van Nassau«, Lied von Christian Ernst Graf	D-Dur	Den Haag oder Amsterdam, vor dem 7. März 1766
180 (173^c)	»Mio caro Adone«, aus: Antonio Salieri, La fiera di Venezia (Finale II)	G-Dur	vermutlich Wien, Herbst 1773 oder später
179 (189^a)	Menuett-Finale aus: Johann Christian Fischer, Ob.-Konzert Nr. 1 (1768)	C-Dur	wohl Salzburg, vor dem 6. Dezember 1774
354 (299^a)	»Je suis Lindor«, Romanze aus: Antoine-Laurent Baudron, Le Barbier de Séville (I,6)	Es-Dur	Paris, 1778
265 (300^e)	»Ah, vous dirai-je Maman«, Lied	C-Dur	Wien, vermutlich frühe Wiener Jahre (1781/1783)
353 (300^f)	»La belle Françoise«, Lied	Es-Dur	Wien, 1781/1783
264 (315^d)	»Lison dormait«, Ariette aus: Nicolas Dezède, Julie	C-Dur	Wien, vermutlich frühe Wiener Jahre (1781/1783)
352 (374^c)	»Dieu d'amour«, Chorstück aus: André-Ernest-Modeste Grétry, Les Mariages samnites (I,7)	F-Dur	Wien, vielleicht Juni 1781 oder später
398 (416^e)	»Salve tu, Domine«, Arie aus: Giovanni Paisiello, I filosofi immaginarii (I,8)	F-Dur	Wien, wahrscheinlich März 1783 oder etwas später
460 (454^a)	»Come un' agnello«, Arie aus: Giuseppe Sarti, Fra i due litiganti (I,7)	A-Dur	Wien, vermutlich Frühsommer 1783 oder später
455	»Unser dummer Pöbel meint«, Ariette aus: Christoph Willibald Gluck, Die Pilgrime von Mekka (I,2)	G-Dur	Wien, 25. August 1784 (vielleicht frühere Fassung 1781/1783)

C. XXIII. Variationen für Klavier

AMA	NMA	Anmerkung
XXI/Nr. 1, S. 1 [ND 38]	IX/26, S. 3 [TB 20] BA 5746	8 Variationen; ED Amsterdam: Hummel 1766
XXI/Nr. 2, S. 6 [ND 38]	IX/26, S. 9 [TB 20] BA 5746	7 Variationen; ED Den Haag: Hummel 1766
XXI/Nr. 4, S. 22 [ND 38]	IX/26, S. 15 [TB 20] BA 5746	6 Variationen; ED Paris: Heina – Brüssel: Godefroy 1778 (mit KV 179 [189^a] und KV 354 [299^a]); ED von KV 180 auch Salzburg, wohl um 1778
XXI/Nr. 3, S. 12 [ND 38]	IX/26, S. 20 [TB 20]	12 Variationen; ED wie KV 180 (173^c)
XXI/Nr. 9, S. 58 [ND 38]	IX/26, S. 34 [TB 20] BA 5746	12 Variationen; ED wie KV 180 (173^c)
XXI/Nr. 6, S. 36 [ND 38]	IX/26, S. 49 [TB 20] BA 5746; BA 4779	12 Variationen; ED Wien: Torricella 1785
XXI/Nr. 8, S. 50 [ND 38]	IX/26, S. 58 [TB 20] BA 5746	12 Variationen; ED Wien: Artaria 1786
XXI/Nr. 5, S. 26 [ND 38]	IX/26, S. 67 [TB 20] BA 5746	9 Variationen; ED Paris: Le Duc 1785, in: *Journal de Clavecin* Nr. 43 (nicht vollständig), und Wien: Artaria 1786
XXI/Nr. 7, S. 44 [ND 38]	IX/26, S. 82 [TB 20] BA 5746	8 Variationen; ED Wien: Artaria 1786
XXI/Nr. 10, S. 68 [ND 38]	IX/26, S. 90 [TB 20] BA 5746	6 Variationen; ED Wien: Artaria 1786 (eventuell schon Wien: Torricella 1785 [kein Exemplar nachgewiesen])
XXI/Nr. 12, S. 84 [ND 38] (8 Variationen)	IX/26, S. 154 [TB 20] (2 Variationen) ♦ X/29/2, S. 207 (8 Variationen), S. 220 (6 Variationen) BA 5746	2 Variationen; Autorschaft der Version im ED Wien: Artaria 1803 mit 8 Variationen fraglich (Joseph Sardi?); weitere Reihe von 6 Variationen in G-Dur (Wien: Artaria 1787) zweifelhaft
XXI/Nr. 11, S. 74 [ND 38]	IX/26, S. 98 [TB 20] BA 5746	10 Variationen; ED Wien: Torricella 1785 [kein Exemplar nachgewiesen]; Wien: Artaria 1786

INSTRUMENTALMUSIK

KV	Vorlage/Thema	Tonart	Datierung
500	eigenes Thema (Allegretto)	B-Dur	Wien, 12. September 1786
54 (KV² Anh. 138ª, KV³ 547ª, KV⁶ 547b)	eigenes Thema	F-Dur	Wien, nach dem 10. Juli 1788
573	Menuett, aus: Jean-Pierre Duport, Vc.-Sonate op. 4,6	D-Dur	Potsdam, 29. April 1789
613	»*Ein Weib ist das herrlichste Ding*«, Lied aus: Benedikt Emanuel Schack oder Franz Xaver Gerl, *Der dumme Gärtner*	F-Dur	Wien, zwischen 8. März und 12. April 1791

Verloren C-Dur, vielleicht eigenes Thema, KV Anh. 206 (21ª); vielleicht London, 1765; im Breitkopf-Katalog

XXIV. Klavierstücke

KV	Titel	Tonart	Datierung
– (KV⁶ 1a)	Andante	C-Dur	Salzburg, Anfang 1761
– (KV⁶ 1b)	Allegro	C-Dur	Salzburg, Anfang 1761
– (KV⁶ 1c)	Allegro	F-Dur	Salzburg, 11. Dezember 1761
– (KV⁶ 1d)	Menuett	F-Dur	Salzburg, 16. Dezember 1761

C. XXIV. Klavierstücke

AMA	NMA	Anmerkung
XXI / Nr. 13, S. 94 [ND 38]	IX/26, S. 112 [TB 20] BA 5746	12 Variationen; ED Wien: Hoffmeister 1786 [kein Exemplar nachgewiesen]
–	IX/26, S. 157 [TB 20]	5 Variationen; Bearbeitung des letzten Satzes der Violin-Sonate KV 547 (C.XVIII.); ED Wien: Hoffmeister 1793 (mit unterschobener 4. Variation und Coda)
XXI / Nr. 14, S. 100 [ND 38]	IX/26, S. 120 [TB 20] BA 5746	6 (9) Variationen; ED Amsterdam/ Berlin: Hummel 1791; MozVerz sowie eine Anzeige des Musikhändlers Laurenz Lausch in der *Wiener Zeitung* vom 27. August 1791 sprechen von 6 Variationen; ob die 7. und 8. Variation, die nur in ED überliefert sind, sowie die 9., die nur aus einer Wiener Kopie bekannt ist, von Mozart stammen, bleibt unklar
XXI / Nr. 15, S. 108 [ND 38]	IX/26, S. 132 [TB 20] BA 5746	8 Variationen; ED Wien: Artaria 1791

Zuschreibung zweifelhaft Pastorale variée KV^2 Anh. 209^b (KV^3 Anh. 284^n, KV^6 Anh. C 26.01) ♦ 7 Variationen KV Anh. 285 (KV^6 Anh. C 26.02) ♦ 9 Variationen KV Anh. 286 (KV^6 Anh. C 26.03) ♦ 12 Variationen KV Anh. 287 (KV^6 Anh. C 26.04) ♦ 12 Variationen KV Anh. 288 (KV^6 Anh. C 26.05) ♦ 10 Variationen KV Anh. 289 (KV^6 Anh. C 26.06) ♦ Variationen KV^3 Anh. 289^a (KV^6 Anh. C 26.07) ♦ 12 Variationen KV^{3a} Anh. 289^b (KV^6 Anh. C 26.08) ♦ 10 Variationen KV Anh. 290 (KV^6 Anh. C 26.09) ♦ Thema (für Hf.) KV^3 Anh. 207^a (KV^6 Anh. C 26.10)

AMA	NMA	Anmerkung
–	IX/27/1, S. 87 [TB 20]	
–	IX/27/1, S. 87 [TB 20]	
–	IX/27/1, S. 88 [TB 20]	
–	IX/27/1, S. 88 [TB 20]	

INSTRUMENTALMUSIK

KV	Titel	Tonart	Datierung
1 (KV⁶ 1e)	Menuett	G-Dur	wahrscheinlich 1764
1 (KV⁶ 1f)	Menuett	C-Dur	wahrscheinlich 1764
2	Menuett	F-Dur	Salzburg, Januar 1762
3	Allegro	B-Dur	Salzburg, 4. März 1762
4	Menuett	F-Dur	Salzburg, 11. Mai 1762
5	Menuett	F-Dur	Salzburg, 5. Juli 1762
– (KV² 9ª, KV⁶ 5a)	Klavierstück	C-Dur	wahrscheinlich 1764
– (KV² 9ᵇ, KV³ 5ᵇ, KV⁶ 5b und 626b/10)	Andante		
– (33B)	Klavierstück	F-Dur	Zürich, Anfang Oktober 1766
–	Modulierendes Präludium	F-Dur– C-Dur	wahrscheinlich Salzburg, 1776/77
103 (61ᵈ), Nr. 1–12	12 Menuette		
– (61ᵍ II)			
– (72ª)	[Molto Allegro]		
94 (73ʰ)	Menuett	D-Dur	Salzburg, 1769
176, Nr. 1–6 und 12–16	11 Menuette		
– (284ª)	4 Präludien		
395 (300ᵍ) = – (284ª)	4 Præambula (Präludium)	C-Dur	München, um den 10. Oktober 1777

C.XXIV. Klavierstücke

AMA	NMA	Anmerkung
XXII/Nr. 1, S. 2 [ND 38]	IX/27/1, S. 94 [TB 20]	
–	IX/27/1, S. 94 [TB 20]	
XXII/Nr. 2, S. 3 [ND 38]	IX/27/1, S. 90 [TB 20]	
XXII/Nr. 12, S. 38 [ND 38]	IX/27/1, S. 91 [TB 20]	
XXII/Nr. 3, S. 3 [ND 38]	IX/27/1, S. 77 [TB 20]	
XXII/Nr. 4, S. 4 [ND 38]	IX/27/1, S. 93 [TB 20]	
–	IX/27/1, S. 18 [TB 20]	
		= Fr 1764a (E.I.)
–	IX/27/2, S. 3 [TB 20] BA 5745	
–	IX/27/2, S. 4 und 148 [TB 20] BA 5745	2. Teil früher als Übergang KV 624, II. Teil, I (KV³ 626ª, II. Teil, I, KV⁶ Anh. C 15.11) geführt; siehe KB NMA IX/27/2, S. 199 [TB 20]
	BA 5745	Klavierfassung; siehe C.VII.1.
		Bearbeitung eines Menuetts von Johann Michael Haydn oder Abschrift einer Klavierfassung; siehe Bearbeitungen fremder Werke D.VII.
		= Fr 1769a (E.I.)
XXII/Nr. 5, S. 5 [ND 38]	IV/13/Abt. 1/1, S. 93 [TB 13] ♦ IX/27/2, S. 118 [TB 20] BA 5745	
	IV/13/Abt. 1/1, S. 94 [TB 13] BA 5745	Klavierfassung; siehe KV 176 (C.VII.1.)
		identisch mit KV 395 (300ᵍ)
XXIV/5/ Nr. 24, S. 54 [ND 39]	IX/27/2, S. 5 [TB 20] BA 5745	auch bekannt als Capriccio/ 4 Präludien

INSTRUMENTALMUSIK

KV	Titel	Tonart	Datierung
– (KV⁶ 269b)	Kontretänze		
– (KV² 315ᵃ, KV⁶ 315g)	8 Menuette (Nr. 8 ohne Trio)	C-Dur, G-Dur, D-Dur, C-Dur, F-Dur, D-Dur, A-Dur, G-Dur	wahrscheinlich Salzburg, Ende 1773
153 (375ᶠ)	Fuge		
394 (383ᵃ)	Präludium (Fantasie) und Fuge	C-Dur	Wien, Mitte April 1782
396 (385ᶠ)	Fantasie		
397 (385ᵍ)	Fantasie	d-Moll	angeblich Wien, 1782
399 (385ⁱ)	Suite	C-Dur	Wien, wahrscheinlich 1782
154 (385ᵏ)	Fuge		
– (453ᵃ)	Kleiner Trauermarsch	c-Moll	Wien, vielleicht 1784
475	Fantasia	c-Moll	Wien, 20. Mai 1785
485	Rondo	D-Dur	Wien, 10. Januar 1786
494	Rondo	F-Dur	Wien, 10. Juni 1786

C.XXIV. Klavierstücke

AMA	NMA	Anmerkung
		darin KV 101 (250ª), Nr. 2, 3; Klavierfassung; siehe C.VII.3.
–	IX/27/2, S. 130 [TB 20] BA 5745	das in KV^3 zu Menuett Nr. 8 gestellte Trio C-Dur wurde wohl erst 1779/80 geschrieben, steht aber mit diesem in keinerlei Zusammenhang; vielmehr überliefert es Mozarts Ergänzung zu einem Menuett, das ihm früher von Johann Christian Bach vermittelt worden sein soll (vgl. Brief vom 5. Dezember 1780; allerdings ist bislang unter Bachs Werken kein solches Menuett bekannt geworden, vgl. Warb. YA 46); das ursprünglich wohl vorhandene Trio Nr. 8 ist verschollen; vielleicht Klavierfassung von Orchestermenuetten
		= Fr 1782p (E.I.)
XX/Nr. 18, S. 206 [ND 37]	IX/27/2, S. 10 [TB 20] BA 5745	
	BA 5745	= Fr 1782l (E.I.); original mit V.
XX/Nr. 20, S. 220 [ND 37]	IX/27/2, S. 30 [TB 20] BA 5745	= Fr 1782e (E.I.); die letzten 10 Takte (nicht in ED) vermutlich von August Eberhard Müller
XXII/Nr. 10, S. 28 [ND 38]	IX/27/2, S. 20 [TB 20] BA 5745	Sarabande unvollständig = Fr 1782i (E.I.)
		= Fr 1782j (E.I.)
–	IX/27/2, S. 35 [TB 20] BA 5745	
XX/Nr. 21, S. 224 [ND 37]	IX/25/2, S. 70 [TB 20] BA 5745	ED Wien: Artaria 1785 (mit Klaviersonate KV 457 [C.XXII.]) als op. 11
XXII/Nr. 7, S. 8 [ND 38]	IX/27/2, S. 36 [TB 20] BA 5745	ED Wien: Hoffmeister um 1787 [kein Exemplar nachgewiesen], Wien/Mainz: Artaria 1792 (oder schon etwas früher) als op. 23
XXII/Nr. 8, S. 14 [ND 38]	IX/25/2, S. 166 [TB 20]	ED Speyer: Boßler 1787; überarbeitete Fassung mit KV 533 als Sonate (C.XXII.), ED Wien: Hoffmeister 1788

INSTRUMENTALMUSIK

KV	Titel	Tonart	Datierung
511	Rondo	a-Moll	Wien, 11. März 1787
540	Adagio	h-Moll	Wien, 19. März 1788
574	Gigue	G-Dur	Leipzig, 16. Mai 1789, MozVerz: 17. Mai 1789
355 (594ª, 576b)	Menuett		
236 (588ᵇ)	Andantino		
– (KV³ bei Anh. 20ª, KV⁶ bei 626b/25)		B-Dur	wahrscheinlich London oder Holland, 1765

Verloren Fuge KV² unter Anh. 11ᵇ (KV³ 41ᵉ); Ende 1767; in LMVerz ♦ ›Rondeau‹ KV³ 284ᶠ; Mannheim, vor dem 29. November 1777; für Carolina Josepha von Haydeck, erwähnt im Brief vom 29. November 1777

Fragmente (siehe E.I. und E.II.)   Fr 1764a [KV² 9ᵇ (KV³ 5ᵇ, KV⁶ 5b und 626b/10)] ([Andante]) ♦ Fr 1764b [KV³ 15ⁿⁿ] ([Allegro]) ♦ Fr 1764c [KV³ 15ʳʳ] ([Menuett]) ♦ Fr 1765a [KV³ bei Anh. 20ª (KV⁶ bei 626b/25)] ♦ Fr 1769a [KV³ 72ª] ([Molto allegro?]) [von Mozart?]) ♦ Fr 1771b [KV deest] (Fuge) ♦ Fr 1773a/I und II [KV³ 73ʷ] (Thema einer Fuge) ♦ Fr 1776b [KV Anh. 41 (375ᵍ)] (Fuge) ♦ Fr 178X/c [KV 355 (594ª, 576b)] (Menuett [mit von Maximilian Stadler ergänztem Trio]) ♦ Fr 1782i [KV 399 (385ⁱ)] (Sarabande aus der Suite in C-Dur) ♦ Fr 1782j [KV 154 (385ᵏ)] (Fuge) ♦ Fr 1782p [KV 153 (375ᶠ)] (Fuge) ♦ Fr 1782q [KV³ Anh. 39ª (KV⁶ 626b/27)] (Fuge) ♦ Fr 1783b [KV Anh. 39 (383ᶜ, 383d)] (Fuge) ♦ Fr 1783c [KV³ Anh. 109ᵍ Nr. 14 (KV⁶ 626b/14) = KV⁶ 375h] (Fuge) ♦ Fr 1786a [KV Anh. 34 (KV³ 385ʰ, KV⁶ 385h und 576a)] (Adagio und Menuett) ♦ Fr 1787d [KV Anh. 33 und 40 (383ᵇ)] (Fuge) ♦ Fr 1788b [KV deest] (Adagio) ♦ Fr 1790b [KV Anh. 32 (KV³ bei 383ᵇ, KV⁶ 383 C)] (Fantasie)

C. XXIV. Klavierstücke

AMA	NMA	Anmerkung
XXII/Nr. 9, S. 20 [ND 38]	IX/27/2, S. 44 [TB 20] BA 5745	ED Wien: Hoffmeister 1787
XXII/Nr. 16, S. 56 [ND 38]	IX/27/2, S. 54 [TB 20] BA 5745	ED Wien: Hoffmeister 1788 [kein Exemplar nachgewiesen]
XXII/Nr. 17, S. 60 [ND 38]	IX/27/2, S. 58 [TB 20] BA 5745	
	BA 5745	= Fr 178X/c (E.II.); Menuett vielleicht von Maximilian Stadler ergänzt, Trio von Stadler komponiert
		siehe Bearbeitungen fremder Werke D.IV.
	IX/27/1, S. 173 [TB 20]	zusammen mit Satz in Es-Dur = Fr 1765a (E.I.)

Zuschreibung zweifelhaft Andante favori KV^3 bei Anh. 284^n erwähnt (KV^6 Anh. C 27.01) ♦ Fantasia Impromptu KV^3 bei Anh. 284^n erwähnt (KV^6 Anh. C 27.02) ♦ Romanze KV Anh. 205 (KV^6 Anh. C 27.04), in: NMA X/29/2, S. 246 ♦ Adagio KV^3 Anh. 206^a (KV^6 Anh. A 65), siehe Eigenhändige Abschriften fremder Werke G.XVI. ♦ Rondo Allegro KV^3 bei Anh. 207 erwähnt (KV^6 Anh. C 27.05) ♦ Polonaise favorite KV^3 bei Anh. 284^n erwähnt (KV^6 Anh. C 27.07) ♦ »*Adieu* [...]« KV^3 bei Anh. 284^n erwähnt (KV^6 Anh. C 27.08) ♦ Kinderstück »*La Tartine de Beurre*« KV^{3a} bei Anh. 284^n erwähnt (KV^6 Anh. C 27.09) ♦ Fuga a due KV^3 bei Anh. 109^{VIII} (KV^6 Anh. C 27.10) (angeblich Fragment, ergänzt von August [Stephan] Alexander Klengel); NMA IX/27/2, S. 185 [TB 20] ♦ Fünf Ländler KV^3 bei 176 (KV^6 Anh. C 29.02) ♦ 12 Deutsche Tänze KV^3 Anh. 284^l (KV^6 Anh. C 29.06) ♦ 7 Deutsche Tänze KV^3 bei Anh. 284^l (KV^6 Anh. C 29.07) ♦ Balli Tedeschi per il Clavicembalo KV^3 bei Anh. 284^l (KV^6 Anh. C 29.08) ♦ »*Menuetto*« KV^3 bei Anh. 284^l (KV^6 Anh. C 29.13) ♦ Menuett KV^3 bei Anh. 284^l (KV^6 Anh. C 29.14) ♦ Valse lente KV^2 Anh. 209^a (KV^3 Anh. 284^m, KV^6 Anh. C 29.16) ♦ Walzer KV^3 Anmerkung von 606 (KV^6 Anh. C 29.19)

Unterschoben Rondo KV^2 511^a (KV^3 Anh. 284^i, KV^6 Anh. C 25.02) (von Leopold Koželuh)

INSTRUMENTALMUSIK

XXV. Werke für mechanische Orgel bzw. Glasharmonika

KV	Titel	Tonart	Besetzung	Datierung
594	Adagio und Allegro	f-Moll	Orgelwerk in Uhr	Wien, Ende 1790
608	Allegro und Andante [Fantasie]	f-Moll	Orgelwerk in Uhr	Wien, 3. März 1791
616	Andante	F-Dur	Orgelwalze	Wien, 4. Mai 1791
356 (617ª)	Adagio	C-Dur	Glasharmonika	wahrscheinlich Wien, 1791

Fragmente (siehe E.I.)   Fr 1772g [KV 401 (375^e)] (Fuge) ♦ Fr 1783a [KV Anh. 38 (383^d, 383c)] (Thema zu Variationen) ♦ Fr 1790f [KV Anh. 35 (593ª)] (Adagio) ♦ Fr 1791e [KV^6 615a] (Andante)

Zuschreibung zweifelhaft   Fantasie (›Strahover‹) KV^2 528ª (KV^6 Anh. C 27.03), in: NMA IX/27/2, S. 166 [TB 20]

XXVI. Verschiedenes

KV	Titel	Datierung
– (KV^2 Anh. 109^b [teilweise], KV^3 15^{a-ss})	›Londoner Skizzenbuch‹	London, 1764
393 (385^b)	Solfeggi für Gesang	Wien und Salzburg, 1781/1785

C. XXV. Werke für mechanische Orgel bzw. Glasharmonika / C. XXVI. Verschiedenes

AMA	NMA	Anmerkung
XXIV/5/ Nr. 27a, S. 70 [ND 39]	IX/27/2, S. 70 [TB 20] BA 8403	Trauermusik auf Feldmarschall Gideon Freiherr von Laudon, komponiert für die »*Müllersche Kunstgalerie*« von Joseph Graf Deym in Wien
X/Nr. 19, S. 100 [ND 25]	IX/27/2, S. 80 [TB 20] BA 5484	wie 594
X/Nr. 20, S. 109 [ND 25]	IX/27/2, S. 95 [TB 20] BA 8403	komponiert wohl für die »*Müllersche Kunstgalerie*« von Joseph Graf Deym in Wien; ED Wien: Artaria 1791 als Rondo für Kl.
X/Nr. 17, S. 84 [ND 25]	IX/27/2, S. 102 [TB 20] BA 5745	wohl für Mariane Kirchgeßner; nicht in MozVerz

AMA	NMA	Anmerkung
–	IX/27/1, S. 99 [TB 20]	musikalische Aufzeichnungen in Klaviernotation, zum Teil für größere Ensembles intendiert
Nr. 2–5: XXIV/8/ Nr. 49, S. 77 [ND 40]	(Nr. 1:) X/30/3, Skb 41^r ♦ (Nr. 2:) I/1/Abt. 1/5, S. 172 [TB 2] ♦ X/31/4: *Nachträge*	vielleicht für Constanze Mozart

INSTRUMENTALMUSIK

KV	Titel	Datierung
Anh. 78 (KV² Anh. 109ᵉ, KV⁶ 620b)	[Kontrapunktische Studie], h-Moll	Wien, 1782
– (453ᵇ)	Ployer-Studien	Wien, um 1784
– (KV⁶ 506a)	Attwood-Studien	Wien, 1785/86
–	Freystädtler-Studien	Wien, nicht vor 1786, wahrscheinlich bis Frühjahr 1787
– (KV³ unter Anh. 294ᵈ, KV⁶ 516f)	Musikalisches Würfelspiel, C-Dur	Wien, 1787

Verloren   Capricci KV³ 32ᵃ; angeblich London, Holland und andernorts, um 1765/66; bekannt nur aus LMVerz, weiter aus Constanze Mozarts Briefen an B&H vom 13. Februar 1799 sowie vom 2. März 1799 und an André vom 3. April 1802; zweifelhaft, ob nicht identisch mit ›*Londoner Skizzenbuch*‹ KV² Anh. 109ᵇ [teilweise] (KV³ 15ᵃ⁻ˢˢ) ♦ Fuge 4st. KV² unter Anh. 11ᵇ (KV³ 41ᶠ); Ende 1767; bekannt nur aus LMVerz

C.XXVI. Verschiedenes

AMA	NMA	Anmerkung
–	X/30/3, Skb 35ʳ	über den cantus firmus *Ach Gott vom Himmel sieh darein*; vielleicht entnommen aus Johann Philipp Kirnberger, *Die Kunst des reinen Satzes in der Musik*, Berlin 1771, unter anderem S. 161f.
	X/30/2, S. 1–53 (Faksimile und Übertragung)	Unterrichtshefte von Barbara Ployer mit zahlreichen Korrekturen und Eintragungen Mozarts
–	X/30/1	unter den Kompositionsaufgaben sind 2 Menuette für Streichquartett von Attwood mit tiefgreifenden Korrekturen Mozarts überliefert = KV³ 465ᵃ und KV³ 485ᵃ
	X/30/2, S. 55–160 (Faksimile)	Unterrichtshefte von Franz Jakob Freystädtler mit zahlreichen Korrekturen und Eintragungen Mozarts; früher als ›*Salzburger Skizzenbuch*‹ bezeichnet
–	X/31/4: *Nachträge*	Edition: Hideo Noguchi, *Mozart: Musical Game in C major K. 516f.*, in: *MitISM* 38 (1990), S. 89–101

Zuschreibung zweifelhaft   Musikalische Würfelspiele KV³ Anh. 294ᵈ (KV⁶ Anh. C 30.01) ♦ Alphabet / Ein musikalischer Scherz KV³ erwähnt unter Anh. 294ᵈ (KV⁶ Anh. C 30.02) ♦ Kurzgefaßte Generalbaßschule KV³ unter Anh. 109ᵈ (KV⁶ Anh. C 30.04)

D. BEARBEITUNGEN FREMDER WERKE

Angaben in der Spalte »Besetzung« beziehen sich jeweils auf Mozarts Bearbeitungen.

I. Carl Philipp Emanuel Bach

KV	Titel	Besetzung	Datierung
– (KV³ Anh. 109ᵍ, Nr. 19, KV⁶ 626b/19 und 537d)	»Ich folge dir«, Arie aus: Die Auferstehung und Himmelfahrt Jesu (1787), Wq 240	T; Fl., Ob.; Trp.; Streicher	Wien, Ende 1787/ Anfang 1788 (vor dem 26. Februar 1788)

II. Johann Christian Bach

KV	Titel	Besetzung	Datierung
107 (21ᵇ), I	Konzert D-Dur	Kl.; 2 V., B.	Salzburg, Frühling 1772
107 (21ᵇ), II	Konzert G-Dur	Kl.; 2 V., B.	Salzburg, Frühling 1772
107 (21ᵇ), III	Konzert Es-Dur	Kl.; 2 V., B.	Salzburg, Frühling 1772
– (293ᵉ)	»Cara la dolce fiamma«, Arie aus: Adriano in Siria (Warb. G 6), »O nel sen di qualche stella«, Arie aus: Catone in Utica (Warb. G 2), »Quel caro amabil volto«, Arie (Warb. YG 26, auch A. Sacchini zugeschrieben)	S	Salzburg, 1772/73

AMA	NMA	Anmerkung
–	X/28/Abt. 3–5/2	zusätzlich Fl., Ob., Trp.; in der Abschrift Österreichische Nationalbibliothek Wien, Musiksammlung (Signatur: III 14232 [Q6789]) im vorangehenden Rezitativ »Freundinnen Jesu« autographe Eintragungen zur Baß-Bezifferung

AMA	NMA	Anmerkung
–	X/28/2, S. 165	Vorlage: Johann Christian Bach, Klavier-Sonate op. 5,2 (Warb. A 2); Kadenzen KV 624 (626^a) II. Teil, A–B
–	X/28/2, S. 187	Vorlage: Johann Christian Bach, Klavier-Sonate op. 5,3 (Warb. A 3)
–	X/28/2, S. 203	Vorlage: Johann Christian Bach, Klavier-Sonate op. 5,4 (Warb. A 4)
–	X/28/Abt. 3–5/2	10 bzw. 5 bzw. 4 Kadenzen

III. Johann Sebastian (und Wilhelm Friedemann) Bach

KV	Titel	Besetzung	Datierung
405	5 Fugen c-Moll, Es-Dur, E-Dur, D-Dur, D-Dur	2 V., Va., Vc.	vermutlich Wien, 1782
–	Fuge c-Moll	2 V., Va., Vc.	vermutlich Wien, 1782

Zuschreibung zweifelhaft 6 Präludien und Fugen KV³ 404ᵃ für V., Va., Vc. nach Vorlagen: Johann Sebastian Bach BWV 853; aus BWV 883; aus BWV 882; BWV 527; aus BWV 1080 Nr. 8; aus BWV 526, 2, 3; Wilhelm Friedemann Bach, Fuge Nr. 8, in: NMA X/28/Abt. 3–5/2 ♦ 6 Präludien und Fugen KV deest für Streichquartett nach Vorlagen: Johann Sebastian Bach BWV 548; aus BWV 877; aus BWV 876; aus BWV 891; aus BWV 874; aus BWV 878 ♦ 3 Präludien und Fugen KV deest für Streichquintett nach Vorlagen: Johann Sebastian Bach aus BWV 849; aus BWV 867; aus BWV 878

IV. Christoph Willibald Gluck

KV	Titel	Besetzung	Datierung
236 (588ᵇ)	Andantino Es-Dur	Kl.	vielleicht Wien 1782/83
– (KV⁶ 626b/28)	Gavotte aus *Paride ed Elena* (1769)		
– (Anh. 292ᵃ, Anh. C 5.01)	Ouvertüre zu *Iphigénie en Aulide* (1774)	2 Fl., 2 Ob., 2 Fg.; 2 Hr., 2 Trp.; Pk.; 2 V., Va; *Bassi*	

AMA	NMA	Anmerkung
–	X/28/Abt. 3–5/2	Vorlagen: Johann Sebastian Bach, Klavier-Fugen BWV 871, 876, 878, 877, 874
–	X/28/Abt. 3–5/2	Vorlage: Johann Sebastian Bach, Klavier-Fuge b-Moll BWV 891; siehe auch Fr 1782r (E.I.)

AMA	NMA	Anmerkung
XXII/Nr. 15, S. 55 [ND 38]	X/28/Abt. 3–5/2 ♦ X/30/3, Skb 57A^r	Vorlage »*Non vi turbate, no*«, Arie aus: *Alceste* (1767)
–	X/28/Abt. 3–5/2	Bearbeitung für 2 Fl., 5 Trp., Pk.; zugehörig zu KV 187 (159^c, Anh. C 17.12), siehe C.V. Divertimenti und Serenaden für Blasinstrumente: Unterschoben
–	–	Konzertschluß, Autorschaft fraglich, frühester Nachweis: *Straßburgisches Wochenblatt*, 7. April 1786; Ausgabe: Edition Eulenburg, Nr. 676

V. Georg Friedrich Händel

KV	Titel	Besetzung	Datierung
–	Fuge F-Dur	2 V., Va., Vc.	Wien, April/Mai 1782
566	*Acis und Galatea*, Pastorale 2 Aufzüge (1718), HWV 49a	S, 2 T, B; SATB; 2 Fl., 2 Klar., 2 Ob., 2 Fg.; 2 Hr.; 2 V., Va.; B.c.	Wien, November 1788
572	*Der Messias*, Oratorium 3 Teile (1741), HWV 56	S, A, T, B; SATB; 2 Fl., 2 Klar., 2 Ob., 2 Fg.; 2 Hr., 2 Trp.; Pk.; 3 Pos.; 2 V., Va.; *Vc. e Basso*	Wien, März 1789
591	*Das Alexanderfest*, Kantate 2 Teile (1736), HWV 75	S, T, B; SATB; 2 Fl., 2 Klar., 2 Ob., 3 Fg.; 2 Hr., 2 Trp.; Pk.; 2 V., 2 Va.; *Vc. e Basso*	Wien, Juli 1790
592	*Ode auf St. Caecilia* (1739), HWV 76	S, T; SATB; 2 Fl., 2 Klar., 2 Ob., 2 Fg.; 2 Hr., 2 Trp.; Pk.; Lt.; 2 V., Va.; *Vc. e Basso*	Wien, Juli 1790

Zuschreibung zweifelhaft *Judas Maccabaeus*, Oratorium 3 Akte (1746), HWV 63, für S, 4 MezzoS oder A, T, 2 B; 2 Fl., 2 Klar., 2 Ob., 2 Fg.; 2 Hr., 3 Trp., 3 Pos.; Pk.; 2 V., Va.; *Vc. e Basso*; KV deest (Calderdale District Archives, West Yorkshire)

AMA	NMA	Anmerkung
–	X/28/Abt. 3–5/2	Fragment (T. 1–20 von 51 T.); Hans Joachim Marx, *Eine Fuge Händels in der Instrumentierung Mozarts*, in: Göttinger Händel-Beiträge 4 (1991), 249–253; Vorlage: Satz IV aus Suite für Cemb. F-Dur HWV 427
–	X/28/Abt. 1/1 BA 4564 LM	zusätzlich 2 Fl., 2 Klar., Fg.; 2 Hr.
–	X/28/Abt. 1/2 BA 4529 KlA, LM	zusätzlich 2 Fl., 2 Klar., 2 Fg.; 2 Hr., 3 Pos.; Überarbeitung der Trp.-Stimmen
–	X/28/Abt. 1/3 BA 4527 LM	zusätzlich 2 Fl., 2 Klar., Überarbeitung der Trp.-Stimmen
–	X/28/Abt. 1/4 BA 4556 LM	zusätzlich Fl., 2 Klar., 2 Fg.; 2 Hr., Überarbeitung der Trp.-Stimmen

Unterschoben *Judas Maccabaeus* (Österreichische Nationalbibliothek Wien, Musiksammlung [Signatur: S.m. 3239]) (wohl von Joseph Starzer)

VI. Joseph Haydn

KV	Titel	Besetzung	Datierung
–	Duett »*Cara, sarò fedele*« aus: *Armida* (I,9), Esterháza, 1784	S, T; Fl., 2 Ob., 2 Fg.; 2 V., Va., *Bassi*	Wien, ca. 1786–91

VII. Johann Michael Haydn

KV	Titel	Besetzung	Datierung
– (61^g II)	Menuett C-Dur (MH 136, Nr. 1)	Kl.	Salzburg, Frühjahr 1770
104 (61^e)	Menuette (MH deest, Nr. 1, 2, 5; MH 135, Nr. 1, 3, MH 136, Nr. 3)		

VIII. Leopold Mozart

KV	Titel	Besetzung	Datierung
–	Litaniae de venerabili altaris Sacramento	S, A, T, B; SATB; 2 Hr.; 2 V., Va.; Vc. e Basso	

AMA	NMA	Anmerkung
–	X/28/Abt. 3–5/2	mit Änderungen und Zusätzen; Faksimile: H. C. Robbins Landon, *Mozart. Die Wiener Jahre 1781–91*, S. 133; Änderungen gedruckt in: J. Haydn: *Armida. Dramma Eroico. Kritischer Bericht*. München 2003 (= Joseph Haydn Werke XXV/12), S. 44–46

AMA	NMA	Anmerkung
–	IV/13/Abt. 1/1, S. 92 [TB 13] ♦ IX/27/2, S. 117 [TB 20]	bei Haydn ursprünglich für Orchester; ob die Klavierfassung von Mozart stammt oder ob er eine fremde Bearbeitung kopiert hat, ist ungeklärt
		siehe C.VII.1

AMA	NMA	Anmerkung
–	X/28/Abt. 3–5/1	diverse Änderungen

BEARBEITUNGEN FREMDER WERKE

IX. Josef Mysliveček

KV	Titel	Besetzung	Datierung
152 (210ᵃ)	»Ridente la calma«, Canzonetta		

X. Benedikt Emanuel Schack

KV	Titel	Besetzung	Datierung
625 (592ᵃ)	»Nun liebes Weibchen«, Duett, aus Emanuel Schikaneders Stück *Der Stein der Weisen oder Die Zauberinsel* (II,4)	S, B; Fl., 2 Ob., 2 Fg.; 2 Hr.; 2 V., 2 Va.; Vc. e Basso	Wien, um August/ September 1790

XI. Giovanni Battista Viotti

KV	Titel	Besetzung	Datierung
– (470ᵃ)	Konzert e-Moll	SoloV.; Orchester	Wien, um 1790

XII. Johann Baptist Wendling

KV	Titel	Besetzung	Datierung
– (284ᵉ)	Konzert	SoloFl., [Bläser]; Streicher	Mannheim, vor dem 22. November 1777

AMA	NMA	Anmerkung
		siehe A.V. Lieder

AMA	NMA	Anmerkung
VI/2/Nr. 47, S. 235 [ND 19]	X/28/Abt. 3–5/2	Instrumentation von Mozart; ob auch zwei weitere Passagen aus dem Finale des zweiten Akts von Mozart stammen, ist zweifelhaft (KV deest; *Acta Mozartiana* 48, 2001)

AMA	NMA	Anmerkung
–	X/28/Abt. 3–5/2	Vorlage: Konzert für Violine (C. White, *Giovanni Battista Viotti [1755–1824]: a Thematic Catalogue of his Works*, New York 1985, I 16); zusätzliche Trp.- und Pk.-St. von Mozart

AMA	NMA	Anmerkung
–	–	Vorlage: Konzert für Fl.; zusätzliche Bläser-St. von Mozart, bekannt nur aus Mozarts Brief vom 22. November 1777

XIII. Verschiedene Komponisten

KV	Titel	Besetzung	Datierung
37	Konzert F-Dur	Kl.; 2 Ob.; 2 Hr.; 2 V., Va.; *Vc. e Basso*	Salzburg, April 1767
39	Konzert B-Dur	Kl.; 2 Ob.; 2 Hr.; 2 V., Va.; *Vc. e Basso*	Salzburg, Juni 1767
40	Konzert D-Dur	Kl.; 2 Ob.; 2 Hr., 2 Trp.; 2 V., Va.; *Vc. e Basso*	Salzburg, Juli 1767
41	Konzert G-Dur	Kl.; 2 Fl.; 2 Hr.; 2 V., Va.; *Vc. e Basso*	Salzburg, Juli 1767
624 (626ª) II. Teil, D–L, N, O	Kadenzen zu fremden Konzerten	Kl.	unterschiedlich
–	»*Lustig sein die Schwobemedle*« Lied	Kl.	vermutlich Salzburg, 1779

D.XIII. Verschiedene Komponisten

AMA	NMA	Anmerkung
XVI/1/Nr. 1, S. 1 [ND 30]	X/28/Abt. 2, S. 3 BA 5741 P	Vorlagen: 1. Satz Hermann Friedrich Raupach, op. 1,5; 2. Satz Herkunft unbekannt; 3. Satz Leontzi Honauer, op. 2,3, jeweils für Kl.
XVI/1/ Nr. 2, S. 35 [ND 30]	X/28/Abt. 2, S. 45 BA 5742 P	Vorlagen: 1. Satz Hermann Friedrich Raupach, op. 1,1; 2. Satz Johann Schobert, op. 17,2; 3. Satz Raupach, op. 1,1, jeweils für Kl.
XVI/1/ Nr. 3, S. 67 [ND 30]	X/28/Abt. 2, S. 84 BA 5743 P	Vorlagen: 1. Satz Leontzi Honauer, op. 2,1; 2. Satz Johann Gottfried Eckard, op. 1,4; 3. Satz Carl Philipp Emanuel Bach, Wq 117, jeweils für Kl.; Kadenz KV 624 (626ª) II. Teil, C
XVI/1/ Nr. 4, S. 99 [ND 30]	X/28/Abt. 2, S. 125 BA 5744 P	Vorlagen: 1. Satz Leontzi Honauer, op. 1,1; 2. Satz Hermann Friedrich Raupach, op. 1,1; 3. Satz Honauer, op. 1,1, jeweils für Kl.
XXII/Nr. 18, S. 62 [ND 38]	X/28/Abt. 2, S. 228 BA 5337	D (KV² Anh. 61ª), F–G, H für Johann Samuel Schröter op. 3,1/4/6; K für Ignaz von Beecke, Konzert für Kl. in D; N, O für unbekannte Konzerte; L verloren; E (KV⁶ Anh. C 15.10, in: NMA X/29/3, S. 67); I Autorschaft fraglich
–	–	Lied unbekannter Herkunft; zitiert in: Marsch KV 335 (320ª), Nr. 2 (C.VII.4.)

E. FRAGMENTE

I. Datierbare Fragmente

Unter NMA ist jeweils auch auf die Faksimile-Ausgabe X/30/4 (mit KB) verwiesen.

Fr	KV	Titel	Tonart	Besetzung	Datierung
Fr 1764a	– (KV² 9ᵇ, KV³ 5ᵇ, KV⁶ 5b und 626b/10)	[Andante]	B-Dur	Kl.	wahrscheinlich Paris oder London, 1764
Fr 1764b	– (15ⁿⁿ)	[Allegro]	F-Dur	Kl.	wahrscheinlich Paris, London oder Holland, 1764 oder 1765
Fr 1764c	– (15ʳʳ)	[Menuett]	C-Dur	Kl.	wahrscheinlich Paris, London oder Holland, 1764 oder 1765
Fr 1764d	– (15ˢˢ)	Fuge	C-Dur	4st. (instrumental); B.c.	London, Ende 1764 oder Anfang 1765
Fr 1764e	– (KV³ bei 186, KV⁶ bei 159b)	Orchestersatz	gis-Moll	2 Hr., 2 Ob.; 2 V., Va.; *Basso*	wahrscheinlich Paris, London oder Holland, 1764 oder 1765
Fr 1765a	– (KV³ bei Anh. 20ª, KV⁶ bei 626b/25)	Klavierstück	Es-Dur	Kl.	wahrscheinlich London oder Holland, 1765
Fr 1765b	–	Instrumentalsatz	C-Dur	3st. (2 V., Vc. oder Kl.; V., Vc. ad lib.)	wahrscheinlich London, Holland oder Salzburg, 1765/66
Fr 1766a	– (KV⁶ 73 D)	Arie »*Per quel paterno amplesso*«	Es-Dur	S; 2 Hr., 2 Ob.; 2 V., Va.; 2 Fg.; *Basso*	wahrscheinlich Holland, Frankreich oder Salzburg, 1766
Fr 1767a	– (KV² Anh. 24ª, KV³ 43ª)	Duett »*Ach, was müssen wir erfahren!*«	F-Dur	2 S [und Orchester?]	wahrscheinlich Wien, kurz nach dem 15. Oktober 1767

E.I. Datierbare Fragmente

AMA	NMA	Anmerkung
–	IX/27/1, S. 95 [TB 20] ♦ X/30/4, S. 1	43 T.; Einzelblatt aus dem Notenbuch für Maria Anna (Nannerl) Mozart (1759)
–	IX/27/1, S. 163 [TB 20] ♦ X/30/4, S. 2	3 T.
–	IX/27/1, S. 166 [TB 20] ♦ X/30/4, S. 2	12 T.
–	IX/27/1, S. 167 [TB 20] ♦ X/30/4, S. 3	23 T.
IX: *Revisionsbericht*, S. 16	VII/17/1, KB, S. a/42 (Edition) ♦ X/30/4, S. 5	16 T.
–	IX/27/1, S. 175 [TB 20] ♦ X/30/4, S. 5	18 T.; zusammen mit Klavierstück B-Dur KV^3 bei Anh. 20^a (KV^6 bei 626b/25) (C.XXIV.)
–	X/31/4: *Nachträge* ♦ X/30/4, S. 6	11 T.; zusammen mit Fr 1771b
–	II/7/1, S. XXVI ♦ X/30/4, S. 7	3 T.; Text aus: Pietro Metastasio, *Artaserse* (II,11); vgl. Rezitativ und Arie KV 79 (73^d) (B.II.1.)
–	III/9, S. 51 [TB 10] ♦ X/30/4, S. 7	31 T.; Textdichter unbekannt

FRAGMENTE

Fr	KV	Titel	Tonart	Besetzung	Datierung
Fr 1769a	– (72ª)	[Molto allegro?]	G-Dur	Kl.	Italien, Jahreswende 1769/70
Fr 1770a	71	Arie »*Ah, più tremar non voglio*«	F-Dur	T; 2 Hr., 2 Ob.; 2 V., 2 Va.; Basso	Mailand, Frühjahr 1770
Fr 1771a	–	Sonatensatz	C-Dur	Kl.	Italien oder Salzburg, 1771
Fr 1771b	–	Fuge	d-Moll	Kl.	Italien oder Salzburg, zwischen 1771 und 1773
Fr 1772a	Anh. 18 (166ᶠ)	Kyrie	C-Dur	SATB; 2 Trp.; Pk.; 2 Ob.; 2 Hr.; 2 V., 2 Va.; Basso, Organo	Salzburg, Frühsommer 1772
Fr 1772b	Anh. 19 (166ᵍ)	Kyrie	D-Dur	SATB; 2 Ob.; 2 Hr.; 2 V., Va.; Organo & Bassi	Salzburg, erste Jahreshälfte 1772
Fr 1772c	– (KV³ bei 103, KV⁶ bei 61d)	Menuett	C-Dur	2 Trp.; 2 Ob.; 2 V.; Bassi	Salzburg, Frühsommer/Sommer 1772
Fr 1772d	223 (166ᵉ)	Osanna [Studienmanuskript]	G-Dur	SATB; 2 V., Va.; B.c. [*Bassi ed Organo*]	vermutlich Salzburg, zweite Hälfte 1772
Fr 1772e	– (KV⁶ 209a)	Arie »*Un dente guasto e gelato*«	D-Dur	B; V.; Hr.; Basso	Juli/September 1772
Fr 1772f	– (246ᵇ, 320 B)	Divertimento-Satz	D-Dur	2 Hr.; 2 V., Va.; Basso	vermutlich Italien, Ende 1772/Anfang 1773
Fr 1772g	401 (375ᵉ)	Fuge	g-Moll	Orgel	frühe 1770er Jahre
Fr 1773a/ I und II	– (73ʷ)	Thema einer Fuge	D-Dur	Kl.	um 1773

E.I. Datierbare Fragmente

AMA	NMA	Anmerkung
–	IX/27/2, S. 169 [TB 20] ♦ X/30/4, S. 8	35 T.; Autorschaft nicht gesichert, erhalten auf dem Portrait Mozarts von Saverio dalla Rosa
XXIV/8/ Nr. 39, S. 41 [ND 40]	II/7/4, S. 145 [TB 10] ♦ X/30/4, S. 9–12	48 T.; Text aus: Pietro Metastasio, *Demofoonte* (I,1); vermutlich unvollständig überlieferte Komposition
–	IX/25/2, S. 173 [TB 20] (vgl. auch I/4/4, KB, S. d/8) ♦ X/30/4, S. 13	25 T.; überliefert auf einem Blatt zum Schlußchor der *Grabmusik* KV 42 (35ª) (A.III.)
–	IX/27/2, S. 184 [TB 20] ♦ X/30/4, S. 6	31 T.; zusammen mit Fr 1765b
–	I/1/Abt. 1/6, S. 17 [TB 2] ♦ X/30/4, S. 13	49 T.
–	I/1/Abt. 1/6, S. 29 [TB 2] ♦ X/30/3, Skb 7 ♦ X/30/4, S. 16	12 T.
–	IV/13/Abt. 1/1, S. 78 [TB 13] ♦ X/30/4, S. 17	8 T.; Variante für das Menuett der Sinfonie KV 73 (75ª) (C.I.) verwendet
–	I/1/Abt. 1/6, S. XXVI (recto), 15 [TB 2] ♦ X/30/4, S. 17	21 T.; vermutlich Auflösung eines fremden Rätselkanons
–	II/7/4, S. 149 [TB 10] ♦ X/30/4, S. 18	16 T.; Textvorlage nicht identifiziert
–	VII/18, S. 257 [TB 17] ♦ X/30/4, S. 19	41 T.
XXII/Nr. 11, S. 34 [ND 38]	IX/27/2, S. 65 [TB 20] ♦ X/30/4, S. 20 BA 5745	95 T.; ergänzt von Maximilian Stadler
–	IX/27/2, S. 173 [TB 20] ♦ X/30/3, Skb 8ʳ ♦ X/30/4, S. 21	7 T.; dazu auch Sk

FRAGMENTE

Fr	KV	Titel	Tonart	Besetzung	Datierung
Fr 1773b	– (Anh. 223^c, KV^6 Anh. A 50)	Instrumentalsatz	D-Dur	2 konzertante V.; Orchester	Salzburg oder Wien, 1773
Fr 1774a	Anh. 23 (166^h)	Psalm »*In te Domine speravi*« [Studienmanuskript]	C-Dur	SATB	Salzburg, 1774
Fr 1776a	288 (271^h, 246c)	Divertimento-Satz	F-Dur	V., Va.; *Basso*; 2 Hr.	Salzburg, Juni 1776
Fr 1776b	Anh. 41 (375^g)	Fuge [Studienmanuskript]	G-Dur	Kl.	vielleicht Salzburg, 1776/77
Fr 1778a	Anh. 103 (320^f, 299d)	*La Chasse*	A-Dur	2 V., Va.; 2 Fl., 2 Ob.; 2 Hr.; *Bassi*	vielleicht Paris, 1778
Fr 1778b	Anh. 56 (315^f)	Konzertsatz	D-Dur	Kl.; V.; Orchester	Mannheim, November 1778
Fr 1778c	293 (KV^3 416^f und 416^g, KV^6 416f)	Konzertsatz	F-Dur	Ob.; Orchester	vielleicht Mannheim, Herbst 1778
Fr 1779a	322 (296^a) = Anh. 12 (296^b)	Kyrie	Es-Dur	S, A; SATB; 2 V., Va.; 2 Ob.; 2 Hr., 2 Trp.; Pk.; 2 Fg.; Orgel; *Bassi*	Salzburg, Anfang 1779
Fr 1779b	Anh. 104 (320^e)	Sinfonia concertante (Allegro)	A-Dur	V., Va., Vc.; Orchester	Salzburg, 1779/80
Fr 1779c	– (321^a)	Magnificat	C-Dur	S, A, [T, B]; SATB; Fg.; 3 Pos.; 2 Trp.; Pk.; 2 V., Vc., Orgel; *Basso*	Salzburg, 1779

E.I. Datierbare Fragmente

AMA	NMA	Anmerkung
–	IV/12/6, S. XIX, 65 [TB 13] ♦ X/30/4, S. 22	13 T.; möglicherweise Beginn einer Sinfonia concertante oder eines entsprechenden Einlagesatzes in ein Divertimento oder eine Serenade
–	siehe X/29/3, S. XIX ♦ X/30/4, S. 23	34 T.; möglicherweise Abschrift einer fremden Komposition; vgl. die etwas später auf dem Manuskript notierte Klavierfuge in G-Dur Fr 1776b
–	VII/18, S. 260 [TB 17] ♦ X/30/4, S. 25	77 T.; unentschieden, ob kompositorisches Fragment oder unvollständig überlieferter Satz
–	IX/27/2, S. XL, 173 [TB 20] ♦ X/30/4, S. 28	27 T.; vgl. Fr 1774a Psalm »*In te Domine speravi*« KV Anh. 23 (166^h)
–	II/6/2, S. 112 [TB 9] ♦ X/30/4, S. 29	16 T. und 16 T. Mineur
XXIV/5/ Nr. 21a, S. 1 [ND 39]	V/14/2, S. 136 [TB 14] ♦ X/30/4, S. 30	120 T.; ergänzt von Robert D. Levin, Kassel 1986
XXIV/4/ Nr. 20, S. 51 [ND 39] (T. 1–61)	V/14/3, S. XV (Bl. 2^r), 167 [TB 14] ♦ X/30/4, S. 37	70 T.
III/1/Nr. 3, S. 11 [ND 4]	I/1/Abt. 1/6, S. XXVII (Bl. 1^r), 31 [TB 2] ♦ X/30/4, S. 41	24 T.; ergänzt von Maximilian Stadler
–	V/14/2, S. 153 [TB 14] ♦ X/30/4, S. 44	134 T.; ergänzt von Otto Bach, Wien 1869/70, 1871; von Robert D. Levin, Purchase/NY 1968/69, überarbeitet 1980
–	I/2/2, S. 181 [TB 3] ♦ siehe auch X/30/4, KB, S. 233	7 T.; bekannt nur über Rudolf Genée, *Fragment eines »Magnificat« von Mozart*, in: *Mitteilungen für die Mozartgemeinde in Berlin* III, Heft 9 (= 31), April 1911, S. 269 (mit Beilage)

FRAGMENTE

Fr	KV	Titel	Tonart	Besetzung	Datierung
Fr 1779d	344 (336^b)	Zaide (Das Serail)			
Fr 1781a	Anh. 97/98 (KV^2 Anh. 97/98 und 98^b, KV^3 bei 371, KV^6 370b)	Konzertsatz	Es-Dur	SoloHr.; Orchester	Wien, Frühjahr/ Frühsommer 1781
Fr 1781b	371	Konzertsatz (Rondo)	Es-Dur	SoloHr.; 2 V., 2 Va.; 2 Ob.; 2 Hr.; Bassi	Wien, 21. März 1781
Fr 1781c	372 und Anh. 49 (372)	Sonatensatz	B-Dur	Kl.; V.	Wien, 24. März 1781
Fr 1781d	Anh. 96 (196^g, 384c)	Allegro	B-Dur	je 2 Ob., Klar., Hr., Fg.	Wien, 1781–1783
Fr 1781e	402 (385^e)	Sonatensatz: 2. Teil Fuge	A-Dur	Kl.; V.	vielleicht Wien, 1781
Fr 1781f	–	Larghetto und Allegro	Es-Dur	2 Kl.	Wien, Herbst 1781
Fr 1782a	Anh. 46 (374^g)	Andantino	B-Dur	Kl.; Vc.	Wien, 1782/83
Fr 1782b	Anh. 42 (375^b)	Sonatensatz	B-Dur	2 Kl.	Wien, 1782/83
Fr 1782c	Anh. 43 (375^c)	Sonatensatz oder Rondo-Finale	B-Dur	2 Kl.	Wien, 1782/83
Fr 1782d	400 (372^a)	Sonatensatz	B-Dur	Kl.	Wien, 1782 oder später

E.I. Datierbare Fragmente

AMA	NMA	Anmerkung
		siehe B.I. Opern, Singspiele, Dramatische Kantaten
–	V/14/5, S. 105 [TB 14] ♦ X/30/4, S. 52–59	127 T.
XXIV/4/ Nr. 21, S. 56 [ND 39]	V/14/5, S. 111 [TB 14] ♦ X/30/4, S. 60–69 BA 5329 KlA	219 T.; bearbeitet für Hr. und Kl. von Henri Kling, Leipzig 1909; für Hr. und Orchester von Bernhard Paumgartner, Wien 1937
XVIII/2/ Nr. 31, S. 98 [ND 36]	VIII/23/2, S. 154 [TB 19] ♦ X/30/4, S. 70 BA 4775	65 T.; ergänzt von Maximilian Stadler
–	VII/17/2, S. 235 [TB 17] ♦ X/30/4, S. 73	16 T.
XVIII/2/ Nr. 37, S. 190 [ND 36]	VIII/23/2, S. 176 [TB 19] (Fuge) ♦ siehe auch X/30/4, KB, S. 236 BA 4775	Fuge 91 T.; ergänzt von Maximilian Stadler
–	X/31/3, S. 3 ♦ X/30/4, S. 73	108 T.; ergänzt von Maximilian Stadler
–	X/31/4: *Nachträge* ♦ X/30/4, S. 77	33 T.; ergänzt (A-Dur) von Ernst Lewicki, Leipzig 1919; von Julius Klengel, Leipzig 1919
XXIV/11/ Nr. 60, S. 2 [ND 40]	IX/24/Abt. 1, S. 46 [TB 20] ♦ X/30/4, S. 78	52 T.; gehört möglicherweise mit Fr 1782c (KV Anh. 43 [375[c]]) zusammen
–	IX/24/Abt. 1, S. 49 [TB 20] ♦ X/30/4, S. 79	16 T.; gehört möglicherweise mit Fr 1782b (KV Anh. 42 [375[b]]) zusammen
XXIV/5/ Nr. 26, S. 62 [ND 39]	IX/25/2, S. 174 [TB 20] ♦ X/30/4, S. 80	91 T.; ergänzt von Maximilian Stadler (148 T.)

Fr	KV	Titel	Tonart	Besetzung	Datierung
Fr 1782e	397 (385^g)	Fantasie	d-Moll	Kl. (?)	vermutlich Wien, 1782
Fr 1782f	440 (383^h)	Arie »In te spero, o sposo amato«	C-Dur	S; Basso (Orchester?)	Wien, 1782 oder später
Fr 1782g	– (KV^6 384B)	Kammermusiksatz [Andante]	Es-Dur	je 2 Ob., Klar., Hr., Fg.	Wien, Juni 1782
Fr 1782h	– (384^b)	Marsch	B-Dur	je 2 Ob., Klar., Hr., Fg.	Wien, Juli 1782
Fr 1782i	399 (385^i)	Sarabande (aus der Suite C-Dur [C.XXIV.])	g-Moll	Kl.	angeblich Wien, 1782
Fr 1782j	154 (385^k)	Fuge	g-Moll	Kl.	Wien, 1782
Fr 1782k	– (KV^6 385n)	Fuge	A-Dur	[Für vier Singst.?]	Wien, 1782
Fr 1782l	396 (385^f)	Fantasie	c-Moll	Kl.; V.	angeblich Wien, August/September 1782
Fr 1782m	Anh. 67 = KV 443 (385^1, 404b)	Fuge (Triosonate)	G-Dur	3st. [V., Va., Vc.?]	vermutlich Wien, 1782
Fr 1782n	427 (417^a)	»Credo in unum Deum« und »Et incarnatus est« aus Missa	c-Moll	SSATB; 2 Ob., 2 Fg.; 2 Hr.; 2 V., Va.; Bassi ed Organo S; Fl., Ob., Fg.; 2 V., Va.; Bassi ed Organo	Wien, um 1782

E.I. Datierbare Fragmente

AMA	NMA	Anmerkung
XX/Nr. 20, S. 220 [ND 37]	IX/27/2, S. 30 [TB 20] ♦ siehe auch X/30/4, KB, S. 238 BA 5745	97 T.; ED (T. 1–97) Wien: Bureau d'Arts et d'Industrie 1804; Frühdruck der Fantasie, ergänzt wohl von August Eberhard Müller (107 T.), in: Œuvres complettes, Leipzig: B&H 1806, Cahier XVII, Nr. 3
XXIV/8/ Nr. 47, S. 68 [ND 40]	II/7/4, S. 150 [TB 10] ♦ X/30/4, S. 82	81 T.; Text aus: Pietro Metastasio, Demofoonte (I,2); für Constanze Mozart; ergänzt von Ernst Reichert, Wiesbaden 1954
–	VII/17/2, S. 233 [TB 17] ♦ X/30/4, S. 83	19 T.
–	VII/17/2, S. 234 [TB 17] ♦ X/30/4, S. 84	4 T.
–	IX/27/2, S. XVf., XXXV, 29 [TB 20] ♦ X/30/4, S. 84 BA 5745	6 T.
XXIV/5/ Nr. 25 (2), S. 60 [ND 39]	IX/27/2, S. 181 [TB 20] ♦ X/30/3, Skb 36^r ♦ X/30/4, S. 85	30 T.
–	siehe NMA X/30/4, KB, S. 240	12 T.
XX/Nr. 19, S. 214 [ND 37]	VIII/23/2, S. 181 [TB 19] ♦ X/30/4, S. 86 BA 5745	27 T.; als Klavierstück bearbeitet und ergänzt von Maximilian Stadler (NMA IX/27/2, S. 159 [TB 20])
–	X/31/4: Nachträge ♦ X/30/4, S. 85	39 T.; ungewiß, ob ein Stück für drei Melodie-Instrumente oder doch eher eine Satzstudie; ergänzt von Maximilian Stadler; Bearbeitung für Fl., V., Va. und B., Bonn: Simrock 1819
XXIV/7/ Nr. 29, S. 108, 117 [ND 40]	I/1/Abt. 1/5, S. 100, 122 [TB 2] ♦ siehe auch X/30/4, KB, S. 241 BA 4846 P, KlA	116 und 119 T. in Entwurfspartitur; ergänzt von Alois Schmitt 1901; von Robert D. Levin 2005 (mit Neukomposition des Agnus Dei unter Verwendung von Skizzenmaterial Mozarts)

FRAGMENTE

Fr	KV	Titel	Tonart	Besetzung	Datierung
Fr 1782o	Anh. 68 (589[a])	(Rondo)	B-Dur	2 V., Va., Vc.	Wien, 1782 oder später
Fr 1782p	153 (375[f])	Fuge	Es-Dur	Kl.	Wien, 1782 oder später
Fr 1782q	– (Anh. 39[a], 626b/27)	Fuge	c-Moll	Kl.	Wien, 1782–1784 oder später
Fr 1782r	–	Streichquartett-satz	E-Dur	2 V., Va., Vc.	Wien, 1782
Fr 1782s	–	Fuge	c-Moll	2 V., Va., Vc.	vielleicht Wien, 1782 oder später
Fr 1782t	Anh. 100 (383[g])	Anfang einer Sinfonie	Es-Dur	Fl., 2 Ob.; 2 Hr., Fg.; 2 V., Va.; Vc. e Basso	vielleicht Wien, 1782 oder später
Fr 1783a	Anh. 38 (383[d], 383c)	Thema zu Variationen	C-Dur	Orgel	Wien, 1783 oder später
Fr 1783b	Anh. 39 (383[c], 383d)	Fuge	c-Moll	Kl.	Wien, 1783 oder später
Fr 1783c	– (KV[3] Anh. 109[g] Nr. 14, KV[6] 375h = 626b/14)	Fuge	F-Dur	Kl.	Wien, 1783
Fr 1783d	– (KV[6] bei 453b)	Fuge	g-Moll	2 V., Va., Vc.	Wien, 1783

E.I. Datierbare Fragmente

AMA	NMA	Anmerkung
–	VIII/20/Abt. 1/3, S. 148 [TB 18] ✦ X/30/4, S. 87	65 T.; möglicherweise verworfenes Finale zum Streichquartett in B-Dur KV 458 (C.XIV.)
XXIV/5/ Nr. 25 (1), S. 58 [ND 39]	IX/27/2, S. 181 [TB 20] ✦ X/30/3, Skb 40ʳ ✦ X/30/4, S. 88	27 T., 6 T.; dazu Ausschnittsskizze auf Skb 35 (vgl. NMA X/30/3, KB, S. 20, sowie NMA IX/27/2, S. 182 [TB 20], dazu KB, S. 189f.); ergänzt von Simon Sechter
–	IX/27/2, S. 183 [TB 20] ✦ X/30/4, S. 88	27 T.
–	VIII/20/Abt. 1/3, KB (»Nachtrag«), S. c/90 ✦ X/30/4, S. 89	10 T.
–	VIII/20/Abt. 1/3, S. 135 [TB 18] ✦ siehe auch X/30/4, KB, S. 243	10 T.; nur abschriftlich bekannt
–	siehe NMA X/30/4, KB, S. 243	97 T.; nur nachrichtlich bekannt (CMN für die Violine I)
–	IX/26, S. 149 [TB 20] ✦ X/30/4, S. 89	16 T.; zusammen mit Klavierfuge in c-Moll Fr 1783b (KV Anh. 39 [383ᶜ, 383d])
–	IX/27/2, S. 175 [TB 20] ✦ X/30/4, S. 89	8 T.; zusammen mit Thema in C-Dur zu Variationen für Orgel Fr 1783a (KV Anh. 38 [383ᵈ, 383c])
–	IX/27/2, S. 174 [TB 20] (zu Fr 1783c) ✦ X/30/3, Skb 47 ✦ X/30/4, S. 90	13 T.
–	VIII/20/Abt. 1/3, S. 134 [TB 18] ✦ (mit Sk.:) X/30/3, Skb 49ʳ ✦ X/30/4, S. 90	12 T.; zusammen mit Sk 1783c Melodieskizze zu einer Baßarie in B-Dur und 1st. Verlaufsskizze zu Menuett KV 461 (448ᵃ), No. 6 (C.VII.1.)

FRAGMENTE

Fr	KV	Titel	Tonart	Besetzung	Datierung
Fr 1783e	435 (416[b])	Arie »Müßt' ich auch durch tausend Drachen«	D-Dur	T; 2 V., Va.; Fl., Ob., Klar.; 2 Hr., 2 Trp.; Pk.; 2 Fg.; *Bassi*	Wien, 1783
Fr 1783f	433 (416[c])	Arie »Männer suchen stets zu naschen«	F-Dur	B; 2 V., Va.; 2 Ob.; 2 Hr.; *Bassi*	Wien, um 1783
Fr 1783g	Anh. 54 (452[a])	Langsame Einleitung zu einem Quintettsatz	B-Dur	Kl.; Ob., Klar., Bassetthr., Fg.	Wien, 1783
Fr 1784a	403 (385[c])	Andante und Allegretto	C-Dur	Kl.; V.	Wien, 1784 (spätestens Anfang 1785)
Fr 1784b	Anh. 48 (480[a], 385 E)	Sonatensatz (Allegro)	A-Dur	Kl.; V.	1784
Fr 1784c	422	*L'oca del Cairo*			
Fr 1784d	430 (424[a])	*Lo sposo deluso*			
Fr 1784e	Anh. 55 (387[c], 452b)	Kammermusiksatz	D-Dur	Kl.; 2 V.; 2 Hr., B.	Wien, 1784–1786
Fr 1784f	Anh. 65 (KV[6] 452c)	Konzertsatz	C-Dur	Kl.; Orchester	vermutlich Wien, April 1784
Fr 1784g	Anh. 59 (466[a], 459a)	Konzertsatz	C-Dur	Kl.; Orchester	vermutlich Wien, April 1784
Fr 1784h	Anh. 72 (464[a])	Streichquartettsatz	A-Dur	2 V., Va., Vc.	Wien, Ende 1784/ Januar 1785
Fr 1784i	Anh. 51 (501[a])	Klaviertriosatz	B-Dur	Kl.; V., Vc.	Wien, 1784/85

E.I. Datierbare Fragmente

AMA	NMA	Anmerkung
XXIV/8/ Nr. 45, S. 63 [ND 40]	II/7/4, S. XIII, 162 [TB 10] ♦ X/30/3, Skb 51 ♦ X/30/4, S. 91	143 T.; Textdichter unbekannt Sk
XXIV/8/ Nr. 43, S. 57 [ND 40]	II/7/4, S. 152 [TB 10] ♦ X/30/4, S. 99	76 T.; Textdichter unbekannt
–	X/30/3, Skb 57 ♦ X/30/4, S. 104	35 T.
XVIII/2/ Nr. 38, S. 198 [ND 36]	VIII/23/2, S. 164 [TB 19] ♦ X/30/4, S. 105 BA 4775	59 T. und 20 T.; ergänzt von Maximilian Stadler
–	VIII/23/2, S. 180 [TB 19] ♦ X/30/4, S. 106	34 T.
		einzelne Teile vollendet; siehe B.I. Opern, Singspiele, Dramatische Kantaten
		einzelne Teile vollendet; siehe B.I. Opern, Singspiele, Dramatische Kantaten
–	X/31/4: *Nachträge* ♦ X/30/4, S. 107	29 T.
–	V/15/8, S. 188 [TB 16] ♦ X/30/4, S. 106	10 T.; möglicherweise erster Ansatz zum langsamen Satz des Klavierkonzerts in G-Dur KV 453 (C.III.)
–	V/15/8, S. 189 [TB 16] ♦ X/30/4, S. 108	39 T.; möglicherweise weiterer Ansatz (vgl. Fr 1784f) zum langsamen Satz des Klavierkonzerts in G-Dur KV 453 (C.III.)
XXIV/5/ Nr. 23, S. 45 [ND 39] (mit Revisionsbericht)	VIII/20/Abt. 1/3, S. 139 [TB 18] ♦ X/30/4, S. 110	170 T.; vermutlich ursprünglich Finale zum Streichquartett in A-Dur KV 464 (C.XIV.)
–	VIII/22/Abt. 2, S. 272 [TB 19] ♦ X/30/4, S. 112	25 T.

FRAGMENTE

Fr	KV	Titel	Tonart	Besetzung	Datierung
Fr 1784j	Anh. 60 (502ª)	Konzertsatz	C-Dur	Kl.; Orchester	Wien, vermutlich November 1786
Fr 1784k	532	Terzett »*Grazie agl'inganni tuoi*«	B-Dur	S, T, B; Fl., 2 Klar., 2 Fg.; 2 Hr.; Kb.	Wien, zwischen 1784 und 1788
Fr 1784l	Anh. 81 (613ª)	Streichquintett-satz	Es-Dur	2 V., 2 Va., Vc.	Wien, zwischen Ende 1784 und 1788
Fr 1785a	Anh. 45 (375ᵈ)	Fuge	G-Dur	2 Kl.	Wien, 1785/86
Fr 1785b	404 (385ᵈ)	Allegretto (aus: Andante und Allegretto [C.XVIII.])	C-Dur	Kl.; V.	Wien, Ende 1785 bis 1786
Fr 1785c	Anh. 76 (417ᶜ)	Fuge	d-Moll	2 V., Va., Vc.	Wien, Ende 1785 bis 1789
Fr 1785d	Anh. 44 (426ª)	Allegro	c-Moll	2 Kl.	Wien, 1785/86
Fr 1785e	442 erster Satz	[Allegro]	d-Moll	Kl.; V., Vc.	Wien, zwischen 1785 und 1791
Fr 1785f	Anh. 26 (475ª)	Lied »*Einsam bin ich, meine Liebe*«	d-Moll	Singst.; Kl.	angeblich Wien, 1785
Fr 1785g	Anh. 58 (488ª)	Konzertsatz	D-Dur	Kl.; Orchester	Wien, 1785/86
Fr 1785h	Anh. 63 (488ᵇ)	Konzertsatz	A-Dur	Kl.; Orchester	Wien, 1785/86

E.I. Datierbare Fragmente

AMA	NMA	Anmerkung
–	V/15/8, S. 196 [TB 16] ♦ X/30/4, S. 114	19 T.; möglicherweise im Zusammenhang mit Klavierkonzert in C-Dur KV 467 (C.III.)
VII/Abt. 1/ Nr. 35, S. 73 [ND 19]	III/9, S. 62 [TB 10] ♦ IV/13/ Abt. 1/2, S. 212 [TB 13] | X/30/3, Skb 83 ♦ X/30/4, S. 115	26 T.; Text aus Pietro Metastasios Canzonetta »*La Libertà a Nice*«; Melodie vermutlich von M. Kelly; zusammen mit Skizze zum Trio des Menuetts KV 568, No. 9 (C.VII.1.)
–	VIII/19/Abt. 1, S. 196 [TB 17] ♦ X/30/4, S. 112	71 T.; ergänzt von Otto Bach, Leipzig 1871
–	IX/24/Abt. 1, S. 50 [TB 20] ♦ X/30/4, S. 116	23 T.
XVIII/2/ Nr. 39, S. 208 [ND 36]	VIII/23/2, S. XXI (Allegretto), 152 [TB 19] ♦ X/30/4, S. 116 BA 4775	24 T.; Autograph des Andante-Satzes (18 T.) verschollen; Zusammengehörigkeit der beiden kurzen Kompositionen nicht erwiesen
–	VIII/20/Abt. 1/3, S. 133 [TB 18] ♦ X/30/4, S. 117	11 T.
–	IX/24/Abt. 1, S. 51 [TB 20] ♦ X/30/4, S. 117	22 T.
XVII/Abt. 2/ Nr. 5, S. 20 [ND 34]	VIII/22/Abt. 2, S. 235 [TB 19] ♦ X/30/4, S. 118	55 T.; das 1797 von Johann Anton André publizierte Klaviertrio in D-Dur KV 442 besteht aus drei voneinander unabhängigen, von Maximilian Stadler ergänzten Fragmenten: Fr 1785e (= »1. Satz«), Fr 1786c (= »2. Satz«), Fr 1787f (= »3. Satz«)
–	III/8, S. 72 [TB 10] ♦ X/30/4, S. 119	8 T.; Textdichter unbekannt
–	V/15/8, S. 191 [TB 16] ♦ X/30/4, S. 119	10 T.; möglicherweise erster Ansatz zum langsamen Satz des Klavierkonzerts A-Dur KV 488 (C.III.)
–	V/15/8, S. 192 [TB 16] ♦ X/30/4, S. 120	23 T.; möglicherweise Ansatz zum Finale des Klavierkonzerts A-Dur KV 488 (C.III.)

FRAGMENTE

Fr	KV	Titel	Tonart	Besetzung	Datierung
Fr 1785i	Anh. 64 (488^c)	Konzertsatz	A-Dur	Kl.; Orchester	Wien, 1785/86
Fr 1785j	– (KV^6 488d)	Konzertsatz (Rondo)	A-Dur	Kl.; Orchester	Wien, Februar/März 1786
Fr 1785k	– (KV^2 Anh. 98^a, KV^3 bei 386^b = 412, KV^6 494a)	Konzertsatz	E-Dur	Hr.; Orchester	Wien, Mitte 1785 oder etwas später
Fr 1785l	Anh. 57 (537^a)	Konzertsatz	D-Dur	Kl.; Orchester	Wien, 1785/86
Fr 1785m	Anh. 24 (KV^6 626b/26)	Duett »Ich nenne dich, ohn'es zu wissen«	Es-Dur	2 S; Kl.	Wien, 1785
Fr 1786a	Anh. 34 (KV^3 385^h, KV^6 385h und 576a)	Adagio und Menuett	d-Moll, D-Dur	Kl.	Wien, zwischen 1786 und 1790
Fr 1786b	441	Terzett »Liebes Manndel, wo ist's Bandel?«	G-Dur	S, T, B; 2 V., Va.; Basso	Wien, 1786/87
Fr 1786c	442 zweiter Satz	(Tempo di Menuetto)	G-Dur	Kl.; V., Vc.	Wien, zwischen Juli 1786 und 1791
Fr 1786d	429 (420^a, 468a)	Duett »Die Lichter, die zu Tausenden«	F-Dur	2 T; 2 V., Va.; [Basso] [oder Orchester?]	Wien, 1786
Fr 1786e	434 (424^b, 480b)	Terzett »Del gran regno delle amazzoni«	B-Dur	T, 2 B; 2 V., Va.; 2 Ob.; 2 Trp.; 2 Fg.; Bassi	Wien, 1786

E.I. Datierbare Fragmente

AMA	NMA	Anmerkung
–	V/15/8, S. XXXVI (F Bl. 1ʳ), 193 (T. 1–20) [TB 16], KB, S. h/103 (T. 21–27) ♦ X/31/3, S. 36 ♦ X/30/4, S. 121	27 T.; möglicherweise Ansatz zum Finale des Klavierkonzerts A-Dur KV 488 (C.III.)
–	V/15/8, S. 194 [TB 16] ♦ X/30/4, S. 122	11 T.; möglicherweise Ansatz zum Finale des Klavierkonzerts A-Dur KV 488 (C.III.)
–	V/14/5, S. 121 [TB 14] ♦ X/30/4, S. 124	91 T.
–	V/15/8, S. 197 [TB 16] ♦ X/30/4, S. 128	21 T.
–	X/31/4: *Nachträge* ♦ X/30/4, S. 129	8 T.; Text aus: Christian Felix Weiße, *Kleine Lyrische Gedichte*, Leipzig 1772, S. 130–132; nur Schluß erhalten
–	IX/27/2, S. 170 [TB 20] ♦ X/30/4, S. 130	3 T., 8 T.
VII/Abt. 1/ Nr. 17, S. 25 [ND 19]	III/9, S. XV–XVIII, 7, 52 [TB 10] ♦ X/30/4, S. 131 BA 4794 LM	76 T. (Entwurf) und 18 T. (Partitur-Fragment); vollständige Partitur nur in späterer Kopie überliefert; Text von Mozart?
XVII/Abt. 2/ Nr. 5, S. 20 [ND 34]	VIII/22/Abt. 2, S. 246 [TB 19] ♦ X/30/4, S. 134	151 T.; ergänzt von Maximilian Stadler; zum Trio KV 442, vgl. Fr 1785e
XXIV/ Nr. 36a/b [ND 40]	I/4/4, S. XI (Bl. 1ʳ), S. 109 [TB 3] ♦ X/30/4, S. 136	17 T.; No. 3 aus der Kantate »*Dir, Seele des Weltalls*« (A.III.); die Kantate ist insgesamt ein Fragment, die ersten beiden Sätze liegen als vollständige Entwurfspartitur vor
XXIV/8/ Nr. 44, S. 59 [ND 40]	II/7/4, S. 154 [TB 10] (Fr), 160 (Sk) ♦ X/30/3, Skb 60 ♦ X/30/4, S. 137	106 T.; Text wohl von Giuseppe Petrosellini Sk

FRAGMENTE

Fr	KV	Titel	Tonart	Besetzung	Datierung
Fr 1786f	Anh. 95 (440^b, 484b)	Allegro assai	B-Dur	2 Klar., 3 Bassetthr.	Wien, 1786 oder später
Fr 1786g	Anh. 62 (537^c, 491a)	Konzertsatz	Es-Dur	Kl.; Orchester	Wien, 1786
Fr 1786h	Anh. 105 (504^a)	(Sinfonie-) Satz	G-Dur	Orchester [Bläser?; 2 V., Va.; *Bassi*]	Wien, Ende 1786
Fr 1786i	Anh. 82 (613^b)	Streichquintettsatz	Es-Dur	2 V., 2 Va., Vc.	Wien, zwischen 1786 und 1787 oder 1790
Fr 1786j	Anh. 53 (KV^3 bei 493, KV^6 493a)	Klavierquartettsatz	Es-Dur	V., Va., Vc., *Cembalo*	Wien, 1786
Fr 1786k	Anh. 61 (537^b)	Konzertsatz	d-Moll	Kl.; Orchester	Wien, Ende 1786
Fr 1787a	Anh. 16 (196^a)	Kyrie	G-Dur	[SATB; 2 V., Va.; Bläser?; *Bassi ed Organo*]	Wien, zwischen 1787 und 1789
Fr 1787b	Anh. 13 (258^a)	Kyrie	C-Dur	SATB; 2 Trp.; Pk.; 2 V., Orgel; *Bassi*	Wien, zwischen 1787 und 1791
Fr 1787c	Anh. 20 (323^a)	Gloria	C-Dur	[SATB; 2 V., Va.; Bläser?; *Bassi ed Organo*]	Wien, 1787 oder später
Fr 1787d	Anh. 33 und 40 (383^b)	Fuge	F-Dur	Kl.	Wien, zwischen 1787 und 1789
Fr 1787e	Anh. 14 (422^a)	Kyrie	D-Dur	SATB; 2 Ob., Fg.; 2 V., Va.; *Bassi ed Organo*	Wien, zwischen 1787 und 1789

E.I. Datierbare Fragmente

AMA	NMA	Anmerkung
–	VII/17/2, S. 236 [TB 17] ♦ X/30/4, S. 144	22 T.; Beginn einer autographen Niederschrift der Klar. 1-Stimme auf Mozarts Partitur des Adagios in B-Dur für 2 Klar. und 3 Bassetthr. KV 411 (440ª, 484a)
–	V/15/8, S. 195 [TB 16] ♦ X/30/4, S. 145	3 T.; möglicherweise erster Ansatz zum langsamen Satz des Klavierkonzerts c-Moll KV 491
–	X/31/4: *Nachträge* ♦ X/30/4, S. 145	10 T.; möglicherweise erster Ansatz zum langsamen Satz der Sinfonie D-Dur KV 504 (›*Prager*‹)
–	VIII/19/Abt. 1, S. 198 [TB 17] ♦ X/30/4, S. 146	19 T.
–	VIII/22/Abt. 1, S. 166 [TB 19] ♦ III/10, S. 86, 109 [TB 10] ♦ X/30/3, Skb 75ʳ ♦ X/30/4, S. 146	11 T.
–	V/15/8, S. 198 [TB 16] ♦ X/30/4, S. 147	6 T.
–	I/1/Abt. 1/6, S. XXVIII, 46 [TB 2] ♦ X/30/4, S. 148	13 T.; ergänzt von Maximilian Stadler
–	I/1/Abt. 1/6, S. XXXI, 82 [TB 2] ♦ X/30/4, S. 147	9 T.
–	I/1/Abt. 1/6, S. 76 [TB 2] ♦ X/30/4, S. 149	26 T.
–	IX/27/2, S. 175 [TB 20] ♦ X/30/4, S. 150	17 T.
–	I/1/Abt. 1/6, S. 80 [TB 2] ♦ X/30/4, S. 151	11 T.

FRAGMENTE

Fr	KV	Titel	Tonart	Besetzung	Datierung
Fr 1787f	442 dritter Satz	(Allegro)	D-Dur	Kl.; V., Vc.	Wien, zwischen 1787 und 1791
Fr 1787g	Anh. 93 (440^c, 484c)	Adagio	F-Dur	Klar., 3 Bassetthr.	Wien, zwischen 1787 und 1789
Fr 1787h	Anh. 52 (495^a)	Klaviertriosatz	G-Dur	Kl.; V., Vc.	Wien, 1787 oder später
Fr 1787i	357 erster Satz (497^a erster Satz, 497a)	Allegro	G-Dur	Kl. zu 4 Händen	Wien, Ende 1787 oder 1788
Fr 1787j	– (KV^2 Anh. 80, KV^6 514a)	Streichquintett-satz	B-Dur	2 V., 2 Va., Vc.	Wien, 1787
Fr 1787k	Anh. 86 (516^a)	Streichquintett-satz	g-Moll	2 V., 2 Va., Vc.	Wien, 1787
Fr 1787l	– (KV^6 516d)	Rondo (Andante) zu einem Quintett	Es-Dur	Klar.; 2 V., Va., Vc.	Wien, 1787 (1. Hälfte?)
Fr 1787m	Anh. 108 (522^a)	Divertimento-Satz (Rondo)	F-Dur	2 Hr.; 2 V., Va.; *Bassi*	Wien, 1787
Fr 1787n	Anh. 69 (525^a)	Divertimento-Satz (Larghetto)	C-Dur	2 V., Va., Vc., Kb.	Wien, 1787
Fr 1787o	Anh. 50 (526^a)	Sonatensatz	A-Dur	Kl.; V.	Wien, 1787
Fr 1787p	Anh. 31 (569^a)	Sonatensatz	B-Dur	Kl.	Wien, zwischen 1787 und 1789
Fr 1787q	Anh. 90 (580^b)	Allegro zu einem Quintett	F-Dur	Klar., Bassetthr.; V., Va., Vc.	Wien, 1787
Fr 1787r	Anh. 29 (590^a)	Sonatensatz	F-Dur	Kl.	Wien, zwischen 1787 und 1789

E.I. Datierbare Fragmente

AMA	NMA	Anmerkung
XVII/Abt. 2/ Nr. 5, S. 20 [ND 34]	VIII/22/Abt. 2, S. XX (Bll. 8^r, 10^v), 256, 104 [TB 19] ♦ X/30/4, S. 152	133 T.; zum Trio KV 442 siehe Fr 1785e; ergänzt von Maximilian Stadler
–	VII/17/2, S. 237 [TB 17] ♦ X/30/4, S. 155	6 T.
–	VIII/22/Abt. 2, S. 271 [TB 19] ♦ X/30/4, S. 155	19 T.
XIX/Nr. 1, S. 2 [ND 37]	IX/24/Abt. 2, S. 142 [TB 20] ♦ X/30/4, S. 156 BA 4786	98 T.; KV^1 verzeichnet Fr 1787i und Fr 1791a unter der gemeinsamen Nummer 357, die Zusammengehörigkeit ist jedoch nicht erwiesen und sehr fraglich; ergänzt von Heinrich Lemacher, Wilhelmshaven 1956
XXIV/11/ Nr. 55, S. 9, 11 [ND 40]	VIII/19/Abt. 1, S. 185 [TB 17] ♦ X/30/4, S. 158	122 T.; Leipzig: B&H (Part. Bibl. 1175); ergänzt von Caspar Diethelm, Winterthur 1980; von Franz Beyer, Lottstetten/Adliswill 1992; von Erik Smith, London 1989
–	VIII/19/Abt. 1, S. 194 [TB 17] ♦ X/30/4, S. 161	8 T.
–	VIII/19/Abt. 2, S. XVI (verso), 44 [TB 17] ♦ X/30/3, Skb 81^v ♦ X/30/4, S. 161	8 T.
–	VII/18, S. 266 [TB 17] ♦ X/30/3, Skb 85^r ♦ X/30/4, S. 162	24 T.; möglicherweise erster Ansatz zu einem Schlußsatz für den *Musikalischen Spaß* KV 522 (C.VI.)
–	IV/12/6, S. XIX, 66 [TB 13] ♦ X/30/4, S. 162	16 T.; möglicherweise erster Ansatz zu einem langsamen Satz der *Kleinen Nachtmusik* KV 525 (C.IV.)
–	VIII/23/2, S. 184 [TB 19] ♦ X/30/3, Skb 80^v ♦ X/30/4, S. 163	16 T.
–	IX/25/2, S. 181 [TB 20] ♦ X/30/4, S. 163	19 T.
–	VIII/19/Abt. 2, S. XVII (Bl. 1^r), 45 [TB 17] ♦ X/30/4, S. 164	102 T.
–	IX/25/2, S. 181 [TB 20] ♦ X/30/4, S. 167	8 T.

FRAGMENTE

Fr	KV	Titel	Tonart	Besetzung	Datierung
Fr 1787s	Anh. 30 (590^b)	Sonatensatz	F-Dur	Kl.	Wien, zwischen 1787 und 1789
Fr 1787t	Anh. 37 (590^c)	Rondo	F-Dur	Kl.	Wien, zwischen 1787 und 1789
Fr 1787u	Anh. 83 (592^b)	Streichquintettsatz	D-Dur	2 V., 2 Va., Vc.	Wien, zwischen 1787 und 1789
Fr 1787v	– (584^b, 621b)	Konzertsatz	G-Dur	Bassetthr.; Orchester	Wien, zwischen 1787 und 1790
Fr 1787w	517	Lied *Die Alte*	e-Moll	Singst., Kl.	Wien, 18. Mai 1787
Fr 1787x	518	Lied *Die Verschweigung*	F-Dur	Singst., Kl.	Wien, 20. Mai 1787
Fr 1787y	Anh. 89 (516^e)	Rondo zu einem Quintett	Es-Dur	Klar.; 2 V., Va., Vc.	angeblich Wien, 1787
Fr 1788a	Anh. 94 (580^a)	Adagio	F-Dur	Klar., 3 Bassetthr.	Wien, wahrscheinlich 1788
Fr 1788b	–	Adagio	h-Moll	Kl.	vielleicht Wien, 1788

E.I. Datierbare Fragmente

AMA	NMA	Anmerkung
–	IX/25/2, S. XXI, 182 [TB 20] ♦ X/30/4, S. 167	15 T.
–	IX/25/2, S. XXI, 182 [TB 20] ♦ X/30/4, S. 168	33 T.
–	VIII/19/Abt. 1, S. XX, 195 [TB 17] ♦ X/30/4, S. 169	19 T.
–	V/14/4, S. 165 [TB 14] ♦ siehe auch X/30/4, KB, S. 264	199 T.; vgl. Konzert KV 622 (C.II.2.)
VII/Abt. 1/ Nr. 26, S. 50 [ND 19]	III/8, S. 32 [TB 10] ♦ X/30/4, S. 170 BA 5330	24 T.; Text von Friedrich von Hagedorn; ED [zweifelhaft] Wien: Schrämbel (Taubstummen-Institut) 1788 (mit KV 472, 474, 518 [Fr 1787x], 529); trotz Eintrag in MozVerz unvollendet geblieben; für den ED von unbekannter Hand ergänzt
VII/Abt. 1/ Nr. 27, S. 52 [ND 19]	III/8, S. 34 [TB 10] ♦ X/30/4, S. 170 BA 5330	19 T.; Text von Christian Felix Weiße; ED wie Fr 1787w (nicht erhalten); trotz Eintrag in MozVerz unvollendet geblieben; für den ED von Johann Anton André ergänzt; weitere Ergänzung eines unbekannten Bearbeiters in Ausgabe Leipzig: B&H 1799: Œuvres complettes, Cahier XXX, Nr. XXIII
–	X/30/4, KB, S. 265	7 T.; nur nachrichtlich bekannt (KV[1], S. 506); Datierung sehr fraglich
–	VII/17/2, S. 238 [TB 17] ♦ X/30/4, S. 171	73 T.; ergänzt von Ernst Hess, für Englischhr., 2 Hr. (oder Bassetthr. oder Klar.) und Fg., Basel 1959; von Johannes Wojciechowski, für Englischhr., 2 Bassetthr. und Fg., Hamburg 1970; von Franz Beyer, für Ob., Fl. oder Klar. und Kl./ Orgel, London 1977; von Raymond Meylan, für Klar. und 3 Bassetthr. (Manuskript), 1977
–	IX/27/2, S. 153 [TB 20] ♦ siehe auch X/30/4, KB, S. 265	6 T.; nur abschriftlich bekannt

FRAGMENTE

Fr	KV	Titel	Tonart	Besetzung	Datierung
Fr 1789a	Anh. 77 (385^m, 405a)	Streichquartettsatz (Fuge)	C-Dur	2 V., Va., Vc.	Wien, zwischen Ende 1789 und 1791
Fr 1789b	Anh. 84 (KV^3 417^d = KV^6 626b/30)	Streichquartettsatz	e-Moll	2 V., Va., Vc.	Wien, zwischen Ende 1789 und 1791
Fr 1789c	Anh. 71 (458^b)	Streichquartettsatz	B-Dur	2 V., Va., Vc.	Wien, zwischen Ende 1789 und 1791
Fr 1789d	Anh. 91 (516^c)	Allegro zu einem Quintett	B-Dur	Klar.; 2 V., Va., Vc.	Wien, zwischen Ende 1789 und 1791
Fr 1789e	Anh. 107 (535^b)	Kontretanz	B-Dur	Fl., Ob., Fg.; Hr.; 2 V.; Bassi	Wien, zwischen Ende 1789 und 1791
Fr 1789f	Anh. 47 (546^a)	Sonatensatz	G-Dur	Kl.; V.	Wien, Ende 1789 oder später
Fr 1789g	Anh. 66 (562^e)	Streichtriosatz	G-Dur	V., Va., Vc.	Wien, Ende 1789 oder später
Fr 1789h	580	Arie »Schon lacht der holde Frühling«	B-Dur	S; Orchester [Bläser?; 2 V., Va.; Bassi]	Wien, 17. September 1789
Fr 1789i	Anh. 74 (587^a)	Streichquartettsatz	g-Moll	2 V., Va., Vc.	Wien, zwischen 1789 und 1790, vielleicht früher
Fr 1789j	Anh. 5 (571^a)	Quartett »Caro mio Druck und Schluck«	Es-Dur	S, 2 T, B; Kl.	vielleicht Wien, 1789
Fr 1789k	Anh. 106 (KV^6 571A)	Menuett	A-Dur	V., Bläser, Tamburin	vielleicht Wien, 1789

E.I. Datierbare Fragmente

AMA	NMA	Anmerkung
–	VIII/20/Abt. 1/3, S. 132 [TB 18] ♦ X/30/4, S. 172	12 T.; wohl nicht im Zusammenhang mit den ›Preußischen Quartetten‹ KV 575, 589, 590 (C.XIV.), sondern eher eine Studie
–	VIII/20/Abt. 1/3, S. 136 [TB 18] ♦ X/30/4, S. 173	54 T.; möglicherweise im Zusammenhang mit den ›Preußischen Quartetten‹ KV 575, 589, 590 (C.XIV.)
–	VIII/20/Abt. 1/3, S. 138 [TB 18] ♦ X/30/4, S. 172	10 T.; möglicherweise verworfenes Finale zum Streichquartett in B-Dur KV 589 (C.XIV.)
XXIV/5/ Nr. 22a, S. 41 [ND 39]	VIII/19/Abt. 2, S. XV (Bl. 1ʳ), 41 [TB 17] ♦ X/30/4, S. 174	93 T.
–	IV/13/Abt. 1/2, S. 213 [TB 13] ♦ X/30/4, S. 176	24 T.
–	VIII/23/2, S. 184 [TB 19] ♦ X/30/4, S. 177	31 T.
–	VIII/21, S. 170 [TB 18] ♦ X/30/4, S. 177	100 T.; Ansatz zu einem weiteren Streichtrio nach KV 563 (kein Vorläufer)
XXIV/8/ Nr. 48, S. 70 [ND 40]	II/7/4, S. 168 [TB 10] ♦ X/30/4, S. 179	195 T.; Textdichter unbekannt; für Maria Josepha Hofer, geb. Weber, als Einlage in die deutsche Bearbeitung von Giovanni Paisiello, *Il barbiere di Siviglia*
–	VIII/20/Abt. 1/3, S. XIX (recto), 147 [TB 18] ♦ X/30/3, Skb 89ʳ ♦ X/30/4, S. 192	25 T.
XXIV/8/ Nr. 50, S. 82 [ND 40]	III/9, S. 64 [TB 10] ♦ siehe auch X/30/4, KB, S. 269	54 T.; Text von Mozart?; nur abschriftlich bekannt, Datierung ungewiß
–	X/30/4, KB, S. 269	11 T.; nur nachrichtlich bekannt (CMN für die Violine VII), Datierung ungewiß

Fr	KV	Titel	Tonart	Besetzung	Datierung
Fr 1790a	Anh. 15 = 323	Kyrie	C-Dur	S, A; SATB; 2 Ob., 2 Fg.; 2 Trp.; Pk.; 2 V., Va.; *Bassi ed Organo*	Wien, frühestens 1790, wohl später
Fr 1790b	Anh. 32 (KV³ bei 383ᵇ, KV⁶ 383 C)	Fantasie	f-Moll	Kl.	Wien, 1790 oder später
Fr 1790c	Anh. 75 (458ᵃ)	(Menuett)	B-Dur	2 V., Va., Vc.	Wien, 1790
Fr 1790d	Anh. 73 (589ᵇ)	Streichquartett-satz	F-Dur	2 V., Va., Vc.	Wien, 1790
Fr 1790e	312 (189ⁱ, 590d)	Sonatensatz (Allegro)	g-Moll	Kl.	Wien, 1790/91
Fr 1790f	Anh. 35 (593ᵃ)	Adagio	d-Moll	Orgelwerk	Wien, 1790/91
Fr 1790g	Anh. 88 (581ᵃ)	Rondo zu einem Quintett	A-Dur	Klar.; 2 V., Va., Vc.	Wien, 1790/91
Fr 1791a	357 zweiter Satz (497ᵃ zweiter Satz, 500a)	Andante	G-Dur	Kl. zu 4 Händen	Wien, nicht vor März 1791
Fr 1791b	Anh. 87 (515ᵃ)	Streichquintett-satz	F-Dur	2 V., 2 Va., Vc.	Wien, nicht vor März 1791
Fr 1791c	Anh. 79 (515ᶜ)	Streichquintett-satz	a-Moll	2 V., 2 Va., Vc.	Wien, nicht vor März 1791

E.I. Datierbare Fragmente

AMA	NMA	Anmerkung
III/1/Nr. 4, S. 22 [ND 4]	I/1/Abt. 1/6, S. 50 [TB 2] ♦ X/30/4, S. 193	37 T.; ED Wien: Diabelli 1830; ergänzt von Maximilian Stadler, mit Text der Marianischen Antiphon »*Regina coeli*«
–	IX/27/2, S. 152 [TB 20] ♦ X/30/3, Skb 90ʳ ♦ X/30/4, S. 192	14 T.
–	VIII/20/Abt. 1/3, S. 138 [TB 18] ♦ X/30/4, S. 197	9 T.; möglicherweise verworfenes Menuett zum Streichquartett B-Dur KV 589 (C.XIV.)
–	VIII/20/Abt. 1/3, S. 149 [TB 18] ♦ X/30/4, S. 197	16 T.; möglicherweise erster Ansatz zu einem Finale des Streichquartetts F-Dur KV 590 (C.XIV.)
XXII/Nr. 13, S. 39 [ND 38]	IX/25/2, S. XXI, 184 [TB 20] ♦ X/30/4, S. 198	106 T.; ergänzt von unbekannter Hand (bis T. 145), erschienen Ende 1805 in Wien mit den von unbekannter Hand ergänzten, anderweitig nicht überlieferten Takten 146–178
–	IX/27/2, S. 170 [TB 20] ♦ X/30/4, S. 199	9 T.
–	VIII/19/Abt. 2, S. XVIII (Bl. 2ʳ), 50 [TB 17] ♦ X/30/4, S. 199	89 T.; zum Thema vgl. *Così fan tutte* KV 588, No. 24 (B.I.)
XIX/Abt. 2/ Nr. 1, S. 10	IX/24/Abt. 2, S. 146 [TB 20] ♦ X/30/4, S. 202 BA 4786	160 T.; zur Datierung des Satzes vgl. Fr 1787i
–	VIII/19/Abt. 1, S. 190 [TB 17] ♦ X/30/4, S. 205	10 T.
–	VIII/19/Abt. 1, S. XIX (Bl. 1ʳ), 190 [TB 17] ♦ X/30/4, S. 205	72 T.; ergänzt von Caspar Diethelm, Zürich 1979; von Franz Beyer, Lottstetten/Adliswill 1991; von Erik Smith, London 1989

FRAGMENTE

Fr	KV	Titel	Tonart	Besetzung	Datierung
Fr 1791d	514 = 412 (386^b) zweiter Satz	Konzertsatz (Rondo)	D-Dur	Hr.; 2 V., Va.; *Bassi*	Wien, März 1791 oder später
Fr 1791e	–(KV^6 615a)	Andante	F-Dur	4st. (Orgelwalze?)	Wien, zweite Hälfte 1791
Fr 1791f	Anh. 92 (616^a)	Fantasie	C-Dur	Glasharmonika, Fl., Ob.; Va., Vc.	Wien, 1791
Fr 1791g	Anh. 102 (620^a)	Ouvertüre (?)	Es-Dur	[Orchester]	Wien, September 1791
Fr 1791h	626	Requiem	d-Moll	S, A, T, B; SATB; 2 Bassetthr., 2 Fg.; 2 Trp.; Pk.; 3 Pos.; 2 V., Va.; *Basso ed organo*	Wien, Herbst 1791

E.I. Datierbare Fragmente

AMA	NMA	Anmerkung
XII/Abt. 2/ Nr. 16, S. 142 [ND 27] (Fassung Franz Xaver Süßmayrs)	V/14/5, S. 127 [TB 14], (S. 161 Fassung Süßmayrs, Faksimile S. 171), dazu KB, S. e/70 ♦ X/30/4, S. 208 BA 5314 P, KlA, AM	135 T.; auf der Grundlage des Fragments schrieb Süßmayr im Frühjahr 1792 eine eigene Fassung des Stücks mit Umformungen und Erweiterungen; ergänzt von Herman Jeurissen, in: *Das Horn bei Mozart*, hrsg. von Hans Pizka, Kirchheim bei München 1980, S. 118–120, [133–139] (Faksimile), 141–151
–	X/30/3, Skb 96ʳ ♦ X/30/4, S. 211	4 T.; vgl. NMA IX/27/2, S. X [TB 20] (besonders in bezug auf Zuordnung und Besetzung)
–	VIII/22/Abt. 1, S. 168 [TB 19] ♦ X/30/4, S. 212	13 T.
–	X/30/3, Skb 92ᵛ ♦ X/30/4, S. 212	8 T.; vermutete Verbindung mit der *Zauberflöte* KV 620 (B.I.) ungewiß
–	I/1/Abt. 2, Teilband 1 ♦ siehe auch X/30/4, KB, S. 275 BA 4538	Auftragswerk für Franz Graf Walsegg; Requiem ausgeführt, Kyrie und Sequenz in Entwurfspartitur (Lacrymosa nur 8 T.), Sanctus, Benedictus, Agnus Dei fehlen; ergänzt von Joseph Eybler und Franz Xaver Süßmayr 1792, dann von Marius Flothuis 1941, Franz Beyer 1971/1979, Hans-Josef Irmen 1977, Richard Maunder 1986, H. C. Robbins Landon 1990/1992, Duncan Druce 1993, Robert D. Levin 1994, Emil Bächtold 1995

II. Nicht datierbare Fragmente

Fr	KV	Titel	Tonart	Besetzung	Datierung
Fr 178X/a	KV bei 266 (KV⁶ bei 271f)	Satz für Streichtrio	C-Dur	2 V., Vc.	Wien, 1780er Jahre
Fr 178X/b	–(KV⁶ 484e)	Allegro	F-Dur	[2 oder mehrere] Bassetthr. [und?]	Wien, 1780er Jahre
Fr 178X/c	355 (594ª, 576b)	Menuett (mit von Stadler ergänztem Trio)	D-Dur	Kl.	Wien, (späte?) 1780er Jahre
Fr 178X/d	–	Satz für Streichtrio	C-Dur	[2 V., Vc.]	Wien, zweite Hälfte der 1780er Jahre
Fr 178X/e	Anh. 70 (KV⁶ 626b/29)	Adagio	F-Dur	2 V., Va., Vc.	vielleicht Wien, 1780er Jahre

E.II. Nicht datierbare Fragmente

AMA	NMA	Anmerkung
–	VIII/21, S. 174 [TB 18] ♦ X/30/4, S. 213	12 T.
–	X/30/4, S. 213	32 T.; fragmentarische Einzelstimme; ungeklärt, ob sie zu einer abgeschlossenen Komposition gehörte, die ansonsten verschollen ist
XXII/Nr. 6, S. 6 [ND 38]	IX/27/2, S. 60 [TB 20] (mit Trio Stadlers) ♦ siehe auch X/30/4, KB, S. 276 BA 5745	44 T. (?); Datierung ungewiß; auch das Menuett dürfte unvollständig gewesen sein; ergänzt von Maximilian Stadler
–	X/30/4, S. 214	16 T.
–	X/30/4, KB, S. 276	8 T.; nur nachrichtlich bekannt (CMN für die Violine XXIV)

F. STUDIEN, SKIZZEN, ENTWÜRFE, VARIA

Im Folgenden sind nur die Skizzen aufgeführt, die keinem Werk zugeordnet werden können. Skizzenblatt-Nummer (Skb) und darauf bezogene, in Klammern stehende Indexziffer der Skizzen nach NMA X/30/3.

I. Skizzen mit eigener KV-Nummer

KV	Titel/Charakterisierung	Tonart	Besetzung	Datierung	Skb (Skizze)
– (73ʷ)	Fugenthema (siehe auch Fr 1773a/I und II [E.I.])	D-Dur	Kl.	1773	8 (1)
– (KV⁶ 626b/44)	1st. Skizze zu Kontretanz *le matlot*	B-Dur		1773	9 (3)
– (Anh. 109ª, 626b/34)	*Ouverture per un'opera buffa*, Verlaufsskizze	D-Dur		Herbst 1776	14 (2)
– (299ᶜ)	Skizzen zu einem Ballett-Intermezzo [27 Nummern]			1778/1780	20, 21
– (KV⁶ 296c)	[Sanctus]	Es-Dur	SATB	1779/80	23
– (Anh. 109ᵍ/18, 626b/18)	4st. Ausschnitts-skizze	G-Dur		Wien, 1780er Jahre (?)	28
– (KV⁶ 417B, 5)	Fugato	C-Dur	SATB	1784	58 (3)
– (467ª, 383i)	1st. Aufzeichnung einer Instrumental-stimme	C-Dur		2. Hälfte 1782	32 (1)
– (Anh. 109ª, 626b/32)	3 Skizzen zu un-bekannten Klavier-werken (?)	F-Dur, Es-Dur	Kl.	vermutlich 2. Hälfte 1786	60 (1)

II. Skizzen mit Sk-Sigle

Sk	Titel/Charakterisierung	Tonart	Skb (Skizze)
Sk 1769a	4st. Ausschnittsskizze (Chorsatz)	d-Moll (?)	(2) 1/2

F.II. Skizzen mit Sk-Sigle

Sk	Titel/Charakterisierung	Tonart	Skb (Skizze)
Sk 1770a (= KV² Anh. 109ᶠ A; KV³ 417ᵃ Anh a; KV⁶ 417 B, 2)	Imitatorische Ausschnittsskizze (SATB)	c-Moll	3 (2)
Sk 1770b (= KV² Anh. 109ᶠ B; KV³ 417ᵃ Anh b; KV⁶ 417 B, 3)	Exposition einer Fuge (SATB)	C-Dur	3 (3)
Sk 1770c (= KV² Anh. 109ᶠ C; KV³ 417ᵃ Anh c; KV⁶ 417 B, 4)	4st. Ausschnittsskizze (SATB)	c-Moll	3 (4)
Sk 1772a	2 Motivaufzeichnungen		4/5 (7)
Sk 1772b	Motivaufzeichnung		4/5 (9)
Sk 1772c	Aufzeichnung einer Terz-Sext-Fortschreitung		4/5 (18)
Sk 1772d	Aufzeichnung einer 6st. Akkordfolge		7 (2)
Sk 1772e	Rätselkanon »*Psallite Domino*« von Padre Giovanni Battista Martini (*Storia* I, S. 14), 4st. Lösungsskizze (Reinschrift = Anh. A 32)		7 (3)
Sk 1772f	Rätselkanon »*Misericordiam et iudicium cantabo tibi*« von Padre Giovanni Battista Martini (*Storia* I, S. 25), 4st. Lösungsskizze; vgl. Sk 1782c, 1782c', 1782c", 1787h		7 (4)
Sk 1772g	Rätselkanon »*Cantabo Deo Jacob*« von Padre Giovanni Battista Martini (*Storia* I, S. 27), 4st. Lösungsskizze		4/5 (10)
Sk 1772h (= KV³ Anh. 109ᵈ)	(1. Stück) Rätselkanon »*Cantate Domino*« von Padre Giovanni Battista Martini (*Storia* I, S. 53), 4st. Lösungsskizze		4/5 (12)
Sk 1772i	Rätselkanon »*Omnis terra adoret te*« von Padre Giovanni Battista Martini (*Storia* I, S. 74), 4st. Lösungsskizze		4/5 (13)
Sk 1772j	Rätselkanon »*Cantabo Domino in vita mea*« von Padre Giovanni Battista Martini (*Storia* I, S. 164), 4st. Lösungsskizze		4/5 (14)
Sk 1772k	3 kontrapunktische Skizzen		4/5 (15)
Sk 1772l	4st. Kanon	d-Moll	4/5 (16)
Sk 1772m	4st. Kanon	g-Moll	4/5 (17)

STUDIEN, SKIZZEN, ENTWÜRFE, VARIA

Sk	Titel/Charakterisierung	Tonart	Skb (Skizze)
Sk 1772n	Übung im 2st. Satz *al rovescio*	C-Dur	6 (3)
Sk 1772o	Übung im 2st. Satz *al rovescio*	G-Dur	6 (5)
Sk 1773a	4st. Satz über einen Modellbaß	a-Moll/ A-Dur	8 (2a)
Sk 1773b	4st. Satz über einen Modellbaß	e-Moll/ E-Dur	8 (2b)
Sk 1773c	Thema (zu einer Fuge?)	C-Dur	8 (3)
Sk 1773d	4st. Modulationsübung	fis-Moll nach F-Dur	8 (5a)
Sk 1773e	4st. Modulationsübung	des-Moll nach C-Dur	8 (5b)
Sk 1773f	Generalbaßstimme	C-Dur	8 (6)
Sk 1773g	Fugenthema	C-Dur	8 (4)
Sk 1773h	4st. Doppelkanon (Rätselkanon) »*Incipientesque canunt Deae*« von Padre Giovanni Battista Martini (*Storia* II, S. 326), Lösung		9 (2)
Sk 1773i	4st. Doppelkanon	C-Dur	9 (4)
Sk 1773j	4st. Doppelkanon	C-Dur	9 (6)
Sk 1773k	3st. Satzübung		9 (5)
Sk 1773l	8st. Zirkelkanon		9 (7)
Sk 1776a	1st. Verlaufsskizze, vermutlich zum Beginn eines Gloria (der Messe C-Dur KV 257?)		14 (1)
Sk 1776b	4st. Ausschnittsskizze, vielleicht zu einem ursprünglichen »*etiam pro nobis*« (?) der Messe C-Dur KV 257		14 (5)
Sk 1776c	Themenskizze	C-Dur	14 (6)
Sk 1776d	Beginn eines Kanons	a-Moll	15 (1)
Sk 1778a	2 Märsche	D-Dur	17 (2)
Sk 1778b	Instrumentalstück, 1. Aufzeichnung, Neuskizzierung und Versuch einer Reinschrift	B-Dur	18 (2)
Sk 1779a	Notiz eines Andante-Themenkopfes	F-Dur	22 (2)
Sk 1781a	3st. Kanon, 1. Aufzeichnung, Neuskizzierung und Versuch einer Reinschrift	B-Dur	26 (3a–c)

F.II. Skizzen mit Sk-Sigle

Sk	Titel/Charakterisierung	Tonart	Skb (Skizze)
Sk 1781b	4st. Kanon	F-Dur	26 (4)
Sk 1781c	4st. Kanon	B-Dur	26 (5)
Sk 1781d	3st. kontrapunktische Aufzeichnung	C-Dur	Anh. B, 1
Sk 1782a	›Coro‹	Es-Dur/ c-Moll	33 (2)
Sk 1782b	Melodieskizze	C-Dur	41 (2)
Sk 1782c	Rätselkanon »Misericordiam et iudicium cantabo tibi« von Padre Giovanni Battista Martini (Storia I, S. 25), 3st. Lösungsskizze; vgl. Sk 1772f, 1782c', 1782c", 1787h, 1782c		42 (1)
Sk 1782c'	Rätselkanon »Misericordiam et iudicium cantabo tibi« von Padre Giovanni Battista Martini (Storia I, S. 25), Lösungsskizze; vgl. Sk 1772f, 1782c, 1782c", 1787h		35 (2)
Sk 1782c"	Rätselkanon »Misericordiam et iudicium cantabo tibi« von Padre Giovanni Battista Martini (Storia I, S. 25), Thema; vgl. Sk 1772f, 1782c, 1782c', 1787h		35 (5)
Sk 1782d	Thema (Kl.?)	F-Dur	36 (2)
Sk 1782e	Fuge (Kl.), Entwürfe und Reinschrift	e-Moll	37 (1a–e); 38 (4)
Sk 1782f	Thema, vermutlich zu einem Kanon		30 (1)
Sk 1782g	2st. kontrapunktische Studie	G-Dur bzw. C-Dur	30 (3)
Sk 1782h	5 3st. kontrapunktische Studien über das »Cum sancto spiritu«-Thema der Messe c-Moll KV 427 (417^a)		30 (4a–e)
Sk 1782i	5st. kontrapunktische Studie über das »Cum sancto spiritu«-Thema der Messe c-Moll KV 427 (417^a)		30 (4f)
Sk 1782j	2 2st. kontrapunktische Studien über das »Cum sancto spiritu«-Thema der Messe c-Moll KV 427 (417^a); vgl. Sk 1785n		31 (2)
Sk 1782k	2st. Studie (zwei Lösungen), vier Bearbeitungen	C-Dur	34 (2a–d)
Sk 1782l	2 2st. kontrapunktische Übungen	dorisch	[NMA X/30/5]

Sk	Titel/Charakterisierung	Tonart	Skb (Skizze)
Sk 1782m	2 Themenaufzeichnungen	C-Dur	[NMA X/30/5]
Sk 1782n	2 kontrapunktische Skizzen	c-Moll	40 (2)
Sk 1782o	2st. kontrapunktische Studie	C-Dur	31 (3)
Sk 1782p	2st. kontrapunktische Studie (zwei Lösungen)	F-Dur	31 (4)
Sk 1782q	Spiegelkanon	F-Dur	31 (5)
Sk 1782r	4st. kontrapunktische Studie	F-Dur	31 (6)
Sk 1782s	4st. kontrapunktische Chorskizze	F-Dur	29 (2a, b)
Sk 1782t	Beginn einer Fugenexposition	c-Moll	35 (4)
Sk 1782u	Beginn einer Fuge (Kl.)	e-Moll	38 (1a, b)
Sk 1782v	Fugenthema	e-Moll	38 (2)
Sk 1782w	Beginn einer Fuge (Kl.)	e-Moll	38 (3)
Sk 1782x	Beginn einer Fuge (Kl.)	F-Dur	38 (5)
Sk 1782y	Beginn einer Fuge (Kl.)	Es-Dur	44 (1a, b)
Sk 1783a	Partiturskizze (Chor; Orchester [?])	d-Moll	52 (3)
Sk 1783a'	1st. Skizze zu einem Instrumentalstück		53 (1)
Sk 1783b	2 Skizzen zu einem »Dona nobis pacem«	C-Dur	55 (2)
Sk 1783c	Melodieskizze zu einer Baßarie	B-Dur	49 (1)
Sk 1783d	Kammermusikwerk, 1- bis 3st. Verlaufsskizze	c-Moll	50 (2)
Sk 1783e	Melodienotiz	F-Dur	45 (3)
Sk 1783f	Instrumentalstück	d-Moll/ F-Dur	47 (2)
Sk 1783g	3st. Kanon	C-Dur	50 (1a, b)
Sk 1783h	Imitatorische Aufzeichnung	C-Dur	45 (2)
Sk 1783i	Thema zu einer Fuge (?)	fis-Moll	46 (3)
Sk 1783j	Kontrapunktische Aufzeichnungen	g-Moll	46 (4)
Sk 1783k	Beginn einer Doppelfuge	c-Moll	47 (4)
Sk 1784a	Motivaufzeichnung, vermutlich zum Finale des Klavierkonzerts KV 450 gehörig	B-Dur	58 (2)
Sk 1784b	Beginn einer Instrumentalkomposition	G-Dur	[NMA X/30/5]
Sk 1784c	recte: Sk 1782y		
Sk 1785a	»Arie scocesi«		[NMA X/30/5]

F.II. Skizzen mit Sk-Sigle

Sk	Titel/Charakterisierung	Tonart	Skb (Skizze)
Sk 1785b	Instrumentalsatz	e-Moll	69 (2)
Sk 1785c	Vokalsatz	C-Dur	69 (3)
Sk 1785d	Melodieskizze	c-Moll	61 (1)
Sk 1785e	Melodieskizze	c-Moll	61 (2)
Sk 1785f	Mehrst. Ausschnittsskizze zu einem Duett (S, T)	F-Dur	61 (4)
Sk 1785g	Melodieskizze	D-Dur	59 (4)
Sk 1785h	Klavierstück	C-Dur	59 (1)
Sk 1785i	Mehrst. Verlaufsskizze zu einem Duett (S, T)	A-Dur	62 (5)
Sk 1785j	Komposition mit deutschem Text, 3st. Ausschnittsskizze	G-Dur	62 (6)
Sk 1785k	Instrumentalthema	B-Dur	62 (9)
Sk 1785l	3 2st. Kontrapunktübungen (Synkopengattung)		59 (2)
Sk 1785m	4st. Kanon	Es-Dur	59 (5)
Sk 1785n	2 3st. kontrapunktische Übungen; vgl. Sk 1782j	C-Dur	62 (1)
Sk 1785o	2 Kontrapunkte in der Oktave		62 (2)
Sk 1785p	4st. Doppelkanon	C-Dur	62 (3)
Sk 1785q	2st. Kanon	F-Dur	62 (4)
Sk 1785r	Kontrapunktische Aufzeichnung		62 (7)
Sk 1785s	3st. cantus firmus-Studie		62 (8)
Sk 1785t	2st. Kanonstudie (zwei Lösungen)		62 (10)
Sk 1786a	Fugenthema	C-Dur	73 (4)
Sk 1786b	Klaviersatzaufzeichnung	C-Dur	74 (2)
Sk 1786c	Klaviersatzaufzeichnung	C-Dur	74 (5)
Sk 1786d	1st. Klaviersatzaufzeichnung	C-Dur	74 (3)
Sk 1786e	Klaviersatzaufzeichnung	Es-Dur	74 (4)
Sk 1786f	Fuge	a-Moll	73 (1)
Sk 1786g	3st. cantus firmus-Bearbeitung	dorisch	73 (3a–c)
Sk 1786h	2st. Kanon im Einklang	F-Dur	73 (6)
Sk 1786i	2st. Kanon in der Obersekunde	F-Dur	73 (2)
Sk 1786j	2st. Kanon in der Obersekunde	F-Dur	73 (5)
Sk 1786k	2st. Kanon in der Obersekunde	F-Dur	73 (13)
Sk 1786l	2st. Kanon in der Oberterz	F-Dur	73 (7)
Sk 1786m	2st. Kanon in der Oberquarte	F-Dur	73 (8)

Sk	Titel/Charakterisierung	Tonart	Skb (Skizze)
Sk 1786n	2st. Kanon in der Oberquinte	F-Dur	73 (9)
Sk 1786o	2st. Kanon in der Obersexte	F-Dur	73 (10)
Sk 1786p	2st. Kanon in der Oberseptime	F-Dur	73 (11)
Sk 1786q	Beginn eines 2st. Kanons in der Oktave	F-Dur	73 (12)
Sk 1786r	3st. kontrapunktische Studie	phrygisch	75 (3)
Sk 1786s	3st. Kanon in der Oberterz	F-Dur	75 (5)
Sk 1787a	Melodie-Aufzeichnung	G-Dur	80 (2)
Sk 1787b	Thema mit Generalbaßbezifferung	As-Dur	81 (2)
Sk 1787c	Melodieskizze	g-Moll	81 (3)
Sk 1787d	2st. Ausschnittsskizze	Es-Dur	81 (5)
Sk 1787e	2st. Ausschnittsskizze mit Generalbaßbezifferung	D-Dur	81 (6)
Sk 1787f	»Idées pour l'opera serieuse«, 2 Ausschnittsskizzen	d-Moll und a-Moll	81 (7)
Sk 1787g	Notiz eines cantus firmus	dorisch	81 (9)
Sk 1787h	Rätselkanon »Misericordiam et iudicium cantabo tibi« von Padre Giovanni Battista Martini (Storia I, S. 25), Thema; vgl. Sk 1772f, 1782c, 1782c', 1782c"		79 (1)
Sk 1787i	4st. Kanon	a-Moll	79 (2)
Sk 1787j	4st. Kanon	a-Moll	79 (6)
Sk 1787k	4st. Kanon	g-Moll	79 (5a–b)
Sk 1787l	Kontrapunktische Aufzeichnung	C-Dur	84 (2)
Sk 1788a	Übung im 4st. kontrapunktischen Satz	B-Dur	86 (1)
Sk 1788b	Übung im 4st. kontrapunktischen Satz	F-Dur	86 (2)
Sk 1788c	Übung im 4st. kontrapunktischen Satz	G-Dur	86 (3)
Sk 1788d	Exposition einer 4st. Fuge	C-Dur	87 (2)
Sk 1788e	Fugenthema	Es-Dur	77 (3)
Sk 1788f	Kontretanz	C-Dur	77 (4)
Sk 1788g	»Allegretto« (Kontretanz?)	B-Dur	77 (5)
Sk 1791a	Mehrst. Ausschnittsskizze zu einer Komposition	F-Dur	92 (2)

III. Aufzeichnungen ohne Sk-Sigle, Varia

Titel	Tonart	Skb (Skizze)
Akkordaufzeichnung von fremder Hand		61 (3)
Aufzeichnung einer Intervallunterweisung sowie von mehreren Tonleitern, zum Teil von Mozarts Hand, zum Teil von Schülerhand		46 (5)
Aufzeichnung von fremder Hand		91 (2)
Ausschnitt aus einer Violin-Stimme zu einer unbekannten Komposition von fremder Hand		Anh. B, 2
Autographe Horn-Stimmen zu zwei Instrumentalstücken (Kontretänzen?)	F-Dur und Es-Dur	24 (2)
Beginn der Reinschrift von zwei Horn-Stimmen zu einer nicht identifizierten *Overture*	B-Dur	87 (1)
Beginn einer Fuge (Streichquartett)	g-Moll	49 (3)
Beginn einer Intervallunterweisung von fremder Hand		45 (4)
Beginn einer Intervallunterweisung und Aufzeichnung von fremder Hand		46 (1)
Beginn einer Fuge (Kl.)	a-Moll	27 (1)
Beginn einer Fuge (Kl.)	Es-Dur	37 (2) [auch in NMA IX/27/2, S. 180]
Beginn einer Fuge (Kl.)	Es-Dur	37 (3) [auch in NMA IX/27/2, S. 180]
C-Dur-Tonleiter über je zwei Oktaven mit Fingersatz		36 (1)
3 Fingerübungen (Alberti-Bässe und Akkorde)		29 (1)
3st. Aufzeichnung einer Kadenz (zum Teil von unbekannter Hand)	D-Dur	47 (3d, f)
3st. Aufzeichnung eines B-Dur-Grund-, Sext- und Quartsextakkords		47 (3e)
3st. Aufzeichnung eines C-Dur-Grund-, Sext- und Quartsextakkords		47 (3a)
3st. Aufzeichnung eines F-Dur-Quartsextakkords		47 (3b)
Entwurfartige Aufzeichnung eines Triosatzes (Menuetts) (von fremder Hand)	Es-Dur	68 (2)
Erste Hälfte eines Menuett-Trios	B-Dur	83 (3)
Intervalltabelle, zum Teil von Schülerhand		44 (2)
Tonleiter		33 (3)
4st. Aufzeichnung einer Akkordfolge	C-Dur	47 (3c)
2 2st. kontrapunktische Studien von fremder Hand		31 (1)

G. EIGENHÄNDIGE ABSCHRIFTEN FREMDER WERKE

I. Karl Friedrich Abel (1723–1787)

Werk	KV	Datierung	Anmerkung/Ausgabe
Sinfonie Es-Dur	18 (KV^6 Anh. A 51)	London, 1764/65	in Mozarts Fassung 2 Klar. statt 2 Ob.

II. Gregorio Allegri (1582–1652)

Werk	KV	Datierung	Anmerkung/Ausgabe
Miserere	–	Rom, April 1770	nach dem Gehör vorgenommene Niederschrift im Anschluß an eine Aufführung in der Capella Sistina; nicht erhalten

III. William Byrd (um 1539/40–1623)

Werk	KV	Datierung	Anmerkung/Ausgabe
Kanon	227 (KV^2 Anh. 284^b, KV^3 Anh. 109^{XII}, KV^6 Anh. A 31)	?	aus: Johann Mattheson, *Der vollkommene Capellmeister*, Hamburg 1739, S. 409

IV. Johann Ernst Eberlin (1702–1762)

Zu tilgen; siehe S. 221 und S. 231.

Werk	KV	Datierung	Anmerkung/Ausgabe
Kyrie C-Dur	221 (93^b, Anh. A 1)	vor 1772	AMA XXIV, Nr. 34 (Bd. 8, S. 12) [ND 40]
Hymne »*Justum deduxit*« C-Dur	326 (93^d, Anh. A 4)	um 1772?	AMA III/2, S. 117 [ND 4]

V. Johann Jacob Froberger (1616–1667)

Werk	KV	Datierung	Anmerkung/Ausgabe
Fantasia sopra Ut Re Mi Fa Sol La (*Neue Froberger-Ausgabe*, hrsg. von Siegbert Rampe, in: Bd. VI: *Vokale und instrumentale Ensemblemusik. Werkverzeichnis*, Kassel [in Vorb.], dort Nr. 201)	Anh. 292 (Anh. 109^{VII}, Anh. A 60)	Wien 1782	aus: Athanasius Kircher, *Musurgia Universalis*, Rom 1650, Liber VI, S. 466

VI. Georg Friedrich Händel (1685–1758)

Werk	KV	Datierung	Anmerkung/Ausgabe
Variation 62, aus: Suite für Clavier HWV 442	–	Wien, 1782	komponiert um 1717
Sopranstimme (T. 1–3) »*See, the conqu'ring heroe comes*« aus: *Joshua* HWV 64	–	Wien, 1788	komponiert 1748; NMA X/30/3, Skb 86 (4)
Fuge F-Dur	–		siehe Bearbeitungen fremder Werke D.V.

VII. Joseph Haydn (1732–1809)

Werk	KV	Datierung	Anmerkung/Ausgabe
Sinfonie D-Dur Hob. I:75 (1781) Sinfonie G-Dur Hob. I:47 (1772) Sinfonie D-Dur Hob. I:62 (1781)	– (387^d, Anh. A 59), Nr. 1–3	ca. 1784	nur Incipit; Nr. 4 nicht identifiziert, siehe unten

VIII. Johann Michael Haydn (1737–1806)

Werk	KV	Datierung	Anmerkung/Ausgabe
Tres sunt MH 183	– (KV^3 erwähnt unter Anh. 109^{VI}, S. 841, KV^6 Anh. A 13)	Salzburg, Mitte 1770er Jahre	komponiert 7. Juni 1772; NMA X/28/Abt. 3–5/2
»*Ave Maria*« aus: *Offertorium* MH 72	– (KV^3 erwähnt unter Anh. 109^{VI}, Nr. 14, KV^6 Anh. A 14)	Salzburg, ca. März 1773–1775	komponiert um 1765; NMA X/28/Abt. 3–5/2
Kanon »*Adam hat 7 Söhn'*« MH 699	– (562^b)	Wien, frühe 1780er Jahre	
Kanon	– (562^a)	Wien, ca. 1783	NMA III/10, S. 98 [TB 10]; Haydns Autorschaft nicht gesichert
Menuett MH 136, Nr. 1	– (61^g II)	nach 1770	NMA IV/13/Abt. 1/1, S. 92 [TB 13], NMA IX/27/2, S. 117 [TB 20]; nicht gesichert, ob Abschrift oder Bearbeitung, da nur eine Klavierfassung vorliegt; siehe D.VII.

Werk	KV	Datierung	Anmerkung/Ausgabe
Finale der Sinfonie D-Dur MH 287	291 (Anh. 109^{XI}, Anh. A 52)	Linz, 1783	komponiert Salzburg, um 1780; fragmentarische Abschrift; AMA XXIV, Nr. 11 (Bd. 3, S. 106) [ND 39]; ergänzt von Simon Sechter, bearbeitet für Kl. zu 4 Händen (= KV Anh. 146 [KV^6 Anh. C 24.02])
»*Pignus futurae gloriae*« aus: Litaniae de Venerabili Sacramento MH 66	Anh. 239 (Anh. 109^{IV}, Anh. A 11)	Salzburg, 1783	komponiert Salzburg, 8. April 1764; NMA X/28/Abt. 3–5/2
»*Pignus futurae gloriae*« aus: Litaniae de Venerabili Sacramento MH 228	Anh. 240 (Anh. 109^V, Anh. A 12)	Linz, 1783	komponiert 26. März 1776; NMA X/28/Abt. 3–5/2
Sinfonie G-Dur MH 334	444 (425^a, Anh. A 53)	Wien, 1784	komponiert 23. Mai 1783; neukomponierte Einleitung von Mozart; siehe Sinfonie KV 444 (C.I.)

IX. Johann Philipp Kirnberger (1721–1783)

Werk	KV	Datierung	Anmerkung/Ausgabe
Kanon	– (Anh. 109^X, Anh. A 30)	Wien, 1782	*Die Kunst des reinen Satzes in der Musik*, Berlin 1771, Titelkupfer

X. Eugène Ligniville (1730–1788)

Werk	KV	Datierung	Anmerkung/Ausgabe
Stabat Mater	Anh. 238 (Anh. 109^{II}, Anh. A 17)	Italien oder ? Salzburg, 1770er Jahre	Mozarts Abschrift (eventuell des Drucks Bologna 1768 [RISM *L2416*]) enthält Nr. 1 (nur Text), Nr. 2 (erste zwölf Takte), Nummern 4, 8, 11, 14, 24, 26, 30; NMA X/28/ Abt. 3–5/2

XI. Padre Giovanni Battista Martini (1706–1784)

Werk	KV	Datierung	Anmerkung/Ausgabe
Kanon »*Repleatur os meum*«	–	1772?	aus: *Storia* I, S. 1; vgl. Sk: KV^2 Anh. 109^d (KV^6 73x)/[20]
Kanon »*Cantate Domino*«	– (KV^2 Anh. 109^d, KV^6 73x)/4	1772?	aus: *Storia* I, S. 8; Reinschrift, auch Sk; Text: KV^2 89^a II (KV^3 73^r)/2
Kanon »*Psallite Domino*«	– (KV^{3a} Anh. 109^{IIa}, KV^6 Anh. A 32)	1772	aus: *Storia* I, S. 14; Reinschrift; vgl. Sk 1772e
Kanon »*Misericordiam et iudicium cantabo tibi*«	–	1: Wien, 1787/88 ♦ 2: Wien, 1782 ♦ 3: Wien, 1782	aus: *Storia* I, S. 25; Sk und Lösungsansätze vgl. Sk 1772f, 1782c, 1782c', 1782c", 1787h
Kanon »*Cantabo Deo Jacob*«	–	1772	aus: *Storia* I, S. 27; vgl. Sk 1772g
Kanon »*Cantemus Domino*«	– (KV^{3a} Anh. 109^{IIa}, KV^6 Anh. A 33)	1772	aus: *Storia* I, S. 28; Reinschrift; Sk vgl. KV^2 Anh. 109^d (KV^6 73x)/7
Kanon »*Iste est David*«	– (KV^2 Anh. 109^d, KV^6 73x)/8	1772?	aus: *Storia* I, S. 41; Reinschrift mit Erweiterungen und Coda
Kanon »*Cantate Domino*«	–	1772	aus: *Storia* I, S. 53; Sk vgl. KV^2 Anh. 109^d (KV^6 73x)/[16], Sk 1772h

Werk	KV	Datierung	Anmerkung/Ausgabe
Kanon »Introite portas eius«	– (KV² Anh. 109ᵈ, KV⁶ 73x)/10	1772?	aus: *Storia* I, S. 54; Reinschrift und Sk
Kanon »Lauda Jerusalem«	–	1772?	aus: *Storia* I, S. 60; Sk mit geringfügiger Themenmodifikation KV² Anh. 109ᵈ (KV⁶ 73x)/[16]
Kanon »Confitebor tibi Domine«	– (KV² Anh. 109ᵈ, KV⁶ 73x)/[17]	1772?	aus: *Storia* I, S. 67; Reinschrift und Sk; Modell für KV² 89ᵃ II (KV³ 73ʳ)/3
Kanon »Omnis terra adoret«	–	1772	aus: *Storia* I, S. 74; vgl. Sk 1772i
Kanon »Regna terrae«	–	1772	aus: *Storia* I, S. 75; Sk vgl. KV² Anh. 109ᵈ (KV⁶ 73x)/5
Kanon »Laudabo nomen Dei«	– (KV² Anh. 109ᵈ, KV⁶ 73x)/9	1772?	aus: *Storia* I, S. 83; Reinschrift und Sk
Kanon »Cantabo Domine in vita«	–	1772	aus: *Storia* I, S. 164; vgl. Sk 1772j
Kanon »Incipe Menalios«	– (KV² Anh. 109ᵈ, KV⁶ 73x)/14	1772	aus: *Storia* II, S. 1; Reinschrift; Text und Sk: KV² 89ᵃ II (KV³ 73ʳ)/1
Kanon »A Musis Heliconiadibus«	– (KV² Anh. 109ᵈ, KV⁶ 73x)/13	1772?	aus: *Storia* II, S. 1; Reinschrift
Kanon »Jovi patri canendo«	– (KV² Anh. 109ᵈ, KV⁶ 73x)/11	1772?	aus: *Storia* II, S. 7; Reinschrift
Kanon »Cano Peana«	– (KV² Anh. 109ᵈ, KV⁶ 73x)/[18]	1772?	aus: *Storia* II, S. 30; Reinschrift
Kanon »Tebana bella cantus«	– (KV² Anh. 109ᵈ, KV⁶ 73x)/[19]	1772?	aus: *Storia* II, S. 41; Reinschrift; Modell für KV² 89ᵃ II (KV³ 73ʳ)/4
Kanon »Hymnum canunt«	– (KV² Anh. 109ᵈ, KV⁶ 73x)/12	1772?	aus: *Storia* II, S. 57; Reinschrift und Sk
Kanon »Incipientesque canunt«	–	1773?	aus: *Storia* II, S. 326; Sk 1773h: Reinschrift

XII. Louise Marie Thérèse Bathilde d'Orléans (1750–1822)

Werk	KV	Datierung	Anmerkung/Ausgabe
Rondeau für V. und Kl.	–	Versailles/ Paris, 1764	nach dem Dedikationsmanuskript der Autorin

XIII. Georg Reutter d. J. (1708–1772)

Werk	KV	Datierung	Anmerkung/Ausgabe
Psalm »*De profundis clamavi*«	93 (KV^6 Anh. A 22)	Wien, 1787 oder später	NMA X/28/Abt. 3–5/2
Psalm »*Memento Domine David*«	Anh. 22 (93a, Anh. A 23)	Wien, 1787 oder später	NMA X/28/Abt. 3–5/2
Kyrie	91 = Anh. 17 (186^i)	Wien, 1787 oder später	AMA XXIV, Nr. 32 (Bd. 8, S. 4) [ND 40]

XIV. Johann Stadlmayr (um 1580–1648)

Werk	KV	Datierung	Anmerkung/Ausgabe
»*Cibavit eos*«	44 (73^u)	Salzburg, um 1768/69	aus: *Musica super cantum gregorianum* (ED 1625/26); Introitus zu Fronleichnam, Abschrift von 4 St. der 5st. Vorlage; AMA XXIV, Nr. 31 (Bd. 8, S. 2) [ND 40]

XV. Nicht identifizierte Komponisten

Werk	KV	Datierung	Anmerkung
Incipit einer Sinfonie (?) C-Dur	– (387^d, Anh. A 59), Nr. 4	Wien, 1784	überliefert mit Incipits (KV^3 387^d [KV^6 Anh. A 59], Nr. 1–3) von Joseph Haydns Sinfonien Hob. I:47, 62 und 75, siehe oben
2 Fugen für Tasteninstrument G-Dur, D-Dur	– (KV^2 154^a, Anh. 109^{VIII}, Anh. A 61/62)	Salzburg, um 1772	in: NMA IX/27/2, S. 69 [TB 20]
Adagio für Tasteninstrument F-Dur	– (Anh. 206^a, Anh. A 65)	Mitte 1770er Jahre	Neal Zaslaw, *The Adagio in F Major, K^3 Anhang 206a = K^6 Anhang A 65*, in: Festschrift Alan Tyson, hrsg. von Sieghard Brandenburg, Oxford/New York 1998, S. 101–113; Edition in: *Keyboard Classics* 12 (1992), No. 2, S. 12–15, 42f. (Zaslaw)
Beginn einer 4st. Fuge mit B. c.	– (KV^6 417B, 6)	Wien, zweite Hälfte 1783	unklar, ob unvollständige Abschrift einer fremden Komposition oder Fragment Mozarts

H. GELEGENHEITSGEDICHTE, STAMMBUCHEINTRÄGE, LUSTSPIELENTWÜRFE

Textanfänge sind ohne Berücksichtigung der Anreden vermerkt. Möglicherweise von Mozart stammende vertonte Texte siehe Fr 1786b Terzett »*Liebes Manndel, wo ist's Bandel*« ♦ Fr 1789j Quartett »*Caro mio Druck und Schluck*« (E.I.).

Textart	Titel/Textanfang	Datierung
[Albumblatt]	»*Die Verse hier*«	?
Stammbucheintrag	»*Eterna sarà per te l'amicizia mia*«	?
Gedicht	»*ich hoff wir werden sie noch in Salzburg antreffen*«	Wien, 15. September 1773
Gedicht	»*Ich sag dir tausend danck mein liebste Sallerl*«	Mannheim, 31. Oktober 1777
Gedicht	»*Ich thue mich halt bedancken, für deinen glückwunsch, engel*«	Mannheim, 20. Dezember 1777
Gedicht	»*Madame Mutter! / Ich esse gerne Butter.*«	Worms, 31. Januar 1778
Eine zärtliche Ode!	»*Dein süsses Bild, O Bäschen*«	Augsburg, 10. Mai 1779
	»*Derjenige, welcher in diesem Büchel*«	Wien, 1781
Gedicht	*Glücks=Wunsch, / Beim Punsch!* »*Ich bin heut ausgegangen*«	Salzburg, 31. Juli 1783
Gedicht	»*Du wirst im Ehstand viel erfahren*«	Wien, 18. August 1784
Widmung	»*Al mio caro Amico Haydn*«	Wien, 1. September 1785
Stammbucheintrag	»*seyen sie fleissig*«	Wien, 8. Januar 1787
Stammbucheintrag	»*Patience and tranquillity of mind*«	Wien, 30. März 1787
Stammbucheintrag	»*don't never forget*«	Wien, 24. April 1787
Gedicht	auf den toten Star »*Hier ruht ein lieber Narr*«	Wien, 4. Juni 1787
Gedicht	Auf die vorhabende Reise. »*Wenn ich werde nach Berlin*«	Wien, vor 8. April 1789
Gedicht	Der kunstreiche Hund »*O Musen! ich will Euch ein Dankopfer bringen*«	?
Lustspiel (Entwurf)	Der Salzburgerlump in Wien KV³ unter 416ᵃ (KV⁶ 509b)	eventuell Anfang 1786
Ein LustSpiel in Drey Aufzügen. (Entwurf)	Die Liebes-Probe KV Anh. 28 (416ᵃ, 509c)	eventuell Frühjahr 1787

GEDICHTE, STAMMBUCHEINTRÄGE, LUSTSPIELE

BriefeGA	Anmerkung
IV, S. 164	
IV, S. 164	für Sophie Haibel, geb. Weber
I, S. 501	Nachschrift an Heinrich Wilhelm von Hef(f)ner
II, S. 95	Nachschrift an Maria Anna Rosalia Walburga Joly
II, S. 199	Nachschrift an Maria Anna Rosalia Walburga Joly und Mozarts Schwester
II, S. 245	an seine Mutter
II, S. 548	an Maria Anna Thekla Mozart
III, S. 189	Eintrag im Gebetbuch seiner Braut
III, S. 282	an seine Schwester
III, S. 321	zur Hochzeit seiner Schwester, in Brief
III, S. 404	Widmung der Streichquartette an Joseph Haydn
IV, S. 6	für Edmund Weber
IV, S. 40	für Johann Georg Kronauer
IV, S. 42	für Gottfried von Jacquin
IV, S. 49	
IV, S. 78	
IV, S. 164	
IV, S. 167	Prosaentwurf für die ersten vier Szenen des 1. Aktes; vielleicht für eine häusliche Faschingsveranstaltung
IV, S. 168	Ausarbeitung von drei Auftritten des 1. Aufzuges; Entstehungsanlaß unbekannt

ANHANG

BIBLIOGRAPHIE

Inhaltsübersicht

Briefe und Dokumente

A. Allgemein
B. Werkverzeichnisse
C. Authentische Bilder
D. Rezeptionszeugnisse von Zeitgenossen

Literatur

A. Bibliographien
B. Sammelpublikationen: I. Periodika – II. Sammelbände – III. Kongreßberichte
C. Ausstellungskataloge
D. Verzeichnisse: I. Werkverzeichnisse – II. Druckverzeichnisse
E. Frühe Biographien (vor 1856)
F. Umfassende Darstellungen von Leben, Werk und biographischem Hintergrund (1856ff.)
G. Spezielle biographische Themen: I. Persönlichkeit, Lebensführung, Todesumstände – II. Familie – III. Verbindung zu anderen Personen – IV. Freimaurerei – V. Orte / Reisen
H. Werküberlieferung und Quellengestalt: I. Archiv- und Bibliotheksbestände – II. Autographe / Drucke – III. Echtheit
I. Schaffensweise: I. Allgemein – II. Skizzen und Fragmente
J. Werkanalyse (Form, Stil, Gehalt): I. Mozart-Analyse allgemein – II. Aspekte der Form – III. Aspekte des Stils
K. Aufführungspraxis
L. Vokalmusik (Geistliche Werke): I. Allgemein – II. Messen und Requiem – III. Litaneien, Vespern und sonstige geistliche Werke
M. Lieder und Kanons
N. Bühnenwerke: I. Opern und Singspiele (1. Allgemein und Werkgruppen, 2. Frühe Werke [vor Idomeneo], 3. Idomeneo, 4. Die Entführung aus dem Serail, 5. Le nozze di Figaro, 6. Così fan tutte, 7. La clemenza di Tito, 8. Don Giovanni, 9. Zauberflöte) – II. Musik zu Schauspielen, Pantomimen und Balletten – III. Arien, Szenen, Ensembles und Chöre mit Orchester
O. Instrumentalmusik (Orchestrale Gattungen): I. Sinfonien und Einzelstücke für Orchester – II. Konzerte – III. Kassationen, Serenaden und Divertimenti für Orchester, Tänze
P. Ensemblemusik für größere Solobesetzungen
Q. Kammermusik: I. Allgemein – II. Werke für Quintettbesetzung – III. Werke für Quartettbesetzung – IV. Werke für Triobesetzung – V. Violinsonaten
R. Klaviermusik
S. Bearbeitungen fremder Werke
T. Rezeption

Die einzelnen Titel sind chronologisch aufsteigend nach dem Jahr des ersten Erscheinens sortiert.

ANHANG

Briefe und Dokumente

A. Allgemein

Die Briefe W. A. Mozarts und seiner Familie, 4 Bde. (Bd. 5 Ikonographie), hrsg. von Ludwig Schiedermair, München/Leipzig 1914; englisch 3 Bde., hrsg. von Emily Anderson, London 1938; 2 Bde., überarbeitet von Alexander Hyatt King/Monica Carolan, London ²1966, diverse Auflagen

Briefe W. A. Mozarts, mit Originalbriefen im Lichtdruck, 2 Bde. und 3 Faksimile-Kassetten, hrsg. von Erich Hermann Müller von Asow, Berlin 1942, Bde. 1–2, Lindau ²1949

[BriefeGA] Mozart. *Briefe und Aufzeichnungen*, hrsg. von ISM/Wilhelm A. Bauer/Otto Erich Deutsch/Joseph Heinz Eibl, Bd. 1: 1756–1776, Bd. 2: 1777–1779, Kassel u. a. 1962, ²1990; Bd. 3: 1780–1786, ebd. 1963, ²1987; Bd. 4: 1787–1857, ebd. 1963, ²1991; Bd. 5: Kommentar I/II, 1755–1779, Bd. 6: Kommentar III/IV, 1780–1857, ebd. 1971; Bd. 7: Register, ebd. 1975; französisch *Correspondance*, hrsg. von Geneviève Geffray, Paris 1987–1999; Taschenbuchausgabe der deutschen Edition mit zusätzlichem Bd. 8 (Einführung, Ergänzungen und Bibliographie, hrsg. von Ulrich Konrad), Kassel u. a. 2005

[Dok.] *Mozart. Die Dokumente seines Lebens*, hrsg. von Otto Erich Deutsch, Kassel u. a. 1961, ²1979 (= NMA X/34)

Mozart. Die Dokumente seines Lebens. Addenda und Corrigenda, hrsg. von Joseph Heinz Eibl, Kassel u. a. 1978 (= NMA X/31/1)

Mozarts Bäsle-Briefe, hrsg. von Joseph Heinz Eibl/Walter Senn, Kassel u. a./München 1978, ⁴1991

Cliff Eisen, *New Mozart Documents. A Supplement to O. E. Deutsch's Documentary Biography*, London/Basingstoke 1991; deutsch mit Ergänzungen *Mozart. Die Dokumente seines Lebens. Addenda Neue Folge*, Kassel u. a. 1997 (= NMA X/31/2)

Mozart's Letters, Mozart's Life. Selected Letters, hrsg. und übersetzt von Robert Spaethling, New York/London 2000, Paperback London 2001

Rudolph Angermüller, *Mozart 1485/86 bis 2003. Daten zu Leben, Werk und Rezeptionsgeschichte der Mozarts*, Tutzing 2004

B. Werkverzeichnisse

[LMVerz] [Leopold Mozart], *Verzeichniß alles desjenigen was dieser 12jährige Knab seit seinem 7ten Jahre componiert*, [Wien 1768], in: BriefeGA I, 287–289 [siehe A.]

W. A. Mozart, Verzeichnis aller meiner Werke, hrsg. von Erich Hermann Müller von Asow, Wien/Leipzig 1943; *W. A. Mozart, Verzeichnis aller meiner Werke und Leopold Mozart, Verzeichnis der Jugendwerke W. A. Mozarts*, Wien/Wiesbaden [²]1956

Neal Zaslaw, *Leopold Mozart's List of His Son's Works*, in: Festschrift Barry S. Brook, hrsg. von Allan W. Atlas, New York 1985, 323–374 (= Festschrift Series 5)

[MozVerz] *Mozart's Thematic Catalogue. A Facsimile*, hrsg. von Alan Tyson/Albi Rosenthal, London 1990; deutsch *Mozart. Eigenhändiges Werkverzeichnis*, Kassel u. a. 1991 (= NMA X/33/Abt. 1)

C. Authentische Bilder

Maximilian Zenger/Otto Erich Deutsch, *Mozart und seine Welt in zeitgenössischen Bildern/Mozart and His World in Contemporary Pictures*, Kassel u. a. 1961 (= NMA X/32)

D. Rezeptionszeugnisse von Zeitgenossen

Lorenzo Da Ponte, *Memorie*, New York 1823–27, erweitert New York ²1829/30; deutsch Stuttgart 1847; diverse Ausgaben und Auflagen; zuletzt als *Mein abenteuerliches Leben. Die Erinnerungen des Mozart-Librettisten*, Zürich 1991

A Mozart Pilgrimage. Being the Travel Diaries of Vincent & Mary Novello in the Year 1829, hrsg. von Nerina Medici di Marignano / Rosemary Hughes, London 1955; deutsch Bonn 1959, ⁴1992

Otto Erich Deutsch, *Aus Schiedenhofens Tagebuch*, in: MJb 1957, 15–24

Michael Kelly, *The Reminiscences of Michael Kelly*, 2 Bde., hrsg. von Theodore Edward Hook, London 1826, Nachdruck New York / London 1969; mit Titelzusatz *Solo Recital* hrsg. (gekürzt) von Herbert van Thal, London 1972; hrsg. von Roger Fiske, London / New York 1975

Dorothea Link, *Vienna's Private Theatrical and Musical Life, 1783–92, as Reported by Count Karl Zinzendorf*, in: JRMA 122, 1997, 205–257

Literatur

A. Bibliographien

Mozart-Bibliographie (bis 1970), hrsg. von Rudolph Angermüller / Otto Schneider, Kassel u. a. 1976 (= MJb 1975)

Othmar Wessely, *Ergänzungen zur Bibliographie des Mozart-Schrifttums*, in: Studien zur Musikwissenschaft 29, 1978, 37–68

Mozart-Bibliographie, hrsg. von Rudolph Angermüller u. a., Kassel u. a. 1978 (für 1971–1975), danach in 5-Jahres-Perioden bis 1995

Karl F. Stock / Rudolf Heilinger / Marylène Stock, *Mozart-Bibliographien. Selbständige und versteckte Bibliographien und Nachschlagewerke zu Leben und Werk W. A. Mozarts, seines Vaters Leopold Mozart und seiner beiden Söhne*, Graz 1991

B. Sammelpublikationen

B.I. Periodika

Mitteilungen für die Mozart-Gemeinde in Berlin 1–4, Nr. 1–43 (1895/1900–1925)

Mozarteums-Mitteilungen 1–3 (1918/19–1920/21), fortgeführt als: *Mitteilungen der Internationalen Stiftung Mozarteum* [1]–50 (1952–2002)

Mozart-Jahrbuch 1923–1929

Wiener Figaro. Mitteilungen der Mozartgemeinde Wien 1–13, 15–22 (1931–1943, 1946–1954); fortgeführt als *Mozartgemeinde Wien. Wiener Figaro* 22–30, 32–51 (1954–1961, 1964–1985)

Neues Mozart-Jahrbuch 1941–1943

Mozart-Jahrbuch 1950–

Acta Mozartiana 1954–

Mozart Studien 1992–

B.II. Sammelbände

Augsburger Mozartbuch, hrsg. von Heinz Friedrich Deininger, Augsburg 1942/43 (= Zeitschrift des Historischen Vereins für Schwaben 55/56)

Ernst Fritz Schmid, *Ein schwäbisches Mozartbuch*, Lorch/Stuttgart 1948, Augsburg ²1998

The Mozart Companion, hrsg. von Howard C. Robbins Landon/Donald Mitchell, London 1956

Mozart-Handbuch. Chronik – Werk – Bibliographie, hrsg. von Otto Schneider/Anton Algatzy, Wien 1962

Neues Augsburger Mozartbuch, hrsg. von Heinz Friedrich Deininger, Augsburg 1962 (= Zeitschrift des Historischen Vereins für Schwaben 62/63)

The Creative World of Mozart, hrsg. von Paul Henry Lang, New York 1963, 1991

Baird Hastings, *W. A. Mozart. A Guide to Research*, New York/London 1989 (= Garland Resource Manuals 16)

The Mozart Compendium. A Guide to Mozart's Life and Music, hrsg. von Howard C. Robbins Landon, London/New York 1990, korrigiert 1991; Paperback korrigiert London 1996; deutsch München 1991

Mozart Studies, hrsg. von Cliff Eisen, 2 Bde., Oxford 1991 und 1997

On Mozart, hrsg. von James M. Morris, Cambridge/Washington/D.C. 1994 (= Woodrow Wilson Center Series)

W. A. Mozart. Essays on His Life and His Music, hrsg. von Stanley Sadie, Oxford 1996

The Cambridge Companion to Mozart, hrsg. von Simon P. Keefe, Cambridge 2003

Mozart-Handbuch, hrsg. von Silke Leopold, Kassel/Stuttgart 2005

B.III. Kongreßberichte (andere unter den einzelnen Rubriken)

ISM 1931, Leipzig 1932
Wien 1956, Graz/Köln 1958
Salzburg 1991 (= MJb 1991)
Baden – Wien 1991, 2 Bde., Tutzing 1993
Augsburg 2000 (= MJb 2001)

C. Ausstellungskataloge

Mozart. Werk und Zeit, Ausstellungskatalog Wien, bearbeitet von Franz Hadamowsky/Leopold Nowak, Wien 1956

allzeit ein Buch. Die Bibliothek W. A. Mozarts, Ausstellungskatalog Wolfenbüttel, hrsg. von Ulrich Konrad/Martin Staehelin, Weinheim 1991 (= Ausstellungskatalog der Herzog August Bibliothek 66)

Die Klangwelt Mozarts, Ausstellungskatalog Wien, hrsg. von Gerhard Stradner, Wien 1991

Mozart. A Bicentennial Loan Exhibition. Autograph Music Manuscripts, Letters, Portraits, First Editions and Other Documents of the Composer and His Circle, Ausstellungskatalog Oxford, hrsg. von Albi Rosenthal/Peter Ward Jones, Oxford 1991

Mozart. Bilder und Klänge, Ausstellungskatalog Salzburg, redigiert von Rudolph Angermüller/Geneviève Geffray, Salzburg 1991

Salzburg zur Zeit der Mozart, Ausstellungskatalog Salzburg, redigiert von Albin Rohrmoser, Salzburg 1991

W. A. Mozart. Componiern – meine einzige freude und Paßion. Autographe und frühe Drucke aus dem Besitz der Berliner Staatsbibliothek, Ausstellungskatalog Berlin, hrsg. von Hans-Günter Klein, Wiesbaden 1991 (= Staatsbibliothek Preußischer Kulturbesitz Ausstellungskatalog 40)

Zaubertöne. Mozart in Wien 1781–1791. Ausstellungskatalog Wien, Wien 1990/91

176 Tage W. A. Mozart in Mannheim, Ausstellungskatalog Mannheim, hrsg. von Karin von Welck/Liselotte Homering, Mannheim 1991

D. Verzeichnisse

D.I. Werkverzeichnisse

Ludwig von Köchel, *Chronologisch-thematisches Verzeichnis sämtlicher Tonwerke Wolfgang Amadé Mozarts*, Leipzig 1862; bearbeitet und ergänzt von Paul Graf von Waldersee ²1905; ³1937 überarbeitet von Alfred Einstein, mit Supplement Ann Arbor ³ᵃ1947; Leipzig ⁴1958; ⁵1961; überarbeitet von Franz Giegling/Alexander Weinmann/Gerd Sievers Wiesbaden ⁶1964 (mehrfach nachgedruckt)

George R. Hill/Murray Gould, *A Thematic Locator for Mozart's Works as Listed in Koechel's Chronologisch-Thematisches Verzeichnis – Sixth Edition*, Hackensack/N. J. 1970 (= Music Indexes and Bibliographies 1)

Josef Zehetgruber, *MMV. Mozart-Melodie-Verzeichnis*, Wien/München 1999

D.II. Druckverzeichnisse

Gertraut Haberkamp, *Die Erstdrucke der Werke von W. A. Mozart. Bibliographie*, 2 Bde., Tutzing 1986 (= Musikbibliographische Arbeiten 10)

Ulrich Drüner, *Bibliographie der zu Mozarts Lebzeiten unternommenen Nachdrucke seiner Werke*, in: MJb 1993, 83–111

E. Frühe Biographien (vor 1856)

Friedrich Schlichtegroll, *Johannes Chrysostomus Wolfgang Gottlieb Mozart*, in: Nekrolog auf das Jahr 1791, Gotha 1793; hrsg. von Ludwig Landshoff, München 1924; als *Mozarts Leben*, Graz 1794, Nachdruck Kassel u. a. 1974

Franz Xaver Niemetschek, *Leben des K. K. Kapellmeisters Wolfgang Gottlieb Mozart nach Originalquellen beschrieben*, Prag 1798, erweitert ²1808; Reprint hrsg. von Ernst Rychnovsky, Prag 1905, München 1987; hrsg. von Peter Krause, Leipzig 1978, ³1984; hrsg. von Jost Perfahl, München 1984, ⁴1991; hrsg. von Claudia Maria Knispel, Laaber 2005

Friedrich Rochlitz, *Verbürgte Anekdoten aus Wolfgang Gottlieb Mozarts Leben* (wechselnde Titel), in: Allgemeine musikalische Zeitung 1, 1798–99, Sp. 17–24, 49–55, 81–86, 113–117, 145–152, 177–183, 290f., 854–856; 2, 1799/1800, 300f.; 3, 1800/01, 450–452, 493–497, 590–596

Ludwig Anton Leopold Siebigk, *Wolfgang Gottlieb Mozart*, Breslau 1801; als *Ludwig Anton Leopold Siebigks (1775–1807) Mozart-Biographie (Breslau, 1801)*, hrsg. von Rudolph Angermüller, in: MitISM 36, 1988, 57–87

[I. F. Arnold]: *Mozarts Geist. Seine kurze Biografie und ästhetische Darstellung seiner Werke*, Erfurt 1803

Pietro Lichtenthal, *Cenni biografici intorno al celebre maestro W. A. Mozart*, Mailand 1816, Nachdruck Utrecht 1967

Georg Nikolaus von Nissen, *Biographie W. A. Mozart's nach Originalbriefen*, hrsg. von Constanze von Nissen, Leipzig 1828, Nachdruck Hildesheim 1964 und später

Johann Aloys Schlosser, *W. A. Mozart*, Prag 1828 (Mikrofiche München 1990), diverse Ausgaben, Neuausgabe tschechisch hrsg. von Oldrich Pulkert, Pilzen 1991, auch Prag 1993

Alexander D. Oulibicheff [Ulibischeff, Ulybysev], *Nouvelle Biographie de Mozart*, Moskau 1843; Neuausgabe hrsg. von Jean-Victor Hocquard, Paris 1991; deutsch *Mozart's Leben*, bearbeitet von Albert Schraishuon, Stuttgart 1847; neubearbeitet und erweitert als *Mozart's Leben und Werke*, hrsg. von Ludwig Gantter, Stuttgart ²1859, Reprint Vaduz ohne Jahr

Edward Holmes, *The Life of Mozart*, London 1845, diverse Neuauflagen und Nachdrucke

F. Umfassende Darstellungen von Leben, Werk und biographischem Hintergrund (1856ff.)

Otto Jahn, *W. A. Mozart*, 4 Bde., Leipzig 1856–1859, Nachdruck Hildesheim/Wiesbaden 1976, Mikrofiche München 1991; überarbeitet in 2 Bde. ²1867; überarbeitet von Hermann Deiters ³1889–1891; überarbeitet von Hermann Deiters ⁴1905–1907

Ludwig Nohl, *Mozart*, Stuttgart 1863, erweitert und überarbeitet als *Mozarts Leben* Leipzig ²1877, diverse Ausgaben und Auflagen

Mozartiana, hrsg. von Gustav Nottebohm, Leipzig 1880, Nachdruck Walluf 1972

Josef Kreitmaier, *W. A. Mozart. Eine Charakterzeichnung des großen Meisters nach den literarischen Quellen*, Düsseldorf 1919

Théodore de Wyzewa/Georges de Saint-Foix, *W.-A. Mozart. Sa Vie musicale et son œuvre*, Bde. 1 und 2, Paris 1912, ²1936; Bde. 3–5 (nur Georges de Saint-Foix), ebd. 1936, 1939, 1946; Bde. 1–5 mit unterschiedlichen Auflagen, Nachdruck ebd. 1977

Arthur Schurig, *W. A. Mozart. Sein Leben und sein Werk*, 2 Bde., Leipzig 1913, überarbeitet *W. A. Mozart. Sein Leben, seine Persönlichkeit, sein Werk*, ebd. 1923

Henry de Curzon, *Mozart*, Paris 1914, diverse Auflagen und Ausgaben

Hermann Abert, *W. A. Mozart. Neu bearbeitete und erweiterte Ausgabe von Otto Jahns Mozart*, (als 5. Auflage) Leipzig 1919–1921, ¹¹1989/90; Register von Erich Kapst 1966, ²1976; Ausgabe mit Register Leipzig/Wiesbaden ³1983

Ludwig Schiedermair, *Mozart. Sein Leben und seine Werke*, München 1922, umgearbeitet Bonn ²1948

Bernhard Paumgartner, *Mozart*, Berlin 1927, ²1940, diverse Auflagen und Ausgaben, überarbeitet Zürich (/Freiburg im Breisgau) ⁶1967, ergänzt von Gerhard Croll Zürich/Wien ¹⁰1993

Robert Haas, *W. A. Mozart*, Potsdam 1933, neubearbeitet ²1950; Nachdruck Laaber 1980

Ernst Fritz Schmid, *W. A. Mozart*, Lübeck 1934, erweitert Kassel/Basel ³1955

Eric Blom, *Mozart*, London 1935, diverse Auflagen und Ausgaben; deutsch Zürich 1954, München 1961

Roland Tenschert, *W. A. Mozart 1756–1791. Sein Leben in Bildern*, Leipzig 1935, 1936; Mannheim 1959

Alfred Einstein, *Mozart. His Character and His Work*, London 1944; *Mozart. His Character, His Work*, New York 1945; diverse Auflagen und Ausgaben; deutsche Originalausgabe Stockholm 1947, diverse Auflagen und Ausgaben, überarbeitet Zürich/Stuttgart 1953; zuletzt Frankfurt a. M. 1997

Robert Bory, *La Vie et l'œuvre de W.-A. Mozart par l'image*, Genf 1948; deutsch ebd. 1948

Erich Schenk, *W. A. Mozart. Eine Biographie*, Zürich/Leipzig/Wien (/München) 1955, zuletzt Mainz/München ²1990; überarbeitet ²1975 als *Mozart. Sein Leben, seine Welt*; zuletzt München 1989

Jean und Brigitte Massin, *W. A. Mozart*, Paris 1959, Neuausgabe 1990, 1991

Leo Schrade, *W. A. Mozart*, Bern/München 1964

Aloys Greither, *W. A. Mozart in Selbstzeugnissen und Bilddokumenten*, Reinbek 1967 (= Rowohlts Monographien 77); diverse Auflagen, zuletzt 1997

Georgi W. Tschitscherin [Cicerin], *Mozart. Eine Studie* (russisch, 1934), Moskau 1970, deutsch Leipzig 1975; Reinbek 1987

Michael Levey, *The Life and Death of Mozart*, London 1971, überarbeitet 1988, Nachdruck London 1995; deutsch München 1980

Ulrich Dibelius, *Mozart-Aspekte*, München/Kassel u. a. 1972, erweitert ⁴1991

Arthur Hutchings, *Mozart. The Man, the Musician*, 2 Bde., London/New York 1976; deutsch *Mozart der Mensch; der Musiker*, Braunschweig 1976

Wolfgang Hildesheimer, *Mozart*, Frankfurt a. M. 1977, diverse Auflagen bzw. Nachdrucke, zuletzt Frankfurt a. M. 2000

Howard C. Robbins Landon, *1791, Mozart's Last Year*, London 1988, New York 1999; deutsch Düsseldorf 1988; München/Kassel/Basel/London 1991

Peter J. Davies, *Mozart in Person. His Character and Health*, New York/London 1989 (= Contributions to the Study of Music and Dance 14)

Howard C. Robbins Landon, *Mozart. The Golden Years, 1781–1791*, London 1989, deutsch *Mozart. Die Wiener Jahre 1781–1791*, München 1990

Konrad Küster, *Mozart. Eine musikalische Biographie*, Stuttgart 1990, ²1991; München / Kassel u. a. 1995
Georg Knepler, *W. A. Mozart. Annäherungen*, Berlin 1991; Frankfurt a. M. 1993
Maynard Solomon, *Mozart. A Life*, New York 1995; deutsch *Mozart. Ein Leben*, Kassel / Stuttgart 2005
Peter Dimond, *A Mozart Diary. A Chronological Reconstruction of the Composer's Life, 1761–1791*, Westport / Conn. / London 1997 (= Music Reference Collection 58)
Konrad Küster, *W. A. Mozart und seine Zeit*, Laaber 2001, 2002 (= Große Komponisten und ihre Zeit)

G. Spezielle biographische Themen

G.I. Persönlichkeit, Lebensführung, Todesumstände

Irma Hoesli, *W. A. Mozart. Briefstil eines Musikgenies*, Zürich 1948
Carl Bär, *Mozart. Krankheit – Tod – Begräbnis*, Salzburg 1966 (= Schriftenreihe der ISM 1), ²1972
Peter Nathan Kivy, *Child Mozart as an Aesthetic Symbol*, in: Journal of the History of Ideas 28, 1967, 249–258
Karl Pfannhauser, *Epilegomena Mozartiana*, in: MJb 1971/72, 268–312
Joseph Heinz Eibl, *›Amadeus‹? (Mozarts Vornamen)*, in: AMoz 19, 1972, 4–8
Uwe Kraemer, *Wer hat Mozart verhungern lassen? Anmerkungen zu biographischen Details*, in: Musica 30, 1976, 203–211
Carl Bär, *›Er war ... – kein guter Wirth‹. Eine Studie über Mozarts Verhältnis zum Geld*, in: AMoz 25, 1978, 30–53
Florian Langegger, *Mozart. Vater und Sohn. Eine psychologische Untersuchung*, Zürich / Freiburg im Breisgau 1978, ²Zürich 1986
Hanns-Josef Ortheil, *Mozart. Im Innern seiner Sprachen*, Frankfurt a. M. 1982; diverse Auflagen und Ausgaben, zuletzt München 2002
Andrew Steptoe, *Mozart and Poverty. A Re-examination of the Evidence*, in: MT 125, 1984, 196–201
Gloria Flaherty, *Mozart and the Mythologization of Genius*, in: Studies in Eighteenth-Century Culture 18, 1988, 289–307
Peter J. Davies, *Mozart in Person. His Character and Health*, New York / Westport / Conn. 1989
Julia Moore, *Mozart in the Market-place*, in: JRMA 114, 1989, 18–42
Mozart und die Ästhetik der Aufklärung. Dem Wirken Georg Kneplers gewidmet, hrsg. von Heinz Stiller, Berlin 1989
Walther Brauneis, *›...wegen schuldigen 1435 f 32 xr‹. Neuer Archivfund zur Finanzmisere Mozarts im November 1791*, in: MitISM 39, 1991, 159–163
Norbert Elias, *Mozart. Zur Soziologie eines Genies*, hrsg. von Michael Schröter, Frankfurt a. M. 1991, diverse Auflagen und Nachdrucke, zuletzt 2000
Mozart Speaks. Views on Music, Musicians and the World. Drawn from the Letters of W. A. Mozart and other Early Accounts, hrsg. von Robert L. Marshall, New York / Toronto u. a. 1991
Hans Küng, *Mozart – Spuren der Transzendenz*, München / Mainz 1991, ²1992
Maynard Solomon, *Mozart. The Myth of the Eternal Child*, in: 19th-Century Music 15, 1991, 95–106
The Pleasures and Perils of Genius: Mostly Mozart, hrsg. von Peter Ostwald / Leonard S. Zegans, Madison / Conn. 1993; deutsch Stuttgart / Berlin / Köln 1997
William Stafford, *Mozart's Death. A Corrective Survey of the Legends*, London / Basingstoke 1991
Gerhard Sauder, *Mozart, der Briefschreiber*, in: Mozart. Ansichten, hrsg. von dems., St. Ingbert 1995, 53–78
Andrew J. Werner, *The Death and Illnesses of W. A. Mozart – an Update. (The Literature Written for the 200th Anniversary of His Death and since)*, in: MitISM 44, 1996, Heft 3/4, 56–59
John Arthur, *›N.N.‹ Revisited. New Light on Mozart's Late Correspondence*, in: Festschrift Alan Tyson, hrsg. von Sieghard Brandenburg, Oxford 1998, Nachdruck 2002, 127–145
Johannes Serwe, *Komposition und Disposition. Über rhetorische Strukturen in Mozarts Briefen*, in: MitISM 46, 1998, Heft 1/2, 4–25

Annette Richards, *Automatic Genius. Mozart and the Mechanical Sublime*, in: ML 80, 1999, 366–389

Peter Kivy, *The Possessor and the Possessed. Handel, Mozart, Beethoven, and the Idea of Musical Genius*, New Haven / London 2001

Günther Georg Bauer, *Mozart – Glück Spiel und Leidenschaft*, Bad Honnef 2003

G.II. Familie

Heinz Schuler, *W. A. Mozarts Vorfahren und Gesamtverwandschaft*, Essen 1974, überarbeitet als *W. A. Mozart. Vorfahren und Verwandte*, Neustadt/Aisch 1980

Ruth Halliwell, *The Mozart Family. Four Lives in a Social Context*, Oxford / New York 1998

Werner Pieck, *Die Mozarts. Porträt einer Familie*, Hamburg 1998

G.III. Verbindung zu anderen Personen

[I. T. F. K. Arnold], *W. A. Mozart und Joseph Haydn*, Gallerie der berühmtesten Tonkünstler des achtzehnten und neunzehnten Jahrhunderts, Erfurt 1810, Bd. 1, Teil 1; Nachdruck [Amsterdam] 1984; ergänzt um *Nachträge zu ihren Biografien und ästhetischen Darstellung ihrer Werke. Versuch einer Parallele*, Erfurt ²1816, Bd. 1, 2–168

Heinz Wolfgang Hamann, *Mozarts Schülerkreis*, in: MJb 1962/63, 115–139; ergänzt von Carl Bär, in: AMoz 11, 1964, 58–64

Walter Senn, *Zwei Schülerinnen Mozarts: Babette Natorp und Karoline Henikstein*, in: ÖMZ 29, 1974, 346–349

Haydn and Mozart, in: Haydn Studies. Kongreßbericht Washington / D. C. 1975, New York / London 1981, 405–421

Gerhard Croll, *Johann Michael Haydn in seinen Beziehungen zu Leopold und W. A. Mozart*, in: MJb 1987/88, 97–106

H. Hausner, *Ignaz von Seyfried (1776–1841). Mozarts Schüler und Lehrer von Goethes Enkel*, in: MitISM 36, 1988, 88–95

Volkmar Braunbehrens, *Salieri. Ein Musiker im Schatten Mozarts? Eine Biographie*, München / Zürich 1989, München / Mainz ²1992

Rudolph Angermüller, *Salieri in der Forschung und in der Mozart-Literatur*, in: Kongreßbericht Leipzig 1991, Leipzig 1993, 82–93

Peter Clive, *Mozart and His Circle. A Biographical Dictionary*, New Haven / London 1993

Susanne Staral, *Mozart und Johann Christian Bach. Einige Anmerkungen zu ihrer menschlich-künstlerischen Beziehung*, in: Kongreßbericht Baden – Wien 1991, Tutzing 1993, 943–948

Roderich Fuhrmann, *Mozart und die Juden*, Eine Ausstellung im Haus der Bremischen Bürgerschaft, Bremen 1994

Axel Beer, *Carl Andreas Goepfert – ein Schüler Mozarts? Hintergründe einer Behauptung*, in: Festschrift Winfried Kirsch, hrsg. von Peter Ackermann / Ulrike Kienzle / Adolf Nowak, Tutzing 1996, 157–166 (= Frankfurter BzMw 24)

Heinz Schuler, *Mozarts Salzburger Freunde und Bekannte. Biographien und Kommentare*, Wilhelmshaven 1995/96, verbessert ²2004 (= Taschenbücher zur Musikwissenschaft 119)

Michael Lorenz, *Franz Jakob Freystädtler (1761–1841). Neue Forschungsergebnisse zu seiner Biographie und seinen Spuren im Werk Mozarts*, in: AMoz 44, 1997, 85–108

Michael Lorenz, *Mozarts Haftungserklärung für Freystädtler. Eine Chronologie*, in: MJb 1998, 1–19

Robert Münster, *Mozarts letzter Schüler? Zu den Mozart-Erinnerungen des Franz Seraph von Destouches*, in: AMoz 45, 1998, 10–17

Michael Lorenz, *Gottfried Ignaz von Ployers Haus in Döbling – eine vergessene Mozartstätte. Nebst biographischen Bemerkungen zu Babette Ployer*, in: AMoz 47, 2000, 11–24

Robert Adelson, *Mozart's First Composition Student. Mlle de Guines (1759–95)*, in: MJb 2002, 9–19

G.IV. Freimaurerei

Hans-Josef Irmen, *Mozart. Mitglied geheimer Gesellschaften*, Mechernich 1988, ²1991

Harald Strebel, *Der Freimaurer W. A. Mozart*, Stäfa 1991

Heinz Schuler, *Mozart und die Freimaurerei. Daten, Fakten, Biographien*, Wilhelmshaven 1992, erweiterte Neuausgabe 2003 (= Taschenbücher zur Musikwissenschaft 113)
Guy Wagner, *Bruder Mozart. Freimaurerei im Wien des 18. Jahrhunderts*, Wien / München/ Berlin 1996, erweitert Wien ²2003

G.V. Orte / Reisen

Rudolph von Procházka, *Mozart in Prag*, Prag 1892; neubearbeitet von Paul Nettl, *Mozart in Böhmen*, Prag-Karlín ²1938
Adam Bernhard Gottron, *Mozart und Mainz*, Mainz 1951
Albert Richard Mohr, *Das Frankfurter Mozart-Buch*, Frankfurt a. M. 1968
Lucas E. Staehelin, *Die Reise der Familie Mozart durch die Schweiz*, Bern 1968
Rudolph Angermüller, *W. A. Mozarts musikalische Umwelt in Paris (1778). Eine Dokumentation*, München / Salzburg 1982 (= Musikwissenschaftliche Schriften 17)
Volkmar Braunbehrens, *Mozart in Wien*, München / Zürich 1986, diverse Ausgaben und Auflagen, zuletzt Taschenbuch ⁵1997
Mozart in Kursachsen, hrsg. von Brigitte Richter / Ursula Oehme, Leipzig 1991
Heinz Schuler, *Mozarts Konzertreisen 1762. Ein biographischer und topographischer Kommentar zu den Reiseberichten*, in: MitISM 41, 1993, 23–58
Rudolph Angermüller / Geneviève Geffray, *Delitiae Italiae. Mozarts Reisen in Italien*, Bad Honnef 1994
Rudolph Angermüller / Geneviève Geffray, *Mozart auf der Reise nach Prag, Dresden, Leipzig und Berlin*, Bad Honnef 1995
Mozart und Mannheim, Kongreßbericht Mannheim 1991, Frankfurt a. M. u. a. 1994 (= Quellen und Studien zur Geschichte der Mannheimer Hofkapelle 2)
Dexter Edge, *Mozart's Reception in Vienna, 1787–1791*, in: W. A. Mozart. Essays on His Life and His Music, hrsg. von Stanley Sadie, Oxford 1996, 66–117
John Jenkins, *Mozart and the English Connection*, London 1998
Harald Salfellner, *Mozart und Prag*, Furth im Wald / Prag 2000
Robert Münster, ›ich würde München gewis Ehre machen‹. *Mozart und der Kurfürstliche Hof zu München*, Weißenhorn 2002
Rudolph Angermüller, *Mozarts Reisen in Europa 1762–1791*, Bad Honnef 2004

H. Werküberlieferung und Quellengestalt

H.I. Archiv- und Bibliotheksbestände

Hellmut Federhofer, *Mozartiana im Musikaliennachlaß von Ferdinand Bischoff*, in: MJb 1965/66, 15–38
Dmitri Kolbin, *Autographe Mozarts und seiner Familie in der UdSSR*, in: MJb 1968/70, 281–303
Wolfgang Plath, *Mozartiana in Fulda und Frankfurt (Neues zu Heinrich Henkel und seinem Nachlaß)*, in: MJb 1968/70, 333–386
Die Musikaliensammlung der Erzabtei St. Peter in Salzburg. Katalog. Erster Teil. Leopold und W. A. Mozart, Joseph und Michael Haydn, hrsg. von Manfred Hermann Schmid, Salzburg 1970 (= Schriftenreihe der ISM 3/4)
W. A. Mozart. Autographe und Abschriften. Katalog, bearbeitet von Hans-Günter Klein, Berlin 1982 (= Staatsbibliothek Preußischer Kulturbesitz. Kataloge der Musikabteilung 1/6)
Alexander Hyatt King, *A Mozart Legacy. Aspects of the British Library Collections*, London 1984
Rudolph Angermüller, *Mozart-Autographe im Besitz der ISM*, in: Collectanea Mozartiana, redigiert von Cordula Roleff, Tutzing 1988, 165–176
Otto Biba, *Musikautographe von W. A. Mozart im Archiv der Gesellschaft der Musikfreunde in Wien*, in: dass., 193–200
Günter Brosche, *Die Originalhandschriften W. A. Mozarts in der Österreichischen Nationalbibliothek*, in: dass., 177–188
W. A. Mozart. Autographenverzeichnis, bearbeitet von Frank Ziegler, Berlin 1990 (= Handschrifteninventare / Deutsche Staatsbibliothek 12)

Katalog der Sammlung Anthony van Hoboken in der Musiksammlung der Österreichischen Nationalbibliothek, musikalische Erst- und Frühdrucke, Bde. 11 und 12: W. A. Mozart, bearbeitet von Karin Breitner, Tutzing 1991 und 1993

Josef Mančal, *Mozart-Schätze in Augsburg*, Augsburg 1995 (= Beiträge zur Leopold-Mozart-Forschung 3)

J. Rigbie Turner, *Mozart Manuscripts in the Pierpont Morgan Library. A Checklist*, in: Newsletter of the Mozart Society of America 1, 1997, 4–9

Denise P. Gallo, *Mozart Manuscripts in the Library of Congress. A Checklist*, in: dass. 3, 1999, 5–7

H.II. Autographe / Drucke

W. A. Mozarts Handschrift. In zeitlich geordneten Nachbildungen, hrsg. von Ludwig Schiedermair, Bückeburg / Leipzig 1919

Die Bedeutung der Zeichen Keil, Strich und Punkt bei Mozart. Fünf Lösungen einer Preisfrage, hrsg. von Hans Albrecht, Kassel / Basel / London 1957

Wolfgang Plath, *Beiträge zur Mozart-Autographie I. Die Handschrift Leopold Mozarts*, in: MJb 1960/61, 82–117

Wolfgang Plath, *Beiträge zur Mozart-Autographie II. Schriftchronologie 1770–1780*, in: MJb 1976/77, 131–173

Alan Tyson, *Mozart. Studies of the Autograph Scores*, Cambridge / Mass. / London 1987

Cliff Eisen, *The Mozarts' Salzburg Copyists: Aspects of Attribution, Chronology, Text, Style, and Performance Practice*, in: Mozart Studies 1, hrsg. von Cliff Eisen, Oxford 1991, 253–299 (und 8 Seiten Anhang)

Wolfgang Plath, *Mozart-Schriften. Ausgewählte Aufsätze*, hrsg. von Marianne Danckwardt, Kassel u.a. 1991 (= Schriftenreihe der ISM 9)

Gertraut Haberkamp, *Anzeigen und Rezensionen von Mozart-Drucken in Zeitungen und Zeitschriften I–IX*, in: Mozart Studien 1, 1992, 195–256; 2, 1993, 231–292; 3, 1993, 223–273; 5, 1995, 225–268; 7, 1997, 229–292; 8, 1998, 225–267; 10, 2001, 231–280; 11, 2002, 269–285; 12, 2003, 279–372

Alan Tyson, *Wasserzeichen-Katalog*, 2 Bde., Kassel u.a. 1992 (= NMA X/33/Abt. 2)

Cliff Eisen, *The Mozarts' Salzburg Music Library*, in: Mozart Studies 2, hrsg. von Cliff Eisen, Oxford 1997, 85–138

Robert Riggs, *Mozart's Notation of Staccato Articulation: a New Appraisal*, in: The Journal of Musicology 15, 1997, 230–277

Wolf-Dieter Seiffert, *Punkt und Strich bei Mozart*, in: Musik als Text, Kongreßbericht Gesellschaft für Musikforschung Freiburg im Breisgau 1993, Kassel u.a. 1998, Bd. 2, 133–143

Wolfgang Rehm, *Mozarts Nachlaß und die Andrés. Dokumente zur Verteilung und Verlosung von 1854*, Beiheft zur Festschrift Musikverlag Johann André, hrsg. von Ute-Margrit André, Offenbach 1999

H.III. Echtheit

Wolfgang Plath, *Zur Echtheitsfrage bei Mozart*, in: MJb 1971/72, 19–36

Martin Staehelin, *Zur Echtheitsproblematik der Mozartschen Bläserkonzertante*, in: MJb 1971/72, 56–62

Die Sinfonie KV 16a ›del Sigr. Mozart‹, hrsg. von Jens Peter Larsen / Kamma Wedin, Odense 1987

Robert D. Levin, *Who Wrote the Mozart Four-wind Concertante?*, Stuyvesant / N.Y. 1988

Harald Strebel, *Zur Echtheitsfrage des ›Maurergesangs‹ ›Laßt uns mit geschlungenen Händen‹ KV 623a*, in: MJb 1989/90, 115–139

Alan Tyson, *Mozart's D-major Horn Concerto. Questions of Date and of Authenticity*, in: Festschrift Jan LaRue, hrsg. von Eugene K. Wolf, Madison / Wis. 1990, 425–440

Ernst Hintermaier, *Zur Urheberschaft des Introitus ›Cibavit eos‹ KV 44 (73u). Mozarts mißglückter Transkriptionsversuch einer mensural notierten Musik*, in: MJb 1991, 509–517

Opera incerta. Echtheitsfragen als Problem musikwissenschaftlicher Gesamtausgaben, hrsg. von Hanspeter Bennwitz u.a., Stuttgart 1991 (= Akademie der Wissenschaften und der Literatur. Abhandlungen der geistes- und sozialwissenschaftlichen Klasse Jahrgang 1991, 11)

Joachim Brügge, *Opera incerta im Werk W. A. Mozarts. Das Flötenquartett C-Dur, KV 285b*, in: Mozart Studien 7, 1997, 199–215

Cliff Eisen, *Mozart and the Four-hand Sonata K. 19d*, in: Festschrift Alan Tyson, hrsg. von Sieghard Brandenburg, Oxford/New York 1998, 91–99

Christoph-Hellmut Mahling, *Nochmals Bemerkungen zum Violinkonzert D-Dur KV 271a (271i)*, in: MJb 2001, 101–108

I. Schaffensweise

I.I. Allgemein

Joseph Heinz Eibl, *Ein Brief Mozarts über seine Schaffensweise?*, in: ÖMZ 35, 1980, 578–593

Karl-Heinz Köhler, *Die Aussagefähigkeit des Berliner Mozart-Nachlasses (Überlieferung – Wirkungsgeschichte – Schaffensprinzipien). Studium zum Mozartbild der Gegenwart*, Habilitationsschrift Universität Halle 1981

Ulrich Konrad, *Mozarts Schaffensweise. Studien zu den Werkautographen, Skizzen und Entwürfen*, Göttingen 1992 (= Abhandlungen der Akademie der Wissenschaften in Göttingen, Philologisch-Historische Klasse, 3. Folge, 201)

Ulrich Konrad, *Neuentdecktes und wiedergefundenes Werkstattmaterial W. A. Mozarts. Erster Nachtrag zum Katalog der Skizzen und Entwürfe*, in: MJb 1995, 1–28

I.II. Skizzen und Fragmente

Mena Blaschitz, *Die Salzburger Mozart-Fragmente*, Diss. Universität Bonn 1924 (maschinenschriftlich)

Johann Zürcher, *Über einige Fragmente Mozarts. Fragen, Hypothesen, Vorschläge*, in: MJb 1980–83, 414–429

Alan Tyson, *The Mozart Fragments in the Mozarteum, Salzburg: a Preliminary Study of Their Chronology and Their Significance*, in: JAMS 34, 1981, 471–510

Ulrich Konrad, *Bemerkungen zu Problemen der Edition von Mozart-Skizzen*, in: Mf 44, 1991, 331–345

Robert L. Marshall, *Mozart's Unfinished. Some Lessons of the Fragments*, in: MJb 1991, 910–921

Alan Tyson, *Proposed New Dates for Many Works and Fragments Written by Mozart from March 1781 to December 1791*, in: Mozart Studies 1, hrsg. von Cliff Eisen, Oxford 1991, 213–226

Christoph Wolff, *Musikalische Gedanken und thematische Substanz. Analytische Aspekte der Mozart-Fragmente*, in: MJb 1991, 922–929

Ulrich Konrad, *Fragment bei Mozart*, in: AMoz 39, 1992, 36–51

Manfred Hermann Schmid, *Eine unbekannte Klavierfuge Mozarts von 1782. Zum Tübinger Fragment des Autographs*, in: Mozart Studien 3, 1993, 11–36

Dieter Torkewitz, *Fragment und Ergänzung. Die Fragmente der Sinfonia concertante in A KV 320e (Anh. 104) und des Konzerts in D KV 315f (Anh. 56)*, in: Kongreßbericht Baden–Wien 1991, Tutzing 1993, 961–977

Ulrich Konrad, *Mozarts Skizzen*, in: AMoz 45, 1998, 45–58

J. Werkanalyse (Form, Stil, Gehalt)

J.I. Mozart-Analyse allgemein

Robert Lach, *W. A. Mozart als Theoretiker*, Wien 1918

Donald Francis Tovey, *Essays in Musical Analysis*, London/New York/Toronto 1935–1939, diverse Auflagen

Donald Francis Tovey, *Essays in Musical Analysis. Chamber Music*, London 1944, diverse Auflagen

Hellmut Federhofer, *Mozart als Schüler und Lehrer in der Musiktheorie*, in: MJb 1971/72, 89–106

Wolfgang Plath u.a., *Typus und Modell in Mozarts Kompositionsweise*, in: MJb 1973/74, 145–178
Rudolf Kelterborn, *Zum Beispiel Mozart. Ein Beitrag zur musikalischen Analyse*, Kassel u.a. 1981
Gunthard Born, *Mozarts Musiksprache. Schlüssel zu Leben und Werk*, München 1985
Joachim Brügge, *Zum Personalstil W. A. Mozarts. Untersuchungen zu Modell und Typus am Beispiel der ›Kleinen Nachtmusik‹ KV 525*, Wilhelmshaven 1995 (= Taschenbücher zur Musikwissenschaft 121)
Volker Helbing/Michael Polth, *Was lernte man im Kompositionsunterricht? Thomas Attwoods Studien bei W. A. Mozart*, in: Berliner Beiträge zur Musikwissenschaft. Beiheft zur Neuen Berlinischen Musikzeitung 10, 1995, Heft 1, 9–32
Harold S. Powers, *Reading Mozart's Music. Text and Topic, Sense and Syntax*, in: Current Musicology 57, 1995, 5–44
Mozartanalyse im 19. und frühen 20. Jahrhundert. Kongreßbericht Salzburg 1996, Laaber 1999 (= Schriften zur musikalischen Hermeneutik 6)
Ulrich Konrad, *Leben – Werk – Analyse. Vorläufige Gedanken zu Form und Funktion der Analyse in der Mozart-Biographik von 1800 bis 1920*, in: dass., 29–62

J.II. Aspekte der Form

Malcolm Stanley Cole, *Mozart Rondo Finales with Changes of Meter and Tempo*, in: Studia Musicologica Academiae Scientiarum Hungaricae 16, 1974, 25–53
Nors S. Josephson, *Veränderte Reprisen in Mozarts späten Menuetten*, in: MJb 1976/77, 59–69
Wolfgang Budday, *Über ›Form‹ und ›Inhalt‹ in Menuetten Mozarts*, in: AfMw 44, 1987, 58–89
Ludwig Finscher, *Zur Coda bei Mozart*, in: Festschrift Hellmut Federhofer, hrsg. von Christoph-Hellmut Mahling, Tutzing 1988, 79–94 (= Mainzer Studien zur Musikwissenschaft 21)
Esther Cavett-Dunsby, *Mozart's Variations Reconsidered. Four Case Studies (K.613, K.501 and the Finales of K.421 (417b) and K.491)*, New York/London 1989
James Webster, *The Analysis of Mozart's Arias*, in: Mozart Studies 1, hrsg. von Cliff Eisen, Oxford 1991, 101–199
Wolfgang Budday, *Das ›Rondeau‹ im frühen Instrumentalschaffen Mozarts. Anhang: Zur Echtheitsfrage der vierhändigen Klaviersonate KV 19d*, in: Mozart Studien 8, 1998, 75–102

J.III. Aspekte des Stils

Fausto Torrefranca, *Le Origini dello stile Mozartiano*, in: Rivista musicale italiana 28, 1921, 263–308; 33, 1926, 321–342, 505–529; 34, 1927, 1–33, 169–189, 493–511; 36, 1929, 373–407; nicht fortgesetzt; Anfang des Beitrags: *Intermezzo di date e documenti*, in: Rivista musicale italiana 28, 1921, 140–167, 291–331
Werner Lüthy, *Mozart und die Tonartencharakteristik*, Straßburg 1931 (= Sammlung musikwissenschaftlicher Abhandlungen 3)
Carl Thieme, *Der Klangstil des Mozartorchesters. Ein Beitrag zur Instrumentationsgeschichte des 18. Jahrhunderts*, Borna-Leipzig 1936
Alfred Einstein, *Mozart's Choice of Keys*, in: MQ 27, 1941, 415–421
Hans T. David, *Mozartean Modulations*, in: MQ 42, 1956, 193–212
Edward Joseph Dent/Erich Valentin, *Der früheste Mozart*, München 1956
Hans Engel, *Mozarts Instrumentation*, in: MJb 1956, 51–74
Les Influences étrangères dans l'œuvre de W. A. Mozart, hrsg. von André Verchaly, Paris 1956
Edward E. Lowinsky, *On Mozart's Rhythm*, in: MQ 42, 1956, 162–186; auch in: ders., Music in the Culture of the Renaissance and other Essays, Chicago/Ill. 1989, 911–928
Walther Siegmund-Schultze, *Mozarts Melodik und Stil. Eine Studie*, Leipzig 1957
Friedrich Neumann, *Der Typus des Stufenganges der Mozartschen Sonatendurchführung*, in: MJb 1959, 247–261
Friedrich Neumann, *Zur formalen Anlage des Seitensatzes der Sonatenform bei Mozart*, in: MJb 1960/61, 219–232
Günther Massenkeil, *Untersuchungen zum Problem der Symmetrie in der Instrumentalmusik W. A. Mozarts*, Wiesbaden 1962
Stanley Sadie, *Mozart, Bach and Counterpoint*, in: MT 105, 1964, 23f.

Bibliographie

Hermann Beck, *Harmonisch-melodische Modelle bei Mozart*, in: MJb 1967, 90–99
Hellmut Federhofer, *Die Harmonik als dramatischer Ausdrucksfaktor in Mozarts Meisteropern*, in: MJb 1968/70, 77–87
Charles Rosen, *The Classical Style. Haydn, Mozart, Beethoven*, London/Boston 1971; diverse Auflagen und Ausgaben, überarbeitet 1976; erweitert London/New York ³1997 mit CD; deutsch München/Kassel u. a. 1983; zuletzt Kassel u. a. ⁴2003
Rudolf Stephan, *Über Mozarts Kontrapunkt*, in: Festschrift Hermann Heimpel, hrsg. von den Mitarbeitern des Max-Planck-Instituts für Geschichte, Göttingen 1971, 599–606; auch in: Neue Zeitschrift für Musik 133, 1972, Heft 4, 183–186; sowie in: ders., *Vom musikalischen Denken. Gesammelte Vorträge*, hrsg. von Rainer Damm/Andreas Traub, Mainz u. a. 1985, 25–29
Emil Hradecky, *Der übermäßige Dreiklang im Schaffen W. A. Mozarts. Ein musiktheoretischer Beitrag zu Mozarts Rolle in der Entwicklungsgeschichte der neuzeitlichen Tonsprache*, in: MJb 1971/72, 107–119
Wilhelm Seidel, *Über Mozarts Rhythmus*, in: Kongreßbericht Gesellschaft für Musikforschung Berlin 1974, Kassel u. a. 1980, 603–605
Isabelle Putnam Emerson, *The Role of Counterpoint in the Formation of Mozart's late Style*, Diss. Columbia University 1977 (= UMI AAT 7717643)
Uri Toeplitz [Teplîs], *Die Holzbläser in der Musik Mozarts und ihr Verhältnis zur Tonartwahl*, Baden-Baden 1978 (= Sammlung musikwissenschaftlicher Abhandlungen 62)
Constantin Floros, *Mozart-Studien I. Zu Mozarts Sinfonik, Opern- und Kirchenmusik*, Wiesbaden 1979
Floyd K. Grave, *›Rhythmic Harmony‹ in Mozart*, in: The Music Review 41, 1980, 87–102
Nicole Schwindt-Gross, *Drama und Diskurs. Zur Beziehung zwischen Satztechnik und motivischem Prozeß am Beispiel der durchbrochenen Arbeit in den Streichquartetten Mozarts und Haydns*, Laaber 1989 (= Neue Heidelberger Studien zur Musikwissenschaft 15)
Reinhold Schlötterer, *Beobachtungen zur Enharmonik bei Mozart*, in: Festschrift Rudolf Bockholdt, hrsg. von N. Dubowy/Sören Meyer-Eller, Pfaffenhofen 1990, 217–232
Wye J. Allanbrook, *Mozart's Tunes and the Comedy of Closure*, in: On Mozart, hrsg. von James M. Morris, Cambridge/Washington/D.C. 1994, 169–186
Cliff Eisen, *Mozart e l'Italia: Il ruolo di Salisburgo*, in: Rivista Italiana di Musicologia 30, 1995, 51–84
Daniel Heartz, *Haydn, Mozart and the Viennese School, 1740–1780*, New York/London 1995
Wolfgang Hoffmann, *Terz-Sext-Klangreihen bei W. A. Mozart. Zur Behandlung eines mittelalterlichen Klangverfahrens im Tonsatz Mozarts*, in: AfMw 53, 1996, 105–123
Marianne Danckwardt, *›muß accurat mit den gusto, forte und piano, wie es steht, gespiellt werden‹. Funktionen der Dynamik bei Mozart*, in: MJb 1997, 293–316
Bernhard Grundner, *Besetzung und Behandlung der Bläser im Orchester Mozarts am Beispiel der Opern*, München 1998
Johannes Menke, *Mozarts Harmonik: Süßer Wohlklang oder bizarre Eigenwilligkeit?*, in: AMoz 46, 1999, 33–43
Peter Jost, *Mozarts Instrumentation anhand autographer Quellen*, in: MJb 2001, 133–150
Petra Weber-Bockholdt, *F-Dur in Mozarts Opern*, in: MJb 2001, 181–189

K. Aufführungspraxis

Rudolf Elvers, *Untersuchungen zu den Tempi in Mozarts Instrumentalmusik*, Diss. Berlin 1953 (maschinenschriftlich)
Eva und Paul Badura-Skoda, *Mozart-Interpretation*, Wien/Stuttgart 1957
Carl Bär, *Zum Begriff des ›Basso‹ in Mozarts Serenaden*, in: MJb 1960/61, 133–155
Linda Faye Ferguson, *›Col basso‹ and ›Generalbass‹ in Mozart's Keyboard Concertos. Notation, Performance Theory, and Practice*, Diss. Princeton University 1983 (= UMI AAT 8316796)
Frederick Neumann, *Ornamentation and Improvisation in Mozart*, Princeton/N. J./Oxford 1986, Paperback 1989
Dieter Gutknecht, *Aufführungspraktische Probleme im Werk W. A. Mozarts. Zum gegenwärtigen Stand der Forschung*, in: Generalbaßspiel im 17. und 18. Jahrhundert, Kongreßbericht Blankenburg/Harz 1986, Michaelstein/Blankenburg 1987, 82–86 (= Studien zur Aufführungspraxis und Interpretation der Musik des 18. Jahrhunderts 32)

Jean-Pierre Marty, *The Tempo Indications of Mozart*, New Haven / Conn. / London 1988
Klaus Miehling, *Das Tempo bei Mozart*, in: MJb 1991, 625–632
W. A. Mozart. Ein Beitrag zum 200. Todestag. Aufführungspraxis – Interpretation – Edition, hrsg. von Eitelfriedrich Thom, Michaelstein / Blankenburg 1991 (= Studien zur Aufführungspraxis und Interpretation der Musik des 18. Jahrhunderts 44)
Performing Mozart's music. I–III, Sonderhefte Early Music 19, 1991, Heft 3 und 20, 1992, Heft 1/2
Perspectives on Mozart Performance, hrsg. von R. Larry Todd / Peter Williams, Cambridge u. a. 1991
Clemens-Christoph von Gleich, *Mozart, Takt und Tempo. Neue Anregungen zum Musizieren*, München / Salzburg 1993
Der Hammerflügel von Anton Walter aus dem Besitz von W. A. Mozart. Befund – Dokumentation – Analyse, hrsg. von Rudolph Angermüller / Alfons Huber, Salzburg 2000

L. Vokalmusik (Geistliche Werke)

L.I. Allgemein

Karl Gustav Fellerer, *Mozarts Kirchenmusik*, Salzburg 1955; *Die Kirchenmusik W. A. Mozarts*, Laaber 1985
Karl Pfannhauser, *Mozarts kirchenmusikalische Studien im Spiegel seiner Zeit und Nachwelt*, in: Kirchenmusikalisches Jahrbuch 43, 1959, 155–198
Monique Vachon, *La Fugue dans la musique religieuse de W. A. Mozart*, Québec 1970
Manfred Hermann Schmid, *Mozart und die Salzburger Tradition*, 2 Bde., Tutzing 1976
Mozarts Kirchenmusik, hrsg. von Harald Schützeichel, Freiburg im Breisgau 1992

L.II. Messen und Requiem

Georg Reichert, *Mozarts ›Credo-Messen‹ und ihre Vorläufer*, in: MJb 1955, 117–144
Friedrich Blume, *Requiem but no Peace*, in: MQ 47, 1961, 147–169; auch in: *The Creative World of Mozart*, hrsg. von Paul Henry Lang, New York 1963, 1991, 103–126; deutsch *Requiem und kein Ende*, in: ders., Syntagma musicologicum. Gesammelte Reden und Schriften 1, hrsg. von Martin Ruhnke, Kassel u. a. 1963, 714–734
Leopold Nowak, *Wer hat die Instrumentalstimmen in der Kyrie-Fuge des Requiems von W. A. Mozart geschrieben? Ein vorläufiger Bericht*, in: MJb 1973/74, 191–201
Alan Tyson, *The Dates of Mozart's Missa brevis KV 258 and Missa longa KV 262 (246a). An Investigation into His ›Klein-Querformat‹ Papers*, in: Festschrift Alfred Dürr, hrsg. von Wolfgang Rehm, Kassel u. a. 1983, 328–339
Bathia Churgin, *Beethoven and Mozart's Requiem: a New Connection*, in: The Journal of Musicology 5, 1987, 457–477
Richard Maunder, *Mozart's Requiem. On Preparing a New Edition*, Oxford 1988, Nachdruck 1992
Paul Moseley, *Mozart's Requiem: a Revaluation of the Evidence*, in: JRMA 114, 1989, 203–237
Franz Beyer, *Zur Neuinstrumentation des Mozart-Requiems – Eine Werkstattbetrachtung*, in: D. Hellmann u. a., Musikalische Aufführungspraxis und Edition. Johann Sebastian Bach, W. A. Mozart, Ludwig van Beethoven, Regensburg 1990, 81–121 (= Schriftenreihe der Hochschule für Musik in München 6)
Walther Brauneis, *›Dies irae, Dies illa – Tag des Zornes, Tag der Klage‹. Auftrag, Entstehung und Vollendung von Mozarts ›Requiem‹*, in: Jahrbuch des Vereins für Geschichte der Stadt Wien 47/48, 1991/92, 33–50
Walther Brauneis, *Exequien für Mozart. Archivfund über das Seelenamt für W. A. Mozart am 10. November 1791 in der Wiener Michaelerkirche*, in: Singende Kirche 38, 1991, 8–11
Requiem, W. A. Mozart 1791/1991. Ausstellungskatalog Wien, hrsg. von Günter Brosche, Graz 1991
Christoph Wolff, *Mozarts Requiem. Geschichte · Musik · Dokumente. Partitur des Fragments*, München / Kassel u. a. 1991, [...] *Mit Studienpartitur*, Kassel u. a. ⁴2003
Hermann Jung, *Ein Torso und seine Vollender. Zu den Ergänzungen von Mozarts Missa c-Moll KV 427 (417a)*, in: Kongreßbericht Baden – Wien 1991, Tutzing 1993, 677–684

Manfred Hermann Schmid, *Das Kyrie der c-moll-Messe KV 427. Textdarstellung und Form in Mozarts Vertonungen des ersten Messensatzes*, in: Mozart Studien 2, 1993, 181–230

Ulrich Konrad, ›*Requiem, aber keine Ruhe*‹. *Mozarts Requiem – Geschichte und Ergänzungsversuche*, in: AMoz 41, 1994, 65–78

Silke Leopold, *Händels Geist in Mozarts Händen. Zum ›Qui tollis‹ aus der c-Moll-Messe KV 427*, in: MJb 1994, 89–111

Manfred Hermann Schmid, *Bildintentionen in Mozarts c-Moll-Messe*, in: AMoz 42, 1995, 2–12

Manfred Schuler, *Mozarts Requiem in der Tradition gattungsgeschichtlicher Topoi*, in: Festschrift Ludwig Finscher, hrsg. von Annegrit Laubenthal, Mitarbeit Kara Kusan-Windweh, Kassel u. a. 1995, 317–327

Matthias Korten, *Mozarts Requiem KV 626. Ein Fragment wird ergänzt*, Frankfurt a.M. u.a. 2000 (= Europäische Hochschulschriften 36/199)

Ulrich Konrad, *Sigismund von Neukomm: Libera me, Domine d-Moll NV 186. Ein Beitrag zur liturgischen Komplettierung von W. A. Mozarts Requiem d-Moll KV 626*, in: Festschrift Gertraut Haberkamp, hrsg. von der Bischöflichen Zentralbibliothek Regensburg durch Paul Mai, Tutzing 2002, 425–434

L.III. Litaneien, Vespern und sonstige geistliche Werke

Renate Federhofer-Königs, *Mozarts ›Lauretanische Litaneien‹ KV 109 (74e) und 195 (186d)*, in: MJb 1967, 111–120

Horst Weber, *Mozart und andere. La Betulia liberata-Vertonungen im Vergleich*, in: Festschrift Günther Massenkeil, hrsg. von Rainer Cadenbach / Helmut Loos, Bonn 1986, 151–178

Walther Brauneis, ›*Wir weihen diesen Ort zum Heiligtum ...*‹. *Marginalien zur Uraufführung von Mozarts ›Kleiner Freimaurer-Kantate‹ und des ihm zugeschriebenen Kettenliedes ›Zum Schluß der Loge‹*, in: ÖMZ 48, 1993, 12–16

Bernd Edelmann, *Dichtung und Komposition in Mozarts ›Ave verum corpus‹ KV 618*, in: Mozart Studien 2, 1993, 11–55

Robert Münster, *Die beiden Fassungen der Motette ›Exsultate, jubilate‹ KV 165*, in: dass. 2, 1993, 119–133

Ulrich Haspel, *Mozarts Vespermusiken und ihr Salzburger Umfeld*, Diss. Würzburg 1996

Wolfgang Hoffmann, *Satztechnische Bemerkungen zu Mozarts ›Ave verum corpus‹ KV 618*, in: Mozart Studien 8, 1998, 113–124

Magda Marx-Weber, *W. A. Mozart's Miserere K 85/73*, in: Festschrift Andrew D. McCredie, hrsg. von Graham Strahle / David Swale, Wilhelmshaven 1998, 117–120

Bernd Krause, *Talentprobe mit kleinen Fehlern. Zu W. A. Mozarts Chorus ›God is our Refuge‹ KV 20*, in: MJb 1999, 35–47

Ulrike Aringer-Grau, *Marianische Antiphonen von W. A. Mozart, Johann Michael Haydn und ihren Salzburger Zeitgenossen*, Tutzing 2002 (= Münchner Veröffentlichungen zur Musikgeschichte 60)

M. Lieder und Kanons

Albert Dunning, *Mozarts Kanons. Eine Studie*, in: MJb 1971/72, 227–240

Ernst August Ballin, *Das Wort-Ton-Verhältnis in den klavierbegleiteten Liedern Mozarts*, Kassel / Basel / London 1984 (= Schriftenreihe der ISM 8)

Stefan Kunze, *Mozart und die Tradition des Bühnenlieds. Zur Bestimmung eines musikdramatischen Genres*, in: Festschrift Wolfgang Osthoff, hrsg. von Martin Just / Reinhard Wiesend, Tutzing 1989, 229–278

Ulrich Konrad, *Zu Mozarts Lied ›Die Verschweigung‹ KV 518*, in: MJb 1989/90, 99–113

Marie-Agnes Dittrich, *Ein ›Blick in das gelobte Land des späteren Schubertschen Liedes‹? Zur Harmonik in Mozarts Liedern*, in: Kongreßbericht Baden – Wien 1991, Tutzing 1993, 537–554

Peter Schleuning, *Das Veilchen zwischen Berg und Tal. Mozarts Lied auf den ersten, zweiten und dritten Blick*, in: Perspektiven einer Geschichte abendländischen Musikhörens, hrsg. von Wolfgang Gratzer, Laaber 1997, 151–174 (= Schriften zur musikalischen Hermeneutik 7)

Ute Jung-Kaiser, ›*Erzeugt von heißer Phantasie*‹. *Mozarts Dramatisierungskunst auf allerkleinstem Raum*, in: Intime Textkörper. Der Liebesbrief in den Künsten, hrsg. von ders., Frankfurt a. M. u. a. 2004, 117–155

N. Bühnenwerke

N.I. Opern und Singspiele

N.I.1. Allgemein und Werkgruppen

Edward Joseph Dent, *Mozart's Operas. A Critical Study*, London 1913, diverse Auflagen und Ausgaben, Nachdruck zuletzt London 1994; deutsch Berlin [1922]
Alfred Lorenz, *Das Finale in Mozarts Meisteropern*, in: Die Musik 19, 1926/27, 621–632
Egon Komorzynski, *Emanuel Schikaneder. Ein Beitrag zur Geschichte des deutschen Theaters*, Wien 1951
Aloys Greither, *Die sieben grossen Opern Mozarts. Versuche über das Verhältnis der Texte zur Musik*, Heidelberg 1956, erweitert ²1970, ³1977
Anna Amalie Abert, *Die Opern Mozarts*, Wolfenbüttel 1970
William Mann, *The Operas of Mozart*, London 1977
Frits R. Noske, *The Signifier and the Signified. Studies in the Operas of Mozart and Verdi*, Den Haag 1977; Nachdruck Oxford 1990
Charles Osborne, *The Complete Operas of Mozart. A Critical Guide*, London 1978, diverse Ausgaben, zuletzt London 1997
Carolyn Gianturco, *Mozart's Early Operas*, London 1981
Wye J. Allanbrook, *Rhythmic Gesture in Mozart. Le Nozze di Figaro & Don Giovanni*, Chicago / Ill. / London 1983, Paperback 1986
Stefan Kunze, *Mozarts Opern*, Stuttgart 1984, ²1996
John Platoff, *Music and Drama in the ›Opera Buffa‹ Finale. Mozart and His Contemporaries in Vienna, 1781–1790*, Diss. University of Pennsylvania 1984 (= UMI AAT 8422933)
Ivan Nagel, *Autonomie und Gnade. Über Mozarts Opern*, München / Wien 1985, verändert ³1988, München / Kassel / Basel / London 1991
Rudolph Angermüller, *Mozart. Die Opern von der Uraufführung bis heute*, Frankfurt a. M. 1988
Andrew Steptoe, *The Mozart-Da Ponte Operas. The Cultural and Musical Background to Le nozze di Figaro, Don Giovanni, and Così fan tutte*, Oxford / New York 1988
Rudolph Angermüller, *Vom Kaiser zum Sklaven. Personen in Mozarts Opern. Mit bibliographischen Notizen über die Mozart-Sänger der Uraufführung und Mozarts Librettisten*, Salzburg 1989
W. A. Mozart. *Sämtliche Opernlibretti*, hrsg. von Rudolph Angermüller, Stuttgart 1990
The Librettos of Mozart's Operas, 7 Bde., hrsg. von Ernest Warburton, New York / London 1992
Mozarts Opernfiguren. Grosse Herren, rasende Weiber – gefährliche Liebschaften, hrsg. von Dieter Borchmeyer, Bern / Stuttgart / Wien 1992
Nicholas Till, *Mozart and the Enlightenment. Truth, Virtue and Beauty in Mozart's Operas*, London / Boston 1992, Paperback 1993
Paolo Gallarati, *La forza delle parole. Mozart drammaturgo*, Turin 1993
Manfred Hermann Schmid, *Italienischer Vers und musikalische Syntax in Mozarts Opern*, Tutzing 1994 (= Mozart Studien 4)
Daniel Heartz, *Mozart and Da Ponte*, in: MQ 79, 1995, 700–718
Opera Buffa in Mozart's Vienna, hrsg. von Mary Hunter / James Webster, Cambridge u. a. 1997
Dorothea Link, *The National Court Theatre in Mozart's Vienna. Sources and Documents 1783–1792*, Oxford 1998
John A. Rice, *Antonio Salieri and Viennese Opera*, Chicago / Ill. / London 1998
Ludwig Stoffels, *Drama und Abschied. Mozart – die Musik der Wiener Jahre*, Zürich / Mainz 1998
Mary Hunter, *The Culture of Opera Buffa in Mozart's Vienna. A Poetics of Entertainment*, Princeton / N. J. 1999
Helga Lühning, *Mozart und Metastasio*, in: HJb 45, 1999, 96–116
Richard Armbruster, *Das Opernzitat bei Mozart*, Kassel u. a. 2001 (= Schriftenreihe der ISM 13)

N.I.2. Frühe Werke (vor Idomeneo)

Sibylle Dahms, *Mozarts Festa teatrale ›Ascanio in Alba‹*, in: ÖMZ 31, 1976, 15–24
Klaus Hortschansky, *Mozarts Ascanio in Alba und der Typus der Serenata*, in: AnMl 18, 1978, 148–159
Kathleen Kuzmick Hansell, *Opera and Ballet at the Regio Ducal Teatro of Milan, 1771–1776. A Musical and Social history*, Diss. University of California, Berkeley 1980 (= UMI AAT 8029419)
Volker Mattern, *Das Dramma giocoso La finta giardiniera. Ein Vergleich der Vertonungen von Pasquale Anfossi und W. A. Mozart*, Laaber 1989 (= Neue Heidelberger Studien zur Musikwissenschaft 13)
Linda Tyler, *Bastien und Bastienne: The Libretto, Its Derivation, and Mozart's Text-Setting*, in: The Journal of Musicology 8, 1990, 520–552
Linda L. Tyler, *›Zaide‹ in the Development of Mozart's Operatic Language*, in: ML 72, 1991, 214–235
Christian Esch, *›Lucio Silla‹. Vier Opera-Seria-Vertonungen aus der Zeit zwischen 1770 und 1780*, Baden-Baden 1994 (= Sammlung musikwissenschaftlicher Abhandlungen 88/89)
Intorno all'Ascanio in Alba di Mozart: Una festa teatrale a Milano, hrsg. von Guido Salvetti, Lucca 1995
Philipp Adlung, *Mozarts Opera seria ›Mitridate, re di Ponto‹*, Eisenach 1996 (= Hamburger Beiträge zur Musikwissenschaft 46)
Stefan Kunze, *Unvergleichlich komponiert, aber nicht theatralisch. Komödienstruktur, Rollentypologie und Situation in Mozarts ›Finta semplice‹*, in: Mozart Studien 6, 1996, 257–275
Helga Lühning, *Mozarts Auseinandersetzung mit der Da capo-Arie in Mitridate, re di Ponto*, in: MJb 2001, 427–461

N.I.3. Idomeneo

Idomeneo, Kongreßbericht Salzburg 1973, in: MJb 1973/74, 7–190
W. A. Mozart. Idomeneo. 1781–1981, hrsg. von Rudolph Angermüller / Robert Münster, München / Zürich 1981 (= Bayerische Staatsbibliothek. Ausstellungskatalog 24)
Julian Rushton, *W. A. Mozart. Idomeneo*, Cambridge u. a. 1993 (= Cambridge Opera Handbooks)
Karl Böhmer, *W. A. Mozarts Idomeneo und die Tradition der Karnevalsopern in München*, Tutzing 1999 (= Mainzer Studien zur Musikwissenschaft 39)

N.I.4. Die Entführung aus dem Serail

Thomas Bauman, *W. A. Mozart. Die Entführung aus dem Serail*, Cambridge u. a. 1987 (= Cambridge Opera Handbooks)
Wolfgang Sulzer, *Christoph Friedrich Bretzner. Sein Anteil an Mozarts ›Entführung aus dem Serail‹*, in: MitISM 38, 1990, 49–87
Manfred Hermann Schmid, *Die Romanze des Pedrillo aus Mozarts ›Entführung‹*, in: Festschrift Gerhard Croll, hrsg. von Wolfgang Gratzer / Andrea Lindmayr, Laaber 1992, 305–314
Ulrich Konrad, *›mithin liess ich meinen gedanken freyen lauf –‹. Erste Überlegungen und Thesen zu den ›Fassungen‹ von W. A. Mozarts ›Die Entführung aus dem Serail‹ KV 384*, in: Opernkomposition als Prozeß, hrsg. von Werner Breig, Kassel u. a. 1996, 47–64 (= Musikwissenschaftliche Arbeiten 29)

N.I.5. Le nozze di Figaro

Siegmund Levarie, *Mozart's Le nozze di Figaro. A Critical Analysis*, Chicago / Ill. 1952, Nachdruck New York 1977
Karl-Heinz Köhler, *Mozarts Kompositionsweise – Beobachtungen am Figaro-Autograph*, in: MJb 1967, 31–45
Wolfgang Ruf, *Die Rezeption von Mozarts ›Le Nozze di Figaro‹ bei den Zeitgenossen*, Wiesbaden 1977 (= Beihefte zum AfMw 16)
Alan Tyson, *Le nozze di Figaro. Lessons from the Autograph Score*, in: MT 122, 1981, 456–461
Tim Carter, *W. A. Mozart. Le nozze di Figaro*, Cambridge u. a. 1987 (= Cambridge Opera Handbooks)
Daniel Heartz, *Constructing Le nozze di Figaro*, in: JRMA 112, 1987, 77–98
Alan Tyson, *Some Problems in the Text of Le nozze di Figaro. Did Mozart have a Hand in Them?*, in: dass. 112, 1987, 99–131

Wye J. Allanbrook, *Opera seria Borrowings in Le nozze de Figaro. The Count's ›Vedrò mentr'io‹*, in: Studies in the History of Music 2, 1988, 83–96

Alan Tyson, *The 1786 Prague Version of Mozart's ›Le nozze di Figaro‹*, in: ML 69, 1988, 321–333

John Platoff, *Tonal Organization in ›Buffo‹ Finales and the Act II Finale of ›Le nozze di Figaro‹*, in: ML 72, 1991, 387–403

Arnold Feil, *Figaros Arie ›Non più andrai‹*, in: Mozart Studien 3, 1993, 137–141

Manfred Hermann Schmid, *Das Duett Almaviva – Susanna in Mozarts ›Figaro‹ oder: Wer hat Mitleid mit dem Grafen?*, in: AMoz 43, 1996, 45–60

N.I.6. Così fan tutte

Così fan tutte. Beiträge zur Wirkungsgeschichte von Mozarts Oper, hrsg. von Susanne Vill, Bayreuth 1978

Alan Tyson, *Notes on the Composition of Mozart's Così fan tutte*, in: JAMS 37, 1984, 356–401

Dorothea Link, *The Viennese Operatic Canon and Mozart's ›Così fan tutte‹*, in: MitISM 38, 1990, 111–121

Edmund J. Goehring, *The Comic Vision of ›Così fan tutte‹. Literary and Operatic Traditions*, Diss. Columbia University 1993 (= UMI AAT 9333774)

Bruce Alan Brown, *W. A. Mozart. Così fan tutte*, Cambridge u. a. 1995 (= Cambridge Opera Handbooks)

Gerhard Splitt, *Mozarts Musiktheater als Ort der Aufklärung. Die Auseinandersetzung des Komponisten mit der Oper im josephinischen Wien*, Freiburg im Breisgau 1998

Constanze Natošević, *›Così fan tutte‹. Mozart, die Liebe und die Revolution von 1789*, Kassel u. a. 2003

N.I.7. La clemenza di Tito

Tomislav Volek, *Über den Ursprung von Mozarts Oper ›La clemenza di Tito‹*, in: MJb 1959, 274–286

Helga Lühning, *Zur Entstehungsgeschichte von Mozarts ›Titus‹*, in: Mf 27, 1974, 300–318; dazu Bemerkungen von Joseph Heinz Eibl: in: Mf 28, 1975, 75–81; Helga Lühning, *Nochmal zum ›Titus‹ (Erwiderung)*, in: Mf 28, 1975, 311–314

Helga Lühning, *Titus-Vertonungen im 18. Jahrhundert. Untersuchungen zur Tradition der Opera seria von Hasse bis Mozart*, Laaber 1983 (= AnMl 20)

John A. Rice, *W. A. Mozart. La clemenza di Tito*, Cambridge u. a. 1991 (= Cambridge Opera Handbooks)

Sergio Durante, *Mozart and the Idea of Vera Opera. A Study of ›La Clemenza di Tito‹*, Diss. Harvard University 1993 (= UMI AAT 9330901)

Beate Hiltner, *La clemenza di Tito von W. A. Mozart im Spiegel der musikalischen Fachpresse zwischen 1800 und 1850*, Frankfurt a. M. u. a. 1994 (= Europäische Hochschulschriften 36/128)

Konrad Küster, *An Early Form in Mozart's Late Style: The Overture to La clemenza di Tito*, in: W. A. Mozart. Essays on His Life and His Music, hrsg. von Stanley Sadie, Oxford 1996, 477–482

Ludwig Finscher, *Zur Musikdramaturgie in Mozarts Clemenza di Tito*, in: Festschrift Christoph-Hellmut Mahling, hrsg. von Axel Beer/Kristina Pfarr/Wolfgang Ruf, Tutzing 1997, 361–369

Sergio Durante, *The Chronology of Mozart's ›La clemenza di Tito‹ Reconsidered*, in: ML 80, 1999, 560–594

N.I.8. Don Giovanni

Pierre Jean Jouve, *Le Don Juan de Mozart*, Fribourg 1942, überarbeitet ²1942, diverse Ausgaben; deutsch Salzburg/Wien 1990

Hans Heinrich Eggebrecht, *Versuch über die Wiener Klassik. Die Tanzszene in Mozarts ›Don Giovanni‹*, Wiesbaden 1972 (= Beihefte zum AfMw 12)

Stefan Kunze, *Don Giovanni vor Mozart. Die Tradition der Don-Giovanni-Opern im italienischen Buffa-Theater des 18. Jahrhunderts*, München 1972 (= Münchener Universitäts-Schriften 10)

Rainer Dammann, *Die ›Register-Arie‹ in Mozarts Don Giovanni, I, II*, in: AfMw 33, 1976, 278–308; 34, 1977, 56–78

Bibliographie

Karin Werner-Jensen, *Studien zur ›Don Giovanni‹-Rezeption im 19. Jahrhundert (1800–1850)*, Tutzing 1980 (= Frankfurter Beiträge zur Musikwissenschaft 8)
Julian Rushton, *W. A. Mozart. Don Giovanni*, Cambridge u. a. 1981, Nachdruck zuletzt 1999 (= Cambridge Opera Handbooks)
Martin Staehelin, *›Ah fuggi il traditor...‹. Bemerkungen zur zweiten Donna-Elvira-Arie in Mozarts Don Giovanni*, in: Festschrift Hermann Becker, hrsg. von Jürgen Schläder / Reinhold Quandt, Laaber 1982, 67–86
Sabine Henze-Döhring, *Opera seria, opera buffa und Mozarts Don Giovanni. Zur Gattungskonvergenz in der italienischen Oper des 18. Jahrhunderts*, Laaber 1986 (= AnMl 24)
Stefan Kunze, *Werkbestand und Aufführungsgestalt*, in: MJb 1987/88, 205–214
Wolfgang Rehm, *›Don Giovanni‹. Nochmals ›Prager Original‹ – ›Überarbeitung Wien‹ – ›Mischfassung‹*, in: MJb 1987/88, 195–203
Pedro Alcalde, *Strukturierung und Sinn. Die dramatische Funktion der musikalischen Form in Da Pontes und Mozarts Don Giovanni*, Frankfurt a. M. u. a. 1989 (= Europäische Hochschulschriften 36/76)
Alan Tyson, *Some Features of the Autograph Score of Don Giovanni. The Contributions that They may perhaps Make to Our Understanding of the Order in which Mozart Wrote much of It, and occasionally Revised It*, in: Israel Studies in Musicology 5, 1990, 7–26
Friedrich Dieckmann, *Die Geschichte Don Giovannis. Werdegang eines erotischen Anarchisten*, Frankfurt a. M. / Leipzig 1991
Friedhelm Krummacher, *Individueller Charakter und kompositorische Autonomie. Über Arienstrukturen in Mozarts ›Don Giovanni‹*, in: Gedenkschrift Anna Amalie Abert, hrsg. von Klaus Hortschansky, Tutzing 1997, 361–376

N.I.9. Zauberflöte

Alfons Rosenberg, *Die Zauberflöte. Geschichte und Deutung von Mozarts Oper*, München 1964, ergänzt ²1972, ³1981
Mozart. Ist die Zauberflöte ein Machwerk?, München 1978 (= Musik-Konzepte 3), ²1985
Christoph Wolff, *›O ew'ge Nacht! wann wirst du schwinden?‹ Zum Verständnis der Sprecherszene im ersten Finale von Mozarts ›Zauberflöte‹*, in: Festschrift Hans Heinrich Eggebrecht, hrsg. von Werner Breig, Stuttgart 1984, 234–247 (= Beihefte zum AfMw 23)
Michael Freyhan, *Toward the Original Text of Mozart's Die Zauberflöte*, in: JAMS 39, 1986, 355–380
Peter Branscombe, *W. A. Mozart. Die Zauberflöte*, Cambridge u. a. 1991, Nachdruck zuletzt 2002 (= Cambridge Opera Handbooks)
Judith A. Eckelmeyer, *The Cultural Context of Mozart's Magic Flute. Social, Aesthetic, Philosophical*, Lewiston / N. Y. 1991 (= Studies in the History & Interpretation of Music 34/35)
David J. Buch, *Fairy-Tale Literature and Die Zauberflöte*, in: Acta musicologica 64, 1992, 30–49
Dieter Borchmeyer, *Goethe, Mozart und Die Zauberflöte*, Göttingen 1994
Jessica Waldoff, *The Music of Recognition. Operatic Enlightenment in ›The Magic Flute‹*, in: ML 75, 1994, 214–235
Benjamin Perl, *Der Fall ›Zauberflöte‹. Mozarts Oper im Brennpunkt der Geschichte*, Darmstadt 2000
Der Stein der Weisen. Musiktheater im josephinischen Wien, hrsg. von Ulrich Konrad, Augsburg 2001 (= AMoz 48)

N.II. Musik zu Schauspielen, Pantomimen und Balletten

Gerhard Croll, *Bemerkungen zum Ballo Primo (KV Anh. 109/135a) in Mozarts Mailänder Lucio Silla*, in: AnMl 18, 1978, 160–165
Laurenz Lütteken, *›– es müsste nur blos der Musick wegen aufgeführt werden‹. Text und Kontext in Mozarts Thamos, König in Ägypten Melodrama*, in: Mozart und Mannheim, Kongreßbericht Mannheim 1991, Frankfurt a. M. u. a. 1994, 167–186
Konrad Küster, *Mozarts ›Thamos‹ und der Kontext*, in: AMoz 42, 1995, 124–143

N.III. Arien, Szenen, Ensembles und Chöre mit Orchester

Stefan Kunze, *Die Vertonungen der Arie ›Non sò d'onde viene‹ von J. Chr. Bach und von W. A. Mozart*, in: AnMl 2, 1965, 85–111

Sieghart Döhring, *Die Arienformen in Mozarts Opern*, in: MJb 1968/70, 66–76

Wolfgang Osthoff, *Mozarts Cavatinen und ihre Tradition*, in: Festschrift Helmuth Osthoff, hrsg. in Verbindung mit Wilhelm Stauder von Ursula Aarburg/ Peter Cahn, Tutzing 1969 (= Frankfurter musikhistorische Studien), 139–177

Stefan Kunze, *Mozarts Konzertarien*, in: MJb 1971/72, 140–148

Mozart und die ›Konzert-Arie‹ in der zweiten Hälfte des 18. Jahrhunderts. Perspektiven einer Gattung (= MJb 2000)

O. Instrumentalmusik: Orchestrale Gattungen

O.I. Sinfonien und Einzelstücke für Orchester

Simon Sechter, *Das Finale der Jupiter-Symphonie (C Dur) von W. A. Mozart*, um 1820; hrsg. von Friedrich Eckstein, Wien 1923

Robert S. Tangemann, *Mozart's Seventeen Epistle Sonatas*, in: MQ 32, 1946, 588–601

Johann Nepomuk David, *Die Jupiter-Symphonie. Eine Studie über die thematisch-melodischen Zusammenhänge*, Göttingen 1953, [5]1968

Stefan Kunze, *W. A. Mozart. Sinfonie G-Moll KV 550*, München 1968, verbessert und erweitert [2]1998 (= Meisterwerke der Musik 6)

Thomas Harmon, *The Performance of Mozart's Church Sonatas*, in: ML 51, 1970, 51–60

Alan Tyson, *The Two Slow Movements of Mozart's Paris Symphony K297*, in: MT 122, 1981, 17–21

Helmut Hell, *Mozarts Maurerische Trauermusik KV 477*, in: Festschrift Kurt Dorfmüller, hrsg. von Horst Leuchtmann/ Robert Münster, Tutzing 1984, 127–139

Cliff Eisen, *New Light on Mozart's ›Linz‹ Symphony, K. 425*, in: JRMA 113, 1988, 81–96

Stefan Kunze, *W. A. Mozart. Sinfonie in C-Dur KV 551. Jupiter-Sinfonie*, München 1988 (= Meisterwerke der Musik 50)

Neal Zaslaw, *Mozart's Symphonies. Context, Performance Practice, Reception*, Oxford u. a. 1989

Heinz Schuler, *Mozarts ›Maurerische Trauermusik‹ KV 477/479[a]. Eine Dokumentation*, in: MitISM 40, 1992, 46–70

Wolfgang Gersthofer, *Mozarts frühe Sinfonien (bis 1772). Aspekte frühklassischer Sinfonik*, Salzburg/ Kassel u. a. 1993 (= Schriftenreihe der ISM 10)

Elaine Rochelle Sisman, *Mozart: The ›Jupiter‹ Symphony No. 41 in C Major, K. 551*, Cambridge 1993 (= Cambridge Music Handbooks)

Cliff Eisen, *The Salzburg Symphonies: A Biographical Interpretation*, in: W. A. Mozart: Essays on His Life and His Music, hrsg. von Stanley Sadie, Oxford 1996, 178–212

Peter Gülke, *›Triumph der neuen Tonkunst‹. Mozarts späte Sinfonien und ihr Umfeld*, Kassel u. a. 1998

Marianne Danckwardt, *Nochmals zu den beiden ›Lambacher Sinfonien‹*, in: MJb 2001, 163–179

O.II. Konzerte

Cuthbert Morton Girdlestone, *Mozart et ses concertos pour piano*, Paris 1939; diverse Auflagen und Ausgaben

Arthur Hutchings, *A Companion to Mozart's Piano Concertos*, London/ New York/ Toronto 1948, überarbeitet [6]1980

Hans Tischler, *A Structural Analysis of Mozart's Piano Concertos*, Brooklyn/ N. Y. 1966

Alexander Hyatt King, *Mozart Wind and String Concertos*, London 1978, revidiert 1986

Jutta Ruile-Dronke, *Ritornell und Solo in Mozarts Klavierkonzerten*, Tutzing 1978 (= Münchner Veröffentlichungen zur Musikgeschichte 28)

Reinhard Strohm, *Merkmale italienischer Versvertonung in Mozarts Klavierkonzerten*, in: AnMl 18, 1978, 219–236

Das Horn bei Mozart, hrsg. von Hans Pizka, Kirchheim bei München 1980

Bibliographie

Bernd Sponheuer, *Zum Problem des doppelten Finales in Mozarts ›erstem‹ Klavierkonzert KV 175. Zwei Versuche der Synthetisierung von ›Gelehrtem‹ und ›Galantem‹*, in: AfMw 42, 1985, 102–120
Alan Tyson, *Mozart's Horn Concertos. New Datings and the Identification of Handwriting*, in: MJb 1987/88, 121–137
Ulrich Konrad, *Mozarts ›Gruppenkonzerte‹ aus den letzten Salzburger Jahren. Probleme der Chronologie und Deutung*, in: Festschrift Siegfried Kross, hrsg. von Reinmar Emans/Matthias Wendt, Bonn 1990, 141–157
Rudolf Bockholdt, *W. A. Mozart. Klavierkonzert D-Dur KV 451*, München 1991 (= Meisterwerke der Musik 59)
Konrad Küster, *Formale Aspekte des ersten Allegros in Mozarts Konzerten*, Kassel u. a. 1991
Manfred Hermann Schmid, *Variation oder Rondo? Zu Mozarts Wiener Finale KV 382 des Klavierkonzerts KV 175*, in: Mozart Studien 1, 1992, 59–80
Marion Brück, *Die langsamen Sätze in Mozarts Klavierkonzerten. Untersuchungen zur Form und zum musikalischen Satz*, München 1994 (= Studien zur Musik 12)
Manfred Hermann Schmid, *Ein Violinkonzert von Viotti als Herausforderung für Mozart und Haydn*, in: Mozart Studien 5, 1995, 149–171
Colin Lawson, *Mozart. Clarinet Concerto*, Cambridge 1996
Mozart's Piano Concertos. Text, Context, Interpretation, hrsg. von Neal Zaslaw, Ann Arbor/Mich. 1996
Sibylle Dahms, *Nochmals Mozarts Konzert mit dem ›Straßburger‹*, in: Mozart Studien 7, 1997, 171–182
Peter Gülke, *›Spielend erfinden, erfindend spielen‹. Versuch eines ›anderen‹ Blicks auf Mozarts Klavierkonzerte*, in: Festschrift Christoph-Hellmut Mahling, hrsg. von Axel Beer/Kristina Pfarr/Wolfgang Ruf, Tutzing 1997, 447–453
Marius Flothuis, *Mozarts Klavierkonzerte. Ein musikalischer Werkführer*, München 1998
Manfred Hermann Schmid, *Mozarts Hornkonzertsatz KV 370b*, in: Mozart Studien 8, 1998, 103–112
Ulrich Leisinger, *Mozarts ›Straßburger-Konzert‹ KV 216. Neue Hinweise zur Identifizierung*, in: AMoz 46, 1999, 108–112
Manfred Hermann Schmid, *Orchester und Solist in den Konzerten von W. A. Mozart*, Tutzing 1999 (= Mozart Studien 9)
Guido Brink, *Die Finalsätze in Mozarts Konzerten. Aspekte ihrer formalen Gestaltung und ihrer Funktion als Abschluß des Konzerts*, Kassel 2000 (= Kölner Beiträge zur Musikforschung 208)
Simon P. Keefe, *Mozart's Piano Concertos. Dramatic Dialogue in the Age of Enlightenment*, Woodbridge/Rochester/N. Y. 2001
Ulrich Konrad, *Rezeption, Innovation, Individuation. ›Intertextualität‹ zwischen der Symphonie Nr. 75 von Joseph Haydn und dem Klavierkonzert KV 450 von W. A. Mozart*, in: Festschrift Friedhelm Krummacher, hrsg. von Bernd Sponheuer u. a., Kassel u. a. 2001, 149–167 (= Kieler Schriften zur Musikwissenschaft 46)
John Irving, *Mozart's Piano Concertos*, Aldershot/Burlington 2003
[Michael Lorenz], *Altes Mozart-Rätsel gelöst* [zur Identifizierung von Victoire Jenamy als Widmungsträgerin von KV 271], in: ÖMZ 59, 2004, Heft 3/4, S. 78

O.III. Kassationen, Serenaden und Divertimenti für Orchester, Tänze

Günter Hausswald, *Mozarts Serenaden. Ein Beitrag zur Stilkritik des 18. Jahrhunderts*, Leipzig 1951; Nachdruck Wilhelmshaven 1975 (= Taschenbücher zur Musikwissenschaft 34)
Carl Bär, *Die Lodronschen Nachtmusiken*, in: MitISM 10/1–2, 1961, 19–22
Carl Bär, *Zum ›Nannerl-Septett‹ KV 251*, in: AMoz 9, 1962, 24–30
Carl Bär, *Die ›Andretterin-Musik‹. Betrachtungen zu KV 205*, in: AMoz 10, 1963, 30–37
Erik Smith, *Mozart Serenades, Divertimenti and Dances*, London 1982
Mozart in der Tanzkultur seiner Zeit, hrsg. von Walter Salmen, Innsbruck 1990
Andrea Lindmayr, *›Die 6 Menuett von Hayden gefallen mir besser als die ersten 12‹. Neues zu KV 104 (61e), KV 105 (61f) und KV 61gII*, in: MJb 1991, 418–430
Andrea Lindmayr-Brandl, *Mozarts frühe Tänze für Orchester. Überblick und Details*, in: MJb 1995, 29–58

P. Ensemblemusik für größere Solobesetzungen

Daniel N. Leeson / David Whitwell, *Concerning Mozart's Serenade in Bb for Thirteen Instruments, K. 361 (370a)*, in: MJb 1976/77, 97–130

Alan Tyson, *Notes on the Genesis of Mozart's ›Ein musikalischer Spaß‹, KV 522*, in: Festschrift Rudolf Elvers, hrsg. von Ernst Herttrich / Hans Schneider, Tutzing 1985, 505–518

Gesellschaftsgebundene instrumentale Unterhaltungsmusik des 18. Jahrhunderts, hrsg. von Hubert Unverricht, Tutzing 1992 (= Eichstätter Abhandlungen zur Musikwissenschaft 7)

Laurie-Jeanne Lister, *Humor as a Concept in Music. A Theoretical Study of Expression in Music, the Concept of Humor and Humor in Music with an Analytical Example – W. A. Mozart, Ein musikalischer Spaß, KV 522*, Frankfurt a.M. u.a. 1994 (= Publikationen des Instituts für Musikanalytik Wien 2)

Marina Lobanova, *›Ein musikalischer Spaß‹ von W. A. Mozart als Apotheose und Paradoxon der Klassik*, in: Hamburger Jahrbuch für Musikwissenschaft 13, 1995, 151–163

Thomas Müller, *Quasi una fantasia. Mozarts Serenade c-moll KV 388*, in: Musik & Ästhetik 5, 2001, Heft 20, 27–43

Q. Kammermusik

Q.I. Allgemein

Wilhelm Fischer, *Mozarts Weg von der begleiteten Klaviersonate zur Kammermusik mit Klavier*, in: MJb 1956, 16–34

Warren Kirkendale, *Fuge und Fugato in der Kammermusik des Rokoko und der Klassik*, Tutzing 1966

Alexander Hyatt King, *Mozart Chamber Music*, London 1968

James Webster, *The Scoring of Mozart's Chamber Music for Strings*, in: Festschrift Barry S. Brook, hrsg. von Allan W. Atlas, New York 1985, 259–296 (= Festschrift Series 5)

Vera Funk, *Klavierkammermusik mit Bläsern und Streichern in der 2. Hälfte des 18. Jahrhunderts*, Kassel u.a. 1995 (= Detmold-Paderborner Beiträge zur Musikwissenschaft 5)

Karl Marguerre, *Mozarts Kammermusik mit Klavier. Werkbetrachtungen und Hinweise zur Interpretation*, hrsg. von Charlotte Heath-Marguerre, Wilhelmshaven 1999

Thomas Schmidt-Beste, *Vom Streichquartett im Streichquintett. Zu Mozarts letzten Kammermusikwerken*, in: MJb 2001, 47–59

Walter Wiese, *Mozarts Kammermusik*, Winterthur 2001

Q.II. Werke für Quintettbesetzung

Sidney Newman, *Mozart's G Minor Quintet (K.516) and Its Relationship to the G Minor Symphony (K.550)*, in: The Music Review 17, 1956, 287–303

Ernst Hess, *Die ›Varianten‹ im Finale des Streichquintetts KV 593*, in: MJb 1960/61, 68–77

Marius Flothuis, *W. A. Mozart. Streichquintett g-moll, KV 516*, München 1987 (= Meisterwerke der Musik 44)

Isabelle Emerson, *A Question of Order: Andante, Minuet, or Minuet, Andante – Mozart's String Quintet in C Major, K. 515*, in: MJb 1989/90, 89–98

Mozarts Streichquintette. Beiträge zum musikalischen Satz, zum Gattungskontext und zu Quellenfragen, hrsg. von Cliff Eisen / Wolf-Dieter Seiffert, Stuttgart 1994

Eberhard Hüppe, *W. A. Mozart. Innovation und Praxis. Zum Quintett Es-Dur KV 452*, München 1998 (= Musik-Konzepte 99)

Q.III. Werke für Quartettbesetzung

Ludwig Finscher, *Mozarts erstes Streichquartett: Lodi, 15. März 1770*, in: AnMl 18, 1978, 246–270

The String Quartets of Haydn, Mozart und Beethoven. Studies of the Autograph Manuscripts. Kongreßbericht Harvard University 1979, Cambridge / Mass. 1980

Friedhelm Krummacher, *Kantabilität als Konstruktion. Zum langsamen Satz aus Mozarts Streichquartett KV 465*, in: Festschrift Hans Heinrich Eggebrecht, hrsg. von Werner Breig, Stuttgart 1984, 217–233 (= Beihefte zum AfMw 23)

Wolfram Steinbeck, *Mozarts ›Scherzi‹. Zur Beziehung zwischen Haydns Streichquartett op. 33 und Mozarts Haydn-Quartetten*, in: AfMw 41, 1984, 208–231

Wilhelm Seidel, *Sechs musikalische Charaktere. Zu den Joseph Haydn gewidmeten Streichquartetten von W. A. Mozart*, in: MJb 1984/85, 125–129

Wolf-Dieter Seiffert, *Schrieb Mozart drei Flötenquartette für Dejean? Neuere Quellendatierung und Bemerkungen zur Familienkorrespondenz*, in: MJb 1987/88, 267–275

Wolf-Dieter Seiffert, *Mozarts frühe Streichquartette*, München 1992 (= Studien zur Musik 11)

Marius Flothuis, *Mozarts Streichquartette. Ein musikalischer Werkführer*, München 1998

John Irving, *Mozart: The ›Haydn‹ Quartets*, Cambridge u. a. 1998 (= Cambridge Music Handbooks)

Q.IV. Werke für Triobesetzung

Karl Marguerre, *Mozarts Klaviertrios*, in: MJb 1960/61, 182–194

Ulrich Konrad, *›In seinem Kopfe lag das Werk immer schon vollendet [...]‹. Bemerkungen zu Mozarts Schaffensweise am Beispiel des Klaviertrios B-Dur KV 502*, in: MJb 1991, 540–551

Wolf-Dieter Seiffert, *Mozarts Streichtrio KV 563. Eine quellen- und textkritische Erörterung*, in: MJb 1998, 53–83

Laurenz Lütteken, *Konversation als Spiel. Überlegungen zur Textur von Mozarts Divertimento KV 563*, in: MJb 2001, 71–86

Hartmut Schick, *Originalkomposition oder Bearbeitung? Zur Quellenlage und musikalischen Faktur von Mozarts Klaviertrio KV 564*, in: MJb 2001, 273–285

Q.V. Violinsonaten

Jürgen Hunkemöller, *W. A. Mozarts frühe Sonaten für Violine und Klavier. Untersuchungen zur Gattungsgeschichte im 18. Jahrhundert*, Bern/München 1970 (= Neue Heidelberger Studien zur Musikwissenschaft 3)

Nicole Schwindt-Gross, *Begleitung in Mozarts Mannheimer und Pariser Sonaten für Klavier und Violine*, in: MJb 1991, 699–707

Ludwig Finscher, *Mozarts Violinsonaten*, Winterthur 2004 (= Neujahrsblatt der Allgemeinen Musikgesellschaft Zürich 188)

R. Klaviermusik

Wolfgang Burde, *Studien zu Mozarts Klaviersonaten – Formungsprinzipien und Formtypen*, Giebing 1969 (= Schriften zur Musik 1), 1970, ²1977

Wolfgang Plath, *Leopold Mozarts Notenbuch für Wolfgang (1762) – eine Fälschung?*, in: MJb 1971/72, 337–341

Richard Rosenberg, *Die Klaviersonaten Mozarts. Gestalt- und Stilanalyse*, Hofheim am Taunus 1972

Martin Just, *Zur Klaviersonate F-Dur KV 332*, in: MJb 1973/74, 211–216

Wolfgang Plath, *Zur Datierung der Klaviersonaten KV 279–284*, in: AMoz 21, 1974, 26–30

Rudolf Flotzinger, *Die Klaviervariationen W. A. Mozarts in der Tradition des 18. Jahrhunderts*, in: MitISM 23/3–4, 1975, 13–27

Manfred Hermann Schmid, *Klaviermusik in Salzburg um 1770*, in: MJb 1978/79, 102–112

Paul van Reijen, *Vergleichende Studie zur Klaviervariationstechnik von Mozart und seinen Zeitgenossen*, Buren 1988 (= Keyboard Studies 8)

Christoph Wolff, *Musikalische ›Gedankenfolge‹ und ›Einheit des Stoffes‹. Zu Mozarts Klaviersonate in F-Dur (KV 533 + 494)*, in: Festschrift Carl Dahlhaus, hrsg. von Hermann Danuser u. a., Laaber 1988, 441–453

Timothy L. Jackson, *Mozart's ›Little Gigue‹ in G Major K. 574. A Study in Rhythmic Shift – a Reminiscence of the Competition with Häßler*, in: MitISM 37, 1989, 70–80

Christoph Wolff, *Mozarts Präludien für Nannerl. Zwei Rätsel und ihre Lösung*, in: Festschrift Wolfgang Rehm, hrsg. von Dietrich Berke / Harald Heckmann, Kassel u. a. 1989, 106–118

Harald Strebel, *Mozart und sein Leipziger Freund und ›ächte Bruder‹ Carl Immanuel Engel, Dedikationsträger der ›Kleinen Gigue‹ in G-Dur KV 574*, in: MitISM 40, 1992, 95–110

Wye J. Allanbrook, *Two Threads through the Labyrinth. Topic and Process in the First Movements of K.332 and K.333*, in: Festschrift Leonard G. Ratner, hrsg. von Wye J. Allanbrook / Janet M. Levy / William P. Mahrt, Stuyvesant / N. Y. 1992, 125–171 (= Festschrift Series 10)

Joachim Brügge, *KV 574 – Kleine Gigue in G-Dur. Bach- oder Händel-Einfluß?*, in: MitISM 40, 1992, 111–115

Joachim Brügge, *Typus und Modell in den Klaviersonaten W. A. Mozarts*, in: Mozart Studien 3, 1993, 143–189

Anselm Gerhard, *Stilübung oder Karikatur? Mozarts Klaviersuite KV 399 und die Negation des ›klassischen Stils‹*, in: Festschrift Ludwig Finscher, hrsg. von Annegrit Laubenthal, Mitarbeit Kara Kusan-Windweh, Kassel u. a. 1995, 393–404

Siegbert Rampe, *Mozarts Claviermusik. Klangwelt und Aufführungspraxis. Ein Handbuch*, Kassel u. a. 1995

Richard Armbruster, *Joseph Sardi – Autor der Klaviervariationen KV 460 (454a). Zum Schaffen eines unbekannt gebliebenen Komponisten in Wien zur Zeit Mozarts*, in: MJb 1997, 225–248

John Irving, *Mozart's Piano Sonatas. Contexts, Sources, Style*, Cambridge 1997, Nachdruck 1999

David J. Buch, *On the Context of Mozart's Variations to the Aria ›Ein Weib ist das herrlichste Ding auf der Welt‹, K. 613*, in: MJb 1999, 71–80

Ulrich Konrad, Kommentar zu: W. A. Mozart, *Zwölf Variationen in C für Klavier über das französische Lied »Ah, vous dirai-je Maman« KV 265 (300e)*, Faksimile, hrsg. von Ulrich Konrad, Augsburg 2001

Christian Raff, *›Ausweichungen‹ als Kunstmittel. Zu den Tonarten in W. A. Mozarts c-moll-Fantasie KV 475*, in: Mozart Studien 11, 2002, 165–187

S. Bearbeitungen fremder Werke

Marius Flothuis, *Mozarts Bearbeitungen eigener und fremder Werke*, Salzburg 1969, Supplement 1991 (= Schriftenreihe der ISM 2)

Bernd Baselt, *Georg Friedrich Händels ›Ode for St. Cecilia's Day‹ und ihre Bearbeitung durch W. A. Mozart (KV 592)*, in: HJb 38, 1992, 94–98

Donald Burrows, *Performances of Handel's Music during Mozart's Visit to London in 1764–5*, in: HJb 38, 1992, 16–32

Klaus Hortschansky, *Zwischen Klassizismus und Originalgenie. Zu Mozarts Beschäftigung mit Händel und Bach*, in: HJb 38, 1992, 60–78

T. Rezeption

Karl Prieger, *Urtheile bedeutender Dichter, Philosophen und Musiker über Mozart*, Wiesbaden 1885, ²1886

Alfred Heuß, *Das dämonische Element in Mozart's Werken*, in: Zeitschrift der Internationalen Musikgesellschaft 7, 1905/06, 175–186

Alexander Hyatt King, *Mozart in Retrospect. Studies in Criticism and Bibliography*, London 1955, ³1970; deutsch *Mozart im Spiegel der Geschichte 1756–1956. Eine kritische und bibliographische Studie*, Kassel / Basel 1956 (= Musikwissenschaftliche Arbeiten 9)

Karl Hammer, *W. A. Mozart – eine theologische Deutung. Ein Beitrag zur theologischen Anthropologie*, Zürich 1964 (= Basler Studien zur historischen und systematischen Theologie 3)

Hans Joachim Kreutzer, *Der Mozart der Dichter. Über Wechselwirkungen von Literatur und Musik im 19. Jahrhundert*, in: MJb 1980–1983, 208–227, überarbeitet in: ders., Obertöne: Literatur und Musik. Neun Abhandlungen über das Zusammenspiel der Künste, Würzburg 1994, 103–129

Bibliographie

Martin Staehelin, *Zum Verhältnis von Mozart- und Beethoven-Bild im 19. Jahrhundert*, in: MJb 1980–1983, 17–22

Gernot Gruber, *Mozart und die Nachwelt*, Salzburg/Wien 1985, erweiterte Neuausgabe München/Zürich 1987

Hans Joachim Kreutzer, *Proteus Mozart. Die Opern Mozarts in der Auffassung des 19. Jahrhunderts*, in: Deutsche Vierteljahrsschrift für Literaturwissenschaft und Geistesgeschichte 60, 1986, 1–23; auch in: ders., Obertöne: Literatur und Musik. Neun Abhandlungen über das Zusammenspiel der Künste, Würzburg 1994, 1–54

Gernot Gruber, *Mozart verstehen. Ein Versuch*, Salzburg/Wien 1990

Thomas Seedorf, *Studien zur kompositorischen Mozart-Rezeption im frühen 20. Jahrhundert*, Laaber 1990 (= Publikationen der Hochschule für Musik und Theater Hannover 2)

Das Phänomen Mozart im 20. Jahrhundert. Wirkung, Verarbeitung und Vermarktung in Literatur, Bildender Kunst und in den Medien, hrsg. von Peter Csobádi u. a., Anif/Salzburg 1991 (= Wort und Musik. Salzburger Akademische Beiträge)

Mozart in der Musik des 20. Jahrhunderts. Formen ästhetischer und kompositionstechnischer Rezeption, hrsg. von Wolfgang Gratzer/Siegfried Mauser, Laaber 1992 (= Schriften zur musikalischen Hermeneutik 2)

Hans Joachim Kreutzer, *Die Zeit und der Tod. Über Eduard Mörikes Mozart-Novelle*, in: ders., Obertöne: Literatur und Musik. Neun Abhandlungen über das Zusammenspiel der Künste, Würzburg 1994, 196–216

Gerhard vom Hofe, *Mozart-Bilder in der Literatur*, in: Mozart. Ansichten, hrsg. von Gerhard Sauder, St. Ingbert 1995, 101–127

Ulrich Konrad, *Friedrich Rochlitz und die Entstehung des Mozart-Bildes um 1800*, in: Mozart. Aspekte des 19. Jahrhunderts, hrsg. von Hermann Jung, Mannheim 1995, 1–22

Dieter Demuth, *Das idealistische Mozart-Bild 1785–1860*, Tutzing 1997 (= Tübinger Beiträge zur Musikwissenschaft 17)

Matthias Pape, *Mozart – Deutscher? Österreicher? oder Europäer? Das Mozart-Bild in seinen Wandlungen vor und nach 1945*, in: AMoz 44, 1997, 53–84

Martin Staehelin, *Neue ›Beyträge zu Mozarts Lebensbeschreibung‹*, in: Neues musikwissenschaftliches Jahrbuch 9, 2000, 85–109

Ute Jung-Kaiser, *Kunstwege zu Mozart. Bildnerische Deutungen vom Rokoko bis heute*, Frankfurt a. M. u. a. 2003

Register

Im Namensteil sind Lebensdaten, soweit ermittelt, nur bei verstorbenen Personen angegeben. Unter den Lemmata »*Salzburg*« und »*Wien*« wurden nur einzelne Institutionen und Örtlichkeiten dieser Städte aufgenommen. Im Register nach KV-Nummern weisen kursive Zahlen auf den Haupteintrag im Werkverzeichnis hin.

Personen

Abel, Karl Friedrich (1723–1787)   40, 412
Adamberger, Johann Valentin (1740–1804)   90, 96, 265
Adlgasser, Anton Cajetan (1729–1777)   78, 80, 225
Affligio (Afflisio), Giuseppe (1722 bis 1788)   45
Albert, Franz Joseph (1728–1789)   70
Albertarelli, Francesco   112, 267
Alberti, Verlag   237
Allegri, Gregorio (1582–1652)   51, 155, 412
André, Johann (Jean) (1741–1799)   89
André, Johann Anton (1775–1842)   235, 358, 387, 395
André, Verlag   261, 293
Anfossi, (Bonicafio Domenico) Pasquale (1727–1797)   65, 76, 112, 259, 265, 267, 313
Angelsprugger, Coelestin (1726–1783)   79
Antretter, Judas Thaddä Simon von (1753–?)   64, 297
Aragona, Giuseppe Ximenes d' (1717/18 bis 1784)   56, 225
Arco, Georg Anton Felix Graf (1705 bis 1792)   38
Arco, Karl Joseph Maria Felix Graf (1743 bis 1830)   86–88
Arnstein, Fanny Freifrau von (1757/58–1818)   135
Artaria & Co., Verlag   88, 113, 124, 127, 141, 225, 235, 253, 279, 281, 291, 295, 307, 309, 311, 313, 319, 321, 325, 331, 335, 337, 339, 341, 343, 345, 347, 349, 353, 357

Attwood, Thomas (1765–1838)   102, 106, 359
Auersperg, Johann Adam Fürst von (1721 bis 1795)   84, 102, 259, 269
Aurnhammer, Josepha Barbara (1758 bis 1820)   88f., 153, 335, 341
Bach, Carl Philipp Emanuel (1714–1788)   43, 89, 112, 154, 156f., 245, 360, 371
Bach, Johann Christian (1735–1782)   40f., 78, 152, 179, 315, 360f.
Bach, Johann Sebastian (1685–1750)   89, 117, 154f., 156–158, 160, 329, 362f.
Bach, Otto (1833–1893)   377, 387
Bach, Wilhelm Friedemann (1710–1784)   89, 154, 156f., 329, 362
Bächtold, Emil (1916–1998)   401
Baglioni, Antonio (um 1755–nach 1800)   109, 127
Barberini-Colonna, Cornelia Costanza Principessa (1716–1797)   52
Barisani, Siegmund (1758–1787)   108
Barrington, Daines (1727–1800)   34, 41, 43, 175
Bassi, Luigi (1766–1825)   109
Baudron, Antoine-Laurent (1742–nach 1822 [nach 1834?])   346
Bauernfeld, Joseph (Vinzenz) von   130
Baumann, Friedrich (1763–1841)   112, 267
Baumberg, Gabriele von, verh. von Bacsányi (1766–1839)   234
Beaumarchais, Pierre-Augustin Caron de (1732–1799)   102
Beck, Heinrich   141
Bedini, Domenico   127

Beecke, (Notger) Ignaz (Franz) von (1733 bis 1803) 66, 371
Beer, (Johann) Joseph (1744–1812) 124
Beethoven, Ludwig van (1770–1827) 120, 293
Beloselskij, Aleksandr Michajlović Fürst 116
Benda, Georg (Anton) (1722–1795) 42, 73
Benedetti, Pietro (gen. Sartorini) 55
Benucci, Francesco (um 1745–1824) 103, 120
Bernasconi, Antonia, geb. Wagele (1741 bis vermutlich 1803) 55
Bertati, Giovanni (1735–1808) 107, 268
Beyer, Franz 393, 395, 399, 401
Bianchi, Giuseppe Francesco (um 1752 bis 1810) 269
Bizet, Georges (1838–1875) 204
Blanchard, Jean Pierre (1753–1809) 125
Blumauer, Johannes Aloys (1755–1798) 234
Böhm, Johann Heinrich (um 1740–1792) 81
Bondini, Caterina, geb. Saporiti 109
Bondini, Pasquale († 1789) 106f.
Bonnières de Guines, Marie-Louise-Philippine (1759–1795) 77, 287
Bonnières, Adrien-Louis de, Comte de Guines (1735–1806) 77f., 287
Bonno, Giuseppe (1711–1788) 64, 112
Born, Ignaz Ritter und Edler von (1742 bis 1791) 104, 225
Boßler, Verlag 253, 293, 327, 337, 353
Bourbon, Louise-Marie-Thérèse de (»Madame Victoire de France«) (1733–1799) 38, 331
Boyer, Verlag 289, 291
Brahms, Johannes (1833–1897) 202
Branca, Johann Georg von (1714–1789) 70
Breithaupt, Rudolf Maria (1873–1945) 205
Breitkopf & Härtel, Verlag 30, 84, 132, 241, 243, 245, 253, 262, 282, 344, 348, 358, 381, 393, 395
Bretfeld zu Cronenburg, Franz Joseph Anton Freiherr von (1729–1809) 106
Bretzner, Christoph Friedrich (1746–1807) 89, 250
Brunetti, Antonio (zwischen 1735 und 1745–1786) 85f., 285, 337
Bullinger, Abbé Franz Joseph Johann Nepomuk (1744–1810) 29, 77f.
Bureau d'Arts et d'Industrie (Wien), Verlag 301, 381
Bürger, Gottfried August (1747/48–1794) 141
Burney, Charles (1726–1814) 54
Busoni, Ferruccio (1866–1924) 138
Bussani, Dorothea, geb. von Sardi (um 1763–nach 1809) 103, 120
Bussani, Francesco (1743–nach 1807) 103, 120

Byrd, William (um 1539/40–1623) 155, 204, 412
Caldara, Antonio (ca. 1670–1736) 243, 245
Calvesi, Vincenzo (um 1755–nach 1794) 120
Calzabigi, Raniero de' (1714–1795) 256
Cambini, Giuseppe Maria (Gioacchino) (1746?–1825?) 75
Campi, Antonia, geb. Miclascewicz (1773 bis 1822) 127
Campi, Gaetano 127
Campra, André (1660–1744) 82
Canal, Joseph Emanuel Malabaila Graf (1745–1826) 106
Cannabich, (Johann) Christian (Innozenz Bonaventura) (getauft 1731–1798) 71f., 73, 75, 81, 84, 123
Cannabich, Rosina Theresia Petronella (»Rosa«) (1764–1830) 139, 343
Carmontelle (eigentlich Louis Carrogis) (1717–1806) 38f., 132
Caroline von Nassau-Weilburg (»Madame la Princesse de Nassau Weilbourg«) (1743–1787) 41f., 74, 152, 333
Caroline, Königin (1683–1737) 160
Casadesus, Marius (1892–1981) 285 (›Adelaide-Konzert‹)
Casanova, (Giovanni) Giacomo (1725 bis 1798) 109
Caselli, Francesco 55
Cavalieri, Caterina (eigentlich Catharina Magdalena Josepha Kavalier) (1755 bis 1801) 90, 127f.
Ceccarelli, Francesco (1752–1814) 85f., 123, 259
Celestinus, Giovanni 132
Charlotte Sophie, Königin, geb. Prinzessin von Mecklenburg-Strelitz (»Charlotte Reine de la Grande Bretagne«) (1744 bis 1818) 40f., 333
Chigi, Sigismondo (1736–1796) 52
Cicognani, Giuseppe 55
Cignaroli, Giambettino (1706–1770) oder Fra Felice 133
Cigna-Santi, Vittorio Amadeo (1725–1785) 54, 246, 256
Cimarosa, Domenico Nicola (1749–1801) 97, 116f., 119, 261, 263
Clemens XIV., Papst (1705–1774) 53
Clementi, Muzio (1752–1832) 89
Cobenzl, Therese Johanne Gräfin von, geb. de la Noverre Gräfin von Montelabate (»Madame la Comtesse Terese de Kobenzl«) (1755–nach 1794) 339, 343
Colloredo, Hieronymus Joseph Franz de Paula Reichsgraf von; Fürsterzbischof (1732–1812) 59, 60, 64–68, 78, 80, 82, 85–88, 91, 135, 249

Colloredo-Mansfeld, Franz de Paula Gundacker Graf (1731–1807) 123
Colloredo-Mels und Waldsee, Rudolph Joseph Fürst (1706–1788) 85
Coltellini, Marco (1724–1777) 246
Condé, Louis Joseph de Bourbon Prince de (1736–1818) 42
Consoli, Tommaso (ca. 1753–1810) 66
Conti, Louis François de Bourbon Prince de (1717–1776) 132
»Cornetti« 236
Cortoni, Arcangelo (vermutlich um 1730 bis nach 1777) 61
Croce, Johann Nepomuk della (1736–1819) 22, 131f.
Czernin zu Chudenitz und Neuhaus, Prokop Adalbert Reichsgraf von (1726–1777) 68
Czernin, Johann Rudolph Franz de Paula Graf (1757–1845) 311
Da Ponte, Lorenzo (1749–1838) 24, 26, 97, 101f., 107, 109, 119–121, 135, 236, 250, 252, 260, 262, 264, 266, 268
Dal Prato, Vincenzo (1756–1828) 83
Dalberg, Wolfgang Heribert Reichsfreiherr von (1750–1806) 79
Danchet, Antoine (1671–1748) 82
Danner, Christian (Franz) (getauft 1757 bis 1813) 71
Danzi, Franz (Ignaz) (1763–1826) 289
Dauer, Johann (Josef) Ernst (1746–1812) 90
De Amicis-Buonsolazzi, Anna Lucia (1733 bis 1816) 60
De Majo, Gian Francesco (1732–1770) 53
De Roullède, Verlag 341
Dejean, Ferdinand (1728–1797) 287, 327
Delafosse, Jean-Baptiste-Joseph (1721 bis 1806) 132
Denis, Johann Nepomuk Cosmas Michael (1729–1800) 232
Devienne, François (1759–1803) 289
Devismes du Valgay, Anne-Pierre-Jacques (1745–1819) 75f.
Deym von Stritetz, Joseph Graf (1752 bis 1804) 357
Dezède, Nicolas (-Alexander) (ca. 1745 bis 1792) 346
Diabelli, Verlag 399
Diderot, Denis (1713–1784) 136
Diethelm, Caspar (1926–1997) 393, 399
Ditters von Dittersdorf, (Johann) Carl (1739–1799) 275
Dolfin, Daniele Andrea 112
Donaueschingen, Fürst von → Fürstenberg
Druce, Duncan 401
Duport, Jean-Pierre (1741–1818) 117, 348
Dürniz, Thaddäus Wolfgang Freiherr von (1756–1807) 66, 343

Duschek, Franz Xaver (getauft 1731–1799) 109f., 115
Duschek, Josepha, geb. Hambacher (1754 bis 1824) 102, 109f., 116f., 126, 257, 261
Dyk, Johann Gottfried (1750–1813) 257
Eberlin, Johann Ernst (1702–1762) 29, 154, 221, 231, 413
Eckard, Johann Gottfried (1735–1809) 38, 43, 371
Eckermann, Johann Peter (1792–1854) 148
Edlinger, Johann Georg (1741–1819) 133
Einsiedel, Friedrich Hildebrand Freiherr von (1750–1828) 141
Einstein, Alfred (1880–1952) 157
Elisabeth Maria Aloysia Auguste, Kurfürstin von der Pfalz (»Madame L'Electrice Palatine«) (1721–1792) 71f., 78f., 152, 335
Elisabeth Wilhelmine Louise, Prinzessin von Württemberg (1767–1790) 88
Engel, Carl Immanuel (1764–1795) 117
d'Épinay, Louise-Florence-Pétronille, Marquise (1726–1783) 75
Erthal, Friedrich Karl Josef Freiherr von, Kurfürst von Mainz; Erzbischof; Fürstbischof (1719–1802) 123
d'Este, Maria Beatrice Ricciarda (1750–1829) 56, 58, 61, 247
Esterházy von Galantha, Franz Graf (1715–1785) 281
Esterházy, Johann Baptist, Graf (1747–1800) 96, 100, 112, 114
d'Ettore, Guglielmo (um 1740–1771/72) 55
Eybler, Joseph Leopold Edler von (1765 bis 1846) 221, 401
Eyck, Maria Anna Josepha Gräfin van, geb. Arco (1741–1764) 38
Eyck, Maximilian Emanuel Freiherr (Graf) van (1743–1830) 38
Falchini, Geltrude 57
Farinelli = Carlo (Maria Michele Angelo) Broschi (1705–1782) 50
Fasch, Johann Friedrich (1688–1758) 245
Favart, Charles-Simon (1710–1792) 247
Favart, Marie-Justine-Benoîte, geb. Cabaret Duronceray (1727–1772) 247
Fénelon, François de Salignac de la Mothe (1651–1715) 82
Ferdinand (IV.), König von Neapel (1751 bis 1825) 44, 53, 123
Ferdinand, Erzherzog von Österreich, Herzog von Modena (1754–1806) 56, 58, 61, 247
Ferlendis, Giuseppe (1755–1802, 1810?, 1833?) 287
Ferrand, Antoine (1678–1719) 232
Ferrandini, Giovanni Battista (um 1710 bis 1791) 56

Ferrarese del Bene, Adriana (1759 – nach 1804) 103, 119 – 121, 261
Firmian, Franz Lactanz Reichsgraf von (1712 – 1786) 48
Firmian, Karl Joseph Reichsgraf von (1716 – 1782) 48 – 50, 56
Fischer, Gottlieb Friedrich († 1793) 64, 90
Fischer, Johann Christian (wahrscheinlich 1733 – 1800) 346
Fischer, Johann Ignaz Ludwig (1745 bis 1825) 267
Fischietti, Domenico (um 1725 – nach 1783) 66
Flies, Bernhard (um 1770 – ?) 237
Flothuis, Marius (1914 – 2001) 401
Forman, Milos 26
Fortini, Francesco 263
Franz I. (Stephan von Lothringen), Kaiser (1708 – 1765) 44f.
Franz Joseph Karl, Erzherzog, später Kaiser Franz II. (1768 – 1835) 109, 121f., 237
Freystädtler, Franz Jakob (1761 – 1841) 102, 106, 359
Friederike Charlotte, Prinzessin von Preußen (1767 – 1820) 118
Friederike, Königin von Preußen, geb. Prinzessin von Hessen-Darmstadt (1751 – 1805) 118
Friedrich Josias Prinz von Coburg-Saalfeld, General (1737 – 1815) 311
Friedrich Wilhelm II. von Preußen, König (1744 – 1797) 117f., 325
Froberger, Johann Jacob (1616 – 1667) 155, 204 , 413
Fürstenberg, Joseph Maria Benedikt Karl Fürst zu (1758 – 1796) 106 (»Fürsten«)
Fürstenberg, Joseph Wenzel Johann Nepomuk Fürst zu (1728 – 1783) 42
Fux, Johann Joseph (um 1660 – 1741) 156
Galli(t)zin → Golicyn
Galuppi, Baldassare (1706 – 1785) 257
de Gamerra, Giovanni (1743 – 1803) 60, 248, 258, 262
Gasparini, Quirino (1721 – 1778) 54, 231
Gavard des Pivets, Giuseppe Maria 50
Gazzaniga, Giuseppe (1743 – 1818) 107
Gebler, Tobias Philipp Freiherr von (1726 – 1786) 64, 67, 104, 270f.
Gemmingen auf Hornberg und Treschklingen, Otto Heinrich Reichsfreiherr von (1755 – 1836) 79, 103, 270
Georg August Herzog von Mecklenburg-Strelitz (1748 – 1785) 281
George III., König von Großbritannien (1738 – 1820) 40f.
Gerl, Franz Xaver (1764 – 1827) 121, 127, 267, 348

Gessner, Johann (1709 – 1790) 42
Gessner, Salomon (1730 – 1788) 42
Gignoux, Anton Christoph (1720 – 1795) 70
Girelli, Antonia Maria, geb. Aguilar 57
Gleim, Johann Wilhelm Ludwig (1719 bis 1803) 266
Gluck, Christoph Willibald (1714 – 1787) 53, 76, 90, 96f., 111, 112, 301, 346, 362f.
Godefroy, Verlag 329, 343, 347
Goethe, Johann Wolfgang von (1749 – 1832) 37, 148, 234
Goldoni, Carlo Osvaldo (1707 – 1793) 246, 252, 256
Golicyn, Dmitrij Michajlović Fürst (1720 bis 1794) 45, 86, 100
Gotter, Friedrich Wilhelm (1746 – 1797) 129, 141
Gottlieb, (Maria) Anna (Josepha Franziska) (1774 – 1856) 103, 127
Götz, Verlag 251
Gozzi, Carlo (1720/22 – 1806) 256
Graf, Christian Ernst (1723 – 1804) 346
Gräffer, Verlag 231
Grandi, Tommaso (Tommasino il Pettinaro) 268
Granier, François (1717 – 1779) 271
Grassi, Joseph (1757 – 1838) 133
Graun, Carl Heinrich (1703/04 – 1759) 89
Graziani, Carlo (1. Hälfte 18. Jahrhundert bis 1787) 40
Greiner, Franz Sales (1732 – 1798) 124, 135
Grétry, André-Ernest-Modeste (1741 – 1813) 76, 346
Grimm, Friedrich Melchior Baron von (1723 – 1807) 34f., 38, 41, 71, 75 – 78, 136
Guardasoni, Domenico († 1806) 106, 115, 125, 127
Guarini, Giovanni Battista (1538 – 1612) 58
Guerville, Harny de 247
Guglielmi, Pietro Alessandro (1728 – 1804) 48, 66, 263
Gunkel, Hermann (1862 – 1932) 150
Hadik, Johann Karl Graf (1755 – ?) 121
Haffner, Maria Elisabeth (1753 – 1781) 297
Haffner, Si(e)gmund d. J., Edler von Innbachhausen (1756 – 1787) 97, 281
Hagedorn, Friedrich von (1708 – 1754) 395
Hagenauer, Johann Lorenz (1712 – 1792) 23, 29f., 46, 138
Hagenauer, Maria Rosa, geb. Barducci (ca. 1744 – 1786) 64
Hagenauer, Pater Dominikus (Taufname Kajetan Rupert) (1746 – 1811) 46, 217
Haibel, Sophie, geb. Weber (1763 – 1846) 87, 141, 421
Haina, François-Joseph (Franz Joseph) 77

453

Hamilton, Sir William (1730–1803) 53
Händel, Georg Friedrich (1685–1759)
  25, 40, 89, 98, 114, 121, 154–160,
  364f., 413
Hasse, Johann Adolf (1699–1783)
  48, 57–59, 139, 265
Häßler, Johann Wilhelm (1747–1822) 116
Hatzfeldt, August Clemens Ludwig Maria
  Graf (1754–1787) 108, 259
Haydeck, Josepha Gräfin von, eigentlich
  Josepha Seyffert (1748–1771) 72
Haydeck, Carolina Josepha Comtesse von
  (1768–1786) 72, 74 (»die kurfürstlichen
  Kinder«), 354
Haydeck, Karl August Graf von (1769–1823)
  72, 74 (»die kurfürstlichen Kinder«)
Haydn, Johann Michael (1737–1806)
  98, 154, 225, 227, 245, 281, 305,
  309, 329, 351, 366f., 414f.
Haydn, Joseph (1732–1809) 64, 100f., 104,
  113, 119, 123f., 146f., 159, 174, 179, 192,
  239, 291, 325, 366f., 414, 419–421
Heeger, Wenzel Bernhard (1740–1807) 129
Hef(f)ner, Heinrich Wilhelm von († 1774)
  421
Heina, Verlag 329, 343, 347
Henneberg, Johann Baptist (1768–1822)
  121, 127
Hensler, Karl Friedrich (eigentlich Albrecht
  Friedrich Hennseler) (1759–1825) 104
Hepp, Sixtus (1732–1806) 79
Hermes, Johann Timotheus (1738–1821)
  232
Hess, Ernst 395
Heuß, Alfred Valentin (1877–1934) 26
Hickel, Therese, geb. Wutka (Witka) 301
Hildesheimer, Wolfgang (1916–1991) 26
Hochbrucker, Christian (1733–1799) 38
Hofdemel, Franz (ca. 1755–1791) 115
Hofer, Franz de Paula (1755–1796) 122f.
Hoffmann, Ernst Theodor Amadeus (Wilhelm) (1776–1822) 25, 109, 138
Hoffmann, Joseph (1877–?) 339
Hoffmeister, Franz Anton (1754–1812) 102
Hoffmeister, Verlag 261, 291, 321, 324f.,
  331, 339, 341, 345, 349, 353, 355
Hofmann, Cyrill 52
Hofmann, Leopold (1738–1793) 122
Hölty, Ludwig Christoph Heinrich (1748 bis
  1776) 236, 241
Holzbauer, Ignaz (Jakob) (1711–1783)
  71–73, 75, 228
Holzer, Johann Anton (1753–1818) 227
Honauer, Leontzi (1737–um 1790) 43, 371
d'Hosson, Franz Bernhard 70
Hummel, Johann Nepomuk (1778–1837)
  118

Hummel, Verlag 255, 333, 347, 349
Irmen, Hans-Josef 401
Jacobi, Johann Georg (1740–1814) 234
Jacquin, Emilian Gottfried von (1767–1792)
  235, 237, 239, 267, 421
Jautz, Dominik Joseph (1732–1806) 90
Jélyotte, Pierre (1713–1797) 132
Jenamy, Victoire, geb. Noverre (1749–1812)
  139, 290f.
Jeunehomme → Jenamy
Jeurissen, Herman (*1952) 401
Joly, Maria Anna Rosalia (›Sallerl‹) Walburga
  (1726–1788) 421
Jommelli, Niccolò (1714–1774) 255
Joseph II., Kaiser (1741–1790) 44, 59, 86,
  89, 91f., 97, 100, 104, 109, 111f., 117,
  119–121, 135
Josepha (1751–1767), Tochter Maria
  Theresias, Erzherzogin 44
Kant, Immanuel (1724–1804) 150
Karl Theodor, Kurfürst von der Pfalz, Kurfürst von Bayern (1724–1799) 71f., 74,
  82, 84, 123
Karolina Maria, Königin von Neapel
  (1752–1814) 123
Kaunitz-Rietberg, Ernst Christoph Graf
  (später Fürst) (1737–1797) 53
Kaunitz-Rietberg, Wenzel Anton Graf
  (Fürst) (1711–1794) 100
Kelly, Michael (William) (1762–1826)
  102f., 106, 387
Kierkegaard, Søren (1813–1855) 25, 138, 168
Kircher, Athanasius (1602–1680) 204, 413
Kirchgeßner, Mariane (1769–1808) 321, 357
Kirnberger, Johann Philipp (1721–1783)
  245, 359, 415
Klengel, August (Stephan) Alexander
  (1783–1852) 355
Klengel, Julius d. J. (1859–1933) 379
Kling, Henri Adrien Louis (1842–1918) 379
Knepler, Georg (1906–2003) 27
Knoller, Martin (1725–1804) 132
Koželuh, Leopold (1747–1818) 343, 355
Koželuh, Verlag 127, 253
Koch, Heinrich Christoph (1749–1816) 177
Köchel, Ludwig (Aloysius Friedrich) Ritter
  von (1800–1877) 201, 241
König, Friedrich August von 116
Körner, Christian Gottfried (1756–1831) 117
Krafft, Barbara, geb. Steiner (1764–1825)
  131, 133
Kraft, Anton (1749–1820) 116
Krieglstein, Johann Nepomuk Freiherr
  Binder von (1758–1790) 252
Kronauer, Johann Georg (ca. 1743 bis
  1799) 421
Kühnel, Verlag 279

Lamotte (La Motte), Antoine Houdar(t) de (1672–1731) 225
Lampugnani, Giovanni Battista (1708 bis 1788) 55
Landon, Howard Chandler Robbins 401
Lang, Martin Alexander (1755–1819) 85
Lange, Johann Joseph (1751–1831) 92, 131–133, 135, 144
Langenmantel, Jakob Alois Karl von 70
Langenmantel, Jakob Wilhelm Benedikt von (1719–1790) 70
Laschi-Mombelli, Luisa (um 1760–1790) 101, 103
Laudon (Loudon), Ernst Gideon Freiherr von, Feldmarschall (1717–1790) 357
Lausch, Laurenz (1737–1794) 349
Lausch, Verlag 124, 127
Le Duc, Verlag 347
Le Grand, Claudius (ca. 1742–1818) 83
Lebrun, Franziska Dorothea, geb. Danzi (1756–1791) 101
Lebrun, Ludwig August (1752–1790) 101, 123
Legrand, Jean-Pierre (1734–1809) 38
Legros, Joseph (1739–1793) 75f., 78, 96
Leitgeb, Franz Anton (ca. 1744–1812) 126
Lemacher, Heinrich (1891–1966) 393
Lenz, Ludwig Friedrich (1717–1780) 230
Leon, Gottlieb (1757–1832) 236
Leopold II., Großherzog von Toscana, Kaiser (1747–1792) 50, 61, 121–123, 125f., 141, 219, 253, 293
Lessing, Gotthold Ephraim (1729–1781) 150
Leutgeb, Joseph (1732–1811) 105, 287, 321
Levin, Robert D. 377, 381, 401
Lewicki, Ernst 379
Lichnowsky, Carl Alois Johann Nepomuk Vincenz Leonhard, Graf, später Fürst (1761–1814) 115, 117f., 125
Liechtenstein, Alois Joseph Fürst von (1759–1805) 92
Ligniville, Eugène Pierre François, Marquis de Ligniville et de Hové Court, Prinz von Conca (1727–1778) 50, 416
Linley, Thomas (1756–1778) 50f.
Lodron, Antonia Maria Felicitas Gräfin, geb. Arco (1738–1780) 289, 303
Lodron, Maria Aloisia (Louise) Gräfin (1761–1832) 289
Lodron, Maria Josepha (›Pepperl‹) Gräfin (1764–?) 289
Lodron, Marianne (Maria Anna) Gräfin (1723–1794) 60
Lolli, Giuseppe 109
Lolli, Giuseppe Maria (1701–1778) 78
Lorenz, Michael 291

Lorenzoni, Pietro Antonio (1709–1787) 51, 132
Löschenkohl, Johann Hieronymus (1753 bis 1807) 133
Lotter, Johann Jakob (1726–1804) 138
Lotter, Verlagshaus 28
Louis XV., König von Frankreich (1710 bis 1774) 38
Ludendorff, Mathilde (1882–1966) 103
Lugiati, Pietro (1724–1788) 49
Lützow, Maria Antonia Gräfin, geb. Czernin (1750–1801) 289
Mandini, Maria 103
Mandini, Stefano (um 1750–nach 1799) 103
Mannheim, Karl (1893–1947) 164
Manservisi, Rosa 65
Manzuoli, Giovanni, gen. Succianoccioli (zwischen 1710 und 1715–1782) 41, 50, 57
Marchetti-Fantozzi, Maria (1767–?) 127
Maria Feodorowna von Rußland, geb. Prinzessin Dorothea Auguste von Württemberg (1759–1828) 89
Maria Josepha, Prinzessin von Sachsen (1731–1767) 38
Maria Karolina (1752–?) 123
Maria Ludovika (auch: Louise), Großherzogin, später Kaiserin, geb. Prinzessin von Spanien (1745–1792) 127, 141 (»Kaiserin«)
Maria Theres(i)a von Neapel, Erzherzogin, später Kaiserin von Österreich (1772 bis 1807) 237
Maria Theresia, Kaiserin (1717–1780) 32, 44, 46, 56, 58f., 64, 66, 83, 138
Marie Antoinette d'Autriche, Königin von Frankreich, geb. Marie Antoinette Josèphe Jeanne de Lorraine (1755–1793) 77
Marie Therese, Erzherzogin (1767 bis 1827) 109
Martín y Soler, Vicente (1754–1806) 103, 119, 261, 263
Martin, Philipp Jakob 89
Martinez, Marianne (1744/50–1812) 64
Martini, Giovanni Battista, gen. Padre Martini (1706–1784) 50, 53–56, 66, 68, 72, 132, 158, 227, 241, 405–407, 416f.
Mattheson, Johann (1681–1764) 204, 412
Maunder, Richard 401
Maximilian Franz Xaver, Erzherzog (1756–1801) 51, 66f., 92, 249
Maximilian III. Joseph, Kurfürst von Bayern (1727–1777) 32, 42, 69f., 74
Maximilian Joseph von Pfalz-Zweibrücken-Birkenfeld, Prinz, später König Maximilian I. von Bayern (1756–1825) 79
Mayer, *Handelsagent* 75
Mayr, Albert Michael (von) 58

Mayr, Andreas Ferdinand (Ende 17. Jahrhundert–1764?) 31
Mazzolà, Caterino († 1806) 125f., 252, 264
Mechel, Christian von (1737–1815) 132
Mendelssohn, Moses (1729–1786) 108, 150
Mesmer, Franz Anton (1734–1815) 46, 64, 247
Metastasio (eigtl. Trapassi), Pietro Antonio Domenico Bonaventura (1698–1782) 47, 49, 54–57, 61, 66, 82, 115, 125, 175, 224, 238, 248, 252, 254, 256, 260, 262, 264, 266, 373, 375, 381, 387
Meylan, Raymond 395
Micelli, Caterina 109
Michaelis, Christian Friedrich (1770 bis 1834) 117
Mienci, Daniella 60
Migazzi (zu Wall und Sonnenthurn), Christoph Bartholomäus Anton, Erzbischof von Wien (1714–1803) 46
Miller, Johann Martin (1750–1814) 232
Möl(c)k, Albert Andreas Eligius von (1748 bis 1799) 51
Morella, Francesco 265
Morelli-Fernandez, Maria Maddalena (Corilla Olimpica) (1727–1800) 50f.
Morgnoni, Bassano 60f.
Mörike, Eduard (1804–1875) 25
Mortellari, Michele (um 1750–1807) 263
Motzhart, Ändris (Andreas) (um Mitte 15. Jahrhundert) 28
Mozart, Anna Maria, geb. Pertl (1720–1778) 21 (Abb.), 22, 28–30, 32f., 35, 38, 41, 44, 46, 56, 63, 65, 68f., 71, 73–75, 77–79, 94, 132, 137, 138, 421
Mozart, Anna Maria, geb. Sulzer (1696 bis 1766) 28
Mozart, Carl Thomas (1784–1858) 94, 113, 125, 129, 134
Mozart, Constanze, geb. Weber (1762 bis 1842) 24, 29, 87, 91–98, 104–106, 108–110, 113, 118, 121, 124–130, 132f., 137, 141, 157, 159, 262, 357f., 381, 383, 397, 403
Mozart, David d. J. (um 1620–1685) 28
Mozart, Franz (1649–1694) 28
Mozart, Franz Alois (1727–1791) 29
Mozart, Franz Xaver Wolfgang (1791 bis 1844) 94, 126, 204
Mozart, Johann Georg (1679–1736) 28
Mozart, Johann Thomas Leopold (* und † 1786) 107
Mozart, Leopold (1719–1787) 21 (Abb.), 22–24, 28–35, 37f., 39 (auch Abb.), 40–44, 45 (*Species facti*), 46–66, 68–80, 82–88, 91–94, 96–99, 101, 104, 106, 108f., 132, 134, 136–141, 147, 149, 154–156, 158, 165, 168, 187, 217, 219, 221, 223, 227, 230f., 233, 237, 252, 265, 273, 275, 288, 297, 300f., 316, 333, 366
– LMVerz 45, 138, 226, 228, 254, 298, 300, 306, 314, 328, 354, 358
Mozart, Maria Anna »Nannerl« (1751–1829) 21 (Abb.), 22–24, 29–32, 35, 38, 39 (auch Abb.), 40–46, 63, 65, 69, 77–79, 81, 85, 98, 101, 132, 137, 140, 231, 291, 328, 373, 421
Mozart, Maria Anna Thekla (1758–1841) »Bäsle« 24, 26, 29, 71, 421
Mozart, Raimund Leopold (* und † 1783) 98
Mozart, Theresia Constanzia Adelheid Friederika Maria Anna (1787–1788) 113
Müller (eigentlich Schröter), Johann Heinrich Friedrich (1738–1815) 246
Müller, August Eberhard (1767–1817) 353, 381
Müller, Wenzel (1759–1835) 245
Mysliveček, Joseph (1737–1781) 54, 70, 230, 368
Nardini, Pietro (1722–1793) 50
Natorp, Maria Anna Clara (Nanette) (1766–1791) 341
Natorp, Maria Barbara (Babette) (1769 bis 1844) 341
Naumann, Johann Gottlieb (1741–1801) 116
Negroni, Kardinal Andrea (1710–1789) 53
Niemetschek, Franz Xaver (1766–1849) 204
Nissen, Georg Nikolaus (1761–1826) 95, 132, 141
Noailles, Adrienne-Catherine de (»Madame la Comtesse de Tessé«) (1741–1814) 38, 333
de Noailles, Louis Duc d'Ayen et (1713 bis 1793) 78
Novello, Mary Sabilla, geb. Hehl (1787 bis 1854) 97, 204
Novello, Vincent (1781–1861) 97, 204
Noverre, Jean Georges (1727–1810) 64, 76
O'Reilly, Robert May 124
Odescalchi, Baldassare, Duca di Bracciano e di Ceri (1748–1810) 52
Oettingen-Wallerstein, Fürst Kraft Ernst zu (1748–1802) 66, 71
Ollivier, Michel Barthélemy (1712 bis 1784) 132
Onofrio, Giuseppe 60
d'Orléans, Louis-Philippe I., Duc (1725 bis 1785) 38
d'Orléans, Louise Marie Thérèse Bathilde (1750–1822) 418
Orsini-Rosenberg, Franz Xaver Wolfgang Graf (ab 1790 Fürst) (1723–1796) 50, 89, 97, 111, 121

Ortes, Giovanni Maria (1713–1799) 139
Overbeck, Christian Adolph (1755–1821) 236
Paisiello, Giovanni (1740–1816) 53, 76, 97, 119, 299, 346, 397
Palestrina, Giovanni Pierluigi da (1525/26 bis 1594) 155
Pálffy, Leopold III. Graf 100
Pallavicini, Lazzaro Opizio, Kardinal-Staatssekretär (1719–1785) 52f.
Pallavicini-Centurioni, Giovanni Luca Markgraf (1697–1773) 50, 52, 54
Palomba, Giuseppe 260
Panzacchi, Domenico (um 1730–1805) 83
Paradis (Paradies), Maria Theresia (1759 bis 1824) 101, 293
Parini, Giuseppe (1729–1799) 56f., 246
Paul Petrowitsch, Großfürst (und späterer Zar) (1754–1801) 90
Paumgarten, Maria Josepha Barbara Johanna Nepomucena Gabriele Gräfin, geb. von Lerchenfeld-Sießbach (1762–1817) 82, 85, 257
Paumgartner, Bernhard (1887–1971) 379
Pergmayr, Johann Theophil(us) (1709 bis 1787) 30
Perini, Carolina 127
Pertl, Eva Rosina Barbara, geb. Altmann, verw. Puxbaum (1681–1755) 28
Pertl, Johannes (1607–1698, Urgroßvater) 28
Pertl, Wolfgang Nikolaus (1667–1724) 28, 30
Petran, Franz 224
Petrosellini (Pedrosellini), Giuseppe (1727–1797) 65, 248, 389
Piccinni, Niccolò (1728–1800) 45, 76, 265, 271
Pierron, Therese 152, 335
Pisch(e)lberger (Pichelberger), Friedrich (1741–1813) 267
Plankenstern, Karl Abraham Wetzlar Freiherr von (1715/16–1799) 89
Plath, Wolfgang (1930–1995) 186, 204
Pleyel, Ignaz Josef (1757–1831)
Ployer, Barbara (1765–vor 1811) 99, 102, 291, 293, 341, 359
Ployer, Gottfried Ignaz (von) (um 1743–?) 100
Podstatzky, Leopold Anton Graf von (1717–1776) 44
Ponziani, Felice 109
Posch, Leonhard (1750–1831) 133
Potjomkin, Grigorij Aleksandrovič, Fürst von Taurien (1739–1791) 129
Puchberg, Johann Michael (1741–1822) 30, 105, 108, 113, 118f., 121, 124, 126, 329

Pufendorf, Anna von, geb. Baronin Posch 269
Pulini, Baron (?) Anton 259, 269
Quaglio, Lorenzo (1730–1805) 83
Raaff (Raff), Anton (1714–1797) 77, 81, 83, 139, 265
Racine, Jean (1639–1699) 54
Raffael, Raphael, eigentlich Raffaello Santi (Sanzio) (1483–1520) 25
Ramm, (Johann) Friedrich (1745–1813) 74f., 84f., 123, 327
Ranke, Leopold von (1795–1886) 201
Ratschky, Joseph Franz (1757–1810) 232
Raupach, Hermann Friedrich (1728–1778) 43, 371
Rauzzini, Venanzio (1746–1810) 60, 62, 229
Razumowsky, Graf Andrej Kirillovič (1752 bis 1836) 129
Reichert, Ernst 381
Rellstab, Verlag 253
Reutter, (Johann Adam Joseph Karl) Georg d. J. (1708–1772) 230, 418
Richter, Franz Xaver (1709–1789) 79
Ritter, Georg Wenzel (1748–1808) 75
Rochlitz, (Johann) Friedrich (1769–1842) 25, 118
Rodolphe, Jean-Joseph (1730–1812) 77
Rosa, Domenico Saverio dalla (1745–1821) 49, 132, 375
Rumbeke, Marie Karoline Gräfin Thiennes de (1755–1812) 86, 88
Sacchini, Antonio (1730–1786) 360
Salern, Joseph Ferdinand Maria Reichsgraf von (1718–1805) 70
Salieri, Antonio (1750–1825) 24, 89, 102, 112, 119, 121f., 123–128, 159, 236, 251, 346
Salomon, Johann Peter (1745–1815) 124, 283
Salvi, Antonio (1664–1724) 264
Sammartini, Giovanni Battista (1700/01 bis 1775) 49
Sant'Angelo, Principe 52
Sant'Angioli-Morbilli, Duca 266
Saporiti, Teresa (1763–1869) 109
Sarcone, Michele (Michele Piacenza) (1731 bis 1797) 260
Sardi, Joseph (Giuseppe) 347
Sarti, Giuseppe (1729–1802) 255, 268, 346
Savioli, Louis Aurel Graf († 1788) 71f.
Savoi (Tenor) 76
Schachtner, Johann Andreas (1731–1795) 29f., 81f., 224, 246, 248
Schack, Benedikt Emanuel (1758–1826) 121, 127, 348, 368f.
Schall, Johann Eberhard Friedrich (1742 bis 1790) 234

Schick, Margarethe Louise, geb. Hamel (1773–1809) 123
Schikaneder, Emanuel (eigentlich Johann Joseph) (1751–1811) 81, 105, 121, 124f., 127f., 130, 224, 252, 257, 368f.
Schittlersberg, Augustin Veith Edler von (1751–1811) 234
Schlegel, August Wilhelm (von) (1767 bis 1845) 141
Schlegel, Johann Adolf (1721–1793) 150
Schmidt, Klamer Eberhard Karl (1746 bis 1824) 234
Schmitt, Alois 381
Schobert, Johann (um 1735–1767) 38, 43, 152, 371
Schönberg, Arnold (1874–1951) 192
Schott, Verlag 251, 253
Schrämbel (Taubstummen-Inst.), Verlag 233, 237, 395
Schrattenbach, Franz Anton Graf (1712 bis 1783) 44 (»Bruder des Salzburger Fürsterzbischofs«)
Schrattenbach, Siegmund III. Christoph Graf, Fürsterzbischof (1698–1771) 31f., 35, 43–46, 50, 56f., 59, 80, 249, 255, 265
Schröter (Schroeter), Johann Samuel (um 1752–1788) 371
Schubart, Christian Friedrich Daniel (1739–1791) 65
Schumann, Clara (1819–1896) 202
Schuster, Joseph (1748–1812) 152
Schwei(t)zer, Franz Maria 123
Schweitzer, Anton (1735–1787) 79
Sechter, Simon (1788–1867) 383, 415
Seeau, Joseph Anton Graf, Herr auf Puchberg und Emerzweyer (1713–1799) 65, 69f., 82, 83
Seinsheim, Maximilian Clemens Graf von (1751–1803) 69
Senn, Walter (1904–1981)
Serrarius, Anton Joseph 74
Sertor, Gaetano (um 1760–1805) 258
Shaffer, Peter 26
Shakespeare, William (1564–1616) 129
Sieber, Jean-Georges (1738–1822) 79
Sieber, Verlag 269, 279, 335
Silbermann, Johann Andreas (1712 bis 1783) 79
Silbermann, Johann Heinrich (1727 bis 1799) 79
Simrock, Verlag 381
Smith, Erik (1931–2004) 393, 399
Solzi, Adamo 57
Späth, Franz Xaver Anton (1750–1808) 297
Spaur, Friedrich Franz Joseph Graf (1756 bis 1821) 219

Spaur, Leopold Maria Joseph Graf, Fürstbischof (1696–1778) 59
Sporck, Johann Wenzel Graf (1724 bis 1804) 45
Stadler, Anton Paul (1753–1812) 104, 106, 119, 129, 287, 301, 321
Stadler, Maximilian (1748–1833) 225, 354f., 375, 377, 379, 381, 385, 389, 391, 393, 399, 402f.
Stadlmayr, Johann (um 1580–1648) 54, 155, 204, 418
Star, Vogel († 1787) 108, 420
Starzer, Joseph (Johann Michael) (1728 bis 1787) 89, 112, 159, 271, 301, 365
Stein, Johann Andreas (1728–1792) 70
Steiner, Joseph Anton (1753–1813) 133
Stephanie, (Johann) Gottlieb (d. J.) (1741 bis 1800) 89, 90, 102, 250
Stich, Jan Václav (Johann Wenzel) (genannt Giovanni Punto) (1746–1803) 75
Stierle, (Johann-) Franz Joseph (d. Ä.) (1741–nach 1798) 247
Stock, Johanna Dorothea (Doris) (1760 bis 1832) 116f., 131, 133
Storace, Anna Selina (Nancy) (1765–1817) 79, 103, 106, 261
Storace, Verlag 321, 331
Strinasacchi, Regina, verh. Schlick (1764 bis 1839) 100, 339
Sturm, Christoph Christian (1740 bis 1786) 236
Suardi, Felicità 60
Summer, Georg 88
Süßmayr, Franz Xaver (1766–1803) 95, 126, 167, 202, 221, 287, 401
Swieten, Gottfried Bernhard Baron van (1733–1803) 45, 89, 98, 112, 114, 117, 119, 121, 130, 135, 154, 156f., 159
Tanucci, Bernardo Marchese (1688–1783) 53
Tasso, Torquato (1544–1595) 58
Tenducci, Giust(in)o Ferdinando (um 1735 bis 1790) 78, 262
Tessé, Adrienne-Catherine de → Noailles, Adrienne-Catherine de
Teyber, Anton (1756–1822) 89, 116
Teyber/Teuber, Therese (1760–1830) 90, 97
Thorwart, Johann Franz Joseph (1737–1813) 92
Thun-Hohenstein, Johann Joseph Anton Graf (1711–1788) 98, 107
Thun-Hohenstein, Joseph Maria Graf, Fürstbischof (1713–1763) 32
Thun-Hohenstein, Maria Wilhelmine Gräfin, geb. Comtesse Ulfeld (1747–1800) 86, 89
Tibaldi, Giuseppe (Luigi) (1729–um 1790) 57

Tieck, (Johann) Ludwig (1773–1853) 141
Tissot, Samuel André (1728–1797) 34
Torricella, Christoph (ca. 1715–1798) 91
Torricella, Verlag 251, 339, 343, 347
Tozzi, Antonio (1736–nach 1812) 65
Traeg, Verlag 124
Trattner, Maria Theresia von, geb. von Nagel (1758–1793) 88, 345
Trnka, Wenzel Johann (1782–nach 1849) 245
Türk, Daniel Gottlob (1750–1813) 204
Ugarte, Johann Wenzel Graf (1748–1796) 121
Umlauf(f), Ignaz (1746–1796) 122
Uz, Johann Peter (1720–1796) 230
Valotti, Padre Francesco Antonio (1697 bis 1780) 56
Vanhal, Johann Baptist (1739–1813) 71
Varesco, (Girolamo) Giambattista (1735 bis 1805) 82f., 97f., 248, 250
Varese, Anna Fran(ces)ca 55
Vendôme, Verlag 331, 333
Villeneuve, Louise (erwähnt 1786–1799) 119f., 261
Viotti, Giovanni Battista (1755–1824) 368f.
Vogler, Georg Joseph (»Abbé Vogler«) (1749–1814) 72, 136, 195
Voltaire (eigentlich François-Marie Arouet) (1694–1778) 34
Wagenseil, Georg Christoph (1715–1777) 23, 40f.
Wagner, Richard (1813–1883) 26, 120
Waldburg-Zeyl, Ferdinand Christoph Dapifer Reichsgraf und Erbtruchseß (1719–1786) 59, 65, 69
Waldstätten, Martha Elisabeth Baronin von, geb. von Schäfer (1744–1811) 93
Wallis, Gräfin Maria Franziska, geb. Colloredo (1746–1795) 78
Wallishauser, Johann Baptist (genannt Giovanni Valesi) (1735–1816) 83
Walsegg (-Stuppach), Anna Gräfin, geb. von Flammberg (1770–1791) 126
Walsegg (-Stuppach), Franz Graf (1763 bis 1827) 126, 221, 401
Weber, Aloysia, verh. Lange (1759/61–1839) 74f., 78f., 92, 96, 99, 112, 257, 259, 261
Weber, Maria Cäcilia Cordula, geb. Stamm (1727–1793) 87, 91f.

Weber, Edmund (1766–1828) 421
Weber, Franz Fridolin (1733–1779) 73f., 77–79, 87
Weber, Josepha, verh. Hofer (1758–1819) 87, 127, 397
Weber, Sophie → Haibel, Sophie
Weigl, Joseph (1766–1846) 89
Weingartner, (Paul) Felix, Edler von Münzberg (1863–1942) 205
Weiser, Ignaz Anton (1701–1785) 224
Weis(s)kern, Friedrich Wilhelm (1710 bis 1768) 246
Weiße (Weisse), Christian Felix (1726 bis 1804) 232, 234, 389, 395
Wendling, Dorothea, geb. Spurni (1736 bis 1811) 83, 140, 257
Wendling, Elisabeth (›Lisl‹) Augusta, geb. Sarselli (1746–1786) 83, 257
Wendling, Elisabeth Augusta (›Gustl‹) (1752–1794) 74, 233
Wendling, Johann Baptist (1723–1797) 73–75, 139, 368f.
Werthes, Friedrich August Clemens (Klemens) (1748–1817) 257
Westermayer, Johann David (1732–1775) 282
Widl, Rufinus (1731–1798) 246f.
Wieland, Christoph Martin (1733–1813) 125, 128
Wilhelm (Willem) V. von Oranien (-Nassau), Prinz (1748–1806) 41f., 295
Wimmer, Pater (Jakob Anton) Marian (1725–1793) 224
Wojciechowski, Johannes 395
Woschitka, Franz Xaver (1728–1796) 69
Wucherer, Verlag 235
Zabuesnig, Johann Christoph von (1747 bis 1827) 70f.
Zach, Johann (Jan) (1699–1773) 230
Zichy von Vásonykö, Anna Maria Gräfin, geb. Khevenhüller-Metsch 88
Zichy von Vásonykö, Karl Graf 100
Ziegenhagen, Franz Heinrich (1753–1806) 224f.
Zinzendorf, Johann Karl Graf (1739–1813) 127f.

Orte

Aachen 36f.
Ala 57
Amsterdam 37, 42, 346
Ancona 49
Ansbach 71
Antwerpen 36f., 42
- Kathedrale 41
Aretsried 28
Aschaffenburg 122
Augsburg 28, 36f., 69–71, 75, 81, 85, 123, 132, 249, 420
- Heiligkreuz 71
- Fuggerscher Saal 71
- Geschlechterstube 70
- St. Salvator 28, 35
- Mozart-Haus 132
Baden bei Wien 118, 121, 125f., 129, 228
Baiae 53
Bergues 36
Berlin 115, 117, 127
- Gemäldegalerie 133
- Nationaltheater 118
- Schloß 118
Bern 37
Biberbach 37
Bingen 36
Bologna 48–50, 52–54, 82, 226, 246, 274, 304
- *Accademia filarmonica* 54f., 227
- Civico Museo Bibliografico Musicale 132
- Landgut »*Alla Croce del Biacco*« 54
Bonavis 36
Bonn 36
Bozen 48, 60
Bozzolo 48
Brescia 49, 57
Brixen 48f., 57, 59
Bruchsal 36, 69, 123
Brühl 36
Brünn 44
- Stadthaus 44
Brüssel 36f., 330
Calais 36
Cambrai 37
Cannstadt 123
Canonica 49
Canterbury 36, 41
Capua 48
Caserta 53
Chantilly, Musée Condé 132
Chelsea 36
Chiemsee 65, 69
Cività Castellana 49
Clermont 69

Cremona 48
Den Haag 36f., 41f., 151, 254, 272, 294, 332, 346
Dijon 37, 42
Dillingen 37
Döbling 100, 341
Donaueschingen 37, 106, 328
Dover 36
Dresden 115f., 118
- Hofkirche 116
- »*Hôtel de Pologne*« 116
Dünkirchen 36
Ebelsberg 98
Ellwangen 69
Erfurt 116
Fischach 28
Florenz 48, 50, 61f., 103, 121
Foligno 49
Forlì 49
Frankfurt/Main 36f., 81, 120, 122–124, 137, 249, 293
- Stadt-Spielhaus 123
Genf 37
Gent 36
- St. Peterkirche 41
Göppingen 123
Gotha 129
Gournay 36
Günzburg 36f., 123
Gurk 59
Haarlem 37
Hall/Tirol, königliches Damenstift 60
Hamburg 225
Heimberg 28
Herculaneum 53
Hohen-Altheim 69, 71
Imola 49
Innsbruck 48f., 57, 60
Kaisheim bei Donauwörth 69, 79
Kirchheimbolanden 74
Koblenz 36f.
Köln 36, 92
Lambach 98
Lausanne 37, 42, 328
- Sammlung Alfred Cortot 132
Leipzig 115, 117, 354
- Gewandhaus 117
- Schloßkapelle in der Pleißenburg 117
- Thomaskirche 117
- Thomasschule 117
Lemberg 128
Lille 36
Linz 32, 98, 107, 280f., 344
- Theater 98
Lodi 48, 50, 61, 322

Lofer 48
London 33, 35f., 38, 40–42, 96, 124, 128, 151f., 180, 226, 332, 340, 348, 356, 358, 372, 412
- British Museum 40, 227
- Great Room at the Swan and Harp Tavern in Cornhill 41
- Haymarket-Theater 41
- Hickford's Great Room 41
- Thrift Street (Soho) 41
Loreto 49
Löwen 36
Ludwigsburg 36
Lüttich 36
Lyon 37, 42
Mailand 48–50, 52, 54–57, 60–63, 132, 151, 228f., 246, 248, 254, 256, 262, 270, 274, 294, 298, 374
- Palazzo Firmian 255
- Regio Ducal Teatro 48, 56f., 61, 247, 249
- Theatinerkirche 62
Mainz 36f., 81, 123
- Schloß 123
Mannheim 36, 38, 67, 69–75, 77–82, 84, 101, 123, 132, 136, 152, 168, 195, 232, 256, 270, 286, 288, 326, 334, 342, 354, 368, 376, 420
- Nationaltheater 79
- Palais Haydeck 72
- Schloß 71
Mantua 48
- *Reale Accademia di scienze, lettere ed arti* 49
Mechelen 37
Mergentheim 71
Meßkirch 37
Metz 69
Modena 48
Moerdijk 36f.
Mons 36
Monza 103
Moskau 128
- Glinka-Museum 133
München 31f., 35–37, 42, 63, 65–67, 69–72, 74, 77–79, 81–86, 101, 123, 168, 221, 228, 232, 256, 261, 270, 326, 328, 342, 350
- Frauenkirche 66
- Hofkapelle 66
- Hoftheater 249
- Kaisersaal 123
- Residenz 69
- Neues Residenztheater 84
- Redoutensaal 65
- Salvatortheater 65, 249
Nancy 69
Neapel 48, 50, 52f., 66, 68, 70
Neumarkt 48

New York 128
Nördlingen 69
Nürnberg 122
Olmütz 44, 272
Orvieto 48
Östrich 36
Padua 49, 56, 225, 263
Paris 29, 32f., 35–39, 41–43, 67, 69, 73–80, 96, 102, 128, 132, 136, 151–153, 168, 216, 228, 254, 256, 270, 278, 286, 288, 330, 332, 334, 342, 346, 372, 376, 418
- »*Temple*« 132
- *Académie Royale* 75f.
- St. Eustache (Friedhof) 77
- Musée du Louvre 132
- Opéra 271
- Rue du Gros Chenet (Wohnung Mozarts) 75
- Theatersaal des Mr. Félix 38
Parma 48–50
Passau 32
Pavia 256
- Teatro Omodeo 257
Perchtoldsdorf 129
Pesaro 49
Piacenza 48f.
Pompeji 53
Potsdam 115, 117, 348
Pozzuoli 53
Prag 68, 103, 105–111, 115, 118, 125–129, 219, 228, 234, 236, 252f., 260, 266, 281
- Normalschul-Buchdruckerei 229
- »*Zu den drei Löwen*«, Kohlmarkt 106, 109
- Gräflich Nostizsches National-Theater 107, 109, 126f., 253
- Loge »*Zur Wahrheit und Einigkeit*« 127
- Palais Thun 107
- Bertramka (Landsitz Duschek) 109
Preßburg 32
Regensburg 122
Rimini 49
Rom 48–53, 65, 155, 254, 256, 272, 274, 310, 412
- Capella Sistina 51, 412
- Collegio Germanico 52
- Palazzo Quirinale 53
- Palazzo Santa Maria Maggiore 53
- Palazzo Scatizzi 52
- Vatikan 52
Rotterdam 36f.
Rovereto 48f.
Sachsenhausen 122
Saint-Germain-en-Laye 78, 262
Salzburg
- Dom 30, 43, 78, 225
- Getreidegasse 9 29

- Hofkapelle 283
- Hoftheater im ehemaligen Ballhaus 81
- ISM 132f.
- Kollegienplatz 81
- Residenz 35, 43, 60, 67, 249
- Stiftskirche St. Peter 98, 217, 219, 221
- Tanzmeisterhaus 30, 65, 67, 81
- Universität 28, 43, 247
- Universitätskirche 217

Salzig 36
Schaffhausen 37
Schwaz 48
Schwetzingen 36–38, 69
- Schloßgarten 123

Seeon 226
Senigallia 49
Sessa 48
Siena 48
Spoleto 49
St. Gilgen 28
St. Goar 36
St. Johann 57
St. Petersburg 129
Steinach 48
Strahov, Prämonstratenser-Kloster 110
Straßburg 69
- Spiegel-Zunftstube 79
- Theater 79

Stuppach bei Gloggnitz (Schloß) 126
Terni 49
Terracina 48
Tokyo, Bin Ebisawa 133
Tirlemont 36
Trient 57
Turin 49, 56
Ulm 36f., 123
Utrecht 37, 42
Valenciennes 37
Venedig 49, 56, 70, 107, 112, 132
- Teatro Benedetto 57, 61

Verona 48f., 56f., 132
- *Accademia Filarmonica* 49, 56

Versailles 36, 38, 75, 77, 418
Vicenza 49
Viterbo 48
Vöcklabruck 98
Wallerstein 71
Walluf 36
Wasserburg 36f., 69
Weimar 129
Wien
- Augarten 89
- »*Burgisches Haus*« 93
- Burgtheater 45, 96, 99, 101f., 121, 225, 251, 253, 259, 261, 265, 267, 269, 321
- »*Deutsches Haus*« 93

- Deutsches Nationaltheater 89, 130
- Dom St. Stephan 30, 92, 122, 130, 136
- »*Figaro-Haus*« 93f.
- Friedhof St. Marx 130
- Gartentheater (Mesmer) 45
- Gasthof »*Zur Mehlgrube*« 89, 101
- Gesellschaft der Musikfreunde 259
- Gesellschaft der Musikfreunde 133, 141
- Haus des Deutschen Ordens 85f., 259
- Historisches Museum 133
- Hofbibliothek 89
- Hofburg 155, 271
- Hofpfarrkirche zu St. Michael 130
- Hoftheater 102, 109, 112, 125
- Hoher Markt (Stadtresidenz Walsegg) 126
- Jahnscher Saal 114
- Jesuitenkirche am Hof 64
- Kajetanerkloster 64
- Kärntnertortheater 45, 89, 100, 102, 111, 122, 267
- »*Kleines Heberteinsches Haus*« 93
- »*Kleines Kaiserhaus*« 93f., 130
- Landstraße 224 93f., 108, 111
- Loge »*Zu den drei Adlern*« 104
- Loge »*Zur gekrönten Hoffnung*« 104
- Loge »*Zur neugekrönten Hoffnung*« 104, 129, 225, 235
- Loge »*Zur wahren Eintracht*« 103f., 225
- Loge »*Zur Wohltätigkeit*« 103f.
- Mehlmarkt 259
- Österreichische Nationalbibliothek 138, 263
- Palais Auersperg 84, 102, 249
- Piaristen in der Josephsstadt 129
- Redoutensaal der Hofburg 96
- Schloß Schönbrunn, Orangerie 102, 251
- Stadt 1175 (Graben 17) 93
- Theater auf der Wieden 119, 121, 125, 128, 253
- Theater in der Leopoldstadt 267
- Tonkünstlersozietät 159
- »*Trattnerhof*« 93f., 99, 106, 113
- »*Unter den Tuchlauben*« 93f., 111
- Waisenhaus(kirche) 46, 217, 228, 288
- Zentralfriedhof 130
- »*Zu den drei Sternen*« 93f., 113
- »*Zum Auge Gottes*« 87, 93
- »*Zum englischen Gruß*« 93f.
- »*Zum roten Säbel*« 93
- »*Zur Mutter Gottes*« 93, 119, 121

Winterthur 37
Wörgl 48
Worms 36, 74, 420
Würzburg 71, 122
Zürich 37, 42, 350

Werke nach Nummern

KV Hauptteil

1	Menuette G und C 23, 31, *350*		24	Variationen »*Laat ons Juichen*« 42, *346*
1a	Andante C 31, *348*		25	Variationen »*Willem van Nassau*« 42, *346*
1b	Allegro C 31, *348*		25ª	→ Anh. C 13.01
1c	Allegro F 31, *348*		26	Sonate Es 42, 151f., 180, *332*, 333–335
1d	Menuett F 31, *348*		27	Sonate G 42, 151f., 180, *332*, 333
1e	→ 1		28	Sonate C 42, 151f., *334*
1f	→ 1		29	Sonate D 42, 151f., *334*
2	Menuett F *350*		30	Sonate F 42, 151f., 180, *334*
3	Allegro B *350*		31	Sonate B 42, 151f., *334*
4	Menuett F *350*		32	*Gallimathias musicum* 42, 294
5	Menuett F *350*		32ª	Capricci *358*
5ª	→ 9ª		33	Kyrie F 42, *216*
5ᵇ	→ Fr 1764a		33ª	Soli für Flöte 42, *328*
5b	→ Fr 1764a		33B	Klavierstück F 42, *350*
6	Sonate C 38, 41, 151f., 177f., *330*		33ᵇ	Soli für Violoncello 42, *328*
7	Sonate D 38, 41, 151f., 177f., *332*		33ᶜ	Stabat mater 228
8	Sonate B 38, 40f., 151f., 177f., *332*		33ᵈ	Sonate G *344*
9	Sonate G 38, 40f., 151f., 177f., *332*, 333		33ᵉ	Sonate B *344*
9ª	Klavierstück C 23, *350*		33ᶠ	Sonate C *344*
9ᵇ	→ Fr 1764a		33ᵍ	Sonate F *344*
10	Sonate B 40, 151f., 328, *332*, 333		33ʰ	Stück für Waldhorn *300*
11	Sonate G 40, 151f., 328, *332*, 333		33ⁱ	→ 36
12	Sonate A 40, 151f., 180, 328, *332*, 333		34	Offertorium »*Scande coeli*« 226
13	Sonate F 40, 151f., 328, *332*, 333		35	*Die Schuldigkeit des Ersten Gebots* 43, 45, *224*
14	Sonate C 40, 151f., 180, 328, *332*, 333		35ª	→ 42
15	Sonate B 40, 151f., 328, *332*, 333		36	Rez. und Arie »*Tali e cotanti*« 43, *264*
15ª⁻ˢˢ	›Londoner Skizzenbuch‹ 40, 138 (Anm. 32), *356*, 358		37	Konzert F (nach Raupach, Honauer und ?) 43f., 288, *370*
15ⁿⁿ	→ Fr 1764b		38	*Apollo et Hyacinthus* 43, *246*
15ʳʳ	→ Fr 1764c		39	Konzert B (nach Raupach und Schobert) 43f., 288, *370*
15ˢˢ	→ Fr 1764d		40	Konzert D (nach Honauer, Eckard und C. Ph. E. Bach) 43f., 288, *370*
16	Sinfonie Es 40, 180, *272*		41	Konzert G (nach Honauer und Raupach) 43f., 288, *370*
16ª	Sinfonie »*Odense*« a *283*		41ª	6 Divertimenti *298*
16ᵇ	→ Anh. C 11.01		41ᵇ	Bläserstücke, Aufzüge *300*
17	→ Anh. C 11.02		41ᶜ	Märsche *314*
18	→ Anh. A 51		41ᵈ	Menuette *306*
19	Sinfonie D 40, *272*		41ᵉ	Fuge *354*
19ª	Sinfonie F *272*		41ᶠ	Fuge *358*
19ᵇ	Sinfonie C *282*		41ᵍ	Nachtmusik *328*
19ᶜ	→ 21		41ʰ	→ 67
19ᵈ	Sonate C 41, *340*		41ⁱ	→ 68
20	Chorus »*God is our refuge*« 40, *226*		41ᵏ	→ 69
21	Arie »*Va, dal furor*« 40, 175, *264*		42	Grabmusik »*Wo bin ich*« 43, *224*, 375
21ª	Variationen a *348*			
21ᵇ, I	→ 107, I			
21ᵇ, II	→ 107, II			
21ᵇ, III	→ 107, III			
22	Sinfonie B 42, 180, *272*			
23	Arie »*Conservati*« 42, *254*			

REGISTER

42ª	→ 76		66ᵈ	Sinfonie B *282*
43	Sinfonie F 183, *272*		66ᵉ	Sinfonie B *282*
43ª	→ Fr 1767a		67	Sonate Es *314*
43ᵇ	→ 53		68	Sonate B *314*
43ᶜ	→ Anh. C 15.02		69	Sonate D *314*
44	Antiphon »*Cibavit eos*« (Stadelmayr) 54, 204, *418*		70	Rez. und Arie »*Sol nascente*« 254
			71	→ Fr 1770a
45	Sinfonie D 45, 183, *272*		72	Offertorium »*Inter natos*« 56 (Anm. 47) , *226*
45ª	Sinfonie G ›*Alte Lambacher*‹ *272*			
45ᵇ	Sinfonie B 183, *272*		72ª	→ Fr 1769a
46	Quintett *319*		73	Sinfonie C *272*, *375*
46ª	→ 51		73A	Arie »*Misero tu*« 49 (Anm. 43), *262*
46ᵇ	→ 50		73ª	→ 143
46ᶜ	→ 52		73ᵇ	→ 78
46ᵈ	Sonate C *328*, 329		73ᶜ	→ 88
46ᵉ	Sonate F *328*, 329		73ᵈ	→ 79
47	»*Veni Sancte Spiritus*« 226		73 D	→ Fr 1766a
47a	→ 139		73ᵉ	→ 77
47ᵇ	»*Großes Offertorium*« 46 (Anm. 38), 227, *228*		73f	→ 80
			73ᵍ	→ 123
47ᶜ	Konzert 46 (Anm. 38), *288*		73ʰ	→ 94
47ᵈ	→ 49		73ⁱ	→ 89ª I
47ᵉ	→ 53		73ᵏ	→ 89
48	Sinfonie D 46, 183, *272*		73ˡ	→ 81
49	Missa brevis G 156, *216*		73ᵐ	→ 97
50	*Bastien und Bastienne* 45, 237, *246*		73ⁿ	→ 95
51	*La finta semplice* 45f., 168, 246, 273		73ᵒ	→ 82
52	Lied »*Daphne*« 46, *237*		73ᵖ	→ 83
53	Lied *An die Freude* 46, *230*		73ᑫ	→ 84
54	Variationen F *339, 348*		73ʳ	→ 89ª II
55–60	→ Anh. C 23.01–06		73ˢ	→ 85
61	→ Anh. C 23.07		73ᵗ	→ 122
61ª	→ 65		73ᵘ	→ 44
61ᵇ	→ 65ª		73ᵛ	→ 86
bei 61ᵇ	→ Anh. C 13.03		73ʷ	Fugenthema *404*
61ᶜ	→ 70		73ʷ	→ auch Fr 1773a/I und II
61ᵈ	→ 103		73x	14 (20) kanonische Studien 54, *240*, 241, *416, 417*
bei 61ᵈ	→ Fr 1772c			
61ᵉ	→ 104		74	Sinfonie G 52 (Anm. 44), *274*
61ᶠ	→ 105		74ª	→ 87
61ᵍ I	Menuett A 52, *304*		74ᵇ	Arie »*Non curo*« 256
61ᵍ II	Menuett C (nach M. Haydn) 52, 304, 350, *366, 414*		74ᶜ	→ 118
			74ᵈ	→ 108
61ʰ	6 Menuette *304*		74ᵉ	→ 109
62	Marsch D 294, 295, *312*		74ᶠ	→ 72
62ª	→ 100		74ᵍ	Sinfonie B *274*
63	Kassation G 46 (Anm. 40), 158, 183, *294*		75	Sinfonie F 56 (Anm. 47), *274*
			75ª	→ 73
63ª	→ 99		75ᵇ	→ 110
64	Menuett D (L. Mozart?) *307*		76	Sinfonie F 183, *272*
65	Missa brevis d 46 (Anm. 39), *216*		77	Rez. und Arie »*Misero pargoletto*« 49 (Anm. 43), 49f., *254*
65ª	7 Menuette 183, *304*			
66	Missa C ›*Dominicus*‹ 46 (Anm. 39), 64, *216*		78	Arie »*Per pietà*« 42, *254*
			79	Rez. und Arie »*Per quel paterno*« 42, 254, *373*
66ª	→ 117			
66ᵇ	→ 141		80	Quartett G 50, *322*
66ᶜ	Sinfonie D *282*		81	Sinfonie D 52 (Anm. 44), *272*

464

82	Arie »*Se ardir*« 254		115	Missa brevis C 221
83	Arie »*Se tutti i mali*« 256		116	Missa brevis F 221
84	Sinfonie D 52 (Anm. 44), 274		117	Offertorium »*Benedictus*« 226, 228
85	Miserere a 54, 226		118	*Betulia liberata* 56, 224
86	Antiphon »*Quaerite primum*« 54, 155, 226		119	Arie »*Der Liebe*« 258
87	*Mitridate, Re di Ponto* 54f., 60, 151, 175, 185 (No. 7), 246, 295, 313		120	Presto D 57, 247, 274, 275
			121	Allegro D 278, 279
88	Arie »*Fra cento*« 49 (Anm. 43), *254*		122	Menuett Es *304*
89	Kyrie G (Kanon) 216, *240*, 241		123	Kontretanz B 52, *310*
89ª I	Kanon *240*, 241		123ª	→ 381
89ª II	Vier Rätselkanons *240*, 241, 416 (Nr. 2), 417 (Nr. 1, 3, 4)		124	Sinfonie G 59, 274
			124A	Sonate D (Fragm.) 316
90	Kyrie d 216		124ª	→ 144
90ª	→ 116		124ᵇ	→ 145
91	Kyrie D (Reutter) *418*		124ᶜ	→ Anh. C 16.01
92	→ Anh. C 3.01		125	Litaniae de venerabili altaris Sacramento 59, 66, *222*
93	→ Anh. A 22			
93ª	→ Anh. A 23		125ª	→ 136
93ᵇ	→ Anh. A 1		125ᵇ	→ 137
93ᵇ	→ Anh. A 1		125ᶜ	→ 138
93ᶜ	→ Anh. A 2		125ᵈ	→ 149
93ᵈ	→ Anh. A 4		125ᵉ	→ 150
94	Menuett D 304, *350*		125ᶠ	→ 151
95	Sinfonie D 52 (Anm. 44), 274		125ᵍ	→ 147
96	Sinfonie C *274*		125ʰ	→ 148
97	Sinfonie D 52 (Anm. 44), 274		125ⁱ	→ 178
98	→ Anh. C 11.04		126	*Il sogno di Scipione* 57, 59f., 248, 277
99	Kassation B 46 (Anm. 40), *294*			
100	Serenade D 46 (Anm. 40), *294*, 313		127	»*Regina coeli*« B 60, 226
			128	Sinfonie C 60 (Anm. 51), 274
101	4 Kontretänze *310*, 311, 353		129	Sinfonie G 60 (Anm. 51), 276
102	Sinfonie-Finale C 278, 279		130	Sinfonie F 60 (Anm. 51), 276
103	20 Menuette *304*, 305, 350		130ª	→ 164
bei 103	→ Fr 1772c		131	Divertimento D 60, *296*
104	6 Menuette *304*, 366		132	Sinfonie Es 60 (Anm. 51), *276*
105	6 Menuette *307*		133	Sinfonie D 60 (Anm. 51), *276*
106	Ouvertüre und 3 Tänze *310*		134	Sinfonie A 60 (Anm. 51), 276
107, I	Konzert D (nach Joh. Chr. Bach) 60, 288, *360*		134ª	→ 155
			134ᵇ	→ 156
107, II	Konzert G (nach Joh. Chr. Bach) 60, 288, *360*		135	*Lucio Silla* 60f., 97 (No. 16), 248, 270
			135ª	Le gelosie del serraglio (Ballettmusik zur Oper *Lucio Silla*) 217, 249, 270, 285, 299
107, III	Konzert Es (nach Joh. Chr. Bach) 60, 288, *360*			
108	»*Regina coeli*« C 56 (Anm. 47), *226*		136	Divertimento D 59, *294*, 322
109	Litaniae Lauretanae B.M.V. 56 (Anm. 47), 222		137	Divertimento B 59, *296*, 322
			138	Divertimento F 59, *296*, 322
110	Sinfonie G 56 (Anm. 47), 204, *274*		139	Missa c ›*Waisenhaus*‹ 46 (Anm. 38), 156, *216*
111	*Ascanio in Alba* 56–58, 246, 270, 273f.			
			140	→ Anh. C 1.12
111	Ouvertüre 247, 274, 275		141	Te Deum C 226
111ª	→ 120		141ª	→ 161
111ᵇ	→ 96		142	→ Anh. C 3.04
112	Sinfonie F 58, 180, *274*		143	Rez. und Arie »*Quaere superna*« 228
113	Divertimento Es 58, *294*			
114	Sinfonie A 59, 274, 305		144	Sonate D *316*
114ª	→ 139		145	Sonate F *316*

146	Arie »*Kommet her*« 228	168	Quartett F 64, 159, *322*
147	Lied »*Wie unglücklich*« 230	168a	Menuett F *322*
148	Lied *Auf die feierliche Johannisloge* 105, *230*	169	Quartett A 64, *324*
		170	Quartett C 64, *324*
149	Lied *Die großmütige Gelassenheit* *237*	171	Quartett Es 64, *324*
		172	Quartett B 64, *324*
150	Lied *Geheime Liebe* 237	173	Quartett d 64, 159, *324*
151	Lied *Die Zufriedenheit im niedrigen Stande* 237	173ᵃ	→ 205
		173ᵇ	→ 290
152	Canzonetta »*Ridente la calma*« *230*, 368	173ᶜ	→ 180
		173ᵈ	→ 345
153	→ Fr 1782p	173d A	→ 182
154	→ Fr 1782j	173d B	→ 183
154a	→ Anh. A 61/62	173ᵉ	→ 200
155	Quartett D 60, 139, 180, *322*, 323	174	Quintett B 65, *318*
156	Quartett G 139, 180, *322*, 323	175	Konzert D 65 (Anm. 59), 89, 96, 204f., *288*, 291
157	Quartett C 62 (Anm. 54), 180, *322*, 323	176	16 Menuette *306*, 350f.
		bei 176	→ Anh. C 29.02
158	Quartett F 62 (Anm. 54), 180, *322*, 323	177	→ Anh. C 3.09
		178	Arie »*Ah! spiegarti*« 232, *258*
158ᵃ	→ 165	179	Variationen Fischer-Menuett 72, *346*, 347
158ᵇ	→ Anh. C 3.08		
159	Quartett B 62 (Anm. 54), 180f., *322*, 323	180	Variationen »*Mio caro Adone*« *346*, 347
159ᵃ	→ 160	181	Sinfonie D 64 (Anm. 57), 276
159ᵇ	→ 186	182	Sinfonie B 65 (Anm. 59), 276
bei 159b	→ Fr 1764e	183	Sinfonie g ›*Kleine g-Moll*‹ 65 (Anm. 59), 276
159ᶜ	→ Anh. C 17.12		
159ᵈ	→ 166	184	Sinfonie Es 64 (Anm. 57), 276
160	Quartett Es 62 (Anm. 54), 180, *322*, 323	185	Serenade D ›*Antretter*‹ 64, *296*, 313
161	Sinfonie nach *Il sogno di Scipione* 249, *276*	186	Divertimento B 62, 271, *298*
		bei 186	→ Fr 1764e
161a	→ 184	186ᵃ	→ 201
161b	→ 199	186ᵇ	→ 202
162	Sinfonie C 64 (Anm. 57), 276	186ᶜ	→ 358
162ᵃ	→ 199	186ᵈ	→ 195
162ᵇ	→ 181	186E	→ 190
163	→ 161	186ᵉ	→ 191
164	6 Menuette 60, *306*	186ᶠ	→ 192
165	Motette »*Exsultate, jubilate*« 62, *228*	186ᵍ	→ 193
		186ʰ	→ 194
166	Divertimento Es 271, *298*	186ⁱ	→ 91
166ᵃ	→ 184	187	→ Anh. C 17.12
166ᵇ	→ 190	188	Divertimento C 67 (Anm. 67), *298*
166ᶜ	→ 182	189	Marsch D *296*, 312
166ᵈ	→ 115	189ᵃ	→ 179
166ᵉ	→ Fr 1772d	189ᵇ	→ 203
166ᶠ	→ Fr 1772a	189ᶜ	→ 237
166ᵍ	→ Fr 1772b	189ᵈ	→ 279
166ʰ	→ Fr 1774a	189ᵉ	→ 280
167	Missa »*Trinitatis*« C 64 (Anm. 57), *216*	189ᶠ	→ 281
		189ᵍ	→ 282
167ᵃ	→ 185	189ʰ	→ 283
167A	→ 205	189ⁱ	→ Fr 1790e
167 AB	→ 290	189k	→ 200
167ᵇ	→ 189		

190	Concertone C 65 (Anm. 59), 169, 204, *282*	215	Marsch D *296, 312*
191	Konzert B 65 (Anm. 59), *284*	216	Konzert G ›Straßburger‹ 67 (Anm. 67), *284*
192	Missa brevis F ›*Kleine Credo*‹ 65 (Anm. 59), 66 (Anm. 61), *216*	217	Arie »*Voi avete*« 67 (Anm. 68), *256*
193	Dixit und *Magnificat* 65 (Anm. 59), *222*	218	Konzert D 67 (Anm. 67), *284*
194	Missa brevis D 65 (Anm. 59), 66 (Anm. 61), *218*	219	Konzert A 67 (Anm. 67), 271, *284*, 285
195	Litaniae Lauretanae B.M.V. 65 (Anm. 59), *222*	220	Missa C ›*Spatzen*‹ 218
196	*La finta giardiniera. Die verstellte Gärtnerin* (*Die Gärtnerin aus Liebe*) 65, 81, *248*, 278f.	221	→ Anh. A 1
		222	Offertorium »*Misericordias*« 66, *228*
		223	→ Fr 1772d
196	Ouvertüre *278*, 279	224	Sonate F *316*
196ª	→ Fr 1787a	225	Sonate A *316*
196ᵇ	→ 220	226	→ Anh. C 10.02
196ᶜ	→ 292	227	→ Anh. A 31
196ᵈ	Konzert für Fg. (von F. Danzi) *289*	228	Doppelkanon *242*
196ᵉ	→ Anh. C 17.01	229	Kanon *240*
196ᶠ	→ Anh. C 17.02	230	Kanon *240*
196ᵍ	→ Fr 1781d	231	Kanon »*Leck mich*« *240*
197	→ Anh. C 3.05	232	Kanon »*Lieber Freistädtler*« *242*
198	→ Anh. C 3.08	233	Kanon »*Leck mir*« *245*
199	Sinfonie G 64 (Anm. 57), *276*	234	Kanon »*Bei der Hitz*« *245*
200	Sinfonie C 65 (Anm. 59), *278*	235	→ Anh. C 10.17
201	Sinfonie A 65 (Anm. 59), *278*	236	Andantino 354, *362*
202	Sinfonie D 65 (Anm. 59), *278*	237	Marsch D *296, 312*
203	Serenade D 183, *296, 297, 313*	238	Konzert B 67 (Anm. 67), 71, *288*
204	Serenade D 67 (Anm. 67), 279, *296, 297, 313*	239	Serenade D ›*Serenata notturna*‹ 67 (Anm. 67), 202, *296*
[204]	Sinfonie D *278*, 297	240	Divertimento B 67 (Anm. 67), *298*
205	Divertimento D 64 (Anm. 57), *302, 313*	240ª	→ 252
		240ᵇ	→ 188
205ª	→ 222	241	Sonate G 67 (Anm. 67), *316*
205ᵇ	→ 284	241ª	→ 224
206	= 366 No. 8 (Marsch)	241ᵇ	→ 225
206ª	Konzert F *284, 288*	242	Konzert F ›*Lodron*‹ 67 (Anm. 67), 71, *288*
207	Konzert B 67 (Anm. 67), 204, *282*, 285	243	Litaniae de venerabili altaris Sacramento 67 (Anm. 67), *222*
207ª	→ 121	244	Sonate F 67 (Anm. 67), *316*
208	*Il re pastore* 66f., *248*, 279, 285 (Nr. 3)	245	Sonate D 67 (Anm. 67), *316*
		246	Konzert C ›*Lützow*‹ 67 (Anm. 67), *288*
208	Ouvertüre, Arie 57, *278*, 279	246ª	→ 262
209	Arie »*Si mostra*« 67 (Anm. 68), *264*	246ᵇ	→ Fr 1772f
209a	→ Fr 1772e	246c	→ Fr 1776a
210	Arie »*Con ossequio*« 67 (Anm. 68), *264*	247	Divertimento F ›*Erste Lodronische Nachtmusik*‹ 67 (Anm. 67), 181, *302, 315*
210ª	→ 152		
211	Konzert D 67 (Anm. 67), *282*	248	Marsch F *302, 314*
212	Sonate B 67 (Anm. 67), *316*	248ª	→ 260
213	Divertimento F 67 (Anm. 67), *298*	248ᵇ	→ [250]
213ª	→ [204]	248ᵇ	→ 250
213ª	→ 204	249	Marsch D 281, *296, 314*
213ᵇ	→ 215	250	Serenade D ›*Haffner*‹ 67 (Anm. 67), 279, 281, *296, 297, 315*
213ᶜ	→ 102		
214	Marsch C *312*		

REGISTER

[250]	Sinfonie D 278, 297	276	»*Regina coeli*« C 228
250ᵃ	→ 101	277	Offertorium »*Alma Dei*«
251	Divertimento D 67 (Anm. 67), *302*		67 (Anm. 67), *228*
252	Divertimento Es 67 (Anm. 67), *298*	278	Sonate C 67 (Anm. 67), *316*
253	Divertimento F 67 (Anm. 67), *298*	279	Sonate C 66 (Anm. 63), 179,
254	Divertimento B 67 (Anm. 68), *328*		204, *342*
255	Rez. und Arie »*Io ti lascio*«	280	Sonate F 66 (Anm. 63), 179, *342*
	67 (Anm. 68), *262*	281	Sonate B 66 (Anm. 63), 179, *342*
256	Arie »*Clarice cara*«	282	Sonate Es 66 (Anm. 63), 179,
	67 (Anm. 68), *264*		204, *342*
257	Missa C ›*Große Credo*‹ 218, 406	283	Sonate G 66 (Anm. 63), 71, 179,
258	Missa C 67 (Anm. 67), *218*		204, *342*
258ᵃ	→ Fr 1787b	284	Sonate D ›*Dürniz*‹ 66, 71, 179,
259	Missa C ›*Orgelsolo*‹		204, 339, *342*, 345
	67 (Anm. 67), *218*	284ᵃ	→ 395
260	Offertorium »*Venite populi*«	284ᵇ	→ 309
	67 (Anm. 67), *228*	284ᶜ	→ 311
261	Adagio F 284, 285	284ᵈ	→ 307
261ᵃ	→ 269	284ᵉ	Konzert-Instrumenierung
262	Missa longa C ›*Spaur*‹		74, 139, *368*
	67 (Anm. 67), *218*	284ᶠ	Rondeau 72, *354*
263	Sonate C 67 (Anm. 67), *316*	285	Quartett D 74 (Anm. 81), *326*
264	Variationen »*Lison*«	285ᵃ	Quartett G 74 (Anm. 81), *326*
	88 (Anm. 106), *346*	285ᵇ	Quartett C 139, 301, *326*
265	Variationen »*Ah, vous dirai-je*«	285ᶜ	→ 313
	88 (Anm. 106), 202, *346*	285ᵈ	→ 314
266	Adagio und Menuett B	285ᵉ	→ 315
	67 (Anm. 68), *328*	286	Notturno D 67 (Anm. 68), *296*
bei 266	→ Fr 178X/a	287	Divertimento B ›*Zweite Lodronische*
267	4 Kontretänze *310*		*Nachtmusik*‹ 67 (Anm. 67), *302*
268	→ Anh. C 14.04	288	→ Fr 1776a
269	Rondo B 283, *284*	289	Divertimento Es *298*
269ᵃ	→ 286	290	Marsch D 60, *302*, 312
269b	4 Kontretänze *310*, 311, 352	291	→ Anh. A 52
270	Divertimento B 67 (Anm. 67), *298*	292	Sonate B *328*
271	Konzert Es ›*Jeunehomme*‹	293	→ Fr 1778c
	recte: ›*Jenamy*‹	293ᵃ	→ 301
	67 (Anm. 67), 169–171, *290*	293ᵇ	→ 302
271ᵃ	Konzert D 167, *285*	293ᶜ	→ 303
271ᵇ	→ 287	293ᵈ	→ 305
271ᶜ	→ 267	293ᵉ	Ausgezierte Arien *360*
271ᵈ	→ 274	294	Rez. und Arie »*Non sò d'onde*«
271ᵉ	→ 278		74, 96, *256*
271ᶠ	→ 266	295	Arie »*Se al labbro*« 139f., *264*
bei 217f	→ Fr 178X/a	295ᵃ	→ 486a
271ᵍ	→ 289	295ᵇ	→ 308
271ʰ	→ Fr 1776a	296	Sonate C 88 (Anm. 105), 152,
271H	→ 287		182, *334*, 337
271ᵏ	→ 314	296ᵃ	→ Fr 1779a
272	Rez., Arie »*Ah, t'invola*« und	296ᵇ	→ Fr 1779a
	Cavatine 67 (Anm. 68), *256*	296c	Sanctus Es 218, *404*
272ᵃ	→ 277	297	Sinfonie D ›*Pariser*‹ 76, 86, 96,
272ᵇ	→ 275		202, 205, *278*
273	»*Sancta Maria, mater Dei*«	297ᵃ	*Miserere* (Einlagesätze) 75, *228*
	67 (Anm. 67), *228*	297B	Sinfonia concertante Es 24, 75f.
274	Sonate G *316*		(Anm. 87), 287, *288*
275	Missa B 67 (Anm. 67), *218*	297ᵇ	→ Anh. C 14.01

297c	→ 299		317a	→ 329
298	Quartett A *326*		317b	→ 146
299	Konzert C 77, *286*		317c	→ 328
299a	→ 354		317d	→ 378
299b	Musik zur Pantomime *Les petits riens* 76, *270*, 271		318	Sinfonie G (Ouvertüre) *278*
			319	Sinfonie B 80, 205, *278*
299c	Ballettskizzen 76, *270*, *404*		320	Serenade D ›*Posthorn*‹ 80, 97, 202, 287, *296*, 315
299d	→ Fr 1778a			
300	Gavotte B *270*		[320]	Sinfonie D *278*, 297
300a	→ 297		[320]	Sinfonia concertante D 279, *286*, 297
300b	→ 316			
300c	→ 304		320a	→ 335
300d	→ 310		320B	→ Fr 1772f
300e	→ 265		320b	→ 334
300f	→ 353		320c	→ 445
300g	→ 395		320d	→ 364
300h	→ 330		320e	→ Fr 1779b
300i	→ 331		320f	→ Fr 1778a
300k	→ 332		321	Vesperae solennes de Dominica 80, *222*
300l	→ 306			
301	Sonate G 74 (Anm. 82), 78f., 152, 180, *334*, 335		321a	→ Fr 1779c
			321b	→ 276
302	Sonate Es 74 (Anm. 82), 78f., 152, 180, *334*, 335		322	→ Fr 1779a
			323	→ Fr 1790a
303	Sonate C 74 (Anm. 82), 78f., 152f., 180, *334*, 335		323a	→ Fr 1787c
			324	→ Anh. C 3.02
304	Sonate e 74 (Anm. 82), 78f., 152, 180, *334*, 335		325	→ Anh. C 3.03
			326	→ Anh. A 4
305	Sonate A 74 (Anm. 82), 78f., 152, 180, *334*, 335		327	→ Anh. A 10
			328	Sonate C *316*
306	Sonate D 74 (Anm. 82), 78f., 152f., *334*, 335		329	Sonate C *316*
			330	Sonate C 179, *342*, 343, 345
307	Ariette »*Oiseaux*« 74, 139, *232*, 233		331	Sonate A 178f., 182, 202, *342*, 343
308	Ariette »*Dans un bois*« 139, *232*		332	Sonate F 179, 187f., 204, 343, *344*
309	Sonate C 74 (Anm. 83), 74, 179, 195, *342*, 343		333	Sonate B ›*Linzer*‹ 179, 181, 339, 343, *344*
310	Sonate a 179, 204f., *342*, 343			
311	Sonate D 74 (Anm. 83), 179, 205, *342*, 343		334	Divertimento D *302*, 315
			335	2 Märsche D 297, *314*, 371
311A	Sinfonie ›2. Pariser‹ 76 (Anm. 88), *282*		336	Sonate C *316*
			336a	→ 345
311a	→ Anh. C 11.05		336b	→ 344
312	→ Fr 1790e		336c	→ 343
313	Konzert G 74 (Anm. 81), *286*, 287		336d	→ 336
314	Konzert C, D 74 (Anm. 81), 205, 285, *286*, 287		337	Missa C 80, *218*
			338	Sinfonie C 80, 187, *278*, 281
315	Andante C 74 (Anm. 81), *286*		339	Vesperae solennes de Confessore 80, *222*
315a	8 Menuette *352*			
315b	[Scena] 78, *262*		340	→ Anh. C 3.06
315c	→ 333		340a	→ 392
315d	→ 264		340b	→ 391
315e	*Semiramis* 79, *270*		340c	→ 390
315f	→ Fr 1778b		341	Kyrie d 85, *220*
315g	→ 315a		342	→ Anh. C 3.09
316	Rez. und Arie »*Io non chiedo*« 79, *256*		343	Kirchenlieder »*O Gotteslamm*« – »*Als aus Ägypten*« 228, 232
316a	→ 365			
317	Missa C ›*Krönung*‹ 80, *218*		344	*Zaide (Das Serail)* 80f., 90, 166, 248, 249, 253, 378

469

345	Thamos, König in Ägypten 64, 67, 80, *270*	374ᵃ	→ 359
		374ᵇ	→ 360
346	Notturno »*Luci care*« 238, 239	374ᶜ	→ 352
347	Kanon *240*	374ᵈ	→ 376
348	Quadrupelkanon »*V'amo di core*« *240*	374ᵉ	→ 377
		374ᶠ	→ 380
349	Lied *Die Zufriedenheit* 85, *232*	374ᵍ	→ Fr 1782a
350	→ Anh. C 8.48	375	Serenade Es 149, *300*
351	Lied »*Komm, liebe Zither*« 85, *232*	375ᵃ	→ 448
352	Variationen »*Dieu d'amour*« 88 (Anm. 106), *346*	375ᵇ	→ Fr 1782b
		375ᶜ	→ Fr 1782c
353	Variationen »*La belle Françoise*« 88 (Anm. 106), *346*	375ᵈ	→ Fr 1785a
		375ᵉ	→ Fr 1772g
354	Variationen »*Je suis Lindor*« *346*, 347	375ᶠ	→ Fr 1782p
		375ᵍ	→ Fr 1776b
355	→ Fr 178X/c	375ʰ	→ Fr 1783c
356	Adagio C 124 (Anm. 164), *356*	376	Sonate F 88 (Anm. 105), 181, 335, *336*
357	→ Fr 1787i (= 1. Satz)		
357	→ Fr 1791a (= 2. Satz)	377	Sonate F 88 (Anm. 105), 335, *336*
358	Sonate B 65, *340*, 341	378	Sonate B 88 (Anm. 105), 335, *336*
359	Variationen »*La Bergère Célimène*« 88 (Anm. 106), *336*	379	Sonate G 88 (Anm. 105), 205, 335, *336*
360	Variationen *Au bord d'une fontaine* 88 (Anm. 106), *336*	380	Sonate Es 88 (Anm. 105), 335, *336*
		381	Sonate D 60, *340*, 341
361	Serenade B 85, 202 (›Gran Partita‹), *300*, 319, 327	382	Rondo D 89, 96, 181, 205, 288f., *290*
362	= 366 No. 14 (Marsch)	382ᵃ	→ 229
363	3 Menuette *306*	382ᵇ	→ 230
364	Sinfonia concertante Es 80, *284*	382ᶜ	→ 231
365	Konzert Es 80, *290*	382ᵈ	→ 233
365ᵃ	Arie »*Die neugeborne Ros'*« 256	382ᵉ	→ 234
365ᵇ	→ Anh. C 14.04	382ᶠ	→ 347
366	Idomeneo 81–85, 89f., 96 (No. 11), 102, 165, 176 (No. 12), 185 (No. 8, 14, 25), 202, 248, 259, 261, 269, 270	382ᵍ	→ 348
		382ʰ	→ 119
		383	Arie »*Nehmt meinen Dank*« 258
367	Ballettmusik zu *Idomeneo* 83, 249, *270*	383ᵃ	→ 394
		383ᵇ	→ Fr 1787d
367ᵃ	→ 349	bei 383ᵇ	→ Fr 1790b
367ᵇ	→ 351	383c	→ Fr 1783a
368	Rez. und Arie »*Sperai vicino*« 140, *256*	383ᶜ	→ Fr 1783b
		383 C	→ Fr 1790b
368ᵃ	→ 341	383ᵈ	→ Fr 1783a
368ᵇ	→ 370	383d	→ Fr 1783b
369	Rez. und Arie »*Ah! non son io*« 85, 97, *256*	383e	→ 408/1
		383ᵉ/1	→ 408/1
370	Quartett F 85, *326*	383ᵉ/3	→ 408/3
370ᵃ	→ 361	383 F	→ 408/3
370ᵇ	→ Fr 1781a	383ᶠ	→ 409
371	→ Fr 1781b	383ᵍ	→ Fr 1782t
bei 371	→ Fr 1781a	383ʰ	→ Fr 1782f
372	→ Fr 1781c	383i	→ 467ᵃ
372ᵃ	→ Fr 1782d	384A	→ 389
373	Rondo C 86, *284*	384B	→ Fr 1782g
373ᵃ	→ 379	384	Die Entführung aus dem Serail 89–91, 92, 99, 118, 123, 148, 149f. (No. 3), 176, 198f., 205, *250*
374	Rez. und Rondo »*Or che il cielo*« 86, *258*		

384ª	→ 388		404ª	4 Präludien/6 Präludien und Fugen 328, 362
384ᵇ	→ Fr 1782h			
384c	→ Fr 1781d		404b	→ Fr 1782m
385	Sinfonie D ›Haffner‹ 97, 99, 202, 205, *280*, 315		405	5 Fugen (nach Joh. Seb. Bach) 157, *362*
385ª	→ 408/2		405a	→ Fr 1789a
385ᵇ	→ 393		406	Quintett c 112, 301, *318*
385ᶜ	→ Fr 1784a		407	Quintett Es *320*
385ᵈ	→ 404 und Fr 1785b		408/1	Marsch C *314*
385ᵉ	→ 402 und Fr 1781e		408/2	Marsch D 281, *314*
385E	→ Fr 1784b		408/3	Marsch C *314*
385ᶠ	→ Fr 1782l		409	Sinfonie-Menuett C 279, *280*, 306
385ᵍ	→ Fr 1782e		410	Adagio F 104 (Anm. 131), *300*
385ʰ	→ Fr 1786a		411	Adagio B 104 (Anm. 131), *300*, 391
385h	→ Fr 1786a		412	→ 386ᵇ
385ⁱ	→ 399		bei 412	→ Fr 1785k
385ᵏ	→ Fr 1782j		413	Konzert F 89 (Anm. 107), 148, 205, *290*, 291
385ˡ	→ Fr 1782m			
385ᵐ	→ Fr 1789a		414	Konzert A 89 (Anm. 107), 148, 205, *290*, 291
385ⁿ	→ Fr 1782k			
385o	Skizze 291		415	Konzert C 89 (Anm. 107), 148, 205, *290*, 291
385p	→ 414			
386	Rondo A *290*		416	Rezitativ und Arie »*Ah, non sai*« 96, *258*
386ª	→ 414			
386ᵇ	Konzert D 286		416ª	Dt. Oper nach Goldonis *Il servitor di due Padroni* 252
bei 386ᵇ	→ Fr 1785k			
386ᶜ	→ 407		416ª	→ 509c
386ᵈ	Accompagnato-Rezitativ *Gibraltar* 232		bei 416ª	→ 509b → 626b/21
			416ᵇ	→ Fr 1783e
387	Quartett G 100 (Anm. 125), 148, 159, 170, 183, 202, *324*, 421 (Streichquartette)		416ᶜ	→ Fr 1783f
			416ᵈ	→ 446
			416ᵉ	→ 398
387ª	→ 413		416ᶠ	→ Fr 1778c
387ᵇ	→ 415		416f	→ Fr 1778c
387ᶜ	→ Fr 1784e		416ᵍ	→ Fr 1778c
387ᵈ	→ Anh. A 59		417	Konzert Es 286
388	Serenade c 91, 204, *300*, 319		417ª (a)	→ Sk 1770a
389	Ursprünglicher Entwurf der Entführungsszene 251		417ª (b)	→ Sk 1770b
			417ª (c)	→ Sk 1770c
390	Lied »*Ich würd' auf meinem Pfad*« 232		417ª	→ 427
			417ᵇ	→ 421
391	Lied »*Sei du mein Trost*« 232		417 B, 1	→ Fugenbeginn 221
392	Lied »*Verdankt sei es*« 232		417 B, 2	→ Sk 1770a
393	Solfeggi 356		417 B, 3	→ Sk 1770b
394	Präludium (Fantasie) und Fuge C 156, 165, 204, *352*		417 B, 4	→ Sk 1770c
			417 B, 5	→ Fugato 404
395	4 Præambula (Präludien C) *350*, *351*		417 B, 6	→ 4st. Fuge 419
			417ᶜ	→ Fr 1785c
396	→ Fr 1782l		417ᵈ	→ Fr 1789b
397	→ Fr 1782e		417e	→ 178
398	Variationen »*Salve tu*« 97, 346		418	Arie »*Vorrei spiegarvi*« 258, 259
399	Suite C 157, *352*, 380		419	Arie »*No, che non sei capace*« 124, 170, *258*
400	→ Fr 1782d			
401	→ Fr 1772g		420	Arie »*Per pietà*« 264
402	*336, 337, 386*		420ª	→ 429
403	→ Fr 1784a		421	Quartett d 100 (Anm. 125), 148, 170, 184f., 202, *324*, 325, 421
404	*336, 337, 386*			

REGISTER

421ª	→ 432		448	Sonate D *340*
421ᵇ	→ 428		448ª	→ 461
422	*L'oca del Cairo* 97–99, 166, *250*, 251, 253, 384		448ᵇ	→ 462
			448ᶜ	→ 463
422ª	→ Fr 1787e		449	Konzert Es 99, 166, *290*
423	Duo G 98, *328*		450	Konzert B 99, 146, 170f., *290*, 408
424	Duo B 98, *328*		451	Konzert D 99, *290*
424ª	→ 430		452	Quintett Es 99, 205, *320*
424ᵇ	→ Fr 1786e		452ª	→ Fr 1783g
425	Sinfonie C ›Linzer‹ 98f., 202, *280*		452b	→ Fr 1784e
425ª	→ 444		452c	→ Fr 1784f
425ª	→ Anh. A 53		453	Konzert G 170f., 181, 205, *292*, 385
425ᵇ	→ 431			
426	Fuge c 113, 145, 204, 281, *340*		453ª	Kleiner Trauermarsch c *352*
426ª	→ Fr 1785d		453b	Ployer-Studien 102 (Anm. 128), *358*
427	Missa c 24, 97f., 101, 159, 202, 220, 225, *380*, 407			
			bei 453b	→ Fr 1783d
427	→ auch Fr 1782n		454	Sonate B 100, *338*, 343
428	Quartett Es 100 (Anm. 125), 148, 170, 202, *324*, *325*, 421 (Streichquartette)		454ª	→ 460
			455	Variationen »*Unser dummer Pöbel*« 97, *346*
429	Kantate »*Dir, Seele des Weltalls*« 224, 226, 268, *388*, 389		456	Konzert B 100, 117 (Anm. 152), 170, 171, *292*
			457	Sonate c 101, 179, *344*, 353
430	*Lo sposo deluso* 97, 166, *250*, 251, 253, 384		458	Quartett B ›*Jagd*‹ 100 (Anm. 125), 148, 166, 170, 183, 202, *324*, *325*, 383, 421
431	Rez. und Arie »*Aura, che intorno*« 264			
			458ª	→ Fr 1790c
432	Rez. und Arie »*Aspri rimorsi*« 266		458ᵇ	→ Fr 1789c
433	→ Fr1783f		459	Konzert F ›*2. Krönung*‹ 123, 199, *292*, 293
434	→ Fr 1786e			
435	→ Fr 1783e		459a	→ Fr 1784g
436	Notturno »*Ecco quel fiero istante*« 238		460	Variationen »*Come un'agnello*« *346*
437	Notturno »*Mi lagnerò*« 238		461	6 Menuette *306*, 383
438	Notturno »*Se lontan*« 238		462	6 Kontretänze *310*, 311, 313
439	»*Due pupille amabili*« 238		463	2 Quadrillen *310*
439ª	→ 346		464	Quartett A 100 (Anm. 125), 148, 183, 202, 259, *324*, *325*, 385, 421
439b	25 Stücke (5 Divertimenti) *300*			
440	→ Fr 1782f		464ª	→ Fr 1784h
440ª	→ 411		465	Quartett C ›*Dissonanzen*‹ 100 (Anm. 125), 148, 170, 191, 200, 202, *324*, *325*, 421
440ᵇ	→ Fr 1786f			
440ᶜ	→ Fr 1787g			
440ᵈ	→ 410		465ª	Menuett 359
441	→ Fr 1786b		466	Konzert d 101, *292*
441ª	Lied »*Ja! grüß dich Gott*« 236		466ª	→ Fr 1784g
441ᵇ	→ Anh. C 9.03		467	Konzert C 101, 193, *292*, 387
441ᶜ	→ Anh. C 9.04		467ª	Instrumentalstimme *404*
442/I	→ Fr 1785e		468	*Lied zur Gesellenreise* 104, *232*
442/II	→ Fr 1786c		468a	→ 429
442/III	→ Fr 1787f		469	Kantate *Davide penitente* 98, 101, 221, *224*
443	Einleitung zu Sinfonie *280*, 415			
444	→ Anh. A 53		470	Andante A 24, *284*
445	Marsch D *302*, 314		470ª	Stimmen zu Viotti-Konzert *368*
446	Musik zu einer Faschingspantomime 96, *270*		471	Kantate *Die Maurerfreude* 104, 127, *224*
447	Konzert Es *286*		472	Lied *Der Zauberer* *232*, 235, 395
			473	Lied *Die Zufriedenheit* 234

474	Lied *Die betrogene Welt* 233, *234*, 395	496ª	→ 487
475	Fantasie c 101, 179, 195, 345, *352*	497	Sonate F 106, *340*
475ª	→ Fr 1785f	497ª	→ Fr 1787i (= 1.Satz)
476	Lied *Das Veilchen* 202, *234*, 235	497ª	→ Fr 1791a (= 2. Satz)
477	›Maurerische Trauermusik‹ 104, 169, *280*	497a	→ Fr 1787i
		498	Trio Es ›Kegelstatt‹ 106, 205, *330*
477ª	Lied *Per la ricuperata salute di Ophelia 236*	498ª	→ Anh. C 25.04
		498ª	→ Anh. C 25.05
478	Quartett g 102, 190, *320*	499	Quartett D ›*Hoffmeister*‹ 106, 170, *324*
479	Quartett »*Dite almeno*« 268		
479ª	→ 477	500	12 Variationen über Allegretto *348*
480	Terzett »*Mandina amabile*« 268	500a	→ Fr 1791a
480ª	→ Fr 1784b	501	Andante mit 5 Variationen G 106, *340*
480b	→ Fr 1786e		
481	Sonate Es 181, 205, *338*	501ª	→ Fr 1784i
482	Konzert Es 102, 292	502	Trio B 106, 169, 205, *330*, 331
483	Lied »Zerfließet heut', geliebte Brüder« 104 (Anm. 129), *234*, 235	502ª	→ Fr 1784j
		503	Konzert C 106, 117 (Anm. 152), 166, *292*
484	Lied »*Ihr unsre neuen Leiter*« 104 (Anm. 129), *234*, 235	504	Sinfonie D ›*Prager*‹ 106f., 117 (Anm. 152), 202, *280*, 391
484a	→ 411		
484b	→ Fr 1786f	504ª	→ Fr 1786h
484c	→ Fr 1787g	505	Rez. und Arie »*Non temer*« 106, 117 (Anm. 152), 169, *260*
484d	→ 410		
484e	→ Fr 178X/b	506	*Lied der Freiheit* 234
485	Rondo D *352*	506a	Attwood-Studien 102, 243
485ª	Menuett 359	bei 506	→ Anh. C 9.05
486	*Der Schauspieldirektor* 102, 198, *250*	507	Kanon 240
		508	Kanon 242
486a	Rez. und Arie »*Ah non lasciarmi*« 140, *256*	508A	Kanon 242
		508ª	Kanons 242
487	3 Duos *300*	509	6 deutsche Tänze 107, 184, *308*
488	Konzert A 102, 166, 182, *292*, 387, 389	509ª	→ 232
		509b	*Salzburgerlump* 420
488ª	→ Fr 1785g	509c	*Die Liebes-Probe* 420
488ᵇ	→ Fr 1785h	510	→ Anh. C 13.02
488ᶜ	→ Fr 1785i	511	Rondo a 107, 181f., *354*
488d	→ Fr 1785j	511a	→ Anh. C 25.02
489	Duett »*Spiegarti non poss'io*« 102, 249, 259, *268*	512	Rez. und Arie »*Non sò d'onde*« 107 (Anm. 137), 257, *266*
490	Scena con Rondo »*Non temer*« 102, 249, *258*, 261, 269	513	Arie »*Mentre ti lascio*« 107 (Anm. 137), *266*
491	Konzert c 102, 181, *292*, 391	514	→ 386ᵇ
491a	→ Fr 1786g	514a	→ Fr 1787j
492	*Le nozze di Figaro* 26, 102f., 105–107, 109, 119f., 123, 135, 162f., 172–174, 176, 185, 198, 202, *250*, 261	515	Quintett C 107, 112, 170, 205, *318*
		515ª	→ Fr 1791b
		515ᵇ	→ 228
		515ᶜ	→ Fr 1791c
493	Quartett Es 106, *320*	516	Quintett g 107, 112, 170, *318*
bei 493	→ Fr 1786j	516ª	→ Fr 1787k
493a	→ Fr 1786j	516ᵇ	→ 406
494	Rondo F 181, 345, *352*	516ᶜ	→ Fr 1789d
494	→ 533	516d	→ Fr 1787l
494a	→ Fr 1785k	516ᵉ	→ Fr 1787y
495	Konzert Es 105, 181, *286*	516f	*Musikalisches Würfelspiel* *358*, 359
495ª	→ Fr 1787h	517	→ Fr 1787w
496	Trio G 106, *330*		

518	→ Fr 1787x	540c	Scena »*Mi tradì quell'alma ingrata*« 110, 253, *260*
519	*Das Lied der Trennung* 107 (Anm. 138), *234*, 235	541	Ariette »*Un bacio di mano*« 112, 170f., *266*
520	Lied *Als Luise die Briefe ihres ungetreuen Liebhabers verbrannte* 107 (Anm. 138), *234*, 237	542	Trio E 113, 169, 205, *330*, 331
		543	Sinfonie Es 24, 113, 174, 199, *280*
521	Sonate C 107, *340*	544	Marsch D 24, *314*
522	*Ein musikalischer Spaß* 107f., 168, 191, *302*, 393	545	Sonate C 113, 154, 178f., 204f., *344*, 345
522a	→ Fr 1787m	546	Adagio und Fuge c 113, 145, 204, *280*, 341
523	Lied *Abendempfindung an Laura* 107 (Anm. 138), *234*, 235	546a	→ Fr 1789f
524	Lied *An Chloe* 107 (Anm. 138), *234*, 235	547	Sonate F 113, 153f., 169, 205, *338*, 349
525	Serenade G ›*Eine kleine Nachtmusik*‹ 24, 168, 191, 202, *296*, 393	547a	→ 54
		547a	Sonate F *344*
525a	→ Fr 1787n	547b	→ 54
526	Sonate A 107, *338*	548	Trio C 113, 169, 205, *330*, 331
526a	→ Fr 1787o	549	Canzonetta »*Più non si trovano*« *238*
527	*Il dissoluto punito ossia il Don Giovanni* 25f., 107, 109–112, 120, 123, 126, 135, 145, 147 (Finale I), 160, 168, 174, 183, 189, 195f., 198, 202, *252*, 261, 265	550	Sinfonie g ›*Große g-Moll*‹ 24, 113, 124, 174, 182f., 193, 194f., *280*
		551	Sinfonie C ›*Jupiter*‹ 24, 113, 117 (Anm. 152), 147, 161 (IV. Satz), 169 (Finale), 170f., 174, 202, 217, *282*
528	Rez. und Arie »*Resta, oh cara*« 110, 117 (Anm. 152), *260*		
528a	→ Anh. C 27.03	552	*Lied beim Auszug in das Feld* 236
529	Lied *Des kleinen Friedrichs Geburtstag* 110, 233, *234*, 395	553	Kanon »*Alleluia*« 113, 158, *242*
		554	Kanon »*Ave Maria*« 113, 158, *242*
530	Lied *Das Traumbild* 110, 235, *236*	555	Kanon »*Lacrimoso*« 113, 158, *242*
531	Lied *Die kleine Spinnerin* 236	556	Kanon »*Grechtelt's enk*« 113, 158, *242*
532	→ Fr 1784k	bei 556	→ Anh. C 10.04
533	Allegro und Andante F 159, 195, 204, *344*, 353	bei 556	→ Anh. C 9.11
		557	Kanon »*Nascoso*« 113, 158, *242*
534	Kontretanz ›*Das Donnerwetter*‹ 112 (Anm. 144), *310*, 311, 313	558	Kanon »*Gehn wir im Prater*« 113, 158, *242*
535	Kontretanz ›*La Bataille*‹ 112 (Anm. 144), 184, *310*, 311, 313	559	Kanon »*Difficile lectu*« 113, 158, *244*
		bei 559	→ Anh. C 10.21
535a	3 Kontretänze 311, *313*	bei 559	→ Anh. C 10.22
535b	→ Fr 1789e	559a	→ 560
536	6 Deutsche Tänze 112 (Anm. 144), *308*	560	Kanon »*O du eselhafter Peierl!*« 113, *244*
537	Konzert D ›*Krönung*‹ 112, 116, 123, *292*, 293	560	Kanon »*O du eselhafter Martin (Jakob)*« 113, 158
537a	→ Fr 1785l	560 (a)	→ 560
537b	→ Fr 1786k	560 (b)	→ 560
537c	→ Fr 1786g	561	Kanon »*Bona nox!*« 113, 158, 202, *244*
537d	Bläserstimmen zu »*Ich folge dir*« 112, *360*		
538	Arie »*Ah se in ciel*« 112, *260*	562	Kanon »*Caro bell'idol*« 113, 158, *244*
539	Lied »*Ich möchte wohl der Kaiser sein*« 112, *266*	562a	Kanon *244*, 414
540	Adagio h 169, 191, *354*	562b	Kanon »*Adam hat 7 Söhn'*« *414*
540a	Arie »*Dalla sua pace*« 110, 253, *264*	562c	Kanon *244*
540b	Duett »*Per queste tue manine*« 110, 253, *268*	562d	→ Anh. C 9.06

562e	→ Fr 1789g	589	Quartett B ›2. Preußisches‹ 118, 121, 170, 325, *326*, 397, 399
563	Divertimento Es 113, 116, 205, *328*	589a	→ Fr 1782o
564	Trio G 113, 169, 205, *330*	589b	→ Fr 1790d
565	2 Kontretänze 24, 112 (Anm. 144), *312*	590	Quartett F ›3. Preußisches‹ 118, 121, 170, 183f., 325, *326*, 397, 399
565a	Stimme zu Kontretanz *310*	590a	→ Fr 1787r
566	*Acis und Galatea*. 114, 204, *364*	590b	→ Fr 1787s
567	6 deutsche Tänze 112 (Anm. 144), *308*	590c	→ Fr 1787t
568	12 Menuette 112 (Anm. 144), *306*, 387 (Nr. 9)	590d	→ Fr 1790e
569	Arie »*Ohne Zwang*« 24, *262*	591	*Das Alexanderfest* 114, 121, 204, *364*
569a	→ Fr 1787p	592	*Ode auf St. Caecilia* 114, 121, 204, *364*
570	Sonate B 179, 204f., *344*	592a	→ 625
571	6 deutsche Tänze 112 (Anm. 144), *308*	592b	→ Fr 1787u
571a	→ Fr 1789j	593	Quintett D 124, *318*
571A	→ Fr 1789k	593a	→ Fr 1790f
572	*Der Messias* 114, 204, *364*	594	Adagio und Allegro f 123, 124 (Anm. 163), 160, *356*
573	Variationen über Menuett von Duport 117, *348*	594a	→ Fr 178X/c
574	Gigue G 117, 157, *354*	595	Konzert B 113, 124, 166, 182, 205, *294*
575	Quartett D ›1. Preußisches‹ 118, 170, 205, *324*, 327, 397	596	Lied *Sehnsucht nach dem Frühlinge* 124 (Anm. 163), 182, 202, *236*, 237
576	Sonate D 118, 204f., *344*	597	Lied *Der Frühling* 124 (Anm. 163), *236*, 237
576a	→ Fr 1786a	598	Lied *Das Kinderspiel* 124 (Anm. 163), *236*, 237
576b	→ Fr 178X/c	599	6 Menuette 112 (Anm. 144), *306*
577	Rondo »*Al desio*« 103, 119, 251, *260*	600	6 deutsche Tänze 112 (Anm. 144), *308*
578	Arie »*Alma grande*« 119, *260*	601	4 Menuette 112 (Anm. 144), 183, *306*, 307, 309
579	Arie »*Un moto di gioia*« 103, 119, 251, *260*	602	4 deutsche Tänze 112 (Anm. 144), 307, *308*, 309
580	→ Fr 1789h	603	2 Kontretänze 112 (Anm. 144), *312*
580a	→ Fr 1788a	604	2 Menuette 112 (Anm. 144), 183, *306*, 307, 309
580b	→ Fr 1787q	605	2 deutsche Tänze 112 (Anm. 144), 307, *308*, 309
581	Quintett A 119f., 180, 182, *320*	605a	→ 607
581a	→ Fr 1790g	606	6 »*Landlerische*« 112 (Anm. 144), *308*, 313
582	Arie »*Chi sà*« 119, *260*, 263	bei 606	→ Anh. C 29.19
583	Arie »*Vado, ma dove?*« 119, *262*	607	Kontretanz *Il Trionfo delle Donne* 112 (Anm. 144), 309, *312*
584	Arie »*Rivolgete a lui*« 253, *266*	608	Allegro und Andante [Fantasie] f 124 (Anm. 163), 160, *356*
584a	→ Anh. C 7.05	609	5 Kontretänze 112 (Anm. 144), *312*, 313
584b	→ Fr 1787v	610	Kontretanz ›*Les filles malicieuses*‹ 112 (Anm. 144), *312*, 313
585	12 Menuette 112 (Anm. 144), *306*	611	Deutscher Tanz »*Die Leyerer*« 112 (Anm. 144), *308*, 309
586	12 deutsche Tänze 112 (Anm. 144), *308*		
587	Kontretanz ›*Der Sieg vom Helden Koburg*‹ 112 (Anm. 144), *310*		
587a	→ Fr 1789i		
588	*Così fan tutte* 26, 64, 119f., 135f., 158, 174, 176, 185, 197f., 200, 202, *252*, 267, 399		
bei 588	→ Anh. C 7.06		
bei 588	→ Anh. C 7.07		
588a	→ 106		
588b	→ 236		

612	Arie »Per questa bella mano« 124 (Anm. 163), *266*	624	I. Teil: Kadenzen 289, 291, 293, 295
613	Variationen »Ein Weib ist« 124 (Anm. 163), *348*	624	II. Teil: Kadenzen zu fremden Konzerten 291, 361, 370
613ᵃ	→ Fr 1784l	624	II. Teil, E → Anh. C 15.10
613ᵇ	→ Fr 1786i	624	II. Teil, I → Anh. C 15.11
614	Quintett Es 124, 183, 205, *318*	625	Duett »Nun, liebes Weibchen« 141, 268, *368*
615	Schlußchor »Viviamo felici« 24, 124 (Anm. 163), *268*	626	Requiem d 24f., 126, 129f., 156, 159f., 167, 202, *220*, 400
615a	→ Fr 1791e		
616	Andante F 124 (Anm. 164), *356*	626a	I. Teil → 624 I. Teil
616ᵃ	→ Fr 1791f	626a	II. Teil → 624 II. Teil
617	Adagio und Rondo c/C 124 (Anm. 164), 181, *320*	626a	II. Teil, E → Anh. C 15.10
617ᵃ	→ 356	626a	II. Teil, I → Anh. C 15.11
618	Motette »Ave verum« 124 (Anm. 164), *228*	626b/10	→ Fr 1764a
		626b/14	→ Fr 1783c
619	Kantate »Die ihr des unermeß- lichen« 104 (Anm. 130), 124 (Anm. 164), *224*	626b/18	Ausschnittskizze *404*
		626b/19	→ 537d
		626b/20	Trp. 2 zu Missa KV 192 217
620	Die Zauberflöte 105, 125, 127–129, 145 (No. 21), 160 (No. 21), 176, 182 (No. 13), 185 (No. 9), 186, 198, 202, *252*, 401	626b/21	Kadenz einer Arie in D *258*
		626b/25	Credo (fragmentarisch) 217
		bei 626b/25	Klavierstück B-Dur *354, 372*, 373
		bei 626b/25	→ Fr 1765a
620ᵃ	→ Fr 1791g	626b/26	→ Fr 1785m
620b	Kontrapunktische Studie *358*	626ᵇ/27	→ Fr 1782q
621	La clemenza di Tito 115, 125–127, 129, 176 (Arie No. 23), 185 (No. 4), 198, *252*	626b/28	Gavotte aus Gluck: Paride ed Elena (1769) 301, *362*
		626b/29	→ Fr 178X/e
621ᵃ	Arie »Io ti lascio« 262, *266*	626b/30	→ Fr 1789b
621b	→ Fr 1787v	626b/32	Drei Skizzen zu unbekannten Klavierwerken(?) *404*
622	Konzert A 129, 165, 205, *286*, 395		
623	Kantate »Laut verkünde unsre Freude« 23, 104 (Anm. 130), 105, 124 (Anm. 164), 129, 224, 227	626b/34	Ouverture per un'opera buffa, Verlaufsskizze *404*
		626b/41	→ 626b/21
bei 623	→ 623a	626b/44	Melodieskizze zu einem Kontre- tanz le matlot *404*
623a	Freimaurergesang »Laßt uns mit geschlungnen Händen« 227		

KV deest

Abschrift d'Orleans: Rondeau *418*
Abschrift Händel-Variation aus Suite für Clavier *413*
Accompagnato-Rezitativ »No caro, hà coraggio« *263*
Arie »Cara, se le mie pene« *254*
Arie »Quel destrier« *262*
Aufzeichnungen ohne Sk-Sigle und Varia *411*
2 Deutsche Tänze (Entwurf) *308*
Duett »Cara, sarò fedele« (nach Jos. Haydn) *366*
Freystädtler-Studien 102 (Anm. 128), *358*
Fuge c (nach Joh. Seb. Bach) *362*
Fuge F (nach G. Fr. Händel) *364*
Fuge F-Dur (nach Händel) *413*

Harmoniemusik zur Entführung aus dem Serail KV 384 251
Judas Maccabaeus (Bearbeitung) *364*
Judas Maccabaeus (Bearbeitung) (Starzer?) *365*
Kadenz zu KV 242 289
4st. Kanon (ohne Text) 242
Kanonauflösungen nach Martini *416*f.
6 Kanon-Studien 241
Kassation 298
Kinderlied »Oragna fiagata fa« 230
Lied »Lustig sein die Schwobemedle« 370
Lied Gelassenheit 237
Liedtexte »Des Todes Werk« und »Vollbracht ist die Arbeit der Meister« 236

Litaniae de venerabili altaris Sacramento *366*
Modulierendes Präludium *350*
Motette »*Venti fulgura, procellae*« *229*
Niederschrift Allegri: *Miserere* *412*
3 Präludien und Fugen nach Joh. Seb. Bach *362*
6 Präludien und Fugen nach Joh. Seb. Bach *362*

Rezitativ »*Ah, da me s'allontani*« *259*
Rezitativ »*Ahi cosa veggio*« *263*
Sinfonie ›*Neue Lambacher*‹ *283*
Soli Va. da gamba, [B. c.] *328*
Sonate D *388*
Sopranst. (T. 1–3) »*See, the conqu'ring heroe comes*« (nach Händel) *413*

KV Anhang

Anh. 1	→ 297ª	Anh. 39	→ Fr 1783b
Anh. 5	→ Fr 1789j	Anh. 39ª	→ Fr 1782q
Anh. 6	→ Anh. C 9.03	Anh. 40	→ Fr 1787d
Anh. 7	→ Anh. C 10.01	Anh. 41	→ Fr 1776b
Anh. 8	→ 311A	Anh. 41ª	→ Anh. C 24.01
Anh. 9	→ 297B	Anh. 42	→ Fr 1782b
Anh. 10	→ 299ᵇ	Anh. 43	→ Fr 1782c
bei Anh. 11ᵇ	6 Trios *328*	Anh. 44	→ Fr 1785d
bei Anh. 11ᵇ	→ 41ª	Anh. 45	→ Fr 1785a
bei Anh. 11ᵇ	→ 41ᵇ	Anh. 46	→ Fr 1782a
bei Anh. 11ᵇ	→ 41ᶜ	Anh. 47	→ Fr 1789f
bei Anh. 11ᵇ	→ 41ᵈ	Anh. 48	→ Fr 1784b
bei Anh. 11ᵇ	→ 41ᵉ	Anh. 49	→ Fr 1781c
bei Anh. 11ᵇ	→ 41ᶠ	Anh. 50	→ Fr 1787o
bei Anh. 11ᵇ	→ 41ᵍ	Anh. 51	→ Fr 1784i
Anh. 12	→ Fr 1779a	Anh. 52	→ Fr 1787h
Anh. 13	→ Fr 1787b	Anh. 52ª	→ Anh. C 22.01
Anh. 14	→ Fr 1787e	Anh. 53	→ Fr 1786j
Anh. 15	→ Fr 1790a	Anh. 54	→ Fr 1783g
Anh. 16	→ Fr 1787a	Anh. 55	→ Fr 1784e
Anh. 17	→ 91	Anh. 56	→ Fr 1778b
Anh. 18	→ Fr 1772a	Anh. 57	→ Fr 1785l
Anh. 19	→ Fr 1772b	Anh. 58	→ Fr 1785g
Anh. 20	→ Fr 1787c	Anh. 59	→ Fr 1784g
Anh. 20ª	→ 626b/25	Anh. 60	→ Fr 1784j
bei Anh. 20ª	→ bei 625b/25	Anh. 61	→ Fr 1786k
bei Anh. 20ª	→ Fr 1765a	Anh. 62	→ Fr 1786g
Anh. 21	→ Anh. A 2	Anh. 63	→ Fr 1785h
Anh. 22	→ Anh. A 23	Anh. 64	→ Fr 1785i
Anh. 23	→ Fr 1774a	Anh. 65	→ Fr 1784f
Anh. 24	→ Fr 1785m	Anh. 65ª	→ 124A
Anh. 24ª	→ Fr 1767a	Anh. 66	→ Fr 1789g
Anh. 26	→ Fr 1785f	Anh. 67	→ Fr 1782m
Anh. 29	→ Fr 1787r	Anh. 68	→ Fr 1782o
Anh. 28	→ 509c	Anh. 69	→ Fr 1787n
bei Anh. 28	→ 626b/21	Anh. 70	→ Fr 178X/e
Anh. 30	→ Fr 1787s	Anh. 71	→ Fr 1789c
Anh. 31	→ Fr 1787p	Anh. 72	→ Fr 1784h
Anh. 32	→ Fr 1790b	Anh. 73	→ Fr 1790d
Anh. 33	→ Fr 1787d	Anh. 74	→ Fr 1789i
Anh. 34	→ Fr 1786a	Anh. 75	→ Fr 1790c
Anh. 35	→ Fr 1790f	Anh. 76	→ Fr 1785c
Anh. 37	→ Fr 1787t	Anh. 77	→ Fr 1789a
Anh. 38	→ Fr 1783a	Anh. 78	→ 620b

Anh. 79	→ Fr 1791c	bei Anh. 112	→ Anh. C 3.14
Anh. 80	→ Fr 1787j	Anh. 136	→ Anh. C 25.04
Anh. 81	→ Fr 1784l	Anh. 136	→ Anh. C 25.05
Anh. 82	→ Fr 1786i	Anh. 138[a]	→ 54
Anh. 83	→ Fr 1787u	Anh. 146	→ Anh. A 52
Anh. 84	→ Fr 1789b	Anh. 184	285
Anh. 85	→ Fr 1789i	Anh. 185	→ Anh. C 1.01
Anh. 86	→ Fr 1787k	Anh. 186	→ Anh. C 1.03
Anh. 87	→ Fr 1791j	Anh. 186[a]	→ Anh. C 3.02
Anh. 88	→ Fr 1790g	Anh. 186[b]	→ Anh. C 3.03
Anh. 89	→ Fr 1787y	Anh. 186[c]	→ Anh. C 3.01
Anh. 90	→ Fr 1787q	Anh. 186[d]	→ Anh. C 3.04
Anh. 91	→ Fr 1789d	Anh. 186[e]	→ Anh. C 3.05
Anh. 92	→ Fr 1791f	Anh. 186[f]	→ Anh. C 3.06
Anh. 93	→ Fr 1787g	Anh. 187	→ Anh. C 7.01
Anh. 94	→ Fr 1788a	Anh. 187[a]	→ Anh. C 8.01
Anh. 95	→ Fr 1786f	Anh. 187[b]	→ Anh. C 8.02
Anh. 96	→ Fr 1781d	Anh. 187[c]	→ Anh. C 8.03
Anh. 97/98	→ Fr 1781a	Anh. 188	→ Anh. C 9.01
Anh. 98[a]	→ Fr 1785k	Anh. 189	→ Anh. C 10.03
Anh. 98[b]	→ Fr 1781a	Anh. 192	→ Anh. C 10.05
Anh. 99	→ Anh. C 14.02	Anh. 193	→ Anh. C 10.06
Anh. 100	→ Fr 1782t	Anh. 194	→ Anh. C 10.07
Anh. 100[a]	→ 32	Anh. 195	→ Anh. C 10.08
Anh. 101	→ 345	Anh. 196	→ Anh. C 10.09
Anh. 102	→ Fr 1791g	Anh. 197	→ Anh. C 10.10
Anh. 103	→ Fr 1778a	Anh. 198	→ Anh. C 10.11
Anh. 104	→ Fr 1779b	Anh. 198[a]	→ Anh. C 10.12
Anh. 105	→ Fr 1786h	Anh. 204	→ Anh. C 25.01
Anh. 106	→ Fr 1789k	Anh. 205	→ Anh. C 27.04
Anh. 107	→ Fr 1789e	Anh. 206[a]	→ Anh. A 65
Anh. 108	→ Fr 1787m	bei Anh. 207	→ Anh. C 27.05
Anh. 109	→ 135[a]	Anh. 207[a]	→ Anh. C 26.10
Anh. 109[a]	→ 626b/32	Anh. 208	→ 24
Anh. 109[a]	→ 626b/34	Anh. 209[a]	→ Anh. C 29.16
Anh. 109[b]	→ 15[a–ss]	Anh. 209[b]	→ Anh. C 26.01
Anh. 109[c]	→ 430	Anh. 210–213	→ Anh. C 20.01–04
Anh. 109[d]	→ 73x	Anh. 215	→ 66[c]
Anh. 109[e]	→ 620b	Anh. 217	→ 66[d]
Anh. 109[f]	A–C → Sk 1770a–c	Anh. 218	→ 66[e]
Anh. 109[g] (14)	→ Fr 1783c	Anh. 219	→ Anh. C 11.06
Anh. 109[g] (18)	→ 626b/18	Anh. 220	→ 16[a]
Anh. 109[g] (19)	→ 537d	Anh. 222	→ 19[b]
Anh. 109[I]	→ Anh. A 51	Anh. 223[a]	→ Anh. C 11.02
Anh. 109[IIa]	→ Anh. A 32	Anh. 223[b]	→ Anh. C 11.04
Anh. 109[IIa]	→ Anh. A 33	Anh. 223[c]	→ Fr 1773b
Anh. 109[III]	→ Anh. A 10	Anh. 224	→ Anh. C 17.04
Anh. 109[IV]	→ Anh. A 11	Anh. 225	→ Anh. C 17.05
bei Anh. 109[IX]	→ Anh. A 19	Anh. 226	→ Anh. C 17.01
Anh. 109[V]	→ Anh. A 12	Anh. 227	→ Anh. C 17.02
Anh. 109[VIII]	→ Anh. A 61/62	Anh. 228	→ Anh. C 17.03
bei Anh. 109[VI] (14)	→ Anh. A 14	Anh. 229	→ 439b
bei Anh. 109[VI] S. 841	→ Anh. A 13	Anh. 229[a]	→ 439b
bei Anh. 109[VIII]	→ Anh. C 27.10	Anh. 230	→ 196[d]
Anh. 109[X]	→ Anh. A 30	Anh. 230[a]	→ Anh. C 14.03
Anh. 109[XI]	→ Anh. A 52	Anh. 232	→ Anh. C 1.04
Anh. 109[XII]	→ Anh. A 31		»Zwölfte Messe«

KV Anhang

Anh. 232ª	→ Anh. C 1.05	Anh. 270ª	→ Anh. C 8.33
Anh. 233	→ Anh. C 1.06	Anh. 271	→ Anh. C 8.34
Anh. 233ª	→ Anh. C 1.07	Anh. 272	→ Anh. C 8.35
Anh. 234	→ Anh. C 1.08	Anh. 273	→ Anh. C 8.36
Anh. 235	→ Anh. C 1.09	Anh. 274	→ Anh. C 8.37
Anh. 235ᵇ	→ Anh. C 1.10	Anh. 275	→ Anh. C 8.38
Anh. 235ᶜ	→ Anh. C 1.11	Anh. 276	→ 148
Anh. 235ᵈ	→ Anh. C 1.12	Anh. 277	→ Anh. C 8.39
Anh. 235ᶠ	→ Anh. C 1.02	Anh. 278	→ Anh. C 8.40
Anh. 235ᵍ	→ Anh. C 1.14	Anh. 279	→ Anh. C 8.41
Anh. 236	→ Anh. C 1.15	Anh. 279ª	→ Anh. C 8.42
bei Anh. 236	→ Anh. C 9.07	Anh. 280	→ Anh. C 8.43
bei Anh. 236	→ Anh. C 9.14	Anh. 281	→ Anh. C 8.44
Anh. 237	→ Anh. C 1.90	Anh. 282	→ Anh. C 8.45
Anh. 239	→ Anh. A 11	Anh. 283	→ Anh. C 8.46
Anh. 240	→ Anh. A 12	Anh. 283ª	→ Anh. C 8.47
Anh. 240ª	→ Anh. C 3.09	Anh. 283ᵇ	→ Anh. C 10.05
Anh. 241	→ Anh. C 3.10	Anh. 283ᶜ	→ Anh. C 10.06
Anh. 241ª	→ Anh. C 3.11	Anh. 284	→ Anh. C 10.13
Anh. 241ᵇ	→ Anh. C 3.12	bei Anh. 284	→ Anh. C 10.14
Anh. 243	→ Anh. C 7.02	Anh. 284ª	→ Anh. C 25.01
Anh. 243ª	→ Anh. C 7.03	Anh. 284ᵇ	→ Anh. A 31
bei Anh. 243ª	→ Anh. C 7.09	Anh. 284ᶜ	→ Anh. C 10.01
Anh. 244	→ Anh. C 7.04	Anh. 284ᵈ	→ Anh. C 10.02
Anh. 244ª	→ Anh. C 9.02	Anh. 284ᵈᵈ	→ Anh. C 10.16
Anh. 245ª	→ Anh. C 8.04	Anh. 284ᵉ	→ Anh. C 10.17
Anh. 245ᵇ	→ Anh. C 8.05	Anh. 284ᵉᵉ	→ Anh. C 10.18
Anh. 246	→ Anh. C 8.06	bei Anh. 284ᵉᵉ	→ Anh. C 10.19
Anh. 247	→ Anh. C 8.07	Anh. 284ᶠ	→ Anh. C 8.48
Anh. 248	→ Anh. C 8.08	Anh. 284ᵍ	→ Anh. C 24.01
Anh. 249	→ Anh. C 8.09	Anh. 284ʰ	→ Anh. C 22.01
Anh. 250	→ Anh. C 8.10	Anh. 284ⁱ	→ Anh. C 25.02
Anh. 251	→ Anh. C 8.11	Anh. 284ᵏ	→ Anh. C 25.03
Anh. 252	→ Anh. C 8.12	Anh. 284ˡ	→ Anh. C 29.06
Anh. 253	→ Anh. C 8.13	bei Anh. 284ˡ	→ Anh. C 29.07
Anh. 254	→ Anh. C 8.14	bei Anh. 284ˡ	→ Anh. C 29.08
Anh. 255	→ Anh. C 8.15	bei Anh. 284ˡ	→ Anh. C 29.11
Anh. 255ª	→ Anh. C 8.16	bei Anh. 284ˡ	→ Anh. C 29.12
Anh. 256	→ Anh. C 8.17	bei Anh. 284ˡ	→ Anh. C 29.13
Anh. 257	→ Anh. C 8.18	bei Anh. 284ˡ	→ Anh. C 29.14
Anh. 258	→ Anh. C 8.19	Anh. 284ᵐ	→ Anh. C 29.16
Anh. 259	→ Anh. C 8.20	Anh. 284ⁿ	→ Anh. C 26.01
Anh. 260	→ Anh. C 8.21	bei Anh. 284ⁿ	→ Anh. C 27.01
Anh. 260ª	→ Anh. C 8.01	bei Anh. 284ⁿ	→ Anh. C 27.02
Anh. 260ᵇ	→ Anh. C 8.02	bei Anh. 284ⁿ	→ Anh. C 27.07
Anh. 260ᶜ	→ Anh. C 8.03	bei Anh. 284ⁿ	→ Anh. C 27.08
Anh. 261	→ Anh. C 8.22	bei Anh. 284ⁿ	→ Anh. C 27.09
Anh. 262	→ Anh. C 8.23	Anh. 285	→ Anh. C 26.02
Anh. 263	→ Anh. C 8.24	Anh. 286	→ Anh. C 26.03
Anh. 264	→ Anh. C 8.25	Anh. 287	→ Anh. C 26.04
Anh. 265	→ Anh. C 8.26	Anh. 288	→ Anh. C 26.05
Anh. 266	→ Anh. C 8.27	Anh. 289	→ Anh. C 26.06
Anh. 267	→ Anh. C 8.28	Anh. 289ª	→ Anh. C 26.07
Anh. 268	→ Anh. C 8.29	Anh. 289ᵇ	→ Anh. C 26.08
Anh. 269	→ Anh. C 8.30	Anh. 290	→ Anh. C 26.09
Anh. 269ª	→ Anh. C 8.31	Anh. 290ª	→ Anh. C 23.07
Anh. 270	→ Anh. C 8.32	Anh. 290ᵇ	→ Anh. C 23.08

Anh. 290ᶜ	→ Anh. C 23.09	Anh. 293ᶜ	→ Anh. C 11.10
Anh. 291	→ Anh. C 22.02	Anh. 294ᵃ	→ Anh. C 14.05
Anh. 291ᵃ	→ Anh. C 20.05	Anh. 294ᵇ	→ Anh. C 14.06
bei Anh. 291ᵃ	→ Anh. C 20.06	Anh. 294ᶜ	→ Anh. C 14.02
Anh. 291ᵇ	→ Anh. C 11.06	Anh. 294ᵈ	→ Anh. C 30.01
Anh. 292ᵃ	→ Anh. C 5.01	bei Anh. 294ᵈ	→ Anh. C 30.02
Anh. 293	→ Anh. C 11.09	bei Anh. 294ᵈ	→ 516f
Anh. 293ᵃ	→ Anh. C 13.01	Anh. 298ᶜ⁻ʰ	→ Anh. C 23.01–06
Anh. 293ᵇ	→ Anh. C 13.02		

KV Anhang A

Anh. A 1	Kyrie C (Eberlin) 221, *413*	Anh. A 30	Kanon (Kirnberger) *415*
Anh. A 2/3	»*Lacrimosa*« c (Eberlin) *231*	Anh. A 31	Kanon (Byrd) 204, *412*
Anh. A 4	Hymne »*Justum deduxit*« (Eberlin) *231, 413*	Anh. A 32	Kanon »*Psallite Domino*« (Martini) 405, *416*
Anh. A 10	Hymne »*Adoramus te*« (Gasparini) *231*	Anh. A 33	Kanon »*Cantemus Domino*« (Martini) *416*
Anh. A 11	»*Pignus futurae gloriae*« (M. Haydn) *415*	Anh. A 50	→ Fr 1773b
Anh. A 12	»*Pignus futurae gloriae*« (M. Haydn) *415*	Anh. A 51	Sinfonie Es (Abel) 283, *412*
Anh. A 13	Offertorium »*Tres sunt*« (M. Haydn) *414*	Anh. A 52	Sinfoniefinale D (M. Haydn) 283, *415*
Anh. A 14	Offertorium »*Ave Maria*« (M. Haydn) *414*	Anh. A 53	Sinfonie G (M. Haydn) *415*
Anh. A 17	*Stabat Mater* (Ligniville) *416*	Anh. A 59 (1–3)	3 Sinfoniesatzincipits (J. Haydn) *414*, 419
Anh. A 22	Psalm »*De profundis*« (Reutter) 230, *418*	Anh. A 59 (4)	Incipit einer Sinfonie *414, 419*
Anh. A 23	Psalm »*Memento Domine David*« (Reutter) 230, *418*	Anh. A 60	*Fantasia sopra Ut Re Mi Fa Sol La* (Froberger) 204, *413*
		Anh. A 61/62	2 Fugen/Versetten *419*
		Anh. A 65	Adagio F 355, *419*

KV Anhang B

Anh. B zu 370ᵃ	Serenade *301*		

KV Anhang C

Anh. C 1.01	Messe C 220	Anh. C 1.90	Requiem brevis d 221
Anh. C 1.02	Messe (Schack) 220	Anh. C 3.01	Salve Regina F 229
Anh. C 1.03	Messe Es 220	Anh. C 3.02	Hymnus »*Salus infirmorum*« 229
Anh. C 1.04	Messe G ›*Zwölfte Messe*‹ 220	Anh. C 3.03	Hymnus »*Sancta Maria*« 229
Anh. C 1.05	Missa solemnis C 220	Anh. C 3.04	Tantum ergo B 230
Anh. C 1.06	Messe B 220	Anh. C 3.05	Tantum ergo D 230
Anh. C 1.07	Missa D 220f.	Anh. C 3.06	Kyrie C 221
Anh. C 1.08	Missa brevis C 221	Anh. C 3.08	Offertorium »*Sub tuum praesidium*« 229
Anh. C 1.09	Missa brevis G 221	Anh. C 3.09	Offertorium »*Convertentur*« 230
Anh. C 1.10	Messe c 221	Anh. C 3.10	Miserere c 229
Anh. C 1.11	Missa C 222		
Anh. C 1.12	Missa brevis G 216, 271		
Anh. C 1.14	Messe B 221		
Anh. C 1.15	Missa ›*Der Schulmeister*‹ 221		

Anh. C 3.11	Oratorium *Abramo e Isacco* 229	Anh. C 8.32	*Danklied* 237
Anh. C 3.12	Te Deum Es 229	Anh. C 8.33	Lied *Trost der Erlösung* 237
Anh. C 3.14	Duetto pro Festo cordis Jesu 229	Anh. C 8.34	Lied *Das Glück eines guten Gewissens* 237
Anh. C 5.01	Ouvertüre *Iphigénie en Aulide* 362	Anh. C 8.35	Lied *Vertrauen auf Gottes Vorsehung* 237
Anh. C 7.01	Rez. und Arie »*Perchè t'arresti?*« 263	Anh. C 8.36	Lied »*Gott Deine Güte reicht so weit*« 237
Anh. C 7.02	2 Chöre zu *Thamos* 271	Anh. C 8.37	*Abendlied* 237
Anh. C 7.03	Terzett »*Tremer mi sento*« 269	Anh. C 8.38	Lied *Versicherung der Gnade Gottes* 237
Anh. C 7.04	Canto »*O come lieto*« 269	Anh. C 8.39	Lied *Die Ehre Gottes in der Natur* 237
Anh. C 7.05	Arie »*Donne vaghe*« 263		
Anh. C 7.06	Arie »*Angst, Qual*« 263	Anh. C 8.40	Lied *Morgengesang* 237
Anh. C 7.07	Duett »*Treu schwör ich*« 269	Anh. C 8.41	Lied *Gelassenheit* 237
Anh. C 7.09	Scena comica (Terzett) 269	Anh. C 8.42	Lied *Zufriedenheit mit seinem Zustande* 237
Anh. C 8.01	Lied *Die Nase* 236		
Anh. C 8.02	Lied *Die Nase* 236	Anh. C 8.43	Lied *Geduld* 237
Anh. C 8.03	Lied *Das Angedenken* 236	Anh. C 8.44	Lied *Vom Worte Gottes* 237
Anh. C 8.04	Lied *Schön ist es* 236		
Anh. C 8.05	Lied *Wohl dem Mann* 236	Anh. C 8.45	Lied *Prüfung am Abend* 237
Anh. C 8.06	Lied *Vergiß mein nicht* 236	Anh. C 8.46	Lied *Preis des Schöpfers* 237
Anh. C 8.07	Lied *Phyllis an das Klavier* 236	Anh. C 8.47	*Canzonetta* 237
Anh. C 8.08	Lied *Das Mädchen und der Vogel* 236	Anh. C 8.48	*Wiegenlied* 237
		Anh. C 9.01	Gesang »*D'Bäurin hat d'Katz verlorn*« 239
Anh. C 8.09	Lied *Minnas Augen* 236		
Anh. C 8.10	Lied *Eheliche gute Nacht* 236	Anh. C 9.02	Burleskes Motett 239
Anh. C 8.11	Lied *Ehelicher guter Morgen* 236	Anh. C 9.03	»*Beym Arsch ists finster*« 239
		Anh. C 9.04	Terzett (Ständchen) »*Liebes Mädchen*« 239
Anh. C 8.12	Lied *Selma* 236		
Anh. C 8.13	Lied *Heida lustig, ich bin Hanns* 236	Anh. C 9.05	Männerchorquartett »*Wer unter eines Mädchens Hand*« 239
Anh. C 8.14	Lied *Der erste Kuß* 236		
Anh. C 8.15	Lied *Die zu späte Ankunft der Mutter* 236	Anh. C 9.06	Duett »*Darum so trinkt*« 239
Anh. C 8.16	Lied »*Meine weise Mutter spricht*« 236	Anh. C 9.07	Humoristisches Männerterzett »*Venerabilis barba*« 239
Anh. C 8.17	Lied *Am Grabe meines Vaters* 236		
		Anh. C 9.11	»*O wie schön ist es hier*« 239
Anh. C 8.18	Lied *Minna* 236	Anh. C 9.14	»*Die Juden-Leich*« 239
Anh. C 8.19	Lied *An die Natur* 236	Anh. C 10.01	Kanon »*Die verdammten Heuraten*« 244
Anh. C 8.20	*Lied der Freundschaft* 236		
Anh. C 8.21	Lied *Gegenliebe* 236	Anh. C 10.02	Kanon »*O Schwestern*« 244
Anh. C 8.22	*Mailied* 236		
Anh. C 8.23	*Frühlingslied* 236	Anh. C 10.03	Kanon »*Amen*« 244
Anh. C 8.24	*Mailied* 236	Anh. C 10.04	Kanon »*Stefel Fadinger*« 244
Anh. C 8.25	*Mailied* 236	Anh. C 10.05	Kanon (von Fasch) 245
Anh. C 8.26	*Frühlingslied* 237	Anh. C 10.06	Kanon (von Kirnberger) 245
Anh. C 8.27	Lied *Aufmunterung zur Freude* 237	Anh. C 10.07	Kanon 244
		Anh. C 10.08	Kanon *Katzengesang* 244
Anh. C 8.28	*Trinklied im Mai* 237	Anh. C 10.09	Kanon »*Kinder, Kinder*« (M. Haydn) 245
Anh. C 8.29	*Mailied* 237		
Anh. C 8.30	*Frühlingslied* 237	Anh. C 10.10	Kanon »*Vieni cara mia*« 244
Anh. C 8.31	Lied *Elis und Elide* 237	Anh. C 10.11	Kanon »*Amen*« 244

Anh. C 10.12	Kanon »Hätt's nit 'dacht« (W. Müller) 245	Anh. C 22.01	Trio D 331
Anh. C 10.13	Kanon »Scheiß nieder« (M. Haydn) 245	Anh. C 22.02	Trio c 331
		Anh. C 23.01–6	6 Sonaten »Romantische« 338
Anh. C 10.14	Kanon »Es packe dich« (M. Haydn) 245	Anh. C 23.07	Sonate A (Raupach) 339
		Anh. C 23.08	Sonate C (J. Hoffmann?) 339
Anh. C 10.15	Kanon »Was bleibet« 244		
Anh. C 10.16	4 Spiegelkanons 244	Anh. C 23.09	Sonate A [unterschoben] 329
Anh. C 10.17	Kanon (C. Ph. Bach) 245		
Anh. C 10.18	Scherz-Kanon »Nun beginnt« 244	Anh. C 24.01	Gavotte, Allegro e Marcia lugubre (Koželuh) 343
Anh. C 10.19	Scherz-Kanon »Schau nur« 244	Anh. C 24.02	→ Anh. A 52
		Anh. C 25.01	Sonate c (Eberl?) 345
Anh. C 10.21	Kanon »Difficile« 244	Anh. C 25.02	Rondo B (Koželuh) 355
Anh. C 10.22	Kanon »Leck mich« 244	Anh. C 25.03	Sonate 345
Anh. C 11.01	Sinfonia 282	Anh. C 25.04	Sonatensatz (Allegro) B 345
Anh. C 11.02	Sinfonie B 283		
Anh. C 11.04	Sinfonie F 283	Anh. C 25.05	Menuett B 345
Anh. C 11.05	Ouverture B 282	Anh. C 26.01	Pastorale variée B 349
Anh. C 11.06	Sinfonie D (L. Mozart) 282	Anh. C 26.02	7 Variationen 349
Anh. C 11.07	Sinfonie D 282	Anh. C 26.03	Variationen 349
Anh. C 11.08	Sinfonie F 282	Anh. C 26.04	Variationen »Freundin sanfter« 349
Anh. C 11.09	Sinfonie G (L. Mozart) 283		
Anh. C 11.10	Grande Sinfonia F (Pleyel) 283	Anh. C 26.05	Variationen »Zu Steffen« 349
Anh. C 11.13	Divertimento G (L. Mozart) 303	Anh. C 26.06	Variationen 349
		Anh. C 26.07	Variationen »Freut euch« 349
Anh. C 11.16	Orchesterpartitur (Fragment) [unterschoben] 283	Anh. C 26.08	Variationen »Das klinget« 349
Anh. C 13.01	Menuett C (Koželuh?) 306	Anh. C 26.09	Variationen »Malbrough« 349
Anh. C 13.02	9 Tänze 313	Anh. C 26.10	Thema d 349
Anh. C 13.03	4 Menuette 306	Anh. C 27.01	Andante favori 355
Anh. C 14.01	Sinfonia concertante Es 140, 167, 286, 288	Anh. C 27.02	Fantasia Impromptu 355
		Anh. C 27.03	Fantasie g »Strabover« 356
Anh. C 14.02	Konzert (Fragment) 285	Anh. C 27.04	Romanze Es 355
Anh. C 14.03	Konzert B (Devienne?) 289	Anh. C 27.05	Rondo Allegro G 355
		Anh. C 27.06	Ballettmusik zur Oper Ascanio in Alba 247, 270
Anh. C 14.04	Konzert Es 285		
Anh. C 14.05	Konzert D »Adelaide« (M. Casadesus) 285	Anh. C 27.07	Polonaise favorite C 355
		Anh. C 27.08	»Adieu/Dernière pensée« 355
Anh. C 14.06	Konzert Es 289		
Anh. C 15.02	Konzert (Skizzen) 295	Anh. C 27.09	Kinderstück »La Tartine de Beurre« 355
Anh. C 15.10	Kadenz 295, 371		
Anh. C 15.11	Übergang 351	Anh. C 27.10	Fuga a due 355
Anh. C 16.01	Sonate C (L. Mozart) 316	Anh. C 29.02	Fünf Ländler 355
Anh. C 17.01	Divertimento Es 301	Anh. C 29.06	12 Deutsche Tänze 355
Anh. C 17.02	Divertimento B 301	Anh. C 29.07	7 Deutsche Tänze 355
Anh. C 17.03	Divertimento Es 301	Anh. C 29.08	Balli Tedeschi per il Clavicembalo 355
Anh. C 17.04	Divertimento Es 301		
Anh. C 17.05	Divertimento F 301	Anh. C 29.11	12 Deutsche 308
Anh. C 17.07	Adagio und Allegro 301	Anh. C 29.12	6 Deutsche Tänze 308
Anh. C 17.12	Divertimento C 301, 363	Anh. C 29.13	»Menuetto« C 355
Anh. C 20.01–4	Quartette (Schuster) 327	Anh. C 29.14	Menuett G 355
Anh. C 20.05	6 Quartette 327	Anh. C 29.16	Valse lente Es 355
Anh. C 20.06	Sei Quartetti capricciosi 327	Anh. C 29.19	Walzer 355

Anh. C 30.01 Mus. Würfelspiele 359
Anh. C 30.02 Alphabet / Ein musikalischer Scherz 359

Anh. C 30.04 Kurzgefaßte Generalbaßschule 359

Fragmente

Fr 1764a Andante B 350f., 354, *372*
Fr 1764b [Allegro] F 354, *372*
Fr 1764c [Menuett] C 354, *372*
Fr 1764d Fuge C 356, *372*
Fr 1764e Orchestersatz gis 282, *372*
Fr 1765a Klavierstück Es 354f., *372*
Fr 1765b Instrumentalsatz C 372, 375
Fr 1766a Arie »*Per quel paterno*« 42, 255, 262, *372*
Fr 1767a Duett »*Ach, was müssen*« 238f., *372*
Fr 1769a Klavierstück [Molto allegro?] G 132, 350f., 354, *374*
Fr 1770a Arie »*Ah, più tremar*« 138, 264f., *374*
Fr 1771a Sonatensatz C 225, 344, *374*
Fr 1771b Fuge d 354, 373, *374*
Fr 1772a Kyrie C 60 (Anm. 52), 220, *374*
Fr 1772b Kyrie D 60 (Anm. 52), 220, *374*
Fr 1772c Menuett C 273, 307, *374*
Fr 1772d Osanna G 60 (Anm. 52), 220, *374*
Fr 1772e Arie »*Un dente guasto*« 266, *374*
Fr 1772f Divertimento D 302, *374*
Fr 1772g Fuge g 356, *374*
Fr 1773a/I und II Fugenthema D 354, *374*, 404
Fr 1773b Instrumentalsatz D 284, *376*
Fr 1774a Psalm »*In te Domine*« 228, *376*, 377
Fr 1776a Divertimento-Satz F 302, *376*
Fr 1776b Fuge G 354, *376*, 377
Fr 1778a *La Chasse* 271, *376*
Fr 1778b Konzertsatz D 79, 166, 294, *376*
Fr 1778c Konzertsatz F 288, *376*
Fr 1779a Kyrie Es 220, *376*
Fr 1779b Sinfonia concertante (Allegro) A 284, *376*
Fr 1779c Magnificat C 222, *376*
Fr 1779d → 344
Fr 1781a Konzertsatz Es 288, *378*
Fr 1781b Konzertsatz (Rondo) Es 286–288, *378*
Fr 1781c Sonatensatz B 336–338, *378*
Fr 1781d Allegro B 300, *378*
Fr 1781e Sonatensatz (Fuge) A 336–338, *378*
Fr 1781f Larghetto und Allegro Es 340, *378*

Fr 1782a Andantino B 338, *378*
Fr 1782b Sonatensatz B 340, *378*, 379
Fr 1782c Sonatensatz oder Rondo-Finale B 340, *378*, 379
Fr 1782d Sonatensatz B 344, *378*
Fr 1782e Fantasie d 353, *380*
Fr 1782f Arie »*In te spero*« 262, *380*
Fr 1782g Kammermusiksatz [Andante] Es 300, *380*
Fr 1782h Marsch B 315, *380*
Fr 1782i Sarabande g aus Suite C 353f., *380*
Fr 1782j Fuge g 352–354, *380*
Fr 1782k Fuge A *380*
Fr 1782l Fantasie c 336–338, 352f., *380*
Fr 1782m Fuge (Triosonate) G 329, *380*
Fr 1782n »*Credo in unum Deum*« und »*Et incarnatus est*« aus Missa c 220, *380*
Fr 1782o Quartettsatz (Rondo) B 166, 325f., *382*
Fr 1782p Fuge Es 352–354, *382*
Fr 1782q Fuge c 354, *382*
Fr 1782r Streichquartettsatz E 326, 363, *382*
Fr 1782s Fuge c 326, *382*
Fr 1782t Sinfoniesatz Es 282, *382*
Fr 1783a Thema zu Variationen 356, *382*, 383
Fr 1783b Fuge c 354, *382*, 383
Fr 1783c Fuge F 354, *382*
Fr 1783d Fuge d 326, *382*
Fr 1783e Arie »*Müßt' ich auch durch tausend Drachen*« 264f., *384*
Fr 1783f Arie »*Männer suchen stets zu naschen*« 266f., *384*
Fr 1783g Langsame Einleitung B 320, *384*
Fr 1784a Andante und Allegretto C 336–338, *384*
Fr 1784b Sonatensatz A 338, *384*
Fr 1784c → 422
Fr 1784d → 430
Fr 1784e Kammermusiksatz D 318, *384*
Fr 1784f Konzertsatz C 293f., *384*, 385
Fr 1784g Konzertsatz C 293f., *384*
Fr 1784h Quartettsatz A 325f., *384*
Fr 1784i Triosatz B 330, *384*
Fr 1784j Konzertsatz C 293f., *386*
Fr 1784k Terzett »*Grazie agl'inganni*« 238, 239, 307, *386*

Fr 1784l	Quintettsatz Es 318, *386*		Fr 1787r	Sonatensatz F 344, *392*
Fr 1785a	Fuge G 340, *386*		Fr 1787s	Sonatensatz F 344, *394*
Fr 1785b	Sonatensatz (Allegretto) C 336–338, *386*		Fr 1787t	Rondo F 344, *394*
Fr 1785c	Fuge d 326, *386*		Fr 1787u	Quartettsatz D 318, *394*
Fr 1785d	Allegro c 340, *386*		Fr 1787v	Konzertsatz G 204, 287f., *394*
Fr 1785e	[Allegro] d 330f., *386*, 387, *393*		Fr 1787w	Lied *Die Alte* 107 (Anm. 138), 155, 233–236, *394*, 395
Fr 1785f	Lied »*Einsam bin ich*« 236, *386*			
Fr 1785g	Konzertsatz D 293f., *386*		Fr 1787x	Lied *Die Verschweigung* 107 (Anm. 138), 233–236, *394*, 395
Fr 1785h	Konzertsatz A 293f., *386*			
Fr 1785i	Konzertsatz A 293f., *388*			
Fr 1785j	Konzertsatz (Rondo) A 293f., *388*		Fr 1787y	Rondo Es 320, *394*
			Fr 1788a	Adagio F 322, *394*
Fr 1785k	Konzertsatz E 288, *388*		Fr 1788b	Adagio h 354, *394*
Fr 1785l	Konzertsatz D 294, *388*		Fr 1789a	Quartettsatz (Fuge) C 326, *396*
Fr 1785m	Duett »*Ich nenne dich*« 238, *388*		Fr 1789b	Quartettsatz e 326, *396*
Fr 1786a	Adagio d und Menuett D 354, *388*		Fr 1789c	Quartettsatz B 326, 327, *396*
			Fr 1789d	Allegro B 320, *396*
Fr 1786b	Terzett »*Liebes Manndel*« 238f., *388*		Fr 1789e	Kontretanz B 310–312, *396*
			Fr 1789f	Sonatensatz G 338, *396*
Fr 1786c	(Tempo di Menuetto) G 330f., 387, *388*, 393		Fr 1789g	Triosatz G 329, *396*
			Fr 1789h	Arie »*Schon lacht*« 119, 260–262, *396*
Fr 1786d	Duett »*Die Lichter, die zu Tausenden*« 225f., 268, *388*, 389			
			Fr 1789i	Quartettsatz g 326, *396*
Fr 1786e	Terzett »*Del gran regno*« 268f., *388*		Fr 1789j	Quartett »*Caro mio Druck und Schluck*« 238, 239, *396*
Fr 1786f	Allegro assai B 300, *390*			
Fr 1786g	Konzertsatz Es 294, *390*		Fr 1789k	Menuett A 307, *396*
Fr 1786h	Sinfoniesatz G 281f., *390*		Fr 178X/a	Triosatz 329, *402*
Fr 1786i	Quintettsatz Es 318, *390*		Fr 178X/b	Allegro F 300, *402*
Fr 1786j	Quartettsatz Es 320, *390*		Fr 178X/c	Menuett D 354f., *402*
Fr 1786k	Konzertsatz d 294, *390*		Fr 178X/d	Triosatz C 329, *402*
Fr 1787a	Kyrie G 220, *390*		Fr 178X/e	Adagio F 326, *402*
Fr 1787b	Kyrie C 220, *390*		Fr 1790a	Kyrie C 220, *398*
Fr 1787c	Gloria C 220, *390*		Fr 1790b	Fantasie f 354, *398*
Fr 1787d	Fuge F 354, *390*		Fr 1790c	Quartettsatz (Menuett) B 326f., *398*
Fr 1787e	Kyrie D 220, *390*			
Fr 1787f	Triosatz D 330f., 387, *392*, 393		Fr 1790d	Quartettsatz F 326f., *398*
			Fr 1790e	Sonatensatz g 344f., *398*
Fr 1787g	Adagio F 322, *392*		Fr 1790f	Adagio d 356, *398*
Fr 1787h	Triosatz G 330, *392*		Fr 1790g	Rondo A 320, *398*
Fr 1787i	Allegro G 342, *392*, 393, 399		Fr 1791a	Variationen und Coda G 342, 393, *398*
Fr 1787j	Quintettsatz B 318f., *392*			
Fr 1787k	Quintettsatz g 318, *392*		Fr 1791b	Quintettsatz F 318, *398*
Fr 1787l	Rondo Es 320, *392*		Fr 1791c	Quintettsatz a 318, *398*
Fr 1787m	Divertimento-Satz F 302f., *392*		Fr 1791d	Konzertsatz (Rondo) D 287f., *400*
Fr 1787n	Divertimento-Satz C 297, 299, *392*			
			Fr 1791e	Andante F 356, *400*
Fr 1787o	Sonatensatz A 338, *392*		Fr 1791f	Fantasie C 320, *400*
Fr 1787p	Sonatensatz B 344, *392*		Fr 1791g	Ouverture (?) Es 282, *400*
Fr 1787q	Allegro F 320, *392*		Fr 1791h	Requiem d 220, 221, *400*

REGISTER

Skizzen

Sk 1769a	Ausschnittsskizze	*404*
Sk 1770a	Imitatorische Ausschnittsskizze	*405*
Sk 1770b	Exposition einer Fuge	*405*
Sk 1770c	Ausschnittsskizze	*405*
Sk 1772a	2 Motivaufzeichnungen	*405*
Sk 1772b	Motivaufzeichnung	*405*
Sk 1772c	Aufzeichnung einer Terz-Sextfortschreitung	*405*
Sk 1772d	Aufzeichnung einer Akkordfolge	*405*
Sk 1772e	Rätselkanon »*Psallite Domino*«	*405*, 416
Sk 1772f	Rätselkanon »*Misericordiam*«	*405*, 407, 410, 416
Sk 1772g	Rätselkanon »*Cantabo*«	*405*, 416
Sk 1772h	Rätselkanon »*Cantate*«	*405*, 416
Sk 1772i	Rätselkanon »*Omnis terra*«	*405*, 417
Sk 1772j	Rätselkanon »*Cantabo Domino*«	*405*, 417
Sk 1772k	3 kontrapunktische Skizzen	*405*
Sk 1772l	Kanon	*405*
Sk 1772m	Kanon	*405*
Sk 1772n	Übung im Satz *al roverscio*	*406*
Sk 1772o	Übung im 2st.Satz *al roverscio*	*406*
Sk 1773a	Satz über einen Modellbaß	*406*
Sk 1773b	Satz über einen Modellbaß	*406*
Sk 1773c	Thema (zu einer Fuge?)	*406*
Sk 1773d	Modulationsübung	*406*
Sk 1773e	Modulationsübung	*406*
Sk 1773f	Generalbaßst.	*406*
Sk 1773g	Fugenthema	*406*
Sk 1773h	Rätselkanon »*Incipientesque canunt*«	*406*, 417
Sk 1773i	Doppelkanon	*406*
Sk 1773j	Doppelkanon	*406*
Sk 1773k	Satzübung	*406*
Sk 1773l	Achtst. Zirkelkanon	*406*
Sk 1776a	Verlaufsskizze (Messe KV 257?)	*406*
Sk 1776b	Ausschnittsskizze (Messe KV 257?)	*406*
Sk 1776c	Themenskizze	*406*
Sk 1776d	Beginn eines Kanons	*406*
Sk 1778a	2 Märsche	*406*
Sk 1778b	Instrumentalstück	*406*
Sk 1779a	Andante-Themenkopf	*406*
Sk 1781a	Kanon	*406*
Sk 1781b	Kanon	*407*
Sk 1781c	Kanon	*407*
Sk 1781d	Kontrapunktische Aufzeichnung	*407*
Sk 1782a	*Coro*	*407*
Sk 1782b	Melodieskizze	*407*
Sk 1782c/c'/c"	Rätselkanon »*Misericordiam*«	*405*, 407, 410, 416
Sk 1782d	Thema (Klavier?)	*407*
Sk 1782e	Fuge (Klavier),	157f., 204, *407*
Sk 1782f	Kanon-Thema	*407*
Sk 1782g	Kontrapunktische Studie	*407*
Sk 1782h–j	Kontrapunktische Studien (Messe KV 427)	*407*
Sk 1782k	Studie	*407*
Sk 1782l	2 kontrapunktische Übungen	*407*
Sk 1782m	2 Themen	*408*
Sk 1782n	2 kontrapunktische Skizzen	*408*
Sk 1782o	Kontrapunktische Studie	*408*
Sk 1782p	Kontrapunktische Studie	*408*
Sk 1782q	Spiegelkanon	*408*
Sk 1782r	Kontrapunktische Studie	*408*
Sk 1782s	Kontrapunktische Chorskizze	*408*
Sk 1782t	Beginn einer Fugenexposition	*408*
Sk 1782u	Beginn einer Fuge (Klavier)	*408*
Sk 1782v	Fugenthema	*408*
Sk 1782w	Beginn einer Fuge (Klavier)	*408*
Sk 1782x	Beginn einer Fuge (Klavier)	*408*
Sk 1782y	Beginn einer Fuge (Klavier)	*408*
Sk 1783a	Partiturskizze	*408*
Sk 1783a'	Instrumentalstück	*408*
Sk 1783b	2 Skizzen zu einem »*Dona nobis pacem*«	*408*
Sk 1783c	Melodieskizze zu einer Arie	383, *408*
Sk 1783d	Kammermusikwerk	*408*
Sk 1783e	Melodienotiz	*408*
Sk 1783f	Instrumentalstück	*408*
Sk 1783g	Kanon	*408*
Sk 1783h	Imitatorische Aufzeichnung	*408*
Sk 1783i	Thema zu einer Fuge(?)	*408*
Sk 1783j	Kontrapunktische Aufzeichnungen	*408*
Sk 1783k	Beginn einer Doppelfuge	*408*
Sk 1784a	Motivaufzeichnung (Klavierkonzert KV 450?)	*408*
Sk 1784b	Beginn eines Instrumentalstücks	*408*
Sk 1784c	recte: Sk 1782y	*408*
Sk 1785a	»*Arie scocesi*«	*408*
Sk 1785b	Instrumentalsatz	*409*
Sk 1785c	Vokalsatz	*409*
Sk 1785d	Melodieskizze	*409*
Sk 1785e	Melodieskizze	*409*
Sk 1785f	Ausschnittsskizze zu einem Duett	*409*
Sk 1785g	Melodieskizze	*409*

Sk 1785h	Klavierstück *409*		Sk 1786p	Kanon in der Oberseptime *410*	
Sk 1785i	Verlaufsskizze zu einem Duett *409*		Sk 1786q	Beginn eines Kanons in der Oktave *410*	
Sk 1785j	Komposition mit deutschem Text *409*		Sk 1786r	Kontrapunktische Studie, phrygisch *410*	
Sk 1785k	Instrumentalthema *409*		Sk 1786s	Kanon in der Oberterz *410*	
Sk 1785l	3 Kontrapunktübungen *409*		Sk 1787a	Melodie-Aufzeichnung *410*	
Sk 1785m	Kanon *409*		Sk 1787b	Thema mit Generalbaßbezifferung *410*	
Sk 1785n	2 3st. kontrapunktische Übungen 407, *409*		Sk 1787c	Melodieskizze *410*	
Sk 1785o	2 Kontrapunkte in der Oktave *409*		Sk 1787d	2st. Ausschnittsskizze *410*	
			Sk 1787e	2st. Ausschnittsskizze mit B. c. *410*	
Sk 1785p	Doppelkanon *409*		Sk 1787f	*Idées pour l'opera serieuse* *410*	
Sk 1785q	Kanon *409*		Sk 1787g	Notiz eines dorischen c.f. *410*	
Sk 1785r	Kontrapunktische Aufzeichnung *409*		Sk 1787h	Rätselkanon »*Misericordiam*« 405, 407, *410*, 416	
Sk 1785s	c.f.-Studie *409*		Sk 1787i	Kanon *410*	
Sk 1785t	Kanonstudie *409*		Sk 1787j	Kanon *410*	
Sk 1786a	Fugenthema *409*		Sk 1787k	Kanon *410*	
Sk 1786b	Klaviersatzaufzeichnung *409*		Sk 1787l	Kontrapunktische Aufzeichnung *410*	
Sk 1786c	Klaviersatzaufzeichnung *409*				
Sk 1786d	1st. Klaviersatzaufzeichnung *409*		Sk 1788a	Übung im kontrapunktischen Satz *410*	
Sk 1786e	Klaviersatzaufzeichnung *409*		Sk 1788b	Übung im kontrapunktischen Satz *410*	
Sk 1786f	Fuge *409*				
Sk 1786g	c.f.-Bearbeitung *409*		Sk 1788c	Übung im 4st. kontrapunktischen Satz *410*	
Sk 1786h	Kanon im Einklang *409*				
Sk 1786i	Kanon in der Obersekunde *409*		Sk 1788d	Exposition einer Fuge *410*	
Sk 1786j	Kanon in der Obersekunde *409*		Sk 1788e	Fugenthema *410*	
Sk 1786k	Kanon in der Obersekunde *409*		Sk 1788f	Kontretanz *410*	
Sk 1786l	Kanon in der Oberterz *409*		Sk 1788g	*Allegretto* *410*	
Sk 1786m	Kanon in der Oberquarte *409*		Sk 1791a	Mehrst. Ausschnittsskizze *410*	
Sk 1786n	Kanon in der Oberquinte *410*				
Sk 1786o	Kanon in der Obersexte *410*				

Umfassend und detailliert:
Ein neuer Blick auf Mozarts Werke

Silke Leopold (Hg.)
Mozart-Handbuch

(Bärenreiter/Metzler). ca. 900 Seiten;
gebunden (Oktober 2005)
ISBN 3-7618-2021-6

Die Autoren: Dietrich Berke, Marie-Agnes Dittrich, Peter Gülke, Silke Leopold, Volker Scherliess, Hartmut Schick, Thomas Schipperges, Ulrich Schreiber, Nicole Schwindt, Joachim Steinheuer, Monika Woitas

Ein Nachschlagewerk und Lesebuch in einem, das auf anregende Weise Einzelwerkbesprechungen und übergreifende Perspektiven verbindet, Wissen zusammenfasst und zugleich neue Thesen und Darstellungsformen entwickelt.

Es ist dieses Staunen über ein schier unbegreifliches Werk, von dem das »Mozart-Handbuch« geprägt ist, der Versuch, mit frischem Blick auf die bekannten Werke – die Opern, die Klavierkonzerte, die Sinfonien, die Sonaten und Serenaden –, aber auch auf die »kleineren« Kompositionen, wie etwa die Tänze oder die Kanons, Neues zu entdecken, den unerschöpflichen Ideenreichtum in der musikalischen Erfindung wie in der kompositorischen Ausführung in den Jugendwerken ebenso wie in den Werken der Reifezeit aufzuspüren.

In dem nach Gattungen geordneten »Mozart-Handbuch« stehen die Werke im Zentrum der Betrachtung. Es liefert – nach Werkgruppen gegliedert – einen umfassenden und detaillierten Einblick in das Gesamtwerk des Komponisten. Beinahe jedes abgeschlossene Werk aus Mozarts Feder wird besprochen. Dabei wird Mozarts Schaffen zugleich vor dem Hintergrund seines bewegten Lebens, seiner nicht minder bewegten Zeit betrachtet und in die Musik- und Kulturgeschichte eingebettet.

Das Handbuch bündelt nicht nur bekanntes Wissen, es eröffnet vor allem neue Perspektiven auf die Einzelwerke und Werkgruppen. So etwa, dass Mozart seine geistliche Musik mehr aus Neigung, denn aus Pflicht geschrieben hat oder seine Klaviermusik in ihrem extremen Ideenreichtum und umfassenden »Witz« nicht nur die Zeitgenossen irritieren sollte. Im umfangreichen Einleitungskapitel wird versucht, die historische Persönlichkeit Mozarts von den Übermalungen des 19. und 20. Jahrhunderts zu befreien.

Weitere Informationen zu Mozart
unter www.mozart-portal.de

Bärenreiter
www.baerenreiter.com

Maynard Solomon
Mozart. Ein Leben

Deutsch von Max Wichtl
(Bärenreiter/Metzler)
ca. 660 Seiten mit
ca. 40 Abbildungen
und 50 Notenbeispielen;
geb. mit Schutzumschlag
ISBN 3-7618-2035-6

Eine glänzend geschriebene Biografie, die einen neuen Blick auf Mozarts Charakter, seine Lebensumstände und sein Werk wirft.

Clemens Prokop
Mozart. Der Spieler

Die Geschichte eines schnellen Lebens
152 Seiten, durchgehend vierfarbig mit ca. 55 Abbildungen; kartoniert
ISBN 3-7618-1816-5

»Guten Morgen, liebes Weibchen!«

Mozarts Briefe an Constanze
Hrsg. und kommentiert von Silke Leopold. 150 Seiten; geb. mit Schutzumschlag
ISBN 3-7618-1814-9

Constanze Natoševic
»Così fan tutte«

Mozart, die Liebe und die Revolution von 1789
2. Auflage (2005). 379 Seiten mit 11 schwarzweißen Abbildungen und 18 Notenbeispielen; geb. mit Schutzumschlag
ISBN 3-7618-1619-7

Mozart · Briefe und Aufzeichnungen Gesamtausgabe

Hrsg. von der Internationalen Stiftung Mozarteum Salzburg, gesammelt von Wilhelm A. Bauer und Otto Erich Deutsch, aufgrund deren Vorarbeiten erläutert von Josef Heinz Eibl. Mit einer Einführung und Ergänzungen hrsg. von Ulrich Konrad (Bärenreiter/dtv).
Erweiterte Auflage
ca. 4.550 Seiten; kartoniert
8 Bände im Schuber
ISBN 3-7618-1749-5

Der neue Band 8 enthält die seit der Erstpublikation der Ausgabe aufgefundenen Briefe und Aufzeichnungen von Vater und Sohn Mozart, eine ausführliche Einführung und eine Bibliographie von Ulrich Konrad.

Sheila Hodges
**Lorenzo Da Ponte
Ein abenteuerliches Leben**

Übersetzt von Ulrich Walberer. ca. 320 Seiten; geb. mit Schutzumschlag
ISBN 3-7618-1753-3

Facettenreicher als jedes Opernlibretto: Die spannende Biografie Lorenzo Da Pontes. Der wichtigste Librettist Mozarts und sein schillerndes Leben.

Ulrich Konrad
Mozart-Werkverzeichnis

251 Seiten; kartoniert
ISBN 3-7618-1847-5

Dieses systematische, nach Gattungen gegliederte Werkverzeichnis führt die neuesten Forschungsergebnisse zum Werkbestand Mozarts zusammen.

Weitere Informationen zu Mozart unter www.mozart-portal.de

Bärenreiter
www.baerenreiter.com